Edward Ball

Die Plantagen am Cooper River

Eine Südstaaten-Dynastie
und ihre Sklaven

Aus dem Amerikanischen von
Hans Günter Holl

S. Fischer

Die amerikanische Originalausgabe erschien 1998
unter dem Titel ›Slaves in the Family‹
bei Farrar, Straus and Giroux, New York.
© 1998 by Edward Ball
Für die deutsche Ausgabe:
© S. Fischer Verlag GmbH, Frankfurt am Main 1999
Gesamtherstellung: Clausen & Bosse, Leck
Printed in Germany 1999
ISBN 3-10-004804-0

Inhalt

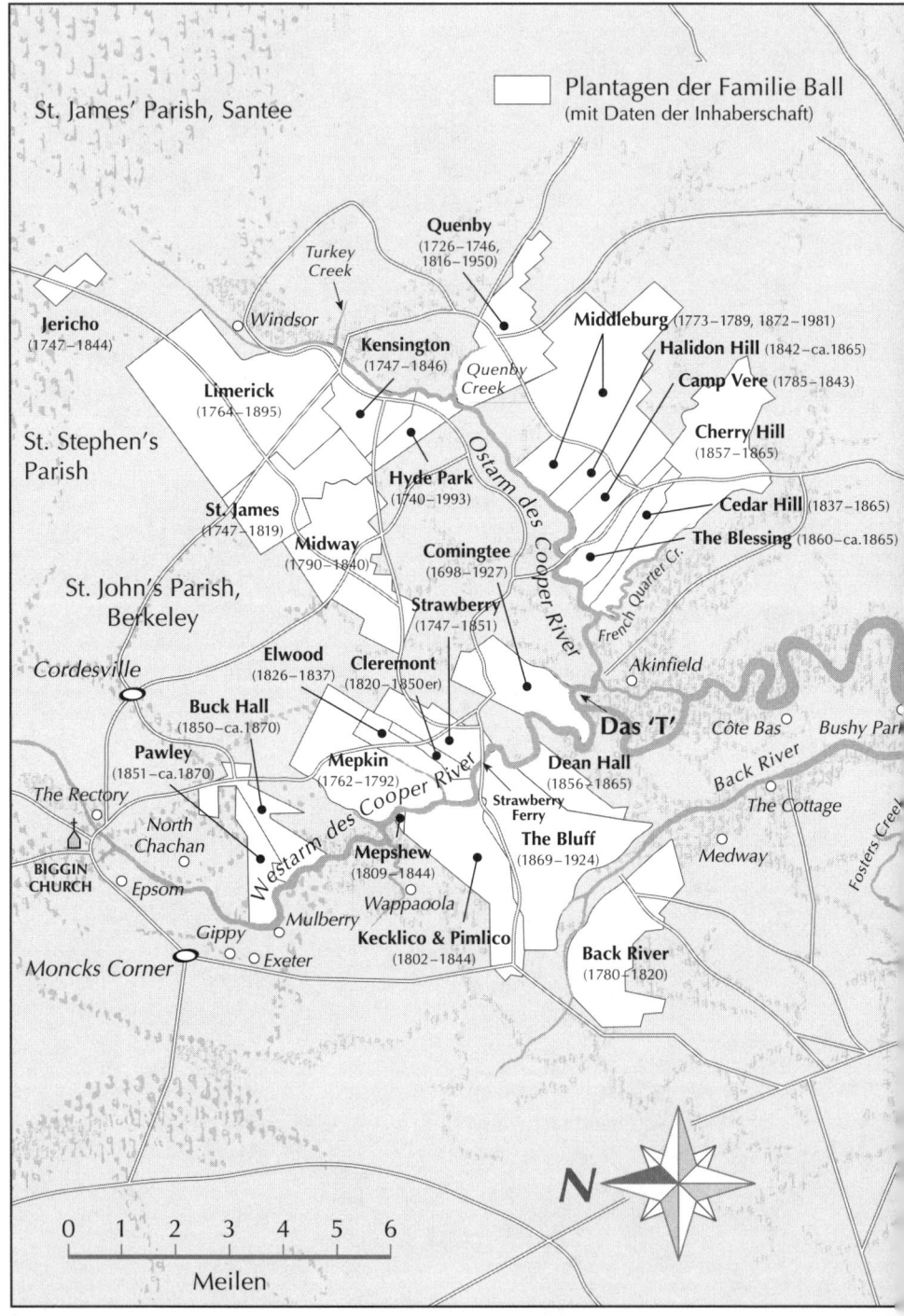

St. James' Parish, Santee

Plantagen der Familie Ball
(mit Daten der Inhaberschaft)

Quenby (1726–1746, 1816–1950)

Turkey Creek

Windsor

Middleburg (1773–1789, 1872–1981)

Halidon Hill (1842–ca.1865)

Jericho (1747–1844)

Kensington (1747–1846)

Camp Vere (1785–1843)

Quenby Creek

Limerick (1764–1895)

St. Stephen's Parish

Cherry Hill (1857–1865)

Hyde Park (1740–1993)

St. James (1747–1819)

Cedar Hill (1837–1865)

Midway (1790–1840)

Comingtee (1698–1927)

The Blessing (1860–ca.1865)

St. John's Parish, Berkeley

Ostarm des Cooper River

French Quarter Cr.

Strawberry (1747–1851)

Cordesville

Elwood (1826–1837)

Cleremont (1820–1850er)

Akinfield

Das 'T'

Côte Bas

Bushy Park

Buck Hall (1850–ca.1870)

Pawley (1851–ca.1870)

Mepkin (1762–1792)

Dean Hall (1856–1865)

Back River

The Cottage

The Rectory

Westarm des Cooper River

Strawberry Ferry

BIGGIN CHURCH

North Chachan

Mepshew (1809–1844)

The Bluff (1869–1924)

Medway

Fosters Creek

Epsom

Wappaoola

Gippy

Mulberry

Kecklico & Pimlico (1802–1844)

Back River (1780–1820)

Moncks Corner

Exeter

N

0 1 2 3 4 5 6

Meilen

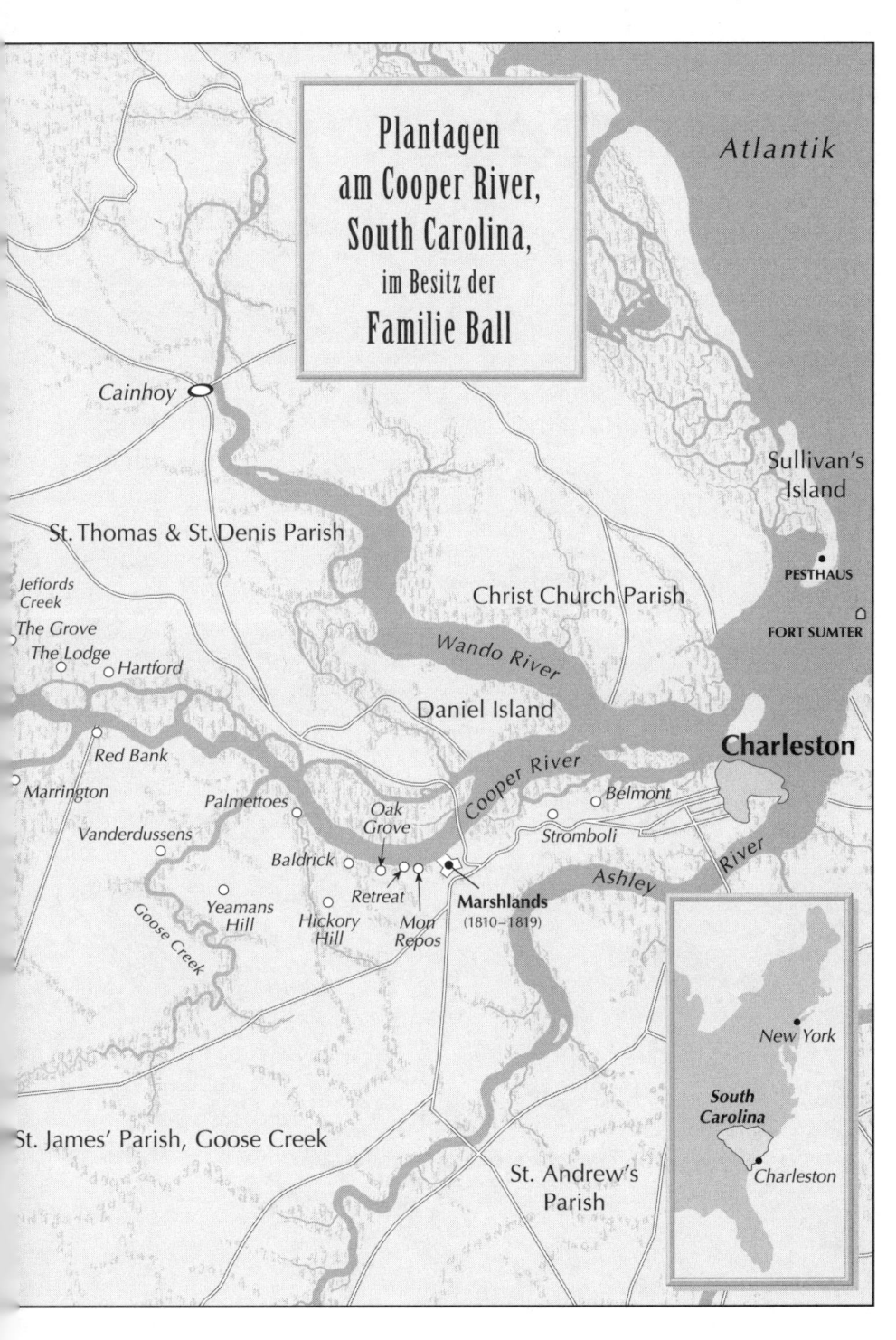

Plantagen am Cooper River, South Carolina, im Besitz der Familie Ball

Atlantik

Cainhoy

Sullivan's Island

St. Thomas & St. Denis Parish

PESTHAUS

Christ Church Parish

Jeffords Creek

FORT SUMTER

The Grove

The Lodge

Wando River

Hartford

Daniel Island

Red Bank

Cooper River

Charleston

Marrington

Palmettoes

Oak Grove

Belmont

Vanderdussens

Stromboli

Baldrick

Ashley River

Goose Creek

Yeamans Hill

Hickory Hill

Retreat

Mon Repos

Marshlands (1810–1819)

New York

South Carolina

St. James' Parish, Goose Creek

St. Andrew's Parish

Charleston

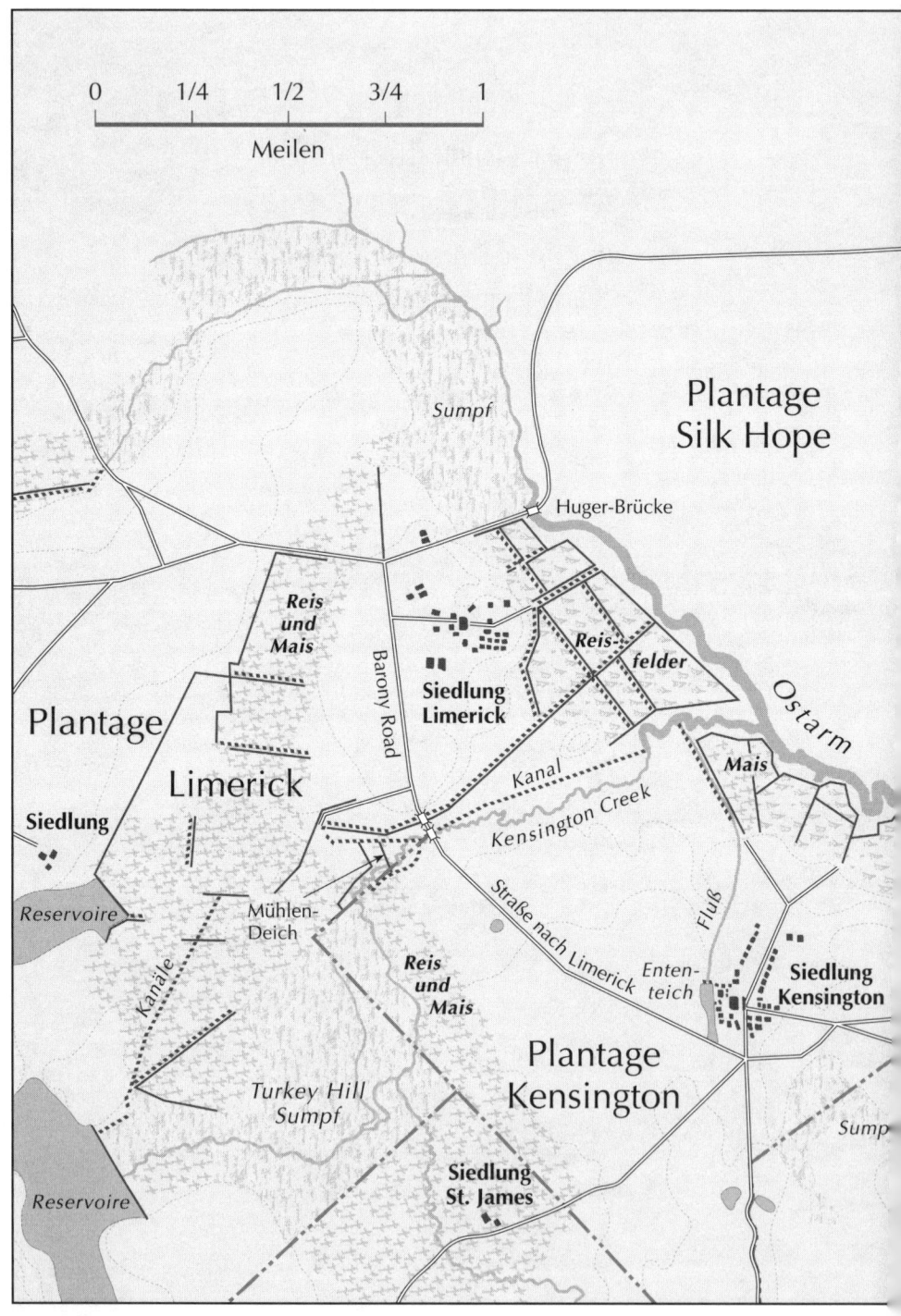

0   1/4   1/2   3/4   1

Meilen

Plantage
Silk Hope

Sumpf

Huger-Brücke

Reis
und
Mais

Barony Road

Reis-
felder

Siedlung
Limerick

Plantage

Mais

Ostarm

Kanal

Limerick

Kensington Creek

Siedlung

Reservoire

Mühlen-
Deich

Kanäle

Straße nach Limerick

Fluß

Enten-
teich

Siedlung
Kensington

Reis
und
Mais

Plantage
Kensington

Reservoire

Turkey Hill
Sumpf

Sump

Siedlung
St. James

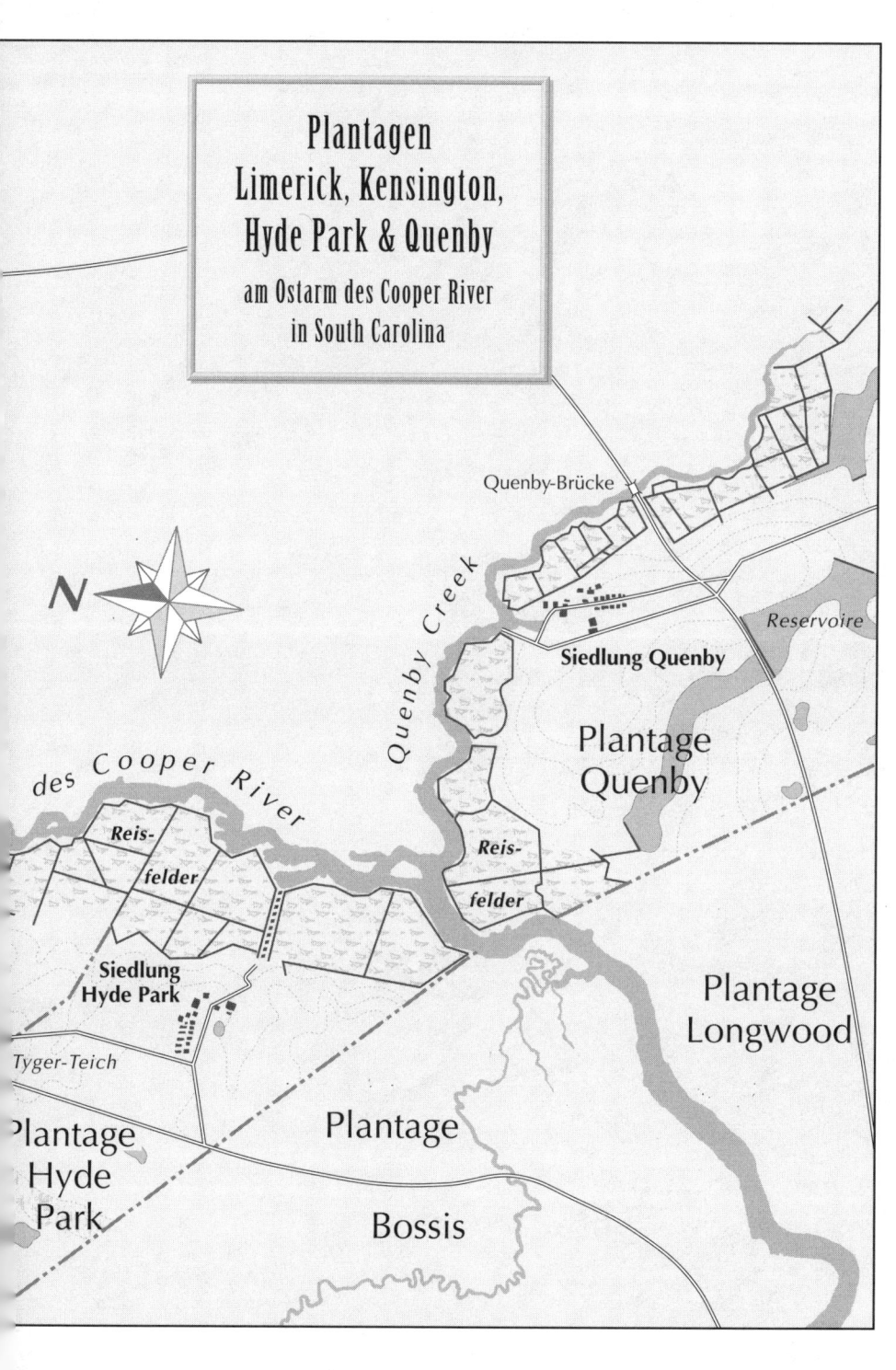

Plantagen
Limerick, Kensington,
Hyde Park & Quenby
am Ostarm des Cooper River
in South Carolina

Quenby-Brücke

Quenby Creek

Reservoire

N

des Cooper River

Siedlung Quenby

Plantage
Quenby

Reis-
felder

Reis-
felder

Siedlung
Hyde Park

Tyger-Teich

Plantage
Longwood

Plantage
Hyde
Park

Plantage

Bossis

1

STREIFLICHTER

Mein Vater versuchte bisweilen, unsere Erblast als eine Familie ehemaliger Sklavenhalter mit einem kleinen Scherz auf die leichte Schulter zu nehmen.

»Es gibt fünf Dinge, über die wir Balls nicht reden«, pflegte er zu sagen. »Religion, Sex, Tod, Geld und die Neger.«

»Was bleibt dann eigentlich noch übrig?« fragte meine Mutter einmal.

»Das ist wieder so ein Familiengeheimnis«, gab Dad lächelnd zurück.

Mein Vater, Theodore Porter Ball, stammte von einem Pflanzerclan aus dem altehrwürdigen Charleston in South Carolina ab, dessen mehr als zwanzig nördlich der Stadt – entlang dem Cooper River – gelegene Plantagen zu den ersten des amerikanischen Südens gehört hatten. Während der genau einhundertsiebenundsechzig Jahre von 1698 bis 1865, in denen die Familie im Geschäft war, erwarb sie, durch Kauf oder Fortpflanzung, insgesamt fast viertausend schwarze Sklaven. Diese bauten Reis an, der wegen seiner Farbe und Güte den Namen »Carolina Gold« erhielt. Nach dem Bürgerkrieg wurden einige der Güter als Pachtfarmen weitergeführt und beschäftigten bis etwa 1900, als der Reismarkt schließlich wegen der Konkurrenz aus Louisiana und aus Asien endgültig wegbrach, schwarze Arbeitskräfte.

Vater starb, als ich zwölf war, und wurde in der Nähe von Charleston beigesetzt. Kurz vor seinem Tod hatte er meinen Bruder, Theodore jr., und mich zu sich gerufen und jedem von uns ein Exemplar der veröffentlichten Familienchronik überreicht. Sie trägt den etwas langatmigen Titel *Recollections of the Ball Family of South Carolina and the Comingtee Plantation.* Der von einer längst verstorbenen entfernten Verwandten geschriebene Text war 1909 auf Hadernpapier gedruckt und in grünes Leinen mit Lederrücken und einer Prägung – BALL FAMILY – gebunden worden. Das Papier roch nach feuchtem Laub.

»Irgendwann werdet ihr über das alles Bescheid wissen wollen«, erklärte Dad mit einer wegwerfenden Handbewegung und gespitzten Lippen. »Eure Vorfahren.« Seine Stimme klang dabei nun eher nervös als scherzhaft.

Ich weiß zwar, daß mein Vater auf seine Abstammung stolz war, vermute jedoch, daß sie ihm auch Fragen aufgab. Die Tradition der Sklavenhaltung hatte fest zum Gewebe seiner Kindheit gehört und war ein Rätsel, das er nur teilweise hatte lösen können. Mit dem Geschenk des Buches schien Dad uns sagen zu wollen, daß die Plantagen etwas noch Unerledigtes darstellten. In jenem Augenblick hatte sich das Geheimnis des Ball-Clans tief in meinem Inneren eingenistet, und eines Tages begann ich, ihm gezielt nachzuspüren.

Als Kind hörte ich Dad oft von den Reispflanzern unter unseren Vorfahren erzählen. Das eröffnete mir einen persönlichen Blick auf die Amerikanische Revolution, an der die Balls beteiligt waren – teils auf seiten der Briten, teils im Dienste der Unabhängigkeit. Der Bürgerkrieg wirkte um so handgreiflicher, als Dads Großvater und drei seiner Großonkel für die Konföderation gekämpft hatten. Mitunter erwähnte Dad in seinen Geschichten auch jene Menschen, die uns gehört hatten. Meist hießen sie einfach »die Sklaven«, manchmal auch »die Ball-Sklaven« – eine dunkle Rauchwolke am zerklüfteten Horizont der Vergangenheit. Offenbar wußte Dad selber nicht viel über sie, und ich könnte mir vorstellen, daß er auch gar nicht mehr wissen wollte.

»Habe ich dir je von Wambaw Elias Ball erzählt?« mochte er fragen. »Seine Plantage lag am Wambaw Creek. Er besaß etwa hundertfünfzig Sklaven und war ein ziemlich übler Bursche.«

Ich hörte es gern, wenn mein Vater mit seiner rauchigen Stimme die alten Namen im schweren Charleston-Akzent aussprach.

»Wambaw Elias war ein Tory«, begann Dad. »Ich meine, er wählte in der Revolution die falsche Seite.« Als der Revolutionskrieg den Süden erreichte, war Wambaw Elias nicht zu den amerikanischen Rebellen gegangen, sondern zu Lord Cornwallis, dem britischen Kommandeur in Charleston, der ihn zum Obersten und Befehlshaber einer Kompanie ernannte. Wambaw Elias bekämpfte die Patrioten und steckte ihre Häuser in Brand, bis die Briten ins Hintertreffen gerieten und die amerikanischen Opfer auf Vergeltung sannen. Sie hielten sich an seine Arbeitskräfte, verschleppten etwa fünfzig Sklaven von seiner Plantage, während andere Schwarze in die Wälder fliehen konnten. Wambaw Elias wußte, daß er danach in den Staaten keine Zukunft mehr hatte, und beschloß, alles aufzulösen. Alsbald fing er die davongelaufenen Sklaven wieder ein, verkaufte sie und setzte schließlich mit seiner Familie nach England über, wo er noch achtunddreißig Jahre lang lebte und es bis zum Schluß zutiefst bedauerte, kein Sklavenhalter mehr zu sein.

Bei den Balls galt die Geschichte über Wambaw Elias und seine Sklaven immer als ein Ammenmärchen.

Während meiner Kindheit lebten wir in verschiedenen Klein- und Großstädten des Südens. Dad war Pastor der Episkopalkirche, in deren Pfarrhäusern wir stets wohnten, und meine Eltern besaßen nur ein Auto. Als ein ebenso spartanisch wie gottesfürchtig erzogener Junge hatte ich stets den Eindruck, daß wir anders waren als die anderen. Nicht nur, weil Dad Geistlicher war, obwohl gewiß auch das uns abgrenzte; sondern »die Unsrigen« hatten einst über eine Sklavendynastie geherrscht.

Meines Entsinnens hat mein Vater mir als ersten Text über die Familie einen Nachruf aus dem *Charleston News and Courier* gezeigt. Es war ein länglicher vergilbter Zeitungsausschnitt, ein Artikel überschrieben »Isaac Ball, Konföderierter, 88jährig gestorben«. Isaac, Dads Großvater, war 1844 auf der Familienplantage Limerick zur Welt gekommen und 1933 in Charleston gestorben. Dad nannte ihn stets »Isaac den Konföderierten«, um ihn von sieben weiteren Isaacs im Stammbaum zu unterscheiden, denn er hatte ab dem 28. April 1862 – als gerade Achtzehnjähriger – im Ersten Artillerieregiment der South-Carolina-Miliz am »Krieg zwischen den Staaten« teilgenommen (so heißt der Bürgerkrieg im Süden). Bei Isaacs Geburt war das dreißig Meilen nördlich von Charleston gelegene Limerick mit seinen fast zweitausend Hektar und etwa dreihundert Sklaven die größte Ballsche Plantage. Bis zum Beginn des Bürgerkrieges hatte Isaacs Vater, William James Ball, sieben weitere Reisplantagen mit je eigenen Schwarzensiedlungen erworben. Hinzu kamen die Ländereien und Belegschaften seiner Verwandten.

Ich besitze mehrere Photographien von meinem Urgroßvater Isaac. Großgewachsen, schlank und sorgfältig gekleidet, hatte er dünnes braunes Haar, das ihm jedoch im Alter ausging. Isaac trug sein Leben lang einen Schnurrbart und ein Haarbüschel unterhalb der Unterlippe; auf Photos aus der Bürgerkriegszeit ist sein Haar dunkel, später dann schlohweiß. Er trug oft Dreiteiler mit Schnurkrawatten, begnügte sich allerdings im Sommer mit gestärkten Hemden. Zu seinen Vergnügungen gehörte das Geigen. Man weiß, daß er gerne Bach spielte, und ich glaube, gelegentlich ließ er auch einen Virginia-Reel erklingen. Im Alter schrieb Isaac Gedichte, veröffentlichte jedoch nie etwas davon, vielleicht weil der Publikationswunsch in seinen Kreisen lediglich als eitle Wichtigtuerei galt. Ich besitze einige seiner Manuskripte. Dabei handelt es sich um Liebesgedichte an seine Frau, Oden auf Zeugnisse der Vergangenheit – eine alte Landkirche, eine verrostete Kanone der Konföderierten – und Elegien auf den Ausgang des Bürgerkrieges, der ihn über die Maßen verdroß.

Dad war während der letzten zwanzig Lebensjahre Isaacs in dessen Haus aufgewachsen und konnte sich gut an den alten Herrn erinnern. Im hohen Alter war Isaak durch den grünen Star fast völlig erblindet. Als er das Augenlicht zunehmend verlor, so Dad, habe er sich mit geschlossenen Augen rasiert, um schon einmal für die Blindheit vorzusorgen. Noch mit über achtzig sei Isaac trotz seines Tunnelblicks in die Stadt und dort auch regelmäßig am Krückstock spazierengegangen. In der Nähe seines Wohnhauses liegt, am Ende jener Halbinsel, die den ältesten Teil Charlestons bildet, ein entzückender kleiner Park namens White Point Gardens. Er wird an zwei Seiten von den Wassern des Hafens gesäumt und birgt einen Eichenhain mit Moosüberhängen sowie einen achteckigen Musikpavillon. Isaac pflegte sich seinen Weg durch den Park bis zum Ostrand des Grüns zu ertasten, wo die High Battery steht, ein hoher Damm gegen die Fluten. Von dort aus kann man weit draußen über dem Wasser das alte, auf einer Insel am Hafeneingang errichtete Verteidigungsbollwerk Fort Sumter sehen. Am Morgen des 12. April 1861 hatten rings um Charleston liegende Rebellenbatterien das Feuer auf die in der Festung stationierten Unionstruppen eröffnet, was den Auftakt zum Bürgerkrieg bildete. Mit seinem auf einen einzigen Lichtpunkt verengten Gesichtsfeld stand der alte Isaac hoch oben auf der High Battery, legte seinen Rohrstock an wie ein Gewehr, nahm Fort Sumpter ins Visier und tat so, als schösse er auf die Yankees, wie um zu unterstreichen, daß ihn der verlorene Krieg seiner Jugendzeit sein gesamtes Vermögen gekostet hatte.

Auch meine Mutter, die als Janet Rowley in New Orleans geboren wurde, stammte aus einer Pflanzerfamilie. Jenseits des Mississippi, in Westwego, gab es ein Zuckergut namens Seven Oaks: Das Anwesen, die Arbeiter und das (1840 erbaute) Herrenhaus hatten Michael Zehringer gehört, einem ihrer Vorfahren mütterlicherseits, dessen Großvater 1720 aus dem bayerischen Franken nach Louisiana gekommen war – später schrieb die Familie ihren Namen »Zeringue«, um besser bei der französischsprachigen Sklavenhalterkaste Louisianas landen zu können. Eine Enkelin des Herrn von Seven Oaks, Marie Constance Zeringue, heiratete einen gewissen Yves Caesar LeCorgne und zeugte mit ihm die Urenkelin Edna LeCorgne, die von mir heiß geliebte Mutter meiner Mutter.

In unserem Hausflur hing immer eine vergilbte Photographie des Herrenhauses von Seven Oaks, eines Kolosses im klassizistischen Stil; die vier Fassaden bestanden aus zweigeschossigen Reihen zu je sechs, also insgesamt vierundzwanzig dorischen Säulen. Als die Aufnahme entstand, hatte die Plantage, längst kein Familiengut mehr, verwahrlost und verfallen dagelegen.

Auf der väterlichen Seite meiner Mutter, bei den Rowleys, gab es weitere Sklavenhalter. (Rowley ist mein zweiter Vorname.) Im Jahre 1834 hatte ihr Urgroßvater Charles N. Rowley die reiche Erbin Jane Kemp Girault aus Louisiana geheiratet, die eine 890 Hektar große Baumwollplantage – »Marengo« – und sechsundsiebzig Sklaven mit in die Ehe einbrachte. Während diese scheiterte, wuchs die Plantage auf zweieinhalbtausend Hektar mit einem Bestand von zweihundertvierzig Sklaven an. Später ging Charles Rowley zum Militär, erhielt ein Offizierspatent, stieg gleich zu Beginn des Bürgerkrieges zum Brigadegeneral auf und befehligte die Sechste Brigade der Louisiana-Miliz. Charles konnte die Niederlage der Konföderierten nicht verkraften und ließ wenig später seine Frau mit sechs Kindern im Stich, um nach Brasilien zu fliehen und sich einer Exilfraktion der Konföderierten anzuschließen. In Brasiliens Zuckeranbau hielt sich die Sklaverei bis 1888 am Leben. Wenn Charles nicht befürchtet hatte, in den Vereinigten Staaten wegen seiner Stellung im Krieg verfolgt zu werden, so mochte er vielleicht einfach nicht vom Lebensstil eines Sklavenhalters lassen. In Südamerika erwarb er offenbar wieder Arbeitskräfte, bevor er im Juli 1869 im Alter von dreiundsechzig Jahren in der Provinz Rio de Janeiro starb.

Ebenso wie die Geschichte der Balls hat auch die der Zeringues und der Rowleys schwarze und weiße Protagonisten (beziehungsweise Antagonisten). Auch wenn ich mich vielleicht eines Tages näher um den Familienzweig in Louisiana kümmern werde, geht es im folgenden nur um die Sippe meines Vaters und die Lebensläufe jener Tausende, die ihr als Sklaven dienten.

Während meiner frühen Kindheit hatten wir in anderen Teilen des Südens gelebt und nur die Sommer bei unseren Verwandten in South Carolina verbracht, wohin wir erst zogen, als ich neun war. Danach zeigte Dad meinem Bruder Theodore jr. und mir den alten Distrikt der Reisplantagen, der einst das Revier der Balls gewesen war. Auf einer zweispurigen asphaltierten Straße fuhren wir von Charleston aus nordwärts an den Oberlauf des Cooper River, wo gut zwei Jahrhunderte lang Reis angebaut worden war. Dichtes Gras überwucherte die Ränder des Asphaltbelages, in den Ästen kreischten Zikaden, und am Horizont zeichnete sich schemenhaft eine Kiefernsilhouette ab. Ich erinnere mich noch an die stickige Hitze, die mehr aus dem Boden zu quellen als von der Sonne abzustrahlen schien, und an eine Luft, die wie ein feuchter Lappen auf den Lungen lag. Wir kamen an den schmucklosen Hütten schwarzer Familien vorbei, alle mit zwei bis drei Räumen, einer kleinen Veranda und einem verpichten Zinndach. Vor einer davon saß ein hagerer alter Mann im blauen Arbeitskittel.

»Das ist George«, sagte Dad und brachte den Wagen zum Stehen. Er bat Ted und mich, im Auto zu bleiben, und ich meine, er sei mit einem ziemlich angespannten Gesichtsausdruck über den Rasen und dann die drei Holzstufen der Veranda hinaufgegangen, um dem gebrechlichen Schwarzen George die Hand zu schütteln. Dann sah ich ihn gestikulieren und über Georges Kopf hinweg auf etwas offenbar weit Entferntes deuten. Plötzlich verschwanden beide in der Hütte. Sonst hatten meine Eltern uns Bekannten immer vorgestellt, aber diesmal vergaß Dad seine guten Manieren. Eine halbe Stunde lang saßen mein Bruder und ich auf siedend heißen Vinylsitzen und klatschten Mücken ab. Schließlich trat Dad aus dem Haus, um sich zu verabschieden. Nach dieser Begebenheit herrschte für den Rest des Ausfluges – über einige staubige Feldwege zu einer alten Kirche – eine seltsame Stimmung. Auf dem Rückweg nach Charleston verlor Dad kein Wort über George. Erneut fuhren wir an den jetzt verwaisten Landstrichen mit der zurückweichenden, ausgedünnten, gelichteten Flora vorbei, in denen einst die Balls geherrscht hatten. Nie habe ich weiteres über George in Erfahrung bringen können (nicht einmal seinen Nachnamen), also auch nichts über das geheimnisvolle Etwas, das Dads Gesichtsausdruck verändert hatte.

Ich siedelte nach New York über und studierte am College, begann indes gleichzeitig, für Zeitungen und Magazine zu schreiben. Jahre gingen ins Land, und gelegentlich fuhr ich nach Charleston. Ab und zu holte ich das »Ball-Buch« aus dem Regal, und dann geisterten stets die Plantagen durch meine Träume. Sechs Generationen lang hatten die Balls Seite an Seite mit schwarzen Familien gelebt, doch wie ich sie sah, zerfiel die Geschichte in zwei Teile. Hüben standen die lebhaften, heiteren, stolzen Vorfahren, drüben ihre Sklaven, anonyme, tabuisierte Halbmenschen. Ich wußte eine Menge über die Balls, aber kaum etwas über ihre Sklaven, obwohl es doch auf den Plantagen viel mehr Schwarze als Weiße gegeben hatte. Wie hatten sie geheißen? Wie gelebt? Wie ihr Miteinander gestaltet? Wann hatten sie die Plantagen verlassen, und wo waren ihre Nachkommen abgeblieben? Ließen sich ihre Angehörigen aufspüren? Doch die Träume schwanden dahin, sobald das Buch wieder im Regal stand.

Irgendwann wurde ich förmlich zu einem Familientreffen in South Carolina eingeladen. Man habe die Absicht, so verkündete einer der siebzigjährigen Veranstalter, die jüngeren Generationen in die Plantagentradition einzuweihen. Alle, wie weit entfernt sie auch leben mochten, sollten in die Heimat kommen, um gemeinsam mit den Vorfahren in alten Erinnerungen zu schwelgen. Wenngleich die Ländereien hätten veräußert werden müssen, als der Reisanbau nach dem Ende der Sklaverei zusammenbrach, und das einstige Vermögen längst dahin sei, gebe es noch Urkunden, Bilder und vor allem Geschichten. Meine Kindheitserinnerungen kamen wieder hoch, und die Einladung öffnete ein Fenster meiner Seele. Ich kramte eine Aufnahme von Isaac dem Konföderierten hervor, und die gesichtslose Masse der Sklaven trat erneut vor mein geistiges Auge.

Obwohl ich den Süden längst verlassen hatte, bildete die Plantagenära einen prägenden Teil meines Unbewußten, und das bevorstehende Familientreffen wirkte schließlich als ein Zwang, mich ihr zu stellen. Über die Sklaverei nachzudenken – die für die meisten Amerikaner nur etwas Mysteriöses, weit Zurückliegendes ist –, war so etwas wie eine Selbstanalyse. Gehörten die Plantagen zu meiner Identität? Äußerlich betrachtet gewiß nicht: Der aus dem Sklavensystem erwachsene Wohlstand war dahin, und die heutigen Balls hatten nichts mehr davon erben können. Einige Familienmitglieder waren gebildet, andere nicht; einige reich und geachtet, andere weder noch. Im Inneren jedoch lebten die Plantagen weiter. Ich erinnere mich, als Kind eine unsägliche Würde empfunden zu haben, die aus den alten Zeiten gestammt haben könnte. Das Gefühl ging nur zum Teil auf jene normalen Ermutigungen von Eltern zurück, die ihre Kinder fördern wollen, zu einem mindestens ebenso großen Teil jedoch auf das Bewußtsein, daß meine Familie einst fürstlich gelebt hatte – und daß sich die Welt nach wie vor in Menschen mit und ohne Ahnentafel unterteilen ließ.

Die Einladung zu dem Familientreffen lag geradezu mahnend auf meinem Schreibtisch. Mochte auch bei den Balls niemand darüber reden, wie hilfreich die Sklaverei gewesen war – ob wir es zugaben oder nicht, die Macht unserer Vorfahren wirkte nach: Wenngleich erheblich geschrumpft, unsere gesellschaftlichen Privilegien hatten überlebt. Statt Geld oder Land erbten wir Kulturkapital aus einem großen Fonds, der neben Ansehen, Bildungschancen, Selbstachtung, Raumgefühl und Mobilität (für manche) sogar ein gewisses Talent zum Herrschen enthielt. Aber nicht nur »wir«, die Familien ehemaliger Sklavenhalter, trugen die Plantagen im Gepäck. Unser energischer Einsatz in der Vergangenheit hatte den kulturellen Reichtum auch allen anderen weißen Amerikanern zugute kommen lassen.

Die Plantagen wühlten widersprüchliche Gefühle auf. Ich empfand Stolz (was für köstliche Geschichten!) und Wehmut (wie nahe einem die Familienschicksale gingen!). Gleichzeitig war das Sklavengeschäft ein Verbrechen, das sich niemand umfassend eingestand. Ich kann nicht sagen, daß ich mich wegen der Vergangenheit schuldig fühlte. Kein Nachkomme ist für die Taten derer verantwortlich, die längst tot und nicht mehr beeinflußbar sind. Statt schuldig fühlte ich mich für das Geschehene rechenschaftspflichtig, das heißt aufgerufen, es nach Möglichkeit aufzuklären. Auch empfand ich Scham über den Riß in der Gesellschaft, den die verebbende Flut der Sklaverei zurückgelassen hatte.

Ich beschloß, mich der Plantagen anzunehmen, sie mir gleichsam vorzuknöpfen, und nicht länger darüber hinwegzusehen oder sie gar zu entschuldigen. Ich wollte möglichst genau herausfinden, was sich auf unseren Ländereien abgespielt hatte. Amerika begann gerade, die tragischen Aspekte seiner Vergangenheit zu bewältigen, und dem schien unser Name, der einst in einem kleinen Teil des Landes bewundert worden war, zum Opfer fallen zu müssen, weil er mit dem Makel der Schande behaftet war. Wenn ich die Taten der Familie so aufrichtig wie möglich schilderte, konnte ich unserem Namen und uns dadurch – paradoxerweise – vielleicht noch eine Bresche schlagen.

Der Entschluß, in die Sklavenhalterzeit einzutauchen, ließ mich erstaunlich ruhig werden, und der weitere Weg schien klar vor mir zu liegen. Um die Hinterlassenschaft zu vervollständigen, wollte ich auch Nachkommen der Sklaven ausfindig machen. Das Vermächtnis der Plantagen »gehörte« weder uns noch den schwarzen Familien, sondern war unser gemeinsamer Hintergrund. Insofern sind die Abkömmlinge der Sklaven und die ihrer Halter unlösbar miteinander verbunden. Ihre Lebenslinien überschneiden sich ebenso wie ihre Träume, ja, oft teilen sie sogar das Bett. Als ich die Rückkehr nach South Carolina vorbereitete, beschäftigte mich der Gedanke, daß wir einander begegnen und unsere Erinnerungen, Gefühle und Träume austauschen müßten, um aus der Geschichte ein Ganzes zu machen.

An einem sonnigen Freitagmorgen im Juni nahm das Familientreffen an einem alten Dock des Cooper River, dreißig Meilen landeinwärts von Charleston, seinen Lauf. Etwa hundertfünfzig Verwandte aus allen Teilen des Landes bestiegen einen Mietdampfer für eine Flußfahrt zu den einstigen Ballschen Plantagen, deren Überreste jetzt an den Ufern vor sich hin moderten. Viele Teilnehmer trugen in der Hitze Carolinas Shorts und T-Shirts, doch einige Damen waren in voller Montur angetreten, samt Stöckelschuhen und Geschmeide. Der jüngste Teilnehmer war noch kein Jahr alt, der älteste achtundachtzig. Unser Doppeldecker lag im Schilf, und während wir nacheinander über den Landesteg gingen und dann mit einem kleinen Sprung das Deck erreichten, hallten Grüße und Gelächter über das Wasser. Mein Bruder Ted und seine Frau, Pam Taylor, waren aus Louisiana gekommen.

Der Dampfer wendete, und wir nahmen unsere Plätze ein. Als wir wenig später eine Flußbiegung passierten, kam das älteste der Ballschen Anwesen in Sicht, die Plantage Comingtee. Dort hatte sich der Familiengründer, der erste Elias Ball, 1698 aus England kommend niedergelassen. (Den Namen Elias sollten fortan viele der Söhne tragen, darunter der Tory Wambaw, der zwei Generationen später nach England zurückging.) Ganz in der Nähe sah man den verfallenen Backsteinkoloß der Reismühle. Aus dem Uferschlamm ragten verrottete Holzstücke hervor, die aussahen wie Kopfbretter von Betten – Teile der Schleusen, mit denen man einst den Zustrom des Wassers auf die Reisfelder gesteuert hatte.

Als das Ausflugsboot daran vorüberglitt, lauschten wir dem Bericht eines Amateurhistorikers, der unseren Stolz auf die versunkene Welt der Plantagen schüren wollte. Unsere Anwesen hätten von bescheidenen hundertzwanzig Hektar mit dreißig, vierzig Landarbeitern bis zu anderthalb-, zweitausend Hektar und Hunderten von

Sklaven rangiert. Direkt gegenüber von Comingtee lag ein weiteres unserer ehemaligen Anwesen, Dean Hall, dessen Herrenhaus noch gut erhalten war. Einige Plantagen des Südens dienten jetzt reichen Familien als Landsitze, aber viele waren verschwunden. Unser altes Pimlico war durch gewundene Straßen und Ranchstil-Häuser zerklüftet. Einige Meilen stromaufwärts lagen zwei weitere alte Anwesen, Kensington und Hyde Park, auf denen fast kein Gebäude mehr stand. Mepkin, ebenfalls ein Familiengut, war geräumt und in ein katholisches Kloster umfunktioniert worden. Ein Forstbetrieb hatte viele der Ländereien aufgekauft und Kiefern angepflanzt. Über das Wasser hinwegblinzelnd, murmelten wir etwas von einem Erbe, das nun kaputt und dahin sei.

In der Sklavenzeit hatten die Reisfelder direkt am Fluß gelegen. Jedes einzelne wurde mit einer »Reisbank« eingefaßt, einem mehrere Fuß hohen und etwa vier mal zweihundert Meter langen Erdwall. Die Überreste der von der Strömung ausgehöhlten Bänke lagen unter dem Wasserspiegel und bildeten Hindernisse für Schiffe, die bei einem entsprechenden Tiefgang dort leicht auf Grund laufen konnten. Und tatsächlich, kurz vor der nächsten Biegung hing unser Doppeldecker schlingernd und bebend auf einer der Reisbänke fest. Nach der Lage zu urteilen, hatte sie einst zu Comingtee gehört und war von Ball-Sklaven angelegt worden. Der Steuermann mühte sich, seinen Dampfer freizubekommen, der nun in dem einst von Schwarzen durchfurchten Schlamm steckte, aber die überforderte Maschine gab nur ächzende Laute von sich. Eine halbe Stunde verging, dann eine weitere.

»Wir verbringen mehr Zeit in den Reisfeldern als alle unsere Vorfahren zusammen!« unkte ein Vetter.

Dann fiel die Entscheidung, das Schiff zu verlassen, und mehrere Schnellboote legten an, um uns aufzunehmen. So endete der Auftakt des Familientreffens damit, daß wir zu zweit und zu dritt in die Motorboote umstiegen, die uns abseits der Reisfelder wieder auf festen Boden beförderten.

Für die Recherchen zog ich von New York nach Charleston zurück. Ich beschloß, in zwei Etappen vorzugehen: Auf einen Feldzug durch die Plantagenbetriebe sollte eine Suche nach den Abkömmlingen der Ballschen Sklaven folgen. Diese doppelte Herausforderung erschien mir – bei einem Abstand von vielen Generationen, der im Nebel von Rassentrennung und Mißtrauen lag, um das mindeste zu sagen – ziemlich beängstigend.

In Charleston hoffte ich, auf einem der alten Ballschen Anwesen unterkommen zu können. Die Sklaverei hatte es der Familie erlaubt, mehr als ein Dutzend Stadtsitze zu unterhalten. Das Stadthaus des Familiengründers Elias Ball war schon Anfang des 18. Jahrhunderts verkauft und später abgerissen worden; drei andere Gebäude fielen 1838 einem Großbrand zum Opfer, die meisten übrigen den nach 1900 eingeleiteten Abrißwellen. Doch eine Handvoll stand noch. An der nordwestlichen Kreuzung von Ashley und Bull Street lag ein Holzhaus, das um 1850 einem Familienmitglied gehörte, an der Ecke von East Bay Street und Stoll's Alley ein dreistöckiges Backsteinhaus, in dem um 1830 die Erbin Ann Ball gewohnt hatte.

Ein kundiger Vetter half mir bei der Wohnungssuche. Seine Bank habe ein Herrenhaus in der Altstadt übernommen, als der Inhaber die Raten nicht mehr bezahlen konnte. Es sei zwar heruntergekommen und ziemlich verwahrlost, doch ich könne dort einziehen, bis sich ein Käufer finde. Denkmalschützer hatten die Villa nach zwei früheren Eigentümern das »Branford-Horry House« genannt. Sie lag neben anderen ihrer Art an der nordwestlichen Kreuzung von Tradd und Meeting Street, der durch Charlestons historischen Ortskern führenden Hauptstraße. Um 1750 erbaut, hatte das dreigeschossige Haus drei Wohnzimmer, fünf Schlafzimmer, fünf Bäder, eine Küche, einen Ballsaal, eine Bibliothek, eine Mansarde, einen Keller und achtundvierzig Fenster – und stand jetzt völlig leer.

Diese Unterkunft erinnerte in nichts an meine frühere New Yorker Wohnung. Ihre der Straße zugewandte Seite beherrschte ein großer Holzvorbau, der in Charleston »Piazza« (= Veranda) heißt. Er ging vom ersten Stock ab und ragte, am Bordsteinrand auf fünf Säulen gestützt, über das Trottoir hinaus. Eine zweite Säulenreihe darüber trug den Giebel, der aussah wie eine gerunzelte Braue. Der Grundriß war fast genau quadratisch, die zwei Fuß dicken Backsteinmauern mit beigefarbenem Stuck verziert, der allerdings vielfach gesprungen

und abgeplatzt war. Hinter einer hohen Mauer lagen eine rot geflie-
ste Terrasse und ein Garten, der seit der Zwangsvollstreckung völlig
verwildert war. Durch den Haupteingang trat man in einen geräumigen Mittelflur, von dem beiderseits große Flügeltüren zu den Wohn-
zimmern abgingen. Die dicke Luft in den Räumen roch nach Moder
und Keimen. Aus den Ritzen zwischen den Bodendielen quollen Wolken uralten Staubs, überall blätterte die Farbe ab und wies der Putz
Wasserflecken auf. Am Ende des Hauptflures lag die Bibliothek, der
besterhaltene Raum. Ihre Wände und die aus schwerem Zypressen-
holz gezimmerte Kamineinfassung glühten wie altes Papier. Vom
Flur ging die Treppe mit einer quietschend knarrenden siebenten
Stufe ab. Der Ballsaal im ersten Stock war ebenfalls mit Zypresse
ausgekleidet, aufgelockert durch gerieft Säulen mit dorischen Kapi-
tellen. Vier Balkontüren führten auf die Veranda, die über der Straße
lag wie ein Wintergarten. Daneben gab es zwei Schlafzimmer, noch
ein Wohnzimmer, Bäder, und im Obergeschoß drei weitere Schlafzimmer, Badezimmer und eine Waschküche. In der Rumpelkammer
türmten sich Kamineinfassungen, alte Fenster und Türen, die offenbar zu Bruch gegangen waren. Ich zog mit Bett, Bücherregal sowie
zwei Tischen und Stühlen ein, die mein einziges Mobiliar blieben.

Mein inzwischen verfallendes neues Heim hatte ursprünglich
noch einen Wagenschuppen und verschiedene Nebengebäude umfaßt. Der ersten Volkszählung der Vereinigten Staaten von 1790 zufolge hatten dort seinerzeit vierunddreißig Sklaven gelebt, die der im
Herrenhaus wohnenden achtköpfigen Familie von Weißen gehörten
und vom Zähler nicht namentlich registriert worden waren. Das war
von allen Stadtsitzen die höchste gemeldete Sklavenzahl.

Sklavenhalter wurden selten Künstler. Trotz ihrer Muße malten sie
weder, noch musizierten sie, von Hausmusik einmal abgesehen. Sie
schrieben, aber nur für einen kleinen Leserkreis. Statt sich der Kunst
zu widmen, sammelten sie lieber, bevorzugt Menschen, Güter und
Daten über beides.

Die Balls sammelten sogar emsiger als viele ihresgleichen. Einige
schrieben Memoiren oder Gedichte, aber im wesentlichen ließ die
Familie lediglich Briefe und Geschäftsbücher zurück. In den Briefen

zogen sie Lebensbilanzen, in den Büchern dagegen bilanzierten sie das Reisgeschäft und ihr Humankapital. Hundert und dann zweihundert Jahre lang bewahrten sie ihre Papiere auf: Hauptbücher, Urkunden, Korrespondenz, Quittungen, Sklavenlisten, die zunächst gestapelt, später in Kisten und schließlich in Truhen verstaut wurden. Eine Generation nach der anderen nahm sich des gehorteten Schatzes an und übergab ihn im hohen Alter den Kindern.

Wenn auch die Archive vieler Sklavenhalter im Bürgerkrieg geplündert oder verbrannt wurden, so blieben die Papiere der Balls erhalten, weil die Yankees nur wenige ihrer Plantagen zerstörten. Ab Anfang des 20. Jahrhunderts vergab die Familie den Bestand nach und nach an verschiedene Archive des Südens, bis fast alles in öffentlicher Hand lag. Die gut zehntausend Seiten »Ball Family Papers«, wie sie unter Historikern heißen, sind in vier Bibliotheken untergebracht. Das älteste Dokument ist ein Inventar aus dem Jahr 1631. Es führt den Hausrat eines Anwesens bei London auf, das einst der mit den Balls verwandten Familie Harleston gehörte. Die jüngsten Briefe sind dreihundert Jahre später in Amerika entstanden, nachdem die Reisfelder längst brachlagen.

Um den Plantagenbetrieb verstehen und die Nachkommen der Sklaven ausfindig machen zu können, mußte ich mich in erster Linie an den schriftlichen Quellen orientieren, da mündliche Überlieferungen viele Mängel und Lücken aufweisen. Bei den Balls, die in Legenden ertrinken, mußte man die Erinnerungen im Lauf der Zeit auswählen, und ähnliches dürfte sich mit wachsendem Abstand von den Plantagen in vielen der schwarzen Familien abgespielt haben. Obwohl auch die schriftlichen Quellen lückenhaft waren, genügten sie der Forderung nach Genauigkeit besser als bloßes Hörensagen.

Zwei Blocks neben dem verwaisten Branford-Horry House liegt das blaßrote Stuckgebäude der South Carolina Historical Society mit einem Archiv für Unterlagen alter Reispflanzer, darunter einige der Ball-Papers. Dort fand ich mich allmorgendlich ein, um die in klimatisierten Räumen wie letzte Exemplare einer ausgestorbenen Pflanzenart untergebrachten Familiendokumente zu sichten.

Am Anfang standen die folgenden beiden Fragen: Wer waren die Balls? Und wer waren ihre Sklaven?

In der alten Zeit kam ein Haushalt schlicht durch Eheschließung zustande. Sobald die Braut wie ein Paket vom elterlichen auf das Ballsche Gut verfrachtet wurde, löste sich ihre Identität in der ihres Mannes auf. Die frischgebackene Mrs. Ball mochte selbst Land oder Sklaven besitzen (beides fiel nicht unbedingt zusammen), und ihre Mitgift konnte aus einem ganzen Dorf bestehen; doch wenn sie heiratete (oder sich als Witwe wiedervermählte), ging ihr Eigentum nach den Ehestandsvorschriften auf den Mann über. In den Augen des Gesetzes bestand ein Ehepaar nur aus der Person des Mannes, mit der die Identität der Frau restlos verschmolz. Das traditionelle patriarchalische Eherecht regelte allerdings nicht nur die Eigentumsverhältnisse, sondern auch das Geschlechtsleben, um den Namen und das Vermögen zu schützen. Von der Frau verlangte die Kultur, anders als vom Mann, unbedingte eheliche Treue. Unter diesen Voraussetzungen erwarben selbstverständlich stets die Männer die meisten Sklaven und das meiste Land und hinterließen auch die meisten Unterlagen.

Wenn die jeweilige Hausherrin auch keine volle Befehlsgewalt über die Plantage hatte, nutzte sie doch ihre Macht als Partnerin des Mannes, so gut sie konnte. Auch ihre Töchter mischten oft im Geschäft mit. Einige schlossen Voreheverträge, um sich ihre Eigentumsrechte für den Fall der Heirat zu sichern. Nach einem Jahrhundert des kreuz und quer Heiratens zwischen den wenigen weißen Familien am Cooper River waren die Balls mit den meisten ihrer Nachbarn verschwägert. Die Frauen blieben eng mit dem Elternhaus verbunden, auch wenn sie mit den Männern wegzogen. Ihre Kinder und Enkel waren Balls, und die Bindungen schwächten sich nur sehr langsam ab.

Bald fand ich eine für die Zwecke meiner Untersuchung tragfähige Familiendefinition, nämlich: alle Personen, die den Namen »Ball« durch Geburt respektive Heirat erworben beziehungsweise innerhalb einer Generation durch Heirat wieder verloren hatten.

Entsprechend definierte ich ihre Sklaven als all jene Personen, die einmal Balls gehört hatten und deren Lebensläufe sich anhand der erhaltenen Unterlagen nachvollziehen ließen.

Am Ende des 20. Jahrhunderts lebten Abkömmlinge der Pflanzer über ganz Amerika verstreut. Allein die Nachkommenschaft von

Isaac (dem Konföderierten) und Mary Louisa Moultrie Ball zählte etwa hundertfünfzig Personen in fünfzehn Bundesstaaten. Darunter gab es Bauarbeiter, Makler, Lehrer, Anwälte, Sekretärinnen, Hausfrauen, Professoren, Ärzte, Studenten und Bibliothekare sowie einen Chemiker, einen Priester, einen Bankier und ein Model.

Wie viele Nachfahren mochten die Ballschen Sklaven haben? Als der Bürgerkrieg 1865 endete, besaß die Familie mehrere Plantagen, alle am Cooper River: The Blessing, Buck Hall, Cedar Hill, Cherry Hill, Comingtee, Dean Hall, Halidon Hill, Hyde Park, Limerick, Pawley und Quenby. Den erhaltenen Quellen zufolge (die nicht vollständig sind) wurden auf ihnen mindestens achthundertzweiundvierzig Personen befreit, weitere auf drei Ballschen Gütern – Kensington, Pimlico und St. James –, die einige Jahre vor Ausbruch der Kämpfe mit dem Norden verkauft worden waren. Diese Zahlen mögen hoch erscheinen, doch sie sind nur ein winziger Bruchteil: Die Emanzipationsproklamation betraf fast vier Millionen schwarze Amerikaner.

Auch nach ihrer Befreiung bildeten die ehemaligen Ball-Sklaven eine umgrenzte Gemeinschaft. Viele blieben vor Ort und heirateten untereinander, ebenso dann ihre Kinder. Doch fünfzig Jahre später heirateten sie zunehmend über den alten Kreis hinaus, die Hälfte wanderte nordwärts ab, und andere zerstreuten sich in alle Winde. Mit Hilfe einer Gleichung, die gemeinschaftsinterne Ehequoten, die durchschnittliche Kinderzahl, die langfristige Abwanderung aus dem Süden und die Zunahme der Lebenserwartung berücksichtigt, läßt sich die Nachkommenschaft der befreiten Ballschen Arbeitskräfte relativ genau errechnen. Nach einer vorsichtigen Schätzung würde sich ihre Zahl im Jahr 2000 in den Vereinigten Staaten auf mindestens fünfundsiebzigtausend belaufen – etwas großzügiger geschätzt vielleicht sogar auf knapp hunderttausend.

Alte Papiere sind etwas Schönes. Grob marmoriertes Pergament mit Geschäftsberichten sieht manchmal aus wie weiße Haut. Die Blätter sind gemasert, tragen Altersflecken, und Tinte durchzieht sie wie Haarrisse. An einigen Stellen ist sie noch so schwarz wie am ersten Tag und das Papier fleckig wie die Wange einer Engländerin. Ich fraß mich durch die Ball-Papers, beginnend bei der Chronik des Ersten

Elias, der 1751 im Alter von fünfundsiebzig Jahren starb und vier eng beschriebene Seiten als Testament hinterließ. Das Papier wies hier und dort kleine Löcher auf, die Spuren des Bücherwurmes. Beim zweiten Blatt hatte jemand einen Riß geflickt, und der getrocknete Leimklecks ließ einen Fingerabdruck erkennen.

Das betörendste waren Urkunden. Ihnen lagen Karten oder Pläne bei, die den Zuschnitt der Plantagen oder Standorte von Gebäuden zeigten. Bei einem Plan war der rote Rand verblaßt wie einfache Wasserfarbe, und einige Blätter trugen braune Fleckchen wie von alten Teespritzern. Andere waren ausgetrocknet, gewellt oder im Gewebe verändert. In den alten Zeiten hatte man jede Urkunde im Couvertformat gefaltet, mit einem Pergamentstreifen zugebunden und dann mit rotem Wachs versiegelt. Das war nun krustig, und schwarze Rußspuren zeigten, wo Kohlenstoff von der brennenden Kerze ins Siegel getropft war.

Ich las sehr langsam, verweilte bei den im Plauderton gehaltenen Briefen, lächelte über die Marotten der geschwätzigen Balls und freute mich an ihren schwungvollen Unterschriften. Dann fand ich die Sklavenlisten.

Sie waren gebündelt und zu dicken Packen aufgestapelt. Sooft ein Reispflanzer etwa Schuhe ausgab, notierte er sich die Namen der Empfänger. Für die Steuererklärung mußte er ein Inventar seines Humankapitals erstellen. Wenn er Stoff kaufte, aus dem sich die Leute ihre Kleidung nähten, trug er ein, wieviel jeder erhielt. Wenn eine Frau niederkam, vermerkte er das Geburtsdatum und den Namen des Kindes. Und nachdem ein Mr. Ball gestorben war, hatte sein Nachlaßverwalter jeden einzelnen Sklaven taxiert, bevor der Besitztitel auf die Erben überging. Ich begann, die Namen auf einer längeren Liste zu zählen, und kam auf mehrere hundert, verlor dann jedoch den Überblick.

Diese Dokumente bezeugten nur einiges von dem, was im Laufe der Jahrhunderte zwischen schwarzen und weißen Amerikanern vor sich gegangen war. Vielleicht läßt sich die darin angelegte Tragik mit einem Bild aus der Seefahrt illustrieren. Irgendwann waren nach einem Schiffbruch zwei Tote eng umklammert angeschwemmt worden. In der gerichtlichen Untersuchung grübelten die Leichenbeschauer darüber nach, warum die Ertrunkenen sich bis zum Schluß umarmt hielten. Schließlich kamen sie zu dem Ergebnis, daß beide gleichzeitig gestorben sein mußten und einander nicht mehr loslassen konnten.

Tief unten im rosaroten Stuckbau der historischen Gesellschaft las ich, soviel ich aufnehmen konnte. So traten die Geschichten einer Familie nach der anderen an die Oberfläche, und ich fügte Stück für Stück zusammen, was sich zugetragen hatte.

2

MEISTER AUS ENGLAND

Mein Ururururururgroßvater Elias Ball kam 1676 in dem winzigen
westenglischen Weiler Stokeinteignhead zur Welt, und sein Leben
dokumentiert den Einstieg einer Familie in das Sklavengeschäft der
Frühzeit Amerikas. In seinem Werdegang verquicken sich Zufall, Be-
herztheit und Blutsbande.

Das Dörfchen Stokeinteignhead liegt im Süden Devonshires, etwa
zwei Meilen von der Kanalküste entfernt. Wenn ich auch Elias' genaues Geburtsdatum nicht auffinden konnte, so wurde er jedenfalls
am 13. Oktober in der anglikanischen Dorfkirche getauft. Die ältere
Schreibweise Stoke-in-Teignhead hilft, den Ort näher zu kennzeich-
nen: die Feuerstelle oder Siedlung auf dem Teignhead, einer Hügel-
kette am Flusse Teign, der in den Kanal mündet.

Als Jugendlicher hatte ich Stokeinteignhead einmal besucht, um
eine Woche am Geburtsort meines Urahnen zu verbringen. Ich war
per Anhalter von London aus westwärts in das Bergland Devons gefahren, wo die Besiedelung immer dünner, aber dafür die Weiden immer fetter wurden. In Elias' Dorf – nur eine Handvoll überwiegend
im 17. Jahrhundert erbaute Steinhäuser mit Strohdächern an einer
gewundenen, zwischen eingezäunten Feldern hindurchlaufenden
Straße – schien sich seit seiner Kindheit kaum verändert zu haben.
Knapp zwanzig Meilen außerhalb lag ein schmales, ebenfalls stroh-
gedecktes Farmhaus mit einem altertümlichen Steintor. Der Stein
sah aus wie ein Druidenblock und trug den eingemeißelten Namen
»Balls«. Wahrscheinlich war es das Haus eines Verwandten, denn für
Elias' Wohnsitz lag das Dorf zu weit davon entfernt. Ich habe Photos
von seinem Inneren gesehen und nehme an, daß es Elias' Haus fast
glich. Es hatte niedrige Balkendecken und eine große Kochstelle.

Auch wenn die grünbraunen Felder von Teignhead einen besonderen Liebreiz atmeten, muß das Landleben im Devon des 17. Jahrhunderts sehr hart gewesen sein. Die meisten Bewohner standen als landlose Bauern unter der Knute von Adligen. Einige Männer verdingten sich in nahe gelegenen Häfen wie Torquay an der Kanalküste, drei Meilen südlich von Teignhead bei Torbay, als Matrosen. Wer etwas Glück hatte, bestellte als Freisasse ein paar Morgen Land und war damit in einem gewissen Maße von den Großgrundbesitzern unabhängig.

Elias' nächste Verwandte waren arme Händler oder Bauern. Seine Eltern, William und Mary Ball, hatten sich offenbar als Pächter durchgeschlagen, denn aus Williams Testament geht hervor, daß er kein Land besaß und seinen Kindern kaum etwas hinterlassen konnte. Elias' älterer Bruder William jr. arbeitete sich eine Stufe höher, indem er als junger Mann eine Schneiderlehre absolvierte. Einige seiner Angehörigen in den umliegenden Dörfern standen noch besser da. Onkel Charles Ball hinterließ seinen Kindern und – wie es im Testament hieß – »den Armen der Gemeinde« einiges Geld. Die Balls in Devon verteilten unter ihren Söhnen, was sie konnten, und verheirateten ihre Töchter mit Farmern der Umgebung.

In England lebten verschiedene weitere Balls. In einer der Familien – die indes nicht mit ihnen verwandt gewesen sein muß – hatte es einen Mann gegeben, dessen bleibender Ruhm bis an die Ohren des jungen Elias gedrungen sein dürfte. Das war John Ball, der »verrückte Priester aus Kent«. Um 1360 hatte dieser Geistliche in der Stadt York der Kirche getrotzt und war südwärts gezogen, um sich für die Bauern Kents einzusetzen. Ball predigte das Ideal einer klassenlosen Gesellschaft mit Kollektiveigentum und prangerte die Lords an. Um 1366 wurde er wegen seiner ketzerischen Aufrufe exkommuniziert und festgesetzt. Wie in einer von den Anklägern erstellten Biographie zitiert, griff John Ball die Eliten an und verkündete: »Die Dinge stehen nicht zum Guten in England, und daran wird sich auch wenig ändern, solange man nicht alles gerecht aufteilt, es keine Herren und Leibeigenen mehr gibt, sondern alle gleich sind und die Lords nicht mehr Macht haben als wir.« Aus der Haft entlassen, scharte er erneut Gefolgsleute um sich, predigte die natürliche

Gleichheit aller und rief zur Tötung der Lords, Rechtsanwälte und Richter auf, um das Ständewesen zu überwinden. 1381 führte John Ball eine Bauernbewegung an, die rund zweihunderttausend Anhänger gewann und einen Marsch nach London veranstaltete. Im Juli jenes Jahres wurde er in Coventry gefaßt. Erneut in Haft genommen, sollte ihn diesmal die ganze Härte des Gesetzes treffen. Der »verrückte« Rebell wurde in St. Albans bei London unter den Augen König Richards II. gehängt, gerädert und geviertelt, worauf man die Stücke des Leichnams in vier verschiedene Städte Englands schickte.

Wenn John Ball auch nicht nachweislich mit Elias verwandt war, so könnte er doch immerhin zu dessen Vorfahren gehört haben. Jedenfalls spielte sein Kreuzzug gegen das Ständewesen eine bedeutende Rolle. In Elias' Kindheit scheint sich seine Familie in erster Linie betrogen und bestohlen gefühlt zu haben. Noch Mitte des 17. Jahrhunderts waren einige der Devoner Balls durchaus wohlhabende und angesehene Leute gewesen, aber bevor Elias zur Welt kam, muß etwas geschehen sein: Die Familie war unter die Räder gekommen, hatte ihre Privilegien eingebüßt.

Einer alten, in Amerika angelegten Ahnentafel zufolge war Elias' Großvater ein gewisser Robert Ball, seines Zeichens Vikar der Kirche von England. Im Jahr 1600 nicht weit von Stokeinteignhead geboren, war er in Oxford am Balliol College ausgebildet worden, hatte die begüterte Mary Huchenson aus Exeter – der Hauptstadt Devons – geheiratet und einiges Land erworben. Im Alter von vierundzwanzig Jahren wurde der gut betuchte Theologe in der »St. Mary's Church« von Torquay seiner künftigen Gemeinde vorgestellt. Im damaligen England stand Geld der Gottesfurcht eines Geistlichen noch nicht im Wege.

Robert Balls Glückssträhne hielt fast zwanzig Jahre an, doch dann änderte sich mit einem Schlag alles, da in England der Bürgerkrieg ausbrach. 1642 stellte das rebellierende Parlament Armeen auf, die gegen König Charles I. und seine Anhänger zu Felde zogen. Eine Gruppe der Aufständischen, die vom eisernen Oliver Cromwell geführte »New Model Army«, stellte sich an die Spitze. In Cromwells Truppe sammelten sich die Kräfte der lautstarken Puritaner, die von Haß gegen die pompösen Bischöfe und den protzigen Kult der Kirche von England erfüllt waren. Als Angehöriger der Staatskirche unterstand Robert Ball sowohl dem König als auch den Bischöfen und war damit offenkundig ein verabscheuungswürdiger Feind.

Als die New Model Army durch Devon zog, bestieg Reverend Robert Ball die Kanzel der St. Mary's Church und forderte seine Gemeinde auf, König Charles die Treue zu halten, worauf er festgenommen und eingesperrt wurde. Nachdem er gegen Kaution (die seine Frau gestellt haben könnte) freigekommen war, nahm er seine Familie und floh. Etwa ein Jahr danach flauten die Kämpfe ab, da Charles I. auf die Isle of Wight geflüchtet war. Während der Waffenruhe kehrte Robert Ball in die alte Heimat zurück, um sein Haus geplündert, sein Vermögen konfisziert und St. Mary's in den Händen der Puritaner vorzufinden. 1648 lebten die Kämpfe wieder auf. Cromwells Armee siegte, König Charles wurde enthauptet, und Cromwell selbst übernahm die Staatsführung. Robert Ball war ruiniert und brachte seine besten Jahre damit zu, sich der Geldforderungen von Cromwells Adjutanten zu erwehren und um das Vermögen seiner Frau zu kämpfen. Gegen Ende der fünfziger Jahre konnte er St. Mary's wieder übernehmen. Doch die Balls schienen an den Widrigkeiten des Bürgerkrieges zerbrochen zu sein.

Elias Balls Vater William hatte nichts geerbt und wenig erworben. Er ließ sich im eine Gehstunde von Torquay entfernten Stokeinteignhead nieder, wo er ein armes Mädchen namens Mary heiratete. Die beiden bekamen vier Kinder, unter denen Elias der Benjamin war.

In Elias' Kindheit trumpfte die Krone erneut auf. Nach Cromwells Tod holte sich Charles II., der Sohn des enthaupteten Königs, den Thron zurück. Viele Vertreter des neuen Regimes wollten sich im Namen der Staatskirche an den Puritanern rächen. Doch der zweite Charles neigte zum Katholizismus und ließ die Anglikanische Kirche links liegen. Das löste ein Murren bei den Lords aus, und als der Thron nach Charles' Tod 1685 an seinen Bruder, den erklärten Katholiken James II., fiel, mußten sie sich ernsthafte Sorgen machen. König James blickte zum Vatikan und förderte das Papsttum, eine Wendung der Dinge, die in der alten Protestantenfraktion Panik ausbrechen ließ. 1688 lud eine englische Aristokratenclique Wilhelm, den Prinzen von Oranien, nach England ein, wo er James den Thron abnehmen sollte.

Da war Elias gerade zwölf Jahre alt. Im November landete Wilhelm von Oranien mit seinem Heer bei Torbay, eine halbe Galoppstunde vom Sitz der Balls entfernt, um die später so genannte »Glorreiche Revolution« in die Wege zu leiten. Die Invasionstruppen müßten auf ihrem Weg nach Exeter und London an Stokeinteignhead vorübergekommen sein, so daß dort erneut bewaffnete Horden durchmarschiert wären. Als glühende Anhänger der königlichen Familie hätten die Balls also erneut fliehen müssen. König James jedenfalls floh, und zwar nach Frankreich, womit die ruhigere Herrschaftszeit Williams und Marys begann.

Wir können uns unschwer vorstellen, wie Elias' Familie, völlig mittellos auf einem Stückchen Land sitzend, immer wieder von dem Luxus schwärmte, in dem einige ihrer Verwandten einst geschwelgt hatten. Vor diesem Hintergrund bekam die Verarmung der Balls eine besondere Note, denn offenbar brachte das Unrecht den kleinen Clan mit großen Ereignissen in Verbindung. Die Spur der Verbrechen ließ sich von den Dörfern am Teign schnurstracks bis zum König hinauf ziehen, denn die Puritaner, ein fanatischer Pöbel, hatten das von Gottes Gnaden regierende Staatsoberhaupt getötet. Und seht nur, wie wir jetzt dastehen!

Vermutlich haben die Erlebnisse im Englischen Bürgerkrieg einige der Balls in die Arme des Konservatismus getrieben, und vielleicht weckten sie gerade dadurch in Kindern wie Elias den Antrieb, sich zurückzuerkämpfen, was man ihnen gestohlen hatte.

William Ball starb 1692, als Elias sechzehn Jahre alt war. Dem Nachlaßverzeichnis zufolge hinterließ er nicht viel: »zwölf Schafe, zehn Lämmer ... eine alte Mähre & Fohlen ... eine Kupferpfanne & Kessel ... ein Bett ... [&] eine Kornsaat.« Als der Jüngste hatte Elias nach dem Erstgeburtsrecht keinerlei Anspruch auf den ohnehin armseligen Nachlaß.

Stokeinteignhead lag in der Nähe von Häfen, die den zunehmenden Schiffsverkehr mit Amerika abwickelten. 1620 war die *Mayflower* mit einer kleinen Schar von Pilgervätern an Bord von Plymouth in Devon nach Massachusetts abgesegelt. Seitdem verloren Torbay und seine landeinwärts gelegenen Dörfer Tausende von Söhnen und Töchtern als Matrosen und Siedler an das wachsende Reich in Übersee. Wenn diese in Briefen nach Hause über ihre Erlebnisse berichteten oder wenn Entmutigte endgültig nach England zurückkehrten, so reicherten ihre Kolonialgeschichten die regionale Folklore an.

Als Knabe muß Elias zumindest von John Coming (es gab auch die Schreibweisen »Cumming« und »Comyns«) gehört haben, einem Halbbruder seines Vaters, der nach Amerika gegangen, also ein interessanter Onkel war.

John war in Devon aufgewachsen und später Seemann geworden. 1669 heuerte er als Erster Maat auf der *Carolina* an, einem von Investoren mit dem Ziel angemieteten Schiff, die erste feste englische Siedlung an der Südostküste Nordamerikas zu gründen. Im Unterschied zu früheren gelang diese Expedition. Danach heiratete John Coming Affra Harleston, eine der wenigen mitgereisten Frauen, fuhr anschließend jedoch weiterhin zur See. Er stieg bis in den Kapitänsrang auf und pendelte im Personen- und Frachtverkehr zwischen England und der neuen Kolonie Carolina.

Ich stelle mir vor, daß Elias Ball seinen Onkel John bei dessen Zwischenstopps in Devon kennenlernte, wenn der seine dortige Verwandtschaft besuchte. Da John und Affra selbst keine Kinder hatten, mag der Kapitän der Familie seines Halbbruders besondere Aufmerksamkeit gewidmet haben. So oder so muß John Coming auf die Idee verfallen sein, einen seiner Ballschen Neffen als Erben einzusetzen, sollte dieser nach Amerika kommen und ihn darum bitten. Nach vielem Hin und Her hängte John Coming die Seefahrt gegen 1682 an den Nagel und blieb fortan in South Carolina, wie die Kolonie inzwischen hieß. (Der andere Teil, North Carolina, war von Engländern weitgehend unberührt und blieb es auch noch viele Jahre lang.)

Das Anwesen, auf dem John Coming lebte, hieß Coming's T, weil es an der T-förmigen Vereinigung zweier Flüsse lag. Es war keine Farm im Stil Devons, also zwei bis vier Hektar groß, sondern mit etwa dreihundert Hektar viel gewaltiger, und hatte darüber hinaus etwas einzigartig Amerikanisches, das kein englischer Farmer, nicht einmal ein Lord, für sich beanspruchen konnte: Coming's T war mit gefangenen Zwangsarbeitern bevölkert, dunkelhäutigen afrikanischen und eingeborenen Sklaven.

John Coming und Affra Harleston hatten als Pioniere alles auf eine Karte gesetzt und gewonnen. Dieser Wagemut eröffnete ihrem Neffen, dem jungen Elias Ball, neue Wege. Das Ganze begann im August 1669 irgendwo bei Dover, als John Coming an Bord der *Carolina* ging, um nach Amerika zu fahren. Die längliche, leichte Fregatte hatte noch zwei Schwesterschiffe namens *Port Royal* und *Albemarle*, und diese Flottille segelte von den »Downs« durch einige Untiefen vor der Küste Dovers zunächst nach Irland, um dort weitere Passagiere aufzunehmen. Von seinem irischen Liegeplatz schrieb Kapitän Joseph West, als Leiter der Mission, an seine Auftraggeber bei der Investorengruppe »Lords Proprietors«, um sie davon zu unterrichten, daß in Irland weniger Abenteurer als erwartet zugestiegen waren.

Das gedämpfte Interesse der Iren an dem Projekt war insofern nur normal, als die drei Schiffe aus England stammten, das vor nicht zu langer Zeit in Irland grauenhaft gewütet hatte. In der zweiten Phase des Englischen Bürgerkrieges war Oliver Cromwells Armee 1648 nach Irland eingedrungen und hatte Tausende gefangengenommen. Um das Eintreten des Feindes für König Charles zu bestrafen, heckte Cromwell den Plan aus, die irischen Häftlinge als Zwangsarbeiter nach Amerika zu verschleppen. Seinerzeit brauchten die englischen Zuckerfarmer auf Barbados gerade Arbeiter – egal ob schwarze, weiße oder rote –, und so landeten die irischen Royalisten als Sklaven in den Tropen. Obwohl seitdem bereits gut zwei Jahrzehnte vergangen waren, hätte Joseph Wests Flottille durchaus eine List sein können, um erneut Opfer zu entführen.

Die vermutlich kaum mehr als zwanzig Jahre alte Affra Harleston hatte sich jedenfalls um keine Warnungen geschert und die Ankunft der Schiffe begrüßt. Sie stammte aus einer wohlhabenden englischen Familie, mit der sie einige Jahre zuvor übergesiedelt war, um den unablässigen Kämpfen zu entkommen. In Irland aufgewachsen, wo sie eine vorzügliche Ausbildung erfuhr, was mehrere der überlieferten poetischen Briefe von ihrer Hand bezeugen, konnte sie dort offenbar nichts halten. Als die *Carolina* anlegte und Affra sich entschloß, an

Bord zu gehen, war sie eine der siebzehn Frauen unter insgesamt zweiundneunzig Passagieren.

Die drei Schiffe legten Mitte September 1669 in Kinsale bei Cork von der Südküste ab. Einige Wochen später erreichten sie Barbados, wo Vorräte und weitere Abenteurer aufgenommen wurden. Seinerzeit war die Insel mit Zehntausenden von Afrikanern bevölkert, die ein Vielfaches ihrer englischen Inhaber darstellten. Auch wenn ich es nicht hieb- und stichfest belegen kann, dürften einige derer, die bei dieser Gelegenheit (unfreiwillig) an Bord der *Carolina* gingen, Negersklaven gewesen sein.

Nachdem sie in der Karibik vor Anker überwintert hatten, brachen die Pioniere im Frühjahr nach Nordamerika auf. Die *Carolina* traf Ende März 1670 an der marschigen Südwestküste des Festlandes ein, doch ihre beiden Schwesterschiffe folgten erst einige Tage später. Mehrere amerikanische Eingeborene, gemeinhin Indianer genannt, begrüßten die Fremden. Die Briten müssen sehr höflich mit den Fremden, einem Stamm namens »Kiawah«, umgegangen sein, denn ihr Häuptling oder *cassique*, fand Gefallen an ihnen. So lotste er die *Carolina* in eine hübsche, von zwei Flüssen gebildete Bucht. Die neue Landestelle lag etwa zweihundert Meilen nördlich von St. Augustine (Florida), wo die spanischen Erzfeinde und Kolonialrivalen ihre Festungen errichtet hatten, und die Briten ließen sich ein Stückchen landeinwärts an einer sumpfigen Flußbiegung nieder.

Sehr wahrscheinlich ging der Erste Maat John Coming an der Seite Affra Harlestons von Bord. Die beiden waren sich auf der langen Reise von Irland nähergekommen und scheinen dabei beschlossen zu haben, in Amerika zusammenzubleiben, da sie entweder noch auf See oder kurz nach der Ankunft getraut wurden.

Das Land, dem die Kolonisten den Namen Carolina gaben, war eine flache, feuchte, etwa vierzig Meilen landeinwärts reichende Ebene. Westlich der Feuchtzone lag ein trockenes Piedmont mit welligen Hügeln und Nadelwäldern und jenseits davon, dreihundert Meilen von der Küste entfernt, der Gebirgszug der Appalachen. Die Kiawah, die den Siedlern aufgewartet hatten, waren einer von zwei Dutzend in der Küstenebene lebenden Eingeborenenstämmen. Insgesamt zählten diese Clans, darunter die Edisto, Etiwan, Kusso und

Sewee, mehrere tausend Menschen. Im Landesinneren lebten die Catawba und südwärts in Richtung Florida die Yamasee. Das stärkste Volk der Region, die Cherokee, hatte sich am weitesten von der Küste entfernt niedergelassen. Ihre Dörfer lagen im Gebirge und seinen Ausläufern, aber mit ihrer Streitmacht und dem dauernden Handel bis ins Kiawah-Land hinein beherrschten die Cherokee alles weit und breit.

In der Frühzeit Carolinas schrieb ein Besucher, die Eingeborenen der Küstenregion seien »tief kastanienbraun« und fertigten ihre Kleidung aus Bären- oder Hirschfell. Die Männer hätten keinen oder nur spärlichen Bartwuchs, und alle Erwachsenen bemalten sich ihre Gesichter »mit verschiedenen Rottönen«. Sie seien »wohlgestaltet« und trügen das »glatte schwarze Haar raffiniert gebunden, manchmal auch geölt und gefärbt oder mit Federn durchbohrt«. Auch wenn zwischen den Clans große Unterschiede bestanden, gibt dieser Augenzeugenbericht eine gewisse Vorstellung von den Menschen, die sich bald aufgefordert sahen, ihr Land abzutreten.

An der Küste lebten die meisten Eingeborenen in kleinen Dörfern, bauten Korn oder Mais an, zogen indes zu gegebener Zeit weiter, um neue Felder anzulegen. Der Brauch regelmäßigen Abwanderns brachte sie gegenüber den Eindringlingen in Nachteil, denn so konnten die Briten sich einreden, nicht auf fremdes Gebiet überzugreifen, da Nomaden ja kein Eigentum begründeten. In den Eingeborenendörfern lebten jeweils nur fünfzig bis hundert Personen – nicht zuletzt wegen der Abtreibungspraxis. Im 18. Jahrhundert bemerkte dazu ein Ethnograph, die Catawba »greifen bei jungen ledigen Frauen häufig zur Abtreibung ... mit einfachsten medizinischen Mitteln ... und sind in dieser tödlichen Kunst sehr bewandert«.

Die Frauen bauten den Mais an, während die Männer fischten und mit Blasrohren oder Pfeil und Bogen jagten. Eine typische Mahlzeit der Etiwan, die nicht weit von den Weißen entfernt lebten, bestand aus geschmortem Wildbret mit Kornmehl oder Kaninchen mit einer Sauce aus Hickorynüssen garniert. Die Kiawah und andere Clans brauten sich einen Tee aus Blättern des Cassenabusches, eines niedrigen Küstenstrauches.

Binnen dreier Monate nach der Landung enthüllten die Weißen

ihre langfristigen Pläne. Gegen Ende des ersten Sommers begannen sie, noch auf ihren im Fluß vertäuten Schiffen lebend, afrikanische Sklaven einzuführen, die sie einzeln oder zu zweien aus älteren britischen Kolonien wie Virginia oder Barbados herbeischafften. Wenig später zählte die Kolonie etwa zweihundert Weiße und fünfzig versklavte Schwarze. Um ihre Sklaven anzutreiben, benutzten die Weißen eine gut fünf Meter lange Meßschnur, genannt »die Rute«. Auf diese Weise bauten sie ein Dorf mit regelmäßigen Straßen und Holzhäusern auf. Am Ortsrand schlossen sich die mit Saatgut von den Eingeborenen angepflanzten Kornfelder an. Offenbar ließen sich auch John und Affra Coming in dem neuen Dorf ein Wohnhaus errichten.

Die Briten hatten sogar einen Gesellschaftsvertrag mitgebracht, die in London von dem Philosophen John Locke verfaßten *Fundamental Constitutions*. Seinerzeit stand Locke in den Diensten Lord Ashley Coopers, eines der schon erwähnten »Lords Proprietors«, die in die Kolonie Carolina investierten. Lockes »Grundrechte« bestanden aus hundertzwanzig Artikeln, darunter genaue Vorschriften für die Einführung der Sklaverei.

Bis zur Gründung Carolinas hatten die britischen Kolonisten in Amerika ein dreistufiges Sozialsystem entwickelt: Es gab Sklaven (Eingeborene und Afrikaner), Kontraktknechte (in der Regel Weiße aus England oder Irland) und freie Bürger (Angehörige der Kirche von England und Puritaner). Lockes »Grundrechte«, als Richtlinie für die Besiedelung Carolinas gedacht, rieten von der Versklavung Eingeborener ab. Locke wußte aufgrund der Erfahrungen in Virginia und Massachusetts, die ein halbes Jahrhundert früher kolonisiert worden waren, daß die Eingeborenen Vergeltung üben würden, falls die Engländer anfingen, sie zu verkaufen. Doch anstatt das offen auszusprechen, betrachtete Locke die Sklaverei unter religiösen Gesichtspunkten: »Auch wenn die Eingeborenen des Landes, die auf unseren Plantagen arbeiten werden, dem Christentum gänzlich abhold sind«, schrieb er, »gibt uns ihre heidnische Unwissenheit oder Verirrung kein Recht, sie zu vertreiben oder zu mißbrauchen.«

Statt dessen riefen die »Grundrechte« dazu auf, die als »Neger« bezeichneten Afrikaner zu unterjochen. Offensichtlich ging Locke davon aus, daß die Brüder und Schwestern eines Schwarzafrikaners in der Heimat keine Handhabe gegen amerikanische Häscher fanden. Damit schwanden seine religiösen Bedenken dahin, und Artikel 110 lautete einfach: »Jeder Freie in Carolina soll die absolute Macht und Autorität über seine Negersklaven besitzen, welcher Gesinnung oder Religion diese auch anhängen mögen.«

Allerdings war die Sklaverei, als ein auf fremde Völker zielendes System der Entführung und des Verkaufes in die Zwangsarbeit, genausowenig eine englische Erfindung wie die beschränkte Freizügigkeit oder der vererbte Sklavenstand. Bei Gründung der Kolonie Carolina war das alles bereits Jahrtausende alt. Die Sklaverei hatte unter den Juden, Schwarzafrikanern, Griechen, Römern, Germanen und dann auch während des gesamten Heiligen Römischen Reiches besonders im Mittelmeerraum geblüht. Der Begriff Sklave leitet sich von »Slawe« her: Die Slawen waren lange Zeit Opfer der europäischen Sklaverei gewesen, eingefangen vor allem an der östlichen Adria und an den Handelsstraßen der Schwarzmeerküste. Doch in Mitteleuropa ging die Sklaverei ab Ende des 8. Jahrhunderts n. Chr. zurück und starb Mitte des 14. aus. Mit Beginn der Ära Amerikas lebte sie nach 1492 wieder auf, als Spanier und Portugiesen begannen, Opfer aus Afrika über den Atlantik zu verschleppen. Die Südeuropäer wandten sich zum Teil deshalb nach Afrika, weil der Slawenbestand seit dem Übergang Konstantinopels an die Türken 1453 schrumpfte. Im Jahr 1508 traf eine erste Schiffsladung von Schwarzen auf der karibischen Insel Hispaniola ein. Gegen 1540 versuchte Spaniens König Karl V., den Handel zu beenden und erließ ein Dekret, um die Versklavung von Afrikanern zu verbieten und allen Schwarzen im spanischen Machtbereich ihre Freiheit zurückzugeben. Das Dekret schlug fehl, und bald taten es die Engländer den Spaniern im afrikanischen Sklavenhandel gleich. Bei einer ersten Expedition legte Sir John Hawkins 1556 in London ab und erreichte eine Landestelle an der Küste Westafrikas, wo er achtzig Häscher an Land schickte. Doch die Einheimischen wehrten sich; sieben Weiße wurden getötet, und der Trupp machte nur zehn Gefangene. Dann versuchte Hawkin sein Glück weiter südwärts, wo es ihm tatsächlich gelang, sein Schiff zu füllen, um nunmehr Kurs auf die Karibik zu nehmen. Schließlich fanden die Europäer ein bequemeres Mittel, sich mit Sklaven einzudecken: Sie hetzten schwarze Stämme gegeneinander auf und kauften ihnen am Ende ihre Kriegsgefangenen ab.

Mit seinem Konzept einer repräsentativen Demokratie wurde John Locke später zu *dem* Philosophen der Amerikanischen Revolution. Er erwies sich zudem als ein scharfsichtiger Kritiker der Sklaverei, da er ihre vielleicht treffendste Definition fand. In seinen Augen war die Sklaverei nicht bloß eine Form der Arbeitsverwaltung durch die Bildung von Fremdenkolonien, sondern vielmehr ein dauerhafter Kriegszustand. Wer »versucht, absolute Macht über einen anderen zu erringen, begibt sich dadurch in einen Kriegszustand mit ihm«. Das schrieb Locke, nachdem er bei Lord Ashley Cooper ausgeschieden war und insofern kein Blatt mehr vor den Mund nehmen mußte.

Demnach hatten John und Affra Coming und andere Südcaroliner den »Kriegszustand«, der sie an die Spitze ihrer Gesellschaft aufsteigen ließ, zwar nicht erfunden. Doch was die englischsprachigen Weißen in South Carolina – und in ganz Amerika – auf die Beine stellten, das machte schon etwas her. Durch ihre Angriffe auf Afrikaner, die sie millionenfach in die Neue Welt verschleppten, wurden die Briten zu den erfolgreichsten Sklaventreibern der Weltgeschichte.

Trotz des Mißbrauchsverbotes versklavten die Caroliner in den ersten anderthalb Jahren neben Afrikanern auch Eingeborene. Im August 1671 erschlug ein irischer Immigrant einen Einheimischen – die Quellen besagen nichts darüber, welchem Clan dieser angehörte –, wahrscheinlich infolge eines Streites über Tauschhandel. Zuvor hatten sich die Kolonisten stets gehütet, den ihnen zahlenmäßig überlegenen Nachbarn etwas anzutun, aber nach diesem Totschlag drehte sich der ethnische Wind. Der amtliche Bericht führt keinerlei Strafmaßnahmen auf, und so scheinen die Weißen das ungesühnte Verbrechen als einen Freibrief für die Eingeborenenhatz verstanden zu haben. Einen Monat nach der Bluttat griffen Siedler die im Südwesten lebenden Kusso an, da sie vermuteten, der Stamm habe gemeinsam mit den Spaniern in Florida einen Überfall auf die Engländer geplant. Neben ihrer tatsächlichen oder vermeintlichen Verschwörung hatten die Kusso Korn von den Feldern der Kolonisten gestohlen. Das zeigten erboste Farmer beim Regierungskomitee, dem Großrat, an, der Strafmaßnahmen forderte. Mit der Behauptung, »die Kusso und andere südliche Indianer … treiben ihre Frechheiten täglich schlimmer«, erklärte der Rat »den offenen Krieg« und ließ zwei Kusso als Geiseln nehmen, die das Pech hatten, gerade in der Nähe zu sein. In späteren Jahren gehörte auch der prächtige Onkel John Coming dem Großrat an und stimmte für ähnliche Maßnahmen.

Der nur wenige Tage während »Krieg« war die erste Sklavenrazzia Carolinas. Anschließend berieten die Siedler darüber, was aus den Gefangenen werden sollte. Der Großrat beschloß: »Jede Truppe, die auf eine solche Expedition geht, muß die eroberten Indianer bis zu ihrem Abtransport selbst sichern und versorgen.« Mit »Abtransport« war gemeint, die Opfer zu fernen Sklavenkäufern zu bringen oder zu exportieren. Derartige Geschäfte beschleunigten die Entfernung der Eingeborenen aus dem Lande.

In der Folge griffen die Sklavenrazzien schnell um sich. Hunderte gingen in die Netze weißer »Indianerhändler«, die auch Hirschfelle feilboten. Das Gros der Eingeborenensklaven waren Frauen und Kinder, da sich Männer als geübte Jäger der Ergreifung besser widersetzen konnten. Im Lauf der Zeit entwickelte sich eine besonders perfide Entführungsmethode. Die Häscher warteten, bis die Männer zur Jagd gegangen waren, um dann über die im Dorf Verbliebenen herzufallen. Als der Sklavenhandel richtig in Schwung kam, begannen die Weißen zu erwägen, ihre Siedlung – ein, zwei schlammige Straßen mit mehreren Farmhäusern – durch eine Mauer zu schützen. Allerdings mußten die Briten auch so keine Vergeltungsmaßnahmen gewärtigen, da sie mit Gewehren und die Eingeborenen lediglich mit Blasrohren bewaffnet waren.

Die meisten Gefangenen wurden an Sklavenhändler in den übrigen englischen Kolonien verkauft – Barbados, Jamaica, Massachusetts und New York. Bald begannen weiße Agenten, die Eingeborenen vor ihren Karren zu spannen. Indem sie gezielt Gewehre an bestimmte Stämme ausgaben, nutzten sie Rivalitäten zwischen ihnen aus, um Gefangene zu machen. Die Siedler schürten erst Streit und boten den Eingeborenen danach Waffen für die Auslieferung von Leuten an. So begann neben dem Handel mit Pelzen und Rum bald ein stetiger Menschenstrom zu fließen. Schließlich legte sich die Furcht der Weißen vor Vergeltungsschlägen, und sie verkauften die Eingeborenen nicht mehr, sondern behielten sie als Zwangsarbeiter für sich.

Unterdessen trafen immer mehr Afrikaner ein. Der Handel mit Schwarzen wurde von England aus gesteuert. 1672 ließ sich die in London ansässige »Royal African Company« von König Charles II. ein Monopol für die Lieferung schwarzer Sklaven an die britischen Kolonien einräumen. Das Unternehmen schickte den Großteil seiner Schiffe an den langen westafrikanischen Küstenstreifen zwischen der Gambia-Mündung und dem östlichen Ende des Golfes von Guinea. Aus dortigen Depots, sogenannten Sklavenfabriken, brachten sie ihre Fracht nach Barbados und Jamaica sowie auf die Bahamas und andere karibische Inseln. Bis gegen Ende des 17. Jahrhunderts bezogen die Weißen in Carolina fast alle ihre schwarzen Sklaven über Barbados.

Auch wenn sich John und Affra Coming wahrscheinlich nicht an den Sklavenrazzien beteiligten, dürfte Coming ein bis über die Grenzen der Kolonie hinaus tätiger Sklavenhändler gewesen sein. Bald nach seinem Eintreffen in Carolina wurde er zum Kapitän der *Edisto* ernannt und übernahm später die *Blessing*. Als einer der bedeutendsten Seeleute Carolinas lebte Coming vom Frachtverkehr zwischen der Kolonie und anderen britischen Gebieten. In den siebziger Jahren war er fast ununterbrochen auf See, und sehr wahrscheinlich schaffte der Onkel Elias Balls unter Deck auch Eingeborene von Carolina nach Barbados und Afrikaner von Barbados zurück zum Festland.

Während John Coming aus kleinen Verhältnissen kam, stammte Affra Harleston von einer Grundbesitzerfamilie in der englischen Grafschaft Essex ab. Die in South Ockendon, zwanzig Meilen östlich von London und zwei Meilen nördlich der Themse gelegene Farm der Harlestons hieß »Mollands« und scheint neben einem Haus mit zwölf Zimmern viel Land umfaßt zu haben. Ein 1631 errichtetes Bestandsverzeichnis, das die Balls aufbewahrten, führt die Zinnschalen, Damastservietten, Kupferpfannen und Federbetten der Harlestons auf. Gewiß bezeugen diese Dinge keinen Adelsstand, aber sie ordneten die Familie unter den Begüterten ein.

Ähnlich wie im Fall der Balls hatte der Englische Bürgerkrieg auch die Welt der Harlestons aus den Fugen gebracht. In den vierziger Jahren war ein Teil der Familie, der sich zu Charles I. bekannte, nach Irland übergesiedelt, um Cromwells Truppen zu entrinnen. Dort besaß man Güter bei Dublin – allein Affras Mutter, Elizabeth Harleston, fast dreihundert Hektar. Affra dürfte gegen 1645 in Irland zur Welt gekommen und unter anderen Engländern aufgewachsen sein, die für gewöhnlich irische Kindermädchen hielten.

Als sich Affra und John in Amerika niederließen, wollten sie ein Gut aufbauen und suchten dafür Arbeitskräfte. Zunächst dachten sie an Weiße, und 1671 brachte John an Bord der *Carolina* fünf Männer und eine Frau aus Großbritannien mit zurück – für mehrere Jahre verdingte Kontraktknechte namens John Chambers, Rachel Franck, George Gantlett, Samuel Lucas, Michael Lovering und Philip O'Neil, die zum Teil aus Irland stammten.

Lockes »Grundrechten« zufolge hatte ein weißer Siedler für jede Arbeitskraft, die er (oder sie) nach Carolina brachte – ob weiß oder schwarz, geheuert oder versklavt –, ein Anrecht auf sechzig Hektar Land. Für seine ersten sechs Kontraktknechte erhielt John Coming also eine schriftliche Anwartschaft auf dreihundertsechzig Hektar.

Die neuen Leute dürften zu den Comings in die englische Siedlung gezogen sein, doch binnen weniger Monate gab es im Haushalt einen Aufruhr. Im Juni 1672, ihr Mann befand sich gerade auf See, erhob Affra Coming Anklage gegen John Chambers, Philip O'Neil und einen weiteren Arbeiter wegen »Ungehorsams und Befehlsverweigerung«. Das Protokoll der Anhörung ergibt, daß die Knechte nach einem knappen Jahr über die schlechte Ernährung geschimpft hatten. Philip O'Neil zeigte Affra, was er von ihr hielt, als er »androhte, das Boot, in dem sie saß, zum Kentern zu bringen«, und seine von ihr erhaltene Essensration den Hunden zum Fraß vorwarf. Außerdem hatte O'Neil kundgetan, zu den Eingeborenen fliehen zu wollen. Mit ihrer Anklage strebte Affra eine Strafe für seine »verschiedenen … groben Fehltritte« an. Dem Urteil zufolge mußten die Knechte ihre Arbeit wieder aufnehmen, während O'Neil an einen Baum gebunden und mit »21 Peitschenhieben auf den entblößten Rücken« gezüchtigt werden sollte.

In den folgenden Jahren brachte John Coming weitere Arbeiter aus Großbritannien mit, doch gibt es keine schriftlichen Berichte darüber, wie es ihnen unter der eisernen Knute Affras erging.

Um 1680 verlegte man die Siedlung auf die trockenere, auch für Schiffe leichter erreichbare, von den am Hafen zusammentreffenden Flüssen gebildete Halbinsel. Die Einwanderer hatten ihr den Namen »Charlestown« gegeben. (Erst ein Jahrhundert später, nach der Amerikanischen Revolution, wurde sie amtlich als »Charleston« eingetragen. Ich verwende von Anfang an die kürzere Schreibweise, um später nicht mitten im Trab die Pferde wechseln zu müssen.)

Etwa zu jener Zeit gab John Coming die Seefahrt auf und reichte gemeinsam mit Affra neue Bodenanträge ein. Das Paar hatte bereits achtzig Hektar auf der Halbinsel Charleston und eine Parzelle von dreißig Ar in der Neustadt erhalten. Da die Weißen ihre Wohngrundstücke in numerischer Reihenfolge vergaben, wurde Johns und Affras Stadtbesitz als Parzelle Nr. 49 ins Grundbuch eingetragen. Sie maß achtundachtzig mal dreihunderteinundachtzig Fuß und lag an der späteren Kreuzung von East Bay und Pinckney Street. Als dritte und größte Zuteilung bekamen beide im Februar 1678 eine Fläche etwa fünfundzwanzig Meilen landeinwärts, wo sich zwei Arme des nach einem Eingeborenenstamm benannten Flusses »Etiwan« vereinigten. Die Engländer nannten ihn dann »Cooper River« (nach Lord Ashley Cooper, dem einstigen Brötchengeber John Lockes), und die Gabelung gab der Plantage Coming's T ihren Namen.

Von Coming's T schlängelte sich der Cooper River mit einem Wasserlauf von insgesamt etwa fünfzig Meilen bis zum Charlestoner Hafen hinab. Obwohl der Landweg nur halb so lang war, kam man über den Fluß schneller an, da es noch keine Straßen gab. Der Cooper ist ein Gezeitenstrom, und bei Flut steigt sein Pegel um mehr als anderthalb Meter. Dabei gelangt das zurückströmende Brackwasser nicht weiter als bis zum besagten T, so daß der Strom jenseits davon Süßwasser führt.

Coming's T war ein großes Waldstück mit Kiefern, Eichen und Magnolien sowie Sümpfen voller Zedern und Gummibäumen. Zwischen Fluß und Wald lag ein Streifen Marschlandes, den die Flut überschwemmte, so daß die Ebbe nackte Schlammflächen mit frei-liegenden Zypressenwurzeln zurückließ. John und Affra müssen verblüfft gewesen sein über die Fruchtbarkeit des Sumpfgebietes mit seinem üppigen Moosbehang, dem dichten Baldachin der Laub-kronen und dem großen Wildreichtum. Es gab Alligatoren und Klapperschlangen, Rotluchse, vereinzelt auch Bären – und viel Eß-bares, darunter Hirsche, Enten und Beutelratten. In Ufernähe war die Erde schwer wie Lehm; die Kolonisten nannten sie »schwarze Knete«.

Parzelliert wurde grob in Rechtecken oder Dreiecken, wobei die Ufergrenze leicht geschwungen war und die übrigen Seiten gerade verliefen. Auf den Plänen fügten sich die Flächen nahtlos aneinander, waren jedoch ansonsten nicht sichtbar begrenzt. Weder Wege noch Zäune markierten ihre Umrisse, und die schriftlichen Zuteilungen lesen sich wie Wegweiser für den dichten Wald. Eine Grundstücks-grenze von Coming's T ist beschrieben als »Immergrüne Eiche, Hickory, Kiefer, Kiefernreisig«.

Als die Engländer ankamen, machten die Eingeborenen ihnen Platz. Zuvor waren etwa fünfzig Etiwan an dem Strom, der ihren Na-men trug, auf und ab gezogen. Eine Zeitlang hatte es jenseits von Co-ming's T bei Hagan ein Etiwan-Dorf gegeben. Zwei Handelsposten der Eingeborenen lagen direkt am Fluß, der nähere an einem Steil-ufer namens »Mepkin«, nur drei Meilen vom T entfernt. Anschei-nend erreichten die Santee und andere Stämme ihn über Affras und Johns Grundstück. Weiteren Durchgangsverkehr gab es jenseits des Westarmes auf den Hauptweg von Charleston ins Landesinnere. Ihn nannten die Eingeborenen in ihren jeweiligen Sprachen den »Breiten Pfad« oder »Breiten Weg«, die Engländer dagegen »Cherokee Trail«. Er lief von der Küste aus rund vierhundert Meilen nordwestwärts zu Cherokee-Dörfern im Gebirge und dann weiter über die Appalachen hinaus bis zum Mississippi.

Ihre ersten Sklaven dürften John und Affra gegen 1680 erworben haben. Die Verträge mit den Kontraktknechten waren ausgelaufen, und Coming hatte seine Pendelei über den Atlantik beendet. Sehr wahrscheinlich ging das Paar einfach in Charleston an den Quai, wo

John die entsprechenden Beziehungen hatte, und kaufte sich zwei, drei Afrikaner.

Zunächst einmal brauchten die neuen Sklavenhalter am T ein Haus. Dafür mögen die Sklaven Kiefern gefällt und die Stämme unter Johns Anleitung aufgeschichtet haben. So stand schließlich im Schatten zweier Eichen eine einfache Blockhütte. Dem schriftlichen Bericht eines Verwandten zufolge, der vor dem Bürgerkrieg dort war, hielt sie fast zweihundert Jahre lang bis etwa 1866.

Die Sklaven bekamen anfangs keine Häuser, doch Ausgrabungsfunde lassen vermuten, daß sich Afrikaner und Eingeborene vielgestaltige Unterkünfte bauten, etwa strohgedeckte Katen oder über Schößlinge gespannte Baldachine. Andere schliefen unter breiten Laubdächern, die einfach auf vier Pfählen (ohne Wände) lagen. So, das heißt weitgehend im Freien, mögen viele Arbeitskräfte jahrelang gelebt haben, bevor sie sich festere Unterkünfte errichteten.

Zumindest einige der Afrikaner bauten sich Häuser mit irdenen Mauern. Unter dem schweren Boden am Ufer des Cooper River lag eine Schicht klebrigen Lehms, der ausgegraben, mit einem Geflecht aus Stöckchen durchzogen und so in Hüttenform aufgeschichtet wurde. Anschließend brannte man die Mauern fast steinhart. Mit Stroh gedeckt, erinnerten diese Ein- bis Zweizimmerhäuser an einen bestimmten Hüttentyp der Küste Westafrikas. Noch Jahrhunderte später hieß diese Bauweise bei den Schwarzen Carolinas »Erdhaus«. In der Hitze war so ein Erdhaus sogar angenehmer als eine Holzhütte. Von der Nachtluft abgekühlt, hielt der Lehm den ganzen Tag lang eine erträgliche Innentemperatur.

Bei den eingeborenen Sklaven überwogen die Frauen, bei den schwarzen dagegen die Männer, denn die »Royal African Company« entführte hauptsächlich potentielle Schwerstarbeiter. Die Sklavinnen dürften bei John und Affra im Haushalt geholfen und sogar gelebt haben, wo sie kochen, nähen und putzen mußten, während die Herrschaften, zumindest in den ersten Jahren, Seite an Seite mit ihren Sklaven arbeiteten. John und Affra wollten ihr Anwesen im Stil einer englischen Farm gestalten, und das wäre niemals gelungen, wenn die Weißen beim Roden und den weiteren Schritten lediglich Däumchen gedreht hätten. Daher dürften sie eigenhändig mitgeholfen haben,

Entwässerungsgräben zu ziehen, Bäume zu fällen sowie Felder und Wege anzulegen.

Da aus dem 17. Jahrhundert kaum Unterlagen erhalten sind, können wir lediglich vermuten, welche Zwangsmaßnahmen John und Affra gegenüber ihren ersten Sklaven anwandten. Immerhin hatte Affra zuvor bereits erwirkt, daß der irische Knecht Philip O'Neil ausgepeitscht wurde, und gewiß war John, der sich gegen die rauhen Sitten der Seeleute durchsetzen mußte, nicht gerade die Sanftmut in Person. Kapitäne zur See verhängten oft grausame Strafen wie Kielholen, wobei ein Matrose am langen Seil unter dem muschelverkrusteten Schiffsrumpf hindurchgezogen wurde. In den Akten der Kolonialverwaltung finden sich genügend Hinweise auf brutale Gewaltmaßnahmen gegen Sklaven. Doch für die Art des Regimes, das auf Coming's T herrschte – individuelle Strafen, gutes Zureden oder Schelte –, besitzen wir keinerlei Belege.

Die fünfundzwanzigjährige Ehe zwischen John und Affra blieb kinderlos, doch zwei Jahre nach der Ankunft in Amerika nahmen sie den vierjährigen Sohn eines Nachbarn, Peter Argent, auf. Dem geschlossenen Vertrag zufolge hätte er bis zu seinem einundzwanzigsten Geburtstag bei den Pflegeeltern bleiben sollen. Allerdings entzog ihnen die Kolonialverwaltung das Mündel aus ungeklärten Gründen und gab es in andere Hände, worauf John und Affra dergleichen Versuche unterließen.

John Coming starb am 1. November 1695 und hinterließ seiner Frau Coming's T und sämtliche *Chattels*. Die »Chattel-Sklaverei« war eine englische Verschärfung der »Freisassenschaft« (*Freehold*), bei der die Leibeigenen an ein Stück Land gebunden blieben, also nicht versetzt oder abverkauft werden konnten. Der Inhaber besaß nur die Arbeitskraft, nicht die Person als solche. Diese Sonderform gab es bei den Spaniern Südamerikas und in einigen Teilen Afrikas.

Die Engländer entwickelten eine festere Bindung. Ein leibeigener Sklave galt als eine *Sache*, ein Bestandteil des beweglichen Vermögens, und konnte veräußert werden wie ein Pferd. Außerdem übertrug sich der Sklavenstatus automatisch auf seine Kinder, was bei Freisassen nicht durchweg der Fall war. Ein Jahr nach John Comings

Tod, 1696, regelte ein Gesetz der Legislatur South Carolinas die Leibeigenschaft für »alle Neger, Mulatten und Indianer, die vordem erworben wurden«. Damit war das System nun absolut wasserdicht, und es würde, vermeintlich für alle Zeiten, eine erbliche Sklavenkaste entstehen.

Nach Johns Tod ließ Affra in Briefen an ihre Familie in Irland erkennen, daß sie sich schrecklich einsam fühlte, obwohl sie ständig unter Menschen war. »Ich möchte Euch über mein trauriges Witwendasein berichten.« 1696 klagte sie gegenüber ihrer Schwester in Dublin: »Ich fühle mich wie verloren, ohne Angehörige, die mich trösten, ohne Freunde, die mir in dieser traurigen Lage beistehen könnten. Derzeit muß ich mir vorkommen wie ein Schaf unter Wölfen; doch ich hoffe, daß Gott mir ein guter Hirte sein und mich behüten wird, wie schon in vielen großen Gefahren.«

Vielleicht fühlte sich Affra verwundbar, als eine begüterte Frau inmitten abgefeimter Männer, die es nur auf ihr Vermögen abgesehen hatten. Wahrscheinlicher ist allerdings, daß ihr die Afrikaner und Eingeborenen als »Wölfe« vorkamen, die sie fünfzehn Jahre lang mit Hilfe ihres Mannes beherrscht hatte und jetzt allein bändigen mußte.

Affras Briefen zufolge hatte John einen der Balls in England als Teilerben einsetzen wollen, bevorzugt William, den älteren Bruder Elias'. Die andere Hälfte sollte dem in Irland lebenden Neffen Affras, John Harleston, zufallen. »Es war seine Absicht«, so Affra an ihre Schwester, »Coming's T meinem Neffen John Harleston und seinem Neffen William Ball zu vermachen.« Affra dachte sogar an eine Rückkehr nach Großbritannien, fügte jedoch hinzu, »ich möchte es nicht sich selbst überlassen, bis einer von beiden kommt« – das heißt, bis einer der Erben sich des Nachlasses annahm.

Offenbar wandte sich Affra an die Devoner Balls, um sie daran zu erinnern, was in South Carolina auf sie wartete. Doch damals hatte William bereits das dreißigste Lebensjahr überschritten und sich längst als Schneider niedergelassen. Er muß das Für und Wider eines solchen Schrittes – also Sklavenhalter in Amerika zu werden, anstatt weiter Herrenwesten zu nähen – wohl abgewogen und sich dagegen entschieden haben. Damit fiel die Wahl auf Elias.

Es ist beachtlich, daß Elias' Wohltäterin »Affra« hieß, denn der

Name besitzt eine vielsagende Etymologie. Im alten Phönizien hatte man die Nordafrikaner »Afirs« genannt, was im Semitischen offenbar Wanderer bedeutet. Die Römer übernahmen das Wort, wandelten es in »Afer« ab (Plural »Afri«), und der entsprechende Lebensraum wurde zu »Africa«. Im Alten Testament sind Epha und Epher Enkel Abrahams und seiner Nebenfrau Ketura, genauer Söhne Midians. Außerdem hatte Salomo eine Dienerin namens Aphra, deren Nachkommen später aus dem babylonischen Exil heimkehrten. Anscheinend wählten Engländer den biblischen Namen Affra – »Nordafrikaner« – gelegentlich für ihre Töchter, wie im Fall der späteren Sklavenhalterin Affra Coming.

Auch wenn Affras englischen Verwandten durchaus bekannt war, daß auf Coming's T Sklaven arbeiteten, konnte der junge, provinzielle Elias so gut wie nichts über die Sklaverei in Amerika wissen. Die 43 n. Chr. in Großbritannien eingeführte römische Variante war bereits im Mittelalter durch das System der Leibeigenschaft verdrängt worden. Höchstwahrscheinlich wußte Elias nur, daß sie ein einträgliches Geschäft war, da immer wieder Gerüchte über die in den Kolonien verdienten Vermögen nach England drangen. Die Sklaverei war eine Art Wallung jenseits des Atlantiks, die einem großen Reichtum brachte, sofern man sie ertrug.

Affra scheint Anfang 1699 gestorben zu sein. Ihr Testament vom 28. Dezember 1698 entsprach genau den Wünschen ihres Mannes:

Ich, Affra Coming aus d^r Graf^{sch} Berkeley in South Carolina, Wit^{we} & Hinterbliebene d^s vers^t John Coming aus der^s Graf^{sch}, verfüge, zwar körperlich krank, aber bei klarer & testierfähiger Besinnung ... Ich hinterlasse alle meine Ländereien, Besitz^t, Waldungen und Weiden, über die ich jetzund gebiete ... & alles darauf Befindliche dem John Harleston aus Dublin im Königreich Irland, meinem Neffen ... & Elias Ball, dem Sohne William Balls, Halbbruder des oben ge^n John Coming, meines geliebten Ehemannes, die ... im gemeinschaftlichen Eigentum übernehmen & für immerdar auf ihre beiderseitigen Erben übertragen sollen.

Fast wie mit einem nachträglichen Einfall schloß Affra:

Ich vermache den ge^n John Harleston & Elias Ball alle meine Neger & Indianerknechte, Vieh, Mobiliar, Guthaben, Schulden & Hypotheken zu gleichen Teilen. ... Unterschrieben, versiegelt & öffentlich bekannt gemacht – Affra Coming.

Mit Affras Tod wurde der junge Elias Ball zum neuen Herrn über Coming's T.

Als Elias 1698 in Charleston eintraf, war er erst zweiundzwanzig Jahre alt. Um seine Erbschaft anzutreten, hatte er auf einer sechswöchigen Reise rund dreitausendfünfhundert Meilen zurückgelegt, und bei der Hafeneinfahrt mußte der Kapitän überaus vorsichtig sein, insbesondere auf Sand- und Austernbänke achten. Vom Deck aus konnte Elias einen üppigen Küstenstreifen sehen mit schilfreichen Sümpfen bis in Küstennähe und sattgrünem Gras, das hüfthoch aus weichem, grauem Schlamm aufragte. Jenseits der Marsch lag fester Untergrund mit so dichten Wäldern und Dickichten, daß kaum Licht durchdrang. Besonders eine Baumart muß Elias befremdet haben: die nur in subtropischen Breiten wachsende Zwergpalme. Diese Palmettos haben einen astlosen braunen Stamm, und aus ihrer Krone sprießen lange Blätter hervor wie offene Fächer.

Den Hafen Charlestons bildete der Zusammenfluß von Ashley und Cooper River, die sich im Süden der dortigen Halbinsel am »Oyster Point« vereinigten, einer etwas vorspringenden, von weißen Muschelschalen übersäten Landzunge. Auf ihr hatten die Kiawah lange Zeit Muscheln geknackt, wovon die vielen zurückgebliebenen Schalenhügel zeugten. Der Cooper umfloß die Spitze von Osten, der Ashley von Westen her.

Charleston, eine vielleicht achthundert Meter lange Häuserzeile, lag im Osten jener Halbinsel direkt am Cooper. Schlamm und Marsch ließen nur eine kleine vorgelagerte Pier als Anlegestelle zu. Es gab eine unbefestigte Küstenstraße, von der aber nur vier, fünf Abzweige landeinwärts führten. Sogar ein englischer Landwirt hätte dieses Sammelsurium schwerlich ein Dorf genannt, geschweige denn »Charlestown« – König Charles II. zu Ehren. Die Gebäude waren schlichte Bretterbuden mit verpichten Dächern, zwischen denen nur wenige Steinhäuser eine größere bauliche Beständigkeit anstrebten. Einige Häuser dürften verfallen und verkohlt gewesen sein, denn in jenem Februar hatte ein Erdbeben die Gegend erschüttert, und kurz darauf war ein Drittel der Stadt, darunter die besten Häuser, einer Feuersbrunst zum Opfer gefallen. Alle Bewohner Charlestons müssen zutiefst verunsichert gewesen sein.

Vermutlich hatte Elias noch nie einen Afrikaner und bestimmt nie einen amerikanischen Ureinwohner gesehen. Was er im Hafen vorfand, dürfte ihn in ängstliches Staunen versetzt haben. Fast die Hälfte der Einwohner waren Schwarze. Die Bevölkerung der Kolonie, inklusive der Inlandsfarmen, bestand aus etwa dreitausendachthundert freien Weißen und dreitausend überwiegend schwarzen Sklaven. South Carolina war 1698 bereits das Sklavenzentrum Nordamerikas mit einem höheren Schwarzenanteil als in jeder anderen Festlandskolonie. Doch nicht allein die schwarze Hautfarbe der Hafenarbeiter sprang dem Einwanderer ins Auge; Ende des 17. Jahrhunderts trugen einige Charlestoner Sklaven ein *DY* in die Haut eingebrannt – die Initialen von König James II., der bis zur Thronbesteigung den Titel »Duke of York« geführt hatte und als Hauptteilhaber der »Royal African Company« erheblich an der Einfuhr von Afrikanern nach South Carolina beteiligt war.

Coming's T war fast zwanzig Jahre alt und sein Name inzwischen zu dem klangvolleren »Comingstee« mutiert; binnen einer weiteren Generation schliff er sich dann zu »Comingtee« ab.

Comingtee lag ziemlich weit nördlich Charlestons, aber noch führten keine Fahrwege zu Elias' neuem Wohnsitz, und an englischen Maßstäben gemessen, war das Umland der Stadt so gut wie verwaist. In der Gegend von Comingtee lebten einige Dutzend Eingeborene und insgesamt nicht mehr als zweihundertfünfzig Sklaven, freie Siedler und Kontraktknechte. Doch in der großen Einöde zählte Comingtee noch zu den lebhafteren Anwesen. Ein Engländer, der damals über die Kolonien berichtete, notierte sich Comingtee und Silk Hope, den Grundbesitz des schon betagten späteren Gouverneurs von South Carolina, Nathaniel Johnson, als die »bekanntesten Plantagen« am Cooper River.

Auch wenn ich es nicht beweisen kann, dürfte Affra die Ankunft ihres Neffen noch erlebt haben, muß allerdings wenig später gestorben sein, so daß er nun allein mit seinen geerbten Sklaven dastand. Aller Wahrscheinlichkeit nach bezog Elias das Haus unter den Eichen, in dem einst Affra und John gelebt hatten.

Es muß eine brutale und chaotische Zeit gewesen sein. Einer der heftigsten Kämpfe, gewiß aber nicht der blutigste, war der um die bloße Verständigung. Die Afrikaner auf Comingtee lebten zum Teil schon jahrelang in Amerika und sprachen neben ihrem angestammten Wolof oder Fula eine englische Mundart, und auch die Eingeborenen waren mehrsprachig. Der eigentliche Fremde war Elias, eingekerkert in sein Westland-Englisch.

Wenn viele der Seinen richtige Analphabeten waren, so hatte Elias wenigstens eine rudimentäre Erziehung genossen; er konnte lesen und schreiben, ohne jedoch ein Literat zu sein. Er schrieb nach Gefühl, wie damals üblich. In einem Geschäftsbuch, das er später führte, findet sich der Eintrag: »23. Januar – Tag an dem ich meene fier Kindern zu Mr. Faur schikte.« Die Schrift, mit der er das besagte Buch füllte, war ein nahezu unleserliches Gekrakel. Doch irgendwann hatte er die doppelte Buchführung gelernt; Forderungen trug er akribisch genau ein und besaß darüber hinaus ein gutes Zahlenverständnis. Nach den hinterlassenen Papieren zu urteilen, beschäftigte er sich am liebsten damit, sein Vermögen zu mehren.

Ich stelle mir vor, daß Elias in den langen Nächten am Rande der Sümpfe darüber nachdachte, wie es nun weitergehen sollte. Am Ende muß der zweiundzwanzigjährige Bauernjunge seine Zukunft energisch in die Hand genommen haben, um in diesem unbekannten Erdenwinkel zu einem regelrechten kleinen Autokraten werden zu können.

3

DIE QUELLEN DER TRADITION

Eines Sommernachmittags ging ich in der drückenden, lähmenden Hitze Charlestons einen entfernten Verwandten besuchen, Elias Ball Bull. Er war gut sechzig Jahre alt und meiner Zählung nach der sechzehnte Elias seit dem 1751 verstorbenen Stammvater des amerikanischen Familienzweiges. Seine Mutter Julia, eine leibliche Cousine meines Großvaters Nathaniel, hatte Francis Bull geheiratet, dessen Familie ebenfalls zum alten Bestand Carolinas gehörte, und damit dem Sohn ein regelrechtes Stakkato von Doppelnamen aufgebrummt.

Elias hatte als Denkmalpfleger für den Distrikt Berkeley County gearbeitet, in dem einst unsere Plantagen lagen. Daher wollte ich die Familiengeschichte mit ihm durchgehen, in der Hoffnung auf des Rätsels Lösung, wo die Nachkommen unserer Sklaven steckten.

Elias lebte allein in einem kleinen Reihenhaus, einer Anlage aus den siebziger Jahren. Sein Schicksal führte mir vor Augen, daß die Nachkommen von Sklavenhaltern nach dem Untergang der Reisplantagen nicht unbedingt das Schlaraffenland gefunden hatten. Elias empfing mich sitzend; seit langem gehbehindert, konnte er zwar an Krücken humpeln, benutzte aber im Hause lieber den Rollstuhl, ein schwarzes Gefährt aus Aluminium. Nachdem er sich jahrzehntelang auf die Welt der Gehenden eingestellt hatte, identifizierte er sich nun mit seiner Behinderung. Sein Oberkörper bestand aus muskulösen Armen an einem mächtigen Rumpf, unter dem die herabhängenden Beine viel zu klein wirkten. Über dem Gürtel quoll ein das Hemd aufspannender Bauch hervor.

Elias hatte fast immer allein gelebt. Das Haus besaß vier kleine Zimmer mit niedrigen Decken, kahlen Wänden und Sperrholztüren. In ein, zwei Ecken standen alte Erbstücke, doch das bescheidene Ambiente schmeichelte den Antiquitäten nicht gerade. Allerdings war Elias ein emsiger Sammler. Davon zeugten die Bücherregale an den Wänden, Kammern voller Aktenschränke und die von Papieren überquellenden Schubladen in seinem Arbeitszimmer.

Elias befaßte sich seit vielen Jahren mit der Geschichte South Carolinas. Er lehrte zwar nicht, veröffentlichte aber Artikel in kleinen Fachzeitschriften. Als die Regierung eine Eisenbahnlinie durch das alte Ballsche Anwesen Limerick plante, hatte sie bei ihm eine historische Expertise in Auftrag gegeben. Themen wie der erste (gescheiterte) Versuch einer Kolonisierung Carolinas, den Frankreich um 1560 gestartet hatte, interessierten ihn lebhaft.

Elias hielt die Bulls, seine väterliche Linie, ebenfalls für ein Urgestein Carolinas, auch wenn einige Neunmalkluge einen Verdacht über ihr schweben sähen. Ende des 18. Jahrhunderts, South Carolina war noch britische Kolonie, hatte Elias' Ahne William Bull das Amt des Gouverneurs angetreten, das er mit einigen Unterbrechungen neun Jahre lang ausübte – mißlicherweise auch gerade, als die Amerikanische Revolution ausbrach. Er versuchte, die Erhebung niederzuschlagen, ging aber zusammen mit den Engländern unter und kehrte schließlich wieder heim nach London. Den in Amerika verbliebenen Bulls haftete seit jener Zeit der Makel des Verrats an.

Zunächst umrissen Elias und ich die Familiengeschichte in groben Zügen, beginnend 1698 mit der Ankunft Elias Balls auf der Plantage Comingtee.

»Wir nannten ihn immer Rotkäppchen wegen der roten Mütze, unter der er seine Glatze verbarg«, sagte Elias. »Die Balls sind bekannt für ihre Glatzköpfe.« Er lachte glucksend, und sein Bauch waberte. Das Gelächter, ein tiefes, heiseres Krächzen mit rauhen Kanten um einen mittleren Bariton, erfüllte den Raum.

Der Kosename geht auf eine Kappe zurück, die der Patriarch trug, als er sich um 1740, fast siebzigjährig, porträtieren ließ. Auf dem Gemälde wirkt Elias wohlhabend, behäbig und sehr beleibt. Zu einem kragenlosen Jackett trägt er einen weißen Schal und eine dunkle Weste, und sein pausbackiges Gesicht strahlt von äußerstem Gottvertrauen. Auf seinem breiten Schädel prangt die besagte rote Samtmütze, augenscheinlich um die Blöße des Alters zu bedecken.

»Ich habe die gleichen Anlagen«, sagte Elias und deutete sich an die Stirn. Mir gefiel seine Respektlosigkeit; offenbar kannte er keinerlei Ehrfurcht vor den Heiligtümern der Familie.

Allerdings war Elias Bull keineswegs kahl, sondern hatte dichtes kurzes Haar, dessen Ansatz lediglich etwa zwei Fingerbreit von der Stirn zurückgewichen war. Nur die Schläfen waren ergraut, alles übrige noch dunkel. Das Gesicht unter der hohen Stirn neigte zu gewissen Übertreibungen. Elias hatte große buschige Augenbrauen und tiefe, empfindsame, wäßrige Augen, die manche Geheimnisse und Gedanken verbargen. Seine schweren Tränensäcke gingen in Hängebacken über, denen ein gewaltiges Kinn letzten Halt gab. Das ganze Gesicht war vom Kinn und vom Mund beherrscht – ein breiter, ausladender Mund mit schmalen Lippen, den seine dröhnende Stimme noch übermäßiger erscheinen ließ.

»Kennst du den Witz über die Pflanzer?« fragte Elias. »Was haben Charlestoner und Chinesen gemeinsam?« Seine Augen funkelten wild. »Beide bauen Reis an und verehren ihre Ahnen!«

Elias' tiefe, hohle Stimme hatte einen kiesigen Untergrund, sein Akzent einen stark hinterländischen Einschlag, nachdem sein Vater und Großvater im tiefsten Stateburg Baumwollfarmer gewesen waren. Landeinwärts hatten die Planzer fast nur Baumwolle angebaut, an den Gezeitenströmen der Küste dagegen von alters her überwiegend Reis. In den Binnenregionen sprachen die Weißen auch anders – nämlich viel nasaler – als in Charleston und an der Küste, wo die Vokale aus dem vorderen Mundraum kamen. Dieses Lokalkolorit hatte Elias' Stimme geprägt. Yankees charakterisierten den Binnenakzent als »gedehnte Aussprache«, doch vor Ort sagte man einfach, man höre »mehr Baumwolle als Reis«.

Beim Thema Rotkäppchen kamen wir auch auf das Familienwappen der Balls zu sprechen.

»Rotkäppchen hatte kein Anrecht auf das Wappen«, erklärte Elias zu dem Familienemblem, das wir beide bestens kannten. Dann wurde er ernst. »Nach englischem Recht steht das Wappen dem ältesten Sohn zu.«

Ich nickte, als Elias mir dieses recht offene Geheimnis anvertraute. Als Kind hatte ich neben Baseballhandschuhen und Lieblingsblousons zwei Exemplare des Familienwappens – schwarz, rot, gold, auf altem Papier gedruckt – in Ehren gehalten. Das Ballsche Wappen bestand aus einem Schild, wie für ein mittelalterliches Turnier, mit einem visierlosen Eisenhelm darüber. Auf dem Schild waren drei schwarze Kugeln (balls), jeweils mit einer aufwärts züngelnden Flamme, gegen ein rotes Feld abgesetzt, das ein grauer Sparren teilte, ein umgekehrtes V. Darunter stand die Inschrift: »Die Balls aus Devonshire.«

Das Emblem war von einer Aura des Mysteriösen umgeben. Es schien für eine längstvergangene unsägliche Tat (wahrscheinlich Bluttat) zu stehen, für Schwerter und das Knallen von Stiefelbeschlägen auf den Steinfliesen einer Burg. Als Kind machte es mich mächtig stolz, daß diese Heldentat etwas mit mir zu tun hatte. Ich nahm selbstverständlich an, daß jenes Wappen mit seinem Glorienschein, ob durch Mord oder Burgenbau erworben, irgendwie auf uns Mayonnaisefresser in Amerika übergegangen war. Doch nun belehrte Elias mich eines Besseren.

»Das Wappen steht dem ältesten Sohn zu«, wiederholte er, und wir wußten ja beide, daß unser Stammvater Rotkäppchen ein Benjamin war. Insofern kam die Verwendung des Familienwappens seitens des amerikanischen Zweiges bestenfalls einem Schwindel gleich. Elias und ich nickten uns bedeutungsvoll zu.

»Die Regeln der britischen Heraldik lauten wie folgt.« Er lehnte sich im Rollstuhl zurück und legte die Hand ans Gesicht, mit einem Finger nach oben zeigend.

»Nehmen wir an, es gab vier Söhne«, begann er. »Dem ersten steht das Wappen zu – klar. Weiter. Der zweite geht gewöhnlich zum Heer oder zur Marine. Da kriegt er den Halbmond. In Ordnung. Der dritte wird entweder Soldat oder Geistlicher und bekommt einen Stern. Und für den vierten Sohn gibt es einen ›Martlet‹ als Wappentier. Das ist ein kleiner, schnabelloser Vogel, der dem Mythos zufolge immerfort im Fluge verbleiben muß, da er auch keine Füße hat. Kurz, der vierte Sohn hing in der Luft und erbte gar nichts.«

Neben der bloßen Existenz des Wappens bestand das Problem seiner Symbolik – schwarze Kugeln auf rotem Grund. Die Kugeln schienen direkt für unseren Namen zu stehen.

»Die Kanonenkugeln haben nichts mit dem Namen zu tun«, erklärte Elias, um das schon einmal klarzustellen. »Nein, es sind in Wirklichkeit drei Fackeln. Sie sehen zwar aus wie Kanonenkugeln, aber was da nach oben austritt, sind züngelnde Flammen. Man schoß diese Dinger mit einem Katapult wie Brandbomben in die feindlichen Segel. Demnach standen die Fackeln für militärische Angriffe auf See, wie man es von den Balls aus Devonshire an der englischen Kanalküste erwarten sollte. Und der graue Sparren in der Mitte – der bedeutete Gastfreundschaft.«

Wir kamen noch einmal auf die Plantagen zu sprechen. Als Rotkäppchen 1751 starb, hatte er viele Nachkommen und mehr als tausend Sklaven hinterlassen. Damals näherten sich die Afrikanerimporte nach South Carolina ihrem Höhepunkt. Charleston war die bevölkerungsreichste Stadt der britischen Kolonien südlich Philadelphias, mit einer großen Schwarzenmehrheit.

»Charleston *war* der Süden«, betonte Elias. »Einen anderen Süden gab es nicht. Es beherrschte Georgia. North Carolina war nichts – war nie irgend etwas. Virginia hatte keine richtigen Städte, bloß kleine Käffer. Der Süden war hier, in Charleston.«

Als wir so redeten, merkte ich, daß Elias mein Interesse am Leben der Sklaven teilte. Er wußte, daß unsere Familiengeschichte wenig mit dem Wappen zu tun hatte – daß die Reisfarmen keine Sommerfrischen, sondern große, straff organisierte Arbeitslager waren.

»Das Plantagenleben«, schlug ich vor, das Thema einfach in den Raum stellend.

»In Ordnung«, sagte Elias.

»Wie viele Sklaven arbeiteten ungefähr auf jedem der Anwesen?«

»Die Frage läßt sich so nicht beantworten«, erklärte Elias. »Es hing vom Umfang der Reisfelder ab. Ein großer Teil arbeitete gar nicht, war zu alt oder noch zu jung und wurde eben durchgefüttert. Nur ein Drittel der Sklaven war einsetzbar, also etwa dreißig von hundert. Die anderen wurden versorgt und nie verkauft. Die Pflanzer mußten für sie aufkommen. Wenn nicht, waren sie unten durch. Man trug es als etwas, das eben mit dazugehörte.«

Ich bewunderte Elias, der so unverkrampft über die alten Zeiten sprach, zweifelte allerdings an seinen Zahlenangaben. Ein Drittel der

Sklaven im Einsatz erschien mir herzlich wenig. Vielleicht wurden die älteren nicht veräußert – sie hatten ohnehin keinen Marktwert, und niemand hätte sie genommen –, aber Kinder mußten schon früh Wasser oder Essen tragen, und ab dem zwölften Lebensjahr schickte man sie aufs Feld.

»Reis soll ihnen mehr zugesagt haben als Baumwolle«, fuhr Elias fort. »Denn jeder Sklave hatte seine Aufgabe – gewöhnlich gut einen halben Hektar pro Tag zu bestellen. Wenn er damit fertig war, konnte er sein Gewehr nehmen und jagen gehen. Viele hatten Gewehre, auch wenn die Leute sagen, ›Oh, Sklaven mit Gewehren, wie fürchterlich!‹ Sie geraten völlig aus dem Häuschen. Doch auf den Plantagen hatten ganz schön viele von ihnen eigene Gewehre.«

Es war das erste Mal, daß ich etwas über Sklaven mit Gewehren hörte. Ob es auf den Plantagen etwa vertrauensvoller zugegangen war, als einige der Legenden wahrhaben wollten?

»Sklavenaufstände gab es nicht!« bellte Elias. »Auch nicht, als der Bürgerkrieg ausbrach und die Weißen in den Kampf zogen! Alles lief ganz normal weiter!«

Mit seinem Baritonlachen und einer lässigen Handbewegung verwarf Elias die Vorstellung, die Sklaven seien unzufrieden gewesen. Wenn er auch übertrieb, sprach er damit eine wesentliche Frage an: Wie hatte die Sklaverei so lange – im englischsprachigen Teil Amerikas fast zweihundertfünfzig Jahre – bestehen können? Warum gab es kaum Sklavenrevolten? Elias nahm offenbar an, daß sich die Opfer in ihr Schicksal gefügt hatten.

»Ich kannte eine Schwarze, die Rente bezog, weil ihr Vater im Bürgerkrieg an der Seite seines Herrn gekämpft hatte«, hob er an, wie um seine Sache aufzurollen.

Elias schien mir, was das Leben vor dem Bürgerkrieg anging, der neugierigste, aber auch leidenschaftlichste unter meinen Verwandten zu sein. Sein Großvater hatte für die Konföderation gekämpft, und Elias hing offenbar selbst noch mit einem Bein in jener längst vergangenen Zeit fest.

»Wie haben die Balls ihre Sklaven behandelt?« fragte ich.

»Allem Anschein nach sehr gut«, gab er zur Antwort. »Sie standen ihnen recht nahe. Es heißt, einige der Balls hätten die aufgegebene

Plantage Comingtee noch manchmal besucht, und die Sklaven – ich meine, die ehemaligen – seien ihnen mit einem ›Oh, die Maussas is zurück!‹ entgegengekommen. Sie nahmen die Balls mit offenen Armen auf! Sie schenkten ihnen Eier und was weiß ich nicht alles. Jedenfalls war es insgesamt sehr herzlich.«

»Die Maussas« waren die Herrschaften.

»Am meisten müssen sie«, Elias fühlte mit den Balls, »unter der ewigen Langeweile gelitten haben. Die Leute machen sich gar nicht klar, wie weitab die Plantagen lagen; wenn jemand zu Besuch kam, mußte er mindestens zwei Wochen bleiben. Was für eine Einsamkeit! Manchmal bekamen sie sechs Monate lang keinen anderen Weißen zu sehen. Und konnten sich mit niemandem anfreunden – mit niemandem. Man freundet sich ja nicht mit seinem Aufseher an und schon gar nicht mit seinen Sklaven!«

Elias hob sein breites Kinn und ließ es gleich wieder sinken.

»Aber Kinder waren Kinder«, fuhr er fort; »und weiße konnten nur mit schwarzen spielen. Der Sohn des weißen Pflanzers hatte meistens einen Freund, und zwar einen schwarzen Freund, mit dem er zusammen aufwuchs, und die beiden waren unzertrennlich.«

»Waren nur die Weißen einsam?« fragte ich.

»Die Sklaven hatten damit bestimmt kein Problem, denn die waren ja immer zusammen«, sagte Elias. »Unter Einsamkeit litten dort nur die armen Weißen.«

»Sie hatten es also schwer«, sinnierte ich.

»Jaja«, bekräftigte Elias.

»Weißt du«, begann er, »der Aufseher war nicht deinesgleichen. Er war geheuert. Fast nirgends in Amerika findest du Stände oder Kasten, nur hier, heute noch.« Elias gestikulierte fuchtelnd zum Fenster hin. »Und mit bestimmten Leuten freundet man sich einfach nicht an«, fuhr er fort. »Mit Sicherheit nicht mit Schwarzen. Wer es doch tat, der war unten durch. Du besuchst sie nicht, und so sicher wie das Amen in der Kirche besuchen sie dich auch nicht, außer es sind Dienstmädchen.«

»Was ist denn an dem Gerücht, daß manche Herren mit ihren Sklavinnen ins Bett gingen?« wollte ich wissen.

»Wenn deine Nachbarn was rauskriegten, warst du erledigt«, sagte

Elias, ohne mit der Wimper zu zucken. »Außerdem untergrub es deine Autorität. So ist es ja heute noch. Wer führt denn den Laden, wenn der Chef mit seiner Sekretärin pennt? Am besten nimmt er seinen Hut, und zwar schnell. Ich weiß nichts davon, daß Ballsche Pflanzer mit ihren Sklavinnen schliefen. Sie führten ja nicht Buch darüber. Die Balls waren ziemliche Spießer.«

Elias' lautes, bauchiges Lachen erfüllte den Raum.

Es gab wirklich keine Belege, sondern nur mündliche Berichte. In farbigen Familien erzählte man sich von den weißen Vorfahren. Mal wußte man, wer es war, mal nicht. Mit etwas Glück würde ich eine solche Familie ausfindig machen können. Bestimmt gab es irgendwo einen schwarzen Clan, dessen Abstammungslinie in einem Ballschen Bett begann.

»In dem ehemaligen Plantagengebiet«, spekulierte ich, »müßten ja eigentlich noch Schwarze leben, die von Sklaven abstammen.«

»Die Siedlung heißt – jetzt fällt mir doch der Name dieser kleinen Siedlung nicht ein. Sie liegt an der Hardscrabble Road oder einer dieser Straßen.«

Ich fixierte sein Gesicht, Kinn und Backen, als Elias im Geiste die Vergangenheit durchlief. Der Name schien ihm auf der Zunge zu liegen.

»Sie steht noch, und unsere Neger leben auch noch dort. Ich war vor langer Zeit mal da«, sagte er. »Hübsche Häuschen, weit verstreut.«

Elias zufolge lag das von ehemaligen Sklaven gegründete Dorf in der Nähe von Comingtee. Eine Zeitlang fiel ihm der Name nicht ein, doch dann wußte er ihn plötzlich.

»Das Dorf heißt Sawmill!« rief er aus. »Ich glaube, es liegt an der Hardscrabble Road. Fahr einfach mal hin und frag nach Sawmill, dann zeigen sie dir den Weg schon.«

Ein simpler Vorgang, naheliegend, doch nur der geschichtskundige Elias wußte davon. Nach dem Bürgerkrieg hatten Freigelassene, die sich wiederfanden, ihre Habseligkeiten von der Plantage geholt, um gemeinsam eine Siedlung zu gründen. Ich beschloß, das Dorf Sawmill zu suchen.

Familienerinnerungen laufen weitgehend über die Frauen, denn diese nehmen einen Großteil der Überlieferung in sich auf und geben sie an die Jungen weiter. Männer dagegen vergessen viele Facetten der Vergangenheit und greifen lediglich das auf, was sich am besten in ihr Leben einfügt.

So war Dorothy Dame Gibbs die personifizierte Familiengeschichte. Zum Erntedankfest 1932 hatte sie John E. Gibbs geheiratet, einen Sohn Anne Simons Balls. Bei ihrer Schwiegermutter, »Miss Annie Ball«, und dem Rest der Familie habe Dorothy sich mit Vergangenheit vollsaugen können. Annes Vater, John Coming, hatte am Lauf des Cooper River viel Land und zahlreiche Sklaven besessen. Doch als Dorothy in den dreißiger Jahren einheiratete, waren nur noch die beiden Anwesen Hyde Park und Middleburg übriggeblieben. Die alte Plantagenwelt war fast untergegangen, gab aber noch Klagelaute von sich.

Dorothy erhob sich vor mir in die Luft, erst langsam, dann immer schneller. Der Sitz ihres Polsterstuhles drückte sie aufwärts und zugleich nach vorn.

»Das ist meine Abschußrampe«, kicherte sie emporschwebend. Im Nu stand sie weit vornübergebeugt auf den Beinen. Fast neunzig Jahre alt, konnte sich Dorothy wegen ihrer gekrümmten Wirbelsäule nicht mehr gerade aufrichten.

Doch trotz ihres hohen Alters und der Krümmung hatte Dorothy das Leben fest im Griff. Unter ihrem weißen Haar leuchteten ebenso nachsichtige wie belustigte Augen, die mich erwartungsvoll anblickten, als hoffe sie auf einen ausgefallenen Kommentar. Der elektrische Hebestuhl half ihr beim Aufstehen und Hinsetzen. Jetzt stand seine Sitzfläche weit oben, wo sie abgestiegen war, wie eine zum Abschied gehobene Hand. Dorothy ging in die Küche, um mir Kaffee zu holen, den sie in einer eleganten Tasse servierte. Dann nahm sie wieder in ihrem Stuhl Platz, indem sie sich rückwärts ins Polster sinken ließ und gleich darauf die Sitzfläche langsam zurückfuhr.

»Manche Leute erschreckt mein Stuhl«, erklärte sie mit lachenden Augen.

Wir saßen in der Wohnzimmerecke ihrer kleinen Wohnung, die in einem Altersheim lag. Alles war überladen mit Möbeln und Bildern,

Photoalben und Erinnerungsstücken aus Dorothys großem Charlestoner Wohnhaus, in dem sie etwa fünfundsechzig Jahre lang gelebt hatte. Ein Fenster ging hinaus auf eine Rasenterrasse. Weiß- und blauhaarige Damen liefen schweigend über das Gras.

Dorothy legte mir unser Verwandtschaftsverhältnis auseinander.

»Dein Urgroßvater Isaac«, erklärte sie, »war ein Vetter von Maria Louisa Gibbs, der Mutter John Coming Balls, des Vaters von Anne Simons Ball, meiner Schwiegermutter.«

Das war ein Familien-Haiku der Charlestoner Linie. Dorothy hatte das Durcheinander von Ehen und Zeugungen zu einem prägnanten Satz zusammengepreßt. Ihr weißes Haar bedeckte geradeso eben die Ohren, wie das blau gemustertes Kleid geradeso eben die Knie bedeckte. Ihr Gesicht hatte tiefe angenehme Furchen, und der Mund stand halb offen, stets bereit, über eine Pointe zu lachen.

»John Coming war der Inhaber von Middleburg«, begann Dorothy mit Blick auf diesen Vorfahren ihres Mannes. »Ein Halbwaise; der Vater war 1852 gestorben und hatte seine Frau mit dem etwa vierjährigen Jungen und etwas Geld zurückgelassen.«

Die Geschichte kam mir nun schon ziemlich bekannt vor. Eine Sklavenplantage, die ein Vierjähriger erbte …

»Im Krieg zwischen den Staaten war er noch minderjährig, so um die sechzehn«, fuhr Dorothy fort. »Er hätte sich zwar freiwillig melden können, aber als einziger Sohn einer Witwe kam das nicht in Frage. Um sein Geld kümmerten sich Nachlaßverwalter oder Treuhänder. Nun, er ging mit einigem Geld aus dem Krieg hervor, und danach kaufte John Coming Middleburg. Damals war er vierundzwanzig. Dann erwarb er alle Plantagen diesseits des Cooper River bis runter nach Cainhoy: The Blessing, Cedar Hill und Halidon Hill. In gewisser Hinsicht schadete ihm das Geld, weil sonst niemand welches hatte und einige es ihm neideten. Eine Menge Leute konnten ihn deshalb einfach nicht ausstehen.«

Dorothy kicherte. Sie warf mir einen verschwörerischen Blick zu. Ich wußte nur, daß John Coming als griesgrämig und großtuerisch galt. Besonders gerne soll er in seinem leuchtend weißen Einspänner die Reitpeitsche geschwungen haben. Oben auf dem Wagen konnte er verächtlich auf die einherlaufenden Farmpächter hinabsehen.

»Middleburg hatte eigentlich immer schon der Familie gehört, nur unter anderem Namen – erst den Simons, dann den Lucas' und zuletzt den Balls. Die meisten Reispflanzer am Cooper River waren bis zum Abwinken untereinander verwandt und verschwägert. Ob sie nun Ball, Porcher, Stoney, Heyward, Huger oder Bryan hießen, alle bildeten eine große Familie.«

Dorothy saß ganz still, gestikulierte kaum. Offenbar flossen alle ihre Energien in die Augen und in den Mund. Sie erzählte weiter von John Coming, der ein mit Konföderiertengeld bezahltes Haus verlor und seinen beiden Töchtern einmal Plantagen zu Weihnachten schenkte. Ich mochte Andekdoten dieser Art, wollte nun aber zur Schattenseite des Ganzen kommen.

»In den Plantagenbüchern«, köderte ich, »habe ich einen Scipio gefunden.« Der römische Name Scipio tauchte in den Sklavenlisten häufig auf. Anfangs nur von den Herrschaften vergeben, übernahmen ihn später auch schwarze Eltern.

»Jawohl, ich kannte einen Scipio auf Middleburg.« Dorothy hakte nach. »Allerdings war der schon erwachsen, als ich hinkam. Ob du den meinst?«

Diese Wendung des Gesprächs verblüffte mich. Dorothy gehörte zu den wenigen Weißen, die sich um einzelne Farbige kümmerten.

»Die Weißen gaben den Leuten lateinische Namen«, fuhr sie fort. »Meist hatten sie eine klassische Bildung, Latein und Griechisch. Das Lateinische war ihnen vertraut, und sie vergaben diese Namen, als James, John, Isaac und so fort ausgingen. Die verschiedensten klassischen Namen. Catull ... Julius ... Cäsar ... Cäsar war sehr verbreitet.«

Dorothy schilderte das Plantagenleben so plastisch, als wäre es das Gesicht ihrer Mutter. Der Sklave Scipio war mir in den Büchern unserer Heimstätte Comingtee begegnet, und jetzt erzählte Dorothy mir von einem gleichnamigen, den sie als junge Frau kennengelernt hatte. Als ich das gerade verarbeitete, fiel mir noch etwas ebenso Ungewöhnliches auf. Dorothy hatte noch ehemalige Sklaven der Balls persönlich gekannt.

»Über Scipio gibt es eine Anekdote«, fuhr sie fort. »Manchmal stießen sich Besucher aus dem Norden an den Verhältnissen, an der Sklaverei. Nun, in solchen Fällen soll Master Ball einen kleinen

Negerjungen, Scipio nämlich, hereingerufen haben. Und dann sagte Mr. Ball zu dem Gast aus Neuengland: ›Nein, wir behandeln sie gut und lassen ihnen sogar eine Erziehung angedeihen.‹«

»Mr. Ball rief Scipio auf, etwas Lateinisches – ich glaube Horaz – herzusagen«, erzählte Dorothy. »Bloß aus Jux. Selbstverständlich hatte Scipio keinen blassen Dunst von dem, was er da hersagte. Es mag das Carpe Diem gewesen sein, keine Ahnung. Also sagte der kleine Junge Wort für Wort das Carpe Diem auf, sehr zur Überraschung des Neuengländers, der sich entschuldigte: ›Oh, davon hatte ich nichts gewußt.‹« Dorothy kicherte mit funkelnden Augen. Immer noch mußte sie über diese schon oft erzählte Geschichte lachen.

»Scipio kannte also Horaz auswendig?« fragte ich.

»Er verstand so viel von dem Hergesagten wie ich von Sanskrit«, antwortete sie. »Natürlich kriegten sie null Erziehung. Mr. Ball beliebte zu scherzen.«

Ich schüttelte lächelnd den Kopf und gab mir Mühe, meine Augen ebenfalls funkeln zu lassen.

»Mich stört es etwas, daß die Nordstaatler so ablehnend gegenüber dem Süden sind – seinen Bräuchen, Lebensformen, Dialekten und so weiter«, fuhr sie fort. »Meist haben sie ein völlig falsches Bild von uns. Sie halten uns für faul, träge und unfair zu den Negern. Dabei bringen wir uns fast um, wenn es um die Schwarzen geht. Saß irgendein Neger im Knast, und ich hatte hundert Dollar, dann holte ich ihn raus. Andererseits lieben uns die Nordler auch. Sie finden uns interessant und bezaubernd. Die Südmädels sind im Norden immer Ballköniginnen.«

Als junge Frau war Dorothy selbst eine Art Schönheit gewesen und hatte einen für ihre Generation noch ungewöhnlichen Weg gewählt, als sie am Charlestoner College studierte, das sie 1926 mit einem Abschluß verließ. Wenig später schon fing Dorothy Dame als Juniorreporterin beim Charleston News and Courier an.

»Ich war die erste Frau, die man dort je als Reporterin genommen hatte«, erklärte sie stolz. »Ich berichtete über Kulturelles – Künste und Museen, das Schul- und Bildungswesen. Auch ein bißchen über Sport, wie Basketball. Wir fingen mittags an und blieben, bis das Blatt gegen Mitternacht oder ein Uhr morgens in Druck ging.«

Wenn Dorothy in den zwanziger Jahren Reporterin war und zuweilen über Basketball berichtete, so hob sie das einigermaßen von anderen Charlestoner Damen ab. Ihr Riecher für die gute Story hatte sich auch bei den Plantagen bewährt.

»Zwischen den eingeführten Negersklaven gab es ganz erhebliche Unterschiede«, erklärte mir Dorothy. »In einem der Herkunftländer waren die Menschen äußerlich sehr attraktiv, und sie hatten keinen Körpergeruch. Waren auch intelligenter. Man verwendete sie oft als Haushaltshilfen. Ich weiß nicht – war es Angola? Hab's vergessen.«

»Das Gesinde meiner Mutter war von diesem Schlag«, fügte sie an, »sehr intelligent und wie gesagt ohne Körpergeruch, was etwas ganz Besonderes war. Diese Menschen waren ziemlich hellhäutig, aber von Natur aus, nicht durch Beimischung weißen Blutes. Mir war bekannt, daß die Käufer von Afrikanern im 18. Jahrhundert gewisse Kulturen gegenüber anderen bevorzugt hatten, allerdings nicht, daß derlei Vorlieben noch zu meinen Lebzeiten bestanden.«

Das Telefon klingelte, und Dorothy nahm den Hörer ab, um gleich wieder aufzulegen und weiterzusprechen.

»Die andere Gruppe«, betonte sie, »war wirklich kohlrabenschwarz und hatte gewöhnlich Rundköpfe – keineswegs nur Dickschädel, sondern auch Starrköpfe. Ihre Körper waren ungeheuer massig und stark, ideal für die Feldarbeit geeignet. Hier im Heim sieht ein Neger nach mir, der knapp drei Zentner wiegt und einsfünfundachtzig groß ist. Das ist so ein dicker, schwerer Brocken von einem Mann. Ich wette, der könnte mit zwei Zentnersäcken Reis auf den Schultern tanzen. In dessen Pranken würden meine Hände ein paarmal reinpassen. Jedenfalls hatten diese Feldarbeiter einen furchtbar scharfen, stechenden Körpergeruch. Im Haus hielt man es kaum mit ihnen zusammen aus.«

Dorothy schien sich ganz sinnlich an die Plantagen zu erinnern, und alles war klar geordnet, bis zu den Stammesgruppen. Plötzlich wirkte ihr Blick etwas abwesend.

»Selbstverständlich gibt es auch den umgekehrten Fall«, murmelte sie. »Das habe ich aber erst kapiert, als ich nach Japan kam. Ich nahm ab und zu an Gesellschaften teil und merkte, daß die Japaner Distanz hielten. Ich vermute, ihnen war unser Körpergeruch unangenehm.«

In Dorothys Welt waren Weiße und Schwarze wie zwei nebeneinander lebende verschiedene Stämme. Oder besser, auf unserer Seite gab es *einen* Stamm und auf der anderen *mehrere*.

»Während der Sklaverei war es eine Interessengemeinschaft«, fuhr Dorothy fort. »Man war aufeinander angewiesen. Die Neger konnten nicht ohne die Unterstützung der Weißen und diese nicht ohne die Arbeit der Neger leben.«

»Eine Hand wäscht die andere«, sagte ich.

»Die Neger fühlten sich als Teil der Gemeinschaft«, gab Dorothy zurück. »Sie sahen uns als ihre Familie an. Die Ansicht, daß ihre Interessen nicht die der Balls waren, hätte sie beleidigt.«

Es war Mittagszeit. Ich wollte aufbrechen, aber Dorothy lud mich zum Essen ein. Nach einem weiteren Manöver mit dem Schleudersitz begaben wir uns in den Speisesaal des Heimes.

Der Saal erinnerte an ein Bistro, mit gestärktem Tischleinen und uniformierten Kellnerinnen. Es gab etwa 75 Tische, an denen dunkle Holzstühle mit grün-weiß gestreiften Polstern standen. Wir nahmen Platz und gaben unsere Bestellungen bei einer schwarzen Kellnerin auf.

»Wie die Weißen konnten auch die Sklaven sehr verschieden sein«, betonte Dorothy. »Einige waren gewissenhaft, andere so zuverlässig wie junge Hunde, und manche schlicht etwas minderbemittelt. Eine Schwarze konnte Näherin werden, wenn sie gewieft war und dem Stamm angehörte, der für die Hausarbeit taugte. Daneben gab es Frauen, die eine bestimmte Küche beherrschten. Es gab Hebammen, und einige Frauen verstanden sich auf die Heilkunde. Über ihnen allen thronte die Herrin, Mrs. Ball. Im Grunde mußte sie sich in allem und jedem auskennen – an Webtagen etwa im Weben und Nähen – und die Jungen unterweisen können. Sie wußte auch, wie man Möbel, Silber und Kupfer pflegte.«

Dorothys Schwiegermutter, Miss Annie Ball, war anscheinend eine Frau dieses Schlages gewesen.

»Die Frauen, ich meine die weißen, arbeiteten ständig«, fuhr sie fort. »Manchmal nahmen sie sich noch im Bett die Sklavenlisten vor und registrierten durchs Fenster, wer aufs Feld ging. Danach stand Mrs. Ball auf und machte sich selbst an die Arbeit.«

»Wie wurden die Sklaven behandelt?«, fragte ich.

»Ich meine, die meisten Sklavenhalter waren pflichtbewußte, gute Menschen«, erklärte sie. »Zwar sind auch gräßliche Dinge passiert, aber das war wohl eher die Ausnahme als die Regel. Soviel ich weiß, wurden unsere Sklaven gut behandelt und gehalten. Ich glaube, die Balls hätte es sehr entsetzt, wenn die Neger auf ihren Plantagen geschlagen worden wären.«

So mag man es Dorothy erzählt haben, doch die Familienunterlagen beweisen das Gegenteil. Wenn der Herr unterwegs war, unterrichtete ihn sein Aufseher oft schriftlich von besonderen Vorgängen. Thomas Finkley, der ab etwa 1830 die Aufsicht über Comingtee führte, ließ es Mr. Ball unverzüglich wissen, wenn er einen Arbeiter züchtigte oder, wie er es nannte, »versohlte«. Andere Einträge betrafen Zahlungen der Balls an das Charlestoner »Work House«. Dieser Backsteinbau, ein Gefängnis an der Ecke von Magazine und Load Street, die einst am südwestlichen Stadtrand gelegen hatte, war eine städtische Einrichtung, in der ein Beamter gebührenpflichtig die Sklaven verprügelte. Sklavenhalter ließen dort ihre Arbeiter abstrafen, wenn sie sich in Charleston aufhielten: Gedungene Züchtigung bewahrte die Kleidung des Herrn vor Blutflecken. Wie die meisten ihrer Bekannten nahmen auch die Balls den Service in Anspruch und führten Buch darüber. Doch das konnte Dorothy nicht wissen.

»Ich weiß, daß die Balls möglichst keine Angehörigen voneinander trennen wollten«, fuhr sie fort. »Nur ein einziges Mal konnten sie nicht umhin, Neger, also Sklaven, zu verkaufen, nämlich nach einem Todesfall in der Familie, als der Nachlaß aufgeteilt werden mußte. Doch den Testamenten und allen Erzählungen zufolge waren sie immer sehr rücksichtsvoll und nahmen sogar Verluste hin, um die Familien beisammen zu halten und ihnen keine Kinder zu entreißen. So waren sie eben veranlagt, die Balls.«

Im Staatsarchiv in Columbia, der Hauptstadt South Carolinas, fand ich dann Quittungen nicht nur über den Kauf, sondern auch den Verkauf von Sklaven. Es gab sie, wenn auch in nur geringer Anzahl, und sie bewiesen, daß tatsächlich zuweilen einzelne Sklaven verkauft wurden. Das geschah nicht oft, nicht wöchentlich und nicht einmal jährlich, aber es geschah.

»Ich habe den Eindruck, daß man die menschlichen Bedürfnisse der Sklaven sehr ernst nahm«, sinnierte Dorothy. »Denn die Balls waren durch die Bank ziemlich freundliche Zeitgenossen. Vielleicht sogar mustergültig – oder mir ist eben nur das Gute zu Ohren gekommen. Keine Ahnung. Das wäre ja durchaus möglich, oder? Familien bekennen sich nämlich selten zu ihren Schandtaten.«

Der Saal hatte sich gefüllt. Die Hautfarbe der Gäste glich mehr oder weniger der von altem Papier. Den Salat indes servierte mir eine schwarze Hand.

Ich fragte Dorothy, ob sie etwas über die später angenommenen Namen der Sklaven wisse.

»Das ist interessant«, gab sie ungerührt zurück. »Bei den Negern bekamen die Kinder oft den Namen des leiblichen Vaters. Aber weißt du, sie lebten wie Tiere. Die Eltern blieben ganz selten zusammen, von heiraten ganz zu schweigen. Im Grunde waren sie wie Kater. Und so gerieten auch die Namen durcheinander. Sie wechselten ihre Namen wie in einem Verwirrspiel.«

»Warum änderten sie ihre Namen so häufig?«

»Warum machen Neger irgend etwas?« fragte Dorothy zurück. »Das ist eine andere Kultur, und du hast schon viel erreicht, wenn du rauskriegst, was für eine. Man kann nicht alles erklären.«

»Ich glaube nicht, daß es den Schwarzen sonderlich schwerfällt, die Weißen zu verstehen«, sagte ich.

»Wahrscheinlich nicht«, stimmte mir Dorothy zu. »So oder so sind sie an fast allem beteiligt, was die Weißen tun. Die Weißen haben keine Geheimnisse vor schwarzen Hausdienern, aber die Neger haben viele Geheimnisse vor uns. Einer der Gründe für das Namenswirrwarr ist jedenfalls – na, daß die Viehzucht planmäßiger erfolgt als die Fortpflanzung der Neger. Die leben und verkehren, mit wem es ihnen gerade paßt.«

»Meinst du die Verhältnisse vor zweihundert Jahren?« hakte ich nach.

»Ich meine jede Zeit, bis zum heutigen Tag«, gab Dorothy zurück.

»Apropos Kater«, sagte ich, »wie üblich war es eigentlich, daß der Herr mit seinen Sklavinnen ins Bett ging?«

»Nun, es gab Mulatten und Terzeronen. Heute verwendet man

diese Wörter nicht mehr, weil kaum noch jemand weiß, was sie bedeuten«, sagte Dorothy. In Städten wie New Orleans gab es Arrangements für junge Männer, die Gespielinnen suchten, das heißt Mulattinnen oder Terzeroninnen. Eine französische Erfindung. Die Engländer machten so was nicht. Und wenn, dann nicht organisiert. Zweifellos kam es manchmal zu Mischungen – in South Carolina allerdings weniger als in Virginia. In Virginia sind die Neger ganz schön gepanscht.«

»Thomas Jefferson soll ein festes Verhältnis mit Sally Hemings unterhalten haben, einer Sklavin von seiner Plantage Monticello«, sagte ich.

»Jawohl, und zwar deshalb, weil seine Frau ihm das Versprechen abgenommen hatte, nicht wieder zu heiraten«, ereiferte sich Dorothy. »Ich weiß nicht, weshalb, da sie ihn ja selbst als Witwe geheiratet hatte. Jedenfalls ließ sie ihn geloben, daß er nach ihrem Tod, der kurz bevorstand, keine neue Ehe eingehen würde. Infolgedessen nahm er sich diese Konkubine. Das ist eine Tatsache.«

»Schliefen unsere Sklavinnen mit ihren Herren?« bohrte ich.

»Davon ist mir nie was zu Ohren gekommen. Und ich kann mir nicht vorstellen, daß dergleichen irgendwem auch nur in den Sinn kam. In den Haushalten lebten weiß und schwarz zwar eng zusammen, aber bis zum Letzten kam es fast nie.«

Da ich nicht damit rechnete, von der weißen Seite viel darüber zu erfahren, ob die Balls mit ihren Sklavinnen schliefen, hielt ich nicht an dem Thema fest.

»Der Kampf gegen die schulische Rassentrennung – ich weiß nicht, ob das richtig war«, erklärte Dorothy. »Meiner Ansicht nach müssen die weißen Kinder institutionell von den Negern getrennt bleiben. Sonst landet man früher oder später bei Ehen. Theoretisch sollte man sie nicht trennen, aber praktisch hat es sich mitunter besser bewährt.«

»Was hast du gegen Mischehen?« wollte ich wissen.

»Das kann ich kaum ausdrücken. Ich finde sie so widerwärtig – so scheußlich –, einfach unannehmbar. Vielleicht empfinde ich in der Frage angelsächsisch, wer weiß? Die Franzosen haben immer munter drauf los geheiratet, ohne auf die Hautfarbe zu achten.«

Dorothy fragte: »Kennst du den Ausdruck ›Kupferknöchel‹? Er ist nicht sonderlich fein, etwa wie ›Nigger‹ – was heute niemand mehr sagt. Ich habe dieses Wort seit fünfzig Jahren nicht mehr gehört. Kupferknöchel waren Mischlinge, aus Indianern, Negern und Weißen. Drei verschiedenen Völkern. Sie lebten draußen auf dem Lande, und ihre Knöchel schimmerten wegen der Mischung.«

»Ich denke, es gibt zwei entgegengesetzte Mythen«, erklärte ich. »Den Mythos des gütigen Herrn und den über das Blut, das im Zuge der Sklaverei in Strömen floß. Wo liegt die Wahrheit?«

»Ich glaube nicht, daß sich das je klären läßt«, stieß Dorothy aus. »In meinen Augen war die Sklaverei ein Unrecht. Immer schon, auch zu biblischen Zeiten. Aber es gab sie eben. Am meisten profitierten die Händler davon. Sie verfolgten die Schwarzen, um sich skrupellos an ihnen zu bereichern. Ihnen war es schnuppe, wie viele Leichen sie auf dem Weg hierher über Bord warfen. Die Sklaverei war von biblischen Zeiten an weltweit anerkannt. In der Bibel erscheint sie als etwas ganz Normales. War Benjamin nicht nach Ägypten in die Sklaverei verkauft und von seinem Bruder Joseph gerettet worden? Im gesamten Alten Testament war sie geachtet, und niemand hielt sie für falsch oder lästig. Bürger der Vereinigten Staaten fragten vermutlich als erste Gruppe, ob die Sklaverei moralisch zulässig ist.«

In Dorothys Augen konnten die Amerikaner auf manches stolz sein. Die ersten Initiativen der Antisklavereibewegung etwa hatten sich während der Amerikanischen Revolution geregt. Allerdings waren dem in England schon Proteste einiger Schriftsteller und Rechtsanwälte gegen den von Liverpool und Bristol aus betriebenen Sklavenhandel vorausgegangen.

»Die Sklaverei endete, als sich das religiöse Empfinden weltweit veränderte«, fuhr Dorothy fort. »Du wirst jedenfalls keinen Yankee davon überzeugen können, daß der Bürgerkrieg etwas anderes betraf als die Sklaverei. Es ging um die Rechte der Staaten. Weißt du, die Russen hatten noch bis 1914 Sklaven, als der Große Krieg ausbrach. Aber die Einstellungen änderten sich überall in der Welt – und das auch gegenüber Frauen und Kindern. In meiner Kindheit wurden beide gehalten wie Leibeigene. Frauen verfügten weder über Eigentum noch über sich selbst.«

Der Einschub, daß früher alle Frauen dastanden wie die Schwarzen auf den Plantagen, fügte sich nahtlos in Dorothys Ausführungen ein, etwa wie eine kurze Modulation von Dur nach Moll.

Der Saal begann sich zu leeren, während Kellnerinnen die Tische abräumten.

»Was ist wohl aus den ehemaligen Sklaven geworden?« fragte ich.

»Nun, es war furchtbar verantwortungslos, sie ohne jede Vorsorge einfach laufen zu lassen«, klagte Dorothy. »Als die Befreiung kam, sahen die Weißen ein, daß sie nicht schnurstracks zu Erfolg, Glück und Sicherheit führen konnte. Vielmehr wußten sie, daß bald die Hölle los ein würde, und genauso kam es auch. Fremde nutzten die Neger skrupellos aus, aber diese sich auch gegenseitig. Sie gingen äußerst unredlich und grausam miteinander um. Bis heute sind sie nicht daran gewöhnt, selbst auf sich aufzupassen.«

»Ich glaube«, fuhr sie fort, »nach dem Bürgerkrieg blieben viele bei den Balls oder hielten zumindest Kontakt mit ihnen. Später begannen sie, an der Ostküste nordwärts zu wandern. Einige ließen sich in Washington oder Philadelphia nieder. Andere kamen bis New York.«

Vielleicht waren Kinder von Sklaven bis in Dorothys Jugend, aber gewiß nicht länger, mit den Balls in Verbindung geblieben. Ich hatte in der Familie herumgefragt und von nichts dergleichen gehört. Es gab keine »treuen Kindermädchen«, deren Eltern schon vor der Befreiung bei den Balls gearbeitet hätten.

Ich erwähnte, daß ich nach Familien von Nachkommen fahndete.

»Das ist eine wirklich gute Idee«, bestärkte mich Dorothy. »Auch wenn sie vielleicht sagen, daß man sie schlecht behandelt hat. Ich weiß jedenfalls nur, daß sie gut behandelt wurden. Mag sein, daß man dir ganz etwas anderes erzählt. Aber das würde mich überraschen, denn gewiß prägt den Ball-Clan vor allem seine Menschenfreundlichkeit.«

Trotz ihrer guten Kenntnis der alten Zeiten hatte Dorothy keinen Tip, wo man Familien ehemaliger Sklaven finden mochte.

Ich dankte ihr für die Einladung. Beim Abschied wurde Dorothys Blick nachdenklich, und sie gab mir ein letztes Wort mit auf den Weg.

»Es ist merkwürdig«, sagte sie. »In den alten Zeiten fühltest du dich unter Negern weder befangen noch verlegen. Wenn du heute auf ihre Hochzeiten oder Beerdigungen gehst, fühlst du dich immer ein bißchen unwohl, auch wenn du ausdrücklich eingeladen bist. Du weißt nicht so recht, bist du wirklich gern gesehen oder doch nicht.«

Um Hinweise auf Nachkommen von Sklaven zu erhalten, sprach ich auch mit anderen älteren Verwandten. Gut ein Dutzend von ihnen hatte schon die Achtzig überschritten oder stand kurz davor. Das waren die Hüter der Familienüberlieferung, die den Namen Ball in Ehren hielten.

Zu diesem Kader gehörte ein Mann, den ich hier Fitzpatrick Ball nennen möchte. »Fitz«, Ende Siebzig, ein leiblicher Vetter meines Vaters – ihre Väter waren Brüder gewesen –, stand demnach als ein Vetter zweiten Grades zu mir.

Der gepflegte, rüstige, charmante Greis trug sein fortgeschrittenes Alter gelassen. Er hatte ein rötliches Gesicht und zottiges weißes Haar. Etwas untypisch für die Familie wies seine Ahnenreihe einige schottisch-irische Beimischungen auf, was sich angeblich in seinem Charakter niedergeschlagen hatte. Viele der Balls neigten zu einem eher phlegmatischen Temperament, während er aufgeweckt und schlagfertig war. Er scherzte gerne und kannte unsere Familiengeschichte aus dem Effeff.

Fitz mußte mir unbedingt eine Anekdote aus dem Zweiten Weltkrieg erzählen, in dem er ebenso wie mein Vater gedient hatte. Irgendwann seien beide zusammen auf Heimaturlaub in San Francisco gewesen, also weit von den Zwergpalmen und Sümpfen ihrer Charlestoner Jugend entfernt. Der etwas ältere Dad habe sich schon seit einiger Zeit in Kalifornien aufgehalten und über ein Auto verfügt, was für ihn als Soldat ein wahrer Luxus, dazu auch über genügend Benzingutscheine, was eine kostbare Notwendigkeit war. San Francisco sei von Wehrpflichtigen überlaufen gewesen, so daß zahlreiche Bars und Frauen von Soldaten lebten. Die Einzelheiten blieben zwar etwas diffus, aber Fitz ließ mich wissen, daß die beiden dort jede Nacht durchgezecht hatten. Nach dem Krieg hatte er Medizin studiert und sich schließlich in Charleston, wo er lange praktizierte, als Arzt niedergelassen.

Eines Tages rief ich Fitz an, um ihn bei einer besonderen Frage um Hilfe zu bitten. Mit seiner Reaktion hatte ich indes nicht gerechnet. »Damit will ich nichts zu tun haben«, schrie er ins Telefon. »Es war eine brutale Zeit, die Zeit der Sklaverei, jawohl«, keuchte er, schwer atmend. »Aber niemand – weder du noch ich, noch sonstwer – kann etwas daran ändern!«

»Wenn die Vergangenheit, wie du sagst, brutal war, wäre es dann nicht besser, darüber zu sprechen, als sie totzuschweigen?« gab ich zurück.

»Was du machst, kann nur Unheil anrichten!« wandte er ein. »Es wird für böses Blut sorgen und Menschen entzweien!«

Ich hatte Fitz immer bewundert. Er war als Arzt dafür bekannt, vielen Menschen geholfen zu haben, und ich hatte keine Lust, ihm zu widersprechen.

»Ich halte deine Herangehensweise für provokativ«, fuhr er fort. »Das wird Differenzen oder Schlimmeres zur Folge haben. Du weißt, daß es zu meinen Lebzeiten noch Rassenunruhen gegeben hat!«

Nach Fitz' Meinung stellte das Erbe der Plantagen kein Problem dar. Er maß dem Thema der Sklaverei keine Bedeutung mehr bei und sprach uns sogar jedes Verständnis dafür ab. Vielmehr müßten wir den weit verbreiteten Rassenwahn bekämpfen.

Betont sanft sagte ich: »Einige in der Familie unterstützen mein Vorhaben, besonders die Jüngeren.«

»Das habe ich mir gedacht!« donnerte Fitz los. »Daß gerade die jüngeren Generationen es positiv sehen würden. Genau das hatte ich befürchtet!«

Irgendwann hatte Fitz gehört, daß mich die sexuellen Beziehungen zwischen Weißen und Schwarzen interessierten. Das erschien ihm als das Allerletzte, und plötzlich fiel es ihm wieder ein.

»Dieser Unfug«, sprudelte es aus ihm hervor, »die Sklavenhalter hätten mit ihren Sklavinnen kopuliert – das ist die reinste Provokation! Das alles wird dir aus den Händen gleiten!«

Fitz schwieg ermattet. Ich versuchte nicht, mich zu verteidigen, da ich spürte, daß er keine Rechtfertigung gelten lassen würde.

»Tut mir leid«, sagte er traurig. »Ich will einfach nichts damit zu tun haben.«

Zuvor hatte ich mit einigen jüngeren Verwandten gesprochen und ihre Einstellungen sondiert. Eine in Rochester (New York) lebende Cousine um die Dreißig hatte mich sehr ermutigt und ein Charlestoner Makler, mit dem ich zusammen aufgewachsen war, ebenfalls zum Weitermachen gedrängt. Nicht anders jene Lehrerin an einer schwarzen Schule, die mich beiseite nahm und beschwor, unter keinen Umständen aufzugeben.

Die Balls erkannten sich in den Plantagenberichten wieder wie in einem großen Selbstporträt. Nun malte ich ein neues Bild und veränderte dadurch vielleicht das Gesicht der Vergangenheit. Ich sprach mit nahen und entfernten, alten und jungen Verwandten, und wir trafen uns in Kirchen, in Restaurants oder zum Picknick. Grundsätzlich bereitete es der ältesten Generation massive Sorgen, daß ich die Familientradition umschreiben wollte, was in ihren Augen auf der Hand lag. Die mittleren Altersgruppen schienen gespalten zu sein zwischen Neugier und Ängstlichkeit. Viele der jungen Erwachsenen boten mir insgeheim oder sogar offen ihre Unterstützung an.

Auch zwischen den Geschlechtern gab es Meinungsunterschiede. Die Frauen schienen meine Recherchen erheblich weniger zu verunsichern als die Männer – unabhängig davon, ob sie nun geborene Balls waren oder nur eingeheiratet hatten.

Nach dem Gespräch mit Fitz rief ich einen anderen Verwandten an, einen Gentleman im Ruhestand, dessen wohlklingenden Namen ich hier etwas abkürze. »Bennett Ball« war ungachtet seiner gut achtzig Jahre noch ganz Geschäftsmann – mit Hornbrille und sanfter Stimme. Er hatte die Harvard Business School absolviert, doch das war lange her, und er ließ in nichts erkennen, nördliche Manieren angenommen zu haben.

»Ich möchte schlicht nichts damit zu tun haben«, erklärte er mir ruhig. »Ich bin mit deinem Vater zusammen aufgewachsen und hatte sehr enge familiäre Beziehungen zu ihm und deinem Großvater. Dabei möchte ich es einfach belassen.«

Es lag ein seltsamer Unterton in Bennetts Stimme, den ich nicht sofort deuten konnte. Er klang resigniert. Statt aus der Haut zu fahren, gab sich Bennett so, als sause etwas Übermächtiges auf ihn nieder, dem er zu guter Letzt noch entrinnen wollte.

»Du gehst anders an die Sache heran, als ich es täte«, sagte er kategorisch. »Das heißt nicht, daß ich dich nicht mag. Es heißt auch nicht, daß ich etwas gegen unsere Verwandtschaft hätte. Ich begreife dein Vorgehen einfach nicht und möchte nichts damit zu tun haben. Du bist ein guter Verwandter, und dabei soll es bleiben.«

Ich empfand Scham, als hätte ich ihm etwas angetan. Wir sprachen noch kurz über Isaac, meinen Urgroßvater und seinen Großvater, der im Bürgerkrieg gekämpft hatte, tauschten Anekdoten über sein Leben aus. Über eine davon mußte ich lachen, Bennett ebenso, und die Lage entspannte sich etwas. Doch plötzlich änderte sich seine Stimmung wieder. Bennett lachte nicht mehr und war auch nicht mehr resigniert.

»Mein Vater war kein Sklavenhalter«, schnauzte er mich an. »Mein Großvater auch nicht. Du tust nichts anderes, als deine Vorfahren zu verurteilen! Du bist dabei, meinen Großvater wieder auszubuddeln, nur um ihn aufzuknüpfen!«

4

»HELLE MA«

Es war September, Harlem bewölkt. Der New Yorker Dunst hatte die Wolken mit einer feinen Hülle überzogen, und in den Straßen schien die Schwüle zu stehen. Vom Belag des Malcolm X Boulevards stieg ein sandiger Geruch auf, der im fahlen Licht und bei der drückenden Hitze etwas Beißendes annahm.

Ich hatte mein Charlestoner Geisterhaus kurzfristig verlassen, um in New York an einem Treffen schwarzer Ahnenforscher teilzunehmen. Die Afro-American Historical and Genealogical Society war in den siebziger Jahren mit dem Ziel gegründet worden, die Abstammung ihrer Mitglieder möglichst lückenlos aufzuklären. Der New Yorker Verein hatte Pendants in Chicago, Philadelphia, Washington sowie in diversen Kleinstädten. Man tagte monatlich in einer öffentlichen Bibliothek in Harlem.

Der von Röhrenlampen zwischen abgehängten Fiberglaspaneelen beleuchtete, niedrige Raum im ersten Stock maß etwa sechs mal zehn Meter. Die gesamte Mitte nahm ein brauner Tisch ein, dessen Furnier sich anfühlte wie Vinyl. Er stand, ebenso wie ein alter Aktenschrank an der Seite, auf einem lavendelfarbenen Teppichboden.

Um den Tisch verteilt saßen genau zwanzig Frauen und fünf Männer im Alter zwischen dreißig und fünfundsechzig Jahren. Von früheren Besuchen erkannte ich alle, bis auf eine neben mir sitzende Frau wieder. Ich war Mitglied geworden, um Spuren zu finden, die zu Nachkommen der Ballschen Sklaven führten. Wenn die meisten Mitglieder afrikanische wie auch europäische Vorfahren hatten, so fiel ich als einziger unter den Anwesenden nicht in die Rubrik »schwarz«.

Von einem Straßenradio drang Tanzmusik in den Raum – ein Herr

in Halbschuhen und Khakihosen stand auf, um das Fenster zu schließen. Die Sitzung begann wie üblich damit, daß alle sich vorstellten
und ihre genealogischen Projekte schilderten. Ich führte nochmals
aus, daß ich Familien ausfindig machen wollte, die von den Plantagen
South Carolinas stammten, daß ich ein Nachkomme der Pflanzer war
und hoffte, teilweise aufspüren zu können, was aus den von meinen
Ahnen versklavten Familien geworden war. Ringsum sollte höfliches
Nicken das bereits Bekannte bestätigen. Widerspruch kam nur von
jener mir unbekannten Frau, die heftig den Kopf schüttelte.

Sie saß links neben mir, trug ein beigefarbenes Jackett, Brille mit
Goldrand und kurzes, ungefärbtes Haar mit grauen Strähnen. Ihre
Haut war braun, die Gesichtszüge weich, der Ausdruck ruhig; etwas
unsicher schätzte ich ihr Alter auf fünfundvierzig. Auf den purpur-
nen Teppich starrend schüttelte die Frau beim Zuhören unentwegt
den Kopf. Und schließlich ergriff sie das Wort.

Sie sei unterwegs zu ihren Enkeln und habe eigentlich gar nicht an
der Sitzung teilnehmen wollen, aber gewisse Dinge seien nun einmal
vorherbestimmt. Sie sah sich um, fing Blicke anderer auf, vermied es
jedoch, sich in meine Richtung umzuwenden. Was ihr eigenes
Thema angehe, so erforsche sie ihre Familie, die aus Moncks Corner
(in Berkeley County, South Carolina) stamme. Sie glaube nicht an
Zufall – dabei gestikulierte sie zu mir hin, ohne mich anzusehen –,
und so müsse das wohl eine Fügung sein.

Da sie anonym bleiben möchte, habe ich ihr den Decknamen Denise Collins gegeben.

Denise erzählte, ihre Mutter habe oft von den Balls gesprochen,
und ihre Urgroßmutter, Katie Heyward, als Sklavin auf einer Ballschen Plantage gearbeitet.

Alles blieb ruhig. Es war, als sollte der Moment, die Besinnung,
festgehalten werden. Dann ging stöhnendes Ausatmen in aufgeregtes Murmeln über. Ich wandte mich Denise Collins zu, aber sie zeigte
mir nur ihr Profil, meinen Anblick weiterhin meidend.

Als sie mich schließlich anschaute, sah ich sie wie durch einen
Rahmen, und sie strahlte eine tiefe Klarheit aus. Inmitten von hefti-
gem Gemurmel starrten wir einander kurz an.

Wir erhoben uns und gingen hinaus auf den Flur, der, cremefarben und nichtssagend, unwirtlich hallte. Dort streckte Denise Collins mir ihre sichtlich zitternde Hand entgegen. Dabei schaute sie mich mit glänzenden Augen an, verwirrt und zwischen Angst und Hoffnung hin und her gerissen. Ich hätte sie gerne in die Arme genommen und etwas Versöhnliches zu ihr gesagt, brachte jedoch nichts heraus.

Da draußen auf dem düsteren Flur spürte ich, daß die nach außen hin freundliche Fremde mir nicht traute. In ihren Augen mochte ich nicht besser dastehen als einer, der ihre Urgroßmutter, Katie Heyward, aufs Feld getrieben hatte. Mein Name sprach gegen mich. Schon als ich dort ein paar Worte stammelte, wurde mir eines klar: Wenn ich den Angehörigen von Denise Collins die Hand reichen und etwas mit ihnen teilen wollte, so mußte ich mir das Recht auf Einlaß zunächst einmal verdienen.

Einige Tage später war die Sonne fast nur ein Punkt am strahlend blauen Himmel, was ein unangenehm grelles Licht ergab. An schönen Tagen kann New York regelrecht grotesk erscheinen. An jenem klaren Nachmittag besuchte ich Denise Collins und ihre Familie.

Denise wohnte in Harlem, in einem gegen Ende des 19. Jahrhunderts erbauten braunen dreistöckigen Sandsteinreihenhaus (das gleich den anderen genau 7,50 Meter breit sei). Ursprünglich von Großfamilien bewohnt, waren die Gebäude seit langem in ein, zwei Einheiten pro Etage unterteilt.

Denise Collins öffnete mir ruhig und aufmerksam die Haustüre und bat mich herein. Sie hatte augenscheinlich ihre Bürokleidung abgelegt und trug jetzt lange Hosen und eine Bluse. Ich überreichte ihr einen Blumenstrauß.

Die Wohnung lag am Ende einer Treppenflucht. Man trat direkt ins Wohnzimmer, dessen Fenster auf einen Hinterhof zeigten. Die Küche lag in der Mitte, zwei von einem kleinen Vorraum abgehende Zimmer zur Straße hin. Wir setzten uns in das wegen der Hitze verdunkelte Wohnzimmer mit zwei niedrigen Sofas, einem Beistelltisch, Topfpflanzen auf den Fensterbänken und einem offenen Kamin. An einer Wand standen zwei große Kisten – ein neues Fernsehgerät und ein neuer Mikrowellenherd.

Mit Blick auf die Geräte sagte Denise, sie müsse ihr Geld sauer verdienen, worauf sie zum erstenmal lächelte.

In der Küche erspähte ich Vorboten für ein erneutes Lächeln, denn Denise hatte für meinen Besuch ein umfangreiches Menü vorbereitet. Die Gerichte standen in Schüsseln über die Arbeitsplatte verteilt – Schinken, Makkaroni, Blattgemüse, Kartoffelsalat und eine Pastete.

Denise erklärte, sie habe zwei erwachsene Töchter. Dabei deckte sie mit präzisen, sparsamen Bewegungen den Tisch und sprach mit leiser Stimme. Etwas bekümmerte sie, oder sie fühlte sich mir gegenüber unsicher. Drei Kinder im Alter zwischen vier und acht Jahren kamen aus einem der Schlafzimmer herein. Das seien ihre Enkel, für den Nachmittag bei ihr, weil die Mutter, Denises Tochter, Besorgungen mache. Die Kinder stellten sich vor, verschwanden wieder, und bald hörte ich nebenan den Fernseher laufen.

Es klingelte, und Denises etwa dreißig beziehungsweise vierzig Jahre alten Brüder, die ich Daniel und Carl Jenkins nennen möchte, traten ein. Carl war ein stämmiger Mann im grauen Diensthemd, hatte feine Gesichtszüge und sprach sehr gewählt. Sein jüngerer Bruder Daniel wirkte sehnig und strahlte etwas Freundliches aus. Beide hatten mahagonibraune Haut.

Nach der Vorstellung tauschten wir kurz unsere Lebensdaten aus. Die drei Geschwister waren in Queens aufgewachsen, das Manhattan gegenüber am East River liegt, und wohnten jetzt in Vorstädten New Yorks – außer Denise, die Harlem bevorzugte. Alle drei verdienten ihr Geld bei der Stadt oder beim Staat und gehörten der unteren Mittelschicht an. Denise war beim New Yorker Verkehrsamt in der Computerschulung tätig, Daniel untersuchte Betrügereien mit der Sozialversicherung, und Carl arbeitete bei einem Obdachlosenamt. Er blickte in die tiefsten Abgründe New Yorks, denn er machte nachts Streifendienst am »Bellevue Hospital« im Osten Manhattans, einem der landesweit größten Heime, wo sich allabendlich nahezu tausend Obdachlose einfinden.

Wir plauderten ein wenig. Carl bestritt das Gespräch und nannte die Orte in Afrika, von denen man die Schwarzen entführt hatte. Er betonte, daß einige Sklavenschiffe auf dem Weg nach South Carolina in der Karibik zwischenlandeten, um Leute für die Zuckerplantagen der Inseln auszuliefern. Daniel fragte, ob die Baumwollsklaverei in Alabama und Mississippi härter gewesen sei als der Reisanbau in South Carolina und Georgia. Wahrscheinlich war sie grausamer, mutmaßte ich. Die Baumwollpflanzer hatten ihre Betriebe aufgebaut, indem sie Schwarze aus den alten Sklavenstaaten Virginia und Carolina kauften und sie in langen Kolonnen auf das unberührte Gebiet am Mississippi marschieren ließen.

Denise Collins hörte ruhig zu, wie wir die Vor- und Nachteile der verschiedenen Sklavereiformen gegeneinander abwogen. Dann sah sie mich an, um ihr Schweigen zu brechen. Den Schwarzen sei sowohl ihre Geschichte als auch ihre Kultur gestohlen worden.

Denise erschien mir als eine traurige Schönheit. Ihre Augen waren Fenster zu Sorgen. Als sie sprach, verstand ich schließlich ihre stille Art.

»Man hat versucht, sie ihnen zu stehlen«, sagte ich, »aber ohne Erfolg. Nehmen Sie die amerikanische Musik. Blues, Jazz und alles, was daraus erwuchs. Was die Vereinigten Staaten der Welt an Kunst geschenkt haben, ist fast ausnahmslos schwarz.«

Denise verneinte; die Geschichte der Schwarzen sei gestohlen und zerstört worden, und deshalb seien sie verloren.

Plötzlich holte sie eine dünne Broschüre hervor, die aussah wie eine Unternehmensbilanz. Sie hatte dreißig Seiten, trug ein Datum aus dem vorigen Sommer und die Aufschrift »Familientreffen der Heywards«. Darin gab es einen handgezeichneten Stammbaum, dessen Äste mit den Namen von Denises Verwandten beschriftet waren. Der erste Absatz der Heywardschen Familienchronik lautet: »Unsere Geschichte nahm ihren Anfang vor langer Zeit in einer ländlichen Gemeinde bei Moncks Corner in South Carolina. Dort, auf einer Plantage der Balls, brachte die Sklavin Binah ihre Tochter Katie zur Welt, die später den Kosenamen ›Helle Ma‹ erhielt.«

Denise erläuterte, Katie, die Großmutter ihrer Mutter, habe nach der Freilassung den Namen Heyward angenommen.

Daniel fügte hinzu, eigentlich stamme die Familie aus einem Dorf namens Cordesville, wo die meisten ihrer Toten begraben lägen. Ich kannte den Friedhof, denn Cordesville lag nicht weit von Comingtee entfernt.

»Viele verließen die Plantagen, um Dörfer anzulegen«, sagte ich. »Es gab ein Sägewerk, in dem die jungen Männer arbeiteten.« Denise erwiderte, ihre Mutter habe ihr davon erzählt.

Im vorderen Teil der Wohnung erhob sich Lärm. Dann stürmten Denises Enkel unter lautem Geschrei ins Wohnzimmer, wurden jedoch beruhigt und wieder zurückgeschickt.

Denise bemerkte, ihre Familie wisse nicht, von welcher Plantage Katie stammte, was Daniel und Carl durch Nicken bekräftigten. Die Chronik der Heywards beruhe nur auf mündlichen Überlieferungen. Ich hatte wenig Grund, an deren Zuverlässigkeit zu zweifeln, doch was würden die schriftlichen Spuren ergeben? Wo kreuzten sich unsere Wege?

Ich zog einen Stapel Fotokopien von Plantagenbüchern aus meiner Aktentasche und verteilte sie, darunter eine Sklavenliste für die Plantage Comingtee und ein zweihundertseitiges Hauptbuch mit Daten über mehrere andere Anwesen. Jeder von uns nahm sich einen Stapel Unterlagen vor und begann, darin nach den Namen Katies und ihrer Mutter Binah zu suchen.

Als wir die Listen prüften, wurde es still im Zimmer. Eine halbe Stunde später hatten wir noch wenig gefunden – zwar mehrere Binahs und ein, zwei Katies, aber keinerlei Verbindung zwischen beiden.

Dann zog Denise aus ihren Unterlagen eine Kopie der im Jahr 1900 angelegten Bevölkerungsstatistik für jenen Distrikt South Carolinas hervor, in dem Cordesville lag. (Sie hatte schon auf eigene Faust in Archiven nachgeforscht.) Diese enthielt die Namen Katie Heywards und ihres Sohnes, Denises Großvaters. Ich nahm die Information als einen Fingerzeig, der zur Stammplantage der Heywards führen mochte.

Dann gab Denise mir den Namen der Nichte ihres Großvaters, Katie Roper, einer Achtzigerin, die in South Carolina lebe. Sie sei nach Katie Heyward, alias »Helle Ma«, benannt worden, die sie als Kind noch erlebt habe. Vielleicht könne mir die alte Dame aus dem Gedächtnis etwas über Helle Ma erzählen, woraus sich das fehlende Bindeglied ergäbe.

Ich kehrte wieder nach South Carolina zurück, wühlte mich durch die Familienunterlagen in den Archiven und hatte die Ahnen Denise Collins' bald gefunden. Ihre Namen standen auf Geburtenlisten und in Briefen, die sich auf die Abstammung Helle Mas bezogen. Die Familie hatte den Balls über drei Generationen hinweg und auf drei verschiedenen Plantagen als Sklaven gedient.

Die Chronik der Heywards begann auf Limerick. Im März 1764 hatte Rotkäppchens Sohn Elias Ball jr. die Plantage gekauft, deren Name auf den irischen Geburtsort des ersten weißen Pächters zurückging. Seit 1710 in Betrieb, wurde sie mit 1848 Hektar zum größten Staat des Ballschen Reiches, der auch über die meisten Sklaven verfügte. Limerick lag am Oberlauf des Cooper-Ostarmes, mit dem Flachboot etwa eine Tagesreise vom Charlestoner Hafen entfernt, und ging nach dem Revolutionskrieg auf Elias Ball III. über. Rotkäppchens Enkel kam 1752 zur Welt und starb 1810. In seinen letzten Lebensjahren litt er unter gichtigen Beinen. Elias III. hob sich durch seinen Spitznamen in der Familiengeschichte ab: »Ol' Mas' 'Lias« (Alter Master Elias). Diese Würdigung eines verehrten Vorfahren übernahmen die Balls aus dem örtlichen Schwarzendialekt Gullah. Ol' Mas' 'Lias hatte nie geheiratet, konnte mit seinen geschwollenen Beinen nur langsam gehen und besaß viele Sklaven. Er war also in der Tat ein alter Master.

Irgendwann nach der Revolution tauchte in den Büchern Limericks eine Sklavin namens Tenah auf. In einzelnen Fällen ist es möglich, die Stammeszugehörigkeit von Afrikanern direkt aus den jeweiligen Namen in den Sklavenlisten abzuleiten. »Tenah« wäre die englische Schreibweise eines Mädchennamens (phonetisch Tehney), der bei den Mende in Westafrika sehr verbreitet war. Die Mende lebten in einem Gebiet, das später die Staaten Guinea und Sierra Leone umfaßte. Da der Revolutionskrieg den Betrieb Limericks mitsamt der Buchführung lahmlegte, konnte ich nicht überprüfen, ob Tenah oder ihre Eltern in Afrika geboren wurden. Allerdings sprach manches dafür, daß jener Clan Tenahs Ursprungskultur bildete. Die Pflanzer South Carolinas kauften viele Sklaven aus der Region Sierra Leone, da sie gut mit dem Reisanbau und der Bewässerung vertraut waren. Außerdem hatte Elias Ball III. einen Onkel namens Henry Laurens, der in Charleston als Sklavenhändler tätig war. Dieser bezog häufig Lieferungen von der Insel Bunce, einem Depot in der Mündung des Sierra-Leone-Flusses, wo die Gefangenen bis zum Abtransport untergebacht wurden. In Charleston verkaufte Laurens auch an die mit ihm verschwägerten Balls, und Elias III. dürfte einer der Kunden gewesen sein.

Anhand ihrer eigenen ersten Niederkunft habe ich Tenahs Geburtsjahr bei 1780 angesetzt. Auch ihr älterer Bruder Plenty lebte auf Limerick, und offenbar wuchsen beider Kinder zusammen auf. Das Übliche wäre gewesen, daß sie mit zwölf oder dreizehn Jahren in den Reisfeldern hätten arbeiten müssen, aber Tenah und Plenty entstammten offenbar einer Handwerkerfamilie. Fachkräfte wie Schmiede, Zimmerleute oder Näherinnen lebten etwas abseits vom Gros der Feldarbeiter, die in Trupps die schlammigen Reisfelder bestellten.

Ab etwa 1800 lebte Tenah als gerade Zwanzigjährige mit Adonis zusammen, einem Mitsklaven auf Limerick. Ihr Sohn Scipio kam als das erste Kind einer langjährigen Ehe zur Welt – das Paar wurde noch drei Jahrzehnte später in den Sklavenlisten geführt. Tenahs Bruder Plenty wohnte direkt neben ihr. Er wurde um 1805 Zimmermann und war als solcher bei Schwarzen wie Weißen sehr angesehen.

Beider Familien waren fleißig und wertvoll – so sah es zumindest Ol' Mas' 'Lias. Einen Monat vor seinem Tod 1810 bestellte Elias III. sein Haus. Der Inhaber Limericks vererbte die Plantage und das gesamte Humankapital seinem Neffen, dem damals fünfundzwanzigjährigen Junggesellen Isaac Ball. Doch Tenahs und Plentys Familien blieben davon ausgenommen. Mit ihnen hatte er etwas ganz Besonderes vor, denn sie sollten zu Isaacs Bruder John Ball jr. umsiedeln.

Dem gehörte bereits die Plantage Comingtee. Vielleicht bekam er die beiden Sklavenfamilien als bloße Geste des Sterbenden geschenkt, damit er sich nicht übergangen fühlte. Welches auch das Motiv war, Elias III. nahm den folgenden Absatz in sein Testament auf, der das Leben von neun Menschen veränderte:

Ich ... vermache meinem Neffen John Ball dem Jüngeren meinen festen Platz im Mittelflügel der St. Philip's Church zu Charleston

& zwei Negerfamilien, namentlich Plenty (Zimmermann), seine
Frau Chloe & ihre drei Kinder Nancy, Little Plenty & Cato sowie
Adonis & seine Frau Tenah mit ihren beiden Kindern Scipio &
August nebst dem gesamten künftigen Nachwuchs der Weiber.

Comingtee lag von Limerick aus einige Meilen stromabwärts. Tenah,
Adonis, Plenty, Chloe und ihre Kinder verabschiedeten sich also im
Dorf und zogen mit ihren Siebensachen um. Zu jener Zeit lebten gut
hundert Schwarze und eine Aufseherfamilie auf der Plantage, und in
deren Herrenhaus der achtundzwanzigjährige John Ball jr. mit drei
Kleinkindern sowie seiner erneut schwangeren sechsundzwanzigjährigen Frau Elizabeth.

Tenahs Adonis wurde Vogelwart auf dem Geflügelhof von Comingtee und scheint sich auf Tauben spezialisiert zu haben. Ab und
zu bat man ihn, einige seiner Vögel ins Charlestoner Stadthaus der
Balls zu schicken, wo sie gebraten und verzehrt wurden, wenn John
junior sich dort aufhielt.

Am 8. September 1815 brachte Tenah ein Mädchen zur Welt, Binah. Sofern Sklaven die Namensgebung selbst überlassen war, ge-
dachten sie damit gewöhnlich ihrer Großeltern. »Binah« mag also
durchaus dem afrikanischen Namen von Tenahs Mutter entsprochen
haben. Wie »Tenah« läßt sich »Binah« (phonetisch Bie-ney) als die
englische Version eines Mädchennamens deuten, der im Landesinneren Guineas und Sierra Leones sehr verbreitet war.

In den zwanziger Jahren des vorigen Jahrhunderts waren Tenah
und Adonis auf Comingtee vergleichsweise privilegierte Sklaven.
Nicht viele durften afrikanische Namen führen oder konnten sich als
Tierpfleger der Feldarbeit entziehen. Gleichwohl bekamen auch sie
manchmal die Peitsche zu spüren. Im Oktober 1827 entdeckte Tho-
mas Finklea, der Aufseher von Comingtee, daß zwei Schafe fehlten.
Also durchsuchte er die Sklavensiedlung und fand im Hause des
Feldarbeiters Daniel Nierenfett und hinter Tenahs und Adonis'
Hütte Schafsknochen.

»Mir scheint, der alte Adonis hat beim Schlachten mitgeholfen«,
schrieb Finklea in einem der Wochenberichte, die er seinem Herrn
John Ball jr. erstattete, wenn dieser in Charleston weilte. »Ich habe

alle Bewohner des Hauses, namentlich Adonis & Tenah & Linda, versohlt. Daniel halte ich seit Montag früh im Kerker & peitsche ihn morgens & abends aus, damit er sagt, wer ihm beim Schlachten geholfen hat, aber es scheint, daß er nichts verraten wird.«

Tenah und Adonis waren bestraft worden, weil sie (angeblich) ein Stück Fleisch angenommen hatten, um damit ihren Schleim aus Mais und Blattgemüse etwas anzureichern. Daniel ließ sich einige Zeit lang zweimal täglich auspeitschen, ohne etwas zu offenbaren.

Ein ganz anderes Dokument mag Hinweise darauf enthalten, was aus Denise Collins' Vorfahren wurde. Anfang des 19. Jahrhunderts hatte Angelina Grimké, die einer Charlestoner Pflanzerfamilie mit großem Anwesen im Landesinneren entstammte, für sich beschlossen, daß sie die brutale Gewalt der Sklaverei nicht mehr ertrug, South Carolina verlassen und sich im Norden niedergelassen. Sie publizierte Essays über ihre Jugend und beschrieb in einem davon, welche Wunden das Auspeitschen hinterließ: »Was man den Plantagensklaven antut, das können letzten Endes nur die armen Opfer selbst ermessen ... Ein armes Mädchen ... zeigte mir die tiefen, klaffenden Fleischwunden auf ihrem Rücken – ein ganzer Finger hätte da hineingepaßt –, der Folterriemen hatte große Fleischfetzen regelrecht herausgerissen.«

Von einem anonymen Opfer der Sklaverei stammt ein bitterer Witz, der die grausige Absurdität des Sklavenlebens einfing. Eines Tages hatte ein Sklave aus dem Vorratslager einen Schinken gestohlen und zusammen mit seiner Familie verzehrt. Zur Rechenschaft gezogen und überführt – der Schinkenknochen lag auf dem Müllhaufen –, bestritt er entschieden, etwas geklaut zu haben. Die Logik des Diebes war unanfechtbar: »Wir gehören dem Herrn«, sagte er, »und der Schinken gehört auch dem Herrn. Ich habe also bloß Eigentum umverteilt.«

Um 1830, zwei Jahrzehnte nach ihrer Ankunft auf Comingtee, waren Tenahs Kinder erwachsen und aus der Hütte ausgezogen. Plenty hatte Chloe verloren und war Witwer. Auch deren Tochter Nancy war erwachsen und lebte inzwischen auf einer anderen Plantage, der Vater mit dem gleichfalls erwachsenen Sohn Cato weiterhin vor Ort; doch ein paar Jahre später wird der alte Zimmermann Plenty selbst in den Büchern nicht mehr erwähnt. Er könnte verkauft oder von einer der Seuchen dahingerafft worden sein, die den Sklavenbestand regelmäßig spürbar dezimierten.

Auch Tenahs Familie hatte unter Krankheiten und Arbeitsunfällen zu leiden. Gegen 1825 zog sich Adonis eine Verletzung am Arm zu, mit der er eine Zeitlang herumlaborierte, und der Aufseher berichtete wiederholt von Erkrankungen Tenahs. Der August 1833 sah sie sogar im »Plantagenhospital«. Doch in jener Woche erneuerten Arbeiter gerade dessen vermoderte Veranda. Vier Tage lang sägte und hämmerte der schwarze Zimmermann Bristol direkt vor Tenahs Fenster herum. Der Lärm dürfte nicht gerade zu ihrer Genesung beigetragen haben, doch die Rückkehr an die Arbeit erschien kaum reizvoller als das ewige Getöse.

John Ball jr. starb im Juni 1834. Auch wenn ich nicht weiß, wie Tenahs Familie zu ihm stand, muß sie seinen Tod gefürchtet haben, denn das Ableben eines Pflanzers bedeutete oft, daß seine Sklaven verkauft wurden. Die Testamentseröffnung ergab, daß ein Großteil des Vermögens zu veräußern war, sofern die Nachlaßverwalter dies für »notwendig oder ratsam« hielten, und wenig später wurde fast alles versteigert, darunter die Sklaven.

Am Tag X stiegen Tenah, Adonis und Binah auf den Auktionsblock. Unter ihnen, in der Menge der Bieter, stand auch die Witwe, Johns zweite Frau Ann Ball.

Ein Porträt Anns aus der Zeit um 1825 zeigt eine gelassene Frau mit entschlossen funkelnden Augen. Wenn das Testament vorsah, den Besitz aufzulösen, so hatte sie ganz andere Pläne. Entgegen dem Rat ihrer männlichen Verwandten wollte Ann möglichst viel vom Nachlaß zurückkaufen und die Plantage eigenhändig leiten. Deshalb dürften Tenah und Adonis sogar froh gewesen sein, als sie ihre Mistress Ball vor der Bühne erblickten, denn die Witwe mochte sie »heimholen«, was gewiß besser war, als in Alabama oder Mississippi Baumwolle zu pflücken. Die Namen »Adonis, Tenah, Binah« stehen auf der Liste der Sklaven, die Ann Ball an jenem Tag ersteigerte, ganz oben. Für diese drei und zwei weitere Personen waren 1525 Dollar zu zahlen. Bis zum Abend kaufte Ann noch zweihundertzehn Kinder, Männer, Frauen, darunter Familien, die auseinandergerissen und hatten verschleppt werden sollen.

Ann führte die Plantage mehrere Jahre lang, bis sie im Juni 1840 starb. In jenem Jahr brachte Binah, die Tochter Tenahs, deren Mann Adonis unterdessen verstorben war, ihre Katie zur Welt, also keine andere als die spätere »Helle Ma«.

Nach dem Tod der Herrin brachte das Drunter und Drüber im großen Haus die Farbigen erneut in Gefahr. Zu Anns Kindern gehörten die Tochter Ann und der Sohn Keating. Letzterer war zweiundzwanzig Jahre alt und hatte Medizin studiert, doch nach dem Tod seiner Mutter sagte der pflichtbewußte Erbe dem Arztberuf Valet. Er übernahm Comingtee – mit Tenah, Binah und Katie – und zog in das alte Herrenhaus ein. Seine Schwester Ann heiratete den Arzt Dr. Elias Horry Deas. Damit war der übliche Generationswechsel vollzogen, doch wenig später kam es zum Streit zwischen den Erben.

Offenbar verkehrte Keating gesellschaftlich mit seiner Schwester und deren Mann Horry, denn sein Tagebuch berichtet von gemeinsamen Mahlzeiten und wechselseitigen Besuchen. Horry hatte seine Praxis in Charleston, fand aber augenscheinlich großen Gefallen an der Welt der Reispflanzer, der seine Frau entstammte, und wollte partout in die Kaste der Sklavenhalter aufsteigen. So dürften die drei ab und zu einmal über das Reisgeschäft gefachsimpelt haben; möglicherweise stritten sie sogar darüber, wem die Sklaven auf Comingtee gehörten. Wie dem auch sei, Keatings Tagebuch bekundet, daß seine Zusammenkünfte mit Schwester und Schwager plötzlich abrupt endeten.

Am 20. März 1841 reichten Horry und Ann eine Klage gegen Keating und einen seiner Miterben ein, in der sie die Umverteilung des Nachlasses beantragten, was überwiegend die Sklaven von Comingtee betraf. Das Gericht ließ einen Teilungsbeschluß ergehen, der Horry und Ann das Eigentum unter anderem an Tenah, Binah und Katie zusprach.

Doch auch nach dem Abschluß des Verfahrens blieben zunächst sämtliche Sklaven auf Comingtee, während Horry weiterhin als Arzt praktizierte. Vielleicht beteiligte Keating ihn am Gewinn, den Horrys Arbeiter erwirtschafteten. Neun Jahre lang leistete Keating regelmäßig Ausgleichszahlungen an Ann. Schließlich hängte Horry Deas die Medizin endgültig an den Nagel und kaufte die am Cooper River gelegene Plantage Buck Hall, um sie mit Hilfe seiner Leute von Comingtee zu betreiben. So nahte der Tag, an dem Horry jene Sklaven abholen wollte, die er und seine Frau vor Gericht erstritten hatten.

Im Winter 1850 versammelte Keating seine Arbeitskräfte nach der Erntesaison auf dem Hof von Comingtee, um ihnen mitzuteilen, daß ihr Dorf aufgespalten würde. Er vermerkte das Ereignis mit einem knappen Tagebucheintrag: »24. Januar 1850 ... Mein 32. Geburtstag. Habe den Negern heute mitgeteilt, wer unter ihnen Dr. Deas gehört. ... Die Neger schien bei der Aussicht, voneinander getrennt zu werden, eine große Schwermut zu befallen.«

Angetreten, um die knappe Weisung ihres Herrn zu vernehmen, waren an jenem Tag auch Tenah, Binah und Katie. Tenah war etwa siebzig, Binah fünfundvierzig und ihre Tochter Katie zehn Jahre alt. Aus den Unterlagen geht nicht hervor, ob auch Binahs Mann davon mitbetroffen war. Vermutlich nicht, womit der Vater von Binahs Tochter auf Comingtee zurückgeblieben wäre.

Nachdem Tenahs Familie 1810 von Limerick nach Comingtee verlegt worden war, mußte sie jetzt nach Buck Hall umsiedeln – die letzte Station ihrer Reise.

Die Bücher des Zweihundertfünfzig-Hektar-Anwesens Buck Hall sind nicht erhalten, doch dürften dort um die fünfundsiebzig Sklaven gelebt haben. Anscheinend ist Tenah kurz nach dem Umzug gestorben. Binah lernte wenig später ihren zweiten Mann John kennen. Die erwachsene Katie heiratete einen gewissen Zachariah. Auf Buck Hall büßten Binah und Katie, deren Vorfahren einmal dem Handwerkerstand angehört hatten, ihre gehobene Stellung ein. Offenbar mußten sie Feldarbeit leisten und in Kolonnen durch die schlammigen Reisfelder waten. Obendrein bekamen sie mit Horry einen neuen Herrn, und vieles spricht dafür, daß die Feldarbeiter den soeben erst zum Sklavenhalter gemauserten Dr. Deas zutiefst verabscheuten. Einige Jahre später urteilte seine Tochter eher zurückhaltend über ihn: »Mit den Schwarzen kam er nicht zurecht.«

Ann Ball Deas, die Herrin von Buck Hall, starb 1859 im Alter von fünfundvierzig Jahren. Im Dezember des folgenden Jahres verfaßten Charlestoner Möchtegern-Revolutionäre eine sogenannte »Sezessionsverordnung«, in der sie den Austritt South Carolinas aus der

Union erklärten. Zwar erreichten sie dadurch ihre gewünschte »Konföderation Amerikanischer Staaten«, aber dieser Südverbund hielt nur vier Jahre. Schließlich kam auch für die Familie in gewissem Sinne das Ende.

Als im Januar 1865 Unionstruppen unter General William Tecumseh Sherman durch Georgia zogen, lagerten sie in Savannah und planten, das neunzig Meilen entfernt liegende Charleston zu zerstören. Der verwitwete Horry Deas bibberte im Herrenhaus von Buck Hall allein vor sich hin, denn seine Tochter war vor dem erwarteten Angriff nach Greenville geflohen, während die Schwarzen der Dinge harrten, die da kommen sollten. Doch dann nahmen die Truppen Kurs auf die Hauptstadt Columbia und überließen Charleston der Flotte, die den Hafen belagerte. Einige Tage später standen Yankees, die landeinwärts vorgedrungen waren, auf dem Hof von Buck Hall. Bei ihrem Eintreffen konnten Binah und John, Katie und Zachariah die Zerstörung der alten Welt hautnah miterleben.

In der ersten Märzwoche nahm sich ein Stoßtrupp der Unionisten des Sklavenviertels von Buck Hall an. Offenbar waren die Soldaten mit einem Kanonenboot namens *Potomaska* gekommen, das dem Kommando des Marinekapitäns F. M. Montell unterstand. Einem Brief von Horry Deas' Hand zufolge warben die Yankees frisch befreite Sklaven an, um mit ihnen im Schlepptau in Richtung des Herrenhauses zu marschieren. Dort wartete der verhaßte Doktor, der nun keine Gewalt mehr über sie hatte. Die Plünderer holten alles Mobiliar, die Vorhänge und das Silber aus dem Haus, schleppten einen Teil der Beute in ihre Hütten und luden den Rest auf ein Boot, das nach Charleston abfuhr. Als das Haus leer war, setzten ehemalige Sklaven es in Brand. Danach zündeten sie Scheunen, Ställe und sonstige Nebengebäude an. (Die alten Sklavenhütten ließen sie jedoch stehen.) Schließlich richtete sich die Wut der Befreiten gegen das elende Getreide, das sie hatten anbauen müssen, und sie verbrannten sämtliche Reisbestände.

»Kein einziges Möbelstück ist mir geblieben«, schrieb Horry Deas an seine Tochter. »Ich konnte nur einige Decken & eine Matratze retten. ... Die Skla ^{ven} haben sich davongemacht & streunen nun durch die Stadt.«

Auf diese Weise hatten Binah und Katie jene Fürsorge gewürdigt, die ihrer Familie über so lange Zeit hinweg von seiten der Balls zuteil geworden war.

In South Carolina wirkte das Himmelsblau fahler als in New York. Offenbar löste das grelle Licht des Südens seine Pigmente auf und ließ ihn verbleichen wie alte Baumwolle. Unter jenem fernen, sanften Himmel besuchte ich die Enkelin Katies oder Helle Mas, einer der letzten Sklavinnen von Buck Hall.

Denise Collins' Verwandte Katie Roper lebte mit je zweien ihrer Kinder und ihrer Enkel in einem einfachen Backsteinhaus bei Charleston. »Wir alle sind sehr stolz auf sie«, hatte Denise in Harlem erklärt, als sie mir Mrs. Ropers Adresse aufschrieb.

Es war ein bescheidener Vorort aus den sechziger Jahren, dessen Straßen lauter gleichartige Backsteinhäuser säumten – rechteckige Bungalows auf knapp tausend Quadratmeter großen Grundstücken, die im Schatten hoher Kiefern lagen. Katie Roper empfing mich, mit einem dunklen, knielangen Faltenrock und Baumwollbluse bekleidet, im Wohnzimmer. Die hagere, einsfünfundsechzig große Frau drückte mir kräftig die Hand. Als wir uns begrüßten, fielen mir Mrs. Ropers umwölkte Augen auf, was sie bemerkte und mir sogleich erklärte, sie habe den grünen und den grauen Star, sei auf dem rechten Auge bereits ganz und auf dem linken fast erblindet.

»Aber das stört mich nicht weiter«, sagte sie mit einem feinen Lächeln und ließ meine Hand wieder los.

Katie Roper hatte ein ovales Gesicht mit vollen Lippen, was ihrem Lächeln einen sanften, angenehmen Ausdruck gab. Ihre Kinnlinie war leicht geschwungen, und man sah, daß sie einmal bildhübsch gewesen sein mußte. Sie trug eine Perücke, deren kurzes graues Haar im Stile einer Schwester Oberin glatt zurückgekämmt war. Gesenkten Kopfes schaute sie mich unter den Augenbrauen her prüfend an. Das Lächeln kehrte wieder, fast hintergründig, und reizend zog sie meine ganze Aufmerksamkeit auf ihr Gesicht.

Mrs. Roper wußte mich einzuordnen, denn sie kannte die Namen der Sklavenhalter, also Ball, Cordes, Harleston, Irving, Lucas, Stoney und so weiter und so fort.

»Mir wurde immer erklärt, Vater sei Cordes und Großmutter Ball«, sagte sie, womit gemeint war, daß ihre Vorfahren von je einer Plantage der Cordes' und der Balls stammten.

Katies Stimme paßte kaum zu ihrer gewählten Ausdrucksweise und dem schmächtigen Körper. Ihre Schwingungen erfüllten den Raum wie das Brummen eines starken Transformators und hallten in ihren heftigen Bewegungen nach. Als ein Leichtgewicht war sie flink auf den Beinen, wenn sie mit den Händen herumfuchtelnd durchs Zimmer lief. Während Katies Gesicht etwas an eine ältliche Debütantin erinnerte, ließ ihr sehniger Körper an jene Frauen denken, die den Debütantinnen »Hilfestellung« leisten.

Katies Töchter, Charlotte Dunn und Delores Singletary, die wohl beide um die Vierzig waren, begegneten mir sofort freundlich und aufgeschlossen. Überschäumend und mit einer Stimme wie ein Horn, hatte Charlotte die Offenheit ihrer Mutter geerbt. Delores, mit ihrem ebenso feinen wie zurückhaltenden Gesicht, neigte dagegen mehr zum Ernst. Ihr Sohn Michael, ein schlaksiger, hübscher Siebzehnjähriger, stand, als die männliche Inkarnation der Zurückhaltung, freundlich schweigend dabei.

Wenn Katie Roper etwas Vogelartiges hatte, so waren ihre Töchter eher korpulente Frauen. Über die Ursache belehrte mich ein Blick in die Küche. Dort standen haufenweise Brathähnchen nebst Bratkartoffeln, Gemüse, Reis, Desserts und Limonaden bereit. Als ich die Eßwaren bestaunte, ging ein rauschendes Gelächter durch den Raum, und Charlotte stieß ihrer Schwester mit dem Ellbogen in die Rippen.

Katie Roper nahm ihren Platz auf dem Sofa ein und ließ die Hände sinken. Das Lachen verstummte, und wir eröffneten unser Gespräch über die Familienchronik.

Als Schwarze nach dem Bürgerkrieg erstmals Familiennamen führen konnten, hätten sich Binah und John auf Buck Hall für »Rivers«, Katie und Zachariah für »Heyward« entschieden. Ungeklärt sei jedoch, wann Katie Heyward ihren Kosenamen »Helle Ma« erhielt.

»Soweit ich feststellen konnte, lebten Ihre Vorfahren kurz nach der Amerikanischen Revolution auf einer Plantage namens Limerick am Oberlauf des Cooper-Ostarmes, nördlich von Charleston.« Ich zog einige Papiere aus meiner Aktentasche und erklärte: »Das hier ist eine Liste der Belegschaft Limericks. Sie enthält Tenah und Adonis als die frühesten Vorfahren, die ich aufspüren konnte.«

Ich blickte in ernste Gesichter mit grimmig verzogenen Mündern.

Dann schilderte ich alles, was ich über das Schicksal der beiden auf Limerick wußte, bis hin zum Umzug der Familie nach Comingtee, bedingt durch den Tod ihres Inhabers Ol' Mas' 'Lias.

»Ich kann's nicht ändern«, sagte ich. »Aber so war es. Man hat sie einfach weggegeben.«

Ich kam auf Binah zu sprechen. In der mündlichen Überlieferung, der ich erstmals in New York begegnet war, kam zwar der Name vor, aber das war auch schon alles. Kein einziges Wort darüber, wo Binah gelebt haben mochte.

»Das hier ist ein Verzeichnis der Personen, die auf der Plantage Comingtee zur Welt gekommen sind«, erklärte ich mit einer Fotokopie in der Hand. »Dort wurde Binah am 8. September 1815 geboren.«

»O Gott«, stöhnte Delores.

Im Raum hörte man tiefes Durchatmen.

»O Gott«, fiel Charlotte ein. »Wir wußten gar nichts – weder wo – noch das Alter.« Charlottes Hornstimme ließ die Luft erbeben. »Wir kannten nur den Namen.«

Ich berichtete vom nächsten und letzten Umzug der Familie, dem nach Buck Hall. In einem Arbeitskontrakt von 1866 war Binah unter ihrem neuen Namen »Rivers«, ihre Tochter als »Katie Heyward« aufgeführt. Als Analphabetinnen (Sklaven durften von Rechts wegen weder lesen noch schreiben) hatten Binah und Katie den Vertrag bloß mit einem X abgezeichnet.

Wir reichten die Blätter herum, und dann sprach Katie Roper als erste.

»Hatten nicht schreiben gelernt«, sagte sie. »Das ist lange her.« Sie sprach leise und besonnen. »Buck Hall«, sinnierte sie. »Meine Groß-mutter, Katie Heyward, hat oft davon erzählt.«

Aller Augen richteten sich auf Mrs. Roper. Außer mir hatten sämtliche Anwesenden sie bereits von den alten Zeiten erzählen ge-hört. Katies Kinn senkte sich erneut, wie zum Auftakt.

»Meine Großmutter war winzig«, begann sie, »eine muntere kleine Dame. Auch sehr rührig. Immerzu in Bewegung!« Mrs. Roper fingerte in der Luft herum. »Zum Glück bewegte sie sich ausgesprochen gerne, denn vielleicht könnte ich mich heute sonst gar nicht mehr so gut an sie erinnern.«

Katies Stimme und Persönlichkeit beherrschten den Raum. Sie schüttelte den Kopf, und ich glaubte, die Beschriebene leibhaftig vor mir zu sehen.

»Wir nannten sie Helle Ma«, sagte sie. »Sie war eine Ex-Sklavin.«

»War sie hellhäutig?« fragte Charlotte ihre Mutter, obwohl sie schon unzählige Anekdoten über Helle Ma gehört hatte.

»Nein, war sie nicht«, antwortete Katie. »Helle Ma war bloß ein Kosename. Manchmal zog sie mit mir los. Irgendwann wollte sie fischen gehen, und ich fragte meine Mutter, ob ich mitdurfte. Ich ging also mit, sie eine Bambusangel über der Schulter. Drunten am Fluß führte mich Helle Ma durchs Wasser auf eine Bank. Sie sagte: ›Ich will dir zeigen, was ich als Mädchen gemacht habe.‹ Und dann: ›Weißt du, damals wollte mich der Maussa auspeitschen.‹«

Katies unerschrockene Augen forschten mich aus.

»Sie wollte mir also vorführen, wie sie der Strafe entkam«, fuhr sie fort. »Und um den Hieben aufs Hinterteil auszuweichen, war sie zu dieser Flußbank gelaufen. ›Zwei Mann kamen zu der Bank runter‹, sagte sie. Die dachten, sie in der Falle zu haben, denn einer lief oben und der andere unten entlang.«

Katie Heyward war 1840 auf Comingtee zur Welt gekommen und 1850 nach Buck Hall umgesiedelt. Der beschriebene Vorfall mochte sich in den fünfziger Jahren abgespielt haben. Auch wenn ihr Fischzug mit Helle Ma schon siebzig Jahre zurücklag, regte Katie Roper die Erinnerung daran immer noch auf. Ihre Stimme wurde lauter.

»Nun, sie band sich ihr Kleid um die Hüfte und legte die Angel neben den Eimer mit den Ködern. Ich fragte, ›Helle Ma, was machst du da?‹ Sie drückte wortlos das Gras nieder und sprang kopfüber ins Wasser! Sie tauchte ein und schwamm. Ich bekam es mit der Angst zu tun und fing an zu heulen. Dann schrie ich Zeter und Mordio! Ich sagte, ›O Gott, die Alligatoren werden sie fressen!‹ Das schoß mir so durch den Kopf. Sie schwamm einmal rum und kam wieder an Land. Ich fragte, ›Helle Ma, warum tust du das?‹ Sie nur: ›Nun hör auf zu flennen, mir ist ja nix passiert.‹«

Ich kannte die Stelle. Die Bank war schlammig und von Sumpfgras gesäumt, mit einer freien Anlegestelle für Boote. Wenn Katie Roper seinerzeit zehn war, muß ihre Großmutter achtzig gewesen sein, als sie in den Fluß sprang.

»Als wir wieder daheim waren, sagte sie: ›Ich hab Gal vorgeführt, was ich machen mußte, um mich vorm Auspeitschen zu retten.‹ Damals war ›Gal‹ mein Spitzname. Ich fragte, ›Helle Ma, warum hattest du denn keine Angst vor dem Wasser?‹ Worauf sie zurückgab: ›Na, weil ich gehörig was hintendrauf kriegen sollte.‹«

»Wer wollte sie denn schlagen?«, fragte ich.

»Das hat sie nicht gesagt«, erwiderte Katie. »Oder sie hat es vielleicht doch erwähnt, und mir ist nur haften geblieben, daß sie ins Wasser ging.«

Mrs. Roper sprach langsamer.

»Danach wurde ich krank«, sagte sie. »Bekam hohes Fieber. Hatte aber Angst, meiner Mutter zu sagen, was es war. Ich sagte, ›Helle Ma, meinst du wirklich, die hätten dich ausgepeitscht?‹ Es machte mich fertig, daß sie vor jemand weglaufen mußte. Und seitdem kann ich Wasser nicht mehr ausstehen. Mir wurde ganz übel davon, sie in der Brühe zu sehen. Mein Daddy war Fischer, aber danach kriegte er mich nie wieder zum Rausfahren ins Boot.«

Die Geschichte, wie Katie Roper das Wasser hassen lernte, prägte sich mir als ein Erinnerungsfilm für Jahrzehnte fest ein. Bei den Heywards wie bei den Balls wirkte die mündliche Überlieferung, in diesem Fall auf Helle Ma bezogen, als von den Toten hinterlassene Nahrung für die Alpträume der Lebenden. Alle Heywards, die ich später noch kennenlernte, schienen etwas über Helle Ma zu wissen: Sie war der gemeinsame Bezugspunkt.

Ich fragte, ob auch die anderen Alten in Katies Jugend über ihre Erlebnisse gesprochen hatten.

»Nein«, erwiderte sie. »Unseren Großeltern war es mit der Sklaverei so schlimm ergangen, daß sie den Kindern nichts von dem erzählten, was sie hätten erzählen sollen. Sprachen nicht darüber. Im Grunde wollten sie gar nicht, daß die Kinder was wußten.«

Katie beschrieb das Schweigen von Überlebenden, nach deren Aussterben es kaum noch wache Erinnerungen an die Sklaverei gab.

»Wenn mir etwas sehr Schlimmes widerfahren wäre«, fuhr sie fort, »hätte ich es meinen Enkeln auch nicht gesagt, weil sie sich dann nicht gut fühlen. Bestimmt haben sie ihren Kindern deshalb nichts erzählt.«

Oft hatten ehemalige Sklaven den jungen Leuten, die niemals eine Peitsche zu spüren bekamen, das Schrecklichste vorenthalten, womit die Überlieferung kurz nach der Befreiung abzubrechen begann.

»Aber sehen Sie, meine Oma war schon eine«, griff Mrs. Roper den Faden wieder auf. »Helle Ma ging bei Morgengrauen in den Wald. Wie eine Prophetin. Sie sang und sprach, aber weit und breit war niemand sonst.«

Ich stellte mir eine kleine, starke Greisin vor, die in der Nähe der Flußbank durch den Nadelwald lief und den Bäumen predigte.

»Die Kinder lachten sie aus«, fuhr Katie fort. »Das hab' ich selbst gesehen. Doch sie sagte auch viel Wahres. So hat sie einmal zu mir gesagt, es komme bald eine Zeit, da würden Söhne ihre Väter und Väter ihre Söhne nicht kennen. Das ist unser Heute! Sie sagte, es kommt eine Zeit, da Töchter ihre Mütter und Mütter ihre Töchter nicht kennen!«

»Noch etwas sagte sie«, erklärte Mrs. Roper mit hartem Gesicht. »Es komme eine Zeit, in der das Leben eines Menschen weniger gilt als das eines Vogels! Eine Zeit, da der Mensch Tiere höher achtet als das menschliche Leben!«

»Weil die Menschen grausam sind«, sagte ich.

»Sie sind grausam«, bekräftigte Katie.

Katie Roper, geborene Simmons, war im Januar 1912 nicht weit von Buck Hall, wo ihre Großmutter als Sklavin gedient hatte, zur Welt gekommen. Im Leben des Mädchens hatten sich die alten Zeiten mit der Moderne vermischt. Katies Mutter, Charlotte Heyward, war das zweite der fünf Kinder von Helle Ma, ihr Vater Wesley Simmons stammte aus einem Nachbardorf. Katie wuchs zusammen mit zwei Brüdern und einer Schwester in einem Vierzimmerhaus auf. Später kam ihre Großmutter Helle Ma dazu. Das nur grob übertünchte Holzhaus mit Zinndach hatte zwei Veranden, eine Feuerstelle, an der auch gekocht wurde, und draußen gab es einen Brunnen und ein

Plumpsklo. Im Umkreis von zehn Meilen fanden sich keine gepflasterten Straßen, und die nächsten Nachbarn wohnten eine Viertelmeile entfernt.

»Von innen war es tapeziert«, lachte Mrs. Roper. »Mit Zeitungen und Comics, da meine Eltern sich Tapeten nicht leisten konnten. Es machte uns einen Heidenspaß, die Bilder an der Wand zu betrachten, oder irgendwelche Buchseiten.«

Ihre Eltern hätten auf einem Stück Land Baumwolle angebaut.

»Ich habe damals viel Baumwolle gepflanzt und gepflückt«, sagte Mrs. Roper. »Manchmal stach dich einer dieser Würmer. Das sind große, haarige grüne Würmer. Brennt wie Feuer. Die beißen nicht, sondern die Haare stechen. Dann nahmst du ein Stückchen Fenchel und riebst es damit ein.«

Als Fischer sei ihr Vater, Wesley Simmons, im Cooper River mit Fallen auf den Karpfen gegangen. Der großgewachsene, schlanke Mann habe morgens das Baumwollfeld bestellt und nachmittags die Fischfallen geleert. Nach der Ernte sei die Baumwolle in einer nahe gelegenen Fabrik maschinell entkörnt, zu Ballen verpackt und zum jeweils erzielbaren Preis an weiße Agenten oder »Kommissionäre« verkauft worden.

»Mein Vater sagte immer, vor langer Zeit hätte es zwei Päckchen gegeben«, erzählte Katie Roper. »Als die Päckchen ausgerufen wurden, ging der Weiße rein und kam mit seinem wieder raus. Er öffnete es: Hatte Schreibzeug bekommen. Dann ging der Schwarze, sein Päckchen holen. Er kam raus und machte es auf: Er hatte Schaufel und Hacke gekriegt.« Mrs. Roper rang sich ein müdes Lächeln ab.

»Das stimmt«, sagte ich.

»Es stimmt«, erwiderte sie, »ist aber nicht lustig.«

Die kleine Katie Simmons hatte die Zwergschule ihres Dorfes besucht, »so 'ne kleine Baracke« für schwarze Kinder, die nur wenige Monate im Jahr öffnete. Die weißen Schulräte wußten – und hofften mitunter –, daß die Kinder mit ihren Eltern auf den Feldern waren. Katie hatte die Grundschule absolviert, obwohl damals keine Anwesenheitspflicht bestand.

Anfang 1921 sei ihre Großmutter Eleanor Simmons, die Mutter des Vaters, gestorben.

»Sie ist in ihrem Haus verbrannt, als dort aus irgendeinem Grund ein Feuer ausbrach. Das war im Januar«, berichtete Mrs. Roper. »Im März wird gepflügt, fürs Pflanzen. Wir gingen also raus aufs Feld, und wir Kinder suchten den ganzen Boden ab, lasen Knöchelchen auf und riefen, ›Wir haben Omas Knochen gefunden!‹«

Mrs. Roper zeigte lachend ihre Zähne. Dann senkte sie ihren Kopf und blickte ernst, aber auch etwas verlegen, unter den Augenbrauen hervor.

Kein Arzt habe die Schwarzen auf dem Lande besucht, denn niemand konnte die Honorare bezahlen. Arzneimittel hätten sie sich aus den Wäldern geholt.

»Sie gingen hin und gruben Pflanzen aus. Gewöhnlich suchten sie eine, die Schlangenwurzel hieß«, erklärte Mrs. Roper. Sie hielt inne und blinzelte mir lächelnd zu. »Kennen Sie bestimmt nicht. Na ja, jedenfalls legten sie einen Zauber drüber und gaben das den Kindern gegen Fieber. Und ›ewiges Leben‹. Half gegen Fieber und Erkältung. Wenn sie dich mit ewigem Leben erwischten, sperrten sie dich ein! Das sei Marihuana.«

»Ewiges Leben ließ dich schwitzen«, warf Tochter Charlotte ein. »Und trieb das Fieber raus. Dann fingen einige Leute an, es zu rauchen.« Charlotte hob schulterzuckend die Augenbrauen.

»Noch was«, sagte Mrs. Roper. »Wenn du dich heute verletzt hast, kriegst du eine Tetanusspritze. Wissen Sie, was für 'ne Spritze die Leute früher bekamen? Die gingen ins Haus, ein Spinnennetz suchen, wickelten es um einen Stock, drückten es in die Wunde und kippten Terpentin drüber. Dann legten sie noch 'nen Penny drauf. So ging das früher auf dem Lande.«

Katie Simmons hatte ihre Mutter im Alter von achtzehn Jahren verloren, worauf sie nach Charleston ging, zu einem Onkel zog und sich eine Arbeit suchte.

»Mein erster Job war als Kindermädchen bei einer Familie. Griechen. Ich wusch und putzte auch. Wissen Sie, was ich damals verdiente? Eineinviertel Dollar die Woche.«

Mrs. Roper blickte zu Boden und versuchte, sich auf bestimmte Vorgänge zu besinnen oder vielleicht, Erinnerungen abzuwehren.

»Nach einem Jahr fing ich im Roper Hospital an«, fuhr sie fort, ein örtliches Krankenhaus erwähnend, das zufällig den Namen ihres späteren Ehemannes trug. »Das war echte Sklavenarbeit.«

»Haben Sie das damals schon so gesehen?« fragte ich. Mrs. Roper machte ein ziemlich wütendes Gesicht, und zum erstenmal nahm ihre harte, strenge Stimme einen erbitterten Klang an.

»Wie sollte ich es denn sonst sehen?« gab sie zurück. »Ich will Ihnen sagen, täglich zwölf Stunden die Böden schrubben und wachsen. Du mußtest auf 'ner Leiter die Wände bis zur Decke hoch abwaschen. Auf die Böden trugst du das Bohnerwachs kniend mit Mull auf, riebst es ein. Diese Knie waren so schwarz wie Ihre Hosen.« Mrs. Roper griff nach ihren Knien. Sie schaukelte mit dem Stuhl und hob einen Arm.

»Meine Vorgesetzte hieß Mae Huzzie – und so war sie auch. Die ging auf ihr Zimmer und legte sich schlafen. Später kam sie zurück und schlich auf Zehenspitzen rum, um dich beim Bummeln zu erwischen. So nannte sie es, ›bummeln‹. Sehen Sie, damals warst du nicht mehr als ein Stück Dreck!«

Mrs. Roper schwieg, und die Wut schwand wieder aus ihrem Gesicht. Dann hob sie neuerlich an, sanfter als zuvor, jedoch etwas resigniert. »Es ist vorüber und vorbei. Aber einigen von denen würde ich gerne mal was flüstern und die Meinung sagen.«

Katie Simmons hatte Ned Roper, ihren späteren Ehemann, 1934 bei einem Tanzfest im Grünen kennengelernt. Seine Familie besaß in der Nähe von Charleston einiges Land. Nach dreijährigem Werben hätten die beiden geheiratet und eine Zweizimmerwohnung bezogen. Ned sei während der schweren Wirtschaftskrise im öffentlichen Straßenbau untergekommen. Im Zweiten Weltkrieg habe er, ein ausgezeichneter Koch, sich als Küchenchef bei der Marine verdingt, auf Truppentransportern im Pazifik gearbeitet und für Hunderte von Männern gekocht.

»Er fuhr nach Shanghai und in all die anderen Städte«, erinnerte sich Mrs. Roper. »Er sagte, was sie auf dem Schiff nicht aßen, kam auf den Müll. In China seien die Armen bis ans Schiff ran geschwommen, und er habe ihnen das Zeug über die Reling geworfen.«

Unterdessen habe Katie Roper das Bodenschrubben aufgegeben und sei Hebamme geworden.

»Ich hatte meinen Entbindungskoffer, so 'ne kleine Aktentasche«, sagte sie, wieder mit einem flüchtigen Lächeln. »Und Silbernitrat. Damit spülst du den Neugeborenen die Augen aus, denn da ist gerne was aus dem Geburtskanal drin. Ich hatte Gaze für die Nabelschnur, um den Stummel zu verbinden. Wenn du in die Scheide guckst, siehst du gleich, was los ist.«

Sie habe Hunderte von Kindern zur Welt gebracht, alle unter dem ungeschriebenen Gesetz der Rassentrennung.

»Ich habe nur schwarze Babys entbunden«, sagte sie. »Wenn eine weiße Mutter 'ne schwarze Hebamme gewollt hätte, wäre es kein Problem gewesen, eine zu rufen. Aber sie wollten eben nicht.«

Als Ned Roper aus dem Krieg zurückkam, ging das Paar wieder aufs Land, zog auf Neds elterliche Farm bei Charleston. Sie hängten ihre eigentlichen Berufe an den Nagel, um als Farmer von früh bis spät Süßkartoffeln, Wachsbohnen, grüne Bohnen und Mais anzubauen. Anfangs hatten sie nur ein Pferd, aber das war zu mühsam, also kauften sie sich einen Traktor.

»Wenn du Kredit hast, kriegst du alles«, sagte Mrs. Roper.

Nach elf Ehejahren bekam Katie Roper ihr erstes Kind. Insgesamt wurden es fünf, beginnend 1948 mit Charlotte. Bald eröffneten die Eltern vor ihrem Haus einen Straßenstand – »einfach so 'n Schuppen mit 'nem großen Tisch drin« – und boten dort ihre Erzeugnisse feil. Schließlich belieferten die Ropers auch Lebensmittelgeschäfte und später sogar Supermärkte. Die Kinder wuchsen auf, heirateten und gingen arbeiten.

»Mein Mann starb auf dem Traktor«, sagte Mrs. Roper. »Schwerer Herzanfall, am 18. September 1978, zwischen drei und halb vier. Er fuhr aufs Feld, und ich ging in den Stall. Als ich hinschaute, sah ihn auf dem Traktor sitzen, aber weit vornübergekippt. Ich rief seinen Namen, doch er antwortete nicht.«

Katie zog zu ihren Töchtern Charlotte und Delores, die ihr beide Enkel schenkten, womit die Familie in eine neue Ära eintrat.

Als Mrs. Roper ausgeredet hatte, sah ich ihren Enkel Michael an, der schweigend auf dem Sofa saß. Er trug einen kurzen Afro-Schnitt und dazu eine Hornbrille. Auf meine Frage hin erklärte mir Michael, er bewerbe sich bei Colleges und wolle einmal Ingenieur werden. Dann schwieg er wieder, höflich, zurückhaltend, aufmerksam.

Der Heyward-Clan, die Nachkommen von Helle Ma – zumindest jene, die voneinander wußten – umfaßte mehr als hundertfünfzig Personen. Ich kannte ungefähr genauso viele Balls. Helle Mas Nachkommen lebten inzwischen über neun Bundesstaaten verteilt (und zwar folgendermaßen: je ein Haushalt in Connecticut, Florida und Maryland, je zwei in Massachusetts, New Jersey, North Carolina und Virgina sowie siebzehn in New York und sechsundzwanzig in South Carolina).

In den Wochen und Monaten nach meinem ersten Gespräch mit Katie Roper besuchte ich weitere Heywards in drei verschiedenen Staaten, legte viele Meilen zurück, um mit ihnen zu essen, zu plaudern oder auch gründlich zu diskutieren. Nach mehreren dieser Reisen kehrte ich zu Mrs. Roper und den hohen Kiefern in ihrem Garten zurück. Wie bei meinem ersten Besuch saß ich mit der alten Dame und ihren Töchtern zusammen. Inzwischen hatten wir uns besser kennengelernt und redeten ganz offen miteinander.

»Wie gefällt den Weißen das eigentlich, was Sie da treiben?« fragte Katie Roper mich einmal.

Ich erwiderte, daß manche es begrüßten, andere nicht.

»Sie brauchen mir nichts zu erzählen. Ich kenne die Welt«, sagte sie. »Aber denken Sie immer an den 27. Psalm. ›Vor wem sollte ich mich fürchten? Vor wem sollte ich erschrecken? Wenn meine Feinde mich überfallen, so müssen *sie* straucheln und stürzen, und ich bleibe getrost!‹«

Wir saßen diesmal draußen, obwohl ein kühler Wind ging. Mrs. Roper trug eine blaue Strickjacke und lange Hosen. Als wir auf die alten Zeiten zu sprechen kamen, versuchten wir, uns einen Reim auf all ihre Schrecken zu machen. Uns beschäftigte die widerwärtige Geschichte, daß Tenah und Adonis, die Urahnen der Heywards, mißhandelt wurden, weil sie angeblich Schafe geschlachtet hatten. Wir gingen die Einzelheiten durch – wie der Aufseher das Paar, beide schon über Fünfzig, auspeitschte und wie Nachbar Daniel trotz der tagelangen Mißhandlung dichthielt.

»Ja, es war kraß«, sagte Mrs. Roper. »Aber was konnte man tun?«

»Es war mehr als kraß«, sagte ich.

»Sie aßen das Fleisch, weil sie Hunger hatten«, sagte Charlotte, die

Tochter mit der dröhnenden Stimme. »Warum schlägt man jemanden, der Hunger hat?«

»Man hätte nicht so streng sein müssen«, sagte Mrs. Roper, nikkend.

»So was kann mich einfach aufregen«, sagte Charlotte. »Und jetzt verstehe ich auch, weshalb Helle Ma ins Wasser sprang.«

»Viele Afroamerikaner«, meldete sich die ruhige Delores zu Wort, »entschieden, daß dies kein Leben für sie war und sie lieber sterben würden. Du kannst so niedergeschlagen sein, daß du alle Hoffnung verlierst – du verlierst jede Zuversicht, und dann gibst du dich einfach auf.«

Charlotte sagte, ihre Sicht auf die Familie habe sich verändert.

»Als ich das Dokument mit dem X sah, mit der Unterschrift Helle Mas, da rührte mich etwas an«, erklärte sie. Charlotte machte eine wellenartige Bewegung mit dem Körper und fiel wieder in den Stuhl zurück. »Ich fühlte mich der Vergangenheit ausgesetzt. Aber nicht erstarrt. Es war eine Art heilige Scheu vor etwas Übersinnlichem. Gelobt sei der Herr. Ruhet sanft. Amen.«

5

EIN FAMILIENBETRIEB

Bis zu meinem zehnten Lebensjahr wohnten wir in einem Haus am
Strand von Sullivan's Island, einer länglichen Sandbank nahe der
Einfahrt zum Charlestoner Hafen. Der englische Name des Eilands
ging auf einen Schiffskapitän zurück, der dort gegen Ende des 17.
Jahrhunderts tief in den Dünen gelebt hatte. Im ruhigen Küstendorf
der Insel gab es weder Verkehrsampeln noch eine Kneipe. Daueran-
rainer wie wir besaßen Holzhütten direkt am Meer oder weiter im
Inneren, wo es eine Handvoll Straßen gab. Tagsüber verursachten to-
sende Wellen den meisten Lärm, bei Nacht die in den Wassergräben
quakenden Frösche. Unser mitten in den Dünen gelegenes Fünfzim-
merhäuschen hatte eine aufs Meer zeigende überdachte Veranda.
Morgens sah ich oft zu, wie Krabbenkutter in den Wellen schaukel-
ten. Ihre Dieselmotoren machten gurgelnde Geräusche, und der See-
gang schüttelte die über Deck hängenden Leinen mit den Gerätschaf-
ten und Netzen durch.

Auf alten Landkarten sieht Sullivan's Island aus wie ein dünner
Haken an der Atlantikküste. Vom geschützten Hafen aus verläuft die
Bank einige hundert Meter südwärts und dann etwa zwei Meilen
weit hinauf in Richtung Nordwesten. Sie liegt kaum eine Meile vom
Festland entfernt. Seit der Zeit »Rotkäppchens«, jenes ersten, aus
England eingewanderten Reispflanzers der Familie, hat sich die Ge-
stalt der Insel etwas verändert. Doch zu seinen Lebzeiten und danach
war ein Großteil des landseitigen Kanals, außer der ruhigen Cove-
Bucht, mit schlammigem Marschland angefüllt. Einst hatten Schiffe
in der Cove angelegt, wo sie vor dem Meer geschützt waren.

Im Jahre 1707 hatte die Legislatur South Carolinas gesetzlich angeordnet, in der Cove einen Backsteinbau zu errichten. Dieses fünf

mal zehn Meter messende Gebäude hieß *lazzaretto* oder »Pesthaus«. Der Ausdruck *lazzaretto* stammt aus dem Italienischen und bedeutet Leprastation oder Pestspital. Mittellose Kranke, besonders Ausländer, konnten zwangsweise dort eingewiesen werden. Der Name »Pesthaus« war auf dem Mist der englischen Kolonisten gewachsen, denn gedacht war es als eine Quarantänestation für die Pestilenz aus Übersee – das heißt Krankheiten von Schiffspassagieren.

Von Rechts wegen mußten die Sklavenschiffe zunächst bei Sullivan's Island anlegen und ihre Menschenfracht im Pesthaus abladen, wo die Afrikaner mindestens zehn Tage, manchmal sogar bis zu drei Wochen lang, darauf warteten, daß ein Hafenarzt sie untersuchte. Wer die Quarantäne überlebte, konnte von seinen Häschern im fünf Meilen entfernten Charleston bei Auktionen verkauft werden.

In Rotkäppchens Jugend mauserte sich Charleston zum Mekka, dem Glaubenszentrum und Schwerpunkt, der amerikanischen Sklaverei. Auf dem Höhepunkt der Transporte legten die meisten Schiffe aus Afrika in South Carolina an. Einer zuverlässigen Schätzung zufolge kamen zwischen 1700 und 1775 mehr als vierzig Prozent der Afrikaner, die in den britischen Festlandskolonien landeten, über Charleston ins Land. Die Toten warf man über Bord; der Rest kam meist zuerst auf Sullivan's Island. Wer die Mittelpassage überlebt hatte (den zweiten Schenkel des Dreiecks zwischen England, Westafrika und Nordamerika), blieb unter Aufsicht im Pesthaus, und wer in der Quarantänezeit starb, wurde allem Anschein nach in Massengräbern verscharrt.

»Bei den meisten Schiffen aus Afrika sind bereits große Teile der Fracht über Bord gegangen«, vermerkte der Charlestoner Hafenarzt Alexander Garden, der jahrelang auf Sullivan's Island Dienst tat. »Einige haben ein Viertel, andere ein Drittel oder die Hälfte, ja sogar zwei Drittel ihrer Sklaven verloren. Viele Schiffe habe ich sofort nach der Ankunft aufgesucht, um dem Gouverneur und dem Rat einen Bericht über den Gesundheitszustand vorzulegen. Doch bisher kam ich noch kein einziges Mal an Bord, ohne daß mir ein scharfer, widerlicher Geruch wie von einem Gemisch aus Schmutz, Fäulnis und Ruhr entgegenschlug ... es ist ein Wunder, daß dort überhaupt irgend jemand mit dem Leben davonkommt.«

Eines Sommers, als Elias' Plantagenbetrieb bereits auf Hochtouren lief, wurden bei Charleston Leichen angeschwemmt. Ein Schiffskapitän hatte sie offenbar erst kurz vor der Hafeneinfahrt über Bord werfen lassen. Jetzt trieben die Kinder, Männer und Frauen an Land und verwesten auf dem Bauch liegend in der Junihitze. Das beklagte der Gouverneur in der *South Carolina Gazette*: »Eine große Anzahl toter Neger, deren Leichen in den Fluß geworfen wurden, verwesen im Marschland vor Charles Town, so daß dort widerwärtige Dämpfe aufsteigen.« Für die Benennung des Schuldigen setzte er hundert Dollar Belohnung aus. Bestraft werden sollte allerdings nicht dessen Kapitalverbrechen, sondern vielmehr die gesundheitliche Gefährdung weißer Bürger durch Leichengift.

Obgleich das Pesthaus gegen Ende des 18. Jahrhunderts abgerissen wurde, steht es mir glasklar vor Augen. Meine Kindheitsidylle hat ihre Maske abgelegt, und manchmal öffnen sich im Traum die Gräber. Die Schiffe legen an Afrikas sandigen Küsten ab und nehmen Kurs auf meinen lieblichen Strand. Zwei Küsten umfangen den Ozean wie hohle Hände. Tote werden angeschwemmt, und ihr schwarzes Haar kräuselt sich im Wasser. Der Tod ist ein Meister aus England.

In einem Anfang des 18. Jahrhunderts in London veröffentlichten Pamphlet beschrieb der Autor den Arbeitsmarkt South Carolinas. Bei Plantagen zwischen vier- und sechshundert Hektar empfahl er »15 Neger plus 15 Indianerinnen« für die Feldarbeit sowie drei Eingeborenenfrauen für die Küche und drei Schwarze für die Ställe und die Wäsche. Als Elias Ball 1698 in South Carolina eintraf, lebten auf der Dreihundert-Hektar-Farm Comingtee vielleicht zwanzig Afrikaner und Eingeborene in der Sklaverei. Da aus der Zeit vor 1720 keine Geschäftsbücher erhalten sind, konnte ich die Namen der ersten Sklaven jedoch nicht ermitteln.

Unter den frühen Sklaven mußten die Eingeborenenfrauen nicht nur waschen, schneidern, kochen und Schweine hüten, sondern zusätzlich noch pflanzen und pflücken. Die Männer, fast ausnahmslos Schwarze, fällten im Wald Bäume und gewannen Holzderivate wie Teer und Pech. Elias' Anwesen umfaßte knapp zweihundertfünfzig

Hektar Nadel- und Mischwald. Schwarze Säger schälten die Stämme, zerteilten sie und ließen das Holz stromabwärts treiben. Ab Charleston gingen Stämme und Querhölzer vom Cooper River nach Bermuda mit seinen Großwerften und nach Barbados, das bereits völlig abgerodet war. Die dortigen Farmer beheizten ihre Öfen zum Abkochen von Zuckerrohr mit Holz aus South Carolina. So brachte die Sklavenarbeit direkt Gewinn und bereitete zugleich den Boden für spätere Pflanzungen.

Anfang des 18. Jahrhunderts nahm die Gewinnung von Holzderivaten wie Teer, Pech, Harz und Terpentin viel Zeit in Anspruch. Kapitäne benutzten diese Stoffe, um ihre Schiffe gegen Lecks zu sichern und sie zu warten. Durch die Geschäftsbücher für Comingtee gingen Hunderte von Fässern Teer und Pech, die gewinnbringend verkauft wurden. Elias hielt auch Vieh. Die ersten Weißen South Carolinas hatten am Ende des 17. Jahrhunderts Vieh aus Virginia eingeführt, und in dem subtropischen Klima vermehrten sich die Tiere gut, mit hohem Ertrag an Fleisch, Talg und Häuten; South Carolina exportierte jedes Jahr Tausende von Fässern Rind- und Schweinefleisch, überwiegend in die Britische Karibik.

Für den Eigenbedarf bauten die Arbeiter auf Comingtee Getreide, Erbsen und Süßkartoffeln an (die Weiße wie Schwarze ursprünglich von den Eingeborenen übernommen hatten). Das aus Afrika stammende »Guineakorn« ergänzte den Mais, genannt »Indianerkorn«.

In einsamen Stunden mag Elias Ball über sein kleines Universum gestaunt haben. Kaum zwanzig Jahre alt, in einem fernen Land mit geregelter Wirtschaft aufgewachsen, dürfte er selbst nicht gewußt haben, wie all die örtlichen Erzeugnisse hergestellt, angebaut, gewonnen oder geerntet wurden. Ich vermute, daß er in der ersten Zeit nach der Einwanderung nur nebulöse Vorstellungen davon hatte, wie sein ererbtes Gut zu bewirtschaften war, und deshalb bei den Sklaven in die Lehre gehen mußte.

Um 1699 stieß der Miterbe John Harleston zu Elias, der gemeinsam mit seiner Schwester Elizabeth aus Irland angereist war. Beide dürften damals, ebenso wie Elias, Anfang Zwanzig gewesen sein, und ähnlich wie bei ihrer Tante Affra, die mit John Comings *Carolina* gefahren war, läßt sich auch bei Elizabeth nicht sicher erkennen, warum sie nach South Carolina ging. Sie mag Briefe der Tante nach Dublin gelesen, Feuer gefangen und sich kurzerhand zu dem Schritt entschlossen haben. Wahrscheinlicher ist jedoch, daß Elizabeth mit einem Arrangement als Verlobte Elias' abreiste, denn die beiden wurden schon bald nach ihrer Ankunft in Charleston getraut.

Elias, Elizabeth und John dürften in einigen Bereichen – etwa beim Baumfällen, Seifesieden, Schneidern oder Kochen – direkt mit ihren Sklaven zusammengearbeitet haben. Auf Comingtee herrschte eine für alle mehr oder weniger zermürbende Routine. Allerdings konnten die weißen Immigranten sich alsbald auf den eigentlichen Zweck des ganzen Systems besinnen und die Arbeitslast auf fremde Schultern abwälzen.

Eine Gruppe von Nachbarn Elias' am Cooper River, die Wiedertäufer, ließ sich nicht auf die allgemeine Verrohung ein. Die dreißig Familien waren im Dezember 1696 aus Maine gekommen, hatten in Biggin Swamp, sechs Meilen stromaufwärts von Comingtee, gut dreihundert Hektar Land erworben und sich dort niedergelassen. Als »Abweichler« protestierten sie nicht nur gegen den Ritus der Anglikanischen Kirche, sondern bauten außerdem ihre Gemeinde aus eigener Kraft, ganz ohne Sklaven auf. Leider sind keine Schriften dieser selbstsicheren Menschen erhalten, doch ihre Motive liegen auch so klar auf der Hand: Sie lehnten die Sklaverei ab – was indes dazu führte, daß ihr Projekt nach zehn Jahren scheiterte. Es war ihnen nicht gelungen, den Betrieb inmitten der Sklavenwirtschaft allein auf Lohnarbeit zu stützen. So begannen die Wiedertäufer 1708, vom Rest geschnitten, ihr Land wieder zu verkaufen, und zogen binnen weniger Jahre ab. Damit war die einzige Oase der Rechtschaffenheit verschwunden.

Bald nach Elias' Ankunft, im September 1700, gab es Hinweise auf einen bevorstehenden Aufstand der Eingeborenensklaven. Es war gerade Mähsaison, mit verdoppelter Arbeitslast und erhöhtem Druck seitens der Weißen. Einem amtlichen Bericht zufolge kam ein Pflanzer, vor Furcht zitternd, über den Fluß nach Charleston hinunter, um einen geplanten Aufstand der Eingeborenen zu melden. Sein Informant war ein Sklave, der den Plan aufgedeckt hatte. Man schlug Alarm, viele Siedlungen wurden evakuiert, und die weißen Pflanzer eilten nach Charleston, um sich dort in Sicherheit zu bringen. Doch die Angst folgte ihnen auf dem Fuße, und »in d^r Stadt fühlten sich die Leute genausowenig mehr sicher wie auf d^m Lande«, so der amtliche Bericht. Wahrscheinlich waren auch John Harleston, Elias und die damals gerade zum erstenmal schwangere Elizabeth Ball geflüchtet. Zwei Eingeborene wurden beschuldigt, einen Aufstand angezettelt zu haben, und inhaftiert. »Jetzt sind alle beruhigt«, schloß der Bericht, »& wir haben die Deportation d^r 2 Anstifter verfügt.« Die beiden mutmaßlichen Rebellen endeten auf den Zuckerfeldern der Karibik.

Danach scheint die Furcht vor Aufständen gewichen zu sein, denn schon wenig später erweiterten die Balls ihren Betrieb. 1702 übernahm Elias sechzig Hektar vom Nachbaranwesen Silk Hope, und in den folgenden beiden Jahren kamen noch einmal knapp dreihundert Hektar hinzu. Der größte Teil des Landes wurde zum symbolischen Preis von einem Schilling pro vierzig Hektar verkauft. John Harlestons Name erscheint in den Verträgen nicht. Durch die Zukäufe dehnte sich Comingtee nord- und ostwärts aus, also entgegengesetzt zu der Landestelle am Fluß.

Um neues Land urbar zu machen, brauchte Elias zusätzliche Leute, und obwohl keine Quittungen darüber vorliegen, steht zu vermuten, daß er auch weitere Sklaven kaufte. Zu Anfang des 18. Jahrhunderts bot die Londoner »Royal African Society« ausgewachsene Arbeitskräfte für zwanzig bis dreißig Pfund feil. Einst hatte sie die englischen Kolonien im Monopol beliefert, doch mit der Jahrhundertwende waren auch örtliche Privatunternehmer auf den Markt getreten. Sie verlangten allerdings höhere Preise von bis zu fünfunddreißig Pfund pro Kopf.

Wahrscheinlich stellte Elias keine weißen Bediensteten ein, die bei den Gutsbesitzern nicht sehr beliebt waren. Kontraktknechte erhielten etwa drei Pfund jährlich, was im Laufe von zehn Jahren insgesamt dreißig Pfund ausmachte. Da die Weißen South Carolinas (im Unterschied zu den puritanischen Einwanderern Neuenglands) keine Gottsucher waren, sondern nur nach Reichtum strebten, lohnte sich das Geschäft für sie bereits, wenn sie einen Afrikaner für fünfundzwanzig Pfund bekamen.

Vermutlich kaufte Elias Afrikaner. Seit Ende des 17. Jahrhunderts erhob South Carolina zwar auf die Einfuhr von Sklaven aus Afrika einen Zoll, woraufhin die Gutsbesitzer den größten Teil ihrer schwarzen Arbeitskräfte von Barbados und anderen britischen Inseln bezogen, wo diese meist auch geboren waren. Doch nachdem die Legislatur ihre Abgabe 1703 wieder fallengelassen hatte, kamen die Schwarzen fast nur noch von der westafrikanischen Küste. Elias könnte auch Leute von Eingeborenenstämmen wie den Catawba oder Etiwan gekauft haben, die gegenüber den Schwarzen ein echtes »Schnäppchen« waren. In einer Broschüre von 1712 wurde der Preis für eine junge Eingeborenenfrau mit nur achtzehn Pfund angegeben. Eingeborene konnte man auch mit Tierfellen bezahlen. In einem Gerichtsverfahren, das etwa zu jener Zeit in Charleston lief, wurden ein erwachsener Eingeborenensklave auf hundertsechzig, ein Kind auf sechzig Felle taxiert. Gewöhnlich bezogen sich diese Angaben auf Hirschfelle, es kamen aber auch Biber und andere Arten in Betracht. Der Tausch, Pelze gegen Menschen, stützte das Gewerbe der weißen »Indianerhändler«, die über beides massenhaft verfügten.

1705 lebten in St. John's Parish, jenem Bezirk, in dem Comingtee lag und der später, nach Bildung der getrennten Grafschaften Berkeley und Charleston, »St. John's Berkeley« hieß, lediglich fünfhundert Weiße und Schwarze, wobei bereits jeder vierte ein Sklave war. Doch anscheinend genügte das noch nicht. Direkt neben Comingtee residierte Elias' Freund, James Child, auf seinem Anwesen Strawberry. Beide hatten fast von Anfang an auf dem Cooper River eine gemeinsame Fähre betrieben, die »Strawberry Ferry«. 1706 ersann Child den Plan, selbst in den internen Sklavenhandel einzusteigen. Im Sommer überredete er eine Bande von Cherokee-Kriegern, ein nahe gelegenes Dorf zu überfallen und ihm die Gefangenen gegen eine Gewinnbeteiligung auszuliefern. Die Cherokee kamen mit hundertsechzig Häftlingen von dem Raubzug zurück, eine fette Beute. Anschließend bot Child mehrere der Eingeborenen in Charleston zum Kauf an.

Auch wenn es keine handfesten Belege dafür gibt, daß sich Elias direkt an dem Coup beteiligte, war er zweifellos eingeweiht. In einer 1786 von seinem Enkel John abgefaßten Familienchronik findet sich allerdings ein bezeichnender Hinweis darauf, wie Elias aufschneiden konnte: »Mein Großvater … war kühn und entschlossen«, schrieb der Enkel nach dessen Tod. »Oft hat er sogar auf der Indianerjagd Spähtrupps angeführt.«

Nach fünfzehn Ehejahren hatten Elias und Elizabeth fünf Kinder: Ann war 1701, Eleanor 1707, Stammhalter Elias 1709, Elizabeth 1711 und der nach Elias' Onkel, dem Gründer von Comingtee, benannte John Coming 1714 zur Welt gekommen. Nachdem die ersten beiden da waren, beschloß John Harleston, der zuvor mit im Hause gelebt hatte, sich selbständig zu machen. 1708 heiratete er Elizabeth Willis und zog mit ihr ans andere Ende von Comingtee, etwa eine Meile östlich der ersten Siedlung. Dort muß es einen Fischteich gegeben haben, denn das Paar nannte sein Anwesen »Fish Pond«.

In seinen besten Jahren führte Elias regelrecht Krieg gegen die Eingeborenen. Regierungsakten aus jener Zeit dokumentieren häufige Überfälle von Weißen auf Eingeborenenclans, bei denen sie mordeten und vergewaltigten. Auch wiederholte Eingaben von Häuptlingen bei den Kolonialbehörden vermochten die Razzien der Sklavenhändler nicht zu unterbinden. Nachdem die Kolonisten sie jahrzehntelang gedemütigt hatten, beschlossen die Eingeborenen Carolinas nun, einen letzten Kampf zu wagen. Im Frühjahr 1715 taten sich vierzehn Eingeborenenstämme zusammen, um die Weißen zu verjagen und ins Meer zu treiben. Die Kriegsallianz bestand aus den Stämmen Alabama, Apalache, Catawba, Choctaw, Coweta, Creek, Edisto, Etiwan, Santee, Sara, Savannah, Tallapoosa, Waccamaw und Yamasee. Als die Weißen eine Gegenmiliz aufstellten, trat der damals neununddreißigjährige Elias als Hauptmann ein.

Elias sollte eine Kompanie am Ostarm »seines« Cooper River befehligen. Aus seinem Offizierspatent geht hervor, daß die Weißen befürchteten, sogar mit einem Generalaufstand der Eingeborenen und der Schwarzen konfrontiert zu werden. Der Herr von Comingtee bekam den Auftrag, den »besagten Streifengang zu übernehmen und je nach Anlaß bei Tag und Nacht von Plantage zu Plantage zu ziehen und für den Fall, daß Sie auf Gegenwehr von Indianern, Negern oder anderen Feinden der Krone stoßen, diese zu verfolgen und zu töten oder gefangenzunehmen«. In jenem Sommer führte Hauptmann Ball offenbar einen Feldzug im Stil »Aufspüren und Vernichten«, da er sämtliche Eingeborenen und Schwarzen tötete, die ihm in die Quere kamen.

Während Elias ein regelrechtes Blutbad anrichtete, um sein Leben und seine Habe zu schützen, sah eine kleine Gruppe von Briten den Krieg als eine gerechte Strafe für die Weißen an. Gideon Johnston, der Vikar von Charlestons anglikanischer Gemeinde »St. Philip's«, hielt die Unruhen für ein Gottesurteil über die Sklavenhalter: »Wir können nichts anderes tun, als im stillen jene Sünden zu beklagen, die das Urteil über uns gebracht haben«, schrieb Johnston an seine Kirchenoberen in London. »Unsere Milizionäre sind derart rachsüchtig, derart begierig, sich durch die Versklavung der lebendig gefaßten Indianer zu bereichern … daß es völlig vergebens ist, ihnen die Grausamkeit und das Unrecht ihres Tuns vorzuhalten.«

Die Raserei des sogenannten »Yamasee-Krieges« endete sechs Monate später mit der Niederlage und Vertreibung der Eingeborenen. Wenn sich die Creek westwärts – in Richtung der französischen Kolonie Louisiana – wandten, so waren andere Stämme, wie die Apalache und die Savannah, stark dezimiert worden und zerfielen. Nur ein paar hundert Edisto und Etiwan, die vom Fellhandel mit den Weißen lebten, blieben in Reichweite Charlestons. Der Krieg bildete den Auftakt zu einem Marsch von Briten aus den südlichen Kolonien quer durch den gesamten Kontinent; in der Folge griffen die weißen Siedlungen immer weiter über den schmalen Küstenstreifen hinaus.

Nachdem die roten Stämme vertrieben waren, gab es bald kaum noch Eingeborenensklaven, und in der Charlestoner Kolonialverwaltung wurde die »Abteilung für Indianerfragen«, die sich einst mit ihnen befaßt hatte, schließlich aufgelöst. In einer ihrer letzten Amtshandlungen erließ sie 1716 ein Dekret, um weiteren Unruhen vorzubeugen. »Von jetzt an«, hieß es darin, »dürfen Weiße in Carolina [eingeborene] Sklaven männlichen Geschlechts nur noch kaufen, wenn sie unter 14 Jahre alt sind.« Kinder waren offenbar weniger gefährlich als Erwachsene.

Nach dem Krieg erwarb Elias noch mehr Land – den Urkunden zufolge durch Gegenleistungen für seine Dienste als Hauptmann. Im September 1716, nur wenige Monate nach den letzten Scharmützeln, kam er durch ein von Gouverneur Robert Daniel eingefädeltes Geschäft günstig an gut dreihundert Hektar. Drei Jahre später kaufte er, jetzt unterstützt durch den neuen Gouverneur Robert Johnson, weitere fünfhundert hinzu. Bei den nun insgesamt etwa anderthalbtausend Hektar fiel sein ursprüngliches Erbteil kaum noch ins Gewicht. Comingtee erstreckte sich über gut eine Meile am Ufer des Cooper entlang und reichte tief ins Landesinnere hinein. Auf der anderen Flußseite lag, drei Meilen stromaufwärts, eine neue Ballsche Plantage, die nach dem dort vertriebenen Eingeborenenstamm Dockum hieß. Ein weiteres Anwesen namens Cypress Grove schloß sich im Norden des benachbarten Craven County an. Andere Neuerwerbungen Elias' warteten noch auf einen englischen Namen.

Unterdessen wuchs die Zahl der in Afrika oder Amerika geborenen Schwarzen im Ballschen Imperium stetig. 1720 lebten in St. John's Parish insgesamt 1439 Sklaven, also fast zehnmal so viele wie fünfzehn Jahre zuvor, von denen Elias vielleicht vierzig gehörten. Drei Viertel der Bewohner im Ballschen Distrikt St. John's waren Schwarze – es kamen also drei Zwangsarbeiter auf jeden Freien –, eine erheblich höhere Quote als die Virginias, von wo die nordamerikanische Sklaverei ihren Ausgang genommen hatte.

Ende August 1720 erkrankte Elizabeth Ball an der Malaria, deren Erreger »*Falciparum*« durch den Stich der in den Sümpfen laichenden Fiebermücke übertragen wird. Ihr Bruder schrieb in einem Brief: »Elizabeth ist von einem bösartigen Fieber befallen worden und deliriert heftig.« Wenig später starb sie. Kaum ein Jahr danach, im Juli 1721, verheiratete sich Elias erneut. Er war fünfundvierzig, seine zweite Frau, Mary Delamare, um die zwanzig Jahre alt, wie seine Tochter Ann. Als Gebieter über ein Riesenreich und dazu eine blutjunge Frau war Elias nun kein verwirrter Novize mehr, sondern ein patriarchalischer Gutsbesitzer und Pflanzer. Auch sein Anwesen präsentierte sich in einer neuen Gestalt. Mit seinem Sklavendorf und dem steten Exportstrom hatte sich Comingtee von einer Farm zur ersten regelrechten Plantage der Balls gemausert.

111

Als Elias sich mit Mary eingelebt hatte, wollte er »klar Schiff« machen und nach zwanzig Jahren das Erbe förmlich zwischen sich und John Harleston aufteilen. Elias bekam Comingtee und einen Teil der Charlestoner »Parzelle N° 49«, John etwa zweihundert Hektar im direkten Umland der wachsenden Stadt. Elias erwarb ein neues Geschäftsbuch, zweihundert Seiten stark, in das er auch die Namen seiner Sklaven eintragen wollte. Es wurde in den folgenden achtundfünfzig Jahren von ihm und seinem ältesten Sohn geführt, blieb erhalten und sollte eines Tages manche seiner Geheimnisse preisgeben.

Die erste nachweislich bei den Balls versklavte Person war ein Mädchen namens Bella, denn am Donnerstag, dem 10. November 1720, trug Elias ein: »Habe Bella drei Yards Negerstoff gegeben.«

»Negerstoff« war grobes Schur- und Baumwollgewebe, aus dem sich die Sklaven ihre Kleidung nähten, und kam aus Europa. Wie der Name schon sagt, trugen Weiße diesen Stoff nicht. Manchmal hieß er fast poetisch »oznaburgs«, bezogen auf das norddeutsche Textilstädtchen Osnabrück. Das grobe blaue, manchmal auch weiße Gewebe bildete von der frühen Kolonialzeit an bis weit ins 19. Jahrhundert hinein die übliche Tracht der Plantagenarbeiter.

Nach der geringen Zuteilung zu urteilen, muß Bella noch jung, das heißt kaum älter als zehn Jahre gewesen sein. Denn damals bürgerte es sich gerade ein, Erwachsenen jährlich gut fünf und Kindern etwa drei Yards *oznaburgs* zuzuteilen. Bella taucht noch mehrere Male im Hauptbuch auf, weil sie etwas erhielt, gewöhnlich Stoff, aber auch Decken und gelegentlich ein Paar Schuhe. Den Sklavenlisten zufolge lebte sie noch mindestens dreiunddreißig Jahre lang. Doch sind keine Einträge über Geburt und Tod – oder gegebenenfalls Kinder – vorhanden. Wir kennen sie lediglich als Empfängerin.

Der erste Vermerk über einen Sklavenkauf lautet wie folgt:

1721
Gekauft:
Fatima
Hampshire
Plymouth

Die Frau (oder das Mädchen) und die beiden Männer (oder Knaben) waren offenbar ersteigert worden, nachdem sie zwei Wochen auf Sullivan's Island im Pesthaus zugebracht hatten. 1721 erwies sich für Sklavenhändler als kein sehr ergiebiges Jahr. Nur hundertfünfundsechzig Schwarze trafen in Charleston ein, wohingegen es im Vorjahr gut sechshundert gewesen waren und ein Jahrzehnt später sogar jährlich Tausende sein würden.

Elias gab seinen beiden neuen Sklaven die englischen Namen der Grafschaft Hampshire und der Stadt Plymouth, die in der Nähe seiner Heimat Devon lag. Wahrscheinlich verstand er die Sprachen seiner Leute nicht, und so mußten die beiden Männer auf Ortsnamen hören, die Elias aus seiner Jugend kannte. »Fatima« hingegen ist ein geradezu betörender Einfall. Die Lieblingstochter Mohammeds starb 632 n. Chr., wahrscheinlich gerade erst zwanzig Jahre alt, und die Erinnerung an sie blieb unter Muslimen lange wach. Der Islam fand in Afrika manche Anhänger, von denen einige nach Amerika gebracht wurden. Ob die Fatima auf Comingtee eine Muslimin war, die ihren Geburtsnamen hatte behalten dürfen?

Doch vielleicht geisterte die tragische Fatima der französischen Folklore durch Elias' Phantasie. Sie war die unglückliche siebente Frau des tyrannischen Chevalier Raoul, der andernorts als König Blaubart berühmt wurde. Im Märchen findet Fatima alsbald nach der Hochzeit in einem Verlies des Schlosses die Leichen von Blaubarts sechs Verflossenen, und als Strafe für ihre Neugier schickt der seine siebte Frau den vorherigen nach.

Offenbar hatte das Elend, eingefangen und verschleppt worden zu sein, Fatimas Lebenswillen nicht gebrochen, denn 1725, vier Jahre nach ihrer Ankunft, gebar sie ein Mädchen namens Pino. Im Laufe des 18. Jahrhunderts brachten Sklavinnen auf Comingtee ihr erstes Kind durchschnittlich im Alter von neunzehn Jahren zur Welt. Insofern dürfte Fatima etwa fünfzehnjährig gekauft worden sein. Mehrere Jahre nach Pino gebar sie einen Sohn, Giley. Wenn Elias & Co. bei Sklavenkindern auch nur selten den Namen des Vaters notierten, so spricht in Fatimas Fall einiges für den Feldarbeiter Sam.

Was läßt sich über Fatimas Leben sagen? Die vorliegenden Daten ergeben folgende Kurzbiographie:

Fatima: Um 1706 in Westafrika geboren. 1721 entführt und an Bord eines Schiffes nach Charleston in der britischen Kronkolonie South Carolina verschleppt. Daselbst vom Pflanzer Elias Ball ersteigert. Auf dessen Plantage Comingtee als Feldarbeiterin eingesetzt. Fand einen Partner, vielleicht namens Sam. Gebar 1725 eine Tochter Pino und am 23. April 1742 einen Sohn Giley, der jedoch früh starb. Sah ihre Erstgeborene zur Sklavin heranwachsen. Starb auf der Plantage und wurde fern der Heimat begraben.

Im Dezember 1722 vermerkte Elias erstmals einen Verkauf. Während er den Namen des oder der Betroffenen nicht nannte, war der Käufer sein Nachbar William Rhett, der 1717 in Charleston, nicht weit von Elias' Stadtsitz entfernt, gebaut hatte. Die beiden mögen sich auf der Straße per Handschlag geeinigt haben. Sicherlich fand Elias nichts Besonderes bei dem Geschäft. Auf der Seite mit Rhetts Schuldenkonto vermerkte er Reislieferungen im Wert von achtzig Dollar, »zum Teil als Preis für einen Neger«.

Dieser Handel mit William Rhett war durchaus nichts Unübliches. Die Pflanzer am Cooper River verkauften oder tauschten Sklaven untereinander wie Vieh. Mal gaben sie Leute weg, die ihnen aufmüpfig erschienen, mal solche, die ihnen nicht hart genug arbeiteten oder deren Nase ihnen nicht gefiel.

Doch solche Geschäfte verärgerten die Kolonialbehörden, weil sie meist nicht einmal durch die Bücher gingen. Um sie ein für allemal steuerpflichtig zu machen, schrieb die Legislatur 1723 gesetzlich einen Markt vor, der monatlich samstags am Anleger der Strawberry Ferry, eine Meile vor Comingtee, abzuhalten war. Danach mußte jeder Kauf, »ob Rappe, Stute, Wallach, Kalb oder Sklave«, versteuert werden. Ich vermute, daß Elias dort ab und zu auf einem Wochenendbummel Sklaven erwarb oder auch feilbot.

Besonders erwähnen möchte ich auch den ersten Eintrag über einen Fluchtversuch. Am 4. September 1731 verfaßte Elias ein »Memorandum«: »Entlaufene Neger haben ein Hemd & Unterhemd und ein Jackett nebst Kniehosen mitgehen lassen.« Es war die Zeit, in der das Korn hoch auf den Feldern stand und die Erntevorbereitungen begonnen hatten. Angesichts des arbeitsreichen Herbstes waren also mindestens zwei Leute geflohen, nach den entwendeten Kleidungsstücken zu urteilen Männer. Da Sklaven gewöhnlich weite Hosen und Kittelhemden trugen, mochten sie, mit den Sachen Elias' angetan, einen Marschall davon überzeugen können, treue Diener zu sein und lediglich Besorgungen zu machen. Ohne ihre Namen zu kennen, läßt sich jedoch nichts Genaueres über die Flüchtlinge sagen. Wahrscheinlich waren sie nicht die ersten, und ganz gewiß nicht die letzten, die – wenn auch nur vorübergehend – freikamen. Wenn eine Flucht mißlang, so hatte das schlimme Folgen. In South Carolina galt seit 1690 das »Gesetz über die Behandlung entlaufener Sklaven«, das bereits 1712 und danach noch mehrmals verschärft wurde. Zum gegebenen Zeitpunkt sah es vor, Ersttäter auszupeitschen. Wiederholungstäter bekamen ein R (für *runaway*) in die rechte Wange eingebrannt. Als nächstes schnitt man ihnen ein Ohr ab, und sofern sie nochmals rückfällig wurden, verloren Frauen das andere Ohr und erhielten noch ein Brandmal, Männer wurden kastriert.

Mit seiner zweiten Frau Mary gründete Elias erneut eine Familie. Trotz seiner bäuerlichen Herkunft ließ er seinen Kindern fern der Heimat eine elitäre europäische Ausbildung angedeihen. Sie besuchten eine nahe gelegene Dorfschule, an der Hugenotten unterrichteten, die als französische Protestanten noch viel weltlicher dachten als die englischen Einwanderer. Um des vornehmen Ambientes willen stellte Elias einen Musiklehrer ein, der regelmäßig auf die Plantage kam. In den dreißiger Jahren lernte klein Sarah »die Viole«, wie man bei Balls die *Viola da Gamba* oder »Kniegeige« nannte, ein beliebtes Instrument mit sechs Saiten, Vorläufer des Violoncello. Ein paar Jahre zuvor hatte Johann Sebastian Bach »Drei Sonaten für Viola da Gamba und Clavier« komponiert, heute besser bekannt unter dem Kurztitel »Cellosonaten«. Als Sarah Fortschritte machte, faßte auch Elias selbst Interesse und trug ein: »Barzahlung für meine Musickstunden – £ 10.«

Der Unterricht nahm sich in dieser Umgebung freilich recht sonderbar aus. Wenn ein beflissener Lehrer, dem die Notenblätter und Instrumente aus der Satteltasche hervorstaken, allwöchentlich über den schlammigen Weg nach Comingtee hinausritt, grüßten ihn viel-

leicht mehrere der gerade von den Feldern zurückkehrenen Afrikaner. Dann versammelten sich seine Eleven im Wohnzimmer, um, begleitet von zirpenden Grillen und den in die Tümpel klatschenden
Alligatoren, die Kontrapunktik einer Fuge zu erlernen. Sarah und ihr
Halbbruder John Coming nahmen auch Tanzstunden, um sich für die
Charlestoner Bälle zu rüsten: Bei den dort getanzten Quadrillen sollten die Kinder der Plantagenbesitzer geeignete Ehepartner kennenlernen.

Um sein Ansehen aufzumöbeln, gerierte sich Elias irgendwann als
Weintrinker. Seinen Büchern zufolge hatte er jahrelang fässerweise
Rum gekauft, den er Freunden schenkte, als Zahlungsmittel benutzte
und zweifellos auch gerne selbst trank. Doch nun gab es ein neues
Getränk, Madeira, der seinen Siegeszug durch die besseren Häuser
antrat. Er stammte von der gleichnamigen Insel an der Nordwest-
küste Afrikas. Dieser Importwein war in der Kolonie eine Novität,
und die Bücher offenbaren, daß er sich auf Comingtee schlagartig
durchsetzte. Mit einem Glas des rotbraunen Likörs in der Hand
dürfte Elias ausgesehen haben wie ein geschniegelter alter Offizier.

Um 1730 hatte Elias sein Vermögen mit genau 1752 Hektar Land
und dreiundvierzig Sklaven veranschlagt. Da jene Hand, die zur
Viole griff und Wein einschenkte, sich nun offenbar weniger wohl
dabei fühlte, beim Streifengang über das gewaltige Anwesen den
Knüppel zu schwingen, stellte Elias fortan weiße Aufseher ein. Der
erste hieß Andrew Songster und kam, so ein Vermerk, »um bei mir
im Haus zu leben«. Songster wurde zum Teil in Naturalien entlohnt,
überwiegend mit Rum. Sein Nachfolger hieß John Netman. Indem
Elias solche Helfer beschäftigte, machte er sich vom täglichen Plantagenbetrieb frei und frönte dafür mehr dem Müßiggang.

Anfang der dreißiger Jahre lebten Elias und Mary mit ihren Kindern noch immer in jenem alten Holzhaus, das inzwischen seit einem
halben Jahrhundert als Herrenhaus diente. Doch dann beschloß Elias,
etwas Größeres zu bauen, und 1736 wohnte man in einem einstöcki-
gen Backsteinhaus. Den Bau dürften Sklaven unter der Anleitung
weißer Vorarbeiter ausgeführt haben – das Formen und Brennen der
braunen Backsteine inklusive. Es war ein schlichtes symmetrisches
Gebäude mit zwei Zimmern pro Etage sowie einer Mansarde. Die

Eingangstür lag, ohne Säulen oder Giebel, drei Stufen hoch über dem sumpfigen Boden in der Mitte der Westfront. Eine Veranda gab es genausowenig wie irgendwelche Ornamente. Das neue Haus mag spartanisch gewesen sein, war aber groß genug, solide und trocken. Es hielt mehr als zweihundert Jahre lang, bevor es in den sechziger Jahren unseres Jahrhunderts verfiel.

Mit dem Neubau hatte Comingtee seine endgültige Form angenommen. Das »große Haus« des Inhabers zeigte westwärts auf den Cooper River, dessen Wasser fünfhundert Meter entfernt glitzerte. Das Sklavendorf oder Plantagenviertel lag im Osten, also hinter dem Herrenhaus. In der späteren Zeit bestand es aus einer Ansammlung von Holzhütten sowie den benachbarten Werkstätten der Zimmerleute, Schmiede, Schuster und sonstigen Handwerker. Daneben gab es einen Hof mit Stallungen, Hühnerhaus, Steinofen, Räucherkammer und Bienenkästen.

Tief im Wald lag, irgendwo zwischen Herrenhaus und Anleger, unter Weißeichen und umspült von einem kleinen Strudel, der sich in den Cooper River ergoß, eine knapp einen halben Hektar große, gepflegte Lichtung. Sie barg den Sklavenfriedhof.

Über die Einführung des Reisanbaus auf den Plantagen erzählt man sich eine Geschichte, die mir gefällt, obwohl sie eher erfunden klingt. Ende des 17. Jahrhunderts sei zufällig ein Schiff aus Madagaskar, der großen Insel an Afrikas Südostküste, nach Charleston geraten. Irgendwo unter Deck habe der Kapitän einen halben Scheffel Reis mitgeführt, und in der Folge hätten mehrere Pflanzer aufs Geratewohl beschlossen, das neuartige Getreide einmal auszuprobieren. Ob Dichtung oder Wahrheit, in South Carolina begann der Reisanbau um 1695, und fünf Jahre später lieferte die Kolonie jährlich dreihundert Tonnen nach England plus dreißig in die Karibik. Bis 1708 war Reis zum Exportschlager South Carolinas geworden.

Elias hatte in der ersten Zeit Bauholz und Rindfleisch verkauft, doch nun sah alles ganz anders aus. Reis sollte zum Manna der Balls und zum Fluch für Tausende schwarzer Sklaven werden. Das winzige Korn bescherte den Plantageninhabern sechs Generationen lang ein Leben in Saus und Braus.

Reis war zwar keine Delikatesse, besaß aber zwei Vorzüge: Er sättigte gut und verdarb nicht. In Europa ernährte er neben den Armen auch Armeen und Arbeiterkolonnen. Zumindest anfangs hatten Elias & Co. selbst keine Ahnung von seinem Anbau. Doch in Teilen Westafrikas gehörte Reis von alters her zur Grundversorgung und wurde zum Beispiel an den Ufern des Gambia-Flusses und in Sierra Leone angebaut. Bald erkannten die Pflanzer, daß einige ihrer Sklaven über ein Wissen verfügten, aus dem sie Profit schlagen konnten. Die in der Kolonie angebaute und im Lauf der Jahre verfeinerte Reissorte wurde unter dem Namen »Carolina Gold« bekannt.

Carolina Gold war alsbald ein regelrechter Wirtschaftsmotor und beherrschte den Alltag der Schwarzen wie Weißen in allen seinen Facetten. Die ersten Reisfelder entstanden in den Waldsümpfen direkt am Flußufer. Dort rodeten Männer und Frauen viele Hektar Land von Tupelobäumen und kahlen Zypressen. Im März pflanzten Feldarbeiter auf gewöhnlichen Äckern die Hauptnahrung der Plantage – Mais und Süßkartoffeln – an, und erst danach wandten sie sich dem Reis zu. Etwa ab dem 1. April bereiteten sie den Boden. Da in dem tiefen Schlamm Pferde wie Pflüge versackten, kamen Zugtiere nicht in Betracht, sondern es wurde zur Regel, das Feld mit der Schippe zu bearbeiten, einem etwa armlangen Holzstiel mit einem Eisenblatt daran. Doch zuerst mußte Unkraut gejätet werden, das von Hand herauszuziehen oder umzugraben war. Danach hoben die Sklaven lange, etwa fünfzig Zentimeter breite Furchen aus, bis sie am Ende einige hundert Hektar beackert hatten. In Neuengland konnten kleinere Felder von zwei Mann mit vierspännigen Pflügen bearbeitet werden, während auf Comingtee wegen der Handarbeit für die gleiche Größe mindestens zwanzig Leute erforderlich waren.

In jenen Gegenden Afrikas, wo der Reisanbau dominierte, oblag die Aussaat den Frauen, und dieser Brauch hielt sich auch in Amerika. Ende April wateten Frauenkolonnen durch die Felder und säten oder »setzten« den Reis in die Furchen.

Reis ist ein sehr durstiges Gewächs und muß ordentlich bewässert werden. Deshalb ordnete Elias an, ein in der Plantagenmitte quellendes Flüßchen einzudämmen. Kolonnen männlicher Sklaven bauten aus Erde einen Staudamm und erzeugten so ein Wasserreservoir –

einen zwei Meter tiefen und mehrere hundert breiten See. Danach verbanden sie die Felder durch Gräben mit dem Damm, so daß Comingtee zuletzt an einen Blutkreislauf erinnerte. Die Reisfelder glichen dem Gewebe, das vom Herzen, dem Reservoir, wie über Adern be- und entwässert wurde.

Im Spätfrühjahr setzte man die Felder erstmals unter Wasser. Um die jungen Schößlinge zu überfluten, öffneten Sklaven eine im Damm angebrachte Holzschleuse, die später dann wieder geschlossen wurde. Den Sommer über herrschte nachmittags eine brüllende Hitze. Die Felder mußten in regelmäßigen Abständen bewässert und von ganzen Kolonnen gejätet werden. Wegen der Überflutung steckten die Arbeiter viele Tage lang bis zu den Knien im Schlamm.

Anfang September standen die reifen Reispflanzen schulterhoch am Horizont. Nun begann die Ernte, das Abmähen der schilfigen Stengel mit zwei Fuß langen, halbmondförmigen Eisensicheln. Anschließend wurden die Halme zum Trocknen ausgelegt. Nach ein bis zwei Tagen an der Sonne konnte der Reis gebündelt und auf den Scheunenhof gebracht werden. Feldarbeiter trugen große Packen auf dem Kopf zu Ochsenkarren oder stapelten sie auf Lastkähnen, die an den Binnenflüßchen lagen.

Die Feldarbeit bildete den kürzeren Teil des Zyklus, der längere und mühseligere folgte danach auf dem Hof. Zunächst wurde gedroschen. Als Dreschflegel dienten knapp ein Meter lange, an einem ebenso langen Holzgriff befestigte Lederriemen. Sklaven legten den Reis am Boden aus und droschen oder peitschten ihn durch, um die Spreu vom Korn zu trennen. Dann wurden die Hülsen beseitigt. Reis hat eine Schale und eine Innenhaut, die beide entfernt werden müssen. Bis Ende des 18. Jahrhunderts geschah das mittels handbetriebener Mühlen, die aus Holzscheiben mit einem Durchmesser von etwa zwei Fuß bestanden. Diese hatten von innen nach außen laufende Riefen oder Rillen, und der Reis wurde geschält, indem man sie kreisend gegeneinander preßte. Danach mußte die schwerer zu entfernende Innenhaut herausgestampft werden. Dieses abschließende Stampfen nahm den gesamten November und Dezember ein und war das Anstrengendste von allem. Die Ausrüstung bestand aus schweren, etwa hüfthohen Mörsern und knapp meterlangen Stößeln. Die Sklaven füllten den Reis mit Schöpfkellen in den Mörser und walkten ihn so lange mit den Stößeln durch, bis das Korn ganz von der Schale befreit war. Das Rütteln war eine eintönige, schweißtreibende Arbeit. Sobald eine Ladung fertig war, wurde der Mörser geleert und neu aufgefüllt. So hallte zwei Monate lang ununterbrochen das *rack, rack, rack* von der Reistenne. Ein Sklave schaffte pro Tag sieben Mörser, das heißt fünfzig Pfund Reis. Beim Stampfen brach das Korn manchmal und war damit unverkäuflich. Diese Bruchkörner, sogenannter »Negerreis«, wurden vom Boden aufgelesen und ergänzten die Sklavenkost. Doch Pflanzer ließen ihre Aufseher streng über den Scheunenhof wachen, damit die Leute so wenig Reis wie nur irgend möglich zerbrachen.

Schließlich mußte der Reis gereinigt werden. Dazu benutzten die Sklaven aus Schilfgras geflochtene sogenannte Kornschwingen, das heißt mit einem Bundsteg versehene Korbschalen von etwa achtzig Zentimetern Durchmesser, die meist schöne eingearbeitete Spiralmuster aufwiesen. Die Tradition des Korbflechtens kam, genau wie diese simple Methode des Reissäuberns, aus Westafrika. Draußen auf dem Scheunenhof gaben die Sklaven jeweils etwa ein Pfund Reis mit Spreu in ihren Korb, den sie im Winde wippen ließen. Die Spreu flog mit dem Wind davon, und nur das schwerere Korn blieb zurück.

In der Kolonialzeit warf ein Hektar acht bis fünfzehn Scheffel zu je fünfundsechzig Pfund ab. Pro Mann veranschlagten die Pflanzer etwa anderthalb Hektar, was einem Durchschnittsertrag von viereinhalb Faß à fünfhundert Pfund entsprach, womit jeder Sklave mehr als eine Tonne Reis erzeugte.

Die Ernte ging von Charleston aus nach England, wo sie verzollt und auf den Kontinent exportiert wurde. Reis von Comingtee landete zum Teil in Portugal und Spanien oder auf Gibraltar, doch drei Viertel des Aufkommens fanden ihre Abnehmer an der Nordsee, in Bremen und Hamburg sowie in Holland, Dänemark und Schweden. »Carolina Gold« brachte es rasch zu Weltruhm, erzielte höhere Preise als alle anderen Sorten und galt in Europa als die Spitzenqualität. Kunden erkannten den Reis aus South Carolina sofort an jenen beiden Säcken, die in London jeder Händler ausstellte: Der eine enthielt den Samen mit seinem goldenen Korn, der andere das schneeweiß leuchtende Endprodukt.

Gegen 1730 begann eine junge Schwarze namens Dolly ihren Dienst im Herrenhaus von Comingtee. Damals hatte Elias' zweite Frau drei Kinder, und wahrscheinlich entlastete Dolly die Mutter, indem sie putzte und kochte. Die veröffentlichte Familienchronik enthält eine regelrechte Hommage auf sie: »Man darf vermutlich zu Recht sagen, daß der Name ›Dolly‹ über allen anderen steht«, hatte deren Verfasserin Anfang des 20. Jahrhunderts geschrieben. »Wenn wir auch wenig über sie wissen, so liegt doch klar auf der Hand, daß die Familie sie sehr schätzte. Vielleicht hatte sie die Kinder ›gehütet‹ und die Kranken hingebungsvoll gepflegt. Solche treuen Freunde der Familie – sicherlich darf man sie so nennen – haben manchen Leidenden getröstet und mit sanften Händen auch Toten den letzten Dienst erwiesen.«

Es mutet sonderbar an, wenn der Name einer Sklavin noch anderthalb Jahrhunderte nach ihrem Tod unter den Haltern wehmütige Erinnerungen auslöst. Ebenso merkwürdig klingt der Vorbehalt »Wenn wir auch wenig über sie wissen«, zumal er einem echten Gedenken zu widersprechen scheint.

Dolly war 1712 zur Welt gekommen, allerdings weiß ich nicht, wo, sondern entnehme ihr Geburtsjahr einem Vermerk über ihren Tod, der eine Altersangabe einschließt. Offenbar war sie mehr als bloß eine gute Haushälterin gewesen. In seinem 1750 diktierten Testament ging Elias näher auf sein »Mulattenmädel« Dolly ein. Unter »Mulatten« verstand man damals den Nachwuchs von Negerinnen und Weißen. (Bei der Mischung Eingeborene und Neger sprachen die Weißen von »Modrigen«.) Da die Legislatur sexuelle Beziehungen zwischen Negersklaven und weißen Frauen bereits gesetzlich verboten hatte, wäre die weiße Mutter einer Farbigen strafrechtlich belangt worden. Insofern hatte Dolly aller Wahrscheinlichkeit nach einen weißen Vater und eine schwarze Mutter.

Nun läßt sich nicht leugnen, daß Weiße auf den Plantagen schwarze Frauen zum Sex überredeten oder sogar zwangen, wovon schon die allerfrühesten amtlichen Berichte zeugen. In einem Fall des Jahres 1692 hatte eine gewisse Jane LaSalle beim Großrat, als der obersten Behörde Charlestons, Maßnahmen gegen ihren Mann beantragt, der sie wegen einer schwarzen Sklavin endgültig verlassen wollte. Der Rat ordnete an, daß der Mann, bei Vermeidung einer Abfindungszahlung, zu seiner Frau zurückzukehren habe. Die öffentliche Verhandlung und die sachlich-nüchterne Entscheidung der Sache lassen vermuten, daß solche Verhältnisse mit Farbigen damals durchaus gang und gäbe waren.

Da die frühesten Plantagenbücher von 1720 stammen und Dolly 1712 zur Welt kam, ist kaum zu ermitteln, wer ihre Eltern waren. Ich halte Elias keineswegs für ihren Vater, sondern schließe aus vielen Indizien, daß er sie im Kindesalter gekauft hatte und mit der Zeit liebgewann. Als Jugendliche scheint Dolly ungewöhnlich viel Fürsorge empfangen zu haben. Den Büchern zufolge ließ Elias, als sie sechzehnjährig erkrankte, sofort einen Arzt rufen, ebenso ein Jahr später, und bezahlte diesem ein stattliches Honorar. Auf den entlegenen Plantagen wurde Sklaven sonst fast nie eine persönliche ärztliche Behandlung zuteil. Mediziner waren rar und verlangten hohes Wegegeld, zumal sie in Charleston reichlich zu tun hatten. Jedenfalls kam Dolly dank Elias' Großzügigkeit als einzige unter den Schwarzen Comingtees derart in den Genuß von Hausbesuchen.

Diese besondere Fürsorge und Zuwendung zog sich durch ihre gesamte Jugend. Einmal bestellte Elias eigens Maßschuhe für sie. Von Beginn der Kolonialzeit an ließen die Pflanzer für sich selbst und ihre Familien feine, für ihre Sklaven jedoch lediglich grobe Negerschuhe machen. Als Elias irgendwann bei dem Schuster im benachbarten Goose Creek Schuhe für seinen Sohn in Auftrag gab, orderte er für Dolly nicht minder teure mit. Nichts deutet darauf hin, daß auch irgendwelchen anderen Sklaven dergleichen widerfuhr.

Dolly war etwa achtzehn, als sie im Haus zu arbeiten begann. Im April 1735 bekam sie ihr erstes Kind, einen Sohn namens Cupid, doch der Vater ist nicht vermerkt. Aller Wahrscheinlichkeit nach war er ein Mitsklave auf Comingtee, denn Cupid wurde seinerseits Feldarbeiter und blieb bei den Balls, bis er irgendwann nach 1784 starb.

In den dreißiger Jahren bekamen auch Elias und Mary noch Kinder. Mary gebar 1734 ihr letztes, einen Sohn, der indes nicht lange lebte. Berichte über Marys Tod sind nicht vorhanden, doch folgte er rasch auf den ihres letzten Kindes, so daß Elias sie um 1735 nach fünfzehnjähriger Ehe verlor. Infolgedessen stand er an der Schwelle zu seinem sechzigsten Geburtstag mit drei Töchtern – Mary, Eleanor und Sarah – im Alter zwischen zwei und dreizehn Jahren da. Durch die Heirat Mary Delamares hatte Elias bereits klargestellt, daß er jüngere Frauen bevorzugte, und nunmehr lockte die erst dreiundzwanzigjährige Dolly.

Marys Tod scheint eine Liaison zwischen den beiden ermöglicht zu haben. Am 16. September 1740 gebar Dolly ihr zweites Kind, das auf den Namen Edward getauft wurde. Unter den Sklaven Comingtees trug niemand einen englischen Vornamen. Mehr noch, die Bücher bekunden, daß der erwachsene Edward hoch geachtet war. Er erhielt seine Freiheit, lebte jedoch weiterhin bei den Balls, die sich um ihn kümmerten. Als er achtzigjährig starb, fanden sein Testament und sonstige seiner Unterlagen Eingang in die Familiensammlung. Einschlägigen Notizen zufolge war Edward ein Mulatte, und in seinen nachgelassenen Papieren trägt er die Bezeichnung »ein freier gelber Mann«. Wenn Edward den Namen seines Erzeugers hätte annehmen können, so wäre dies wohl kein anderer gewesen als »Ball«.

Einige Jahre später bekam die nach wie vor im großen Haus tätige Dolly noch ein Mädchen, das den – wiederum englischen – Vornamen Catherine erhielt. Wie ihr Bruder Edward erlangte auch Catherine später die Freiheit, offenbar direkt von den Balls. Diese beiden Geschwister waren die einzigen Menschen in Elias' Besitz, die er je freiließ.

Zu der Zeit, als Dolly ihre Mulattenkinder gebar, tobten in der Lokalpresse hitzige Debatten über Verhältnisse zwischen Weißen und Schwarzen. Die Vielzahl der Leitartikel läßt darauf schließen, daß Elias und Dolly reichlich Vorgänger hatten. So ermahnte ein Redakteur der *South Carolina Gazette* im Juli 1736 »gewisse junge Charlestoner«, ihre Beziehungen zu schwarzen Frauen etwas diskreter zu behandeln. Er forderte sie auf, »nicht ständig mit ihren schwarzen Geliebten im Park zwischen Church und King Street herumzupoussieren«. Falls sie sich nicht etwas zurückhielten, fügte er an, könnten andere Weiße »auf die Idee kommen, ihr Mütchen zu kühlen und sie anzuprangern«. Der wunderliche Beitrag endete mit einem Aufruf an die Weißen, die Finger von den Sklavinnen zu lassen, schon aus Solidarität: Weiße Frauen seien, »ob nachts oder tagsüber, genauso dienstbar wie jede afrikanische Dame«.

Als sich Elias niederließ, um sein Testament zu machen, vergaß er auch die junge Dolly nicht. Nach der Erbeinsetzung seiner weißen Kinder folgt die ungewöhnliche Klausel: »Das Mulattenmädel Dolly vermache & schenke ich demjenigen meiner Kinder, das es sich binnen dreier Monate nach meinem Ableben selbst als Herrn oder Herrin auswählt.« Elias wollte, daß Dolly sich nach seinem Tod für einen der Erben entscheiden konnte. Das war zwar einigermaßen halbherzig – blieb ihr damit doch die Freiheit verwehrt –, aber auf diese Weise hatte Elias sie immerhin als einen Menschen anerkannt. Seine Klausel »binnen dreier Monate nach meinem Ableben« ist bezeichnend: So blieb Dolly eine Trauerzeit, um sich wieder etwas zu sammeln, bevor sie über ihren nächsten Schritt befand – die nötige Spanne, um Abschied zu nehmen.

Wenn Dolly und Elias jahrelang zusammenlebten: Könnte es sich dabei um eine Art Notzucht gehandelt haben? Oder waren sie einander sogar zugetan? Als Liebespaar wären sie von allen Seiten verspottet worden. Nicht nur hätten einige Weiße Elias geächtet, sondern auch einige Mitsklaven Dolly, wenn sie bei ihrem Herrn schlief. Und was das Sexuelle angeht: Hatten Elias und Dolly einander begehrt – oder tauschte sie sich durch die (freiwillig oder zwangsweise) gewährte Gunst eine Vorzugsbehandlung ein? Ist es möglich, daß diese beiden Menschen einander, trotz der traurigen Umstände ihres Verhältnisses, irgendwie liebten?

Ich stelle mir vor, daß dabei von alledem etwas mitspielte.

6

IN BLUT GESCHRIEBEN

Ich hatte Grund zu der Vermutung, mit einer schwarzen Familie in Pennsylvania verwandt zu sein, wußte aber weder genau, auf welcher Plantage ihre Vorfahren versklavt waren, noch wer von meinen Ahnen die Schnittstelle bildete. Auf der Fahrt zu unserem ersten Treffen in Philadelphia dachte ich darüber nach, wie sich klären ließe, ob zwischen uns tatsächlich eine Blutsverwandtschaft bestand.

Es war Februar. Im Nordosten hatte ein Schneesturm gewütet, doch die Straßen waren freigepflügt. Das ausgestreute Steinsalz wurde von den Reifen aufgewirbelt und prasselte mit einem Geräusch wie bei einem Stakkato der Fingernägel gegen die Radkästen. Durch den kreidigen Matsch auf der Windschutzscheibe sahen die verschneiten Ufer des Delaware River aus wie Baumwollfelder.

Eine gewisse Carolyn Smalls Goodson hatte mich schriftlich eingeladen. Der Familienüberlieferung zufolge seien einige ihrer Vorfahren bei uns versklavt gewesen. Von Kindesbeinen an habe sie gehört, daß ihre Urururgroßmutter mit einem Sklavenschiff aus Afrika herübergekommen und von den Balls ersteigert worden sei. In Amerika habe jene Urahnin einen Sohn namens Frederick Poyas zu Welt gebracht, dessen Vater ein Ball gewesen sei.

»Ich fühle mich stark mit Ihnen verbunden«, hatte Carolyn Goodson geschrieben. »Unsere Lebenslinien haben sich berührt, und wir sind keine Fremden füreinander ... Ich hoffe, Sie können mir helfen, wie auch ich Ihnen gerne helfen möchte. Denn es gibt so viele offene Fragen, so viele Aspekte der Vergangenheit, die ich noch nicht verstehe.«

Durch den schmutzigen Schneematsch eines weitläufigen, hügeligen Parks im Nordwesten Philadelphias rutschte ich auf ein gepflegtes Viertel mit Stein- und Backsteinhäusern zu. Philadelphia war 1682 von Anhängern William Penns – eines damals achtunddreißigjährigen Adligen, der zur Abgeltung von Schulden der Krone bei seinem verstorbenen Vater eine Landzuteilung in den Kolonien erhalten hatte – durch Rodung am Ufer des Delaware gegründet worden. Penn und seine Abenteurer waren Quäker. Wenn sich deren Sekte zunächst mit an der Sklaverei beteiligte, so zeigte sie später Reue und bekämpfte das Übel nach Kräften. Im März 1780, also mitten in der Revolution, erließ Pennsylvania als einer der ersten Staaten ein Abolitionsgesetz zur Befreiung aller Sklavenkinder. In den zwanziger Jahren unseres Jahrhunderts, und dann erneut nach dem Zweiten Weltkrieg, wanderten Schwarze aus dem Süden nach Pennsylvania ab, um dort in Fabriken zu arbeiten.

Die Goodsons wohnten in einer Arbeitersiedlung aus den vierziger Jahren, wo sie ein kleines Reihenhaus mit einer Rasenfläche davor und einer Einzelgarage dahinter besaßen. Auch wenn die Straße im Schnee verwaist wirkte, waren die Gehwege und Fahrbahnen geräumt – Anzeichen bürgerlichen Pflichtbewußtseins.

Carolyn Goodson strahlte, als sie mir öffnete, umarmte mich und bot mir an, sie beim Vornamen anzureden. Mitte Vierzig, sah sie, in Hosen und einer geknöpften, langärmligen weißen Satinbluse, mindestens zehn Jahre jünger aus. Ihr braunes Haar hing in vollen Flechten über den Schultern, und der kirschbaumfarbene rosige Teint hob sich glühend vom Weiß der Bluse ab. Neben ihrem rotbraunen Teint waren Carolyns Augen das hervorstechendste Merkmal – klar, liebevoll, aber auch verwundbar.

Im Inneren wirkte das Haus weitläufig, mit Wohn- und Eßzimmer, Küche und Keller sowie drei Räumen im ersten Stock. Die Wohnstube füllte eine schwarze Couchgarnitur, das Eßzimmer ein großer Tisch und ein Büfett mit Porzellan. Die völlig neu eingerichtete Küche hatte einen hellen Linoleumboden. Alles blitzblank.

Carolyn war lange verheiratet gewesen, aber inzwischen geschieden. Sie stellte mich ihren Söhnen vor: Michael studierte, Randall ging noch zur Schule und war Basketballer. Carolyns Schwester, Beatrice McGirth, das älteste von acht Geschwistern, hatte sich zum Plausch eingefunden. Sie war Mitte Fünfzig und wirkte, entgegen ihrem Spitznamen Bea, etwas unterkühlt. Ihr Mann sei gestorben, als die Kinder noch klein waren, und jetzt lebe sie allein in Philadelphia.

Michael Goodson war ein hübscher Junge mit einer weichen Stimme, höflichen Manieren und einem ähnlich unerschrockenen, klaren Blick wie seine Mutter. Er wußte, warum ich schwarze Familien aufsuchte.

»Ich habe *eine* Frage, Mr. Ball«, sagte Michael bald nach unserem Kennenlernen. In der kurzen Pause fragte ich mich, ob sie wohl mit Blutsverwandtschaft zu tun würde. »Wie ist es, überall, wo man hinkommt, nur von Schwarzen umgeben zu sein?«

»Vielleicht ist es so ähnlich, wie schwarz zu sein und inmitten von Weißen zu leben«, antwortete ich.

Nach dem Abendessen saßen Carolyn, Bea und ich bei Kerzenschein am Eßzimmertisch.

»Ich habe 1968 die Schule abgeschlossen«, erklärte Carolyn, »und bin danach sofort nach Philadelphia gegangen. Ich war siebzehn und wurde in jenem Sommer achtzehn.«

Damals habe sie noch Carolyn Smalls geheißen.

»Am Anfang arbeitete ich in einer Hutfabrik und half, Hüte zu machen und zu dämpfen«, sagte Carolyn. »Es dauerte jedoch nicht lange, da entließen sie uns alle. Dann fing ich bei Sears an. Die Stelle dort war nur für die Weihnachtsferien. Was wir da machten? Es war eine Packabteilung. Wir mußten die Sachen je nach den Katalogbestellungen verpacken. Es war eine harte, anstrengende Arbeit. Alle fünfzehn Minuten mußtest du zehn Sendungen abgefertigt haben – einpacken, zukleben und verschnüren. Nach Weihnachten wollte ich eigentlich wieder heimfahren, wurde aber als einzige nicht entlassen.«

Carolyns Augen glänzten liebevoll. Das Weiße rings um die tiefbraune Iris strahlte, und die Lider hingen leicht herab. Ihr Blick hatte etwas Freundliches, Duldsames, das auch blieb, als sie wegsah.

»Haben Sie Geld nach Hause geschickt?« wollte ich wissen – denn sie sei in South Carolina auf dem Lande in einer Hütte ohne Strom aufgewachsen.

»Ja, weil – die Verhältnisse dort –, es war alles so ärmlich«, sagte sie. »Wir alle schämten uns ein wenig für unser Elternhaus. Es gab nur ein Schlafzimmer und bloß einen Holzofen. Die Wände waren mit Zeitschriften verklebt, denn Tapeten konnten wir uns nicht leisten. Für uns Kinder war das ein Heidenspaß – wir lagen im Bett und gaben uns gegenseitig auf, bestimmte Wörter zu finden. Einige Nachbarn, auch der direkt nebenan, hatten Strom. Wir hielten sie immer für reich. Unseren Nachbarn baten wir, bei ihm fernsehen zu dürfen.«

Ich fragte, wie das Haus beleuchtet und wie die Lebensmittel gekühlt worden waren.

»Wir hatten eine alte Kühltruhe und kauften loses Eis dafür, dazu Öl- oder Kerosinlampen«, erklärte Carolyn. »Als ich elf wurde, ließen meine Eltern mit Geld von einer Zehnjahrespolice Strom legen – das war 1961. Auch nach dem Stromanschluß hatten wir allerdings noch keine Toiletten, sondern bloß Plumpsklos.«

Unsere Blicke begegneten sich, Carolyn nach wie vor glühend. Mir fiel ein, daß sie als Kind, Anfang der sechziger Jahre, das Ende der gesetzlichen Rassentrennung miterlebt hatte, also fragte ich, was sie noch davon wisse. Sie blickte auf den Tisch nieder und schien sich nebelhaft an etwas zu erinnern.

»Einmal fuhr ich mit Großmutter nach New York zu Tante Beatrice«, erzählte Carolyn. »Wir nahmen den Zug ab Charleston, und mir fiel auf, daß wir in einem anderen Waggon saßen als die Weißen. Wir mußten sogar durch den weißen laufen, um in unseren zu gelangen. Es war Sommer, und in dem weißen Waggon herrschte eine andere Temperatur. Kühler. Ich meine auch, daß er schicker war. Selbstverständlich waren alle Schaffner schwarz, fesch gekleidet, und einer von ihnen muß uns in den schwarzen Wagen geführt haben. Es war höchst sonderbar.«

Irgendwann sei sie zu ihrem Bruder nach Philadelphia gezogen und habe dort Meinungsumfragen gemacht, bis sie eine feste Stelle als Sekretärin auf einer Kinderstation des Thomas Jefferson Hospitals bekam.

»Mein erster anständiger Job.«

1972 habe sie sich eine eigene Wohnung gesucht und sei bei ihrem Bruder ausgezogen. Dann habe sie James Goodson kennengelernt.

»Ich habe geheiratet«, erklärte Carolyn, »bloß verkehrt herum. Im Juli kam mein Sohn Michael, und erst im nächsten Juni haben James und ich geheiratet. Er war Busfahrer bei der Stadt. Wir haben uns vor zwei Jahren getrennt. Scheint mir schon eine Ewigkeit her zu sein.« Der Gedanke an ihre Scheidung ließ einen Schatten über Carolyns offenes Gesicht ziehen.

»Nach fünfzehn Jahren am Jefferson beantragte ich Einsicht in meine Personalakte«, berichtete Carolyn. »Sie war auf Mikrofilm, und ich fand einen Vermerk über das Einstellungsgespräch. Dort stand, ich sei ›ein bißchen schwer von Begriff‹, könne aber ›etwas aus mir machen‹. Im Rückblick gesehen, war ich wirklich ganz schön schwer von Begriff. Als ich nach Philadelphia kam, mußte ich erst mal neu Englisch lernen. Wir hatten es zwar in der Schule gelernt, sprachen es aber nicht.«

»Sie sprachen ein Kauderwelsch?« fragte ich.

»Damals, auf dem Lande, hatte unser Englischlehrer immer gewarnt: ›Eure Sprache wird euch einmal schaden.‹ Aber die anderen sprachen ja auch alle so.«

Ich fragte Carolyn, wie sie gesprochen habe.

»Das war so ein gebrochener Dialekt«, erklärte sie. »Statt ›this‹ sagtest du ›dis‹ oder ›dat‹. Die Vergangenheitsform gab es kaum. ›Ich werf' dieses Glas um.‹ Nicht ›I have been‹, sondern ›I been‹. Oder ›gimme dis‹. Alles war schnell und einfach – nur immer raus damit, ohne weiter nachzudenken.«

Am ausgeprägtesten ist Gullah, das »schwarze« Englisch der Küstenregionen South Carolinas und Georgias, auf der von Charleston bis Savannah reichenden vorgelagerten Inselkette, es wurde aber auch in den alten Reisanbaugebieten des Landesinneren – etwa am Cooper River – gesprochen. Der Dialekt ging aus einer Mischung westafrikanischer Sprachen mit dem Englischen hervor und trug nach dem Bürgerkrieg erheblich mit zur nationalen Identität der Schwarzen bei.

»In meinen Ohren klingt das ländliche Gullah schön und nicht wie schlechtes Englisch«, sagte ich.

Carolyn lächelte etwas überrascht und ließ mich dann wissen, wie ihr das weiße Amerikanisch vorkam. »Ja, und ich finde, die Weißen

haben eine Art ›Drehwurm‹. Sie brauchen endlos, um etwas zu sagen
– spulen alles so richtig runter.«

Wir mußten lachen, und Carolyns kräftiges Lächeln flackerte auf
wie eine Flamme. Sie hatte große Zähne, und wenn sie beim Lächeln
Lippen und Nase kräuselte, lagen sie alle frei.

Carolyns Schwester Bea trug ein lavendelfarbenes Jackett mit dazu
passenden Hosen und hatte ihr Haar mit Festiger behandelt. In derselben kleinen Hütte wie Carolyn aufgewachsen, habe sie Anfang der
sechziger Jahre Barry McGirth geheiratet und zwei Töchter von ihm
bekommen, Carrie und Willa. Als ihr Mann 1977 gestorben sei, habe
sie arbeiten gehen müssen.

»Er hat mir kein Geld hinterlassen«, sagte Bea. »Im Gegenteil,
seine Lebensversicherung reichte nicht einmal für die Bestattungs-
kosten, also mußte ich die mit fünfzig Dollar monatlich abstottern.«

Zehn Jahre später, als die Kinder erwachsen waren, sei sie nach
Philadelphia gezogen. Ich fragte, was sie hinauf in den Norden getrieben habe.

»Geld. Ich steckte bis zum Hals in Schulden. Meine jüngere Tochter studierte, und ich hatte für ihre Ausbildung alles beliehen. Nach
Philadelphia kam ich mit fünfzig Dollar in der Tasche.«

Dort fand sie eine Stelle in einem Pflegeheim und später in einem
Krankenhaus. Als ich Bea kennenlernte, arbeitete sie schon seit vielen Jahren als Aufseherin auf dessen Diätstation.

Während wir über die Lebensläufe und Ehen der beiden Schwestern sprachen, lag zwischen uns etwas in der Luft. Wir alle wußten,
was, konnten es jedoch noch nicht richtig fassen. Plötzlich gab sich
Bea einen Ruck und begann, in ihrer nüchtern-sachlichen Art über
unsere vermeintliche Blutsverwandtschaft zu sprechen.

»Als Kind habe ich ab 1959 bei meiner Großmutter Carrie Nesbitt
gelebt«, sagte sie, »der Mutter meiner Mutter. Abends saßen wir immer lange beisammen und nähten Steppdecken, und dabei quetschte
ich sie über unsere Familie aus.« Dann habe die alte Dame von ihren
Großeltern erzählt, Frederick und Caroline Poyas – deren Nachname
sich »Pious« ausspreche.

»Caroline sei sehr streng und halb indianisch gewesen«, fuhr Bea
fort. »Sie wußte aber nicht, von welchem Stamm. Meine Großmutter

sagte, sie habe sehr dichtes Haar gehabt, das sie entweder hoch-
steckte, denn es war lang und glatt, oder einfach offen trug. Ja, und
Frederick – meine Großmutter sagte, sein Vater sei weiß gewesen.«
»Hat sie auch gesagt, wer das gewesen sein könnte?« fragte ich.
»Nein. Aber nach ihren Erzählungen müssen sie – müssen die
Balls – ihre Herren gewesen sein«, erwiderte Bea. Es klang wie eine
Antwort auf eine etwas andere Frage, bis Bea ihren Gedanken ab-
schloß. »Die Balls hätten Frederick Poyas ein Stück Land überlassen,
und daraus schloß Großmutter offenbar, daß einer von ihnen sein
Vater gewesen sein könnte.«
Bea hatte es höflich ausgedrückt: Daraus schloß Carrie offenbar,
daß »einer von ihnen sein Vater gewesen sein könnte«, womit Frede-
rick Poyas der Sohn eines Ballschen Sklavenhalters gewesen wäre.
»Hat Ihre Großmutter das einfach nur so festgestellt oder als etwas
Furchtbares beklagt?« fragte ich.
»Einfach so, gesprächsweise«, antwortete Bea.
»Auch bei uns«, betonte Carolyn, »gab es solche Babys aus Verbindungen zwischen weißen Männern und schwarzen Frauen. Und
jeder wußte, von wem sie stammten. Ich bin sicher, daß es den Ehe-
frauen der Weißen Bauchschmerzen machte, diese Mischlinge her-
umlaufen zu sehen.«
Später hörte ich, daß die nähende Großmutter 1893, also kurz nach
dem Ende des Bürgerkrieges, geboren war. Da Carrie Nesbitt lange
Jahre als Hebamme gearbeitet hatte, ließ sie sich über die Verhältnisse zwischen Weißen und Schwarzen gewiß nichts vormachen.
Bea und Carolyn erklärten, die mit Tranfunzeln beleuchtete Hütte
ihrer Kinderzeit habe auf eben jenem Grundstück gestanden, das ihr
Ururgroßvater Frederick Poyas von den Balls erworben hatte. An der
Wand habe ein gerahmtes Bild von ihm und seiner Frau, der Eingeborenen Caroline, gehangen. Die Graphitzeichnung habe noch eine
dritte Person gezeigt – das heißt, zwei Männer in dunklen, leichten
Jacketts und eine Frau im langem Rock und mit einer hochgeschlos-
senen Bluse, die vor einer Hütte saßen beziehungsweise standen. Die
Schwestern beschrieben mir das Bild, von dem ich bereits eine Re-
produktion gesehen hatte. Neben Frederick und Caroline stellte es
ihren Sohn George Poyas dar. Nach der Mimik zu urteilen, waren die

Gesichter nach einem – leider unauffindbaren – Photo gezeichnet, die Körper dagegen bloß schablonenartig skizziert. Frederick erscheint mit heller Haut, dünnen Lippen und einem schnurgeraden Scheitel. Sein Blick wirkt unter den glatten Augenbrauen gesammelt, doch zieht er einen ziemlich grimmigen Mund. Er mochte durchaus ein Mulatte sein. Später erzählte mir Bea, daß Frederick und Caroline nicht auf ihrem eigenen Land beerdigt wurden, sondern auf Halidon Hill, einem Anwesen am Cooper-Ostarm, das einmal den Balls gehört hatte.

Als Mädchen hätten Bea und Carolyn in den fünfziger Jahren ganz in der Nähe von Middleburg gelebt, einer der letzten Ball-Plantagen. Seinerzeit gehörte sie der etwa sechzigjährigen Marie Ball Dingle, die das Anwesen von ihrem Vater geerbt hatte; sie war mit dem Künstler Edward von Siebold Dingle verheiratet – den alle aus irgendwelchen Gründen nur »Peter« nannten. Dieser Peter Dingle malte Vögel, fing Exemplare mehrerer Spezies im Umkreis der Plantage ein und stopfte sie aus, um die Präparate in seinem »ornithologischen Atelier« aufzustellen. Ich nehme an, daß er und Marie in den Augen der benachbarten Schwarzen ein wunderliches Paar abgaben, zumal beide fast nie das Haus verließen. Bea jedenfalls erinnerte sich, manchmal fischen gegangen zu sein und jedesmal vorher im Herrenhaus von Middleburg um Erlaubnis gebeten zu haben.

»Marie Ball lebte dort auf der Plantage, und mir spukte immerzu eine Frage durch den Kopf«, erzählte Bea. »Zu einigen war sie böse – und sie sah schlecht. Doch wenn meine Mutter und ich an ihre Tür kamen und fischen gehen wollten, fragte sie immer: ›Wer ist da?‹ ›Es ist Fredie Mae‹, antwortete meine Mutter. ›Ach, in Ordnung‹, sagte sie dann. Es klang wie, ›*Ihr* könnt ruhig kommen‹. Wir durften fischen, so oft wir wollten, und ich fragte mich immer – Warum nur?«

»Weil eine Bindung bestand?« mutmaßte ich.

»Marie hatte wahrscheinlich erfahren, daß es Bindungen gab und wir zur Familie gehörten«, bestätigte Bea.

Sie fügte ihre Erinnerungen schrittweise aneinander, wie Mathematiker einen Beweis entwickeln. Es gab zwar keine schriftlichen Urkunden, aber viele Berichte, und die Indizien fielen schwer genug ins Gewicht.

»Tante Florence« – Fredericks und Carolines Tochter – »war nett und bescheiden«, sagte Bea. »Ich habe sie noch gekannt. Sie starb 1952, etwa achtzigjährig. Ich meine, Großmutter hätte gesagt, daß die Balls sie liebten.« Da war wieder Beas Vorsicht: »Ich meine«. »Mit Einwilligung Carolines und Fredericks wollten sie Florence sogar aufnehmen und erziehen.«

»Mami sagte, daß sie Köchin lernte«, fügte Carolyn hinzu.

»Tante Florence ging dann mit einer Yankee-Familie auf Reisen und kochte für sie«, fuhr Bea fort. »Es waren Saisongäste, die nur zum Jagen kamen und danach wieder in den Norden abreisten. Nachdem Florence geheiratet hatte, fuhr auch ihr Mann mit.« Es kam selten vor, daß eine Schwarze vom Lande auf Berufsreisen ging, und so eine Küchenstelle war das große Los.

»Vielleicht hatten die Balls ihr unter Verwandten zu einer derart guten Stellung verholfen«, mutmaßte ich.

»Sie gehörte eben mit zur Familie«, antwortete Bea, zum ersten Male seit sie zu erzählen begonnen hatte, lächelnd.

»Marie Ball war mit diesem Deutschen verheiratet, Dingle, einem sehr ruhigen Vertreter«, fuhr sie fort. Bea schien sich Peter und Marie leibhaftig vorzustellen. »Sie hatte die Hosen an, er dagegen nichts zu melden. Manchmal kamen sie Florence besuchen – äußerst langsam fahrend. Marie thronte auf dem Wagen, das Haar geknotet. Er schlich regelrecht, ich weiß nicht, warum der kein Knöllchen kriegte!«

Ich sah, wie Carolyn lächelnd ihre Zähne zeigte, und auch Bea und ich lächelten, wurden dann aber wieder ernst.

»Jedenfalls kamen sie Florence manchmal besuchen«, erzählte Bea weiter, »und nach ihrem Tod, das weiß ich noch, gingen Marie und ihr Mann sogar kondolieren.«

Bei der im Raum herrschenden Stille meinte ich, den Kühlschrank summen zu hören. Vielfältige Gefühle bestürmten mich, doch ich wußte nicht so recht, welches davon ich herausgreifen und festhalten sollte.

»Mich berührt an unserem Kennenlernen besonders«, sagte ich, nach Worten ringend, »daß Sie und ich entfernt verwandt sein könnten.«

Carolyn nickte, ebenso Bea. Am Tisch stellte sich ein Gefühl von Offenheit ein, als wären wir tief im Wald auf eine Lichtung getreten. Wir sprachen noch etwas weiter, bis Carolyn zuletzt das treffende Gefühl herauspickte und in Worte faßte.

»Wir können das Gewesene nur durch Liebe überwinden«, erklärte sie.

Carolyn und Bea hatten nicht gewußt, wer der Vater Frederick Poyas' war. Ich mochte der Familientradition glauben, derzufolge er Ball hieß, aber einen Skeptiker hätte das sicherlich nicht zufriedengestellt.

Von Frederick lag eine Porträtzeichnung vor, jedoch wußten seine Nachkommen nicht, wo er geboren war. Bei der Volkszählung von 1880 waren er und seine siebenköpfige Familie, die unweit von Limerick lebten, als »Mulatten« eingestuft worden – die einzigen im gesamten Umkreis. Der Zähler hatte Fredericks Alter, ob nach dessen eigener oder der Angabe eines Nachbarn, mit vierzig vermerkt, so daß er um 1840 geboren worden sein müßte.

Folglich habe ich die Geburteneinträge auf einen Frederick hin durchsucht. In den Büchern für Limerick, der größten Plantage, fand ich einen solchen, geboren am 25. Juni 1841 als Sohn der Feldarbeiterin Diana. Der Name Frederick sollte ihn, wie bei Mulattenkindern üblich, von den Negern unterscheiden. Bei der Durchsicht weiterer Sklavenlisten stellte ich fest, daß er im Laufe von fünfundzwanzig Jahren auf allen Ballschen Plantagen der einzige »Frederick« war.

Mulatten stammten oft vom sogenannten »Juniorherrn« ab – dem noch ledigen Gutserben. In Fredericks Geburtsjahr lebte tatsächlich ein passender junger Mann auf Limerick, mein Ururgroßvater William James Ball, der im Oktober 1821 als Sohn Isaacs und Elizas zur Welt gekommen war. Vier Jahre später war Isaac an der Malaria gestorben, so daß William von der Mutter aufgezogen und sein Anwesen von Treuhändern verwaltet wurde. Als Frederick um den September 1840 herum gezeugt wurde, war William neunzehn Jahre alt. Wenig später, im Februar 1842, heiratete er Julia Cart, die damals siebzehnjährige Tochter einer Charlestoner Familie.

Angesichts der äußeren Umstände sprach manches für William

Ball als den Erzeuger Fredericks: Er lebte zu jener Zeit auf Limerick, hatte das Sagen und stand im Begriff zu heiraten.

Ich suchte nach weiteren Hinweisen. Fredericks Mutter Diana war, der Familienüberlieferung zufolge, »mit einem Sklavenschiff aus Afrika herübergekommen und von den Balls ersteigert« worden. Doch leider konnte ich weder Dianas Vorfahren noch ihre Lebensdaten ausfindig machen. Sie mag in Westafrika zur Welt gekommen sein oder auch nicht. Allerdings hatte sie bei Fredericks Geburt bereits eine zweijährige Tochter, Harriet, und bekam 1842 wiederum eine Tochter, Lizzie. Zwar hatte der junge William Ball, der damals über die Sklaven Buch führte, keine Angaben über die Vaterschaft gemacht, aber etwas sprang ins Auge: 1849 beschloß er, Diana und den damals achtjährigen Frederick von Limerick zu entfernen und auf die etwa acht Meilen stomabwärts am Cooper River gelegene, mit sechsundsiebzig Sklaven besetzte Plantage Cedar Hill zu überstellen. Lizzie war gestorben, und ihre zehnjährige Schwester Harriet ging nicht mit nach Cedar Hill, sondern blieb, Williams Hauptbuch zufolge, auf Limerick, wo offenbar eine Schwarze namens Eve sie aufnahm.

Die nächsten Jahre lebten Diana und Frederick zusammen auf Cedar Hill. Sie taucht letztmalig 1856 in einer Sklavenliste auf, dürfte also wenig später verstorben sein, während er sich noch bis mindestens 1860 auf Cedar Hill befand. In jenem Jahr vermerkte William den Namen Fredericks zum letzten Male, um ihn schließlich durchzustreichen – weil er verkauft oder verlegt worden war (im Todesfall hätte William das Sterbedatum eingetragen). Ein Jahr später begann der Bürgerkrieg, und fortan führte William keine Sklavenlisten mehr.

Insgesamt ergibt sich ein für den Süden recht typisches Muster: Juniorherr zeugt Kind mit Schwarzer, heiratet Weiße und schickt alsbald Mulattensohn nebst Mutter fort.

Die Indizien wirkten zwar recht überzeugend, aber es führte noch kein roter Faden vom Knaben Frederick zu dem Mulatten Frederick Poyas. Doch dann zeichnete sich plötzlich einer ab. Denn damals gab es auf Limerick noch einen zweiten Junior, nämlich Williams leiblichen Vetter James Poyas, der 1806 auf der Plantage Windsor geboren worden war. Seine Eltern, Henry und Elizabeth Poyas, hatten ihn etwa siebenjährig von Onkel Isaac und Tante Eliza Ball, die eine Meile entfernt auf Limerick lebten, adoptieren lassen. Da deren Ehe seit 1811 kinderlos geblieben war, hatte sich Elizas Bruder Henry bereit erklärt, dem Paar mit einem Sohn auszuhelfen, und der kleine James siedelte gegen 1813 nach Limerick über. Auch als Isaac und Elizabeth fünf Jahre später wie durch ein Wunder selbst Kinder bekamen, blieb der nun zwölfjährige James bei ihnen. Er wuchs zusammen mit seinem jungen Vetter William auf, heiratete jedoch nie. Wie die übrigen Balls wurde er Reispflanzer und Sklavenhalter am Cooper River, um 1850 im Alter von vierundvierzig Jahren zu sterben.

James Poyas war aber nicht bloß adoptiert, sondern darüber hinaus auch mit den Balls blutsverwandt. Innerhalb der großen Pflanzersippschaft stammten fast alle durch Verschwägerung auf dieser oder jener Linie von »Rotkäppchen« ab. James' leiblicher Vater, Henry Poyas (1787–1824), war ein Sohn Catherine Smith' (1768–1836) von Old Goose Creek und diese ihrerseits eine Tochter der Rotkäppchen-Enkelin Elizabeth Ball (1746–1787).

Nach diesem Fund vermutete ich, daß nicht William Ball, sondern James Poyas der Vater Fredericks war. Dafür sprachen drei Indizien – zwei auf Umwegen und eines direkt. Erstens wohnte James, der im Geburtsjahr Fredericks fünfundzwanzig Jahre alt und ledig war, nicht weit von Limerick entfernt. Zweitens entschied dieser selbst sich am Ende des Bürgerkrieges, als er seinen Nachnamen frei wählen konnte, für »Poyas«. Und nun drittens: James Poyas hatte sich kurz vor seinem Tod nach der damals noch jungen Methode »daguerrotypieren« lassen. Auf dem Porträt trägt er ein Jackett mit Krawatte und zieht einen ziemlich grimmigen Mund ... Es war ein leichtes, das Bild mit der erwähnten Zeichnung von Fredrick Poyas zu vergleichen. Dieser war, als er sich ablichten ließ, Mitte Vierzig gewesen, also etwa gleichaltrig wie James, und zwischen beiden bestehen unverkennbare Ähnlichkeiten. Der »Mulattenfarmer« aus der Volkszählung hat genau die gleichen Lippen, Wangenknochen und Augenbrauen wie sein mutmaßlicher Vater.

James' Leben verlief auf den für seine Kaste üblichen Bahnen. Im Alter von neunzehn Jahren erlebte er seine erste Versteigerung mit, da Tante Elizabeth offenbar einige Sklaven loswerden wollte, und in jenem Jahr, 1825, erbte er eine gewisse Summe von Isaac, dem verstorbenen Herrn von Limerick. Mit dem Geld erstand er das nur wenige Meilen von dort entfernte Vierhundert-Hektar-Anwesen Cedar Hill, das er dann fünfundzwanzig Jahre später, am 1. Januar 1850, auf dem Sterbebett liegend seinem Vetter und Adoptivbruder William Ball überschrieb, da dieser sich vergrößern wollte. Vier Tage später war James tot.

Frederick Poyas wurde zwar 1865 im Alter von vierundzwanzig Jahren aus den Händen William Balls befreit, lebt aber in der Familienüberlieferung fort. Er heiratete Caroline aus einem benachbarten Eingeborenendorf und gründete mit ihr eine eigene Familie. Das Paar bekam acht Kinder, von Frederick jr. am Ende des Bürgerkrieges bis zu George fünfzehn Jahre später. Alsbald kaufte Frederick den Balls dreiundzwanzig Hektar Land zum Preis von einem Dollar und zwanzig Cent ab und siedelte mit Frau und Kind auf sein neues Anwesen über. Rebecca kam 1866 als zweites Kind zur Welt. Sie heiratete einen James Nesbitt, von dem sie 1893 eine Tochter Carrie bekam. Diese heiratete Frank Ladson und gebar 1924 eine Tochter namens Fredie Mae, die 1941, im zarten Alter von fünfzehn Jahren, einen Postal Smalls heiratete, dem sie insgesamt acht Kinder schenkte – darunter Carolyn Goodson und Bea McGirth aus Philadelphia. Etwa fünfzig Nachkommen Frederick Poyas' stehen, über Florida, Maryland, Ohio, Pennsylvania, South Carolina und so fort verteilt, in Kontakt miteinander.

An einem Sonntagnachmittag im Februar besuchten wir Leon Smalls, einen weiteren Nachfahren Fredericks und Rotkäppchens, der gleich seiner Schwester Carolyn ein Reihenhaus in Philadalphia bewohnte. Es war eine solide Gegend in einem Arbeiterviertel.

Leon Smalls begrüßte mich mit heruntergezogenen Mundwinkeln. Der kräftige Mittfünfziger hatte kurzes Haar, ein breites, abweisendes Gesicht und glatte braune Hatt. Zu einem Hemd mit Knopfleiste trug er dunkle Arbeitshosen und Turnschuhe. Leon Smalls atmete tief ein und langsam zwischen den Zähnen hindurch aus. Im markanten Gegensatz zu Carolyn schien er einen bodenlosen Groll zu hegen.

»Ich weiß nicht, was das alles soll«, sagte er mit einem derben Händedruck, verächtlich entweder gegenüber mir selbst oder meinem Besuchswunsch. Als wir eintraten, konnte ich seine Wut schier körperlich spüren.

Im Vorraum standen einige Topfpflanzen, vor der Kälte geschützt, im Wohnzimmer ein großer Fernseher sowie Möbel mit Plastikbezügen. Wir setzten uns an den Eßtisch, und Leon Smalls stützte sein Kinn auf Zeigefinger und Daumen. Er sah mich nicht an, sondern starrte lieber auf die Tischplatte. Carolyn Goodson setzte sich vorsichtig auf das etwas abseits stehende Sofa. Leons Gattin Phoebe Ann Smalls, eine schlanke, stille Frau, brachte mir etwas zu trinken und ließ sich dann fahrig neben ihrem Mann nieder. Der saß in Reichweite von mir, und ich fühlte ihn beben, als halte er es kaum noch im Zimmer aus, und während ich dann nochmals beschrieb, was ich machte – schwarze Familien aufzusuchen, deren Ahnen von uns versklavt worden waren –, schien er beinahe überzuschnappen.

Leon Smalls sei 1942 geboren worden und ebenso wie seine Schwestern auf dem einstigen Anwesen Frederick Poyas' aufgewachsen. Nachdem er die Schule hinter sich hatte, sei er als erster nach Philadelphia gezogen. Ich fragte ihn, warum ausgerechnet Pennsylvania.

»Ich hatte einen Onkel hier. Konnte bei ihm unterkommen, bis ich auf eigenen Füßen stand«, antwortete er im schroffen Bariton. »Ich fand einen tollen Job – ein Dollar neun Cents die Stunde. Hätte also bei 'ner Hundertstundenwoche hundert Dollar die Woche machen können.« Leon rotzte seine Sätze nur so hin, und die Stimme troff von Sarkasmus.

»Es war eine Leinenfirma, Apex, ging dann aber pleite. Ich mußte Leinen sortieren. Alles kommt in Säcke – die Servietten dahin, die Tischtücher dorthin, die Uniformen wieder woanders.« Leon stülpte die Lippen auf, und eine Welle der Verachtung überzog sein Gesicht.

»Ich ging in den Norden, weil du damals als junger Afroamerikaner im Süden einfach aufgeschmissen warst, wenn du keinen Geldscheißer hattest!« Mr. Smalls starrte weiter auf die Tischplatte. »Bei Apex blieb ich rund ein Jahr. Ging dann zum Karosseriebau. Dort kriegte ich meine erste Chance. Spritzte einem Typ den Wagen, und der fand mich gut. Bot mir 'nen Job an, aber ich sagte, ich würde nicht wieder in 'ner Autowerkstatt arbeiten. Sagt er: ›Kannst du Laster fahren?‹ Sag ich: ›Sicher.‹ Darauf er: ›Komm am Samstag zu mir, und du hast was.‹ Ich ging hin, und seitdem fahr ich Laster.«

Leon Smalls sah mich zum erstenmal an.

Wenig später habe er Phoebe Ann geheiratet und nach einem kurzen Militärdienst begonnen, für die Ford Motor Company Lastwagen zu fahren.

»1970 dachte ich mir, wenn ich schon auf den Straßen rumgondele, kann ich auch was draus machen und richtig Knete verdienen«, fuhr Leon Smalls ungerührt fort. »Also fing ich noch mal zu lernen an und machte den Lappen für Zugmaschinen. Seit dem 6. Juli 1970 überführe ich Autos für die ›Ford Motor Company‹ und bin immer noch dabei.«

»Sie fahren also Lastzüge mit zehn Autos darauf?« fragte ich in der Hoffnung, über derart handfeste Dinge ins Gespräch zu kommen.

»Meiner ist für zwölf Kleinwagen ausgelegt«, antwortete er.

»Und wohin fahren Sie damit?«

»Von Maine bis Florida – den ganzen Nordosten und Südosten.«

»Ich nehme an, Sie sind gewerkschaftlich organisiert.«

»Na klar, bis zum Anschlag. Bin in der ›International Brotherhood of Teamsters‹, 312, bei Chester.«

»Sie müssen ganz schön Einfluß haben«, sagte ich.

»Na logo, ich bin Vertrauensmann.«

Beim Reden über die Arbeit entspannte sich Mr. Smalls etwas. Unter seinen Kollegen gebe es mehr als neunzig Gewerkschafter, davon vierundsiebzig Fahrer, elf Mechaniker und drei Bürokräfte. »Ich war früher mal Obmann, und noch heute kommen weiterhin alle zu mir, als ob ich es immer noch wäre. Kaum zu glauben, aber in meinem Laden habe *ich* das letzte Wort. Das habe ich aufgebaut, und das lasse ich mir auch nicht kaputtmachen.«

Wohlsituiert, hat er mit Phoebe zwei Kinder aufgezogen, Leonard und Methena. Leonard, Mitte Zwanzig, diene gerade bei der Armee. »Derzeit sitzt er in Colorado«, ergänzte Phoebe Smalls leise. »Methena ist mit der Schule fertig und lernt Kosmetikerin. Momentan arbeitet sie in einem Salon, als Haarwäscherin.«

Ich wandte mich wieder an ihren Mann. »Haben Sie eigentlich bei irgendwelchen Protestbewegungen der sechziger Jahre mitgemacht?« fragte ich.

»Nein.«

Leon Smalls warf mir einen hitzigen Blick zu.

»Hätten Sie denn gerne?«

»Nein. Es wäre ja leicht genug gewesen, aber ich habe mich eben anders entschieden. War nicht so erzogen und halte es weiterhin nicht für 'ne Lösung.« Er sprach laut, abgehackt und klappernd, wie eine alte Schreibmaschine. »Schaun Sie, Martin Luther King, soviel der auch geleistet hat, und es gab Fortschritte, aber der Mann opferte sein Leben dafür, und wir sind nicht viel weiter als vorher. Viele haben von ihm profitiert, in gewissem Sinne mehr Kaukasier als Schwarze. Dazu kann er nichts. Gehen Sie in die Appalachen von Pennsylvania. Da oben lebten sie vor der Gleichberechtigung wie die Schweine. Um uns ein Stück vom Kuchen abzugeben, mußten auch die was abbekommen. Ja, die da oben lieben ihn. Aber geh in die Großstadt, da hörst du von Kaukasiern als erstes: ›Wer zum Teufel ist Martin Luther King? Bloß ein Nigger, der umgelegt wurde, und weiter nichts.‹ Nein, ich habe bei dem Protest nicht mitgemacht, weil mich das Demonstrieren noch mehr verbittert hätte, als ich es ohnehin schon bin.«

Als ich begann, mir die Plantagen vorzunehmen und mit Nachkommen von Sklaven zu reden, hatte ich erwartet, daß mir eine gewisse Wut entgegenschlagen würde – gegen mich gerichtet. Im Grunde fand ich dann, wohlgemerkt bei Schwarzen, überraschend wenig Wut vor.

»Sie sind sich Ihrer Verbitterung also bewußt«, sagte ich.

»Aber hallo, das ist mein Wesen.«

»Ab wann wurden Sie verbittert?« Ich verspürte einen Anflug von Bewunderung für Mr. Smalls, der seine bitteren Gefühle so deutlich erkannte.

»Ich kann mich noch genau an den Tag erinnern, an dem mir bewußt wurde, daß ich ein Problem habe«, erzählte er. »Ich war um die sechzehn und bei einem Burschen in Mount Pleasant, South Carolina, beschäftigt. Wir fuhren Pfirsiche rum und verkauften sie scheffelweise. Einmal kamen wir zum Tanken in so ein Kaff, da hing ein großes Schild an der Zapfsäule: ›Für Neger oder nigger kein Zutritt.‹ Ihren Sprit durfte ich kaufen, aber ich durfte nicht rein. Damit hatte ich Probleme. So was stinkt mir noch heute.«

Mr. Smalls schoß erneut einen Blick in meine Richtung ab.

»Und wenn Sie sich das Blut der feinen Herrschaften ansehen, die solche Schilder aufhängen, haben einige davon nicht weniger ›Neger oder nigger‹ drin als ich!«

Leon Smalls Wangen bebten leicht. Tief durch die Nase einatmend, starrte er mich an und ließ die Luft ausströmen.

»Heute meinen wir, es hätte sich wunders was geändert«, fuhr er fort. »Nix da. Hinter unserem Rücken wird genauso gehechelt wie eh und je. Ich arbeite mit ein paar Typen zusammen, die ihre Laken zwar daheim lassen; aber im Schrank liegen sie trotzdem.«

Er meinte die Laken und Kapuzen des Ku Klux Klan, auch wenn das Wort unausgesprochen blieb.

»Fahrer?« fragte ich.

»Na klar, die reden sich mit ›Bruder‹ an. Natürlich, weil wir ja in der Gewerkschaft alle Brüder sind. Denkste. Es macht sie fertig, auch nur dran zu denken, daß ein Schwarzer genügend zu essen auf dem Tisch hat.«

Hinter mir hörte ich es auf dem Sofa rascheln, ohne Carolyn, die das Geräusch machte, sehen zu können.

»Schauen Sie, der Weiße ist hinterhältig«, sagte Mr. Smalls. »Er wirft den Stein, wenn du seine Hand nicht siehst. Du mußt aufpassen, was er sagt und tut.«

»Würden Sie sich als Rassisten bezeichnen oder nicht?« fragte ich.

»Auf gar keinen Fall halte ich mich für einen Rassisten«, gab er zurück. »Aber ich will auch nicht, daß mich jemand für einen Onkel Tom hält.«

Es wurde Zeit, zur Sache zu kommen. »Ich scheue die Dinge nicht, Mr. Smalls«, begann ich, »sondern will die ganze Wahrheit wissen.

Es geht um Frederick Poyas, Ihren Ururgroßvater – anscheinend ist sein Vater ein Ball gewesen.«

»Ja, das ist mir nicht neu«, sagte er ausatmend. »Wir wußten es, konnten aber nicht darüber reden. Wir wußten ja, daß man uns in der Schule ›Rote‹ und ›Cracker‹ nannte.« Seine Haut war dunkler als die Carolyns, was jedoch altersbedingt sein mochte.

»Als Kinder«, warf diese ein, »waren wir heller als die meisten ringsum. Nicht bloß die Haut, auch das Haar. Es hieß: ›Ihr habt Weißenhaar.‹ Darüber gab es viel Ärger.« Ich warf einen Blick auf Carolyns rosigen Teint.

»Wir hatten ganz schön unsere Last, weil wir heller waren«, fuhr sie fort. »Es tat sehr weh. Gleichaltrige fragten immer: ›Was habt ihr denn für Eltern?‹ Einmal höhnten sie sogar, die Matratze unseres Betts sei von einem Weißen. Meine Mutter redet heute zwar mehr über die Familiengeschichte, aber solange wir klein waren, hat sie nie davon gesprochen. Nicht alle sind so offen und können aushalten, was vor mehr als hundert Jahren passiert ist.«

Leon Smalls musterte mich. »Das sind Dinge«, sagte er, »über die Ihr Urgroßvater oder wer auch immer, wenn er noch lebte, bestimmt ziemlich sauer wäre. Aber Kreuzung gehörte eben mit dazu. Diese Typen fuhren oder ritten am Tag rum wie die Könige, und nachts schlichen sie durch die Sklavenquartiere. Und ihre Frauen wußten genauso Bescheid wie alle anderen. Jetzt drehen sie sich im Grabe herum wegen ihrer Bastardkinder, weil sie nicht Manns genug waren, sich hinzustellen und zu sagen: ›Das ist mein Kind.‹ Warum meinen Sie denn, haben wir so ein Farbendurcheinander? Denken Sie mal darüber nach. *Wir* kamen alle mit derselben Farbe hier an. *Wir* konnten uns nicht kreuzen.«

»Ist darüber zu reden nicht besser, als nicht zu reden?« fragte ich.

»Darüber reden ist sicher besser«, stimmte er zu. »Und wie schon gesagt, haben auch viele kaukasische Amerikaner eine Spur Negerblut. Also wie der Sklavenhalter nachts durch die Hütten schlich, so schlich die Herrin tagsüber durchs große Haus. Es kam vor.«

»Was halten Sie eigentlich davon, daß Sie und ich miteinander verwandt sein könnten?« fragte ich.

»Es juckt mich nicht, weil es etwas ist, worauf ich keinen Einfluß hätte«, sagte Mr. Smalls. »Ich würde deshalb nicht von 'ner Brücke springen. Es wäre mir egal, und mein Leben ginge weiter. Ich will nur nicht, daß es endet wie in *Solange es Menschen gibt*.«

»Meinen Sie den Film?« fragte ich.

»Na klar.«

Solange es Menschen gibt hieß im Original *Imitation of Life* und entstand 1959 in Hollywood. Regie führte der deutsche Einwanderer Douglas Sirk, der nicht gerade für kritische Beiträge zur Rassenfrage bekannt wurde. Sein Melodram, ein echter Schmachtfetzen mit großer Ausstattung, erzählt im Lila, Blau und Grün des alten Technicolor von einem farbigen Mädchen, das sich als weiß ausgeben möchte. In der Geschichte stellt die weiße Bühnenschauspielerin Lora Meredith (gespielt von Lana Turner) die schwarze Haushälterin Annie Johnson (Juanita Moore) ein, deren ausgesprochen hellhäutige Tochter Sarah Jane (Susan Kohner) von einem verschollenen weißen Vater abstammt. Als junge Erwachsene versucht Sarah Jane, die Seite zu wechseln – verläßt das Haus und bricht den Kontakt mit der Mutter völlig ab, die um ihre zu den Weißen übergelaufene Tochter trauert und schließlich sogar vor Kummer stirbt. Bei der Beerdigung taucht Sarah Jane zum erstenmal seit ihrer Flucht wieder auf, wirft sich auf den Sarg und bittet ihre tote Mutter um Vergebung dafür, sie verlassen zu haben.

»Das Traurige an dem Film ist«, erinnerte sich Leon Smalls, »daß die Negermutter ihr Kind verliert, weil es weiß sein will. So was hat es immer schon gegeben. Auch wenn es für einen Afroamerikaner schlimm ist zu sehen, daß jemand sich als etwas ausgeben will, das er nicht ist, war das schon vor Urzeiten so.«

Leon Smalls biß auf den Wörtern herum, die seinem Mund entwichen, als ob sie fliehen wollten.

»Wer nicht in unserer Haut steckt, hat keine Ahnung, was uns auf den Nägeln brennt und woher unsere Gefühle kommen«, erklärte er. »Die Rassensituation ist heute schlimmer als damals, in meiner Jugend. Als achtzehnjähriger Afroamerikaner wirst du schnell zu einer bedrohten Art, weil es schlicht keine Arbeit für dich gibt. Alle beteuern: ›Es gibt massenhaft Jobs.‹ Und dann zahlen sie dir Löhne, die nicht mal für die Klamotten reichen. Bei jedem Laden, der anständig zahlt, wirst du 'ne Rassenbilanz von ungefähr neun zu eins kaukasisch finden. Du weißt also Bescheid, suchst einen mit 'ner Bilanz von sechs zu eins afroamerikanisch, bist aber gleich wieder draußen, weil die so gut wie gar nichts zahlen.«

Langsam bekam ich den Eindruck, daß Leon Smalls eigentlich nicht wütend, sondern abgrundtief pessimistisch war. Pessimismus ist zersetzender und allumfassender als Wut. Diese verhärtet nur die Backenmuskeln, während jener sämtliche Poren durchdringt.

»Haben Sie irgendwelche Zukunftshoffnungen?« fragte ich.

»Nein, in meiner Zeit erwarte ich nichts Gutes mehr für uns«, gab er mit festem Bariton zurück. »Wir müssen zwar hoffen, denn ohne das wären wir verloren. Aber dann heißt es auch wieder, die Hoffnung stirbt immer zuletzt.«

Ich bewunderte Leon Smalls, da er aus seiner tiefen Verzweiflung auch Kraft geschöpft hatte. Seine Verbitterung schützte ihn, wobei er sich die vage Aussicht auf ein anderes Leben offenhielt.

Mr. Smalls sprach nun über seine Kinder, seine Arbeit und seine Freuden. Auf dem Grundstück eines Freundes, eine halbe Autostunde von seinem Haus entfernt, betreibe er einen Gemüsegarten. Während der warmen Monate widme er sich jeden Samstag ganz der Pflege von Mais, Okra, Gartenbohnen, Gurken, Süßkartoffeln, Senfpflanzen und Tomaten – überwiegend südliche Gemüse, die er, dem Klima zum Trotz, in der kurzen Saison des Nordens anbaue.

Als ich aufbrach, bedankte ich mich bei Mr. Smalls.

»Ist schon gut«, antwortete er.

»Ich weiß, daß Ihnen schwer ums Herz ist«, sagte ich. »Aber ich wollte Sie auch deshalb besuchen, weil mir daran liegt, eine Geste zu machen, die Hand auszustrecken.«

»Nichts für ungut«, brummte er. »Jemand muß ja mal anfangen. Und Sie waren Manns genug, es zu tun.«

Michael Goodson, ein einundzwanzigjähriger, großgewachsener, sanftmütiger Junge, saß im Hause seiner Mutter am Eßzimmertisch. Während Carolyn Goodsons Augen verwundbar wirkten, bezeugten die Michaels feste Entschlossenheit. Wenn er um sich blickte, wirkte es fast, als seien sie Richtstrahler.

In Philadelphia geboren, studierte Michael jetzt an der Temple University Biologie und Anthropologie. Er hatte die rein schwarze katholische Grundschule »St. Raymond« besucht, um von dort auf die ebenfalls schwarze staatliche »Martin Luther King Jr. High School« überzuwechseln. Diese hatte er als Jahrgangsbester unter gut fünfhundert Schülern abgeschlossen. Während des Studiums stand er als Kadett im Ausbildungskorps für Reserveoffiziere (ROTC), was ihm die Studiengebühren aufzubringen half, und er wollte einmal promovieren.

Nachdem Michael sich ganz am Anfang erkundigt hatte, wie ich mich in der Umgebung von Schwarzen fühle, fragte ich ihn nun nach seinem Verhältnis zu den Weißen.

»Das erste Mal bekam ich als etwa Dreizehnjähriger mit Weißen zu tun«, sagte er. »Bis dahin hatte ich überhaupt keine weißen Freunde gehabt. Wahrscheinlich sah ich die Weißen nur von ferne – oder als Lehrer in der Schule.« Michael hatte etwas Nüchternes, das mich an seine Tante Bea und in gewisser Weise auch an seinen Onkel Leon erinnerte. »Mit dreizehn zog es mich zur Zivilen Luftstreife, so einem Ableger der Luftwaffe. Dort unterrichten sie Such- und Rettungstechniken, zum Beispiel, was man im Fall eines Flugzeugabsturzes machen muß. Außerdem führen sie dich in die Luftfahrttechnik ein.«

In seiner Direktheit wirkte Michael Goodson sowohl gelassen als auch denkbar unbefangen gegenüber schwarz und weiß. »Ich hatte nie Probleme mit den Weißen, und bekam auch nie welche unterstellt«, betonte er.

»Sie und Ihre Mutter haben sich außergewöhnlich gut mit den Gegebenheiten abgefunden«, sagte ich. »Sie scheinen angstfrei zu sein.«

»Sieht so aus«, murmelte er. »Meine heutigen Freunde – ich nehme an, Sie würden das ›multikulturell‹ nennen – sind Schwarze, Weiße, Asiaten, Latinos …«

Später telefonierten Michael und ich wiederholt miteinander, und einmal kamen wir auch auf unsere gemeinsame Urheimat South Carolina zu sprechen. Er liebe den Süden, schwärmte Michael. »Im Süden«, sagte er, »sind die Weißen freundlicher. Sie sprechen mit dir, auch wenn sie dich nicht kennen.«

Michael erzählte von Familienbesuchen im Süden. Einer seiner großen Zufluchtsorte, verriet er mir, sei ein gewisser Fischtümpel in der Nähe des Anwesens seiner Großeltern.

»Mein Vetter Steven Smalls und ich gingen dort häufig mit meinen anderen Verwandten angeln«, berichtete er. »Hinter dem Haus meiner Großmutter in South Carolina liegt so ein Sumpf, in dem es massenhaft Fische gibt. Jedesmal, wenn wir da hingingen, kamen wir mit ganzen Bündeln zurück. Wir hatten keine Schnur, um sie aufzuziehen, also steckten Steven und ich ihnen Zweige zwischen die Kiemen.«

Michael Goodson erzählte seine Angelerlebnisse mit gebrochener, wehmütiger Stimme, weniger selbstsicher als sonst.

»Um uns die Mücken vom Leib zu halten, hängten wir rings um uns herum ölgetränkte Tücher auf und zündeten sie an, wegen dem Rauch. Später jagten wir Eichhörnchen, mit einer 22er Büchse. Steven und ich waren unzertrennlich«, erklärte er.

Michael trauerte um seinen Vetter, der am 26. November 1994 mit zwanzig Jahren erschossen worden war. Steven hatte in Charleston gelebt, sei jedoch »auf dem Lande aufgewachsen«. Nach der Schule habe er eine Stelle in einer Computerwerkstatt bekommen, weil er gerne Dinge auseinandernahm, um zu sehen, wie sie funktionieren.

»Manchmal kam er nach Philadelphia«, erzählte Michael. »Einmal auch über Weihnachten. Da saßen wir lange zusammen und träumten von der Zukunft, wie unsere Söhne und Töchter heißen würden, wenn wir mal groß wären, was wir für Häuser hätten und wie wir immer zusammen fischen und jagen würden. Steven war so unbeschwert – den mußte man einfach mögen. Und wenn jemand ihn nicht mochte, dann nur, weil alle anderen ihn mochten.«

Eine Woche vor seinem Tod hatte Steven Smalls im Hinterland South Carolinas, in Greenville, bei einer Werkzeugmaschinenfabrik unterschrieben, gerade seine erste eigene Wohnung angemietet und seine Sachen gepackt, um von Charleston wegzuziehen.

»In meinem Schlafzimmer steht ein Photo von uns beiden«, sagte Michael. »Schick angezogen, für einen Hochzeitstag. Steven trägt ein goldfarbenes Jackett mit dazu passenden Hosen, ich einen blauen Anzug und ein weißes Hemd.«

Nach dem Familienbericht war Steven am Freitag, dem 25. November 1994, von Charleston aus in den Vorort James Island gefahren. Als begeisterter Jäger und Schütze hatte er geplant, bei einem Freund zu übernachten und am Wochenende jagen zu gehen. Am Abend habe er zusammen mit Freunden den Lake House Club besucht, eine Kneipe im Viertel Mosquito Beach. Als dort gegen Mitternacht plötzlich ein Streit ausbrach, habe der Barkellner alle Beteiligten vor die Tür geschickt, um sein Mobiliar zu retten. Draußen, an der frischen Luft, hätten sich die Gemüter wieder beruhigt. Doch dann habe sich einer der Gäste Steven, seinen Namen rufend, von hinten genähert. Bevor Steven Smalls sich umdrehen konnte, war er von fünf Kugeln getroffen. Er starb auf dem Parkplatz vor der Kneipe.

Die Trauerfeier hatte in der Charlestoner »Azalea Drive Church of Christ« stattgefunden, und Michael Goodson war zusammen mit vielen anderen Angehörigen aus Philadalphia angereist. Da Presse und Fernsehen breit über den Fall berichtet hatten, waren Hunderte von Bekannten zum Gottesdienst gekommen. Michael selbst war einer der Sargträger gewesen.

»Viele in der Familie meinen, daß schon die erste Kugel tödlich war«, erklärte Michael. Auf dem Friedhof hätten die Goodsons neben den Smalls, bei geöffnetem Sargdeckel, am Grab gestanden. »Er sah so friedlich aus. Wenn einer umgebracht wird, bleibt normalerweise wegen der Leichenstarre die schmerzverzerrte Grimasse zurück. Aber mein Vetter sah aus, als schliefe er nur.«

Michaels Stimme klang gelassen, ohne jede Erregung, als ob seine Wut über das Verbrechen inzwischen verraucht sei.

»Ich vermisse ihn tagtäglich. Uns verband eine Freundschaft, die viele Leute nie erleben. Ich konnte über alles mit ihm reden, und er wußte für alles eine Lösung. Seine Lösungen schienen so simpel, aber sie waren so richtig.«

Ich fragte Michael nach Stevens Mörder. Es gebe drei Angeklagte – der eine als Mörder und zwei als Komplizen, weil sie ihm bei der Flucht geholfen hatten.

»Um der Gerechtigkeit willen soll es sein«, sagte er. »Wenn sie verurteilt werden, na gut – aber eigentlich kommt es nicht darauf an, denn es bringt ihn mir nicht zurück. Ich will auch nicht, daß sie dafür ihr Leben lassen müssen. Ich wünsche ihnen nichts Böses. Manchmal wäre ich gern in ihrer Zelle. Bei all dem Schmerz und der Wut, die ich empfunden habe, würden sie ihre Strafe kriegen. Aber ich muß den Dingen ihren Lauf lassen.«

Ohne Steven Smalls, einen weiteren Nachkommen Frederick Poyas', persönlich zu kennen, beschloß ich, das Verfahren gegen den mutmaßlichen Mörder zu verfolgen. Also betrat ich Ende Oktober an einem Mittwochmorgen den Saal B des Strafgerichtshofes von Charleston County. An einer abgehängten Decke brannten rechteckige Röhrenlampen, und über den braunen Stahltüren hing eine Art große runde Küchenuhr. Neben ihr verkörperte ein wie vergoldetes Zinn aussehendes Siegel die Staatsgewalt. Etwa sechzig Zuschauer, überwiegend Schwarze, warteten auf den Bänken aus lackiertem Kiefernholz, die an eine Kirchenbestuhlung erinnerten.

Beiderseits des Mittelflügels saß hüben die Familie des Opfers, drüben die des Angeklagten. Ich sah Michaels Großeltern Postal und Fredie Mae Smalls inmitten ihrer Angehörigen, alle reglos. Der Anhang des Angeklagten – Junge und Alte, Dünne und Dicke, Perückenträger und Frisierte – war etwas unruhiger und rutschte um sich blickend auf den Plätzen herum. Der Richter, ein fünfunddreißigjähriger Weißer mit dunklem Haar, hatte tiefliegende Augen und ein vorstehendes Kinn. Auf der Geschworenenbank saßen acht Weiße und vier Schwarze.

Angeklagt war der dreiundzwanzigjährige Tony Lewis McNeil, genannt T. J. Die beiden Mittäter waren bereits abgeurteilt und verbüßten ihre Haft. McNeil selbst war ein schmaler, etwa einssiebzig großer und siebzig Kilo schwerer Mann im blauen Blazer, der ihm jedoch nicht zu passen schien. Den Kopf nahezu kahlrasiert, saß er dem Richter mit hängenden Schultern gegenüber. Von Zeit zu Zeit drehte er sich zu seiner Familie um, wobei ich sein Gesicht sehen konnte, das sehr jung und verschreckt wirkte. Während des gesamten Verfahrens saß er zwischen den beiden Pflichtverteidigern, einem Mann und einer Frau, beide weiß.

Man hatte Larry Deas, einen der Mittäter, als Kronzeugen aus dem Gefängnis herbeigeschafft. Er war ein fünfundzwanzigjähriger dunkler Schwarzer mit kurzem, krausem Haar, der ein weißes Hemd und viel zu weite Khakihosen ohne Gürtel trug. Als er vortrat, rutschten diese runter, so daß seine Unterwäsche sichtbar wurde. Auf der Zeugenbank sitzend, wiegte sich Deas ständig mit geöffnetem Mund vor und zurück.

Zu Beginn der Beweisaufnahme bezeugte der Gerichtsmediziner, daß man bei der Autopsie fünf Kugeln in Smalls Leichnam gefunden habe. Vier hätten den Rücken und eine die Seite getroffen. Dabei schien er gerannt zu sein.

»Normalerweise tragen wir Kanonen nicht«, erklärte Larry Deas, »um Krawall anzufangen, sondern weil du dich verteidigen willst, wenn was passiert. Sie kennen ja Mosquito Beach. Da draußen hat jeder 'ne Knarre.«

Deas gab an, als McNeil oder T. J. Steven Smalls erschoß, habe er gerade den Lake House Club verlassen. Dann »habe ich mich in meine Karre gesetzt und bin rumgefahren, um T. J. einzusammeln. Beim Einsteigen hat er bloß gesagt, ›Der ist hinüber.‹« Er und McNeil seien abgehauen und hätten später T. J.s Pistole und eine Schrotflinte, die ihnen gehörte, in einem Kornfeld vergraben.

Der Ausgang des fünftägigen Verfahrens schien unverrückbar vorherbestimmt zu sein. McNeil hatte der Polizei gegenüber gestanden, Steven Smalls erschossen zu haben, Augenzeugen die Waffe in seiner Hand gesehen. Vor Gericht berief er sich auf sein Aussageverweigerungsrecht und schwieg. Seine Pflichtverteidiger versuchten zwar noch, die Schüsse in den Rücken als Notwehr darzustellen, und mehrere Zeugen gaben an, daß auch Steven Smalls eine Waffe trug oder sein ausgebeultes Jackett darauf habe schließen lassen. In der Tatnacht selbst hatte jedoch keiner der Zeugen dergleichen ausgesagt und die Polizei bei dem Leichnam auch keine Waffe gefunden.

Nach nur zweistündiger Beratung erklärten die Geschworenen Tony McNeil für schuldig des Mordes und des Waffenbesitzes bei Begehung eines Gewaltverbrechens. Der Richter verurteilte ihn wegen Mord zu lebenslanger und wegen Waffenbesitz zu fünf Jahren Haft. Da er die beiden Strafen nebeneinander verbüße, könne McNeil nach Ablauf von zwanzig Jahren die bedingte Haftentlassung beantragen.

Vor der Urteilsverkündung schaute ich einen Moment lang auf die

Großeltern des Opfers, Postal und Fredie Mae Smalls. Ich hatte diese beiden bezaubernden Menschen, die hoch in den Siebzigern standen, inzwischen näher kennengelernt und empfand eine große Zuneigung für sie. Postal war ein rüstiger, fröhlicher Mann, die Stimmung auf seiner Seite des Gerichtssaales jedoch eher gesetzt und abwartend. Als die Geschworenen aus der Kammer zurückkamen und ihre Plätze einnahmen, legte er den Kopf zurück und schloß langsam die Augen.

Im Laufe mehrerer Jahre verbrachte ich viel Zeit mit Nachfahren Frederick Poyas', und bei einigen der Besuche prägten sich mir das strahlende Lächeln und die leuchtenden Augen Carolyn Goodsons ein. Einmal gingen wir zusammen essen und sprachen über die alten Zeiten. Carolyn erinnerte mich daran, daß man darüber lachen, aber auch weinen könne.

»Einer meiner Freunde«, erzählte sie, »regt sich oft dermaßen auf, daß ich lachen muß. Er schimpft: ›Ich verstehe diese Weißen nicht! Erst holen sie uns her ... und dann hassen sie uns!‹«

Ich lachte; auch Carolyn schob die Lippen zurück und zeigte ihre Zähne, doch ihr Lachen klang etwas schriller als meines. Im Lokal machte sie dann eine sehr nachdenkliche Bemerkung.

»Ich frage mich«, begann sie, »vielleicht können Sie mir helfen.« Ich sah sie an und wußte im Moment nicht, war ihr zum Lachen oder zum Weinen zumute. »Ich meine, wer hat die Sache mit den Plantagen eigentlich aufgebracht? Wer sagte: ›Also gut, wir fahren da rüber, nehmen uns einen Haufen Leute, ketten sie an, bringen sie her und lassen sie arbeiten.‹? Wer stand dabei und sagte, ›Potztausend! Das ist ja eine tolle Idee!‹?«

Ich schüttelte lachend den Kopf, aber Carolyn lachte nun nicht mehr.

7

DYNASTISCHES

Irgendwann im Jahr 1736 traf eine junge Afrikanerin, vielleicht sechzehn Jahre alt, auf dem Hof von Comingtee ein. Sie kam allein, war aller Wahrscheinlichkeit nach getrennt von ihren Eltern verkauft worden. Elias Ball, der sie in Charleston erworben hatte, nannte sie Angola Amy.

Seinerzeit arbeiteten auf der Plantage mehrere weitere Sklaven, deren Namen ihre Herkunft verrieten, darunter die Feldarbeiter Mandingo Jack und Igbo Clarinda. Jack war augenscheinlich ein Mandinka aus der Umgebung des Gambia-Flusses, Angehöriger eines Stammes, den die Weißen Mandingo nannten, während Clarinda aus der Umgebung des Niger-Deltas kam, wo die Igbo (oder Ibo) lebten.

Angola Amy gehörte einer anderen Gruppe an. Ab etwa 1730 wurde South Carolina mit Sklaven aus dem Mündungsgebiet des Kongo überflutet, die jedes Jahr zu Tausenden in Amerika eintrafen und bei den Händlern »Angolaner« hießen. Allein im Geschäftsjahr 1736 / 1737 kamen 2891 Angolaner lebendig in Charleston an, darunter Amy. In Charlestons Tageszeitung war von neun Schiffen die Rede, allerdings wurden nur acht davon besonders aufgeführt: *Berkeley, Bonetta, Garlington, London, Phoenix, Scipio, Shepherd* und *Speaker*.

Einige Zeit nach ihrer Ankunft tat Amy sich mit einem Partner namens Windsor zusammen, mit dem sie sieben Kinder zeugte: Christmas, Easter, Judy, Surrey, Dinah, Sabina und Cleopatra. Trotz zwischenzeitlicher räumlicher Trennung konnte erst der Tod das Paar gegen 1790, nach fast fünfzig Jahren, scheiden. Seine Nachkommen blieben noch fünf Generationen bei den Balls und bildeten mit fast hundertachtzig Angehörigen in einem Zeitraum von hundertfünfzig Jahren deren größten Schwarzenclan. Anfang 1865 wurde Amys zwanzigjährige Urururenkelin Penny zusammen mit Dutzenden weiterer ihrer Nachkommen auf Comingtee befreit. Unlängst lernte ich einige ihrer Nachfahren kennen, die heute Gadsden heißen. Weiter unten werde ich eine der Familiengeschichten aus der achten und neunten Generation nach Angola Amy aufgreifen.

Unter englischen Sklavenhändlern bezeichnete »Angola« ein Gebiet an der afrikanischen Atlantikküste, das sich beiderseits des Kongo, zweitausend Meilen südlich der mächtigen Ausbuchtung im Nordwesten des Kontinents, ostwärts über dessen Mitte erstreckt. Portugiesische Abenteurer hatten dort im 17. Jahrhundert Depots aufgebaut und mit dem Sklavenhandel begonnen, worauf sie das Gebiet im Umkreis ihrer Festungen eben Angola nannten. Von den Handelsposten im Königreich Mbundu verschleppten sie ihre Gefangenen auf die Zuckerplantagen in der portugiesischen Hauptkolonie Brasilien. Um bewaffneten Rivalen aus dem Weg zu gehen, mieden englische Sklavenhändler die Zone und bevorzugten den rund hundert Meilen langen Küstenstreifen nördlich der Kongo-Mündung, der zu Loango gehörte und die Hafenstadt Cabinda einschloß. Die Charleston beliefernde »Royal African Company« machte die Küste Loangos zu ihrem Handelsstützpunkt, und in dem Jahrzehnt nach 1720 liefen ihre Schiffe im Raum Mittelafrika ausnahmslos das Ziel Cabinda an.

Als Amy gefangen wurde, führten die Weißen längst keine Razzien mehr durch, sondern betrieben statt dessen Küstenbastionen, die sie »Fabriken« nannten. Das waren stark befestigte Umschlagplätze, an die schwarze Sklavenhändler ihre Ware im Tausch gegen Gewehre, Rum und Stoff lieferten. Bis zur endgültigen Übergabe blieben die Opfer im Gewahrsam jener Oberhäupter oder Häuptlinge des Landesinneren, die sie auf unterschiedliche Weisen rekrutiert hatten: Teils waren sie Kriegsgefangene, teils Schuldner, teils einfach Stammesmitglieder, an denen man sich schamlos bereicherte. Da die Schwarzen dergestalt selber bei der Aushebung mitwirkten, war die Sklaverei ein echtes »Joint venture«.

Wenn es in Westafrika schon Zwangsarbeit gegeben hatte, bevor die Europäer mit ihrer Verschleppungspolitik begannen, so war sie doch keine Sklaverei im Stile Amerikas gewesen. Vielmehr hatten eindringende Stämme ganze Dörfer unterjocht und ihnen Regeln aufgezwungen, die dem Vasallentum der europäischen Feudalzeit ähnelten. Wie im England des Mittelalters mußten die Unterlegenen einen Treueid auf ihre Bezwinger schwören und gewisse Verpflichtungen erfüllen. Als Sklaven hatten sie Land zu bestellen und waren ihren neuen Herren tributpflichtig, verloren dadurch jedoch nicht ihre Persönlichkeitsrechte, wohingegen die amerikanische Sklaverei zur totalen Entrechtung der Opfer führte. Betrachten wir das Königreich Asante im Süden Nigerias, so konnte ein Sklave dort Eigentumsrechte begründen, vor Gericht als Zeuge auftreten, selber Sklaven besitzen, Angehörige der herrschenden Familie heiraten und seinen Herrn beerben – doch in Amerika blieb ihm das alles verwehrt. Nach dem Eintreffen der Europäer an der Küste Afrikas verschärften sich dort sowohl das patriarchalische System als auch das Tempo und die Methoden der Sklavenjagd infolge der hohen Nachfrage.

Angola Amy mag aus dem Landesinneren, östlich von Loango, an die Küste gebracht worden sein, die Engländer bezogen jedoch auch Leute aus dem südlichen Portugiesisch-Angola. Eine Handelskette der Vili schmuggelte sie in Karawanen dort heraus, da die britischen Depots hundert Meilen nordwärts einige Jahre lang höhere Preise boten als ihre Konkurrenz. Es könnte also sein, daß Angola Amy ihre Heimat in mehreren Tagesmärschen mit einer solchen Sklavenkarawane hatte verlassen müssen, bevor man sie in Cabinda einschiffte.

Die Engländer suchten auch deshalb am Kongo nach Beute, weil sie die Gefangenen dort mit Waren bezahlen konnten, von denen sie mehr als genug hatten. Am Oberlauf des Gambia-Flusses bekamen sie einen Sklaven für Handelsgüter wie Messer oder Gewehre im Wert von neun bis zehn Pfund Sterling. In Cabinda dagegen verlangten die schwarzen Fänger englisches Tuch; die Währungseinheit war ein Längenmaß namens *peça* = Stück (oder *cabeça* = Kopf), bezogen auf die Ausstattung je einer Person, gewöhnlich etwa zwei Meter, manchmal auch etwas mehr. Bis 1750 lag der Durchschnittspreis für einen gesunden Arbeiter in Cabinda bei nur 15 bis 20 »Stück«, ein Kostenvorteil, den die Sklavenhändler an ihre Kunden in South Carolina weitergegeben haben mögen – darunter auch der knauserige Elias Ball.

Da ihre Menschenfracht relativ preiswert war, könnten die an der Küste Cabindas verkehrenden Schiffe größer und überfüllter gewesen sein als die Schaluppen aus anderen Teilen Afrikas. Im Jahre 1736, als Amy entführt wurde, bestand dort eine Ladung durchschnittlich aus dreihundertfünfundzwanzig Personen, was deutlich mehr war als bei den anderen Häfen.

Der inzwischen sechzigjährige Reispflanzer Elias Ball gehörte zu den gut zweihundert Großgrundbesitzern Carolinas. Amy hatte er aus rein geschäftlichen Erwägungen gekauft, um seine Belegschaft aufzustocken. Nach achtunddreißig Jahren als Sklavenhalter war Elias offenbar nicht mehr in der Lage, Amy als einen Menschen anzusehen, auch wenn sein Betrieb nun nicht mehr ganz so grausam geführt wurde wie am Anfang. Inzwischen gab es neben der Strafandrohung sogar manche finanziellen Anreize, um die Afrikaner auf Trab zu halten, und damals hatte Elias sogar begonnen, seinen Sklaven auch eine Art Überstunden zu bezahlen. Für schwarze Familien bedeuteten solche Einkünfte, wie gering sie auch sein mochten, ein Zubrot oder gar etwas Luxus, während die Pflanzer sich dadurch Kooperation erkaufen konnten.

Fünfeinhalb Tage pro Woche fielen als unbezahlte Plantagenarbeit an, während der halbe Samstag und der Sonntag frei waren. Daneben erzeugten einige Sklaven noch Güter, die Elias ihnen abnahm. So züchtete ein Abraham auf Comingtee Haushühner, und allein 1728 kaufte Elias ihm achtzehn Stück für ein Pfund zehn Schilling ab. Im selben Jahr hatte eine Feldarbeiterin Marcia Schweine aufgezogen, für die er ihr mehrere Pfund gab. Binnen weniger Jahre verdoppelte und verdreifachte sich das Volumen der bezahlten Sonderleistungen. Im Januar 1736 schüttete Elias mehr als fünfzig Pfund an insgesamt zweiundzwanzig Leute aus, die auf eigene Faust Anbau getrieben hatten. In der Regel ging es um kleinere Mengen Reis, den sie abseits der Hauptfelder zogen. Mitte der dreißiger Jahre erntete Windsor, der Partner Angola Amys, auf diese Weise drei Scheffel, für die Elias ihm ein Pfund drei Schilling bezahlte. Der Feldarbeiter Carolina schaffte auf diese Weise neunundzwanzig Scheffel, ein anderer namens Devonshire zwölf. Am geschäftstüchtigsten war indes der Hühnerzüchter Abraham, der seiner Familie in einem einzigen Winter mit vierunddreißig Scheffeln Reis zwölf Pfund fünfzehn Schilling erwirtschaftete.

Für den Sonderanbau scheinen die Arbeiter ausgehandelt zu haben, daß jeder Haushalt ein eigenes Stück Land unweit der Hütten bekam, oft kaum mehr als vierhundert Quadratmeter, manchmal jedoch mehr. Später scheint Elias den privaten Reismarkt als eine Konkurrenz betrachtet zu haben, denn fortan nahm er nur noch Mais ab. Sklaven bauten auf »ihrem« Land zudem Gemüse für den Eigenverzehr an und besaßen Hühner. Bei alledem hielt Elias stets ein Auge darauf, daß niemand genügend Geld zusammensparen konnte, um sich freizukaufen. Zuwendungen an Sklaven scheinen nur zwei, drei Generationen lang erfolgt zu sein, denn nach der Amerikanischen Revolution ist davon in den Ballschen Büchern nicht mehr die Rede.

Eine weitere Neuerung, das »System der Aufgaben«, regelte den Umfang der unbezahlten Zwangsarbeit. Als eine »Aufgabe« galt etwa beim Unkrautjäten auf den Reisfeldern ein Tagespensum von knapp tausend Quadratmetern. Nachdem es erledigt war, hatte man den restlichen Tag frei. Bald erfaßte diese Normierung alle Bereiche, von der Pferdeversorgung über das Reisdreschen bis zum Zaunbau. Beim Dreschen betrug das Tagespensum sieben Mörser, beim Zaunbau mußten je hundert Blöcke in zwölf Fuß lange Bretter zersägt werden.

Das Aufgabensystem war eine klare Alternative zum Kolonnenwesen der karibischen Zuckerplantagen. Wenn die Sklaven auf Barbados den ganzen Tag lang unter den Augen weißer Aufseher schufteten, so gingen die Arbeiter Carolinas bei Sonnenaufgang, von schwarzen »Treibern« geführt, aufs Feld und mochten nach acht, neun Stunden ihr Pensum erledigt haben. Das System der Aufgaben ließ den Sklaven mehr Freiraum, aber auch Zeit, um für ein Taschengeld auf den eigenen Parzellen zu arbeiten.

Elias Balls Buchführung ist sogar zu entnehmen, daß Sklaven von ihrem Nebenverdienst oft Gebrauchsartikel kauften. So entwickelte sich ein regelrechter Handel mit Dingen wie Mützen, Taschentüchern, Tabakpfeifen, Messern und Decken. Meistens scheinen sich Männer etwas hinzuverdient und so kleine Annehmlichkeiten erlaubt zu haben, obwohl auch Frauen mehr als nur Mais feilzubieten hatten, zum Beispiel Schurwollgarn oder in ihrer Freizeit genähte Kleidung. Am erfindungsreichsten in der Parallelwirtschaft war eine gewisse Hannah.

Diese offenbar partnerlose Feldarbeiterin baute weder Mais noch Reis an, sondern Tabak. Da Elias sie von Kapitän Richard Shubrick gekauft hatte, mit dem seine Tochter Elizabeth seit den zwanziger Jahren verheiratet war, nannte er sie anfangs »Hannah Shubrick« und später »Captain Hannah« – sei es wegen dessen Rang oder weil sie so herrisch war. Nach einigen Pflichtjahren auf den Reisfeldern begann sie, nebenbei Tabak anzupflanzen, und verdiente damit 1740 bereits zwölf Pfund fünfzehn Schilling, mehr als einige ihrer Nachbarn mit Mais. Möglicherweise hatte sie diese Kunst in Afrika gelernt, denn Tabak war in Teilen Westafrikas sehr verbreitet, und zumindest einige der Schwarzen Carolinas mögen das entsprechende Know-how aus der Heimat mitgebracht haben. Vielleicht wußte Hannah sogar von den Tabakmärkten im mehrere hundert Meilen nordwärts gelegenen Virginia und erkannte die guten Absatzchancen. Oder vielleicht rauchte sie selber.

Gegen Ende der dreißiger Jahre hatte Rotkäppchen, inzwischen wohlhabend und betagt, offenbar lange genug im Sumpfland gelebt und wollte nun endlich aus dem Plantagenbetrieb aussteigen. Also beschloß er, nach Charleston umzusiedeln und das Anwesen seinen Söhnen Elias und John Coming zu übergeben. Der nach ihm benannte Ältere bekam sofort, als besondere Wohltat, die nördlich von Comingtee gelegene Vierhundert-Hektar-Plantage St. James, wo er sich schon einmal als Patriarch üben konnte. Noch im selben Jahr erwarb Rotkäppchen zehn weitere Sklaven, vielleicht für seinen Jüngeren. Danach stellte er mit Charles Pemberton einen neuen Aufseher ein, der allmählich die Verantwortung für Comingtee übernehmen sollte. Pemberton ließ sich nebenher auch in Naturalien bezahlen – etwa mit Tabak, Zucker und wöchentlich einer Gallone Rum. Im Mai 1738 konnte Pemberton das frühere Herrenhaus beziehen, das er zuvor mit einem Sklaven namens Quaco repariert hatte. Im Februar 1739 zog sich Rotkäppchen ganz zurück und siedelte in seine Charlestoner Residenz über.

Elias lebte noch kein halbes Jahr in der Stadt, als dort schwere Unruhen ausbrachen. Eine kleine Gruppe von Angolanern stürzte sich in einen verzweifelten Freiheitskampf, der sich zur größten und blutigsten Sklavenrevolte der britischen Kolonien Nordamerikas auswuchs.

Der Aufstand begann an einem jener arbeitsfreien Sonntage, an denen fast alle Weißen ihre Stadthäuser und Plantagen verließen, um in die Kirche zu gehen. Gerade am christlichen Sabbat standen die Aussichten für eine »Sklavenrebellion« am besten und waren die Weißen deshalb am verwundbarsten, weil sie sich aufmachten, um ihrem Gott für die Gnade des Herrentums zu danken. Am 9. September 1739 brach er schließlich aus, der vielgefürchtete Sonntagstumult, und zwar in St. Paul's Parish, das zwanzig Meilen südwestlich von Charleston am Stono River lag, dessen Lauf sich einige Meilen an der Küste entlang – und dann von dort aus landeinwärts zwischen gut einem Dutzend Plantagen hindurchzog. An einem seiner westlichen Nebenflüsse verließ kurz vor der Dämmerung eine Sklavengruppe zusammen mit ihrem Anführer Jemmy die Hütten. Die Männer stürmten ein Ladengeschäft, überwältigten und köpften zwei weiße Wächter und entkamen mit Gewehren nebst Munition. Die Köpfe ließen sie achtlos auf der Treppe liegen.

Eine Reihe von Sklaven hatte sich bereits von Charleston aus in den spanischen Vorposten St. Augustine abgesetzt, der gut zweihundert Meilen entfernt in Florida lag. So viele waren südwärts geflohen, daß sie nördlich von St. Augustine ein ganzes Schwarzendorf namens Fort Mose füllten. Jemmys Bande zog marodierend durch den Distrikt Stono, offenbar ebenfalls mit Ziel Florida. Unterwegs steckten die Rebellen Häuser in Brand und töteten alle Weißen, die ihnen in die Quere kamen. Bis zum späten Vormittag zählten die Aufständischen etwa fünfzig Mann, die mit Trommeln und unter einem Banner marschierten. Bald machte der stellvertretende Gouverneur William Bull sie von weitem aus und ritt los, um Hilfe zu rufen und den Aufstand in Charleston zu melden, wo man sofort Alarm schlug.

Einige Jahre später hielt John Ball, ein Enkel Rotkäppchens, schriftlich fest, wie sein Großvater »bei einem Alarm« eine Festung in der Stadt aufsuchte; vermutlich handelte es sich dabei um die Ereignisse von Stono. Wenn Elias fünfundzwanzig Jahre zuvor die Eingeborenen als Milizhauptmann bekriegt hatte, so ging er diesmal in Deckung. Dem Enkel zufolge fand er jedoch nach wie vor Geschmack am Kämpfen. Während Elias hinter den Barrikaden auf das Entwarnungssignal wartete, »erbot er sich, zu einem Ringkampf mit einem anderen Insassen der Festung anzutreten«.

Am Stono River ging William Bull mit einer berittenen Armee von Weißen gegen die Aufständischen vor. Diese zählten inzwischen sechzig bis hundert Mann und hatten mehrere Meilen von ihrem Dorf entfernt auf einem Gelände am Edisto River haltgemacht. Alsbald traf die Miliz dort ein und legte auf die Rebellen an. Einige Schwarze eröffneten (weißen Berichten zufolge) das Feuer, während andere ins Unterholz flohen, wo viele gestellt und getötet wurden. Etliche entkamen jedoch und kehrten wieder auf ihre Plantagen zurück. Dort spürten die Weißen sie zum Teil auf, um sie zu enthaupten und ihre Köpfe auf Meilenpfosten an der Uferstraße längs des Stono zu stecken.

Erinnerungen an den Stono-Aufstand blieben unter den Weißen noch generationenlang wach, und zweifellos fand er auch Eingang in die Überlieferung der Schwarzen. Später erwies sich, daß ein Großteil der Rebellen aus Angola stammte. Bald darauf, im Mai 1740, erließ die Legislatur ein verschärftes Gesetz, um »für Zucht und Ordnung unter den Negern« zu sorgen. Neben dem geltenden »Schwarzenrecht« sollte der »Negro Act« von 1740 alle Belange der Schwarzen in den folgenden achtzig Jahren maßgeblich regeln.

Das Negergesetz sah besondere Strafen für ungehorsame Sklaven vor. Außerhalb seiner Plantage angetroffen, konnte jeder ergriffen und ausgepeitscht, bei Widerstand sogar getötet werden. Ferner gab es genaue Kleidungsvorschriften (»Negerkleidung ... blaues Leinen, kariertes Leinen ... Kattun, karierte Baumwolle bzw. schottisches Plaid«), und Gewehre durften Schwarze nur noch bei der Jagd im Auftrag ihrer Halter tragen. Dabei verlangte der Grundsatz der Weißenherrschaft, daß jeder Sklave, »der in dieser Provinz einen Aufstand anzettelt oder dies versucht«, mit dem Tod bestraft wurde.

Nachdem die Rebellion glücklich überstanden war, gab Elias sich dem Müßiggang hin. In den vierzig Jahren, die er dort lebte, hatte Charleston sich zu einem ebenso umtriebigen Handelszentrum wie New York oder Philadelphia gemausert. Das Marschland seiner Halbinsel war weitgehend mit einem Straßengitter überzogen, und neue Abfluß- und Abwassergräben hielten die Stadt relativ sauber. In der Mitte lagen an der Kreuzung von Meeting und Broad Street der Marktplatz mit Geschäften und Kneipen sowie Parks und weitere öffentliche Plätze. Für Weiße gab es genügend Ablenkung – Clubs wie die »South Carolina Society«, in denen man Karten spielte oder Geschäftliches besprach, Tavernen für Hahnenkämpfe und am Stadtrand sogar eine Pferderennbahn. Am reizvollsten für beide Geschlechter war jedoch das neue Theater in der Dock Street, unweit der Quais. Wer auf sich hielt, ging in die Vorstellungen, um mitzuerleben, wie örtliche Ensembles beliebte, aus England importierte Stücke aufführten.

Charleston war, als nur viertgrößte, die mit Abstand »schwärzeste« Stadt Amerikas: Gut die Hälfte seiner rund zwölftausend Einwohner lebten in der Sklaverei. South Carolina hatte insgesamt fast sechzigtausend Menschen, davon mehr als zwei Drittel Schwarze.

Elias' Stadtsitz lag in der Nähe des Cooper River direkt am Hafen, wo sich später die Pinckney und East Bay Street kreuzen sollten. Östlich des Hauses verlief der Fluß, südlich davon ein Bächlein. Seinen Sklaven wird Elias keine besondere Unterkunft geboten haben, denn in Charleston lebten sie meist im Garten hinter dem Herrenhaus, teils in Hütten, teils einfach unter freiem Himmel. Vielleicht hatte er ihnen, wie seine Nachbarn, am Grundstücksrand eine Behausung errichtet. Auch wenn diese noch nicht sehr verbreitet waren, gab es schon einige solcher Gebäude. Diese Sklavenquartiere, »Dependancen« genannt, waren etwas robuster und komfortabler als die Hütten auf den Plantagen.

Rotkäppchens bereits erwähnte Hausklavin Dolly – vermutlich die Mutter zweier seiner Kinder – scheint in den vierziger Jahren mit dem alten Mann zusammengelebt zu haben. In seinen Büchern gibt es Vermerke darüber, daß sie mit ihm zusammen von Comingtee in die Stadt ging. Ich weiß zwar nicht, wie sie lebte, aber eine müßige

Herrin dürfte sie gewiß nicht gewesen sein. Wahrscheinlich zog sie neben ihren eigenen auch Elias' weiße Kinder auf.

Als ein wohlwollender Patriarch zeigte Elias sich gegenüber seinen Kindern und Enkeln großzügig. Oft bekamen sie Sklaven, die er nicht mehr zu brauchen meinte, zu Freundschaftspreisen abgetreten. Bei einem solchen Handel verkaufte Elias seinem Schwiegersohn George Austin 1741 »Alexander und Othello, alias Quaco« – so der Vertrag. Quaco war offenbar jener Zimmermann, der drei Jahre zuvor das alte Herrenhaus auf Comingtee instand gesetzt hatte. Beide Sklaven waren ausdrücklich für George Austin jr. bestimmt, den damals erst vierjährigen Enkel Elias'.

Wenn Elias sich gerade nicht mit der Familie beschäftigte, dann am liebsten mit Prunk und Luxus. Zum Wohlstand gehörte das seltene Privileg, sich porträtieren zu lassen. Um dieses Geschenkes an die Nachwelt willen wandte Elias sich an den Maler Jeremiah Theus, der 1740 mit gutem Instinkt als erster Künstler der Kolonie aus London gekommen war und sich in Charleston niedergelassen hatte. Er eröffnete sein Atelier am Marktplatz, Ecke Meeting und Broad Street, stellte ein Reklameschild ins Schaufenster und wartete auf Kundschaft. Bald schon standen gutbetuchte Bürger – darunter reiche Damen, Reispflanzer, Sklavenhändler und Politiker – in seinem Studio Schlange.

Jeremiah Theus hatte anscheinend eine Arbeitsweise entwickelt, die sowohl der großen Nachfrage als auch dem Klima seiner neuen Heimat entsprach. Wenn seine Klienten, wie zu erwarten, im feinsten Staat antreten wollten, so hätte die in Charleston meistens herrschende Hitze längere Sitzungen zu einer wahren Tortur gemacht. Also kürzte Theus das Verfahren ab, indem er im voraus serienweise Rümpfe auf Leinwände malte. Ob dick oder dünn, untersetzt oder großgewachsen: Sie alle trugen, wiewohl kopflos, edle Gewänder. Kam ein Klient, so zeigte Theus ihm zuerst seine Torsenkollektion, ließ ihn den gewünschten »Rumpf« aussuchen und dann nur relativ kurz für das »Aufpfropfen« des Kopfes Modell sitzen.

Elias Ball wandte sich irgendwann in den frühen vierziger Jahren wegen eines Porträts an Theus. Als Vorlage wählte er eine massige Büste mit schwarzem Jackett und weißem Halstuch, einer Ausstat-

ELIAS »ROTKÄPPCHEN« BALL

Bauernsohn Elias Ball (1676–1751) aus Stokeinteignhead im englischen Devonshire erbte im Alter von zwei-
zwanzig Jahren die Hälfte einer 300-Hektar-Farm in der Kolonie South Carolina nebst einem Dorf mit etwa
nzig schwarzen und eingeborenen Sklaven. 1698 reiste er nach Amerika, um die Erbschaft anzutreten, und etwa
fundvierzig Jahre später gab er jenes Porträt in Auftrag, dem er der roten Samtkappe wegen bei seinen Nach-
men den Spitznamen »Rotkäppchen« verdankt. Elias starb 1751 und hinterließ neben fünf weißen offenbar
zwei farbige Kinder von seiner Haushälterin, der Sklavin Dolly.

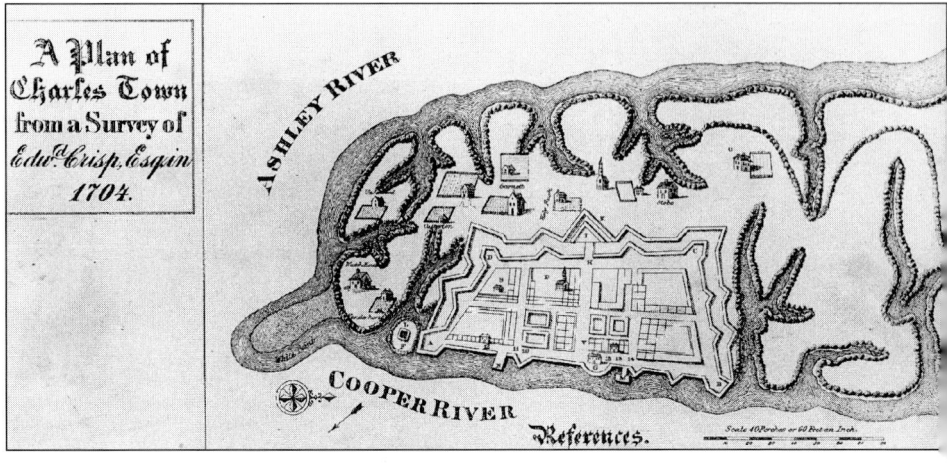

Zu jener Zeit, als Rotkäppchen in Amerika eintraf, war das seit 1670 von englischen Kolonisten besiedelte Charle Town (später Charleston) eine Festung inmitten von Sümpfen und Feldern.

Rotkäppchens Erbe, die fünfundzwanzig Meilen nördlich von Charleston gelegene Farm Coming's T (nach sein Onkel John Coming benannt, der sich zuvor in South Carolina niedergelassen hatte), aus der später die Plant Comingtee wurde. Den Backsteinanbau des Herrenhauses, eines L-förmigen Flügelbaus, hatte Elias gegen 1 errichten lassen; der längliche, schmale Holzanbau kam erst nach dem Revolutionskrieg hinzu. Vom Vordereing aus reicht der Blick über Sklavenhütten und Scheunen hinweg bis zum fünfhundert Meter entfernt gelege Cooper River. Das Photo stammt von etwa 1895.

Um die Reisfelder, das Grundkapital Comingtees, zu bewässern, ließ Rotkäppchen die Sklaven ein Flüßchen eindämmen und so in der Plantagenmitte – wo sie trotz der umliegenden Sümpfe an den Saum eines Bergwaldes erinnerte – als Wasserreservoir einen künstlichen Stausee anlegen.

gen 1739, als diese erste Seeansicht der Stadt entstand, war Charleston mit seinen sechstausenddreihundert Einhnern ein lärmendes Städtchen am äußersten Rande des britischen Empire. Nachdem Rotkäppchen die Plantage mingtee im Alter von dreiundsechzig Jahren seinen Söhnen übergeben hatte, verbrachte er dort seinen Lebens-nd als wohlsituierter Gutsherr. Sein Haus lag direkt am Hafen, rechter Hand neben der an ihrem Turm erkenn-en St. Philip's Church.

BROUGHT to the WORK-HOUSE

Cato, a run-away negro man, who speaks bad English, belongs to Mr. Gideon at George-Town.
A run-away negro fellow, belonging to Mr. Lessene.
And another run-away, belonging to Mr. Elias Ball.

se unter anderem für Rotkäppchen bestimmte Zeitungsanzeige erschien im März 1751, wenige Monate vor sei-
Tod im Alter von fünfundsiebzig Jahren, in der *South Carolina Gazette*. Aufgegeben hatte sie der Direktor des Gefängnis und Züchtigungsanstalt zugleich dienenden Charlestoner »Arbeitshauses«, wo auch Kopfjäger ihre te ablieferten. (Text: Ins Arbeitshaus gebracht Drei entlaufene Neger: Der erste, Cato, spricht schlecht Englisch gehört Mr. Gideon in George-Town, der zweite Mr. Lessene und der dritte Mr. Elias Ball.)

FRÜHE VERMÄCHTNISSE

Elias Ball jr. (1709–1786) baute den Grund- und
Sklavenbestand weiter aus und zog von seiner
Geburtsplantage Comingtee auf das später erwor-
bene Anwesen Kensington um. Die zweite Generation des Familienbetriebes ersetzte Eingeborene
vollständig durch schwarze Afrikaner und Amerikaner. In seinem Testament riet der »Zweite Elias«
den Erben, von ihren Gewinnen entweder zinsbringend Geld zu verleihen oder »junge Sklaven
zu kaufen«.

Das Herrenhaus war in der Regel ein bescheidener Holzkasten mit Veranda, wie ihn sich der Zweite Elias
1747 auf Kensington bauen ließ. Anfangs paßte diese Schlichtheit zur Rolle der Pflanzer, die draußen in
der Wildnis eher an Leiter von Arbeitslagern als an Adlige auf gepflegten Gütern erinnerten. Ein Jahrhundert später, nachdem die Baumwolle ihren Siegeszug angetreten hatte, waren die bekannteren klassizistischen Herrenhäuser aufgetaucht – die mit ihren Säulen und protzigen Ausmaßen den eher zurückhaltenden »Carolina-Stil« verdrängten.

Eine verfallene Sklavenhütte Kensingtons, aufgenommen um 1975. Im 18. Jahrhundert waren die ersten Arbeiterquartiere vermutlich aus feuchtem Lehm erbaut worden, den man dann mit Hilfe von Feuern festbuk, um die Hütten anschließend mit Strohdächern zu decken.

Der Zweite Elias suchte wiederholt mittels Anzeigen nach Leuten, die ihm von Kensington entliefen, darunter die hier nachgedruckte aus der *South Carolina Gazette* vom . Oktober 1766. (Fast durch die Bank zeigen ‹ einen eilenden Speerträger.) Primus mit ‹er »großen Narbe auf der Schulter« könnte ‹on einmal geflohen und dafür ausge-‹tscht worden sein.

RUN AWAY from my plantation, in St. Stephen's parish, in August last. Three New Negro Fellows, named PRIMUS, CÆSAR, and BOSON; had on when they went away, negro cloth jackets and breeches, took their blankets and axes with them, can speak little English.—Primus is a pretty tall fellow, and has a large scar on one of his shoulders.—Cæsar is a stout well-made fellow, a little yellowish, but not so tall as Primus.—Boson is a short black fellow, with a very full beard.——Whoever delivers the said Negroes, or either of them, to me at my plantation at Santee, or St. John's, or in Charles-Town, to Mr. Thomas Lind, shall receive Five Pounds currency reward, ELIAS BALL.

Als einziger Grabstein auf dem Sklavenfriedhof Kensingtons ist der von dem (so schätzte sein Eigentümer) etwa 1726 geborenen und 1816 gestorbenen »Old Peter« erhalten.

DIE BALLSCHE REVOLUTION

Henry Laurens (1724–1792) heiratete 1750 Eleanor Ball, die damals neunzehnjährige Tochter Rotkäppchens. Gemeinsam mit seinem Schwager George Austin (dem Mann Anns, einer weiteren Tochter Rotkäppchens) baute er den größten Sklavenhandelsbetrieb der britischen Kolonien auf, »Austin & Laurens«. Das Unternehmen brachte allein in den zehn Jahren von 1751 bis 1761 rund siebentausendachthundert Afrikaner nach Charleston. Die Provisionsgewinne in Höhe von mindestens 156 000 Pfund gesellten seine Inhaber unter die reichsten Familien Amerikas. Während der Amerikanischen Revolution ging Laurens in die Politik; 1778 wurde er als Präsident des Zweiten Kontinentalkongresses auf der Überfahrt nach Holland, wo er über Kredite für die Aufständischen verhandeln sollte, von den Briten festgenommen und bis zum Kriegsende im Tower of London inhaftiert.

Ann Ball (1701–1765), das erste in Amerika geborene Kind der Familie, heiratete mit George Austin auch als erste (gegen 1737) einen Sklavenhändler.

Austin & Laurens kündigten ihre Auktionen häufig mit Annoncen an, hier eine am 12. Mai 1752 in Charleston, bei der es um Sklaven von der Kongo-Mündung ging. (Text: Zu verkaufen, gegen Höchstgebot, am nächsten Dienstag, dem 12., im Auktionshaus von *Charles-Town*, eine Partie gesunder Kongo-Sklaven, überwiegend Erwachsene, soeben direkt von der Küste eingetroffen mit der *Emperor*, Captn. *Gwynn*. Zahlbar bis zum 1. *Januar*, falls erforderlich gegen Sicherheit. Abwicklung durch Austin & Laurens.)

TO BE SOLD to the highe[st] Bidder, on Tuesday the 12th Instant, [at] the Vendue-House in *Charles-Town*, A Parcel of healthy CONGO **SLAVES,** Chiefly Men and Women, Just imported by the *Emperor*, Capt. *Gwynn*, direct-ly from the Coast. Credit will be given till the fir[st] of *January* next, giving Security if required, by AUSTIN & LAURENS.

rz vor dem Ende des Revolutionskrieges wurde Henry Laurens aus dem Londoner Gefängnis entlassen und [sch]loß sich in Paris seinen Kollegen vom Kontinentalkongreß an, die dort ein Friedensabkommen aushandeln soll[ten]. 1782 posierten John Adams (links), John Jay, Benjamin Franklin, Henry Laurens und der Enkel William Tem[ple] Franklin für Benjamin Wests Porträt mit dem Titel »Amerikas Abgesandte für die vorläufigen Friedensver[han]dlungen mit Großbritannien«, das jedoch unvollendet blieb. Das Verhältnis der Gründungsväter zur Sklaverei [war] gemischt. Der spätere Präsident John Adams besaß nie Sklaven und schrieb einmal an Thomas Jefferson: »Die [Skla]verei hängt über diesem Lande wie eine schwarze Wolke.« John Jay hielt mindestens zwei Leute, Benoit und [Abb]y; letztere begleitete ihn nach Paris, lief jedoch während des dortigen Aufenthaltes davon, um alsbald von der [fran]zösischen Polizei, die Benjamin Franklin – mit seinem starken Einfluß auf die Gastgeber – eingeschaltet hatte, [gefa]ßt und eingesperrt zu werden. Jay erlebte später einen Gesinnungswandel und wurde zum Gründungspräsi[den]ten der New Yorker »Society for Promoting the Manumission of Slaves«. Benjamin Franklin hatte mehr als [drei]ßig Jahre lang Haussklaven, von denen der letzte 1781 starb, wurde jedoch in seinen Achtzigern zum Präsiden[ten] der »Pennsylvania Society for Promoting the Abolition of Slavery«. Auch William Temple Franklin, der un[ehel]iche Sohn von Benjamins unehelichem Sohn William, der seinen Großvater als Sekretär nach Paris begleitete, [soll]te Sklaven gehalten haben. Auf der leeren rechten Gemäldeseite war unter anderem Platz gelassen für den bri[tisch]en Vertreter bei den Friedensgesprächen, Henry Laurens' Londoner Geschäftspartner Richard Oswald. Er war [Mit]inhaber von Bunce Island, dem Sklavengefängnis an der Westküste Afrikas.

TRANQUIL-HILL
The Seat of Mrs ANN WARING near Dorchester

Rotkäppchens Enkelin Ann Ball (1753–1826), die Nichte Ann Ball Austins, zog 1774 mit ihrem Mann Richard Wa ring auf Tranquil Hill am Ashley River ein. Auf diesem Aquarell von etwa 1800 wurde die Plantage mit zwei Skl venhütten, einem offenen Schuppen und einem Getreidesilo (auf Stelzen, mit einer kleinen Kuppel) dargestell Während der Revolution zogen die Briten durch South Carolina, und der neunzehnjährige Sklave Boston lief vc Tranquil Hill zur königlichen Seite über. Der spätere Boston King schlug sich bis New York und Nova Scotia dure und gelangte schließlich nach Westafrika, wo er zusammen mit anderen befreiten Schwarzen die Kolonie Freetov in Sierra Leone gründete. 1798 veröffentliche King eine der ersten »Sklaven-Geschichten«, eine kurze Autobiogr phie, in der er sich liebevoll an seine Angehörigen auf Tranquil Hill zurückerinnerte, allerdings kaum ein Wort üb die dortigen Herrschaften verlor.

Am 16. März 1792 trafen der damals zweiunddreißigjährige Boston King und seine Frau Violet mit einer britisc Flottille, die insgesamt zwölfhundert entlaufene amerikanische Sklaven transportierte, vor der Küste Sierra Le ein. Ein Maler hielt die Szene fest.

EINE ALTERNDE DYNASTIE

John Ball (1760–1817), Sohn des Zweiten Elias und Lydia Balls, kämpfte in der Revolution auf der amerikanischen Seite, ließ sich dann auf Kensington nieder, heiratete zweimal, zeugte insgesamt sechzehn Kinder und wurde zum reichsten Reispflanzer der Familie. In seinem Testament ordnete er an, den Nachlaß größtenteils zu verkaufen, was 1819 bei einer Auktion geschah, die allein für 367 Sklaven 227 191 Dollar einbrachte.

...artha Caroline Swinton (1786–1847), die Tochter einer ...f der Insel Edisto (South Carolina) ansässigen Pflanzer- ...milie, wurde 1805 im Alter von neunzehn Jahren zur ...weiten Frau des damals vierundvierzigjährigen John Ball. ...hns Söhne aus erster Ehe beklagten Carolines uferlose ...auflust und die Nichtsnutzigkeit ihrer Brut; der Clan ...rpaßte ihr später den Spitznamen »Bussardschwinge«.

...räge in den Geschäftsbüchern belegen, daß die Balls Kunden des *Work House* waren, jener Einrichtung der ...t Charleston, in der Sklaven inhaftiert und gefoltert wurden. Gegen 1730 eröffnet und später im Stil einer mit- ...terlichen Zitadelle ausgebaut, beschäftigte das »Arbeitshaus« Beamte, die im Auftrag der Eigentümer oder der ...zei für fünfundzwanzig Cent pro »Vorgang« Schwarze auspeitschten (in schallgedämpften Räumen, aus denen ...e Schreie nach außen drangen). Angelina Grimké Weld berichtete, die Sklaven seien »derart unmäßig geschla- ...worden, daß man sie noch Tage nach der Mißhandlung außer Hauses halten mußte, weil ihre offenen Wunden ...nerträglich stanken. Besuchern konnte man sie ... nicht unter die Augen kommen lassen.«

John Ball jr. (1782–1834) besuchte das »Harvard College« (Jahrgang 1802) und wurde derweil von seinem Vater ermahnt, nicht auf die in Neuengland vorherrschenden »liberalen Grundsätze« hereinzufallen, da sie »gegen die Interessen der Südstaaten« gerichtet seien und »zum Ruin Deiner Familie & Deines Vermögens führen werden«. John jr. kehrte nach South Carolina zurück und gebot dort 1824 über ein Anwesen mit 1290 Sklaven. 1832 gehörte er zu den Anführern einer ersten Rebellionswelle des Südens, als sich die Staatenrechtsbewegung gegen Washingtoner Zölle zur Wehr setzte und mit dem Austritt aus der Union drohte. Für diese Miniatur saß John jr. Charles Fraser Modell, der bevorzugt handtellergroße Porträts malte.

Ann Simons Ball (1776–1840), die zweite Frau John Ball juniors, war ihrem Mann in der Plantagenverwaltung fast ebenbürtig und pflegte dabei offenbar einen militärischen Stil, der ihr in der Familie den Spitznamen »Oberst Nancy« eintrug. Dieses Gemälde von Samuel F. B. Morse, das um 1825 entstand, stellt die eiserne Lady durch eine Spitzenhaube nur leicht abgemildert dar. Als John jr. einmal auf Reisen war, berichtete sie ihm schriftlich, die Wäscherin Betty eigenhändig ausgepeitscht zu haben.

Im Sommer 1822 zog ein geplanter Sklavenaufstand, die »Denmark-Vesey-Verschwörung«, in Charleston Dutzende von Strafverfahren und insgesamt fünfunddreißig Strangulationen nach sich. Zu den Schuldigen gehörte auch »Mrs. Balls Sklave Paris« (im damaligen Sprachgebrauch des *Charleston Courier* stand »do« als Abkürzung für »dito«.)
(Text: Das Gericht hat über etliche Farbige verhandelt, denen vorgeworfen wird, in diesem Staat eine Erhebung angezettelt zu haben, diese einstimmig für SCHULDIG befunden und sie zum Tode verurteilt. Die Hinrichtungen finden am Freitag, dem 26., zwischen sechs und neun Uhr morgens mit dem Strang statt. [Es folgen die Namen der Sklaven und ihrer Inhaber.] Das Gericht ermittelt weiter gegen andere, denen das gleiche Verbrechen zur Last gelegt wird.)

CHARLESTON.

FRIDAY MORNING, JULY 19, 1822.

The Court of Magistrates and Freeholders, convened for the trial of sundry persons of color, charged with an attempt to raise an Insurrection in the State, have unanimously found the following GUILTY, and passed upon them the Sentence of Death, to be carried into execution on Friday Morning, the 26 inst. on the Lines, between six and nine o'clock in the morning :—

JULIUS, the Slave of Thomas Forrest.
TOM, do. of Mrs. Russell.
JOE, do. of Mr. Jore.
MINGO, do. of William Harth, Jun.
SMART, do. of Robert Anderson.
PARIS, do. of Mrs. Ball.
POLYDORE, do. of Mrs. Faber.
ROBERT, JOHN, and ADAM, } do. of John Robertson.
LOT, do. of Mr. Forrester.
LEWIS, do. of Mr. Cromwell.
JACK, do. of Mr. Purcell.
SANDY, do. of Mr. Schnell.
JACK, do. of Mr. Glen.
PHARO, do. of Mrs. Thompson.

The Court still continues assiduously engaged the trial of others apprehended for the above crim

…ac Ball (1785–1825), der Bruder John juniors,
…nmte sich das Haar nach vorn und ließ sich buschige
…teletten wachsen, um etwas von seiner »hohen
…rn« abzulenken. Er starb vierzigjährig an der Mala-
…und ließ seine damals einunddreißigjährige Frau
…za mit mehreren Kindern zurück.

Da Eliza Poyas Ball (1794–1867), die Herrin von Limerick, und ihr Mann Isaac nach sieben Ehejahren noch
keine eigenen Kinder hatten, adoptierten sie ihren
damals etwa sechsjährigen Neffen James Poyas, der
(ebenso wie die Eheleute selbst) ein Nachkomme
Rotkäppchens war.

…s und Elizas 1850-Hektar-Anwesen Limerick war die größte Plantage der Familie. Als diese Aufnahme um
…entstand, verfiel das zweihundert Jahre alte Herrenhaus mit fünfzehn Zimmern und zweitausenddreihundert
…ratmetern Wohnfläche aus schwarzer Zypresse (die in den umliegenden Sümpfen wuchs) zusehends. Es stand
…nde einer Eichenallee und verlor im Laufe der Zeit den Kampf mit dem wuchernden Dickicht.

James Poyas (1806–1850), ein Urenkel Rotkäppchens, wuchs auf der Plantage Limerick seiner Adoptiveltern Onkel Isaac und Tante Eliza auf, blieb unverheiratet, scheint dort aber ein festes Verhältnis mit der Feldarbeiterin Diana gehabt zu haben, die ihm 1841 einen Sohn Frederick gebar.

Frederick Poyas (rechts), geboren 1841 als der Sohn Dianas, einer Limerickschen Sklavin, und (aller Wahrscheinlichkeit nach) des James Poyas, nahm nach dem Bürgerkrieg dessen Namen an. Der Überlieferung seiner Nachkommenschaft zufolge kaufte der Mulatte Frederick den mit ihm verwandten weißen Balls dreißig Hektar Land ab, zog auf diesem Anwesen selber Kinder auf und ließ sich gegen 1885 auf der nebenstehenden Kreidezeichnung zusammen mit seiner Frau Caroline und seinem Sohn George darstellen. Nachkommen Frederick Poyas' leben in Ohio, Pennsylvania und South Carolina.

10 kauften Isaac und Eliza Ball in Charleston vier Grundstücke und verbanden sie zu einer einzigen Parzelle von gesamt hundertsiebenundsiebzig mal zweihundert Fuß. Hinter dem zweistöckigen Backsteinhaus mit seinen va dreitausend Quadratmetern Wohnfläche, dessen Innenwände reich mit Holzschnitzereien im Föderationsstil ziert sind, ließen sie ein kleines Dorf mit Stallungen und Sklavenquartieren errichten. Den Haushalt besorgten tzehn Schwarze, die dort wohnten. Das hier bereits im Verfallszustand abgelichtete Gebäude wurde gegen 1920 lültig abgerissen.

nce (1872–1952), die zweite Tochter Frederick Caroline Poyas', hier um 1895 aufgenommen, hren schwarzen Nachkommen zufolge durch ittlung der Balls bei einer auswärtigen Familie öchin untergekommen und, auf Kosten ihrer im en lebenden Arbeitgeber, alljährlich zusammen hrem Mann Joseph Wilson von South Carolina New York gereist sein.

Leon Smalls, vierte Generation der Nachkommen Frederick Poyas', Mitglied der Freimaurerloge »Prince Hall« in Philadelphia; Aufnahme von 1990.

Carolyn, die Schwester Leon Smalls', mit ihrem späteren Mann James Goodson bei ihrem Kennenlernen; Philadelphia 1972.

Fredie Mae (rechts stehend),
eine Urenkelin Frederick Poyas',
und ihr Mann Postal Smalls bei
der Feier ihrer goldenen Hochzeit im Jahr 1990 inmitten einiger ihrer Urenkel.

Michael Goodson (lächelnd),
ein Sohn James und Carolyn
Smalls', 1978.

Carolyn Smalls Goodson und der Autor, Charleston 1997.

tung, die Theus mehrfach verwendet zu haben scheint. In der Tat ähneln sich die Porträts Rotkäppchens und des Pflanzers Gabriel Manigault unterhalb des Halses in hohem Maße. Beide sind identisch gekleidet – nur wirkt Elias etwa dreißig Pfund schwerer als der schlankere Manigault.

Elias präsentiert sich als ein pausbäckiger Mann, dessen Gesicht von Selbstgefälligkeit nur so strotzt. Er mag deshalb höchst zufrieden mit sich gewesen sein, weil er eine Wette mit dem Tod gewonnen hatte – nach fast fünfzig seiner siebzig Lebensjahre in South Carolina, wo viele andere kaum ihre Jugend überlebten. Doch seine blauen Augen scheinen noch etwas anderes zu sagen. Als Elias dem Maler Modell saß, herrschte er über ein Agrarimperium. Gleich einem römischen Patrizier, besaß er ungeheure Ländereien und zahlreiche Sklaven. In wenigen Jahren sollte sein Human- und Immobilienkapital auf die Kinder übergehen, vorerst jedoch gehörte noch alles ihm. Auf dem Gemälde trägt Elias jene rote Samtkappe, die ihm später in der Familie seinen Spitznamen eintrug.

Theus' Werk muß ihm gefallen haben, denn wenig später gab er ein Porträt seiner Tochter Eleanor in Auftrag. Leider hatte der Maler beim weiblichen Geschlecht keine so glückliche Hand wie beim männlichen. Im Fall der höchstens zwölfjährigen Eleanor setzte er den Kopf auf einen Rumpf mit vollen Brüsten, die sich unter einem schimmernden, tief ausgeschnittenen Mieder mit Litze über dem Busen abzeichnen, und der Mund sieht aus wie ein großes V, während die engstehenden Kulleraugen an einen Frosch erinnern.

Jeremiah Theus blieb fast fünfunddreißig Jahre lang im Geschäft und scheint währenddessen in Charleston keine Konkurrenz bekommen zu haben. Offenbar fanden die Balls Gefallen an – oder sich ab mit – dem, was Theus ihnen lieferte, denn schließlich gaben sie insgesamt fast ein Dutzend Porträts bei ihm in Auftrag.

Nach dem Stono-Aufstand steckten manche Familien den Reisanbau auf. Hier und da verkauften Sklavenhalter ihre Anwesen und kehrten nach England zurück, was die Bodenkosten sinken ließ. Da ihr Leben auf dem Spiel stand, mögen auch Elias' Söhne über andere Wege als den vom Vater geebneten nachgedacht haben. Dann jedoch gaben sich die Erben einen Ruck und vergrößerten das Imperium sogar noch.

Elias jr. war soeben dreißig geworden (in der Familiensaga heißt er wegen der vielen anderen seines Namens der Zweite Elias), John Coming fünf Jahre jünger. Beide scheinen Aufstände wie jenen am Stono als Betriebsrisiko angesehen und lediglich gehofft zu haben, daß so etwas nicht wieder passierte – oder wenigstens nicht ihnen. Im März 1740, sechs Monate nach der Revolte, ergriff John Coming die Initiative und kaufte seinem Nachbarn Richard Gough sehr günstig ein etwa sechs Meilen stromaufwärts am Cooper River gelegenes Anwesen ab. Diesem neuen Besitz gab er, nach der schönen Londoner Anlage von Edward Hyde, dem Earl of Clarendon, den Namen »Hyde Park«.

John Coming machte sich alsbald daran, die vakanten zweihundertfünfzig Hektar zu besiedeln. Die ersten Bücher über Hyde Park sind zur Zeit der Amerikanischen Revolution einem Brand zum Opfer gefallen. Wenn John Coming nach dem Erwerb der Flächen bei seinem Vater ein hohes Darlehen aufnahm, so können wir demnach nur vermuten, daß er davon mehrere Dutzend Leute kaufte. Um aus dem Land eine funktionierende Reisfarm zu machen, mußten Sklaven in mühsamer Arbeit, die ein bis zwei Jahre dauerte, sechzig Hektar roden, planieren und abteilen. Rings um die Felder waren Bewässerungsgräben zu ziehen, tonnenweise Erde auszuheben und wegzukarren. Zudem entstanden Nebengebäude, darunter eine Scheune, und die Sklavenquartiere.

Gleichzeitig baute John Coming selbst, anscheinend mit Hilfe von Amos, einem Facharbeiter Rotkäppchens, der diesem in den dreißiger Jahren auf Comingtee seine Ernte gegen Kleidung und Geld abgetreten hatte. Ab 1741 war er als fahrender Zimmermann der Balls an keine Plantage mehr gebunden, sondern zog gemeinsam mit seinem Kollegen Salisbury als »Feuerwehr« herum. Mal gingen, so der Zweite Elias, »Salisbury und Amos zu meinem Vater in die Stadt« – wahrscheinlich um sein Haus zu reparieren –, mal »deckten sie auf Comingtee binnen fünf Tagen das Dach mit Schindeln«.

Die Bücher bekunden, daß Amos bald nach dem Erwerb des Anwesens auf Hyde Park arbeitete. Das Herrenhaus wurde zwar etwas größer, aber genauso schlicht wie das auf Comingtee – ein einstöckiger Holzkasten mit verpichtem Dach und einer breiten, überdachten Veranda. Amos dürfte die Balken verlegt, den Dachstuhl gezimmert und die Fenster eingesetzt haben. Jedenfalls muß das Haus im Herbst 1743 fertig geworden sein, denn im Oktober verließ Amos Hyde Park wieder, um andere Aufträge auszuführen. Unweit eines Baches, der in den Cooper River fließt, stand es abseits der Sklavenhütten.

Während der Bau auf Hyde Park voranschritt, heiratete John Coming die aus einer französischen Hugenottenfamilie stammende Catherine Gendron. Das Paar zog etwa zu der Zeit auf die neue Plantage, als dort die letzte Reisbank planiert wurde.

Nach getaner Arbeit bei John Coming nahm Amos seine Wanderschaft wieder auf und baute, je nach Anweisung, mal hier, mal dort; im März 1745 war er bei Rotkäppchens Tochter Ann und ihrem Gatten George Austin beschäftigt, deren Plantage anderthalb Tagesritte südwestwärts am Ashepoo River lag. Amos mag den beiden sogar verkauft worden sein, wie es zuvor bereits Alexander und Quaco ergangen war, denn danach verliert sich seine Spur in den erhaltenen Büchern.

Trotz seiner vierhundert Hektar auf St. James blieb der Zweite Elias nach dem Auszug seines Bruders allein auf Comingtee zurück. Zwischen den beiden soll eine enge, innige Bindung bestanden haben, weshalb er sich anscheinend im Stich gelassen fühlte. Wie einer ihrer Söhne vierzig Jahre später schrieb, »herrschte zwischen ihnen durchweg größte Eintracht und Bruderliebe«. Offenbar wollte Elias seinen Bruder, der einen extrem kleinen Kopf hatte, einmal mit einem Hut überraschen. Die Besorgung übertrug er einem Mann, der ihm später schriftlich berichtete: »Ich habe in allen Geschäften nachgefragt, aber keinen Hut [für weniger als vierzig Schilling] gefunden, der klein genug war. ... Ich habe [den Ladeninhabern] nicht verraten, für wen er bestimmt war.«

Der ledige Zweite Elias fühlte sich zunehmend einsam und empfand seine Lage offenbar als trostlos. Rotkäppchen scheint diese Stimmung seines Sohnes erkannt zu haben, denn irgendwann schickte er ihm einen Papagei. Doch anscheinend konnte der sprechende Vogel ihn nicht trösten. So lenkte sich der Zweite Elias mit

Gartenarbeit ab und trug in einem Winter ein: »Den Garten hier oben auf Comingstee fertiggestellt.«

Bald indes endete seine traurige Lage. Der Überlieferung zufolge hatte der Zweite Elias sich als junger Mann in Lydia Child von der Nachbarplantage Strawberry verliebt, die Enkelin des in der ganzen Umgebung bekannten Sklavenjägers James Child, der insgesamt hundertsechzig Eingeborene gefangen hatte. Nach ihrer Verehelichung mit einem George Chicken hatte Elias sich mit seinem Schicksal als Junggeselle abgefunden. (Da half es auch nichts, daß Lydia sich nun als »Mrs. Hinkel« anreden lassen mußte.) Doch George war 1745 freundlicherweise verstorben und der Zweite Elias kaum zwei Jahre später mit Lydia verheiratet. Er war achtunddreißig, sie Mitte Zwanzig und Mutter der kleinen Catherine Chicken.

Im Februar des besagten Jahres 1747 kaufte der Zweite Elias von den früheren Eigentümern Hyde Parks für dreitausendvierhundert Pfund ein weiteres, zweihundertsiebzig Hektar großes, unbewohntes Anwesen, das im Norden an Hyde Park grenzte, und benannte es nach der Nachbaranlage des Londoner Hyde Park – den Kensington Gardens, mit ihren üppigen Rasenflächen und der verspielten Orangerie –, nämlich schlicht »Kensington«.

Nun fing erneut das Roden, Kultivieren und Bauen an, und Elias kopierte in allem den Stil seines Bruders. Nur lag das Herrenhaus Kensingtons, ein hoher, luftiger Kasten mit Veranda, direkt neben einem langgestreckten Eichenhain.

Lydia und Elias zogen mit vielleicht fünfundsiebzig Sklaven nach Kensington, und etwa die Hälfte der Familien, darunter Angola Amy und ihre Kinder, stammten von Comingtee. Seinerzeit hatte Amy erst drei Kinder, den vierjährigen (an Weihnachten geborenen) Christmas, die zweijährige (in der Osterwoche geborene) Easter und die einjährige Judy. Durch den Umzug wurde sie von deren Vater Windsor getrennt und führte in der Folge eine »Wochenendehe«, wie sie später für Sklaven durchaus üblich wurde.

Hochzeitszeremonien von Schwarzen wie »über die Schwelle tragen« oder dergleichen sind in den Unterlagen nicht vermerkt, und sei es nur deshalb, weil die meisten der Sklaven in den ersten hundert Jahren noch keine Christen waren und die Halter sich daher nicht für ihre

Eheschließungen interessierten. Auf den Plantagen erhielt sich die mit den Sklavenschiffen eingeführte Polygamie noch mindestens ein, zwei Generationen am Leben; dann verschwand sie allmählich, zumal die Schwarzen sie jetzt als eine Sünde ansahen. Der wahrscheinlichste Grund, warum die Balls Lebensgemeinschaften zwischen Schwarzen in der Regel nicht registrierten, dürfte jedoch darin liegen, daß sie deren Ehen einfach nicht ernst nahmen. Von Rechts wegen konnte es keine gültigen Ehen zwischen Schwarzen geben, da man sich jederzeit die Entscheidung vorbehielt, Paare etwa durch Abverkauf zu trennen. Doch die feste Verbindung zwischen Angola Amy und Windsor bezeugt, daß Ehen faktisch zustande kamen – ob nun mit oder ohne Trauungsritual. Nachdem Anfang des 19. Jahrhunderts die Mehrzahl der Sklaven getauft worden war, entstanden bei den Hütten Plantagenkirchen, und schwarze Prediger nahmen Trauungen vor. Auf Kensington war man davon zu jener Zeit allerdings noch weit entfernt.

Lydia Chicken brachte das Vermögen ihres verstorbenen Gatten mit in die Ehe ein, darunter die Plantage Strawberry mit sämtlichen Sklaven, einschließlich des jungen Paares Radcliffe und Amy sowie der etwa zehnjährigen Jenny Buller, die ausnahmsweise zwei Namen trug. Zu solchen Abweichungen von der Regel, Sklaven nur einen Namen zu geben, kam es, wenn auf großen Plantagen Wiederholungen auftraten. So erhielt Jenny Buller offenbar deshalb einen Beinamen, weil es bereits eine etwas ältere Feldarbeiterin Jenny gab. Auch wenn sich die Herkunft des Beinamens Buller heute nicht mehr klären läßt, wurde Jenny auf Kensington später zu einer auffälligen Figur. Noch in neuerer Zeit schrieb eine Ball über sie:

Der Name »Jenny Buller« taucht in den Plantagenbüchern des zweiten Elias Ball häufig, in Lydia Childs Merkbüchlein ab und zu auf. Im Notizbuch heißt es, sie sei »wegen eines schlimmen Beines« beim Doktor gewesen. Allerdings scheint der sie nicht »kuriert« zu haben, denn schließlich verlor sie das Bein und humpelte fortan mit einem Holzstumpf herum, »leistete aber soviel wie ein Mann«. ... In der Regel waren ihre Angehörigen stolz und energisch ... und viele von ihnen nahmen auf der Plantage und im Haushalt eine Sonderstellung ein.

Mit dem Aufbau Hyde Parks und Kensingtons hatten Rotkäppchens Söhne seine Nachfolge angetreten. Nun standen sie im Mittelpunkt einer kleinen Welt, die mit Comingtee, Hyde Park, Kensington, St. James und Strawberry fünf Plantagen umfaßte. Der Cooper River war »ihr« Fluß: Er gehörte den Balls – so hätte man zumindest denken können.

Im Sommer 1748 raunte man sich stromabwärts Gerüchte über einen neuen Sklavenaufstand zu, denn auf Kensington, dem neuen Wohnsitz des Zweiten Elias, wäre beinahe eine blutige Revolte ausgebrochen. Ein anschließend vom Krongouverneur angefertigter hundertseitiger Bericht stellt die mutmaßliche Verschwörung in allen Einzelheiten dar.

Der Brandherd war eine Plantage am Back River, einem flußabwärts gelegenen Nebenfluß des Cooper. Ihr Inhaber, James Akin, war mit den Balls recht gut bekannt, da Rotkäppchen ihm einmal eine Sklavin namens Cornelia für sechs Monate ausgeliehen hatte. Akins Bruder Thomas besaß eine weitere Plantage, die in Irishtown, am Oberlauf des Cooper-Ostarmes näher bei Kensington und Hyde Park lag. Auf der ersten – Akinfield am Back River – war der Sklave Agrippa als Bootsführer tätig.

Im Juni 1748 brachte Agrippa einmal mehrere Männer nach Charleston, die James Akin mit Pässen ausgestattet und losgeschickt hatte, um Austernschalen für die Kalkgewinnung zu besorgen. Einige Meilen flußabwärts legten sie vor der Plantage Goose Creek an, die dem Obersten Alexander Vanderdussen gehörte. Der gebürtige Holländer stand im Ruf, seine Leute brutal zu behandeln. Am Landesteg sprach Agrippa mit dem schwarzen Treiber Pompey, dessen Frau und einem Sklaven namens Billy. Dem Gouverneursbericht zufolge ging es dabei um die Aussichten eines schwarzen Aufstandes entlang des gesamten Flusses. Niemand hatte die neun Jahre zurückliegenden Vorgänge von Stono vergessen; zwar waren die schwarzen Rebellen damals getötet worden, aber warum sollte die Revolte nicht diesmal gelingen? Sie würde von den Plantagen ausgehen, auf Charleston übergreifen, um die Stadt in Schutt und Asche zu legen, und hinterher wollten die Rebellen mit Booten nach Florida fliehen.

Daher erörterte Agrippa auch mit den anderen, woher geeignete Fluchtboote kommen sollten.

Man vereinbarte ein neues Treffen und ging wieder auseinander.

Mehrere Wochen später fuhr Agrippa mit Joe, ebenfalls von Akinfield, den Cooper-Ostarm hinauf, offenbar, um dessen Bruder Ammon zu besuchen, der auf der Plantage bei Irishtown lebte. Unterwegs kamen sie an Comingtee, Kensington und Hyde Park vorbei.

Zuerst legten Joe und Agrippa vor der Plantage Fish Pond an, wo sie sich mit dem schwarzen Treiber Thom Paine besprachen. Der war dem Zweiten Elias wohlbekannt, denn das Anwesen gehörte ja seinen Verwandten, den Harlestons, für die er Thom regelmäßig Vorräte und Rum abholen ließ. (Der große Thomas Paine, bekannt durch Pamphlete und das revolutionäre Manifest *Common Sense*, traf erst 1774 in den Kolonien ein, so daß der Treiber nach jemand anderem benannt worden sein muß.) Wenig später legten die drei vor Kensington an.

Sicherlich wäre der Zweite Elias nicht überrascht gewesen, Thom, Joe und Agrippa dort zu sehen, sondern hätte es eher für völlig normal gehalten. Am Ufer begrüßte sie Pompey, der etwa zwanzig und jüngst von Comingtee eingetroffen war. Auch ein gewisser Tom kam zum Anleger, nämlich der Angolaner Tom White, den Elias 1731 als Neunjährigen gekauft und nach Comingtee gebracht hatte. Inzwischen war er sechsundzwanzig und mit einer Julatta verheiratet, die drei Kinder hatte. Am Landesteg von Kensington schienen die Verschwörer erneut Pläne zu schmieden.

Joe vertäute das Kanu, und Pompey kam an Bord. Dann erzählte Joe den anderen von einem für den Abend geplanten Treffen flußaufwärts bei Irishtown. Pompey selbst mußte absagen, wollte aber seine Vertrauten von Kensington hinschicken. Tom White versprach teilzunehmen. Die Männer verabschiedeten sich, und Joe fuhr wieder zurück.

Es war Samstagabend, und tags darauf hatten die Schwarzen frei. Die besagte Zusammenkunft fand wie geplant auf Akinfield bei Irishtown statt. Tom White ging hin, Pompey blieb wie angekündigt fern, wurde jedoch durch andere Ballsche Sklaven vertreten, darunter Carolina, ein junger Fischer mit einer unverwechselbaren Narbe am Arm, sowie Violet, eine Mittzwanzigerin. Ich kann nicht genau sagen, was sich an jenem Abend in der Nähe von Irishtown zutrug. Beim späteren Verhör hieß es, man habe lediglich bis zum frühen Morgen gesungen und getanzt. Doch was auch geschehen sein mag, bald tilgte ein schwerer Schlag alle Erinnerungen daran: Nach dem Treffen wurde Joe, der als erster losgerudert war, Brandstiftung vorgeworfen. Vielleicht sollte jene brennende Scheune das Startsignal für den Aufstand sein, oder Joe hatte seinen Groll nicht mehr bezähmen können; er mag sogar hereingelegt worden sein. Jedenfalls nahm die bewaffnete weiße Plantagenstreife ihn aufgrund des Brandes fest. Das zuständige Gericht in Charleston verurteilte Joe zum Tode und ließ ihn hinrichten. Wenn die Sklaven wirklich an einen Umsturz geglaubt hatten, so machte Joes Tod ihren Hoffnungen ein jähes Ende.

Als sich Gerüchte mehrten, berief Gouverneur James Glen bekannte Pflanzer in einen Untersuchungsausschuß, der sofort mehrere Zeugen nach Charleston zitierte und vernahm, darunter die Sklavin Robin von Akinfield. Sie belastete Thom Paine von Fish Pond sowie einen gewissen George von Akinfield. Außerdem verriet sie vier Sklaven des Zweiten Elias: Tom White, Pompey, Violet und Carolina.

Die vier von Kensington wurden nach Charleston gebracht und ins *Work House* gesperrt, das Sklavengefängnis. Als ersten verhörte man den Angolaner Tom White – sowohl die Weißen als auch die Schwarzen dürften sich daran erinnert haben, daß die Rädelsführer des Stono-Aufstandes aus der gleichen Region stammten wie er. Tom muß gewußt haben, daß ihm die Todesstrafe drohte, denn schon nach Stono war keiner der Rebellen mit dem Leben davongekommen, und das neue »Negergesetz« von 1740 schrieb für derartige Fälle Hinrichtungen zwingend vor. Also beschloß Tom White, sich lieber herauszureden.

Dem Vernehmungsprotokoll der weißen Ermittler zufolge gab er zu, am fraglichen Samstag mit Joe gesprochen zu haben und abends nach Akinfield bei Irishtown gegangen zu sein – wo man jedoch nur gefeiert habe, »jede Menge Neger«, aber keine Weißen. Einer habe sein Banjo mitgebracht, und man habe »gegessen, getrunken, gesun-

gen, gelacht« und die ganze Nacht durchgetanzt. Um eine falsche
Fährte zu legen, erklärte er schließlich, den mitinhaftierten Thom
Paine zwar zu kennen, allerdings sei dieser bei Irishtown nicht mit
von der Partie gewesen.

Die Ermittlungen zogen sich wochenlang hin, da der Ausschuß
eine Vielzahl von Zeugen vernehmen mußte. James Akin sagte aus,
von Zeit zu Zeit hätten sich flüchtige Sklaven auf seiner Plantage
versteckt, auch ein Limerick von den Balls, den anschließend ein
Plantagenwächter »totgeschossen« habe. (Die Ballschen Bücher aus
jener Zeit ergaben keinen Hinweis auf einen Limerick, und seine Tötung ist auch sonst nirgends vermerkt.) Der Ausschuß nahm die Angaben zu Protokoll und setzte seine Vernehmungen fort.

Dutzende von Schwarzen und mehrere Weiße sagten aus. Dabei
ergab sich ein recht widersprüchliches Bild, zumal einige schlicht
mauerten. Die unübersichtliche Lage verwirrte den ehrenwerten
Bürgerausschuß des Gouverneurs, der bald erkannte, daß man so
nicht weiterkam. Es gab bloß magere Beweise – einen toten Sklaven,
Joe (vielleicht zwei, sofern man Limerick mitzählte) und ein heilloses
Wirrwarr von Gerüchten. Für die Schwarzen ging es darum, daß eine
Verschwörung zum Aufstand den sicheren Tod bedeutete, vielleicht
sogar auf der Folterbank. Deshalb blieb den Verdächtigen gar nichts
anderes übrig, als einfach alles abzustreiten.

Monate nach dem mutmaßlichen Komplott, im Januar 1747, hatte
Thomas Akin, der Herr von Irishtown, endgültig die Nase voll. Ihm
ging die Konfusion nicht minder gegen den Strich als der bloße Gedanke, auf seiner Plantage gewaltbereite Rebellen zu beherbergen.
Also erklärte er, die Sklaven hätten seiner Ansicht nach die Wahrheit
gesagt: Es habe gar keine Verschwörung gegeben, alles sei aus der
Luft gegriffen, und (ein unerhörter Vorwurf) jene heimtückischen
Gerüchte über ein Komplott seien allein der blühenden Phantasie gewisser Klatschtanten unter den Sklavinnen entsprungen. Akin be-
zichtigte vier »zänkische Weiber«, die ganze Sache angezettelt zu haben. Sie gehörten seinem Bruder James und lebten auf Akinfield.

Des ganzen Verfahrens müde, wollten die verunsicherten Ermittler endlich zu einem handfesten Ergebnis kommen, auch wenn sie
dafür unschuldige Frauen belasten mußten, und einigten sich auf die

Gerüchtevariante. Neben seiner Sklavin Kate, die er als eine »notorische Klatschbase« bezeichnete, zitierte James Akin die Arbeiterinnen Robin, Sue und Susannah herbei. Nun kam das Gremium rasch zu dem Schluß, daß das angebliche Komplott ein von Akins vier Verdächtigen ausgehecktes Gerücht gewesen sein mußte. In seinem Abschlußbericht für den Gouverneur Glen stellte es fest, daß in Wahrheit niemand etwas Übles geplant, kein Sklave auch nur an eine Rebellion gedacht habe: Das Ganze sei lediglich Panikmache von vier streitsüchtigen Weibern gewesen, die damit für böses Blut sorgen wollten.

Kate, Robin, Sue und Susannah erhielten keine Gelegenheit, sich noch zu dem Vorwurf zu äußern oder gar zu verteidigen, sondern wurden von den nervösen, überheblichen Weißen als Sündenböcke verkauft und vermutlich in die Karibik deportiert. Carolina, Tom White, Pompey und Violet verließen das *Work House* und kehrten wieder auf ihre Plantagen zurück. Gouverneur Glen berief die Halter der Verdächtigen ein, um ihnen vom Ausgang der Ermittlungen zu berichten, was an einem Nachmittag im Februar 1749 geschah. Dabei wird der Zweite Elias dem Vortrag des Beamten, dessen Aufgabe es war, Schaden von ihm abzuwenden, aufmerksam und vielleicht dankbar gefolgt sein.

Wenn Rotkäppchen mit dreiundsiebzig Jahren das Ende nahen spürte, so meinte er, noch eine letzte Aufgabe zu haben, nämlich Eleanor betreffend, das einzige noch lebende Kind aus seiner zweiten Ehe. Einer der größten Wünsche eines jeden Reispflanzers war es, seine Töchter gut unter die Haube zu bringen. In den Augen ihres Vaters mußte der Richtige für Eleanor etwas darstellen und Geld haben. Wenn auch noch Liebe hinzukam, war es um so besser.

Gegenüber der Sitzung bei Jeremiah Theus war Eleanor jetzt eine junge Frau und hatte sich kurz nach ihrem neunzehnten Geburtstag mit dem verheißungsvollen sechsundzwanzigjährigen Kaufmann Henry Laurens verlobt, den Rotkäppchen eindeutig für eine gute Partie hielt, wenn auch nicht unbedingt seiner Herkunft wegen. Er stammte von Hugenotten ab, und sein Vater war nicht mehr als ein erfolgreicher Sattler. Obwohl sie nach den Maßstäben eines Plantagenbesitzers nicht gerade reich waren, hatten seine ehrgeizigen

Eltern Mittel und Wege gefunden, ihrem Henry in London »den letzten Schliff« geben zu lassen, wo er seine Lehre bei einer Import-Export-Firma gemacht hatte, die mit den britischen Kolonien Handel trieb. Wieder in Charleston, gab der »Kosmopolit« eine durchaus gute Figur ab.

Laurens kannte Eleanor schon lange, hatte jedoch mit seinem Antrag abgewartet, bis sie erwachsen war und er auf eigenen Füßen stand. Er wählte einen sehr lukrativen Beruf – konnte sofort eine Familie gründen und ihr die besten Zukunftsaussichten bieten. Wenn er sich geschickt anstellte, so würde der Sattlersohn in wenigen Jahren ein gemachter Mann sein. Kurz, Henry Laurens nutzte seine fabelhaften internationalen Beziehungen und wurde Sklavenhändler.

Zwar hatten die Balls mit George Austin, dem zweiten Ehemann von Rotkäppchens Tochter Ann und Inhaber der Plantage am Ashepoo River, bereits einen Sklavenhändler in der Familie, aber verglichen mit einigen anderen im Geschäft war Austin nichts als ein Dilettant.

Aus London zurückgekehrt, hatte Henry Laurens eben diesen Austin gebeten, ihn als Juniorpartner einsteigen zu lassen, und ab Ende der vierziger Jahre firmierten die beiden unter »Austin & Laurens«. Doch aufgrund seiner guten Beziehungen zu britischen Reedern (die Sklavenschiffe betrieben) und seines enormen Verhandlungsgeschicks (er kannte die Ware wie kaum ein anderer) gewann der unermüdliche Arbeiter Henry Laurens rasch die Oberhand. Als Eleanor Ball ihrem Verlobten schließlich das Jawort gab, deutete sich bereits an, daß er einmal zum aggressivsten Sklavenhändler der Stadt voranpreschen würde.

Die Hochzeit fand Ende Juni 1750 auf Comingtee statt, und da das dortige Herrenhaus schon seit Jahren unbewohnt stand, erwachte es durch die Trauung und das anschließende Fest wieder zu neuem Leben. An diesem nahmen fast alle Nachbarn und zahlreiche Gäste aus Charleston teil – von wo Rotkäppchen, als der Gastgeber, zum letzten Male anreiste.

Was Elias bloß als eine gute Partie betrachtet hatte, erwies sich als das große Los, denn bald beherrschte der Familienbetrieb Austin & Laurens den Charlestoner Sklavenmarkt. Eleanors Mann war als noch nicht Fünfunddreißigjähriger bereits der größte Sklavenhändler der britischen Kolonien und einer der reichsten Männer Nordamerikas. Später werde ich die Geschäfte der Firma Austin & Laurens etwas genauer unter die Lupe nehmen und einige der Menschen vorstellen, mit denen sie handelte, darunter übrigens auch Kinder.

Nachdem seine letzte Tochter unter der Haube und seine Söhne auf Plantagen eingerichtet waren, hielt Elias seine Zeit offenbar für gekommen. Am 31. August 1750, zwei Monate nach Eleanors Hochzeit, begann Rotkäppchen sein Testament mit den Worten: »Ich, Elias Ball, Gentleman aus Charles Town in der Provinz South Carolina ...« Elias war tatsächlich geworden, was im kolonialen Amerika als ein »Gentleman« galt, denn sein Vermögen umfaßte ein Grundstück in der Provinzhauptstadt Charleston, Tausende von Hektar Land und dazu einhundertundsechzehn Sklaven.

Der Nachwuchs von Rotkäppchens Schwarzen stellte sicher, daß sich in den nächsten fünf Generationen niemand aus der Familie die Hände schmutzig machen mußte. Er selbst verkörperte den neuen Schlag der amerikanischen Gutsbesitzer und Sklavenhalter, der die europäische Elite nachahmte. Mit seinem Geld legte er sich die Accessoires und Allüren der feinen Gesellschaft bei. Doch viele Aufsteiger wie er kamen aus ärmlichen Verhältnissen, und das mochte der englische Hochadel nicht so leicht vergessen. Auch nachdem die Pflanzer Amerikas das Drumherum der verstaubten Aristokratie übernommen hatten – mit Porträts, Ahnentafeln und schwerem Tafelsilber –, betrachteten die europäischen Vorbilder sie weiterhin als eine Art kostümierte Banditen.

In der letzten Septemberwoche 1751 starb Elias fünfundsiebzigjährig. Wiewohl keine Todesursache vermerkt ist, läßt die Jahreszeit, Herbst, auf Sumpffieber schließen. Rotkäppchen könnte also der Malaria erlegen sein, die so viele Weiße dahinraffte. Die Kolonialverwaltung legte postum ein Vermögensverzeichnis an. Danach bestand der Nachlaß aus Sklaven (mit 19 010 Pfund bewertet), Land, Häusern, Vieh, Mobiliar und Silber – jedoch nur einem einzigen Buch, der Bibel. Nach eigener Einschätzung hatte Elias ein wunderbares, von der Gnade des Herrn überstrahltes Leben geführt. Im Testament bezeichnete er sein Vermögen als »das irdische Gut, mit dem es Gott gefiel, mich zu segnen«. Er hatte so viel Land, so viele Leute geschluckt, wie ein einzelner Bauch überhaupt nur fassen konnte. Als Geschäftsmann hatte er an sich gerissen, was er bekommen konnte, und notfalls auch verteidigt, um es als Patriarch an seine Nachkommen weiterzugeben.

8

SAWMILL

Mein Vetter Elias Bull Ball hatte mir einen vielversprechenden Hinweis auf den Verbleib der Nachkommen unserer Sklaven gegeben, zumal er als Amateurhistoriker und Denkmalpfleger jahrzehntelang kreuz und quer durch das Plantagengebiet gefahren war. Kurz nach dem Bürgerkrieg, so sein Tip, hätten einige der befreiten Schwarzen ihre Hütten auf den Anwesen verlassen und ein Dorf namens Sawmill gegründet. »Ich glaube, es liegt an der Hardscrabble Road«, hatte er gesagt. Wenn es Sawmill überhaupt noch gab, so mochten einige der Gründerfamilien weiterhin dort leben.

Sawmill stand auf keiner Karte, und die alten Plantagen hatten sich über Dutzende von Meilen erstreckt. Um die Suche aufzunehmen, verließ ich Charleston über eine zweispurige Straße, die sich wie eine lange graue Sehne durch immergrüne Wälder zog, und erreichte schließlich das von Nadelwäldern umgebene Dorf Cordesville. Es lag in einem jener trockenen Gebiete, in die weiße Familien sich einst den Sommer über mit ihren Haussklaven zurückgezogen hatten, um der Malaria des Sumpflandes auszuweichen. Comingtee, das älteste der Ballschen Anwesen, lag direkt südlich davon.

Neben dem Bahnübergang stand eine weiße Holzhütte mit Veranda und Zinndach, der Country Store, Cordesville, S. C., wie ein handgemaltes Schild verriet. Der Laden war früher zugleich auch die Bahnstation gewesen, und dort hatten schwarze Pächter Lebensmittel, Eisenwaren und Kleidung gekauft. Jetzt sah er geschlossen aus, aber hinter der Tür hörte ich leise Geräusche eines Fernsehers. Der große, muffige Innenraum war schwach mit zwei Röhrenlampen beleuchtet, das Geschäft zusammen mit der Stadt geschrumpft. Die Regale standen leer, und anscheinend führte man jetzt hauptsächlich das in Plastiktüten an Gestellen hängende Knabbergebäck. Zwei schwarze Frauen verfolgten, an einem Tisch sitzend, eine Unterhaltungssendung.

»Wissen Sie, wie ich nach Sawmill komme?« fragte ich. »Hat nur etwa zehn Häuser.«

»Sawmill Road?« fragte die eine zurück.

»Kennen Sie eine Hardscrabble Road?« hakte ich nach.

»Hardscrabble?« überlegte die Frau. »Etwas weiter oben gibt es eine Hard Pinch Road.«

»Hard Bench?« fragte ich.

»Hard *Pinch.*« Sie erklärte mir den Weg.

Es war Winter, und der Dampf aus den nahe gelegenen Sümpfen ließ die Kälte noch schärfer wirken. Der Baldachin tiefhängender Wolken sah aus wie ein über den Himmel gestreifter silbergrauer Handschuh. Ich kam an eine Straße mit ärmlichen Backsteinhäusern und alten, schon seit Urzeiten nicht mehr überstrichenen Holzhütten. Hier und dort standen Wohnwagen auf Hohlziegeln, die das umliegende Dickicht zu verschlingen drohte. Die Häuschen wurden von der Weite des Landes fast erdrückt. Es waren Hütten, die sich Schwarze nach dem Exodus von den Plantagen gebaut hatten. Einige der Bewohner waren später nach New York oder Washington, D. C., abgewandert, viele andere jedoch vor Ort geblieben.

Ein junger Schwarzer mit derben Zügen stelzte heran. »Hier wird nicht geparkt!« schnauzte er und spuckte aus.

Nebenan sprangen Hunde bellend im Vorhof herum. Im Haus lief ein Fernseher so laut, daß ein Gelächter bis in den Wald hinaus dröhnte. Ich klopfte an, jedoch ohne Reaktion. Ein freundlich aussehender Junge stand am Straßenrand und beäugte mich neugierig. Ich erklärte ihm, Familien zu suchen, die schon lange hier lebten.

»Wie lange seid ihr schon hier?« fragte ich etwas scharf, fast wie ein Geldeintreiber.

»Ich weiß es nicht«, sagte er, »aber meine Tante.« Der schwarze Schlaks schritt auf einen Wohnwagen zu, hinter dessen Fenster sich die Umrisse zweier Frauen vom hellen Inneren abhoben. Er stieß die Türe auf und sagte etwas, worauf die Schattenrisse mit den Armen zu fuchteln begannen.

»Ich hab dir doch gesagt, du sollst niemand hier anschleppen!«
brüllte eine Stimme über den Abfall. »Wer is das?! Schick'n weg!«
Der freundliche Bursche kam zurück und reichte mir schulterzuk-
kend die Hand.

Als ich die Häuser abklapperte, fing es schon an zu dämmern, und
die Wolken über den Baumwipfeln leuchteten orange. Einige Leute
waren bereit, mich anzuhören, doch konnte oder wollte niemand mir
seine Familiengeschichte erzählen. Zwei-, dreimal wurde mir die Tür
vor der Nase zugeschlagen.

Tags darauf fuhr ich erneut nach Cordesville und fand auch bald
das einstige Sawmill. Den Namen kannten nur mehr wenige alte
Leute, doch die Siedlung bestand noch, ein paar bescheidene Häuser
mit je etwa anderthalb Hektar Land an einer einspurigen Straße, die
sich zwischen den Kiefern hindurchschlängelte. Ortsschilder gab es
genausowenig wie ein Geschäft. Die Fundamente des alten Sägewer-
kes (= *sawmill*) lagen etwas abseits im Wald, und jetzt bildete eine
Kirche das Zentrum. Dort öffnete mir die Frau des Pfarrers, eine her-
zensgute Dame mit angenehmen Gesichtszügen und einem Mes-
singschildchen am Kleid, auf dem zu lesen stand: Ich liebe Jesus.

»Wir sind noch nicht lange hier«, sagte die Frau, »aber der Mann
da drüben weiß Bescheid.« Sie deutete auf die andere Straßenseite.

Der Mann da drüben brachte mich zu einem anderen, etwas älteren, dieser wiederum zu einem dritten, und der sagte: »Ich weiß, mit
wem Sie reden müssen. An der Uferstraße wohnt eine Frau. Sie ist
uralt, hat ein gutes Gedächtnis und weiß alles über diese Ortschaft.
Ihr Name ist Georgie Richardson.«

Georgianna Gadsten Richardsons kleine blaue Hütte lag – über eine
unbefestigte Straße fünf Meilen vom ehemaligen Comingtee entfernt – am Rande einer Waldlichtung, eingerahmt von einem Wohnwagen und einer zweiten, allerdings stark baufälligen Hütte. Diese
hatte Schlagseite nach links, eine Wand fehlte, und im Inneren
rostete ein Kühlschrank vor sich hin. Später erfuhr ich, daß sie Mrs.
Richardsons erste Behausung gewesen war, die sich 1989 dem Hurrikan »Hugo« hatte beugen müssen. Auf der Lichtung spielte ein Junge
Basketball – Mrs. Richardsons jüngster Verwandter vor Ort, Marcill.

Die blaue Ersatzhütte bestand aus vier mit Linoleum ausgelegten Räumen. Mrs. Richardson saß in einem kleinen Vorzimmer im Lehnstuhl, einen Krückstock an der Seite, und man sah ihr jeden einzelnen Tag ihrer gut achtzig Jahre an. Sie trug ein kariertes Baumwollkleid und vor trüben Augen eine eckige Brille. Ihre rechte Gesichtshälfte wirkte eingefallen – nach einer Operation, wie sie sagte –, und sie hatte kaum noch Zähne im Mund. Auf dem schlohweißen, schütteren Haupthaar trug sie einen Hut. Ihre Finger waren gekrümmt, und die Handfläche fühlte sich ziemlich rauh an.

»Mr. Ball!« rief Mrs. Richardson fast. »Sie müssen ja der Ur vom Ur sein!« Ihr Lachen war rauh wie Sandpapier. Das sollte heißen, ich müsse einer der jüngsten Balls sein. »Die Enkels der Enkels!« sagte sie.

Es war lange her, seit Mrs. Richardson das letzte Mal mit einem der Unseren gesprochen hatte, aber sie kannte den Namen.

»Alle meine Leutchen von Commentie«, sie sprach das Wort so aus, wie dort unter Schwarzen üblich. »Großmutter, Urgroßmutter, Tante, Onkel, alle von Commentie. Verlassen Commentie, als dieser Kerl es kaufte und sie feuerte. Dann nach Sawmill kommen.« Mrs. Richardson sprach lautstark, freundlich und dickstes Gullah.

Comingtee war 1698 die erste Plantage der Balls gewesen und zwei Jahrhunderte später auch eine der letzten. Nach dem Bürgerkrieg als Pachtfarm weiterbewirtschaftet, band sie viele der ehemaligen Sklaven noch fünf Jahrzehnte lang an ihre alten Hütten und Felder. Doch schon bald schrumpften die Reiserträge auf ein Drittel, danach auf ein Zehntel des früheren Niveaus. Eine Zeitlang wurde die Plantage an Unternehmer verpachtet, die es mit Reis versuchen wollten; später nahmen die Balls das Geschäft bis zum Bankrott selbst in die Hand. Um 1895 begann das Hauptgebäude zu verfallen – wenn die schwarzen Familien mit kleinen Parzellen gerade noch durchkamen, so konnten die Erben das Land nicht mehr halten. 1901 kaufte der in New York aufgewachsene Alwyn Ball jr., der auch ohne Sklaverei zu Geld gekommen war, das Anwesen auf und ließ den Wohnsitz wieder herrichten. 1918 gründete seine Familie die »Comingtee Corporation«, um Nutzholz aus den dortigen Wäldern zu vermarkten. Wenige Meilen entfernt gab es ein Sägewerk, das Schwarze beschäftigte, und bald trafen Stämme von Comingtee ein, aber der Forstbetrieb warf nicht genügend ab. Im März 1927 wurde Comingtee, nach 229 Jahren im Eigentum der Familie, an den US-Senator Joseph Frelinghuysen aus New Jersey veräußert, der das Hauptgebäude als Ferienhaus und die Wälder zum Jagen benutzte. 1949 erwarb die »West Virginia Pulp and Paper Company« das Land, um Pappe und Papier aus Kiefernholz herzustellen. Fortan dienten Hochsitze und Ansitzschirme für die Entenjagd als reine Kundenattraktionen, das Wohnhaus ließ man einfach verfallen, und die ehemaligen Sklavenhütten wurden kurzerhand abgerissen. Als ich Sawmill entdeckte, zogen sich noch die alten unbefestigten Straßen durch Comingtee, aber die verbliebenen beiden Gebäude aus der Sklavenzeit lagen in Trümmern.

»Der Ur vom Ur!« wiederholte Mrs. Richardson lachend. »Auf der Plantage geborene Kinder, schwarze Kinder, hießen immer ›die Ball-Kinder‹, weil alles den Balls gehörte. Kriegte jemand 'n Baby, dann fragten sie: ›Wer hat den Ball gekriegt?‹ Mein Papa is'n Cordes von Mepkin, und die Sippe meiner Ma ist Ball von Commentie, also geht mein Blut querbeet.«

Ich fragte Mrs. Richardson, wie viele Schwarze in ihrer Kindheit auf Comingtee gelebt hatten.

»'ne ganze Menge.«

»Fünfzig?«

»Mehr«, antwortete sie. »Meine ganze Sippschaft lebte da. War'n im groß'n Haus von Commentie zugange. Titty Mack, meine Tante, war da. Und 'ne andre war Köchin. Ich wasch ab, und die zwo koch'n.«

Mrs. Richardsons Erinnerungen stammten aus den zwanziger Jahren, als es die alte Sklavenstraße noch gab.

»Das war keine Straße, das war Dreck und Sand«, verbesserte sie mich. »Lag hinter'm groß'n Haus. Du gehst hint'n aus'm groß'n Haus raus und dann noch'n kleines Stück. Wart'n Sie mal, Sam war ganz vorn. Also gehst du bei dem vorbei und kommst zum Elijah-Haus. Dann kommt Dye. Elijah, Dye und Bristol ...« Mrs. Richardson sah zu Boden. »Ich weiß sie nich' mehr alle, aber's war'n noch viele. Ich glaub', an der Straße war'ns fünf Häuser. Aus Brettern. Ohne Veranda, nur 'n Baum, wo du dich drunter setzt, wenn's heiß wird. Da war'n zwei Familien im Haus, in zwei Zimmern, und mittendrin 'n Backsteinkamin. Vorm Haus war'n Feld, wo sie alle ihre Sach'n pflanzten.«

Im 19. Jahrhundert hatte jemand einige der Hütten auf Comingtee photographiert. Das Bild zeigt eine Reihe klappriger Buden, jede für zwei Familien, wie Mrs. Richardson erzählte, so daß sich fünf bis zehn Personen einen Raum teilten. Auch im Wald gab es welche.

Ich holte eine Liste der 1870 erfolgten ersten Volkszählung nach dem Bürgerkrieg hervor, in der Hoffnung, Mrs. Richardson könne sich an einige der Namen erinnern, obwohl diese Leute in ihrer Kindheit schon ziemlich alt gewesen waren, aber sie machte ein langes Gesicht.

»Ich kann doch nicht lesen«, sagte sie, das Blatt von sich wegschiebend.

Mrs. Richardsons blickte beiseite und schwieg. Sie schloß den Mund, und ihr Lächeln erstarrte. Ich hatte sie beschämt.

»Mrs. Richardson«, beschwor ich sie, »was wir Ihnen vor langer Zeit angetan haben, das war ein Verbrechen. Ich bin auch deshalb hergekommen, weil ich dafür Abbitte leisten möchte.«

»Danke, daß Sie gekomm'n sind«, gab sie zurück. Sie zeigte mir eine geballte Faust. »Gewisse Leute hab'n die Faust in der Tasche. Aber ich nicht.« Die Faust wieder öffnend fuhr sie fort: »Seh'n Sie, meine Hand is off'n.« Wieder gefaßter erklärte sie: »Alle sag'n, ›Miss Georgie, macht doch nix, daß du nicht les'n kannst, weil du 'ne Menge Erfahrung, 'n gutes Gedächnis hast.‹«

Mrs. Richardsons Miene hellte sich auf. »Bin auf Commentie in der Kirch getauft worden. Als ich klein war, gingen da noch 'ne Masse Leute hin. Wir liefen von Sawmill nach Commentie, barfuß, die Schuh in der Hand, um in die Kirche zu geh'n. Da war'n hoher Chor, ganz oben.« Sie zeigte auf eine imaginäre Empore an der Decke des Wohnzimmers. »Bevor du hinkamst, hörtest du sie schon durch'n Wald sing'n. Und ihre Füße ... *tam-ta-da-dam, ta-da-dam, ta-da-dam.* Wir nahm' 'ne Bürste, schrubbt'n die Füße ab, zog'n die Schuhe an und ging'n rein.«

Wir sprachen noch eine Weile über die Kirche, und ich beichtete Mrs. Richardson, daß ich letzten Sonntag nicht gegangen war.

»Sie soll der Deibel holn! Holzauge sei wachsam!« schimpfte sie.
»Der Teufel ist'n starker Kerl!«

Ich fragte nach der Gründung Sawmills, jenes Dorfes im Schatten
von Comingtee.

»Alle baut'n sich selbst 'n Haus«, sagte sie. »Als sie von Commentie wegging'n, holt'n sie Holzbretter vom Sägewerk und baut'n ihr
Haus im Mondlicht. Einige baut'n Block, andere Bretter. Mein Papa
hatte eins aus Brettern mit nur einem Zimmer.« Diese Buden bestanden aus winddichten Planken, Blockhütten hingegen aus Stämmen,
deren Zwischenräume mit Lehm und Stroh ausgefüllt wurden.

»Sie fällt'n 'n Stamm, baut'n 'n Haus, steckt'n Stroh rein und
macht'n Lehm dazwisch'n«, fuhr Mrs. Richardson fort. »Der Kamin
war auch aus Lehm. Du sägst das Ende von Kiefernstämmchen ab,
machst kleine Stücke und schälst sie. Du stapelst sie auf und tust 'n
Lehm dazwisch'n. Aber, Himmel, wenn's regnet mußt du's Feuer die
ganze Nacht anlassen, daß er nicht einstürzt.«

»Warum hat man keine Backsteine benutzt?« fragte ich.

»Weil's keine gab!«

Auch wenn keines dieser Häuser mit Lehmkaminen erhalten war,
gab es Photos. Der Lehm sah weich aus, und Stockenden ragten aus
ihm hervor.

»Wenn es regnete, floß der Kamin mit dem Wasser ab«, sagte ich.

»Das stimmt! Papa ließ das Feuer bei Reg'n die ganze Nacht
brenn', so blieb er steh'n«, schloß sie an. »Meistens um die Jahreszeit, da konntest du das brennende Holz riech'n. Diese grün'n Eich'n
riech'n so gut. Eiche hält die Hitze. Kiefer gibt nur Asche, aber diese
Eiche brennt die ganze Nacht lang. Leg sie ins Feuer, und du hast'n
Heizer.«

Mrs. Richardson lachte. Sie sprach lauter und kam in Fahrt. Doch
dann hielt sie inne, streckte die Zunge ein wenig heraus, nahm sie
zwischen die Lippen und deutete mit dem Finger aufs Fenster.

»Fenster war'n aus Brettern, und du hängtest sie mit solchen Angeln ein. Glasfenster, das war nur was für reiche Leute! Für die Bett'n
nahmst du 'n Krokussack, 'n groß'n Sack, wo Futter reinkommt.«
(Große Jutesäcke für Tierfutter oder Kartoffeln.) »Du leerst'n aus
und nimmst dir 'n Sack. Für Matratz'n nimmste vier Sack unt'n und

vier ob'n. Du nimmst 'ne große Nadel und nähst sie zu 'ner Matratze zusamm'. Dann gehst du in 'n Wald und rechst Kiefernnadeln auf, steckst sie rein und stopfst nach, drückst runter und nähst zu. Für'n Kissn nimmst du alte Klamotten, die du nicht mehr willst, wäschst sie sauber, tust sie in' Sack. Schläfste gut drauf.«

Mrs. Richardson lächelte, und dann fiel sie, heftig schaukelnd, in ein krächzendes Lachen. Plötzlich hörte sie auf, und ihre Züge verhärteten sich.

»Ach, was die damals durchgemacht hab'n!« rief sie aus. »So harte Zeit'n! Grausame Sklaverei! Aber das kommt wieder in Ordnung! Wenn Gabriel die Trompete bläst, dann steig'n die Tot'n in Christus auf!«

In den folgenden Wochen und Monaten traf ich Mrs. Richardson und ihre Familie häufiger. (Bei meinem zweiten Besuch fiel mir auf, daß die windschiefe Baracke neben der Kate verschwunden war.) Ihren Mann Robert hatte die alte Dame schon lange verloren, doch im Wohnwagen neben der blauen Hütte lebten Verwandte: Barbara Jean Richardson, deren Mann Leroy und ihre drei Kinder. Barbara Jean war eine gestandene Enddreißigerin, die von morgens um fünf bis mittags um halb zwei als Putzfrau bei der örtlichen Energieversorgung arbeitete. Leroy war beim Straßenbauamt von Berkeley County beschäftigt – säuberte Straßengräben oder fuhr Schutt und Sand zu Baustellen. Seine Frau nannte Mrs. Richardson, die sie großgezogen hatte, »Mutter«, aber in Wirklichkeit war sie, als Tochter eines Neffen, bloß deren Großnichte. Ihre drei Kinder hießen Marcill, Steven und Shanice. Marcill, der Basketballer von anderntags, schloß gerade die Schule ab, Steven war etwas jünger, Shanice noch keine zehn. Neben Barbara Jean und ihrem Clan hatte Mrs. Richardson eine Familie, die nicht nur über ganz South Carolina verteilt, sondern auch in Georgia, New Jersey, North Carolina und in ferneren Bundesstaaten lebte.

Die Plantagenbücher erwiesen Mrs. Richardson als die Ururgroßnichte einer der herausragendsten Figuren von Comingtee, Maum Mary Anns, der letzten echten »Sklavenmama«. Anne Deas, deren Mutter Ann Ball auf Comingtee aufgewachsen war, hatte sie beschrieben: »›Maum Mary Ann‹ war unsere Haushälterin, hütete die Schlüssel für den Lagerraum und die Vorratskammer, servierte die Mahlzeiten, buk das Brot und führte ganz allgemein die Aufsicht.« Ann Deas zufolge hatte sie »saubere, weiße Handflächen und fröhliche Züge« und, so merkte sie an, »ich habe sie nie anders gesehen, als in einer großen weißen Schürze und mit einem bunten ›Taschentuch‹ auf dem Kopf.«

Nach dem Bürgerkrieg hatte Maum sich »Mary Ann Royal« genannt. Sie war im Frühjahr 1866, nur ein Jahr nach der Befreiung, achtzigjährig gestorben. In einem seiner Geschäftsbücher stimmte Keating Ball, ihr letzter Besitzer, eine regelrechte Ode auf sie an:

Die treu dienende wahre Christin, Mutter Mary Ann Royal, ist am 31. März gestorben, hat ihren Geist dem Schöpfer übergeben, in Frieden, Freundschaft und Eintracht mit aller Welt, darunter ihre früheren Eigentümer, zu deren Familie sie, mit großer Dankbarkeit für alle Güte, die ihr je erwiesen wurde, immer wieder zurückkam, und die sie stets aufnahm wie eine Angehörige und treue Freundin, schon als sie noch Sklavin, aber auch, als sie unter dem *War Act* für frei erklärt war.

Es gibt ein Photo aus Maum Mary Anns letzten Tagen, das sie, sehr mager und gebrechlich, auf einem Holzstuhl sitzend zeigt. Das eine Auge fixiert die Kamera, das andere, aus Glas, ist abgewandt. Die Anwesenheit des Photographen scheint sie fast nicht zu ertragen – und sie wirkt erschöpft.

Als Führer eines Schoners, der mit Fracht und Personen an Bord zwischen Comingtee und Charleston verkehrte, hieß Maum Mary Anns Mann bei allen »Captain Daniel«. Sogar in dieser etwas privilegierten Stellung hatte er gelegentlich unter den harten Plantagenregeln zu leiden. Offenbar hatte er das Schiff im Herbst 1833 einmal in die Marsch gesetzt, wofür er mit Peitschen- und seine Mannschaft mit Rutenschlägen bestraft wurden, wie der Aufseher Thomas Finklea seinem Chef John Ball berichtete: »Daniel hat die Schaluppe auf [Grund] laufen lassen«, und Kollege Jack habe weniger Reis geladen als befohlen. »Habe beide ausgepeitscht & bin auf der Fähre geblieben, bis die Schaluppe wieder frei war«, fügte Finklea hinzu. »Habe die Bootsmänner mit Gerten geschlagen & auch [Daniel] bekam sein Fett weg.«

Maum Mary Ann hatte einen Bruder, Surrey, mit fünf Kindern, die nach der Befreiung als Erwachsene den Namen ›Pinckney‹ führten. (Er selbst war Keating Ball zufolge 1862 neunzigjährig gestorben.) Die im März 1833 geborene Celia heiratete den Feldarbeiter Stephen von Comingtee, der sich nach dem Bürgerkrieg »Green« nannte, und Georgie Richardson war eine Urenkelin Celia und Stephen Greens.

Maum Mary Anns Mann, Captain Daniel Royal, steuerte seinen Schoner bis ins letzte Jahrzehnt der Sklaverei hinein. Da dieser Posten in der Familie »vererbt« wurde, übernahm ihn danach der 1840 geborene Neffe und Namensvetter Daniel Pinckney von seinem Onkel.

»Hab mal von Dan Pinckney gehört«, sagte Georgie Richardson, die etwa zu der Zeit eingetroffen war, als der Bootsführer starb. »Der fuhr immer mit sei'm Schleppschiff nach Charleston, Vorräte hol'n. Die Pinckneys hinterließ'n auch 'n paar Kinder.« Sie nannte ihre Namen und sagte, die Familien lebten nur wenige Meilen entfernt.

Dann ließ ich Mrs. Richardson aus ihrem Leben erzählen. Sie sei am 3. Mai 1910 als Tochter des Thomas Gadsten von Mepkin und der Celia Gadsten von Comingtee in Sawmill geboren und auf den Namen Georgianna Gadsten getauft worden. Ihre Mutter, Celia Blake, sei manchmal »Diane« gerufen worden, ihr Vater in den Schlußphasen des Reisanbaus als Feldarbeiter tätig gewesen.

»Mein Papa sagte, er ging immer morgens um fünfe ins Reisfeld, und sie hätten nacheinander gejohlt. Gejohlt, weil du nie wußtest, wer alles mitging, also johlt'n sie, um zu meld'n, daß sie unterwegs war'n. Und sie johlt'n zurück, um zu meld'n, daß sie gehört hatt'n. Die geh'n da runter nach Mepkin und da runter nach Commentie. Hab' noch immer 'ne Sichel im Haus, mit der Papa den Reis schnitt.«

Georgie Gadsten sei als Kind schwächlich gewesen. »War so krank, die sagt'n mir, ich wär' das kränkste Kind, das sie je gehabt hatt'n, und meine Kiste hätt'n sie auch schon fertig«, erzählte sie lachend.

Doch der Sarg hatte auf die Falsche gewartet. Mit fünf verlor

Georgie ihre Mutter Celia Gadsten, die im Kindbett starb, was ihre früheste Erinnerung sei.

»Der Tag, an dem meine Mutter starb«, sagte Mrs. Richardson, »da war ich noch'n Kind, und wir ging'n in 'n Wald, diese klein'n Blaubeern pflück'n. Ich hatte 'ne kleine Schale. Pflückte die ganze Schale voll und ging wieder rein, und Da lag im Bett.« – »Da« war Georgies Mutter. – »Und meine Tante wa da, Titty, die Schwester von mein'm Paps. Ich ging also wieder rein, wo Da lag, und keiner sah mich. Die Tür war zu, ich machte sie auf, und da hatt'n sie Da 'n Laken übers Gesicht gelegt. Wußte nicht, daß sie tot war. Zog das Laken weg und sah das Blut auf ihr'm Gesicht, also ging ich, das Blut vom Gesicht wegwisch'n, und Titty kam ins Zimmer gerannt. Sie sagte, ›Los, raus hier!‹ Und ich: ›Ich wollte Da nur'n paar Heidelbeer'n geb'n! Schau, wie sie blutet!‹ Titty zog mich weg, und ich mußte mich losreiß'n, um zu Da zu komm'. Und sie hatt'n das kleine Baby in 'ne Decke gewickelt. Titty sagte, ›O Gott, die Kinder haben's schwer, wenn ihre Mutter weg is'.‹«

»Pa holte 'n paar Bretter, um ihr 'ne Kiste zu mach'n«, erzählte sie weiter. »Sie holt'n die Kiefer, und einer kam mit 'ner Säge und Nägeln und allem, und der machte am Abend 'ne Kiste, noch ehe die Sonne untergeganen war. Pa holte Moos und legte es rein, und ich sah, wie Titty 'n Laken nahm und es zerriß. Ich war noch 'n Kind! Ich wußte nicht, wofür die das Laken zerriß. Sie taten es überall in der Kiste auf das Moos und wusch'n sie ab. Damals tat'n sie Terpentin auf die Leiche, daß sie nicht roch. Dann müss'n sie ihr Kleider angezogen und sie genommen und in die Kiste gelegt haben. Pa spannte 'n Wagen an. Er hatte 'n alten Maulesel, hieß Minnie. 'n paar andere Männer war'n bei ihm, und die vier hob'n die Kiste in 'n Wagn und fuhr'n noch an dem Abend nach Commentie. Sie stellt'n sie über Nacht unter'n Baum, 'ne große Eiche. Und am nächst'n Tag begrub'n sie sie. Ich war nicht mit dabei, als sie den Leichnam beerdigten. Ich war zu klein, sie ließ'n mich daheim.« Mrs. Richardson sprach langsamer und blickte zur Wand. »Asche zu Asche, Staub zu Staub.«

Celia Gadsten hatte einen Knaben zur Welt gebracht, der zu einer Verwandten kam, aber früh starb.

»Der Kleine, meine Tante nahm ihn«, sagte Mrs. Richardson. »Sie nannt'n ihn B-Boy. Und wissen Sie, woran der gestorb'n ist? Der aß ein' grün'n Pfirsich vom Baum und kriegte davon die Malaria. Muß um die sieb'n gewes'n sein.«

Celia Gadsten und B-Boy seien nicht als einzige früh gestorben, sondern auch Georgies Schwestern Belle und Sing.

»Was stellte man auf die Gräber?« wollte ich wissen.

»Sie stellten kein'n Grabstein drauf wie heute«, erklärte sie. »Sie schnitt'n Pfähle, Zedernpfähle, und schält'n sie. Zeder verrottet nicht so schnell, wiss'n Sie. 'n Pfahl für'n Fuß und einer für'n Kopf. Der am Kopf war größer. Dann tat'n sie Blumen aufs Grab.«

Nur ein weiteres Kind aus Georgie Gadstens Generation, ihr »Bubba« genannter, zwei Jahre jüngerer Bruder Daniel, habe überlebt.

Nach dem Tod der Mutter habe sie der Familie helfen müssen.

»Ich ging noch'n bißchen zur Schule und hörte dann auf«, sagte sie, »muß in der dritten Klasse gewes'n sein. Als ich hinging, kam meine Tante und holte mich raus. Sie brachte mich heim, um nach Ködern zu grab'n, fürs Fischen. Pa und die andern fing'n die Fische, und wenn sie zurückkam', mußte ich sie ausnehm'.«

Mit zehn habe sie eine Stiefmutter bekommen. »Vater heiratete 'ne böse Frau, Martha«, erzählte Mrs. Richardson. »Die ließ mich alle Kleider wasch'n, Kittel, alles. Ich hatte 'n groß'n Pott, um die Sachen abzukochen. Du tust sie rein und steckst deinen Stock rein und machst Lauge und Goldstaub dran. Kennen Sie das, Goldstaub, mit den kleinen schwarzen Kindern auf 'ner roten Schachtel? Kippte vier Eimer Wasser auf die Steppdecke, bis sie troff, bis das Wasser hell wurde und all das Dreckwasser rauskam. Wenn ich die Decke aufhäng, un sie ist nicht sauber, nimmt meine Stiefmutter sie und schmeißt sie auf'n Boden und läßt sie mich noch mal wasch'n. Kittel wrang ich aus, drehte sie auf links und spülte sie mit drei Eimern Wasser, bis das letzte sauber war. Dann kochte ich Mehlstärke und walkte das Mehl durch. Du nimmst 'ne Schale, machst Wasser rein, stopfst das Ding rein, wringst es aus und hängst es auf. Und du bügelst es mit so 'nem Dampfeisen. Zum Bodenputzen nahm ich 'n Eimer und Mopp und Ziegelstaub. Wir schlug'n die Ziegel, bis Staub rauskam, und verteilt'n ihn auf dem Bod'n. Du kniest dich hin und schrubbst ihn mit 'nem groß'n Krokussack.«

Man habe nicht viel zu beißen gehabt und das Trinkwasser direkt aus dem Cooper River genommen.

»Paps holte das Flußwasser in 'nem Eimer, und manchmal war's salzig. Er schüttelte, daß sich der Schmutz setzte.« Mrs. Richardson schob die Zunge vor und legte sie auf die Unterlippe. »Die Kinder heute, die woll'n dies nicht ess'n und das nicht ess'n. *Puh!* Ich war froh, was zu krieg'n! Denn ich kriegte nix! 'n Appel die Woche, für uns beide durchgeschnitten – Bubba 'n halben un ich 'n halben. Mr. Ball, zu essen hatt'n wir 'nen Löffel Hafergrütze auf der einen Teller- seite und 'nen Löffel Reis auf der andern! Manchmal tötete Pa 'n Huhn auf dem Hof. Pa kriegte die Brust und das Bein. Bubba 'n Fuß und ich den Kopf.«

»Und die Wälder?« fragte ich.

»Pa jagte viel«, sagte sie, »Waschbär, Beutelratte und Skunk. Er zog das Fell ab für's Essen. Aber dann hat mir was die Ratten ver- miest. Einmal nahm Pa 'nen Hund mit zur Jagd. Und draußen im Wald war jemand tot, und sie begrub'n die nicht tief genug. Der Hund bellt und bellt und spürt die Ratte auf. Als er sie kriegt, ist die Ratte im Grab und frißt den Mann.«

Mrs. Richardson sah mich mit ihren trüben Augen an. »Ich bin in 'ne rauhe Zeit gekommen!« sagte sie. »Mann, die Kinder heute, so reich!«

Als noch nicht Zwanzigjährige habe sie eine Tochter bekommen und nach ihrer Mutter Celia Ann genannt. »Mein Kind, ich hab's gar nicht großgezogen«, sagte sie. »Mein Bruder Dan hat's gemacht. Er sagte, ich kann das Mädch'n nicht behalt'n, weil's mir sonst einer ins Gesicht wirft.« Sie habe Celia Ann aufgegeben, damit ihr späterer Mann das Baby nicht gegen sie verwenden konnte. Schließlich habe sich Celia Ann in New York niedergelassen, verheiratet und lange als Näherin verdingt, sei dann nach Pennsylvania gezogen und habe sich in New Jersey zur Ruhe gesetzt.

In Georgie Gadstens Jugend habe eine Verwandte auf Comingtee im Haushalt geholfen, und sie sei manchmal mit ihr waschen gegan- gen. Sie habe abwechselnd dort selbst und auf der Nachbarplantage

Rice Hope gearbeitet, bis sie 1930 Robert Richardson heiratete. Damals hatten reiche Familien aus dem Norden viele Plantagen aufgekauft, bezogen die alten Herrenhäuser als Feriensitze und benutzten das Land als Jagdrevier für die Hirsch- und Entenjagd.

»Nach der Hochzeit ging ich nach Glebe«, sagte Mrs. Richardson, eine sechs Meilen von Comingtee entfernte Plantage nennend. »Dort fischt'n wir. Dann geh'n wir manchmal das Ufer hack'n. Wenn die Yankees runterkommen, Enten schieß'n, mußt du das Ufer hack'n und Gras schneid'n, damit sie zu den Ansitzschirmen kommen. Mein Mann fährt die Yankees mit'm Boot raus und setzt sie da rein. Manchmal hackte er 'nen Pfad, daß keine Schlangen da war'n. Schlangen war'n übel damals, wiss'n Sie. Ich kenn' 'nen Mann, der ist an 'ner Klapperschlange gestorb'n. Holt so 'ne Schaufel raus, wo sie versteckt war, und 'ne Klapperschlange beißt ihn in 'n Arm. War gleich aus. In Glebe wohnt'n wir mit 'ner andern Familie in ein'm Haus. Zwei große Zimmer – eine Familie hier und eine da. War groß genug, daß ich zwei Betten, 'ne Truhe und so 'ne Kommode reinkriegte.«

Alsbald sei Mrs. Richardson mit Robert auf das kleine Grundstück gezogen, wo sie heute noch wohnte. »Mein Mann stellt das Haus auf. Mußte Bretter aus 'm Fluß nehmen un sie zusammenstoppeln«, erklärte sie, zum Fenster zeigend. Es war das vom Hurrikan »Hugo« beschädigte und schließlich abgerissene Haus. »Hatte nur zwei Zimmer.«

Dann habe Robert Arbeit im dreißig Meilen entfernten Charleston gefunden. Die Vereinigten Staaten waren in den Zweiten Weltkrieg eingetreten, und die Marinewerft, ein großer Arbeitgeber, suchte Leute. Ihr Mann habe die bei Schiffsreparaturen benutzten Rohre gereinigt und außer Haus gelebt.

»Hatten Sie auch eine Stelle?« fragte ich.

Mrs. Richardsons Miene verfinsterte sich. Sie dachte kurz nach, blickte unter sich, murmelte etwas. Es war eine blöde Frage, denn das Konzept der Lohnarbeit paßte nicht zum Tagewerk des Landlebens mit seinen Hühnerställen und Maisfeldern.

»Einmal hatte ich 'nen Job«, sagte sie zuletzt, »auf Mepkin Wäsche wasch'n. Und ich wusch auf Rice Hope, als Miss Luce noch da war.«

Gemeint war Clare Boothe Brokow, die zu »Miss Luce« wurde, indem sie den Gründungsvater des seit 1923 bestehenden *Time*-Magazins, Henry Luce, heiratete. Das Paar kaufte die drei Meilen von Comingtee entfernt gelegene Plantage Mepkin, die ehemals der Stammsitz Eleanor Balls und ihres Gatten Henry Laurens gewesen war. Sie wurde den Luces zur zweiten Heimat, wo die New Yorker sich oft wochenlang aufhielten. Und irgendwann beschlossen sie, sich dort ein neues Haus zu bauen, das der modische Architekt Edward Durrell Stone entwarf. Damit entstand der erste weißgestrichene rechteckige Bungalow an den alten Reisufern des Cooper River. Während der Bauzeit wichen die Luces anscheinend viel nach Rice Hope bei Comingtee aus, wo Georgie Richardson ihnen die Wäsche wusch.

»Miss Luce kam aus dem Norden«, sagte sie. »Sie kam' oft Enten schieß'n und versauten sich dabei die Jacken. Wenn ich kam, gibt mir Miss Luce ihre Sachen zu waschen, und da gab's keine elektrische Maschine. Mußt es von Hand mach'n, auf'm Waschbrett. Sie kommt zurück, gibt mir zehn Dollar oder so was. Manchmal unter der Woche läßt Miss Luce und ihre Familie uns hinten ums Haus kommen. Da gab's 'ne Veranda, wo sie saß'n. Hört'n gern Farbige singen.«

»Was haben Sie gesungen?«, fragte ich.

»›Ol' Time Religion‹, so Lieder.«

Bei Comingtee sei ein neues Sägewerk entstanden. »'ne Menge Leute schafft'n in dem Sägewerk. Auch mein Bruder Dan und die alle – Frank Fayall, Mackie Bennett«, erzählte Mrs. Richardson. »Zahlt'n nicht so viel, aber du kriegtest wenigstens Geld.«

Barbara Jean trat ein.

»Na, Mutter, nimmt Mr. Ball dich ordentlich in die Mangel?«

Barbara Jean war Ende Dreißig, freundlich, lautstark und robust. Damals kannte ich sie schon ein wenig.

»Geht noch«, sagte Mrs. Richardson mit ihrem krächzenden Lachen.

Barbara Jean hatte die hochaufgeschossene Shanice im Schlepptau, ein hübsches Mädchen mit großen Augen. Im orangeroten Top und engen Shorts setzte sie sich bei Mrs. Richardson auf den Schoß. Diese war, wie schon erwähnt, nicht Barbara Jeans Mutter, so daß ich sie nach ihren Eltern fragte.

»Mein Vater, Rias Richardson, war der Sohn ihrer Schwägerin«, fing Barbara Jean auf Mrs. Richardson deutend an. »Die wollte meinen Vater nicht, also zogen Mrs. Richardson und ihr Mann ihn ab dem dritten Monat auf. Später ging mein Vater zum Militär, und dann kam ich. Meine Mutter wollte mich nicht, wollte mich weggeben. Und so nahm sie, Mrs. Richardson, mich als dreimonatiges Baby auf, wie schon meinen Vater, und zog mich groß.« Sie zeigte erneut mit dem Finger. »Damit ist sie meine Mutter«, betonte Barbara Jean, ihre Großtante Georgie Richardson anschauend.

»Meine Geburtsmutter hatte keine andern Kinder«, fuhr sie fort. »Sie starb, als ich fünf war, bei einem Autounfall, und so konnte ich sie nie kennenlernen, denn als ich rausfand, wer meine leiblichen Eltern sind, war ich zwölf. Ich sollte über Weihnachten zu meinem Vater gehen. Da kam so einer und klopfte an. Ich sagte, ›Ich kenne Sie nicht!‹ Ich ließ mich kaum davon überzeugen, daß er mein Onkel war, der Bruder meiner Geburtsmutter. Dann lernten wir uns kennen. Als wir meine Großmutter besuchen gingen, hielt sie mich für die Freundin meines Onkels. Er sagte, ›Nein, das ist deine Enkelin.‹ Niemand in der Familie kannte mich.«

»Ich wuchs unter zwei Namen auf«, erklärte Barbara Jean. »Meine Geburtsmutter nannte mich Doreen Smith. Aber ich wuchs als Barbara Jean Richardson auf und wollte den Namen behalten. Als ich achtzehn war, ließ ich die Geburtsurkunde ändern. Mein leiblicher Vater ist Rias Richardson, lebt in Charleston. Arbeitet dort bei der Hafenbehörde und macht gutes Geld. Was der in zwei Tagen verdient, krieg ich in zwei Wochen nicht. Ich weiß von drei Schwestern und zwei Brüdern, aber es gibt noch 'nen Haufen mehr. Von einer habe ich gerade vor ein paar Wochen gehört. Tat gut, denn sie war älter als ich. Ich besuche sie manchmal. Ich hätte es gerne etwas enger, aber das geht nicht. Wegen allem, was passiert ist, versuche ich meinen Kindern zu sagen, wer ihre Eltern sind, daß sie sich nicht als Erwachsene hinstellen und schimpfen: ›Das hat Mama mir nicht erzählt, das hat Mama mir nicht erzählt.‹«

Barbara Jeans drei Kinder stammten von zwei verschiedenen Vätern ab. Als sie sich von ihrem zweiten Mann trennte, so Barbara, habe er in einem Tobsuchtsanfall ihren Wohnwagen zerstört. Eines

Tages sei sie vom Einkaufen zurückgekommen, um nur noch brennende Trümmer vorzufinden. Daraufhin habe sie Sozialhilfe beantragt.

»Ich lebte eine Zeitlang von der Stütze, aber das ging mir gegen den Strich«, erinnerte sie sich. »Ich sagte mir, du brauchst einen Job. Schließlich kriegte ich den beim Versorgungwerk. Dann kaufte ich mir meinen jetzigen Wohnwagen.«

Ich schaute Barbara Jeans hübsche Tochter Shanice an.

»Hilfst du auch im Haushalt mit, wie deine Großmutter früher?« fragte ich sie.

»Ich helfe abwaschen«, sagte Shanice, »den Boden aufwischen und das Haus saubermachen.« Sie fuhr sich wie Mrs. Richardson mit der Zunge über die Lippen.

»Warst du schon mal in Charleston?« erkundigte ich mich. Shanice schüttelte den Kopf. »Hör auf, den Kopf zu schütteln. So was machen nur Kühe«, rüffelte Mrs. Richardson sie.

Shanice verschränkte die Arme, öffnete sie dann wieder und ließ die Fingergelenke knacken.

Zum alten Sklavenfriedhof von Comingtee hatten Schwarze seit den dreißiger Jahren, als er auf dem Terrain neuer Eigentümer lag, keinen Zutritt mehr gehabt. Die Hütten stürzten ein, Wege wucherten zu, und die nicht mehr gepflegten Gräber verschwanden im Dickicht. Georgie Richardsons Mutter lag auf Comingtee begraben, und ihre Schwestern und Brüder hatten dort ebenfalls ihre letzte Ruhestätte gefunden, jedoch hatte Mrs. Richardson den Friedhof als junge Frau das letzte Mal besucht. Jetzt sei es für sie zu spät hinzugehen, da sie den Weg durchs Unterholz nicht mehr finde. So machte ich mich selbst auf und suchte im Wald nach den Gräbern.

Auf den alten Plantagen gab es noch andere Sklavenfriedhöfe, und auf Kensington fand ich sogar einen gut erhaltenen Grabstein, den ein Pflanzer gestiftet hatte. »Zur Erinnerung an den Alten Peter«, stand darauf, »der am 10. Jan.ᵉ 1816 etwa neunzigjährig nach einem treuen & ehrlichen Leben starb. Geboren & gestorben in der Familie Ball.«

Begleitet von einem Ortskundigen, Stanley Richmond, fuhr ich an einem kühlen, hellen Tag nach Comingtee, um auf Gräberjagd zu gehen. Mr. Richmond war Anfang Sechzig, etwa einsachtzig groß, mit dichtem Haar ohne jedes Grau und der Statur eines Dreißigjährigen. Nach einunddreißig Jahren bei jenem Forstbetrieb, dem Comingtee inzwischen gehörte, kannte er das Anwesen wie kein Zweiter. Die Familie seiner Frau stamme von Comingtee-Sklaven ab. »Das hat ihr Großonkel mir verraten«, sagte er. »Sie mußten alle nach Sawmill ziehen.« Ich sah in den Büchern nach und fand tatsächlich die Vorfahren seiner Frau.

Stanley Richmond hatte tiefschwarze Haut, die schimmerte wie Graphit, und von der schweren Arbeit im Unterholz rauhe Hände. Sein ovales Gesicht war durch runde Backen, eine flache Nase und volle Lippen geprägt; wenn er lächelte, glänzte ein Goldzahn inmitten der vollen Reihen von weißen Zähnen, und seine Stimme donnerte wie ein tiefer Tubastoß. Im Wald schien sein Ruf das Laub erzittern zu lassen. An dem Tag, als wir die Plantage besuchten, trug er ein buntkariertes Hemd, grüne Tarnhosen, Mütze, Stiefel und eine dicke Brille.

Das Land gehörte schon seit Jahrzehnten der »WestVaco Corporation« (vormals »West Virginia Pulp and Paper Company«), die es ihren Stammkunden zum Jagen oder Fischen zur Verfügung stellte. Als wir die Einfahrt passierten, wirbelten die Räder Staub auf, und der beißende Geruch vermischte sich mit dem feinen Kiefernadelduft. Wir fuhren zwischen Mauern aus Wald am Rande von Sümpfen hindurch und dann wieder tiefer in die Wälder hinein. Obwohl er seit zwanzig Jahren nicht mehr auf dem Sklavenfriedhof gewesen war, meinte Mr. Richmond, ihn wiederfinden zu können. Die Scheunen und Sklavenhütten, Zimmermannswerkstätten und Ställe, Räucherkammern und Küchen waren samt und sonders verschwunden, viele der alten Felder jetzt mit Bäumen bewachsen. Sogar einige der Wege zwischen der Weißen- und der Schwarzensiedlung, die zweihundert Jahre lang als Trampelpfade bestanden hatten, existierten nicht mehr.

»Den Friedhof umgab eine Art Graben«, sagte Mr. Richmond, als er an einem kaum sichtbaren Waldweg ausstieg. »Er lief voll, und man kam nur bei Niedrigwasser rüber. Bei Hochwasser wird der Friedhof zu einer Insel. Einige der Älteren, die längst tot sind, sagten immer, man kann dort nur bei Niedrigwasser Leute beerdigen, da kommt man rüber.« Mr. Richmonds Bariton hallte inmitten der Bäume wie eine Lautsprecherdurchsage. Den Spechten verging ihr Klopfen, und sogar die Spottdrossel verstummte.

Die Folgen eines Sturmes erschwerten unsere Suche. Im September 1989, als der Hurrikan Hugo von Charleston her über den District Cooper River hinweggefegt war, hatte er mächtige Kiefern in der Mitte abgebrochen und das schwere Unterholz durcheinandergewirbelt wie Staubflocken. Die schlimmsten Schäden hatte jedoch der Fluß angerichtet, als bei steigendem Pegel eine fünf Fuß hohe Flutwelle über die Friedhöfe hinwegrollte. Später hatte das ablaufende Wasser den Mutterboden und vermutlich auch die Grabkreuze weggeschwemmt.

Mr. Richmond kannte die Stätte von mehrmaligen Besuchen, nachdem sie ihm jemand gezeigt hatte, doch mein einziger Anhaltspunkt für die Lage des Friedhofes stammte aus der Familienchronik:

Der Negerfriedhof – bei den Schwarzen Buryin' Groun' genannt – liegt an einem Hain aus hohen Weißeichen und Hickorys auf halbem Wege zwischen Haus und Fluß. ... An diesem schattigen, stillen Ort sind unter dem Laubteppich Generationen um Generationen einfacher Leute begraben, die im Grunde, soweit sie es verstanden, gläubig und ihren Herrschaften treu ergeben waren.

Wenn Mr. Richmond eine Stelle ausdeutete, die jener Beschreibung nahekam, so konnte ich sicher sein, daß es die richtige war. Die Photokopie eines Lageplanes aus dem 18. Jahrhundert ergab, daß der älteste Weg, nämlich der vom Hauptgebäude zum Fluß, unverändert geblieben war. Wir liefen durch den weißen Staub, als Mr. Richmond plötzlich stehenblieb und aufs Unterholz deutete: Darüber sah man die Wipfel der Weißeichen.

»Die Holzpfähle sind bestimmt verrottet«, erklärte Mr. Richmond, »denn es war'n schon welche vermodert, als ich's letztemal herkam. Stand nichts drauf. Zeigten bloß die Kopfseite. Ans Fußende stellten sie diese kleinen Dinger mit den Namen und Jahreszahlen für Geburt und Tod. Aber die sind so leicht, die werden weggespült.«

Auf den Überresten eines Pfades schlugen wir uns in den Wald. Da lagen umgestürzte Kiefern im Weg, und Dornengestrüpp zerrte an der Kleidung. Daneben gab es hüfthohe Gruppen von Palmwedeln, die mir wie grüne Pranken erschienen.

»Ich erkenne das hier wieder«, sagte Mr. Richmond, nach so einem großen Wedel greifend. »Die war'n in der Nähe der Gräber. Wir kamen auf dem Weg zu den Gräbern direkt an diesen Dingern vorbei.«

Wir erreichten einen schlammigen Kanal, den wir überquerten, bevor wir leicht anstiegen. Eine größere Fläche wirkte etwas heller als der übrige Waldboden. Mr. Richmond blieb stehen und verstummte. Er sprach zum erstenmal leise.

»Das ist er«, sagte er. »Schau'n Sie hier, das ist ein Grab.« Er zog mit dem Fuß eine körperlange abgesunkene Stelle auf dem Boden nach. »Es ist in den Boden gesunken, so breit un so lang wie ein Sarg. Wenn die Kiste vermodert, rutscht die Erde, die drauf lag, runter. Und hier auch.« Er trat auf eine weitere Absenkung im Laub.

Mr. Richmond erwähnte beiläufig, er habe mal bei einem Bestatter in der Gegend gearbeitet: Gräber ausgehoben, Leichenwagen gefahren und viele Nachmittage auf Friedhöfen verbracht.

»Das ist unser Platz«, erklärte er schließlich.

Ringsum sah ich weitere abgesackte Rechtecke, unter denen Särge verrottet waren, so daß der Boden kollabierte wie eine Lunge. Dann blickte ich unter mich und erkannte, daß auch ich auf einem Grab stand, vielleicht dem von Georgie Richardsons Mutter oder dem ihrer Urahnin Maum Mary Ann. Es gab allerdings weder Grabsteine noch Holzschilder.

»Die Flutwelle von Hugo war richtig hoch«, sagte Mr. Richmond. »Sie hat alle Schilder weggespült. Jetzt liegen sie wahrscheinlich auf dem Flußgrund.«

Ganz in der Nähe Comingtees stand, von Kiefern umrahmt, ein weißer Ziegelbau, die »St. James Reformed Episcopal Church«. Ein Großteil der Gläubigen lebte in Sawmill, und auch Mrs. Richardsons Familie gehörte der Gemeinde an, deren Ursprünge bis auf die Sklavenkirche der Plantage zurückreichten. Eines Sonntags ging ich gemeinsam mit Georgie Richardson und ihren Angehörigen St. James besuchen.

Es regnete, und der graue Wolkenvorhang hüllte die Kirchentür in seine Düsternis. Unter dem Dunst erschien alles gedämpft, und man hörte nur das Knirschen von Reifen auf Asphalt. Mrs. Richardson trug ein Kleid und einen Hut; Barbara Jean hatte ihre weiße Robe angelegt, um im Chor mitzusingen, ihre Kinder den feinsten Sonntagsstaat.

Die St.-James-Kirche wies zwanzig braunlackierte Sperrholzsitze auf. An der Decke hingen drei Röhrenlampen, die Seitenwände waren mit furnierten Paneelen verkleidet, und das Kruzifix ersetzte ein Wandteppich, der ein italienisches Renaissancegemälde vom Letzten Abendmahl mit rotem, blauem und goldenem Polyester reproduzierte. Dem Pfarrer zufolge hatte die Gemeinde zweiunddreißig Mitglieder. Davon saßen fünfzehn auf den Sitzen, und weitere zehn sangen im Chor. Als Mrs. Richardson sie mir vorstellte, erkannte ich Namen von Comingtee wieder, darunter Simmons, Wilson und Fayall. Wir nahmen in der zweiten Reihe Platz, und das erste Lied erklang. Instrumente gab es nicht, nur Stimmen, Händeklatschen und ein Tamburin.

Das aus England eingeschleppte Credo der Episkopalkirche war die Herrenreligion der Kolonisten. Während die meisten Schwarzen nach dem Bürgerkrieg zu den Baptisten oder Methodisten übergetreten waren – wo man die Gebete der Sklavenhalter ablehnte –, hatte St. James an der alten Liturgie festgehalten. Der hochaufgeschossene Pfarrer hatte einen breiten Mund und eine klare, donnernde Stimme, und als er das Glaubensbekenntnis verlas, erkannte ich Gebete aus der Zeit König Georges III. wieder, durchsetzt mit den »thees« und »thous« aus dem alten Gebetbuch der Anglikanischen Kirche.

Ich hielt Mrs. Richardson das Gebetbuch zum Mitlesen hin, doch sie sah weg – und erst zehn Minuten später fiel mir wieder ein, daß sie ja nicht lesen konnte.

Die Geschichte von St. James war die Sawmills: Gegen 1840 hatten der Schweinehüter Brawley und die Feldarbeiterin Binah als Paar in einer Hütte auf einer Anhöhe von Comingtee gelebt, dem sogenannten »Indian Spring Hill«. Brawley scharte als Plantagenprediger bis etwa 1850 eine Gemeinde um sich und errichtete dann zusammen mit seiner Frau eine kleine Bretterkirche. Beide wurden zu führenden Figuren des Sklavenviertels, und Brawley predigte in seiner Kirche viele Jahre lang vor Feldarbeitern. Nach dem Bürgerkrieg kam die Frage auf, was man, zumindest hier und jetzt, mit der Freiheit anfangen sollte. Einige regten an, alle könnten als Pachtfarmer auf der Plantage bleiben, doch andere wollten fort. Brawley predigte das Bleiben, worauf die meisten der Schwarzen Comingtees den Pachtkontrakt unterschrieben. Auf Limerick dagegen blieb fast niemand.

Auch als Brawley einige Jahre später starb, hielt seine Gemeinde zusammen, baute sogar eine neue, etwas größere Kirche – ein Rechteck mit Deckengewölbe und steilem Dach. Bei dem Kiefernholzbau wurden keine Nägel, sondern nur Holzstifte verwendet. Die Gemeinde sammelte und erwarb eine Glocke, die in einem kleinen Glockenstuhl oberhalb der Eingangstür aufgehängt wurde. Mrs. Richardson war in dieser Kirche getauft worden. Als die Schwarzen nach Sawmill umsiedelten, hatten sie einen neuen Standort ausgewählt, die Fenster dichtgemacht, die Glocke ausgehängt, die ganze Kirche auf Räder gehievt und auf eine kleine Lichtung am Rande von Sawmill gerollt, dort abgesetzt und zur »St. James Reformed Episcopal Church« umgeweiht.

»'ne ganze Menge Leute konnt'n damals nicht schreib'n, aber dafür hatt'n sie die Kirche«, sagte Mrs. Richardson. »Predigt'n aus der Bibel, und es ging ihn'n auch gut dabei! Jemand kam in die Kirche und las den Leuten was vor, und die behieltn's. Ich kann die Bibel nicht lesen, aber wenn ich zur Kirche geh', hör' ich das Wort.«

Die ursprüngliche »Stiftkirche« hielt, bis der Hurrikan Hugo sie umblies. Die Gemeinde wählte einen neuen Standort ganz in der Nähe aus und errichtete den besagten Ziegelbau. Jemand holte die Glocke aus dem Bretterhaufen und stellte sie als Schrein in eine Ecke des Neubaus.

Nach dem Gottesdienst sah ich sie mir an. Sie war aus Gußeisen, hatte einen Durchmesser von fünfunddreißig Zentimetern und war silbern angestrichen. Der Anschlag ergab einen wohlklingenden, hohen Ton.

Im Jahr 1736 war die spätere Angola Amy aus ihrer Heimat am Kongo-Fluß nach Charleston verschleppt, dort von »Rotkäppchen« gekauft und nach Comingtee gebracht worden. Den Unterlagen zufolge stammte Georgie Richardson, wie gesagt, von Maum Mary Ann ab und war darüber hinaus die Urururururenkelin Angola Amys. Deren (1746 auf Comingtee geborene) Tochter Easter brachte 1778 Judy, diese 1805 Dorcas, diese 1833 Celia, diese 1854 Dorcas, diese 1875 eine weitere Celia und die wiederum 1910 Georgianna, die spätere Mrs. Richardson, zur Welt.

Aufgrund dieser Enthüllung gehörte die Familie Mrs. Richardsons einer erlesenen Gruppe schwarzer Amerikaner an, denn nur die allerwenigsten von ihnen kennen den Namen und Geburtsort eines ihrer afrikanischen Urahnen. Die schon als Mädchen entführte und verkaufte Angola Amy hatte dagegen weit zurückreichende dokumentarische Spuren hinterlassen. – Allerdings starb Georgie Richardson siebenundachtzigjährig an Herzversagen, kurz nachdem ich ihre afrikanischen Vorfahren ermitteln, aber noch bevor ich ihr darüber berichten konnte. Ich nahm an der Trauerfeier teil, die bei Sawmill in einer Schwesterkirche von St. James, der »Holy Comforter Reformed Episcopal«, stattfand.

Als der Gottesdienst mit der alten Hymne »Näher mein Gott zu Dir« begann, gab es in der Kirche nur noch Stehplätze. Ganz vorn in dem schlichten Raum stand ein weißer Sarg auf einem fahrbaren Gestell. Er war geschlossen, und die silbernen Beschläge glänzten. Die Tote war eine eifrige Kirchgängerin gewesen, und als Verbeugung vor ihr leiteten fünf Pfarrer die Trauerfeier. Jeder der Geistlichen hielt eine Lobpredigt, gefolgt von einem Lied. Die Abfolge von Ansprachen und Gesängen zog sich über zweieinhalb Stunden hin.

Barbara Jean saß neben ihrem Mann Leroy und den drei Kindern in der ersten Reihe. Mrs. Richardsons Tochter, Celia Ann, war eigens aus New Jersey angereist. Sooft Georgies trauernde Angehörige laut aufschluchzten, erschien eine Frau aus dem Rückraum der Kirche mit einem Papierfächer, den sie über den Hinterbliebenen schwenkte, um ihre Tränen zu kühlen.

Am Ende des Gottesdienstes wurde der Sarg geöffnet und neben den Ausgang gestellt, damit die Trauernden daran vorbeidefilieren und von der Verstorbenen Abschied nehmen konnten. Auch ich betrachtete Mrs. Richardson beim Hinausgehen ein letztes Mal. Ihr Gesicht war stark geschminkt, der Mund mit Draht zugebunden, und sie trug eine graue Perücke. Eine halbe Stunde später stand ich in der Menge von trauernden Schwarzen unter einem grünen Zeltdach am Grab, als zwei Totengräber den Sarg abließen und die Grube mit einer Betonplatte abdeckten.

9

BLUTLINIEN

Beim Tod des Gründungsvaters Rotkäppchen im Jahre 1751 verteilte sich der Familienbetrieb auf drei Plantagen oder Arbeitslager mit je fünfundsiebzig bis hundert Sklaven – Comingtee, Hyde Park und Kensington. Wenn der Einwanderer 1698 bei Charleston klein angefangen hatte, so war sein amerikanisches Unternehmen über alle seine Erwartungen hinaus angewachsen.

Vermächtnisse irgendeiner Art an die nächste Generation waren im kolonialen Amerika eine echte Seltenheit. Die Quellen belegen, daß fast alle weißen Bekannten der Balls aus der Anfangszeit entweder wieder abgewandert oder ausgestorben waren. Entsprechend wiesen die Kirchenregister des zuständigen Sprengels St. Johns Parish gegen 1720 mehr als hundertfünfzig verschiedene Familiennamen auf, von denen fünfzig Jahre später nur noch fünf geblieben waren: Ball, Broughton, Cordes, Harleston und Ravenel. Die Balls waren also Teil eines winzigen Erbkaders geworden.

Rotkäppchen hatte mit seinen beiden weißen Frauen zwölf Kinder gezeugt, zuletzt fast sechzigjährig einen Knaben, der jedoch früh starb. Von den vieren, die Ende des 18. Jahrhunderts noch lebten, hatten zwei fast das gesamte väterliche Vermögen geerbt. Der seinerzeit sechsunddreißigjährige John Coming saß mit Frau Catherine und Kindern auf Hyde Park, der einundvierzigjährige »Zweite Elias« mit Frau Lydia und Kindern direkt nebenan auf Kensington. Niemand von der Familie lebte auf Comingtee, das zu einer rein von Aufsehern geleiteten Reisfarm geworden war. Von den beiden Schwestern, die das Resterbe unter sich aufteilten, lebte die beim Tod des Vaters fünfzigjährige Ann mit zwei Kindern und ihrem Gatten, dem Sklavenhändler George Austin, in Charleston; die zwanzigjährige Eleanor hatte, wie gesagt, mit Henry Laurens dessen erfolgreichen Partner in der Import-Export-Firma Austin & Laurens geheiratet, die unter anderem mit Reis und Werkzeugen, hauptsächlich jedoch mit Menschen handelte. John Coming, der neue, junge Patriarch, war der Reichste unter den vieren. Neben Hyde Park besaß er das 650-Hektar-Anwesen Cypress Grove, ein Landgut namens Three Mile Head und viele weitere Ländereien. Im Jahr 1751 umfaßte sein Gesamtvermögen 5854 Hektar Land und 216 Leute.

Der Erfolg einer Pflanzerfamilie ließ sich grundsätzlich an den drei Kriterien Land, Geld und Sklaven messen, doch um jene Zeit kam für die Elite der Gutsbesitzer noch ein viertes hinzu – das Blut. Die mystischen Aspekte des weißen wie auch schwarzen Blutes fanden rasch Eingang in die Sprache, mit der die Balls ihre Welt beschrieben.

Seine Wirkung ließ sich an Pferden beobachten. Um 1750 wurden in den Dörfern Childsbury bei Comingtee und Moncks Corner, das einige Meilen nordwestwärts lag, Rennbahnen angelegt, und später entstand neben der Strawberry-Plantage des Zweiten Elias der gleichnamige Jockey Club. Pferderennen wurden im Umland Charlestons zu einer Hauptattraktion für Weiße, darunter die Balls. Gewiß verlockte sie das Spektakel, aber noch faszinierender war der Aspekt des Blutes. Rennpferde galten als vollblütig, und Vollblutrennen verhießen ein Kräftemessen zwischen Tieren aus kontrollierter Zucht. Entlang dem Cooper River kam der Nachwuchs einer schnellen Stute als »Stamm Red Doe« zu einigem Ruhm, und die meisten Pflanzer brüsteten sich, ein paar ihrer Abkömmlinge zu besizten. Auf Kensington führte der Zweite Elias Buch über die Würfe und Stammbäume seiner Pferde. »Charlotte hat ein braunes Fohlen geworfen, das von einem Bronzefuchs abstammt«, trug er ein. »Sylvia hat von Shim eine Rappenstute mit Sternchen bekommen.« Das Zuchtbuch bestätigte den Stammbaum eines jeden Pferdes und zeichnete die Bahnen seines Blutes nach.

Ein Pferd gehörte, nicht anders als der sonstige Lebendbesitz, zum beweglichen Vermögen. Eines Tages notierte der Zweite Elias einen Tauschhandel mit Warmblütern. »Geschäft mit Mr. Philip Sandford«, vermerkte er. »Gab ihm einen jungen Neger … für zwei Pferde, eins davon … ein alter Brauner.«

Im Kreislauf des Familienbetriebes erschien dem Zweiten Elias und John Coming die Blutlinie der Schwarzen bald fast genauso wichtig wie die eigene Abstammung. Wenn sie selbst sich als Nachfahren englischer Reispflanzer begriffen, so ihre Schwarzen als Produkte bestimmter Blutlinien. Das Blutsmodell bewirkte, daß die Balls Afrikaner nun für lange Zeit ausschließlich nach Stamm und Herkunft einordneten. In einem Jahr vermerkte der Zweite Elias für fünfunddreißig männliche Sklaven auf Comingtee, wo sie geboren waren, nämlich teils in »Gambia«, teils in »Angola«. Seine Kategorien waren grob, aber handfest. Der Vermerk »im Lande geboren« bedeutete: in South Carolina. In Elias' System mögen die Inlandsschwarzen minderwertig gewesen sein, da ihr Blut wegen der einen Generation in Amerika bereits »verwässert« war.

Sein Schwager, Henry Laurens, kannte sich beim Blut aus wie kein Zweiter. Als Menschenimporteur wurde der Mann Eleanors ständig mit Blutlinien konfrontiert, und er achtete zeit seines Lebens auf die ethnischen Ursprünge der verkauften Afrikaner. Schließlich begriff er sich als eine Art Kenner der schwarzen Stämme und ihres Blutes. Seinen Schiffskapitänen gab er strenge Anweisungen, damit sie ja die richtigen Leute von der Küste Westafrikas mitbrachten.

»Wir bevorzugen die Sklaven vom Gambia-Fluß vor allen anderen, mit Ausnahme der Goldküste«, schrieb Laurens 1756 einem der Kapitäne. Die »Gambianer« stammten entweder aus der Flußregion oder aus dem heutigen Gambia und Senegal, während die Goldküste – wo man neben Sklaven auch mit Gold handelte – der späteren Republik Ghana entsprach. »Goldküstler und Gambianer sind die besten«, schrieb Laurens einem anderen. »Außer ihnen bevorzugen wir die Luvküste vor Angola.« Die Luvküste, ein in Ost-West-Richtung vom Kap Mount bis zum Hafen von Assini verlaufender Streifen, gehört heute zu den Staaten Liberia und Elfenbeinküste. Angola lag 2300 Meilen südwärts an der Kongo-Mündung.

Die Balls hatten also, lange bevor der Rassenwahn aufkam, anhand von Clan- und Stammesursprüngen eine Schwarzenhierarchie aufgestellt. Henry Laurens bat die Schiffskapitäne, die von ihm so bezeichneten »Sklavensorten« auf den Frachtlisten zu vermerken, da verschiedene Stämme (wie jeder wußte) unterschiedliche Merkmale hätten. Bald setzte sich die Idee fest, daß allein das Blut darüber entschied, wer jemand war und was er konnte. Die Engländer waren zum Herrschen, die »Gambianer« zum Reispflücken geboren.

Daher gab es auch gutes und schlechtes schwarzes Blut. Wie der Zweite Elias »Gambianer« mochte (in seinen Listen stehen viele), so nahm er möglichst keine »Ebos« (das heißt Igbo). Deren Herkunftgebiet, damals die »Bucht von Biafra« genannt, lag am Niger-Delta, und sie erzielten auf dem Markt nur geringe Preise. Nicht, daß sie nicht schwer hätten arbeiten können oder weniger mit dem Reisanbau vertraut gewesen wären als die Gambianer, die ihn traditionell beherrschten. Nein, die Igbo galten bei Pflanzern als mürrisch – und derart melancholisch, daß sie schon wegen ihrer Suizidneigung unter den Weißen als eine riskante Investition galten. In der Tat stürzten sie sich verhältnismäßig häufig in den Atlantik und brachten sich um, bevor ihre Häscher sie noch absetzen konnten. Henry Laurens beschwerte sich einmal schriftlich über die vielen Selbstmorde bei den Igbo; ein andermal forderte er einen seiner Agenten auf, diese Sklaven, wenn überhaupt, höchstens fünfzehn- bis zwanzigjährig zu kaufen. Ihm zufolge waren junge Igbo noch nicht wie erwachsene »daran gewöhnt, sich selbst zu zerstören«. Später wurde er jedoch eines anderen belehrt und senkte die Altersgrenze auf vierzehn Jahre ab. Die Suizidneigung der Igbo wurde derart berüchtigt, daß eine Landestelle bei Beaufort – an der Atlantikküste, südlich von Charleston – später den Beinamen »Igbo Landing« erhielt: Zahlreiche Sklaven waren dort angesichts dessen, was ihnen in Amerika blühte, ins Wasser gesprungen. Unklar ist allerdings, ob ihr Freitod auf Melancholie im Blut oder auf schiere Intelligenz zurückging.

Die Blutideologie setzte sich immer stärker durch, bis Kunden wie der Zweite Elias meinten, jeder afrikanische Sklavenclan habe tief verwurzelte Charakterzüge. Pflanzer der zweiten Generation, die große Mengen von Afrikanern kauften, entwickelten folgende Ansichten:

– Die Mandinka aus Gambia waren gutaussehend, sanftmütig, aber nicht vertrauenswürdig.
– Die Coromantee von der Goldküste waren stark, mutig und ernst, aber übellaunig.

– Die Popo aus dem Umland des Hafenstädtchens Whydah, östlich
  der Volta-Mündung, waren die zuverlässigsten Sklaven überhaupt, an harte Arbeit gewöhnt, ausgeglichen, gehorsam und
  rechtschaffen.
– Sklaven aus Sierra Leone, der Region von der Insel Sherbro bis
  etwa dreihundert Meilen hinauf zum Casamance-Fluß, galten als
  gute, vielseitig verwendbare »Reisneger«, da man in ihrer Heimat
  schon seit Jahrhunderten Reis anbaute.
– Die Angolaner aus dem Gebiet des Kongo-Flusses standen im Ruf,
  weniger kräftig zu sein als die Popo, dafür aber praktisch begabt
  und attraktiv, allerdings mit einem Hang zum Ausreißen – ja sogar
  zum Aufruhr.

1762 kauften Henry und Eleanor Laurens die von Comingtee aus drei
Meilen nordwärts am Cooper gelegene Plantage Mepkin. Als Gutsbesitzer fanden sie schließlich Aufnahme in die besseren Kreise der
Vollblutpflanzer. Mepkin mit Arbeitskräften zu bevölkern war kein
Problem, und fortan verbrachte das Paar seine Zeit teils auf der Plantage, teils in Charleston. Da Laurens wenig vom Reisanbau verstand,
holte er sich diesbezüglich bei seinen Schwagern Rat. Seine Sache
war indes die Klassifikation. Die für ihn fahrenden Kapitäne brachten
aus Übersee oft ungewöhnliche Pflanzen, Wurzeln und Samen mit,
so daß er im Garten botanische Experimente unternehmen konnte –
wobei er die Pflege den Sklaven überließ. Laurens soll den chinesi-
schen Talgbaum *Stillingia sebifera* mit seinen herzförmigen Blättern
und den Trauben kleiner wächserner Beeren bevorzugt haben. Vielleicht kniete er sich ab und zu sogar einmal selbst hin, um zwischen
den exotischen Pflanzen das Unkraut zu jäten und Etiketten anzu-
bringen.

In den Adern des Zweiten Elias floß, von der mütterlichen ebenso wie
von der väterlichen Seite her, volles englisches Blut. Die erhaltenen
Porträts zeigen einen etwas zerstreut wirkenden Pflanzer mittleren
Alters, einen wohlbeleibten, anscheinend kahlköpfigen Mann, des-
sen Kinn unter den schweren Wangen fast verschwindet. Der Zweite
Elias hatte drei Söhne, denen er auf die Beine helfen mußte, und als

sie erwachsen wurden, zog das Reisgeschäft zu seinem Glück an, so daß der Patriarch unverhofft hohe Gewinne machte.

1756 brach Großbritannien einen Krieg mit Frankreich vom Zaun, bei dem es um seine Kolonien und die Vorherrschaft im Osten Nordamerikas ging. In diesem siebenjährigen Krieg, dem sogenannten *French and Indian War*, kämpften Dutzende von Eingeborenenclans auf französischer Seite mit, um das Regiment der Engländer zu brechen. Zwar tobten die Gefechte oben in den nördlichen Kolonien, also fern von den Plantagen, bescherten diesen aber gleichwohl einen Aufschwung. Denn Reis galt als vielseitig verwendbar, sättigend und haltbar, und da die Truppen der britischen Krone im Hinterland standen, kaufte diese fast sämtliche Ernten der Reispflanzer Carolinas auf. Bis 1760 hatte sich der Preis daher fast verdoppelt, so daß bei den Balls die Kassen kräftig klingelten.

Der tüchtige Zweite Elias nutzte die Gelegenheit, um seinen Betrieb auszubauen. So kaufte er im März 1764 Limerick in der Absicht, die Plantage seinen Söhnen zu vererben, obgleich diese damals noch auf der Wiese spielten. Wenn Limerick direkt an John Comings Hyde Park grenzte, so stärkte das noch den engen Zusammenhalt der Familie. Anfangs stand das Anwesen leer, da die Arbeiter offenbar zusammen mit ihrem Inhaber umgesiedelt waren. Allerdings hatte der Zweite Elias vom Verkäufer, Daniel Huger, unter anderem eine Frisierkommode aus Mahagoni, zwei Weinkaraffen, ein Bett, einen Satz Porzellan und zudem fünfundneunzig Schweine übernommen. Jetzt lagen drei Familienplantagen – nämlich Limerick, Hyde Park und Kensington, ein starker Block von gut 2300 Hektar – am Cooper River direkt nebeneinander.

Die satten Gewinne flossen allerdings nicht nur in neues Land, sondern auch in die Erziehung. Man stellte Hauslehrer und Gouvernanten ein und schickte die Söhne auf örtliche Akademien, an denen Europäer unterrichteten. Die Ballschen Sprößlinge studierten Mathematik und Rhetorik (im Dienste des Geschäfts), während die Mädchen besondere Pensionate oder Hauswirtschaftsschulen besuchten, um, angeleitet von gutgekleideten Matronen, Handarbeit, französische Konversation und Tanzen zu lernen. Auch wenn man sich um Bildung bemühte, hatte das jedoch nichts mit ernsthaften Studien zu tun.

Zwar schickten mehrere Pflanzer ihre Söhne zum Studieren nach England, aber die Ballschen gehörten nicht dazu. Für Literatur interessierte sich die Familie nur, um ihre Tischgespräche auszuschmükken, und Malerei betrachtete sie als ein Handwerk. Der Zweite Elias scheint sogar mißtrauisch gegenüber Leuten gewesen zu sein, die zuviel dachten, womit er jedoch keineswegs alleine dastand. Als 1748 mit der Charleston Library Society die erste öffentliche Bibliothek der Kolonie gegründet wurde, zählte sie anfangs nur siebzehn Benutzer.

Am meisten konnten sich die Balls und ihr Freundeskreis für die handfesten unter den schönen Dingen erwärmen. Nach seinen Briefen zu urteilen, war der Zweite Elias ein zurückhaltender bis scheuer Mann, der indes genau gewußt zu haben scheint, was er wollte. Da ihm das passende Dekor für sein Haus sehr am Herzen lag, wandte er sich an den englischen Holzschnitzer Thomas Elfe. Der war, 1719 in London geboren, nach Virginia ausgewandert und hatte sich schließlich in Charleston niedergelassen, wo er von 1747 bis zu seinem Tode 1775 Stilmöbel für reiche Pflanzer schuf. Er arbeitete in Mahagoni, dem bevorzugten Material für Geschirrschränke und Kommoden, und bezog sein Rohholz aus der Karibik, wo es – im Gegensatz zu dem verwaschenen Braun anderer Sorten – einen hellen Goldton aufwies. Allein in einem Jahr ließ sich der Zweite Elias von Elfe ein Bett, einen Lehnstuhl nebst Fußschemel, zwei Eßtische, ein Dutzend Stühle mit verzierten Rückenlehnen und einen »Plattentisch« – offenbar mit Marmorscheibe – aus Mahagoni fertigen.

Neben Stilmöbeln gab der Zweite Elias auch Porträts in Auftrag, wobei er genauso wie früher schon Rotkäppchen auf Jeremiah Theus zurückgriff. Der malte ihn zuerst gegen 1760, als fünfzigjährigen Herrn von Kensington, und später erneut, diesmal in weißer Perücke mit Löckchen über den Ohren und einem silberblauen Jackett, unter dem sich der dicke Bauch wölbt. Etwa gleichzeitig ließ der Zweite Elias seine Söhne Elias III. und Isaac malen, die auf den Bildern aussehen wie kleine Dandys. Der etwa zwölfjährige Elias jr. trägt ein königsblaues Wams mit Samtweste und Rüschenhemd; seine blonden Locken stammen von Wickeln, und er hält einen schmalen Lederband in der Hand. Klein Isaac präsentiert sich ganz ähnlich, nur hat er (anstelle des Buches) einen Vogel mit rotem Kopf in der linken Hand.

Die Kinderbilder müssen gut angekommen sein, strömten doch wenig später viele weitere Familienmitglieder ins Atelier des Künstlers, darunter Ann von Hyde Park, die Tochter John Comings und Catherine Balls. Die erst Achtzehnjährige stand gerade im Begriff, Richard Waring aus dem benachbarten Dorchester County zu heiraten, und auf ihrem Porträt trägt die junge Braut ein Samtjackett mit weißer Weste aus Satin und dazu eine Perlenkette.

Neben ihren Bildern, Stilmöbeln und Karossen, dem Silber und Porzellan liebten die Balls auch gute Kleidung. Damit ließen die Mädchen sich in Charleston ausstatten. Einmal begab sich John Comings Tochter Eleanor zu dem Schneider Jacob Tobias, einem jener nach Charleston eingewanderten Sephardimjuden, die nichts mit Reis oder Sklaven zu tun hatten, sondern eigene Geschäfte etwa für Textilien eröffneten. Der Rechnung zufolge machte er für Eleanor ein braunes Kostüm, ein »Fischbeinkorsett« sowie einen Seidenmantel. Die Ballschen Frauen gaben nicht unbedingt mehr als die Männer für ihren Staat aus; der eitelste Pfau der Familie dürfte sogar John, der jüngste Sohn des Zweiten Elias, gewesen sein. 1760 auf Kensington geboren, hatte er schon als Knabe eine umfangreiche Garderobe angesammelt. Zunächst bekam er eine eigene Sklavin, die ihm Rüschenhemden nähte, und mit fünfzehn hatte der junge Herr bereits so prall gefüllte Kleiderschränke, daß er sich genötigt sah, über seine Bestände Buch zu führen. John vermerkte bei jedem einzelnen Stück, wann seine Kammerzofe Diana es gewaschen und gebügelt hatte.

Diana war mit etwa vierzig in Johns persönlichen Dienst geraten, und offenbar erfuhr die Kleidung ihres Sohnes Devonshire und ihrer Tochter Nanna weniger mütterliche Sorgfalt, denn allwöchentlich ging Johns Wäsche zu Diana. Eine recht typische Fuhre, die der Knabe notierte, bestand aus zehn Hemden, acht Paar Socken und fünf Paar Strümpfen, vier Jacketts, vier Taschentüchern sowie zwei Kniehosen. Das waren seine Alltagssachen. Etwas feiner (und vielleicht seltener getragen) waren je zwei weiße Kniehosen, Jacketts mit Punktmuster und purpurrote »Perserjacken«; nicht zu vergessen sechs Paar »Moskitostiefel« für die schlammigen Wege. Diana pflegte zweifellos alles mit Hingabe. Einmal erstellte John ein Verzeichnis der besten Stücke seiner Garderobe und hielt dabei fest, daß er neben drei Mänteln (in Blau, Braun, Grau) eine gepunktete Samthose und nicht weniger als zwölf schwarze Kniehosen nebst zwölf Paar Seidenstrümpfen besaß.

Johns Vater beklagte in Briefen an den jungen Mann, er denke nur an sein Äußeres, und der spielte wahrhaftig den Gigolo. Allerdings scheint der Knabe, an späteren Maßstäben gemessen, eines ausgelassen zu haben, was durchaus zum Reiz eines Dandys beitragen kann: Seinen Notizen zufolge wechselte John die Hemden wenigstens täglich und die Hosen alle zwei bis drei Tage, doch erhielt Diana von ihm nur einen Satz Unterwäsche pro Woche.

Angesichts spärlicher Schriftquellen stellt sich der Sklavenalltag in der zweiten Ballschen Pflanzergeneration nur schnappschußartig dar, verkümmern Hunderte von Biographien zu wenigen Episoden. Doch sind einzelne Erinnerungsspuren immer noch besser als gar keine.

Indiana, eine Feldarbeiterin auf Comingtee, die Tochter der Igbo Clarinda, wurde 1762, im Alter von zweiundzwanzig Jahren, zum ersten Male schwanger und hatte schon den Namen Carter für das Kind ausgesucht – doch sie erlitt eine Totgeburt. Normalerweise trug der Zweite Elias Geburten von Sklaven mit Datum und dem Namen der Mutter ein, aber in diesem Fall erlaubte er sich einen kleinen Scherz. »Am 10. März«, schrieb er, »kam Indianas Sohn Carter mausetot zur Welt.« Den Witz mußte niemand sonst verstehen, schon gar nicht Carters Mutter. Indiana selbst wurde ebenfalls nicht alt und starb gut ein Jahrzehnt später mit vierunddreißig.

Oft kam der Tod unerwartet. Zum Beispiel muß er die Mutter des kleinen Friday hart getroffen haben, der 1773 zehnjährig, wie der Zweite Elias eintrug, »seinen Anfällen erlegen« war. Die Bilanz hätte kaum düsterer sein können: Etwa die Hälfte der auf Ballschen Anwesen geborenen Kinder starb vor Erreichen des fünfzehnten Lebensjahres. Am häufigsten scheinen Infekte die Todesursache gewesen zu sein, doch daneben gab es auch tödliche Unfälle. Ende 1770 hatte Dinah, genannt Dye, die Frau des Gambianers London und Tochter des alten Feldarbeiterpaares Windsor und Angola Amy, eine Pretty zur Welt gebracht; am 23. Februar 1771 kam die Dreimonatige bei einem

Brand ums Leben. Es war Winter, und da nur wenige Sklavenhütten einen Schornstein besaßen, bildete ein offenes Feuer mitten im Zimmer gewöhnlich die einzige Wärmequelle. Wahrscheinlich war die Kleine an einem kalten Tag zu nah ans Feuer gestellt worden. Die Familie dürfte sich vom Schicksal verfolgt gefühlt haben, denn ein paar Jahre später wurde Prettys Schwesterchen Amy vom Blitz erschlagen.

Eine weitere Todesursache war Gewalt. Das wahrscheinlich in den Sklavenvierteln jener Zeit am heftigsten diskutierte Ereignis war 1766 ein Mord auf der etwa zwanzig Meilen nördlich von Comingtee gelegenen Plantage »Wambaw« (der Eingeborenenname des 1750-Hektar-Anwesens, das sich Henry Laurens mit einem seiner Schwager teilte, ging auf den mitten hindurchlaufenden Bach zurück). Das Ganze fing mit dem Dreiecksverhältnis zwischen einem Mann und zwei Schwestern an: Die auf Wambaw tätige Sklavin Chloe hatte mit dem Feldarbeiter Matthias von John Comings Plantage Hyde Park angebandelt. Wenig später schlief auch Chloes Schwester Isabel mit Matthias, offenbar hinter ihrem Rücken. Eines Aprilsamstags machte sich Isabel von Hyde Park auf den Weg in Richtung Wambaw. Dort – nach einem vermutlich mehrstündigen abendlichen Fußmarsch – angekommen, übergab sie Chloe einen Trank, vielleicht als Geschenk. Doch der enthielt ein Gift, und am nächsten Tag war Chloe tot.

Henry Laurens schilderte den Vorfall in einem Brief an einen der Balls. »Wambaw, den 2. Mai«, begann er. »Werter Herr, nach meiner Ankunft hier wurde ich vom plötzlichen Tod Chloes unterrichtet … Es scheint, als habe Isabel Drohungen gegen sie ausgestoßen, über welche [der Aufseher] Ihnen noch näher berichten wird.«

Protokolle über ein Strafverfahren sind nicht erhalten. Wir können vermuten, daß John Coming Ball, als Eigentümer der Mörderin, seinem Schwager Schadenersatz für den Verlust der Feldarbeiterin leisten mußte. Der Verbrecherin ihrerseits dürfte Schlimmeres widerfahren sein – selbstverständlich wegen Mordes, insbesondere jedoch wegen der Methode: Weiße fürchteten das Geheimwissen der Schwarzen über Gifte, weil Köchinnen diese mühelos gegen ihre Herrschaften einsetzen konnten. Schließlich verabschiedete die Legislatur South Carolinas ein Gesetz, das es Schwarzen verbot, die tödliche Kunst zu lehren. »Sooft irgendein Schwarzer«, hieß es darin, »einen anderen Sklaven im Wissen um giftige Wurzeln, Pflanzen, Gräser oder sonstige Gifte unterrichtet oder unterweist, soll er als Schwerverbrecher mit dem Tod bestraft werden.« Isabel mag also hingerichtet worden sein.

Kurz nach seinem Erbantritt ließ der Zweite Elias folgende Anzeige in die *South Carolina Gazette* setzen:

> Entlaufen von meiner Plantage ... ein mittelgroßer Neger namens Carolina mit einer großen Narbe am Arm ... ist in Charles Town und Umgebung gut bekannt, wo er einige Jahre lang Fischer war. Wer ihn ergreift und bei Austin & Laurens in Charles-Town oder bei mir auf der Plantage abliefert ... erhält eine Belohnung von fünf Pfund ... Elias Ball.

Carolina und seine Gefährtin Patra hatten einen elfjährigen Sohn namens Truman. Nach der Anzahl von Suchanzeigen zu urteilen, war Carolina nur einer von vielen Sklaven, die zu fliehen versuchten, indem sie sich, meist im Schutze der Nacht, aus dem Staub machten. Von einer Plantage zu flüchten war ein tückisches Unterfangen, und zwar schon seit Gründung der Kolonie, also lange bevor South Carolina im Jahr 1690 gesetzliche Strafen für Ausreißer festschrieb. Allein anhand der zeitgenössischen Tageszeitungen ließe sich eine Art Chronik der Fluchtversuche und ihrer Folgen erstellen.

Jener entlaufene Fischer Carolina war gleichsam ein Veteran des Ungehorsams. Schon 1749 war er unter dem Vorwurf, sich mit anderen Sklaven am Cooper River zum Aufstand gegen die Reispflanzer verschworen zu haben, inhaftiert und verhört worden, dann aber gerade noch so mit einem blauen Auge davongekommen. Als er beim Zweiten Elias ausriß, kam Carolina jedoch nicht sehr weit, denn wie die Bücher bekunden, arbeitete er schon ein Jahr später wieder auf der Plantage.

Die »große Narbe am Arm« mag Carolina beim Fischen davongetragen haben, wahrscheinlicher ist indes, daß sie von Hieben stammte, die der Zweite Elias selbst oder einer seiner Aufseher ihm verabreicht hatten. Züchtigungen mit der »neunschwänzigen Katze«, dem Stock oder dem Brandeisen hinterließen deutlich sichtbare Spuren, die man als »unveränderliche Kennzeichen« angeben konnte. Carolina war nicht der einzige von Mißhandlungen gezeichnete Sklave des Zweiten Elias. Im Oktober 1766 gab er folgende Anzeige auf: »Entlaufen von meiner Plantage ... Drei neue Negerburschen, Primus, Caesar und Boson [Bootsmann]. ... Primus ist recht hochgewachsen und hat eine große Narbe auf der Schulter.«

Die *Gazette* stellte Platz zur Verfügung, damit die Pflanzer ihre Netze nach flüchtigen Sklaven auswerfen konnten. Gewöhnlich zierte die Suchanzeigen ein Emblem in Form eines davoneilenden schwarzen Speerträgers. South Carolina verzeichnete weit mehr Fluchtversuche als die übrigen Kolonien und sogar doppelt so viele wie die anderen beiden Sklavenzentren, Virginia und Maryland; vielleicht waren die Verhältnisse dort schlicht brutaler als weiter nordwärts. Legt man allein die Anzeigenzahl zugrunde, so rissen von den Reisplantagen mehr Frauen aus als von den nördlichen Tabakfeldern – alles in allem jede vierte. Doch letzten Endes hing das Fluchtverhalten weder vom Geschlecht noch vom Ort ab, sondern anscheinend eher von Kindheitserinnerungen: Mehr als sechs von zehn Ausreißern waren in Afrika zur Welt gekommen.

In einem Februar setzte der Zweite Elias folgende Anzeige in die Lokalzeitung:

Entlaufen ... Zwei junge Neger – ein hierzulande geborener namens Tom, mittelgroß, mit einer abgeschnittenen Zehe, und einer aus Guiney [Guinea], etwas kleiner als *Tom*, von schwarzer Hautfarbe, namens Jemmy. ... Eine Belohnung von zehn Pfund für *Tom* und fünf Pfund für *Jemmy* gibt es für die Ablieferung ...

Ähnlich wie Carolina stammte offenbar auch Tom mit der fehlenden Zehe aus einer rebellischen Familie, war sein Vater doch der nach dem mutmaßlichen Komplott von 1748 verhaftete Angolaner Tom White, seine Mutter die Feldarbeiterin Julatta. Normalerweise wäre Tom im Alter von zwölf Jahren auf die Reisfelder geschickt worden, hätte also bei seiner Flucht als Sechsundzwanzigjähriger bereits vierzehn Jahre gearbeitet. Nach dem Verschwinden taucht er in den Plantagenbüchern nicht mehr auf – entweder weil er gestorben oder als einer der ganz wenigen ein für allemal entkommen war.

Ausreißer wurden oft ergriffen, zurückgebracht und bestraft, um dann erneut davonzulaufen. Zur Zeit des Zweiten Elias mögen einige Sklavenhalter nach wie vor die Kastration (die aus der Pionierzeit stammende Strafe für Wiederholungstäter) angewandt haben, doch nur wenige räumten das ein und hielten ihre Strafmaßnahmen schriftlich fest. In einer weitverbreiteten Züchtigung wurden den Tätern Ohren und Zehen abgeschnitten – allerdings niemals Hände, die sie ja zum Arbeiten brauchten. Die in der Anzeige erwähnte fehlende Zehe Toms mag von einem früheren Fluchtversuch zeugen.

Die Annahme, daß auch der Zweite Elias seine Sklaven verstümmeln ließ, wird durch andere Belege aus der Ära seines Vaters gestützt. Noch zu Lebzeiten Rotkäppchens brachte die *South Carolina Gazette* eine Anzeige des Inhaltes, ein gefaßter Sklave namens Booba warte im Charlestoner Gefängnis auf seine Abholung. Er, so heißt es weiter, »behauptet, Mr. Ball zu gehören« (also Rotkäppchen). Dann folgt eine Liste seiner Kleidungsstücke, und die Annonce schließt mit dem Hinweis: »An den Füßen fehlen ihm jeweils zwei Zehen, die abgetrennt worden zu sein scheinen.«

Der farbige Knabe Edward – vermutlich der Sohn Rotkäppchens und seines »Mulattenmädels« Dolly – bereitete Probleme, denn er hatte nicht nur das verkehrte Blut, sondern auch das Pech, zur Unzeit – nach dem Stono-Aufstand von 1739 – zur Welt gekommen zu sein. Vor jener Rebellion hatten viele braune und gelbe Kinder die Freiheit erlangt, als ihre Inhaber sie in einem Gnadenakt entließen. Durch den Sklavenaufstand änderte sich die Lage, da der sogenannte »Negro Act« von 1740 Pflanzern das Recht nahm, Sklaven nach eigenem Gutdünken zu befreien. Fortan mußten sie dafür in einem umständlichen Verfahren formelle Anträge bei der Legislatur stellen auf die Gefahr hin, ihr Sexualverhalten dem Gespött der Öffentlichkeit preiszugeben.

Da Edward als ein zu spät Geborener nicht ohne weiteres befreit werden konnte, schenkte Rotkäppchen ihn als Einjährigen urkundlich seinem ebenfalls einjährigen Enkel Richard Shubrick, dessen Eltern, Elizabeth Ball und Kapitän Richard Shubrick, nördlich von Comingtee auf der Plantage Quenby lebten. Der Grundgedanke war offenbar, daß Edward und Richard zusammen aufwachsen sollten. Solche Arrangements waren durchaus üblich; dabei spielte das farbige Kind den Part als persönlicher Diener und Spielgefährte des weißen. (Im übrigen wäre Edward so aus dem Haus gewesen.)

Allerdings wurde Edward nicht schon als Baby der Mutter entrissen, sondern es begann eine Art Wartezeit, bis schließlich der Tod dazwischenkam und den ganzen Plan zunichte machte. Im Jahr 1746, Edward war fünf, starb Elizabeth, und der verwitwete Kapitän ging wenig später mit Richard jr. nach England. Edward kam also nie zu seinem neuen Eigentümer, sondern blieb bei der Mutter auf Comingtee. Als die Shubricks nach England übergesiedelt waren, geriet er in einen rechtlosen Raum – war als Eigentum eines abwesenden Halters weder Freier noch Sklave. Im Februar 1748, einige Monate nach dem siebenten Geburtstag des Kindes, erdachte Elias einen neuen Plan: Edward, seine Mutter und seine Geschwister (Halbbruder Cupid und Schwester Catherine) sollten auf das eine Meile von Kensington entfernte Ballsche Anwesen St. James gehen.

Dolly war damals sechsunddreißig, Rotkäppchen zweiundsiebzig Jahre alt. Vielleicht war er ihrer überdrüssig geworden oder mochte das Murren der Charlestoner Nachbarn über ein Haus voller Mulatten nicht mehr hören. Plausibel wäre auch die Erklärung, daß damals kein Ball auf St. James lebte: So würden Elias' weiße Kinder die schwarze Gefährtin des alternden Vaters und ihre dunkle Verwandtschaft nicht mehr sehen müssen.

Irgendwann nach Rotkäppchens Tod erlangte Edward seine Freiheit. Auch wenn keine Dokumente über das Emanzipationsverfahren erhalten sind, wurde er später in Gerichtsakten als »freier Mann« bezeichnet. Vermutlich hatte sich die zweite Generation der Balls zum Kind des Vaters bekannt und einfach angefangen, Edward als Ex-Sklaven, wenn nicht gar als Bruder, zu behandeln. Derartige Regelungen waren zwar selten genug, aber wo sie eine Zeitlang bestanden, begründeten sie sich gleichsam als Gewohnheitsrecht.

Edward erhielt den Spitznamen »Ned« oder auch »Neddy«. Mit dreiundzwanzig Jahren kam er wieder zu den Balls und scheint auf die Plantage Kensington des Zweiten Elias gezogen zu sein, denn eines kalten Novembers, so ein Geschäftsbuch, lieh Neddy sich im Hauptgebäude eine Decke aus. Wer um eine (üblicherweise für Feldarbeiter bestimmte) Decke bat, muß mittellos gewesen sein, dabei aber bevorzugten Zugang zum Herrenhaus besessen haben, wo man Nichtweiße ansonsten kaum vorließ.

Auf Kensington arbeitete Edward zunächst als Gerber, um sich aus der Armut zu lösen. Bis Ende Dreißig gerbte er Häute und verkaufte Lederprodukte. Zwar gehörten auch die Balls und ihre Nachbarn, die Harlestons, zu seinen Klienten, doch den Hauptumsatz machte er mit »Negerschuhen«, jener billigen Fußbekleidung, die man alljährlich auf den Plantagen verteilte. Angesichts der meist großen Belegschaften hatte ein Schuster mit Beziehungen immer gut zu tun, und die Bücher belegen, daß Edward Hunderte von Paaren an die Sklavenhalter längs des Cooper River verkaufte. Allerdings war es kein optimaler Beruf, denn das typische Kennzeichen von Schuhmachern war ihr Geruch. Um ihren Rohstoff vorzubereiten, mußten Gerber (bei dem Verfahren, das Edward angewandt haben wird) die abgezogene Haut in Urin einlegen. Gegen diesen penetranten Gestank kam keine Seife an, und alle rochen es Meilen gegen den Wind, wenn Edward aus seiner Werkstatt kam.

Als ein »befreiter Farbiger« hatte Edward das Recht, sich einen Nachnamen zuzulegen. Wahrscheinlich seines Berufes wegen wählte er »Tanner« (= Gerber).

Als Stallmeister und Pferdehüter der Balls verdiente sich Edward Tanner etwas hinzu. Den Büchern zufolge betrieb er einen Stall- und Zuchtdienst. Der Zweite Elias kaufte häufig Reit- oder Wagenpferde bei ihm, oder er mietete sich Zuchthengste, um seine Stuten decken zu lassen.

Der selbständige Handwerker Edward Tanner scheint in seiner Welt – der kleinen Gruppe freier Farbiger – reüssiert zu haben. 1760 hatte South Carolina neunzigtausend Einwohner gezählt, wovon etwa fünfundfünfzigtausend Schwarze und fünfunddreißigtausend Weiße waren. Als Tanner acht Jahre später seine Schuhmacherlaufbahn begann, gab es den Steuerbilanzen zufolge in der ganzen Provinz nur einhundertneunundfünfzig freie Nichtweiße. Tanner kam zwar voran, blieb aber sehr allein, und das Schicksal von Mulatten konnte hart sein. Oft lebten sie sowohl von den Weißen als auch von der Schwarzenmehrheit isoliert und waren bei keiner der beiden Gruppen wirklich anerkannt.

Edward Tanner genoß zwar mehr Freiheit als andere Farbige, doch gewiß nicht ohne Leid. Auch seine Schwester Catherine oder »Kate«, von der wir kaum mehr wissen als den Namen, kam bei den Balls frei, worauf sie in den nördlich von Charleston gelegenen Küstenort St. George's Parish zog. Sie starb 1768 im Alter von nur zwanzig Jahren, konnte somit dem einsamen Tanner nicht zur Seite stehen. Der Bruder wurde im September als Alleinerbe nach Charleston vor das Nachlaßgericht zitiert.

In den letzten Einträgen über Edward Tanners Mutter Dolly heißt es, sie lebe zusammen mit ihrem Sohn Cupid und einem gewissen John auf St. James. John könnte ihr neuer Partner gewesen sein, nachdem Rotkäppchen sie fortgeschickt hatte. Offenbar erkrankte Dolly, als ihr emanzipierter Sohn gerade Fuß zu fassen begann, denn der Zweite Elias trug ein: »Die alte Dolly am 5. Dez. 1774 mit 62 gestorben.« Sie war bis zuletzt eine von den Balls eingekleidete und versorgte Sklavin geblieben: Kinder von Sklavenhaltern mochten die Befreiung erleben, ihre Geliebten dagegen fast nie.

Einer vorsichtigen Schätzung zufolge wurden in den Jahrhunderten des Sklavenhandels knapp neuneinhalb Millionen Afrikaner in die westlichen Kolonien Europas verschleppt, davon nahezu 450 000 ins Gebiet der späteren Vereinigten Staaten. Dabei kam der größte Teil, meist über Charleston, im 18. Jahrhundert nach Nordamerika (von 1701 bis 1775 nahmen sechsundvierzig Prozent der Schwarzen diesen Weg). Eine neue starke Welle erreichte Charleston Anfang des 19. Jahrhunderts, noch bevor der Handel mit afrikanischen Sklaven 1808 verboten wurde.

Die Importzahlen South Carolinas spielen für das Vermächtnis der Vereinigten Staaten eine bedeutende Rolle, denn etwa vier von zehn schwarzen Amerikanern dürften afrikanische Vorfahren haben, die an Charlestons Küste landeten. Dieser Wert, vierzig Prozent, erinnert an einen anderen Eintrittspunkt Amerikas, die Einwanderungsbehörde auf Ellis Island vor New York, da nämlich ebenfalls vierzig Prozent der Amerikaner von Emigranten abstammen, die dort zwischen 1890 und 1925 mit der großen Welle aus Europa eintrafen.

In der Spitzenzeit zwischen 1735 und 1755 löschten 1108 Sklavenschiffe ihre Fracht im Charlestoner Hafen und machten zwei Schwäger der Balls zu den größten Nutznießern ganz Nordamerikas. Allein im Jahrzehnt zwischen 1751 und 1761 brachten George Austin und Henry Laurens einundsechzig Galeeren an die Quais von Charleston – womit sie alle anderen übertrafen und das höchste Aufkommen im Gesamtgebiet der späteren Vereinigten Staaten erzielten.

Austin und Laurens hielten die afrikanischen Namen der Leute auf ihren Schiffen nicht fest; bis zum Verkauf waren sie pauschal »Neger«. Gleichwohl läßt sich schätzen, wie viele sie importierten. Im ersten Jahrzehnt der Ehe mit Eleanor Ball entrichtete Henry Laurens für seine Firma Einfuhrzölle in Höhe von 68010 Pfund. Bei einem Durchschnitt von zehn Pfund pro Erwachsenem (die steuerrechtliche Altersgrenze lag bei zehn Jahren) ergäbe sich also eine Zahl von 6800 Sklaven. Hinzu kamen mindestens noch tausend Kinder, die zollfrei blieben. Somit hätten Austin & Laurens binnen eines Jahrzehnts gut 7800 Menschen verkauft.

Sklavenhändler arbeiteten auf Provisionsbasis und erhielten zehn Prozent des Erlöses. Für ein schwarzes Kind zahlte man um 1750 in Charleston etwa hundert Pfund; ein kräftiger junger Mann kostete bis zu dreihundert Pfund, eine Frau kaum weniger. Demnach läge der Durchschnittspreis bei mindestens zweihundert Pfund pro Kopf. Also hätten Austin und Laurens mit besagten 7800 Abschlüssen 156000 Pfund umgesetzt, womit sie nach nur zehn Jahren zu den reichsten Leuten Amerikas gehörten. Zwar läßt sich dieser Betrag nicht unmittelbar in Dollar umrechnen, da die Lebenshaltungskosten einer Agrar- und einer Industriegesellschaft kaum direkt miteinander vergleichbar sind. Doch um 1770, als Land etwa zweieinhalb Pfund pro Hektar kostete, galt eine Plantage von gut achthundert Hektar als ausreichend, um zehn Weiße und hundert Schwarze zu ernähren. Das genannte Einkommen von Austin & Laurens hätte also genügt, um achtundsiebzig Plantagen zu bezahlen, von denen 8580 Personen auf unbestimmte Zeit hätten leben können.

Als sich George Austin um 1755 weitgehend auf seine im Südwesten gelegene Plantage Ashepoo zurückzog, nahm Henry Laurens die Zügel in Charleston allein in die Hand. Fortan hielt er die Balls stets über seine Erfolge auf dem laufenden. So schrieb er einmal seinem Schwager John Coming: »Unsere Schäfchen [Kunden] haben den ganzen Sommer über emsig Sklaven gekauft & bis in den Oktober hinein für beste Gambianer bis zu £330 gezahlt.« Andernorts berichtete er: »Wir haben jetzt zwei Schiffe im Hafen, [aber leider] mit ingesamt nur 240 Sklaven an Bord, was angesichts der Nachfrage lediglich ein Tropfen auf den heißen Stein ist.«

Um seine Kundschaft zu pflegen, warb Laurens mit Anzeigen in der *South Carolina Gazette* für seine Ware. Die Schlagzeilen lauteten: Soeben eingetroffen! oder einfach: Neger. Im Text selbst folgten dann Hinweise auf die genaue Herkunft der Afrikaner. Als »Logo« für solche Annoncen diente gewöhnlich eine schwarze Figur im Palmwedelrock, die einen Kopfschmuck aus Gras trug.

Austin und Laurens beherrschten zwar den Markt, waren aber nicht als die einzigen aus der Familie im Geschäft tätig. Rotkäppchens Tochter Elizabeth heiratete 1764 einen Henry Smith, dessen Sippe ebenfalls mit Schwarzen handelte: Sein Bruder war der Partner Miles Brewtons im Unternehmen »Brewton & Smith«, das gelegentlich fast genauso viele Afrikaner einführte wie Austin & Laurens – allein im Jahr nach der Hochzeit fertigte Brewton & Smith vierzehn Sklavengaleeren ab. Bei einer vorsichtigen Schätzung von zweihundert Personen pro Schiff ergäben sich fast zweihundertfünfzig Verkäufe im Monat.

Die Zahlen waren so groß und die Skrupel der Händler so gering, daß sich ein neuer Begriff einbürgerte: »Negermüll«, womit ungesunde, ungehorsame oder auch einfach übellaunige Schwarze gemeint waren. Die Pflanzer wollten um keinen Preis »menschlichen Abfall« kaufen. Laurens erklärte einem Kunden: »Wir haben einige kleine Negerpartien von den Westindischen Inseln importiert und die besten davon recht gut verkauft, aber meist ist auch etwas Negermüll untergemischt.«

Bei Sklavenhändlern in der Familie war es für den Zweiten Elias und seinen Bruder gar kein Problem, sich Leute zu beschaffen. Den Büchern zufolge wurde Austin & Laurens nach der Hochzeit Eleanors mit Henry Laurens zu ihrem Hauptsklavenlieferanten, womit das Geld in der Familie blieb. Als der Zweite Elias im Juni 1756 die *South Carolina Gazette* aufschlug, las er:

> Soeben eingetroffen, mit der *Hare* von Captn. *Caleb Godfrey,* direkt aus *Sierra-Leon,* eine Ladung vielversprechender, gesunder Sklaven. Freier Verkauf am nächsten *Dienstag,* dem 29. *Juni,* durch Austin & Laurens.

Sierra Leone liegt an Afrikas Westküste, etwa fünfhundert Meilen südlich der Gambia-Mündung. Den Namen hatten ihm im 16. Jahrhundert portugiesische Forschungsreisende gegeben, doch zu Laurens' Zeiten führten dort die Briten das Regiment. Bei ihrem Handelsdepot auf einer Halbinsel ergoß sich ein kleiner Fluß in den Atlantik. Entlang der Küste und gut hundert Meilen landeinwärts lebten unter anderen die Stämme Limba, Kono, Mende, Susu, Temne und Vai.

Henry Laurens' Schiffe holten ihre Fracht aus einem Gefängnis an der Mündung des Sierra-Leone-Flusses, das auf dem ovalen Felsen Bunce Island lag. Die etwa fünfhundert Meter lange Insel (die Laurens' Londoner Geschäftspartner Richard Oswald von dortigen Häuptlingen gepachtet hatte) liegt ein ganzes Stück vom Atlantik entfernt stromaufwärts. Im äußersten Nordwesten stand ein befestigtes, ringsum mit Kanonen gesichertes Herrenhaus, in dem die englischen Agenten wohnten und die Kapitäne der Sklavengaleeren empfingen. Dahinter befand sich ein mit Mauern gesicherter Hof, in dem die Gefangenen so lange aneinander gekettet ausharren mußten, bis es genügend waren, um den Bauch eines Schiffes zu füllen.

Anfang 1756 waren hundertsiebzig Gefangene nach einem Inselaufenthalt von Tagen oder Wochen in den Laderaum der *Hare* getrieben worden, die daraufhin ihre Anker in Richtung Charleston lichtete.

Henry Laurens war ein penibler, reizbarer Mann mit scharfem

Blick für die Ware. Als die *Hare* noch auf See war, klagte er in mehreren Briefen an Bekannte darüber, regelrecht mit Schwarzen überschwemmt zu werden, weshalb es ihm das liebste wäre, wenn das Schiff einen anderen Hafen anliefe. »Gott weiß, was wir mit den Sklaven machen sollen, hier ist der Markt restlos übersättigt«, schrieb er einem Mann. Als die *Hare* in Charleston eintraf, waren nur noch etwa hundertzehn ihrer Schwarzen am Leben. »Das ist wahrhaftig eine elende Fracht«, ließ Laurens einen Freund wissen. »Die meisten schorfig, und alles voller Streusel« (so nannte er die »Himbeerpocken«, eine ansteckende Hautkrankheit). Gleichwohl gab Laurens für diese Ladung »gesunder Sklaven« eine Anzeige auf.

Der Zweite Elias begab sich persönlich zum Hafen hinunter und in das Büro seines Schwagers. Offenbar hatte die *Hare* auch zahlreiche Kinder an Bord, von denen er sechs nahm. Wenn Pflanzer sonst meist auf Rechnung kauften, trug Laurens bei diesem Anlaß Barzahlung ins Geschäftsbuch ein. Auch der Zweite Elias hielt den Kauf ordentlich fest: »4 Knaben und 2 Mädchen gekauft – ihr Alter schätzungsweise: Sancho = 9, Peter = 7, Brutus = 7, Harry = 6, Belinda = 10 und Priscilla = 10. Alle zusammen für £ 600.«

Die Kinder wurden mitten im Hochsommer nach Comingtee gebracht. Ihre Eltern waren entweder in Charleston am Hafen oder bereits in ihren Heimatdörfern zurückgeblieben.

Nach dem Verkauf berichtete Laurens, einige Käufer seien wütend gewesen und hätten über den Negermüll der *Hare* geschimpft. »Neben vielen dürren gab es mehrere schon ziemlich ergraute«, schrieb er, dankte seinem Londoner Lieferanten, dem einundfünfzigjährigen Richard Oswald, der faktisch für das Schiff verantwortlich war, jedoch um der guten Geschäftsbeziehungen willen trotzdem für die Lieferung an Austin & Laurens und bat zu entschuldigen, daß seine Firma für diese Fracht von Bunce Island keinen höheren Erlös hatte erzielen können.

Offenbar erwarb ein gütiger und würdevoller Vater wie der Zweite Elias am liebsten Kinder. Einige Jahre nach dem besagten Kauf trug er ein: »13 junge Gambianer gekauft … 11 Knaben und 2 Mädchen, £ 200 das Stück, was insgesamt £ 2 600 ausmacht. Schätze sie auf etwa 12 Jahre.«

Nachdem Henry Laurens die Firma Austin & Laurens 1762 aufgelöst hatte, verbrachte er weniger Zeit am Hafen und war mehr für
seine Frau Eleanor da. Mit George Appleby als seinem neuen Partner
schraubte er das Geschäft etwas herunter. Wenige Jahre später nahm
George Austin, der seine Frau Ann verloren hatte, sein Vermögen
und kehrte nach England zurück, womit beider Ära des im großen
Stil betriebenen Sklavenhandels beendet war.

Die sechs Kinder aus Sierra Leone hatten verschiedene und auf je
eigene Weise typische Schicksale. Belinda taucht nach dem Kauf gar
nicht mehr in den Büchern auf, dürfte also entweder gestorben oder
sofort weiterveräußert worden sein. Harry scheint als Feldarbeiter
bis zu seinem Tod allein gelebt zu haben. Brutus verschwindet 1784
aus den Büchern, war also etwa fünfunddreißigjährig gestorben oder
verkauft worden. Peter wuchs zu jenem Mann heran, den der Zweite
Elias »Mandingo Peter« nannte. Er fand eine Partnerin namens Monemia und hatte Kinder mit ihr. Im Jahr 1777 siedelte die Familie
offenbar von Comingtee nach Kensington über, doch ab 1816 steht
Peter in keiner Liste mehr, so daß er dort ungefähr mit siebenundsechzig Jahren verstorben sein dürfte. Sancho wurde Feldarbeiter auf
Comingtee, wo er seine Partnerin Affie kennenlernte, mit der er
mindestens drei Kinder zeugte: Sancho, Saby und Belinda. Irgendwann vor der Amerikanischen Revolution dürften sie alle nach Kensington umgezogen sein, denn Sancho gehörte 1780 zu einer größeren Gruppe, die während des Revolutionskrieges von dort ausriß, um
ihr Heil bei der Britischen Armee zu suchen, wurde aber später auf
die Plantage zurückgebracht. Im Februar 1819 mußte Sancho zwei-
undsiebzigjährig erleben, wie man ihm Frau und Kinder nahm, als
ein Käufer namens T. Scriven sie auf Kensington ersteigerte. Da er
selbst Scriven vermutlich zu alt war, dürfte er mitangesehen haben,
wie man die Seinen abführte. Er starb an Weihnachten 1833 im Alter
von sechsundachtzig Jahren.

Priscilla muß ein kräftiges Mädchen gewesen sein, denn sie fing
sich rasch und hielt durch. Binnen zehn Jahren lernte sie ihren Partner Jeffrey kennen, mit dem sie eine Familie gründete; 1770 hatte sie
als vierundzwanzigjährige drei Kinder und bekam später zahlreiche
Enkel.

Priscilla und ihre fünf Weggefährten aus Sierra Leone gehören zu den wenigen der annähernd viertausend im Lauf von hundertsiebenundsechzig Jahren bei den Balls dienenden Sklaven, für die sich anhand der schriftlichen Quellen genau bestimmen läßt, wann sie aus Afrika eintrafen.

Priscillas Ururenkel Henry kam erst bei der Emanzipation Anfang 1865 auf William Balls Plantage Limerick frei. Eines Tages sollte ich sogar einige ihrer Nachkommen persönlich kennenlernen.

10

»GEHORSAMST IHR«

Nach einem Todesfall in der Familie war folgender Beileidsbrief mit der Post gekommen:

20. Feb. 1926
Mr. Isaac Ball
King Street
Charleston, S. C.

Lieber Mas' Isaac,
Mrs. Richardson hier oben sagte mir, daß Ihre Frau gegangen ist. Es tut mir leid, trotz sie mich nicht kennt. Ich denke, alle Balls sind mit meinem alten Master verbunden. Ich habe zu achten sie. Es gibt keine Weißen, die ich mehr schätzen werde als die Balls. Mein Vater sagte mir, daß Mrs. Julia [Ball] mich benamst haben, und daß Bischof Howe mich in Mistress Armen getauft haben. Also Mas Isaac, ich bin hier oben in Sumter Co. und hoffe, es eine Zeit hier oben zu machen, aber es gibt keine wie die an der Küste, unsere Weißen. Unsere alten Masters und ihre Kinder. Die Leute von meinem Vater waren nie frei und waren nie Sklaven, soweit das Wort Sklave heißen kann. Ich kann erinnert haben, daß die alten Masters meiner Oma ihre Freiheit und einen Diener gaben, der sie wartete. ... Ich hoffe, es geht Ihnen gut, ich lehre und predige hier oben. ...
Ihr P. Henry Martin, Box 38, Pinewood, S. C.

Diese Beileidsbekundung eines ehemaligen Sklaven erhielt mein Urgroßvater Isaac »der Konföderierte« im Alter von einundachtzig Jahren. 1845 auf Limerick geboren, war er inmitten Hunderter von Schwarzen aufgewachsen. Aus dem Bürgerkrieg zurückgekehrt, hatte er seine noch junge Nachbarin Mary Louisa Moultrie geheiratet, die ihm insgesamt zwölf Kinder schenkte und die im Februar 1926 nach sechsundfünfzig Ehejahren starb. Isaac, der am grünen Star erblindet war, mußte sich den Brief von einer seiner Töchter vorlesen lassen.

Lieber Mas' Isaac ... Die Leute von meinem Vater waren nie frei und waren nie Sklaven, soweit das Wort Sklave heißen kann.

Die Worte werden den trauernden alten Mann berührt und getröstet haben. Isaac hob den Brief auf, der schließlich ins Familienarchiv gelangte. Als ich Generationen später auf P. Henry Martins Schreiben stieß, wußte bei den Balls niemand mehr, wer er war oder wo seine Nachkommen leben mochten. Ein Bekannter besorgte mir die Telefonnummern aller Martins in South Carolina, und bald fand ich einen Enkel von P. Henry.

Thomas Martin war Lehrer und Konrektor im Ruhestand. Bei unserem ersten Gespräch erzählte er mir von Versuchen, Näheres über seinen Großvater herauszubringen. Dieser hatte vor seinem Tod im November 1933, als Thomas noch in den Windeln lag, einen Familienstammbaum angelegt, der mit seiner eigenen Generation begann. Angesichts dieses Dokuments habe Thomas Martin der Vergangenheit nachspüren wollen.

Er lebte in einem wohlhabenden Charlestoner Schwarzenviertel, in einer Straße mit Häusern aus dem frühen 20. Jahrhundert, meist mit Veranden, Säulen und Staketenzäunen. Das große, weiße, einstöckige Gebäude Mr. Martins mit vier hohen Säulen, auf denen ein markanter Giebel ruhte, gehörte zu den ansprechendsten des Blocks.

P. Henry Martins Enkel, ein zurückhaltender Mittsechziger, hatte ein langes, ernstes Gesicht fast ohne Lachfalten, eine hohe Stirn, ausgeprägte Pausbacken, an den Schläfen ergrautes Haar und leicht melancholisch wirkende Augen. Er trug dunkle Hosen, einen Pullover und darunter ein langärmliges Hemd.

Ich betrat das stattliche Haus durch ein Kaminzimmer, wo auf dem Sims verschiedene Urkunden über akademische Grade von Angehörigen standen. Das Eßzimmer beherrschten ein großer Tisch mit Riesenstühlen sowie ein Aquarium mit tropischen Leuchtfischen. Der Vinylsessel machte ein quietschendes Geräusch, als ich mich darin niederließ.

Thomas Martin hatte bisher nicht gewußt, daß seine Vorfahren von einer unserer Plantagen abstammten. Er sprach leise, ich ebenso, mit wohlerwogenen Worten. Ich gab ihm den Brief seines Großvaters, den er durchlas, um ihn dann sinken zu lassen und jene Zeilen vor sich hin zu sprechen, die auch mir besonders aufgefallen waren.

»Was für ein ergreifender Satz«, sagte er. »Die Leute von meinem Vater waren nie frei und waren nie Sklaven.«

Mr. Martins phlegmatische Art erinnerte mich an einige Vertreter meiner eigenen Familie. Er wirkte wortkarg und las den Satz seines Großvaters über die Sklaverei mit fast tonloser Stimme vor. Sicher wollte er höflich sein, da wir einander ja kaum kannten, aber jene Worte hatten uns beide gleichermaßen überrascht.

»Mein Großvater scheint ein überaus dankbarer Mensch gewesen zu sein«, sagte Mr. Martin und schloß noch einen Gedanken an. »Vielleicht hat man sie, seine ganze Familie, einfach nicht wie Durchschnittssklaven behandelt.«

Der Großvater sei Pfarrer und Schullehrer gewesen. Eine Zeitlang habe er in Charleston gelebt, danach gut einen Tagesritt von dort entfernt auf dem Lande. Sein Geld habe er sich als Zimmermann und Maurer verdient. Als Ex-Sklave habe er eine lückenhafte Ausbildung gehabt, allerdings eine weitaus bessere als das Gros der einstigen Feldarbeiter. Er habe sich der notleidenden Kinder angenommen, die nach dem Bürgerkrieg die Plantagen verließen. Darüber hinaus wußte Mr. Martin jedoch kaum etwas über seinen Großvater.

»Sehen Sie, mein Vater sagte, *sein* Vater habe oft gesagt: ›Wenn du mal Sorgen hast, dann geh zum Büro der Balls in der Broad Street.‹« Mr. Martins längliches Gesicht kämpfte mit den alten Erinnerungen. »Er hat aber nie gesagt, weshalb – oder daß es irgendeinen Zusammenhang mit den Ballschen Plantagen gab.«

Seine etwas ruckelnde Stimme verriet, daß wir auf etwas gestoßen waren, wie ein Boot auf einen untergetauchten Baum, und wir nickten einander zu. Die Martins hatten offenbar eine halb verdeckte, halb offene Überlieferung aus den Zeiten der Sklaverei.

Dann verschwand Mr. Martin und kam gleich darauf mit einer alten Photographie zurück, dem Porträt einer schwarzen Großfamilie, die im feinsten Sonntagsstaat in einem Atelier posiert. Die neun Personen sitzen auf Korbsesseln in einem Raum, der an einen viktorianischen Salon erinnert, denn die Aufnahme war um 1900 entstanden, als sich der mondäne englische Stil bei ehrgeizigen Amerikanern einschlich. Die Knaben tragen Knickerbocker und Jacketts mit Stehbündchen, eines der Mädchen ein dunkles langärmliges Kleid mit Schulterrüschen.

»Das war damals die vollzählige Familie«, erläuterte Mr. Martin. »Mein Großvater, meine Großmutter Anna Cruz und ihre Kinder.«

Die Eltern, P. Henry Martin und Anna Cruz, dürften seinerzeit in den Vierzigern gestanden haben. Sie hatte ein breites Gesicht und glattes, zu einem Knoten gebundenes Haar. (Mr. Martin zufolge gab es unter ihren Vorfahren Eingeborene.) Auf dem Photo waren ihr Kopf eingekreist und die einzelnen Personen numeriert, doch Mr. Martin wußte nicht, wer diese Zusätze vor langer Zeit gemacht hatte.

»Mein Großvater hat ein Stammbuch mit Angaben über jedes seiner Kinder angelegt«, sagte er und kramte ein dünnes Heftchen hervor. Auf vierzehn Seiten enthielt es alle Namen und Geburtstage, die ersten Worte und sonstige erste Äußerungen der Kinder. »Vielleicht sind die Nummern auf der Photographie sein Geheimkode.«

Mr. Martin zeigte auf einen etwa dreizehnjährigen Jungen in Kniehosen und einer Jacke mit weitem Revers. »Mein Vater«, erklärte er.

Anhand des Porträts war unverkennbar, daß P. Henry Martin nach dem Ende der Sklaverei seinen Weg gemacht hatte. Davon zeugten die randlose Brille und das gestärkte Hemd ebenso wie seine zufriedene Miene. Alle sieben Kinder sind sorgfältig gekleidet, und er blickt über einem gepflegten Schnurrbart ganz selbstsicher in die Kamera. Mr. Martin legte die Aufnahme beiseite und lehnte sich im Sessel zurück.

»Ich glaube, wenn mein Großvater heute noch lebte, würde er sehr wahrscheinlich ermordet«, sagte er plötzlich.

»Wieso?« fragte ich.

»Wenn er jungen Durchschnittsschwarzen von seiner Verbindung mit den Balls erzählte, würden die ihm das ziemlich krummnehmen. Die wären dermaßen sauer wegen seiner freundlichen Gefühle für die Weißen, daß sie ihm irgendwas antun würden.«

Ich fand noch mehr über P. Henry Martins Leben heraus. Er war am 6. Oktober 1855 schlicht als »Henry« auf Limerick zur Welt gekommen. Während sein Vater in den Plantagenbüchern nicht vorkommt, hieß die Mutter den Sklavenlisten zufolge Dinah. Kurz vor seinem Tode hatte P. Henry Martin einige Briefe an seine früheren Eigentümer, die Balls, geschrieben und darin vermerkt, daß sein Großvater ein Mann namens »Peter Robards« gewesen war. Obwohl er das nicht eigens aussprach, vermute ich, daß Robards ein Weißer war. Martin hatte in seinem Beileidsschreiben erwähnt, daß die Balls »meiner Oma ihre Freiheit und einen Diener gaben, der sie wartete«. Jene Befreiung seiner Großmutter mag ein später Lohn für Jahre harter Arbeit gewesen sein – oder bestätigt haben, daß sie die Geliebte eines Freundes der Herrschaften, eben jenes Mr. Robards, war. Jedenfalls war Dinahs Kind in den Armen Julia Cart Balls, Isaacs damals neununddreißigjähriger Mutter, getauft worden, die seine Stirn im Herrenhaus von einem Bischof benetzen ließ.

Die Familie könnte dem kleinen Henry auch deshalb nahegestanden haben, weil seine Eltern im Herrenhaus dienten. Wenn sein Großvater ein Weißer war, so dürften sie hellhäutig gewesen sein, wie ja viele Haussklaven weiße und schwarze Vorfahren hatten. Wie dem auch sei, jedenfalls scheint Henrys enge Verbindung mit den Herrschaften zum Leitmotiv seines Lebens geworden zu sein.

Als Henry neun Jahre alt war, brach die alte Welt zusammen, denn am Sonntag, dem 26. Februar 1865, traf eine Schar Soldaten in blauen Uniformen auf dem Hof Limericks ein. Die Unionisten teilten den Sklaven mit, daß sie frei waren – was diese allerdings schon beim Anblick der sehnlich erwarteten Kavallerie gewußt hatten. Einige der Befreiten leerten zusammen mit Soldaten die Vorratskammern, um dann das Haus zu durchsuchen. Bei der Plünderung sei Henry von einem Gebäude zum anderen geirrt und dabei in die Küferwerkstatt geraten, wo er mehrere ältere Sklaven beten sah. Nach dem Grund gefragt, hätten diese ihm erklärt, sie bäten den Herrn zu verhindern, daß die Yankees Brände legten – wofür diese damals berüchtigt waren.

Nach dem Krieg hatte Henry seinem großväterlichen Erbe Peter den Nachnamen Martin angehängt. Manchmal unterschrieb er sogar mit dem vollständigen Namen des Großvaters, was »Peter Henry Robards Martin« ergab. In der Jugend scheint er eine gewisse Erziehung genossen zu haben, denn 1866 hatten die Yankees in Pinopolis bei Limerick mit der Nazareth Church School die erste Schwarzenschule der Gegend eingerichtet. Diese Maßnahme trug dem »Befreitenamt« – dem *Bureau of Refugees, Freedpeople and Abandoned Lands* – die ganze Verachtung der dortigen Weißen ein. Einem Bericht der Behörde zufolge, der heute im Washingtoner Bundesarchiv lagert, waren die meisten Gutsherren jener Region gegen eine Ausbildung für Schwarze, ein Großteil der weißen Mittelschicht, gerade in Charleston, jedoch dafür. Im März 1868 wurde die erwähnte Zwergschule in das benachbarte Moncks Corner verlegt, wo man ihr anscheinend weniger feindselig gegenüberstand. Den Unterricht gab eine Weiße, Mary von Hagen, und vermutlich hat der damals dreizehnjährige Henry bei ihr schreiben gelernt. Später ging er nach Pinopolis zurück, wo jene Schule zuerst gestanden hatte, und unterrichtete an dieser alten Lernstätte nun seinerseits schwarze Kinder.

In jungen Jahren begründeten P. Henry Martin und der gut zehn Jahre ältere Isaac Ball, der zusammen mit seinen drei Brüdern auf Limerick lebte und mit Anfang Dreißig andernorts eine Plantage als Pächter betrieb, eine enge Beziehung miteinander. Auch wenn Martin als Zimmermann für ihn gearbeitet haben mag, bestand zwischen den beiden offenkundig eine regelrechte Freundschaft, denn später erklärte Martin: »[Isaac] hat mich in der Kirche ins rechte Licht gerückt.«

Gegen 1880 heiratete der damals fünfundzwanzigjährige Henry seine Anna Cruz und zog mit ihr nach Charleston, wo er die Schwarzenkirche in der Smith Street mitgründete. Nach einer religiösen Bekehrung, zu der auch eine maßvolle Bibellektüre beitrug, predigte er in der neuen Kirche als Diakon, verdiente sich sein Geld jedoch weiterhin als Zimmermann und Maurer.

Ebenso wie Henry pendelte auch Isaac zwischen der Stadt und dem

Land, denn die Pachtfarm The Bluff, das Plantagenerbe seiner Frau, lag Comingtee gegenüber am Westarm des Cooper River, und außerdem machte er Geschäfte in Charleston. Dabei vermittelte er Henry vermutlich Aufträge und half ihm, wo er nur konnte. Wenn dieser die Balls später regelmäßig um Kleidung und Bücher für seine Schwarzenschule bat, so klingen die Bittschreiben mechanisch, als habe er sich lediglich einspannen lassen, doch offenbar leisteten die Balls ihnen trotzdem Folge.

P. Henry Martin zeugte mit Anna Cruz insgesamt zehn Kinder, von denen drei früh starben. Der 1886 zweitgeborene Peter Henry jr. wurde später Dachdecker, sein Sohn Thomas Martin Lehrer und Konrektor an einer staatlichen Schule in Charleston. So hatten beide, der Handwerker und der Erzieher, eine Begabung des Ex-Sklaven geerbt.

Nachdem die Kinder erwachsen waren, zog P. Henry landeinwärts in das Städtchen Pinewood und baute dort eine Kirche, in der er auch eine Schule betrieb. Martin scheint sich überall, wo er lebte, um die Erziehung der schwarzen Kinder bemüht zu haben.

Im hohen Alter frischte Henry Martin seine Bekanntschaft mit den Balls wieder auf, die ihn zunächst versklavt und später unterstützt hatten. In den zwanziger Jahren besuchte er den greisen, erblindeten Isaac in Charleston und wurde freundlich empfangen, wie es alten Gefolgsleuten der Familie gebührt. Die beiden Alten müssen einander mehrere Male gesehen haben. Nach einem seiner Besuche schrieb Martin 1932 die folgenden Zeilen, um sich bei seinen Gastgebern zu bedanken:

Bin gut heimgekommen, und hier ist alles wohlauf. Es war mir eine große Freude, Sie alle zu sehen. Als ich ankam und erzählte, daß ich meine alten und jungen Herrschaften besucht habe, lachten die jungen Neger, aber da sagte ich ihnen, solange es Balls gibt, werde ich Herrschaften haben. Ich weiß noch, wie die Yankees nach Limerick kommen und Masters Wohnhaus verbrennen will … Und sie fragten die Leute, was sie aus dem Haus haben wollen. Sie sagten, Master [William James Ball, Isaacs Vater] war gut und freundlich zu ihnen, sie würden nichts aus dem Haus nehmen. Als in dem Jahr Weihnachten kam, rief Master alle Leute zusammen und sagte ihnen, weil sie so gut waren, ihm nichts wegzunehmen, wie andere weiter unten am Fluß, schenken er ihnen den Ochsen mit Namen Mulberry zu ihrem Weihnachten. ... Ich kann mich noch an viele Sachen von dem alten Limerick erinnern, [etwa] einige von Masters Tiernamen. [Er hatte] zwei Hühnerhunde, Bounce & Bill. Mas Frederick Gibbs [der Schwager William Balls] auf Windsor hatte einen Hund namens Riot. Master sagte mir einmal, denke immer daran, daß es keine besseren Leute gibt als die meines Vaters ...

Ich bin Ihr gehorsamer
Henry

Als Isaac am 26. März 1933 starb, erhielt Martin, der inzwischen wieder in Pinopolis lebte, die Nachricht noch am selben Tag. Tags darauf schrieb er Isaacs Tochter, Julia Ficken, einen Beileidsbrief:

Pinopolis, S. C.
27. März 1933

Mrs. Henry H. Ficken
35 Meeting St.
Charleston, S. C.

Meine liebe Dame,
das Traurige des Ablebens von Mas Isaac hat mich getroffen wie ein Schlag. Er ist der letzte meiner ältesten Masters. Mas Isaac hat viel für mich getan. Bischof Thomas sagte, in seinem Rat hat er wirklich sehr gut über mich gesprochen und mich in der Kirche ins rechte Licht gerückt. Letztes Jahr wollte ich ihn besuchen, konnte aber nicht. Er hat mir Bücher und andere Sachen versprochen, ist jetzt aber in seine ewige Heimat gegangen. Beim Ihnen schreiben kann ich die Augen nicht trocken halten. Mas Isaac und Mas Elias haben mich wie einen aus der Familie behandelt. Seine Mutter hat mich benamst. Das letzte Wort, das mein Vater mir sagte, war auf

dem Sterbebett, und da sagte er, wenn ich Rat brauche, geh nur zu einem Ball. Wir verbeugen uns von oben.

Ihr gehorsamer Henry

Nach der Beisetzung fuhr Julia Ficken mit einigen Bekannten nach Pinopolis, um sich bei Martin für seinen Brief zu bedanken. Da er nicht zu Hause war, hinterließ sie ihm eine Nachricht. Martin war gerührt und antwortete:

Meine liebe Herrin …
Die Leute meines Vaters war von den Balls geliebt. … Ich wurde von Mas Willie, Mas Isaac, Mas John und Mas Elias [den Brüdern auf Limerick] aufgenommen und umsorgt. Master Isaac war der Feinste im Bunde. Wenn er noch leben und Geschäfte machen würde, wäre ich bei ihm. Ich habe aller Welt gesagt, solange es Balls gibt, werde ich Herrschaften haben.

P. H. Martin

P. Henry Martin starb im November desselben Jahres, acht Monate nach seinem ehemaligen Herrn.

Nicht alle Ex-Sklaven traten nach der Befreiung in dieselbe Welt ein. Wenn ehemalige Feldarbeiter oft schwer zu kämpfen hatten, so standen manche der einstigen Haussklaven wirtschaftlich besser da. Ihre früheren Herrschaften halfen ihnen, Kredite und Wohnungen zu finden, sie erhielten eine bessere Ausbildung, ließen sich photographieren, und manche verdienten schlicht und einfach mehr. Als Abkömmling einer Familie, die bei den Balls gedient hatte, scheint es P. Henry Martin besser ergangen zu sein als vielen anderen Freigelassenen, wenngleich er diesen Vorteil mit Unterwürfigkeit bezahlte – seine weißen Gönner mit »Master« anredete und Briefe mit »gehorsam« unterschrieb.

Victor Martin, das dritte Kind P. Henrys und Annas, war 1889 zur Welt gekommen, und seine Tochter Carutha Williams lebte noch. Ich besuchte sie, um mir ein Bild davon zu machen, wie es der Familie späterhin ergangen war.

Carutha Williams war eine freundliche Dame in den Siebzigern, die ähnlich leise und zurückhaltend auftrat wie ihr Vetter Thomas Martin. Sie besaß ebenfalls ein großes Haus, in dem sie als Witwe komfortabel lebte. Ihrem angenehmen Gesicht mit einem ungekünstelten Lächeln entsprach ein achtsamer Händedruck. Fast erblindet, hielt sie mir die Hand entgegen und wartete, bis ich sie in die meine nahm. Sie bewegte sich langsam durch ihr Wohnzimmer, das sie noch aus alten Zeiten als Sehende kannte, führte mich zum Eßtisch und nahm Platz. Mit sanften, höflichen Sätzen führte Mrs. Williams die Geschichte P. Henry Martins zu Ende, soweit sie ihr bekannt war.

»Henrietta, sein erstes Kind«, begann sie, »starb als junge Frau an Tuberkulose.«

Ohne sie sehen zu können, hielt Mrs. Williams die Photographie der Martins in ihrer spätviktorianischen Aufmachung hoch, deren Abzüge sie einst an ihre Angehörigen verteilt hatte. Sie kannte alle Positionen auf dem Bild auswendig und zählte mir die Namen laut auf.

»Es gab noch eine Tochter, Rosa, die um 1898 geboren wurde.« Diese habe einen gewissen Johnson geheiratet, und ihre Kinder lebten in Maryland und New York. »Sie bekamen Zwillinge, Mattie und Morris.« Der Bub habe in den zwanziger Jahren nach außerhalb geheiratet und danach den Kontakt zu den Seinen verloren. »Morris verschwand ganz von der Bildfläche«, sagte Mrs. Williams. »Um den Ersten Weltkrieg herum ging er zum Militär und schickte regelmäßig Ansichtskarten. Jedes Jahr bekam irgendwer eine, meist so aus der Gegend New Jersey, New York. Doch dann kamen plötzlich keine mehr.«

Mrs. Williams sprach unbewegt, doch hinter ihrer Gleichmütigkeit schien sich eine melancholische Grundstimmung zu verbergen, zumal ihre Geschichten davon handelten, wie die wohlhabende Großfamilie der Martins auseinanderfiel. Das Plantagenvermächtnis war niemals einfach darauf hinausgelaufen, sich wieder zu erholen und anschließend durchzuhalten.

Mrs. Williams' Vater Victor Martin, der Drittgeborene, sei schon früh mit seiner Frau nach Bryn Mawr in Pennsylvania gezogen, wo er am gleichnamigen Mädchencollege arbeitete.

»Wir gingen also nach Pennsylvania. Im College hatte jeder Trakt eine eigene Mensa mit Dienstmädchen, Butlern und Pagen. Mein Vater arbeitete in der Küche, machte die Salate. Mutter war Kellnerin in einem anderen Wohnheim. Dort studierten nur höhere Töchter. Mutter sprach immer über die Filmschauspielerin Katherine Hepburn, die zu ihrer Zeit da war – hatte sie in ihrem Wohnheim bedient. Die meisten Mädels in Bryn Mawr seien großzügig gewesen, sehr freie glückliche Menschen.« Nach einer kurzen Pause ergänzte Mrs. Williams pikiert: »Solange man auf sie aufpaßte.«

Nachdem Anna Cruz Anfang des Jahrhunderts gestorben war, hatte Henry sich mit Ida Royal wiederverheiratet.

»Von seiner zweiten Frau bekam Großvater das elfte Kind«, sagte Mrs. Williams. »Einen Jungen, den wir B. B. nannten, für Barnabas Blyden. Auch er hatte später Familie.«

Nachdem Mrs. Williams alle Kinder durch hatte, kam sie mit ihren Erinnerungen auf Charleston zurück. Dort habe P. Henry Martin jr. die begüterte Jennie Singleton geheiratet und dadurch einen schönen Stadtsitz erworben, das Grundstück Norman Street 18 – mit einstöckigem Wohnhaus und einer Hütte dahinter. Das Anwesen schien Gutes zu verheißen. Es war nach der Erschließung als erstes in der Straße entstanden, hatte als erstes im gesamten Viertel fließendes Wasser und Telefon (damals mit der nur vierstelligen Nummer 8383) und als erstes eine komplette Badausstattung mit Waschbecken, Wanne und Toilette, und zwar zu einer Zeit, als sich fast alle schwarzen Familien mit primitiven Plumpsklos begnügen mußten.

Mrs. Williams, geborene Carutha Martin, hatte kurz dort gewohnt, um als Jugendliche die Glückssträhne der Familie fortzusetzen, da sie zu den ganz wenigen weiblichen Schwarzen gehörte, die in den Genuß eines Studiums kamen.

»Ich ging ans South Carolina State College, eine traditionelle Schwarzenschule«, erzählte sie. »Ich hatte Glück und schaffte im Mai 1944 den Abschluß. Meine erste Stelle bekam ich in Alabama, als Sekretärin auf dem Campus des Tuskegee Institute.«

Nach zwei Jahren dort sei sie zurückgekommen, habe in Charleston geheiratet und sich eingerichtet. Als sie von ihrem Mann Clarence Williams sprach, der 1981 gestorben war, lächelte sie fein. In den ersten Ehejahren habe sie am Avery Normal Institute gearbeitet – wiederum einer Schwarzenschule.

»Können Sie sich noch an Veränderungen des Rassenklimas in den frühen fünfziger Jahren erinnern?« fragte ich.

»In den Vierzigern war ich jung, und das Ganze machte mir nichts aus«, antwortete Mrs. Williams. »Und wenn doch, so hatten wir eben Hoffnung. Wir durchschauten nicht ganz, was vor sich ging. Als dann aber die ersten Gerichtsentscheidungen fielen, da kam der Durchbruch.«

Mrs. Williams meinte Prozesse, in denen es um die Integration am Arbeitsplatz ging. Für viele der Charlestoner Urteile hatte J. Waties Waring verantwortlich gezeichnet, jener weiße Bundesrichter, der in den späten vierziger Jahren eine Reihe von Bürgerrechtsentscheidungen zugunsten der Schwarzen fällte.

»Damals sagte die Regierung, einige Schwarze müßten in den Büros der Werft arbeiten«, erinnerte sich Mrs. Williams.

Die vom Charlestoner Hafen flußaufwärts gelegene Marinewerft war vor Ort einer der größten Arbeitgeber. Als die Rassentrennung im Betrieb gelockert wurde, stand die gut ausgebildete, friedfertige Mrs. Williams an vorderster Front der Veränderungen.

»Bis dahin hatten Schwarze in der Werft nur als Hausmeister oder Putzfrauen unterkommen können, einige auch als Mechaniker«, begann sie. »Mit dem rechtlichen Durchbruch gingen Kämpfe los, weil die Weißen das Eindringen von Schwarzen verhindern wollten. Ich habe 1954 die Aufnahmeprüfung für einen Posten bei der Werft bestanden und wurde als Sekretärin eingestellt. Ich saß in einem Großraumbüro mit hundertzwanzig Leuten drin.«

»Wie viele Schwarze waren darunter?« fragte ich.

»Nur ich«, war die Antwort.

»Wissen Sie noch, wie Ihnen zumute war, als Sie diesen Raum das erste Mal betraten?«

»Ich hatte eine panische Angst«, erklärte Mrs. Williams. »In gewissem Maße war ich selber aggressiv, aber diese Art der Aggression hatte ich zuvor noch nie erlebt. Einer in meiner Abteilung – ich arbeitete als Tippse für zehn Männer –, einer sprach überhaupt nicht mit mir. Er ließ mich nicht einmal in die Nähe seines Schreibtisches kommen. Er stellte einen kleinen Tisch dahinter und sagte: ›He, wenn du was für mich hast, leg es da drauf.‹ Eines Tages hatte mein Chef eine Menge Papiere für eine Broschüre, die zusammengestellt werden sollte. Die hatte etwa hundert Seiten, und wir legten die Blätter auf seinem langen Tisch gemeinsam zusammen. Und einer schrie ganz laut durch den Raum, daß es alle hören konnten: ›Langley, du bist echt tief gesunken!‹ Das war hart.«

»Aber Sie hielten durch« sagte ich.

»Ich brauchte den Job«, erklärte sie bestimmt. »Es ging besser, als mehr hinzukamen und die anderen entschieden, daß wir weitermachen mußten, weil alles andere zu nichts führte.«

Mrs. Williams versuchte, ihrem Bericht über die Erfahrungen mit den Weißen eine eher schmeichelhafte Schlußnote zu geben.

»Als ich 1984 in Rente ging«, sagte sie, »lief der Laden einfach so, wie es in einem Team sein muß. Wir sind eben ganz schön weitergekommen.«

»Ich würde nie und nimmer einen Brief mit ›gehorsam‹ unterschreiben«, sagte Thomas Martin. Er hielt einen der Briefe seines Großvaters in der Hand. »Außer wenn ich jemand bewundere oder vielleicht bei meinen Eltern.« Er legte das Schreiben weg.

»Mein Vater war Dachdecker«, sagte er. »Ermunterte mich immer, zur Schule zu gehen, weil ich so eine Arbeit nicht machen sollte. Dennoch arbeitete ich im Sommer als Gehilfe bei ihm.«

Er sei kein guter Dachdecker gewesen. »Hatte Höhenangst«, sagte er, leicht verlegen. »Einmal stieg ich die Leiter bis zum zweiten Stock hoch, schaute runter, klammerte mich an den Sprossen fest und konnte sie nicht mehr loslassen. Mein Vater mußte mich holen kommen.«

Sein Vater habe oft für das Bauunternehmen H. A. DeCosta Co. des Schwarzen Herbert DeCosta gearbeitet. Zu jener Zeit war auch mein Großvater Nathaniel Ball in der Baubranche tätig, und seine Firma N. I. Ball & Sohn stand häufig in Konkurrenz mit der DeCostas. Da ihre Arbeiter einander kannten, dürfte dies auch für Großvater Nat und Mr. Martins Vater zutreffen.

»Daddy war zwar Pfarrerssohn, aber gar nicht fromm«, fuhr Mr. Martin fort. »Doch irgendwann ließ er sich von einem der Männer DeCostas überreden, in die St. Mark's Church einzutreten.«

Die 1865 gegründete St. Mark's Episcopal Church sprach besonders die afroamerikanische Elite Charlestons an. Die meisten Mitglieder waren hellhäutig, stammten von Sklaven mit weißen Vätern ab, deren Familien oft schon vor dem Bürgerkrieg die Freiheit erlangt hatten und schließlich eine eigenständige soziale Gruppe bildeten. In der Sklavenzeit hatten sie zum Teil die Kirchen der Weißen mitbesucht, nach der Emanzipation jedoch gründete die Mulattenelite – halb auf eigenen Wunsch, halb weil die Weißen sie nicht mehr wollten – ihre neue Kirche, eben St. Mark's.

»St. Mark's besuchen fast nur hellhäutige Neger«, hob Mr. Martin an. »Nach einiger Zeit ging mein Vater nicht mehr hin. Ich fragte ihn nach dem Grund, und er sagte, das sei nichts für ihn. ›Da muß der Kamm glatt durchs Haar gehen, und ich habe kein solches Haar.‹ Er fühlte sich dort verfemt und ging nie wieder in die Kirche.«

Der Dachdecker P. Henry Martin jr. war am 19. April 1957 gestorben.

»Es gibt eine Familienlegende über seinen Tod«, sagte der Sohn. »Als Daddy krank wurde, schickte man nach mir. Er sagte, er werde an meinem Geburtstag sterben. Ich war an einem Karfreitag geboren, und er starb am Karfreitag 1957.«

Am 14. April 1933 zur Welt gekommen, sei er auf den Namen Thomas P. Martin getauft worden.

»Neulich hat mich eine Kusine aus Chicago besucht, die erklärte, ›Jetzt siehst du aus wie dein Vater, Onkel Tom.‹ Alle nannten ihn Onkel Tom.«

»Ich habe vom Kindergarten an bis hinauf zur zwölften Klasse die ›Immaculate Conception‹ in der Coming Street besucht. Die war damals noch schwarz und wurde erst Ende der sechziger Jahre gemischt.« Er selbst sei übrigens katholisch. (Der englische Schulname bedeutet »unbefleckte Empfängnis«.)

»Ich habe das Tuskegee Institute absolviert (das inzwischen Tuskegee University heißt), gefördert vom United Negro College Fund, und 1955 mein Diplom in Pädagogik gemacht. Dann war ich für einige Zeit an der Temple University in Philadelphia und holte mir den Magister in Pädagogik am South Carolina State College.«

»Schon in der Schule hatte ich meine spätere Frau kennengelernt. Mit Mädchennamen hieß sie Rosalind Duncan.«

Später lernte ich Rosalind Martin kennen, die genauso ruhig war wie ihr Mann. Sie singe, erzählte sie mir, im Kirchenchor und halte Bibelkurse ab. Von ihrem jüngst begangenen Geburtstag lagen im Wohnzimmer noch Geschenke herum. Besonders fiel mir ein Pullover mit dem Logo des örtlichen Militärcollege »Citadel« auf. Dort, erfuhr ich, studiere der Freund ihrer Tochter.

»Zuerst war ich Lehrerin an der Charlestoner Burke High School«, berichtete Mrs. Martin. »Ich arbeitete in der Theatergruppe und bei der Schulzeitung mit. Dann stieg ich in die Schulleitung auf und wurde später Konrektorin. Das machte ich gut dreißig Jahre lang, bevor ich in Rente ging. Ich kenne nichts außer der Burke High School.«

Mr. Martin hatte mir von zwei Kindern erzählt, einem derzeit bei der Marine dienenden Sohn und der Tochter Thomalind, die an einer staatlichen Schule Logopädie studierte.

Nun trat besagte Thomalind ein, eine hübsche, freundliche, etwas verlegen wirkende junge Dame, deren Schüchternheit einem Grundzug der Familie zu entsprechen schien. Mit dem Magister in der Tasche, so Thomalind, wolle sie vielleicht in einer Klinik arbeiten – oder wie ihr Vater und Großvater Kinder unterrichten.

P. Henry Martin war auf Limerick geboren, doch sein Enkel Thomas hatte nie etwas von der Plantage gehört, geschweige denn erblickt. Meinen Vorschlag, sie gemeinsam zu besuchen, nahm er dankend an. Es sei eine Art Heimkehr, die er gerne unternehmen wolle.

Die Geschichte der (nördlich Charlestons am Oberlauf des Cooper-Ostarmes gelegenen) Plantage Limerick hatte begonnen, lange bevor die Balls sie kauften, als ein gewisser Michael Mahon das Anwesen im April 1709 übernahm. Der Urkunde zufolge erwarb der aus Irland stammende Mahon jenen Teil, »der heute d^{ie} Mittlere Siedlung oder

Plantage Lymerick heißt, summ[a] dreitausendfünfhundert Acres Land«, und anscheinend den Namen von Mahons Geburtsort trug. Dieser ließ den Boden von Landarbeitern bestellen, um das Anwesen (vielleicht mitsamt den Sklaven) vier Jahre später an den französischen Hugenotten Daniel Huger zu veräußern und nach Barbados auszuwandern. Um 1720 baute Huger dort ein großes Holzhaus, das zweieinviertel Jahrhunderte hielt und schließlich Generationen von Balls beherbergte. Er kaufte Land und Sklaven hinzu und machte Limerick zu einer Reisplantage. Als Huger 1754 starb, ging das Anwesen auf seinen ältesten Sohn Daniel über. Zehn Jahre später, im März 1764, verkaufte dieser es an den Zweiten Elias, den ältesten Sohn Rotkäppchens, des ersten Ball in South Carolina.

In der Spitzenzeit Limericks, Anfang des 19. Jahrhunderts, säumten zehn Reisfelder den Fluß, die zweihundertdreiundachtzig Leute bestellten. Insgesamt gab es dreiundzwanzig Gebäude, darunter Sklavenquartiere, Hühnerställe, Scheunen, Stallungen und das Herrenhaus.

Nach dem Bürgerkrieg blieb Limerick als Pachtfarm mit nicht mehr als dreißig Feldarbeitern im Geschäft, und der Profit schrumpfte. 1890 verkaufte der damalige Inhaber William James Ball einen Teil des Anwesens an ein Unternehmen für Phosphatabbau. Er starb 1891, und 1895 verloren seine Erben den Rest, als einer ihrer Gläubiger ein Darlehen aufkündigte.

Anfang des 20. Jahrhunderts wechselten die Eigentümer Limericks noch mehrfach. Die Gebäude verfielen eines nach dem anderen und wurden abgerissen. Bis um 1940 waren die zwischen dem Herrenhaus und den Reisfeldern gelegenen Sklavenquartiere verschwunden – jenes inzwischen selbst eine echte Bruchbude, auch wenn darin noch mehrere Familien wohnten, bis sie 1945 abbrannte. Einer Familienlegende zufolge hatte ein Mieter Feuer gelegt, weil er ausziehen mußte. Erst dreiunddreißig Jahre später, 1978, beseitigten Bulldozer die Reste der Fundamente, um Platz für eine Bahnlinie zu schaffen. Die direkt über den einstigen Standort des Hauses verlaufende Trasse der East Cooper and Berkeley Raiload führte zu einer Fabrik der Amoco Chemical Corporation, die mehrere Meilen entfernt am Cooper River lag.

Thomas Martin und ich fuhren an einem regnerischen Junitag nach Limerick hinauf, doch als es am Spätnachmittag aufklarte, brannte die Sonne auf die Nadelwälder und Sümpfe. Von der einstigen Plantage zeugte nur noch eine Eichenallee zwischen der zweispurigen Straße und der Stätte des alten Herrenhauses. Am Ende, wo dieses ehemals gestanden hatte, kreuzte die besagte Bahnlinie den Weg.

Die Eichenallee soll auf Wunsch Julia Cart Balls angelegt worden sein, die 1842 als frischgebackene Frau des Inhabers William Ball dort eingezogen war. Offenbar hatte man auf ihr Bitten hin mehrere Männer von den Reisfeldern abberufen. Sie war es auch gewesen, die wenige Jahre später den Namen für Mr. Martins Großvater ausgewählt und ihn bei der Taufe in den Armen gehalten hatte.

Als wir unter den Eichen hindurch schlenderten, sah sich Thomas Martin schweigend um. Bis zu diesem Moment hatte er gegenüber der Vergangenheit kaum Gefühle gezeigt. Zum Thema Sklaverei schien er eine respektvolle, fast akademische Distanz zu wahren.

»Das ist geheiligter Boden«, sagte er plötzlich. »Mir kommt es vor, als wandelte ich auf den Spuren Jesu.«

In dem von Westen einfallenden, blaß orangeroten Licht warfen die Baumstämme lange Schatten über den Weg. Weit entfernt sah man die flachen Silhouetten zweier Backsteinhäuser, die neuere Eigentümer der Plantage in den achtziger Jahren hatten erbauen lassen.

»Einige meiner Freunde würden mir die Verabredung mit Ihnen ziemlich übelnehmen«, sagte Mr. Martin, sich vorsichtig umblickend. »Und einige der Angehörigen meiner Frau nehmen sie mir tatsächlich sehr übel.«

Dann geriet er ins Grübeln. »Was Sie mir da gezeigt haben, diese Briefe meines Großvaters an Ihren Urgroßvater – wie er als Sklave behandelt wurde, scheint mir nicht das zu sein, was man uns so im Fernsehen zeigt. Keine Schläge. Ich muß mich also fragen, was für Leute die Balls waren.«

Ich stimmte zu, daß diese Briefe den üblichen Berichten über das Plantagenwesen zu widersprechen schienen.

»Ich weiß wenig über die Sklaverei«, sagte er, »weil man uns so gut wie nichts davon oder auch über unsere Vorfahren erzählt hat. Wir konnten uns aber so einiges ausmalen.«

Wir näherten uns den Schienen, überquerten sie und gingen an den beiden Backsteinhäusern vorüber auf einen Teich zu. Ein leerer Hof zur Rechten war alles, was man vom alten Sklavenviertel noch sah. Dort hatten einst zwölf Hütten gestanden, in denen jeweils bis zu zwanzig Personen hausten.

»Mit etwa zwanzig hatte ich noch ein ganz anderes Verhältnis zur Sklaverei«, fuhr Mr. Martin fort. »Ich konnte einfach nicht verzeihen. Da ich nicht machen konnte, was ich wollte, schob ich alles auf sie – oder besser auf die Weißen. Doch später haben sich meine Ansichten geändert. Unseren Vorfahren ging es sehr dreckig, aber wir müssen trotzdem etwas aus uns machen.«

Ich fragte Mr. Martin, ob die Schwarzen wütend seien.

»Ja. Wie viele Leute würden das gleiche machen wie wir jetzt? Als erstes fragen sie immer: ›Was bringt *mir* das?‹ Bestimmt kommen wir niemals weiter, solange Schwarze und Weiße nicht in der Lage sind, sich an einen Tisch zu setzen.«

Der rundliche Teich lag still vor uns. Einst hatte der Eichenhain eine Prachtallee vor dem Herrenhaus abgegeben und der Teich von der hinteren Veranda aus einen erquickenden Anblick geboten. Nun überzogen Algen die Hälfte der Lagune wie ein grüner Qualm, und in der Mitte schwamm eine Gruppe wulstiger Wasserlilien, deren üppige Triebe aus dem Wasser ragten. Am Uferrand war ein Ruderboot befestigt, in das wir einstiegen, um auf die Lilien zuzurudern.

Den Familienpapieren zufolge war Priscilla 1756 aus Sierra Leone in Charleston eingetroffen. Ihre Nachkommen ließen sich anhand der Sklavenlisten ermitteln, und wie sich herausstellte, gehörte auch P. Henry Martin dazu. An einem Märznachmittag fuhr ich die Martins besuchen, um ihnen die Kunde von der Urahnin aus Afrika zu überbringen.

Carutha Williams, die einstige Sekretärin bei der »Navy Yard«, und ihr Vetter Thomas Martin mit Frau Rosalind waren schon da, während die Tochter Thomalind erst später hinzukam und ihre Tante Rosina Martin mitbrachte, eine gut sechzigjährige Dame, die zu

Hosen eine geknöpfte Bluse trug und ganz genauso ruhig wirkte wie ihr Bruder. Wir setzten uns ins Wohnzimmer, zu den Familienzeugnissen und den tropischen Zierfischen.

»Für manche der früheren Sklaven lassen sich Stammbäume erstellen«, sagte ich, »und hier habe ich eine Ahnentafel der Martins, die bis zu Priscilla zurückreicht, einem kleinen Mädchen, das 1756 aus Sierra Leone in Westafrika nach Charleston kam.« Ich holte einen vielfach verzweigten Stammbaum hervor. »Ihren afrikanischen Namen kenne ich nicht«, sagte ich, sondern nur ›Priscilla‹. Nach ihrer Ankunft auf der *Hare* hatte Elias Ball II. sie am 30. Juni 1756 gekauft und auf seine Plantage Comingtee gebracht, wo ihre Nachkommen die nächsten hundertzehn Jahre in der Sklaverei lebten. Sie, Mr. Martin, stehen bereits in der siebten Generation nach Priscilla. Diese war noch ein Kind, als man sie verschleppte, zehn Jahre alt – das bezeugen die Bücher von Elias Ball.«

Die Martins sahen einander an, so als müßten sie über ihre Reaktion entscheiden. Als erste sprach Mr. Martins Schwester Rosina.

»Warum verkauften sie Kinder?«

Im Raum wurden erneut Blicke gewechselt.

»Ja, warum verkauften sie Kinder?« wiederholte ich, weil ich es selber nicht wußte. Es war unklar, ob sie weiße Sklavenhändler wie Henry Laurens oder jene schwarzen Verkäufer meinte, die Priscilla in Sierra Leone auf der Markt geworfen hatten.

Ganz sachlich erklärte Carutha Williams: »Mädchen, weil sie sich später fortpflanzen und Knaben, weil sie arbeiten konnten.«

»Bei diesem üblen Geschäft«, fügte ich hinzu, »ging es im Grunde darum, daß die Jungen länger lebten.«

Die Martins wußten, daß Schwarze sehr selten ihre afrikanischen Vorfahren ermitteln konnten. »Nur die allerwenigsten können es«, sagte Mr. Martin.

Die Martins schwiegen wieder eine Weile ob der Nachricht, wobei sie einander und ihren Familienstammbaum erkundeten.

»Es gibt auch eine lebende Priscilla«, sagte Mrs. Williams, »die P. H. Martins Urenkelin ist.« Rosina las einige weitere Namen von versklavten Urahnen vor, die genauso hießen wie heute lebende Angehörige.

»An der Westküste Afrikas gab es eine Reihe von Gefängnissen, in denen die Leute auf ihren Abtransport warteten«, fuhr ich fort. »Bei Priscilla war es Bunce Island in der Mündung des Sierra-Leone-Flusses. Auf dieser Insel stehen heute noch die Überreste jener Festung, in der sie ihre letzten Tage auf heimischer Erde verbrachte.«

»Das Gefängnis gibt es heute noch?« fragte Mr. Martin.

»Nur die Ruinen«, antwortete ich.

»Das ist unfaßbar«, sagte Carutha Williams leise.

Ich erzählte den Martins, daß ich beabsichtigte, nach Westafrika zu reisen, um mir Bunce Island anzusehen, weil die Balls offenbar zahlreiche Sklaven von dort bezogen hatten.

Mrs. Williams sagte: »Na, ich bin jetzt zu alt dafür, aber wenn ich jünger wäre, führe ich mit Ihnen nach Afrika.«

Unter dem Eindruck ihrer Gedanken über Priscilla lächelten die Martins einander verwirrt an. Doch plötzlich ging ein schallendes Gelächter durch den Raum, und alles redete durcheinander. Es war das erste Mal, daß ich Thomas Martin lachen hörte.

11

EIN GETEILTES HAUS

Was in Großbritannien als der Krieg um Amerika galt, war aus der Sicht der südlichen Kolonien eher ein Kampf mit den Sklaven. Die Amerikanische Revolution reichte bis an die Plantagentore heran, und als sie endete, war etwa jeder dritte Schwarze verschwunden, die meisten in Richtung Karibik und einige wenige nach Kanada. Die Balls versuchten, ihr Humankapital durch Unterstützung der einen oder anderen Partei zu retten. So kämpften Vetter gegen Vetter, Bruder gegen Bruder, und die Sklaven standen vor der Alternative, entweder in ihren Hütten hockenzubleiben oder sich der durch das Land ziehenden Britischen Armee anzuschließen. Viele suchten ihr Heil bei König George III., und einige gingen als Freie aus dem Handel hervor; doch das Gros blieb, wo es war – sei es der Kinder wegen oder aus Furcht vor den Folgen einer mißglückten Flucht.

Während der siebenjährigen Kämpfe um die Vereinigten Staaten setzte sich mancher Schwarze als Held über den Druck der Umstände hinweg. Zum Beispiel Boston King, der von der Ballschen Plantage Tranquil Hill floh, sich bis Nova Scotia durchschlug, an Bord eines Schiffes mit Ziel Afrika ging und schließlich jene Küste erreichte, von der sein Vater einst gekommen war. Auch wenn von Tranquil Hill keine Bücher erhalten sind, dürfte Boston King dort nicht der einzige Flüchtling gewesen sein. Allerdings hat, so weit ich sehe, kein anderer unter den Tausenden unserer Sklaven eine Autobiographie geschrieben. Die Lebensgeschichte Boston Kings – der die schwarze Diaspora gleichsam umkehrte – handelt von den Abenteuern eines echten Rebellen.

Als der Revolutionskrieg ausbrach, verteilten sich die Balls auf sieben Plantagen im wasserreichen flachen »Unterland« entlang der Küste South Carolinas und waren mit ihrem amerikanischen Clan in die dritte Generation eingetreten. Elias II. beging 1776 als Herr über Kensington und Familienpatriarch seinen siebenundsechzigsten Geburtstag. (John Coming von Hyde Park, der reichere jüngere Bruder, war bereits verstorben.) Doch dann ging die Macht auf etwa zehn erwachsene Nachfolger über, die in einem Umkreis von etwa dreißig Meilen verstreut lebten. Im Nordwesten war Tranquil Hill der Sitz Ann Ball Warings, einer Nichte des Zweiten Elias, und südwärts, in Richtung Charleston, residierte mit Elizabeth Ball Smith auf Old Goose Creek oder »Yeamans Hall« ebenfalls eine Nichte. Dazwischen lagen die älteren Anwesen Comingtee, Hyde Park, Kensington und Limerick, und nordöstlich davon besaß ein Neffe des Zweiten Elias die Plantage Wambaw – alles in allem Tausende Hektar Land und gut fünfhundert schwarze Sklaven.

Zahlenmäßig gesehen, bildeten die Weißen in Nordamerika bloß eine Minderheit. Wenn englische Kolonisten auch die ganze Ostküste besiedelt hatten, so reichte ihr Arm doch nur wenige hundert Meilen landeinwärts. Westlich davon herrschten Eingeborenenstämme, und daneben verloren sich in den endlosen Weiten dünne Siedlungen der Franzosen und Spanier. Im äußersten Norden der englischen Sphäre lagen Massachusetts, New Hampshire und die ehemals französische Halbinsel Nova Scotia. Die Südgrenze bildeten Georgia und das kurz zuvor von Spanien eroberte Nord-Florida. Um 1750 war jeder Fünfte in Britisch Nordamerika (das heißt, dreihunderttausend von anderthalb Millionen Einwohnern) ein schwarzer Sklave. Zwar herrschte überall das Prinzip der Zwangsarbeit, aber zwischen dem Süden und Neuengland bestand bereits ein erhebliches Gefälle – lebten doch um 1760 neun von zehn Schwarzen in den fünf südlichen Kolonien Maryland, Virginia, Georgia, North und allen voran South Carolina, wo 1770 sechs von zehn Einwohnern – das heißt mehr als fünfundsiebzigtausend von insgesamt knapp hundertfünfundzwanzigtausend – auf den Reisplantagen arbeiteten.

Nachdem der »French and Indian War« 1763 am runden Tisch beige-
legt worden war, mußten die Kolonien eine Sondersteuer entrichten,
um die weiterhin im Lande verbleibenden britischen Truppen zu finanzieren. Auf den Stamp Act von 1765 folgten 1767 die Townshend
Duties und lösten heftige Proteste gegen jegliche Importe nach Amerika aus. Auch der 1766 verabschiedete Declaratory Act, worin die
Krone ihre »uneingeschränkte Souveränität« gegenüber den Kolonien behauptete, verärgerte viele amerikanische Kaufleute. Die Balls
indes kümmerte das alles kaum; Zölle auf Papier, Farbe und Fertigwaren trafen die Plantagenherrscher nicht, deren schwarze Sklaven
fast den gesamten Bedarf selbst erzeugten. Und da ihr Vermögen aus
Reisexporten nach England stammte, wäre es höchst unklug gewesen, jene Klienten zu erzürnen, deren Markt den eigenen Luxus fi-
nanzierte. Wahrscheinlich sahen es die Balls daher nicht gerade
gerne, daß im September 1774 Delegierte aus den Kolonien beim
Kontinentalkongreß von Philadelphia zusammenkamen und dort als
Antwort auf die Steuer- und Ordnungspolitik der Krone beschlossen,
den Handel mit Großbritannien fast vollständig zu verbieten. Allerdings wurden Reisexporte von dem Embargo ausgenommen, da fünf
Delegierte aus South Carolina andernfalls mit einem Boykott gedroht hatten. So schrammten die Pflanzer mit knapper Not am Ruin
vorbei.

Als erster in der Familie begann sich Elias III. (der oben schon erwähnte, später gichtgeplagte Ol' Mas' 'Lias von Kensington) für den
Aufstand zu interessieren. Allerdings war der Dritte Elias in jenem
Jahr, 1775, gerade erst dreiundzwanzig geworden. Doch als ein paar
Monate nach der Kontinentalversammlung in Charleston ein Provinzialkongreß für Carolina tagen sollte, da bewarb er sich, um weitere Risiken für sein Geschäft abzuwenden – sogar erfolgreich –, um
einen Sitz in dem Gremium.

Im Frühjahr 1775 stellte sich der Aufstand den Weißen des Südens
als eine Gefahr für die Sklaverei dar. Am 3. Mai ging in Charleston
ein Schreiben des Virginiers Arthur Lee ein, der gegen die Steuern
war und mit den Rebellen sympathisierte. Er berichtete aus London,
die Minister König Georges hätten über probate Mittel beraten, den
Widerstand der Pflanzer zu brechen, und wollten Schwarze, die sich

den Truppen des Königs anschlössen, dafür mit der Freiheit belohnen. Das hieß mit anderen Worten, im Kriegsfall würden die Sklaven
zur Revolte aufgerufen. Der Inhalt des Schreibens sprach sich schnell
in der Stadt herum. Fünf Tage später, am 8. Mai, traf aus Massachusetts die Meldung ein, dort seien Kämpfe ausgebrochen. Drei Wochen zuvor waren in Concord und Lexington heftige Gefechte zwischen Rebellen und einer britischen Kompanie entbrannt. In
Charleston überschlugen sich die Gerüchte, als die *South Carolina
Gazette* am 29. Mai aus London eingetroffene Warnungen eines anderen Amerikaners vor einem Schwarzenaufstand abdruckte. Danach plante König George nunmehr sogar die Bewaffnung der amerikanischen Sklaven. »78000 Gewehre und Bajonette«, so teilte der
anonyme Informant mit, »sollen bald nach Amerika geschickt und
den N****n ausgehändigt werden.« (Das Blatt ersetzte »Neger«
durch Sternchen, um schwarze Kuriere, die ein paar Wörter kannten,
nicht hellhörig zu machen.) Wenn die Krone demnach eine Rebellion
direkt unterstützen wollte, so war, was als ein bloßer Steuerstreit begonnen hatte, für die Weißen zu einem Spiel auf Leben und Tod geworden.

Einige Wochen nach der Drohung mit den »N****n« hielt der
Dritte Elias es für angezeigt, einer Bürgerwehr beizutreten, und meldete sich bei »Job Marion's Company«. »Bin jetzt bei einer Freiwilli-
gentruppe«, schrieb er seinem Bruder John, »und brauche dringend
ein Gewehr mit Bajonettaufsatz, denn mein alter Prügel ist dafür zu
kurz. Ich bitte Dich, mir Deines zu leihen ... bis wir wieder bessere
Zeiten haben [und] ich Dir ein gleichwertiges zurückgeben kann.«

Auch weitere Nachrichten aus London klangen bedrohlich. 1765
war der amerikanische Sklave James Somerset mit seinem Inhaber
Charles Stewart nach London gegangen, der zunächst ohne ihn wieder abreiste, dann jedoch nach London zurückkehrte, um sein Eigentum zu beanspruchen. Dagegen klagte der Schwarze, und das ange-
rufene Gericht entschied im Februar 1772 unter dem Vorsitz Lord
Mansfields, auf englischem Boden gebe es keine Sklaven, sondern
ausschließlich freie Bürger. Berichte über den Fall machten in amerikanischen Salons die Runde – denn damit hatte das Mutterland erstmals die Zwangsarbeit abgelehnt und faktisch einen Feldzug gegen

die Sklaverei begonnen, der schließlich auf Amerika selbst übergreifen sollte.

Da sich die Weißen zum Kampf rüsteten, trafen auch die Schwarzen ihre Vorkehrungen. Anfang 1775 berichtete die *South Carolina Gazette* über eine Anklage gegen den Weißen Peter Hinds, der sein Haus Schwarzen als Treffpunkt zur Verfügung gestellt hatte. Man warf ihm vor, bei sich »Negerprediger« auftreten zu lassen, »die zahlreiche Schwarze mit gefährlichen, für den Frieden, also für die Sicherheit und Ruhe in dieser Provinz schädlichen Lehren indoktrinieren«. Außerdem hätten sie verkündet, ein Krieg mit London könne deren Emanzipation bringen.

Die Furcht der Weißen nahm weiter zu, als bekannt wurde, daß Virginias Gouverneur, John Murray, der Earl von Dunmore, bereits einen Freiheitsaufruf hatte ergehen lassen. Dabei handelte es sich um einen Erlaß, wonach Sklaven, die ihre Herren verließen und sich zur Krone bekannten, im Gegenzug befreit würden, und es hieß, dreihundert Schwarze hätten inzwischen unter Murrays Kommando ein Regiment gebildet und trügen auf ihren Uniformen die Parole »Freiheit für die Sklaven«.

Mitte Juni 1775 traf der neue Krongouverneur für South Carolina, Lord William Campbell, in Charleston ein, wo die Furcht der Weißen und die Verbitterung der Schwarzen gleichsam mit Händen zu greifen waren. Campbell schrieb seinen Vorgesetzten in London, dort heiße es allgemein, »das Kriegsschiff *Scorpion*, mit dem ich ankam, habe 14000 Kampfausrüstungen für [einen] Sklavenaufstand an Bord gehabt«. Er sei erstaunt über die geradezu hysterische Alarmstimmung unter den Weißen. »Es ist unbeschreiblich, was für eine Panik bei allen Rängen und Ständen herrscht; jedermann sprach von der Grausamkeit und brutalen Barbarei des Planes.«

Die Rebellenmilizen Carolinas wurden einem Sicherheitsrat – dem »Council of Safety« – unterstellt, der die Devise ausgab, Campbell zu zermürben und in den Krieg zu treiben. Schwager Henry Laurens, der reiche Sklavenhändler, führte den Vorsitz, als der Rat seinen Notplan für den Fall eines britischen Angriffes entwickelte. Sobald Truppen an der Küste landeten, so argumentierte er, müßten sämtliche Plantagen im Abstand von zwanzig Meilen evakuiert werden. »Bei der Ankunft des Feindes sind alle Neger ... zu entfernen ... um die Verständigung zwischen dem Feind in der Stadt und den Negern auf dem Land zu unterbinden.«

Campbells Administration bekam die Lage nicht mehr in den Griff und mußte sich nach drei Monaten ihre Ohnmacht eingestehen. So ging der Gouverneur Mitte September 1775 mit seinem Gefolge an Bord der britischen Schaluppe *Tamar*, die danach zusammen mit zwei Kriegsschiffen nahe der Quarantänestation des Pesthauses bei Sullivan's Island ankerte. Campbells kaum fünf Meilen vor der Stadt liegende Flottille bildete damit die vorerst letzte Bastion der Krone. John, der fünfzehnjährige Bruder des Dritten Elias, vermerkte dazu in einem Brief: »Bestimmt weißt Du, was für ein elender alter Verräter unser Gouverneur [Campbell] ist, der letzte Woche an Bord eines Kriegsschiffes ging.«

Während Campbells Schiffe dort vor Anker lagen, flohen Schwarze, die von Lord Dunmores Proklamation in Virginia gehört hatten, von ihren Plantagen und eilten in Richtung Sullivan's Island. Offenbar stürmten sie das Pesthaus, befreiten alle Insassen und versuchten sogar, an Bord der Schiffe zu gelangen. Bis Dezember 1775 hatten etwa fünfhundert schwarze Flüchtlinge – darunter vielleicht auch einige von Ballschen Plantagen – im Wald ein Hüttendorf errichtet. Gouverneur Campbell, der in erster Linie Zeit gewinnen wollte, ließ sie alle bleiben. Aus der Sicht der amerikanischen Rebellen hatten die Briten sich jetzt eindeutig mit den Sklaven verschworen.

Ende November schrieb der Milizionär Elias III. seinem Bruder: »Wir treffen alle Vorkehrungen, um im geeigneten Moment gegen die Kriegsschiffe vorzugehen. ... Am Ende von Mr. Laurens' Quai wird eine Vierundzwanzigpfünder [Kanone] aufgestellt. ... Von da unten aus könnten wir die Kriegsschiffe angreifen.«

Doch das erste Gefecht des Revolutionskrieges im Tiefland South Carolinas war ein Angriff weißer Rebellen auf das Hüttenlager der unbewaffneten Schwarzen, den Henry Laurens – als Vorsitzender des Sicherheitsrates – anordnete. »Sir«, schrieb er an Oberst William Moultrie, »Sie erhalten hiermit den Befehl, Sullivan's Island mit zweihundert Mann ... zu stürmen und dort eine Anzahl von Negern zu ergreifen und abzuführen. ... Das Pesthaus niederzubrennen und Vieh jeder Art zu vertreiben oder zu vernichten.«

Am 19. Dezember näherte sich ein Trupp von vierundfünfzig Soldaten, darunter vielleicht auch der Dritte Elias, Sullivan's Island. Die Männer hatten sich, anscheinend um nicht von Campbells Leuten erkannt zu werden, durch Federschmuck und Kriegsbemalung als Eingeborene getarnt. Die derart verkleideten Weißen töteten mehrere der entlaufenen Sklaven und setzten ihre Hütten in Brand. Wenngleich fast alle übrigen in die Wälder entkamen, weidete sich Henry Laurens am Erfolg des Angriffes und schrieb: »Er wird unsere Neger in die Schranken weisen & seine Lordschaft [Gouverneur Campbell] gewiß nicht wenig erzürnen.« Als Campbell einige Tage später in Richtung England abfuhr, nahmen seine drei Schiffe eine unbekannte Anzahl entwichener Sklaven mit.

Sechs Monate später, im Juni 1776, traf eine aus neun britischen Kriegsschiffen bestehende Flottille unter dem Oberbefehl Sir Peter Parkers vor Charleston ein, um die Stadt wiedereinzunehmen. Da die Herrschaft über Sullivan's Insel gleichbedeutend war mit der über den schmalen Hafenkanal und damit über die gesamte Stadt, hatten die Rebellen inzwischen auf der Insel in der Nähe des alten Pesthauses eine bemannte Festung eingerichtet. Als Parkers Fregatten am 28. Juni versuchten, sich den Weg daran vorbei und in den Hafen freizuschießen, kam es zur »Schlacht um Fort Sullivan«. Die 435 Verteidiger unter dem Kommando Oberst William Moultries, der schon den Angriff gegen die Schwarzen befehligt hatte, hielten voll dagegen. Da Parker nicht an der Insel vorbeikam, blies er den Angriff wieder ab. Zehn Tage später zog sich seine Flottille nordwärts in Richtung New York zurück. Danach war die Macht der Krone gebrochen, und für die nächsten vier Jahre blieb Charleston vom Krieg verschont.

Beim Kontinentalkongreß vom Juni 1776 in Philadelphia hatte ein fünfköpfiger Ausschuß unter Thomas Jefferson im ersten Entwurf der Unabhängigkeitserklärung die Sklaverei verurteilt und König George III. eines unglaublichen Verbrechens bezichtigt: »[Er] führt einen grausamen Krieg gegen die menschliche Natur«, heißt es darin, »und verletzt damit die heiligsten Lebens- und Freiheitsrechte ferner Völker, die ihm niemals etwas zuleide getan haben, indem er Menschen einfangen, in einen anderen Teil der Welt verschleppen und versklaven oder schon auf der Überfahrt eines qualvollen Todes sterben läßt.«

Dieser Vorwurf kam bei den Delegierten South Carolinas nicht besonders gut an, und nachdem Edward Rutledge in ihrem Namen beantragt hatte, ihn zu streichen, wurde er zu Thomas Jeffersons ewiger Enttäuschung nicht ins Schlußdokument aufgenommen. Dennoch ging den weißen Amerikanern allmählich auf, wie paradox es war, neben einem nationalen System der Zwangsarbeit das Ideal der Demokratie zu predigen. So verboten die Kolonien Neuenglands zusammen mit Pennsylvania und Delaware die Sklaverei, und im April 1776 schrieb der Kontinentalkongreß vor, daß keine der dreizehn Kolonien mehr Afrikaner einführen durfte. Daraus sprach teils sein aufgeklärtes Gewissen, teils jedoch auch die Absicht, den königlichen Truppen keine weiteren Kollaborateure in die Arme zu treiben.

Wenn den Balls insgesamt wenig daran lag, ein System zu verändern, in dem sie ganz oben standen, so gab es doch wenigstens *einen* in der Familie, der hoffte, die Rebellion würde zum Ende der Sklaverei führen: John, den 1754 geborenen Ältesten von Eleanor und Henry Laurens. Nach dem Tod seiner Mutter im Jahr 1770 hatte der Vater den damals Sechzehnjährigen nach Europa geschickt. Doch statt in schlichten Provinzschulen oder bei Hauslehrern, wie seine Vettern, bekam er seine Ausbildung in London und in der Schweiz, wo er moderne politische Ideen aufgegriffen zu haben scheint – die Aufklärungskonzepte des »Gesellschaftsvertrages«, der »Freiheit des einzelnen« und des »Naturrechtes«. Auch wenn er nicht gerade Voltaire, der bei Genf wohnte, oder den gebürtigen Schweizer Jean-Jacques Rousseau persönlich aufgesucht haben wird, dürfte er ihre Werke gelesen oder von ihnen gehört haben. Wie dem auch sei, als John im April 1777 wieder nach Charleston zurückkam, hatte sich sein geistiger Horizont beträchtlich erweitert.

Als Dreiundzwanzigjähriger war John ein eleganter, wortgewandter Kosmopolit. Inzwischen hatten die Kämpfe den ganzen Nordosten erfaßt, und sein Vater Henry war landesweit bekannt. Dank seines prominenten Namens konnte John als persönlicher Adjutant bei General George Washington anfangen (wobei ihm auch nicht geschadet haben dürfte, eine Ball als Mutter zu haben, auch wenn George Washingtons in Virginia geborene Mutter Mary Ball aus einer ganz anderen Gegend Englands stammte als der Zweig in South Carolina). John reiste mit dem Revolutionskommando umher, und Ende 1777 fühlte er sich Washington vertraut genug, um dem Befehlshaber der Kontinentalarmee eine Neuerung vorzuschlagen. Da Philadelphia bereits gefallen und Frankreich noch nicht auf amerikanischer Seite in den Krieg eingetreten war, erschien die Zukunft mehr als fraglich. John regte an, in South Carolina ein schwarzes Regiment zu bilden, und allen Freiwilligen für das Ende der Dienstzeit die Freiheit zu versprechen. Diesbezüglich schrieb er im Februar 1778 aus dem öden Winterlager in Valley Forge (Pennsylvania) sogar an seinen Vater Henry Laurens, der gerade zum Präsidenten des Kontinentalkongresses gewählt worden war und großen politischen Einfluß hatte. Auf diese Weise mochte sich der Kriegsausgang zwischen Vater und Sohn entscheiden.

»So eine handverlesene Truppe von etwa fünftausend Schwarzen«, erklärte John, »könnte uns in Gestalt von Leichtverbänden, richtig geführt, beim nächsten Feldzug als Verstärkung zu einem entscheidenden Erfolg verhelfen.« Als leise Kritik am väterlichen Sklavenhandel fügte er hinzu: »Ich bedaure das Elend dieser Männer seit langem und grüble über ihr Schicksal nach, aber auch über unser mörderisches Vorgehen in Afrika, nur um Amerika mit Sklaven zu versorgen – und über das Wehklagen der verzweifelten Massen, die für den Luxus grausamer Tyrannen schuften müssen.«

Das waren sonderbare Ansichten für einen Privilegierten, und als sich der Vater dann nach der Einstellung Washingtons erkundigte, antwortete ihm John: »Du fragst nach des Generals Meinung zu meinem Plane? Er ist davon überzeugt, daß die zahlreichen Schwarzenstämme im Süden eine Ressource bilden, die wir nicht ungenutzt lassen dürfen. Und gegen meinen speziellen Plan wendet er lediglich ein, daß er Mitleid mit jemandem habe, der dadurch seinen Reichtum verlieren würde.« Washington wollte somit zwar Schwarze im Krieg einsetzen, scheute aber davor zurück, ihnen die Freiheit zu versprechen, da die Eigentümer sich den Verlust ihres Eigentums nicht gefallen lassen wollten. Henry Laurens ging es indes völlig gegen den Strich, daß reiche Pflanzer für die Rebellion alles aufs Spiel setzen müßten, und er lehnte den Plan rundweg ab. »Niemand in Amerika ist Deiner Ansicht«, schrieb er zurück und riet dem Sohn, lieber nach South Carolina zurückzukehren und sich seinen »Negerplan« aus dem Kopf zu schlagen. Er schloß: »Es hätte viele Vorteile ... wenn Du statt dessen ein Regiment von Weißen aufstellen würdest.«

John verließ Valley Forge in Richtung Charleston, um seinen »Negerplan« auf dem dortigen Provinzialkongreß für South Carolina vorzutragen. Die Abgeordneten, darunter sein Vetter Elias III., waren darob regelrecht entsetzt, und viele scheinen ernsthaft befürchtet zu haben, daß der galante, weltgewandte Offizier damit durchkommen könnte. Sie erwogen sogar Maßnahmen für den Fall, daß Schwarze dienen dürften – nämlich ihre Stadt den Briten zu übergeben und South Carolina aus dem Krieg zu nehmen.

An die Front zurückgekehrt, bewährte sich John in verschiedenen Gefechten und wurde daraufhin zum Obersten befördert. Als solcher reiste er nach Frankreich, sammelte am Versailler Hof ein hübsches Sümmchen für die Kontinentalarmee, kehrte damit nach South Carolina zurück und ließ sich dort in die Gesetzgebende Versammlung wählen. Jetzt, als Offizier und Diplomat, trug Oberst Laurens seine Sache erneut der Legislatur Carolinas vor, wurde diesmal jedoch sofort niedergebrüllt, wie er in einem Brief an George Washington beklagte: »[Ich wurde] vom wütenden Geschrei eines dreiköpfigen Ungeheuers übertönt, das aus Dummheit, Habsucht und Kleinmütigkeit besteht.«

Drei Monate nach seinem letzten Anlauf, Schwarze als Soldaten zu rekrutieren, fiel John Laurens in South Carolina am Combahee River bei einem Scharmützel mit britischen Einheiten. Er starb siebenundzwanzigjährig, im August 1782, als der Krieg schon fast vorüber war.

Ein anderer Querkopf, der Sklave Boston King, war 1760 auf White Hall, achtundzwanzig Meilen nordwestlich von Charleston, geboren worden, einer 213-Hektar-Plantage, deren Herrenhaus auf einer Klippe am schmalen Flußbett des Ashley River stand. Bostons Eltern sind zwar in seinen Memoiren beschrieben, ihre Namen allerdings nicht überliefert. Der Vater stammte aus einer ebenfalls nicht genannten Gegend Afrikas und hatte auf White Hall als schwarzer Sklaventreiber erhebliche Macht ausgeübt. Die Mutter, eine Krankenschwester und Näherin, war im Krankenrevier der Plantage tätig gewesen und hatte außerdem Bekleidung für Feldarbeiter geschneidert.

In den sechziger Jahren des 18. Jahrhunderts wuchs auf Hyde Park, zwanzig Meilen von White Hall entfernt, Ann, das Nesthäkchen John Coming Balls und seiner Frau Catherine Gendron heran, und binnen weniger Jahre sollte sich ihr Lebensweg mit dem Bostons kreuzen, denn sie wurde seine Eigentümerin. 1771 heiratete die achtzehnjährige Ann den dreiundzwanzigjährigen Richard Waring aus einer wohlhabenden Reispflanzerfamilie. Wenn dieser einem Bericht zufolge »ein liberal erzogener junger Herr mit gutem Herzen, einnehmender Art und freundlichem Gemüt« war, so stand Ann ihm als »eine liebenswürdige, fröhliche Partnerin« zur Seite. Ihre Hochzeit fand in Anns Elternhaus statt. Zwei Jahre danach, Boston war gerade dreizehn Jahre alt, erwarb das Paar White Hall, übernahm den Besitz mitsamt allen Leuten Anfang 1774 und nannte die Plantage, offenbar wegen der erwähnten Klippe, Tranquil Hill. Als Ann ins große Haus einzog, wurde Boston ein Ballscher Sklave.

Seine neuen Eigentümer schickten den Sechzehnjährigen nach Charleston in eine Lehre, wo er vor allem strengste Disziplin lernte. »Nach etwa zwei Jahren in der Werkstatt«, erinnerte sich Boston, »machte der Meister mich für das Werkzeug verantwortlich, das sehr gut war und daher von den Männern oft benutzt wurde, wenn ich gerade einmal nicht da war. Wenn etwas verlorenging oder verlegt wurde, versohlte mich der Meister kräftig und schlug mir auch auf den Kopf.« Einmal hätten einige Nägel gefehlt. »Dafür wurde ich grausamst geschlagen und gefoltert und mußte drei Wochen das Bett hüten, bevor ich wieder arbeiten konnte.«

Tranquil Hill wurde bald in die Revolution verstrickt. Bereits Ende 1775 hatte der Sicherheitsrat angeordnet, das benachbarte Dorchester zur Abwehr britischer Angriffe zu befestigen. Seinerzeit war die Maßnahme zwar noch zu früh gekommen, aber im Mai 1778 wurden die Anlagen genutzt, als der ehemalige Oberst von Sullivan's Island und jetzige General William Moultrie mit seinen Truppen in der Nähe von Tranquil Hill lagerte. Auch wenn der damals achtzehnjährige Boston Lord Dunmores Angebot an die Schwarzen kannte, sich auf seiten der Briten freizukämpfen, saß er zunächst noch auf einer zwölf Meilen entfernten Plantage. Er mag wohl über Wege in die Freiheit nachgedacht haben, doch für ihn war die Armee des Königs nirgends in Sicht.

Im Frühjahr 1779 trug England den Krieg, nach langer Pause, wieder in die Südprovinzen zurück, als dort neben Soldaten der Krone auch deutsche Söldner aufmarschierten. Zunächst eroberte eine britische Truppe das unterhalb South Carolinas an der Atlantikküste gelegene Savannah, um sich dann bis kurz vor Charleston durchzukämpfen. Auf dem Weg zum Brandherd lagerte General Moultrie erneut bei Tranquil Hill. Im Juni schließlich ordnete der britische Oberkommandierende Henry Clinton an, daß alle flüchtigen Schwarzen mit den Truppen der Krone ziehen könnten: Wenn sie in Reichweite kämen, dürften Sklaven sich ihnen anschließen, worauf sie verköstigt und beschützt würden.

Boston nutzte als Neunzehnjähriger die Gunst der Stunde und stahl sich von Tranquil Hill davon, wo seine Eltern jedoch zurückblieben. »So entschied ich, nach Charles-Town zu gehen und mich den Engländern in die Arme zu werfen«, schrieb er. »Sie nahmen mich bereitwillig auf, und ich begann, das Glück der Freiheit zu empfinden, das ich zuvor nicht gekannt hatte.«

Boston diente dem britischen Hauptmann Grey, unter dem er mehrere Monate lang beherzt kämpfte. Im Februar 1780 begann der Kommandeur Henry Clinton, Charleston mit einer großen Streitmacht zu belagern, und britische Kavallerie nahm Dorchester bei Tranquil Hill ein. Um Charleston gab es heftige Gefechte, bei denen Boston großen Mut bewies. Er diente nun nicht mehr Hauptmann Grey, sondern Oberst Small, an den er sich in seinen Memoiren einigermaßen enttäuscht erinnerte:

Ich trat in den Dienst des befehlshabenden Offiziers [Oberst Small]. [...] Wir waren in einer heiklen Lage, denn die Amerikaner standen nicht weit entfernt, mit 1600 Mann, während wir insgesamt nur 250 hatten. [...] Schließlich schickte mich der Kommandeur mit einem Brief fort [um Verstärkung zu holen] und versprach mir eine stattliche Belohnung, wenn ich das schaffte. [...] Gegen drei Uhr nachmittags machte ich mich zu Fuß auf den Weg und rechnete immerzu damit, dem Feind in die Hände zu fallen, der mich gewiß nicht geschont hätte. [...] Ich erreichte die Taverne Mum's [Moncks] Corner und klopfte an, aber sie löschten schnell die Kerze aus. [...] [In der Nacht erledigte Boston seinen Auftrag und lieferte den Brief ab.] Dann, am nächsten Morgen, gab Oberst Small mir drei Schillinge und versprach mir das Blaue vom Himmel herunter, doch das war alles, was ich für den Dienst je von ihm erhalten habe.

Charleston fiel am 12. Mai 1780, und fortan wehte wieder der Union Jack über der Stadt. Boston dürfte nach diesem britischen Erfolg in dem Gefühl gelebt haben, daß sich der Einsatz gelohnt hatte und er nun gewiß für immer frei bleiben würde.

Einige Monate später starb Bostons früherer Herr, Richard Waring von Tranquil Hill, im Alter von nur dreiunddreißig Jahren, und wahrscheinlich hatte weder er noch seine Witwe Ann erfahren, was aus ihrem entlaufenen Arbeiter geworden war. Einige Jahre nach der Revolution malte ein Amateur für Ann ein Aquarell von Tranquil Hill, mit dem Herrenhaus auf der Klippe, flankiert von baufälligen Sklavenhütten und einer dunklen Scheune, die als Lagerhaus diente. An den unteren Rand schrieb der Künstler: »Tranquil-Hill, der Wohnsitz von Mrs. Ann Waring bei Dorchester.« Sklaven sind auf seinem Bild nicht zu sehen.

Im großen und ganzen glaubten die Balls nicht an die Demokratie. Sie waren Pragmatiker und wollten daher ihr Land, ihre Sklaven und ihre Privilegien behalten. Vier Jahre nach der Unabhängigkeitserklärung trug der Fall Charlestons indes zu einer Spaltung der Familie bei. Während die meisten jetzt auf Nummer Sicher gingen und sich zu den Briten bekannten, traten einige für die neue Nation ein.

Als die Beamten der Krone in Charleston wieder das Sagen hatten, riefen sie dazu auf, eine Besatzungstruppe aus örtlichen Rekruten zu bilden, und der Dritte Elias meldete sich als einer der ersten freiwillig. Nachdem er in einer Rebellenkompanie gestanden und als Delegierter an Kongressen der Aufständischen teilgenommen hatte, wechselte er jetzt die Seite und gab sich als Loyalist. Auch sein Vetter, der zweiundzwanzigjährige John Coming von Hyde Park, unterwarf sich der Krone. Im Juli wurden beide Jungoffiziere in einer neuen britischen Einheit, für die man nur noch einen geeigneten Kommandeur suchte. Diesen Posten, der eine gewisse Skrupellosigkeit erforderte, übernahm »Wambaw« Elias Ball.

Der sechsunddreißigjährige Wambaw Elias hatte vieles von der Wildheit seines Großvaters Rotkäppchen geerbt. Auf Hyde Park geboren, lebte er, ein Bruder Ann Warings von Tranquil Hill, mit seiner Frau Catherine Gaillard und ihren fünf Kindern auf Wambaw – einer nördlich von Limerick am Santee River gelegenen Plantage. Nachdem Wambaw Elias in die königliche Miliz eingetreten war, sprach er direkt den britischen Kommandeur General Lord Charles Cornwallis an, von dem er sechsundzwanzig Mann und, seinem glühenden Eintreten für den fernen König entsprechend, den hohen Rang eines Obersten erhielt. Zwei seiner Offiziere, John Coming und der Dritte Elias, waren – als Halbbruder beziehungsweise Vetter – mit ihm blutsverwandt.

Trotz der Familienneigung zu den Loyalisten oder Tories blieben mindestens zwei Balls den unterlegenen Rebellen treu. Oft läßt sich das Plantagenleben weißer Frauen kaum nachvollziehen, da ihre Briefe nicht immer aufgehoben wurden und sie relativ selten in öffentlichen Urkunden vorkommen, doch Elizabeth Ball Smith von Old Goose Creek scheint eine unentwegte Patriotin gewesen zu sein. Ihr Mann Henry Smith war kurz nach dem Fall Charlestons gestorben, worauf die Witwe zwei Jahre lang Soldaten der Kontinentalarmee und Rebellenmilizen erlaubte, sich aus ihren Vorratslagern zu bedienen. Auch John Ball von Kensington unterstützte die Rebellion und trat 1779, seinem jugendlichen Dandytum entwachsen, den »Daniel Horry's Light Dragoons« bei – einer fünfzig bis hundert Mann starken Miliz. Dragoner waren berittene Infanteristen und Johns Einheit eine von zehn im Zweiten Provinzialregiment unter

General William Moultrie. Obwohl bei der Rekrutierung erst neunzehn Jahre alt und militärisch absolut unerfahren, trat John standesgemäß als Leutnant ein.

Auch als Jungoffizier fand John Gelegenheit, sein Äußeres zu pflegen. Die obligatorische Uniform seines Ranges bestand, wie in einer
Stammrolle beschrieben, aus »einem kurzen blauen Rock mit scharlachroten Aufschlägen, Manschetten und Innenfuttern sowie weißen
Knöpfen und einer ebensolchen Weste nebst Kniehosen [...] und
dazu einer Kappe mit schwarzer Feder«. Zur Parade in Galauniform
mußten die Offiziere außerdem gepuderte Perücken tragen.

Als dem vielleicht Reichsten seines Regiments oblag es John Ball,
trotz seiner jungen Jahre, die umherziehende Truppe durchzufüt-
tern. Wenn die Kompanie auf Kensington oder anderen Ballschen
Plantagen lagerte, ließ er Proviant hinausbringen, Rind- und
Schweinefleisch sowie Reis für Hunderte von Rebellen, bis er
schließlich in seinem Geschäftsbuch beklagte, daß die Truppen seine
gesamten Vorräte von zweihundert Faß (das heißt fünfzig Tonnen)
Reis aufgezehrt hatten. Das Soldatenleben wurde für Johns Einheit
dadurch erleichtert, daß sie eine Anzahl von schwarzen Dienern mit-
führte: Das Ordonnanzbuch der Kompanie erwähnt neben den Ka-
sernen eine besondere »Negerwohnung«. Auch ein Brief Johns nach
Hause belegt, daß die Weißen an der Front auf engstem Raum mit
den Schwarzen zusammenlebten, denn darin schildert er ein Manöver und erwähnt Hammond, seinen Hausdiener von Kensington.
Trotz der persönlichen Aufwartung scheint John keine rechte Freude
am Krieg gefunden und sich kaum für die Sache erwärmt zu haben.
In einem Brief von der Plantage Drayton Hall, wo die Truppen einige
Tage Rast machten, schrieb John:

Eines Abends um 10 zogen wir mit Graf Polaski los, der sein Lager
bei der Baconsbrücke hatte. [Der polnische Adlige Kazimierz Pulaski kämpfte auf seiten der Amerikaner und fiel später bei Savannah.] [...] Wir nahmen einen schrecklichen Weg zur Ashleyfähre
& zogen uns alsbald wieder zurück, ohne etwas vom Feind gesehen
zu haben. [...] Ich versichere Euch, daß ich genug durchgemacht
habe. [...] Ich habe das Regiment nie geliebt, aber jetzt hasse ich es

& steige beim nächsten Anlaß aus. [...] Hammond hat mein Port-
manteau gebracht, aber es waren kaum noch Sachen drin & da ich
hier nichts waschen lassen kann, steht natürlich alles vor Dreck.

Manchmal nahm er den damals sechsunddreißigjährigen Gambianer
London mit, den Partner Dinahs, einer Tochter Angola Amys und
Windsors. »London ist hier bei mir und meinen Sachen«, schrieb
John nach Hause, als er südlich von Charleston am Stono River lag.
»Wir lagern zusammen mit Polaskis Kavallerie, wie man mir sagt,
etwa zwei Meilen hinter unserer Armee.« Das Bild eines Gambianers
und eines jungen Dandys, die auf der Suche nach (von König George
III. bezahlten) deutschen Söldnern durch die Wildnis zogen, gehört
gewiß zu den weniger bekannten Episoden der Revolution.

Im Januar 1780 erhielt John Fronturlaub, um seine leibliche Base,
die achtzehnjährige Jane Ball, zu heiraten. Die beiden waren so gut
wie zusammen aufgewachsen – er auf Kensington, sie kaum eine
Meile entfernt auf Hyde Park. Als Braut wohnte Jane bei ihrer
Schwester Ann Ball Waring auf Tranquil Hill. Nun schienen die Fa-
milienverhältnisse immer komplizierter zu werden. Jane war eine
Schwester des Tory-Obersten Wambaw Elias, ihr Bräutigam John dagegen ein Rebell, wenn auch nicht gerade ein glühender. Boston war
von Tranquil Hill geflohen, wo die Trauung stattfand, und zu allem
Überfluß war Henry Laurens, der Onkel der Frischvermählten, inzwischen in Kriegsgefangenschaft geraten. Der Kontinentalkongreß
hatte den Fünfundsechzigjährigen nach Holland entsandt, um ein
Darlehen für die Vereinigten Staaten zu erwirken, doch wurde er auf
hoher See gekapert, nach England gebracht und in den Tower of London gesperrt. Später wüteten die Briten auf seiner Plantage Mepkin
am Cooper River und legten das dortige Herrenhaus in Schutt und
Asche.

General Cornwallis schickte im späten Frühjahr 1780 eine Flottille
den Cooper River hinauf, um dessen Hauptübergangsstelle, Strawberry Ferry, einnehmen zu lassen. Von Strawberry, dem Anwesen
des jungen Tory Elias III. am Ostufer, und auch von Comingtee aus
konnte man die vor Anker liegenden Kriegsschiffe mühelos erken-

nen. Cornwallis selbst quartierte sich mit einer Kompanie acht Meilen nordostwärts am Oberlauf des Ostarmes, kaum eine halbe Stunde von Limerick und Kensington entfernt, auf Silk Hope ein, womit die Streitmacht der Krone die Hauptplantagen der Balls von Norden und Süden her in die Zange genommen hatte.

Als die Briten kamen, begann ein regelrechter schwarzer Exodus. Zuerst flohen nur einzelne, denen weitere folgten, bis breite Menschenströme die Felder verließen. John Ball, der noch beurlaubt war, notierte sich auf Kensington die Namen von Flüchtlingen. »7. Mai – Toby ins [britische] Lager gegangen, & auf Hyde Park Abraham«, trug er ein. Jeden Tag beschlossen weitere, ihr Glück zu wagen. »9. Mai – Phoebe & Tochter Chloe [...] 10. – Charlotte, Bessy & die Kinder Roebuck, January & Betty [...] 11. – Yamma [...] 12. – Patra & ihre Tochter Julia [...] 13. – Flora & klein Adonis ...« Es flohen Erwachsene im Alter von dreiundzwanzig bis siebenundfünfzig Jahren, meist nachts mit Booten. Eines Morgens vermerkte John, daß binnen vierundzwanzig Stunden fünfzehn Leute verschwunden waren. »Pino«, notierte er am 1. Juni, »nahm auf meinem Prahm Frau Nancy, Little Nancy, Polly, Dick, Jewel, Little Pino, Nanny, klein Nelly, Peter, Eleanor, Isabel, Joney, Brutus & Charlotte mit.« Einen Tag später folgte ihnen der Feldarbeiter Humphrey.

Manche Sklaven wurden noch vor den britischen Linien gefaßt, wie John registrierte: »Charlotte heimgebracht & nur eine Woche geblieben«, bevor sie erneut ausriß. Zu den glücklich Entkommenen gehörte auch der Hausdiener Hammond, der John den Kleidersack aufs Schlachtfeld gebracht hatte. Am Ende waren mindestens einundfünfzig Leute – das heißt etwa ein Drittel der Belegschaft – auf Nimmerwiedersehen von Kensington verschwunden.

Auch wenn die Freiheit stark gelockt haben muß, gab es doch gute Gründe zu bleiben. Einige harrten aus, weil sie Babys hatten und daher das Ungewisse der Flucht scheuten – andere, weil die Briten den Sklavenhandel schließlich selbst organisiert hatten, so daß ihnen die verheißene Freiheit etwas zweifelhaft erschien. Daneben gab es jene wenigen, die freiwillig zurückkehrten, offenbar in der düsteren Vorahnung, daß sich ihr Leben unter den Engländern kaum verbessern würde.

Wenn Johns Notizen eine Massenflucht von Kensington bekunden, so hatte sich dergleichen anscheinend auf allen Plantagen zugetragen. Das britische Besatzungsblatt *Royal Gazette* druckte in Charleston Flüchtlingslisten mit den Namen der Eigentümer ab. Nach dem Krieg klagte eine Pflanzergruppe aus St. John's Parish in einer Petition an die Gesetzgebende Versammlung South Carolinas, die Hälfte ihrer erwachsenen Schwarzen sei bei den Briten untergekommen. Einer der Reispflanzer schätzte nach Kriegsende, daß in ganz South Carolina ungefähr zwölftausend Schwarze ihre Plantagen verlassen und die Freiheit gesucht hatten.

Während die Schwarzen ausrissen, bemühten sich die Rebellen nach Kräften, die Briten aufzureiben. Dabei tat sich ein zwielichtiger Hinterwäldler, der damals fünfzigjährige Hugenotte Francis Marion, als Milizführer besonders hervor und praktizierte eine Vorform des Partisanenkrieges, die ihm den Spitznamen »Sumpffuchs« eintrug. Ohne jede Vorwarnung tauchte er mit wenigen Männern aus dem Wald auf, schlug bei den verdutzten Rotröcken zu und war dann im Nu wie vom Erdboden verschluckt. Auch den Balls war Marion wohlbekannt, denn bei einem dieser Überfälle hatte er ihnen übel mitgespielt: In dem Städtchen Kingstree war seine Truppe am 27. August 1780 auf die Kompanie des Obersten Wambaw Elias mit den Leutnants Elias III. und John Coming gestoßen und hatte sechzig ihrer Leute getötet oder verwundet – bei eigenen Verlusten von nur dreißig Mann. Die Familienlegende will, daß Marion bei diesem Gefecht zwar nicht Wambaw Elias selbst, aber als eine Art Scherz dessen Schlachtroß gefangennahm – so daß der Oberst zu Fuß gehen mußte. Bis zum Ende des Krieges, so heißt es, habe man Marion stets auf dem Rücken einer schwarzen Stute gesehen, die er »Ball« nannte.

Zu jener Zeit lag Lord Cornwallis' Hauptquartier, Silk Hope, nur wenige Meilen flußaufwärts von Kensington, wo der Zweite Elias als einundsiebzigjähriger Witwer und Honoratior residierte – dem Cornwallis, ein Adliger mittleren Alters, einen Besuch zu schulden meinte. Solche Visiten waren allerdings riskant, da der Sumpffuchs in dieser Gegend sein Unwesen trieb. Wenn Marion Cornwallis bei Mr. Ball geschnappt hätte, so wäre das für die Briten ein schwerer Schaden gewesen. Offenbar befürchtete der General auf Kensington einen Hinterhalt und folgte deshalb bei seinen Besuchen einem strengen Protokoll. Er postierte die Wachen und sein Gefolge in der Nähe des Hauses und überschritt selbst niemals dessen Türschwelle. Statt dessen unterhielten sich der Zweite Elias und sein Gast auf der Veranda, da diese freie Sicht auf den Zugangsweg und das vom Sumpffuchs bevorzugte Dickicht bot.

Die Entscheidungsschlachten im Umkreis der Balls fanden alle in einer einzigen Woche des Sommers 1781 statt. Am 15. Juli landeten britische Verbände mit Fregatten bei Strawberry Ferry und näherten sich der einige Meilen nördlich der Uferstraße gelegenen Biggin Church. Als die Hauptabteilung hinter einer Wegbiegung verschwunden war, fiel ein Rebellenkommando über die zurückgebliebenen Wachen her, machte fünfzig Gefangene und setzte vier der im Fluß ankernden Schiffe in Brand. Diese Verluste schrien nach Vergeltung. Als die Abordnung von den Schiffen an der Biggin Church mit dem 19. Königlichen Regiment zusammentraf, ergab sich eine Gesamtstärke von knapp siebenhundert Mann. In der folgenden Nacht erteilte Kommandeur Oberst Coates den Befehl, die Kirche in Brand zu setzen; als sie (am 17. Juli) gegen drei Uhr in Flammen stand, marschierte die ganze Kolonne ostwärts in Richtung der Ballschen Anwesen.

Oberst Coates und seine Mannen zogen brandschatzend von Plantage zu Plantage. Vor Hyde Park stießen sie genausowenig auf Widerstand wie vor Kensington. Auch im Umfeld von Limerick ließen sich keine Rebellen blicken. Vermutlich quoll aus den Toren eine große Menge von Schwarzen hervor und schloß sich den Truppen an, betrachteten sie doch die Rotröcke als ihre Befreier.

Jenseits von Limerick lag östlich des Cooper-Ostarmes die Plantage Quenby, die einst Rotkäppchens Tochter Elizabeth gehört hatte und inzwischen auf ihren Sohn Richard Shubrick übergegangen war.

Coates' Regiment erreichte den Quenby Creek, einen Nebenfluß des Cooper mit einer Holzbrücke, die dort den einzigen Landzugang nach Charleston herstellte. Coates überquerte den Steg mit etwa fünfhundert Mann, vielleicht einschließlich der Schwarzen, und wartete jenseits davon auf seine Nachhut. Als die Briten schon einmal die Planken lösten, um die Brücke abzubauen, erschien plötzlich

schwere amerikanische Kavallerie auf der Bildfläche, begleitet vom
Sumpffuchs. Coates' Leute machten sofort kehrt und stürmten in
Richtung der Plantage Quenby.

Die »Schlacht an der Quenby-Brücke« begann am Nachmittag.
Unter den Pferden der Amerikaner war die Brücke wegen der gelö-
sten Planken in Stücke zerborsten. Derart gestoppt, ritten sie stromaufwärts, dann um den Oberlauf des Flüßchens herum und auf der
anderen Seite zurück, um Coates anzugreifen. Gegen fünfzehn Uhr
hatte sich dessen Kommando in den alten Sklavenhütten Quenbys
verschanzt, während die Amerikaner Stellungen im Umkreis des
Herrenhauses hielten. (In keinem Bericht steht irgend etwas darüber,
was die Herrschaften oder ihre Sklaven währenddessen taten. Allerdings mußte sich nun, wer nicht geflohen war, wohl oder übel für
eine der Parteien entscheiden.) Das Sklavenviertel bestand aus etwa
zwölf Lehmhütten, die Musketenfeuer abhielten und so den Briten
ein sichere Deckung boten, aus der sie jeden Angriff der rund siebenhundert Patrioten General Thomas Sumters mühelos zurückgeschlagen hätten. Wie Francis Marion später schrieb, waren Coates' Männer »in Katen mit Lehmwänden postiert, die ohne Haubitzen kaum
zu durchschlagen waren«. Doch mangels Kanonen erlitten die Amerikaner bei dem etwa dreistündigen Feuergefecht schwere Verluste,
und bei Einbruch der Dämmerung zogen sie sich mit sechzig Toten
und Verwundeten zurück, während es auf britischer Seite nur 6 Tote
und 38 Verwundete gegeben hatte. Die Gefallenen beider Seiten
wurden längs des Weges zur Quenby-Brücke begraben.

Auch wenn die Amerikaner das Gefecht verloren hatten, eroberten
sie das Land zurück. So konnten die Eigentümer Strawberrys und
Silk Hopes ihre Plantagen wieder übernehmen, und danach näherten
sich die Briten in Charleston niemals mehr dem Fluß. Als die Besat-
zung endete, waren die Ballschen Anwesen verwüstet – die Lager geplündert, die Häuser beschädigt, die Reisfelder ins Kraut geschossen
und die Sklavenviertel wie ausgestorben.

Die königstreuen flüchtigen Sklaven wurden »schwarze Loyalisten«
genannt. Teils arbeiteten sie (als Helfer oder Wäscherinnen, Boten
oder Stallknechte) bei der »British Army«, teils verdingten sie sich

als Diener oder Köche persönlich bei Offizieren. Andere wurden von Soldaten entführt und dann als Kriegsbeute verkauft. Nur die wenigsten, darunter Boston von Tranquil Hill, schafften es, sich aller Herren zu entledigen. Vielleicht als Ehrerbietung für George III., dem er seine Freiheit verdankte, legte sich Boston den Namen »King« zu.

General Cornwallis führte seine Truppen schließlich nordwärts in die letzten Gefechte des Krieges bei Yorktown (Virginia), wobei ein- bis zweitausend schwarze Flüchtlinge mitgezogen sein dürften. Boston King fand einen anderen Weg und fuhr mit einem Kriegsschiff nach New York. In seinen Memoiren gedachte er der Flucht aus South Carolina ohne tiefere Gefühle: »Ich zog nach Charles-Town, bestieg ein Kriegsschiff und fuhr nach Chesepeak-bay. [...] Dort lagen wir zwei Tage vor Anker und segelten dann weiter nach New-York, wo ich an Land ging.«

Die zwanzigseitigen *Memoirs of the Life of Boston King*, 1798 in Großbritannien gedruckt, gehörten zu den ersten englischsprachigen Autobiographien ehemaliger Sklaven. Erst als Jahre später die Abolitionisten erstarkten, erschienen Hunderte von ihnen. Der Pionier King bemerkte im Hinblick auf die eigene Ausbildung lediglich, daß sein Vater im Familienkreise vorzulesen pflegte. »Bis um drei Uhr nachmittags arbeitete er auf dem Feld und ging dann in die Wälder, um bis zum Sonnenuntergang zu lesen«, schrieb King. Es war selten, daß Sklaven lesen und schreiben konnten, doch Bostons Vater hatte sich beides irgendwie angeeignet und den Sohn aller Wahrscheinlichkeit nach an seinen Kenntnissen teilhaben lassen.

Boston King schrieb jene Memoiren fast am Ende seines Lebens, und es steht wenig über die Familie Ball darin. Als Flüchtling mußte er sich hüten, zuviel über jene ehemaligen Herrschaften auszuplaudern, denn seine Angehörigen lebten ja noch auf der Plantage und mochten von einem erzürnten Leser schikaniert werden. Statt näher auf seine Kindheit einzugehen, konzentrierte sich King auf seine lange Reise aus dem Lande der Gefangenschaft.

»[In New York] ging ich ins Gefängnis, einen Bekannten besuchen. Seine Füße waren am Stock gefesselt, nachts auch die Hände. Es war ein furchtbarer Anblick, da mir die gleiche Behandlung bevorstand, falls ich bei meinem Fluchtversuch ergriffen wurde.« Die

Pflanzer wollten ihr Eigentum zurückhaben, und einige fuhren aus dem Süden bis nach New York, um dort fündig zu werden. Die Kontinentalarmee half den Herrschaften dabei, Schwarze hinter den britischen Linien aufzugreifen, und King erinnerte sich an solche Entführungen, die ohne jede Vorwarnung stattfinden konnten:

Unsere früheren Herren kamen aus Virginia, North-carolina und sonstwoher, um ihre Sklaven auf den Straßen New-Yorks zu ergreifen oder sogar aus den Betten zu zerren. Viele der Sklaven hatten sehr grausame Herren, so daß der Gedanke, wieder mit ihnen heimkehren zu müssen, uns das Leben verbitterte. Einige Tage lang verloren wir den Appetit auf Essen, und der Schlaf versagte sich unseren Augen.

King geriet erneut für mehrere Monate in Gefangenschaft, diesmal bei Weißen in Brunswick (New Jersey), entkam jedoch wieder. Die von Rebellentruppen gehaltene Stadt lag am Raritan River, und mehrere Meilen entfernt, auf Staten Island, lagerten Briten. Dazu King:

Bei Niedrigwasser sah ich stets Leute durch den Fluß waten, obwohl dort Wachen aufgestellt waren, um die Flucht von Gefangenen oder Sklaven zu verhindern. [...] [An einem Sonntag] gegen ein Uhr morgens ging ich zum Fluß runter und stellte fest, daß alle Wachen entweder schliefen oder in der Taverne zechten. Ich stieg rasch in den Fluß, doch als ich nur noch ein kleines Stück vom anderen Ufer entfernt war, hörte ich Wächter miteinander sprechen. Einer sagte: ›Ich bin sicher, da hat eben einer den Fluß durchquert.‹ Dann ein anderer: ›Ach wo, da ist niemand.‹ Anscheinend wollten sie nicht schießen oder Alarm schlagen, weil sie dann für ihre Schlampigkeit bestraft worden wären. [...] Ich wanderte bis etwa fünf Uhr morgens weiter. [Am nächsten Tag hielt er sich versteckt.] Am übernächsten schlug ich mich neben der Straße entlang immer durch Buschwerk und Marschland, um nicht entdeckt zu werden. Am Fluß, gegenüber von Staten Island, fand ich ein Boot; und obwohl es fast ein Walfänger war, wagte ich mich hinein, kappte das Tau und kam sicher rüber. Dann stellte mir der über meinen Fall unterrichtete befehlshabende [britische] Offizier einen Paß aus, und ich machte mich auf den Weg nach New-York.

Als die Vereinigten Staaten im Süden ihren Sieg über die Briten ausgerufen hatten, mußten sich alle Loyalisten wegen Kollaboration verantworten. Anfang 1782 hielten Wambaw Elias, seine Familie und mindestens zwei weitere Ballsche Tories in Charleston Kriegsrat mit den besiegten Briten. Dabei traf die Meldung ein, daß die Plantage Wambaw mitsamt ihren Sklaven in einem Akt der Selbstjustiz von den Amerikanern beschlagnahmt werden sollte. Am 24. Februar zog Wambaw Elias in einem letzten verzweifelten Aufbegehren mit einer Abteilung der britischen Kavallerie ins Landesinnere, um die Schwarzen gefangenzunehmen und nach Charleston zu bringen. Auf der Plantage angekommen, versuchte man, die unbewaffneten Sklaven zusammenzutreiben, doch die meisten von ihnen entkamen in den Wald.

Wambaw Elias wußte, daß die Sache der Briten verloren war und er das Land bald würde verlassen müssen. Nach der mißlungenen Razzia entwickelte er einen anderen Plan, um die Sklaven zum Mitgehen zu zwingen. Er wies einen auf Wambaw verbliebenen Aufseher an, ihnen jegliche Nahrung zu verweigern, doch der hielt sich offenbar nicht daran und gab weiter Essen aus. In einem Brief klagte Wambaw Elias über den ungehorsamen Weißen: »Meine Neger wurden, entgegen meinem ausdrücklichen Befehl, mit Reis und Mais versorgt. Ich hatte extra angeordnet, ihnen nichts zu geben, um sie runter [nach Charleston] zu kriegen, aber der Befehl blieb unbeachtet.« Oberst Ball meinte, seine Leute durch Aushungern gefügig machen zu können.

Den nächsten Angriff auf Wambaws Sklaven führten die Amerikaner. Truppen der Rebellenmiliz fielen auf der Plantage ein und griffen sich mehrere Dutzend Arbeiter, doch erneut gelang den meisten die Flucht in den Wald. Die unglücklichen Opfer, neun Familien mit zweiundfünfzig ehemaligen Sklaven Wambaws, wurden über den Santee River in die nördlich von Charleston gelegene Küstenstadt Georgetown geschafft und dort am 22. Juni 1782 für insgesamt 1553 Pfund einzeln verkauft.

Nach der Razzia verblieben nur noch jene knapp zwanzig Familien, oder etwa hundert Leute, auf der Plantage, die sich der Ergreifung bereits zweimal hatten entziehen können; sie veräußerte Wambaw Elias schließlich an seinen Tory-Vetter Elias III. Oberst Ball trieb die Elenden, offenbar mit Hilfe britischer Truppen, zusammen und brachte sie nach Comingtee. Der Dritte Elias, Herr von Kensington, stellte Schuldscheine über achttausend Pfund aus und übernahm das Schwarzendorf. Nach diesem Abschluß besaß Wambaw Elias eine sichere Geldforderung, und nun schloß er sich mit seiner Frau Catherine und ihren Kindern den fliehenden Briten an, die Charleston inzwischen aufgegeben hatten. Die anderen Loyalisten der Familie waren weniger erbittert für den König eingetreten und konnten daher im Lande bleiben.

Mitte Dezember 1782 versammelte sich im Charlestoner Hafen eine Flottille für den Abzug. Neben Familie Ball gingen fünfeinhalb- bis sechstausend schwarze Loyalisten an Bord. Einige waren Entlaufene, die auf ihre Befreiung hofften, andere Gefangene britischer Offiziere; doch die größte Gruppe gehörte weißen Emigranten, die sicherlich nicht planten, sie freizulassen: Als flüchtige Schwarze besaßen sie weder Papiere noch Rechte, und sie erwartete wenig Gutes. Die meisten Abwanderer scheinen nach Florida gegangen zu sein, das bald darauf an Spanien fiel, oder sie wählten die Kronkolonie Jamaica, wo zwischen 1775 und 1787 rund sechzigtausend Schwarze eintrafen, überwiegend aus den Vereinigten Staaten. Doch in der Karibik konnten nur wenige Schwarze aus Carolina ihr Leben als Freie beschließen; manche verdingten sich als Diener, die meisten indes wurden wieder auf den Sklavenmarkt geworfen, von Händlern ergriffen und an die Plantagen der Inseln verkauft.

Wie kaum anders zu erwarten, erging es Wambaw Elias und den Seinen besser, da sie von Florida aus nach England weiterfuhren. Wenn Wambaw Elias freilich seit Rotkäppchens Emigration 1698 als erster der Familie in deren einstige Heimat zurückkehrte, so kam er nach drei Generationen als Fremder ohne Bindungen im Vaterland an. Er bemühte sich auch nicht sonderlich, an alte Familienkontakte anzuknüpfen. Vielleicht war er seiner nicht sicher oder befürchtete, daß die Balls in Devon, die niemals wie er amerikanischen Wohlstand gekostet hatten, zu weit unter ihm stehen würden. So schrieb er einfach: »Als ich durch Devonshire fuhr, erkundigte ich mich nach Leuten unseres Namens & bekam mitgeteilt, daß es mehrere gut situierte Familien gebe.«

In England scheint Wambaw Elias die uneingeschränkte Macht eines amerikanischen Sklavenhalters vermißt zu haben, und er schrieb seinem loyalistischen Vetter in Charleston: »Die [hiesigen] Bediensteten sind ein ganz anmaßendes Pack.« Doch dann erfuhr er zu seiner Erleichterung, daß eine königliche Kommission gegründet worden war, um loyalistische Amerikaner für ihre verlorenen Anwesen zu entschädigen. In seinem Antrag an die Krone forderte Elias für Wambaw 23573 Pfund und benannte zwecks Wertermittlung mehrere Zeugen aus Carolina. Während er auf die Anhörung wartete, erkundigte sich Elias wiederholt nach den 8000 Pfund, die ihm sein amerikanischer Vetter für die letzten Wambaw-Sklaven schuldete. Endlich kam sein Termin, bei dem der äußerst redegewandte Francis Peyre als Zeuge auftrat. Er bestätigte den Anspruch, verkniff sich indes nicht die Nebenbemerkung: »Mr. Ball war es stets peinlich, wenn er weniger als zwei- bis dreihundert Sklaven besaß.« Dessenungeachtet erhielt Wambaw Elias vom britischen Schatzamt 12700 Pfund Sterling nebst einer lebenslangen Rente. Von dieser Abfindung und dem schließlich aus Amerika eintreffenden Sklavengeld konnten der Oberst und seine Familie gut leben.

Wambaw Elias ließ sich als Händler am Stadtrand Bristols nieder, um Carolina-Reis nach Großbritannien zu importieren sowie Werkzeuge und Fertigwaren nach Amerika zu exportieren. Dort waren seine Klienten jene Handvoll Pflanzer des Südens, die er sich als Freunde hatte bewahren können. Seine Kinder heirateten in den englischen Hochadel ein, und er selbst schrieb noch jahrzehntelang Schmähbriefe an Verwandte in South Carolina, denen er ihren neuen Staat madig machte. Er kehrte nie nach Amerika zurück und starb 1822.

Henry Laurens wurde am 31. Dezember 1781 gegen Lord Cornwallis ausgetauscht, der seit Oktober Kriegsgefangener der Vereinigten Staaten war, und aus dem Tower of London entlassen. Anfang 1782

stieß er in Paris zu der amerikanischen Delegation, die den vorläufigen Friedensvertrag aushandelte, das heißt zu seinen alten Kollegen
aus dem Kontinentalkongreß – John Adams, John Jay, Benjamin
Franklin und dessen Enkel William Temple Franklin. (Das offizielle
Pariser Abkommen wurde erst am 3. September 1783 unterschrieben.) Der damals fünfundvierzigjährige, in Amerika geborene Maler
Benjamin West hat eine der Zusammenkünfte festgehalten. Sein Bild
zeigt die Amerikaner am runden Tisch – Laurens steht hinter Benjamin Franklin –, und vor ihnen liegt aufgerollt ein Exemplar der Vereinbarung. Es ist ein kurioses Gemälde: Die linke Hälfte der Leinwand von den Amerikanern ausgefüllt, die rechte dagegen fast leer.
West hatte mitten in der Arbeit die Lust verloren und das Werk nie
wieder aufgenommen, obwohl er danach noch fünfunddreißig Jahre
lebte. Seine britischen Auftraggeber, die der neuen Republik nicht
gerade wohlgesonnen waren, bezahlten ihn fürstlich, und offenbar
gab es einiges Mißfallen an einem Gemälde, das die Revolutionäre
feierte. Auf der rechten Seite hatte West unter anderem Platz für Richard Oswald gelassen, Henry Laurens' einstigen Geschäftsfreund in
London, der ihn aus dem Tower geholt hatte und bei den Pariser Verhandlungen die Briten repräsentierte. Der in Schottland gebürtige
Sklavenhändler Oswald besaß Pachtland auf Bunce Island, jenem
westafrikanischen Inselgefängnis im Flußlauf des Sierra Leone, von
dem Laurens in Charleston viele Arbeiter bezogen und zum Teil an
die Balls verkauft hatte. Den seinerseits gerade erst aus dem Kerker
entlassenen Laurens stellte West fleckig und etwas geisterhaft dar.

Daheim in Charleston stellte sich sein Neffe Elias III. auf das
Schlimmste ein. Der einstige Rebell war mitten im Krieg zu den
Loyalisten übergelaufen, und jetzt dürsteten die Sieger nach Rache.
Die Legislatur South Carolinas ließ zur Strafe Comingtee konfiszie-
ren, doch einige Monate später beantragte der Dritte Elias mit Erfolg
die Aufhebung des Beschlusses, da er ja zunächst einmal für Amerika
gekämpft habe. Das Zugeständnis verärgerte viele weiße Charlestoner, und der Dritte Elias schrieb einem Verwandten:

Leute wie ich ... gelten hier im allgemeinen als schwarze Schafe.
[...] Jemand hat mir gesagt, daß in der Stadt mehr als 600 Männer

entschlossen sind, uns keine zehn Tage mehr im Staat zu dulden, &
entsprechende Handzettel verteilt haben. Als ich das hörte, wurde
mir ganz mulmig zumute. [...] Ich wünschte, meine Geschäfte er-
laubten es mir, nach England zu gehen.

Doch zu guter Letzt wurde der Dritte Elias nicht gelyncht. Die Gemüter beruhigten sich wieder, und trotz einer gewissen Sehnsucht
nach dem sicheren Vaterland richtete Elias sich auf Limerick ein.
John, der Rebell, zog mit seiner Frau Jane nach Kensington. Die beiden Brüder überwanden bald ihre politischen Differenzen und begannen wieder zusammenzuarbeiten.

Einer kurz nach Kriegsende erstellten Liste zufolge besaßen die
Brüder jetzt nur noch einhundertdreiundzwanzig Sklaven, während
es vor der Revolution mindestens doppelt so viele gewesen sein dürften. Sie hatten also eine Menge verloren. Nach der Massenflucht waren die verbleibenden Schwarzen entweder jung, überwiegend noch
keine zwanzig, oder sehr alt, und gewiß bereuten sie es zum Teil, ihr
Glück nicht bei den Briten versucht zu haben. Ein Brief des Dritten
Elias gibt einen Eindruck von der Lage nach dem Krieg. »Ich muß
meine Plantagen so gut wie neu anlegen, wobei mich die Neger fast
um den Verstand bringen, da sie nichts können oder unwillig sind
und davonlaufen.«

Im Sommer 1783 wurden in New York britische Schiffe mit Soldaten
und schwarzen Loyalisten beladen, um noch die letzten aus Amerika
zu evakuieren, darunter mindestens drei Flüchtlinge von Ballschen
Plantagen im achthundert Meilen südwärts gelegegen South Carolina. Da die Herrschaften den Abtransport der ehemaligen Sklaven
als Diebstahl betrachteten, forderten die Behörden der Vereinigten
Staaten vor dem Ablegen eine Liste der Flüchtlinge, um später von
der Krone Entschädigungen zu verlangen. Auf dieser steht unter anderen der Name Frank Symons, und ein amerikanischer Inspekteur
hatte den damals Fünfundvierzigjährigen als »ehemaligen Sklaven
von Edward Simmons [aus] Charleston S° Car[a]« bezeichnet, des
Mannes von Lydia Ball Simons, die auf Kensington aufgewachsen
war und inzwischen mit ihrem Mann in dem vom Zweiten Elias ge-

erbten Stadthaus lebte. Anscheinend war Frank Symons von dort geflohen, die Ostküste hinaufgezogen und an Bord der britischen Fregatte *William & Mary* gegangen. Geflohen war auch die damals zwanzigjährige Sklavin Polly von Elizabeth Balls Neffen Thomas Shubrick. Die bei der Flucht in Charleston erst fünfzehnjährige Polly reiste schließlich mit der *Providence* ab.

Am 31. Juli bestieg der Flüchtling Boston King zusammen mit hundertzweiunddreißig anderen an einem New Yorker Dock die *Abondance*. Bevor er über das Fallreep schritt, hatte ihn ein Inspekteur kontrolliert und wie folgt beschrieben: »Boston King, 23, kräftige Statur, früher im Eigentum von Rich. Waring in Charleston, South Carolina ... den er vor vier Jahren verlassen hat.« An Bostons Seite ging Violet King an Bord, eine entlaufene Sklavin aus Wilmington (North Carolina), die er drei Jahre zuvor in New York kennengelernt und alsbald geheiratet hatte.

»Dann wurden die Schiffe flottgemacht«, schrieb King viele Jahre später, »und mit allem Notwendigen ausgestattet, um uns nach Nova Scotia zu bringen.«

King und den anderen New Yorker Flüchtlingen erging es etwas besser als jenen Charlestoner Ausreißern, die später in der Karibik wieder aufgegriffen wurden, denn London hatte Nova Scotia, eine damals britische Provinz, die sich der neuen Republik nicht anschloß, für die Umsiedelung schwarzer Amerikaner ausgewählt. Auf dieser unwirtlichen Halbinsel lebte auch der Eingeborenenstamm Mi'kmaq. 1755 waren zehntausend französische Bauern, die sich dort niedergelassen hatten, als Nova Scotia noch zu Frankreich gehörte, vertrieben worden, und deren Häuser standen nun leer.

Die Schwarzen trafen im Sommer ein und verteilten sich auf die Siedlungen Birchtown, Preston und Tracadie. Zwar bereiteten ihnen die örtlichen Weißen einen eisigen Empfang, doch schließlich fand King Arbeit als Zimmermann, später als Fischer. Zunächst lebte er mit seiner Frau in dem Schwarzendorf Shelburne, später zogen sie nach Birchtown um. Irgendwann erlebte Boston King eine religiöse Offenbarung und wurde Christ. Vielleicht hatte sein ungewöhnliches Glück jenen Glauben entzündet, der so stark wurde, daß er noch auf Nova Scotia zu predigen begann.

»1785 begann ich, sowohl in Familien als auch in Gebetsrunden zu mahnen, und der Herr stand mir durch die Gnade seiner Anwesenheit bei«, schrieb King.

King wurde Methodistenpfarrer, baute eine Kirche, deren Gemeinde aus entlaufenen Sklaven bestand, und stieg zu einem der führenden schwarzen Loyalisten auf. Auch wenn er die Flucht nur mit knapper Not überlebt hatte und sich in einem fremden Land durchschlagen mußte, hielt er seine Lage für erheblich besser als die mancher anderen. »Ich fand meine Seele dazu berufen, meine armen Brüder in Afrika zu bedauern«, schrieb er. »Und da ich damals nicht die geringste Aussicht hatte, Afrika jemals zu sehen, begnügte ich mich damit, die armen umnachteten Bewohner jenes Landes, in dem meine Vorväter geboren waren, zu bemitleiden und für sie zu beten.«

Die Weißen von Nova Scotia begrüßten den Zustrom der Schwarzen keineswegs, deren Lebensbedingungen sich so im Lauf der Jahre immer mehr verschlechterten. Das versprochene Land blieb aus, und es gab Angriffe auf schwarze Dörfer. Viele der an die großen, fruchtbaren Plantagen gewöhnten Arbeiter konnten sich ihrerseits nicht auf die kleinen Äcker und das rauhe Klima des Nordens einstellen. Neun Jahre nach der Ansiedelung auf Nova Scotia forderte die britische Regierung 1792, etwa zwölfhundert der Schwarzen in eine andere, nämlich afrikanische Kolonie zu bringen.

Ziel des neuen Exodus sollte eine Halbinsel im westlichen Sierra Leone sein, einer Einflußsphäre der Krone. Während dieses Land ein großes Sklavenzentrum (mit der Hochburg Bunce Island) war, gab es unter den britischen Kolonialverwaltern zahlreiche Abolitionisten, die dem Menschenhandel durch Ansiedelung von freien Schwarzen den Garaus machen wollten. Boston und Violet King, die in Nova Scotia besser dastanden als viele andere und auch hätten bleiben können, meldeten sich freiwillig für das Projekt. »Da sie dort alles nur Erdenkliche zu tun versuchten, um dem abscheulichen Sklavenhandel ein Ende zu machen«, schrieb King, »beschloß ich, die Gelegenheit zu nutzen und jenes Land aufzusuchen.«

Eine Flottille wurde ausgestattet, um in See zu stechen, und der nunmehr zweiunddreißigjährige Boston King schritt, begleitet von Violet und vielen Mitgliedern seiner Gemeinde, erneut über ein Fallreep. Am 6. März 1792 trafen die Kolonisten an der Westküste Afrikas ein, um noch einmal ganz von vorne anzufangen. Da Boston zu den ersten Bürgern eines von ehemalige Sklaven besiedelten Landes gehörte, war er gleichsam ein Gründungsvater. Die Ankömmlinge nannten ihre neue Siedlung »Freetown«.

Nach einigen Jahren in Afrika begann Boston King schließlich, seine außergewöhnliche Lebensgeschichte niederzuschreiben. Er hatte viel mitgemacht und war über alledem etwas müde geworden. »Über mein Leben zu berichten, ist keineswegs angenehm«, schickte er voraus. Im Rückblick auf seine alten Herrschaften Ann Ball und Richard Waring fand er starke Worte: »In jüngeren Jahren hatte ich furchtbar unter der Grausamkeit und Ungerechtigkeit der Weißen zu leiden, was mich veranlaßte, sie ganz grundsätzlich als unsere Feinde zu betrachten.«

12

EIN WEITES FELD

Es gibt einen Familienwitz über unsere Heiratsgewohnheiten: Wenn irgendwo auf den Plantagen ein Baby zur Welt kam, dann hielten die Eltern es erst einmal gegen das Licht. War es durchsichtig, so empfahl man dem nächsten Anwärter, sich seine Lebensgefährtin doch besser etwas weiter entfernt zu suchen.

Vetternehen waren unter Pflanzern durchaus üblich – wenn nicht sogar die Regel. Man hielt es für angezeigt, Partner aus dem eigenen Clan zu wählen, um die Plantagen mit ihren Sklavenbeständen beisammenzuhalten. Da alle Kolonistenfamilien so dachten, war die Auswahl nie sonderlich groß. Anthropologen bezeichnen die Ächtung clanübergreifender Ehen – in diesem Fall auf Sklavenhalter bezogen – als »Endogamie«. Die Anglikanische Kirche stützte ihr Inzuchtverbot auf den Levitikus, doch fast alle Reispflanzer verstießen gegen das alte Mosaische Gesetz, obwohl sie brave Kirchgänger waren. Sie heirateten stets untereinander, bis – wie eine meiner Tanten es ausdrückte – »ihnen allen Schwänze wuchsen«.

Das hörte erst mit dem Ende der Plantagen auf. Auch mein Vater, so erzählte er mir einmal, habe als junger Mann viel mit einer leiblichen Base unternommen. Sie seien zusammen zum Tanz, zu Teegesellschaften und zu Collegeveranstaltungen gegangen und hätten vielleicht sogar geheiratet – wären sie nur nicht miteinander verwandt gewesen. Janet Rowley, meine Mutter, habe er siebenhundert Meilen vom »wäßrigen Charlestoner Blut« entfernt in ihrer Heimatstadt New Orleans kennengelernt. Der Entschluß, »jemanden von draußen«, wie es hieß, zu heiraten, habe einem neuen Familientrend des frühen 20. Jahrhunderts entsprochen, der uns vor schlimmeren genetischen Nachwirkungen bewahren sollte.

Nach der Amerikanischen Revolution trat die dritte Generation ihren Weg an. Ich hatte bereits erwähnt, daß John Ball mitten im Krieg seine leibliche Base Jane heiratete, die Tochter seines Onkels John Coming. Diese zerbrechlich wirkende Frau von Hyde Park, der Nachbarplantage Kensingtons, scheint – nach ihren Briefen zu urteilen, die viel von Gott und vom Mutterglück handeln – überaus fromm und pflichtbewußt gewesen zu sein, war jedoch ihr Leben lang kränklich. Mit etwa dreißig schwoll ihr eine Hand an, wurde derart dick und schmerzhaft, daß Jane ein Kissen unterlegen mußte, sooft sie am Tisch saß. »Meine Hand läßt keine sozialen Kontakte mit den Nachbarn zu«, schrieb sie einer Verwandten, »denn sie fesselt mich ans Haus.« Janes praktisch veranlagter Mann sah die Lösung darin, einige Finger zu opfern. »Deiner Mutter geht es sehr schlecht mit ihren elenden Fingern, die immer weiter angeschwollen sind«, schrieb er einem seiner Söhne. »Ich bin sicher, daß es nur *eine* Kur gibt, nämlich sie abzuschneiden ... aber sie will nichts davon hören & wird sich, fürchte ich, nie unters Amputationsmesser begeben.«

Der ehemalige Dandy John war ein Feinschmecker mit einem Hang zum Großspurigen. Auf einem Gemälde, das er um 1800 in Auftrag gab, präsentiert er sich mit weinroten Wangen und klugen Augen, vollem, rotbraunem Haar und einem selbstzufriedenen Grinsen. Sein Gewicht kann ich nur schätzen. Einmal schrieb er einem Verwandten aus dem Urlaub in Newport auf Rhode Island: »Ich war vorher schon zu fett, & hier wird es sicher noch schlimmer, was mich ungeheuer belastet. ... Sollte ich irgendwie nach Kensington zurückkommen, werde ich mich wohl kaum noch bewegen können.« 1790 hatten John und Jane, die auf die dreißig zugingen, fünf Söhne.

Der Dritte Elias, Johns älterer Bruder, lebte auf dem eine halbe Gehstunde von Kensington entfernt gelegenen Limerick. Das einzige Gemälde des »Ol' Mas' 'Lias« stammt aus seiner Kindheit, als er wie ein kleiner Prinz mit pompösem Umhang, hochmütiger Haltung und blonden Locken porträtiert wurde. Auch wenn der Dritte Elias nie heiratete, hatte er vermutlich eine Lebensgefährtin, eine Sklavin, der er als einziger unter Hunderten von Todes wegen die Freiheit schenkte: »Nancy soll in ihrem derzeitigen Wohnhaus bleiben, auch den Garten benutzen dürfen & auf der Plantage lebenslang versorgt werden ... und mein Neffe soll ihr, solange sie lebt, am 1. März eines jeden Jahres den Betrag von einhundert Dollar in gutem & rechtmäßigem Gelde auszahlen.« Die Freilassung nebst finanzieller Zuwendung war äußerst selten und fast nie bloß eine nette Geste, sondern Ausdruck besonderer Nähe. Fortan trug der Neffe jeden März in sein Hauptbuch ein, die Rente pflichtgemäß abgeliefert zu haben, was beweist, daß man Nancy ernst nahm – und auch gewisse Ausnahmen vom Gesetz der Vetternehe zuließ.

Am 18. August 1786, als der Zweite Elias sechsundsiebzigjährig auf Kensington starb, hinterließ er seinen beiden Söhnen Elias III. und John je zwei Plantagen und seiner Tochter Lydia ein Haus in Charleston. Sein Testament gab den Erben als Rat mit auf den Weg, ihr Geld entweder zinsbringend zu verleihen oder »junge Sklaven zu kaufen«.

Einige Tage nach der Beisetzung begann der sechsundzwanzigjährige John, eine Familienchronik abzufassen, die zu einer kleinen Ode wurde, und gab seinem achtseitigen Manuskript den Titel: »Eine kurze Geschichte der Balls.« Er berichtete von Rotkäppchens Einwanderung, führte alle Kinder und Enkel auf und ersuchte seine Abkömmlinge, »zum Wohle der Nachwelt« ebenfalls ihre Memoiren zu schreiben. Johns Stückchen Literatur bezeugt, in welcher hohen Stellung die Familie sich sah. »Ich hoffe«, schloß er, »einer meiner Söhne wird dieses Werk in einer verbesserten Sprache fortsetzen und unsere Ahnentafel weiterführen mit dem Auftrag, sie von Generation zu Generation zu ergänzen.«

Nach dem Tod des Vaters teilten John und der Dritte Elias »ihre Leute« auf. Der Revolutionskrieg hatte die Reisfelder entvölkert, und auf Kensington lebten, wie gesagt, nur noch hundertdreiundzwanzig Sklaven. Kurz zuvor war die Tante der Brüder, Judith, auf Hyde Park verstorben und hatte ihren Kindern achtunddreißig Leute hinterlassen. Auf fünf weiteren Plantagen lebten jeweils fünfzig bis hundert schwarze Sklaven. Am 22. Januar 1787 riefen John und der Dritte Elias die Restbestände von Kensington zusammen, ließen offenbar das ganze Dorf in Reih und Glied antreten, musterten jeden Körper und wiesen ihm einen Wert zu, um gerecht teilen zu können. Am Ende zog der Dritte Elias mit zweiundsechzig Arbeitern im Wert von

2790 Pfund nach Limerick ab, während John die verbleibenden einundsechzig in ihre Hütten zurückschickte.

Die erste Volkszählung der Vereinigten Staaten ergab 1790 eine Gesamtbevölkerung von 3 929 214 Personen, mit einem Schwarzenanteil von 697 624, also etwa einem Sechstel. Von den gut 96 000 Sklavenhalterfamilien der neuen Republik entfielen fast 80 000 auf den Süden.

Mit ihrem zwar etwas dezimierten, aber immer noch augenfälligen Reichtum sahen sich die Balls obenauf, auch wenn sich im Norden damals vieles veränderte. Der englische Schriftsteller Samuel Johnson hatte bei der Geburt der Vereinigten Staaten geunkt: »Wie hat man es zu verstehen, daß gerade die Negertreiber am lautesten nach der Freiheit rufen?« Nach der Unabhängigkeitserklärung wollte das Land nun darauf antworten. 1785 entstand die »New York Manumission Society« – und John Jay, ein Mitunterzeichner des Friedensabkommens mit Großbritannien, wurde zu ihrem Vorsitzenden ernannt. Während man die bei Revolutionsgegnern beschlagnahmten Sklaven in South Carolina verkaufte, wurden sie in New York freigelassen. Philadelphia und New Jersey eröffneten Schulen für Schwarze. In Pennsylvania begann die Abolition Society für die Abschaffung der Sklaverei zu agitieren, und ähnliche Initiativen bildeten sich bald auch in Delaware und auf Rhode Island. Bis 1790 hatten alle neuenglischen Staaten Gesetze erlassen, um das Eigentum an Menschen allmählich oder sofort aufzuheben. In jenem Jahr wurde Boston als erste sklavenfreie Stadt der Vereinigten Staaten ausgerufen.

Den Balls und ihren Freunden mußte es erscheinen, als braue sich oberhalb der Linie Mason-Dixon, der Grenze zwischen Maryland und Pennsylvania, etwas zusammen. Doch statt Obstruktion zu treiben, reagierten sie erst einmal auf die Veränderungen, und im Süden wurde das Leben etwas lockerer. Nach seinen Briefen zu urteilen, vernahm John die Botschaft der Humanität und philosophierte sogar über politische Klimaunterschiede. Einem seiner Söhne gegenüber entwickelte er eine mitfühlende Theorie der Ausbeutung, worin er die Pflichten des Herrn gegenüber seinen Leuten betonte:

Wenn sich nicht revolutionäre Prinzipien durchsetzen und den Wohlstand des Südens vernichten, kannst Du die schönen Dinge des Lebens genießen & vielen Deiner bedürftigen Nächsten helfen – die Armen speisen & die Nackten kleiden –, doch merke Dir, daß unsere Fürsorge zuallererst den Sklaven gelten muß, damit die Kranken richtig gepflegt & betreut, Junge, Alte & Gebrechliche genauso sorgfältig eingekleidet und ernährt werden wie die Nützlichsten, die man gut, also schonend, menschlich und gerecht, zu behandeln hat. Bedenke ihre Lage und strebe stets danach, das bittere Los der Sklaverei so erträglich zu machen, wie es die örtlichen Verhältnisse Deines Heimatstaates erlauben.

Im Anschluß an die Unabhängigkeitserklärung suchten die Balls Trost bei einem neuen Weltbild. Anfangs seien die Plantagen eine echte Fron gewesen, ja, aber das alles habe sich gebessert, und die brutale Habgier sei einem weisen Paternalismus gewichen. Jetzt, nach dem Krieg, sei der Sklavenhalter so etwas wie ein gestrenger Vater, der mit der einen Hand drohe, mit der anderen jedoch belohne.

In jener Phase handelten die zwischen den Pflanzern gewechselten Briefe ausdrücklich von der Gesundheit der Arbeiter und legten ein ungekanntes Maß der Fürsorge an den Tag. »Ich hoffe, Hagar und den anderen Kranken geht es besser«, schrieb Jane in einer von vielen Notizen. »Es tut mir leid, daß in der Hasell Street so viele krank sind. Unser Hof muß ein einziges Spital gewesen sein.« Und das war kein bloßes Gerede. In den Anfängen der Republik wandten die Balls einen Teil ihrer Gewinne für die bessere medizinische Versorgung der Sklavenviertel auf. Zuvor hatten Pflanzer oft selber den Arzt gemimt. »Mein Vater konnte zu seiner Zeit sehr geschickt mit der Lanzette umgehen«, berichtete John einem Verwandten. In der Frühzeit hatte Plantagenmedizin im wesentlichen Aderlaß bedeutet, wobei man mit Klingen oder Lanzetten, gewöhnlich an der betroffenen Stelle, ins Fleisch einschnitt. Jetzt jedoch wandten ausgebildete Ärzte eine Reihe von Heilverfahren an. Einst hatten die Pocken ganze Dörfer ins Grab befördern können, doch nun schützte man die Sklaven vor Epidemien. Zum Beispiel impfte Johns Hausarzt Alexander Garden auf Kensington zahlreiche Leute mit einem neuartigen Pocken-serum – und kassierte dafür ein sattes Honorar.

Zwar hatte die Familie früher schon Ärzte bemüht, aber niemals im Rahmen fester Vertragsverhältnisse. Der Inhaber von Back River, Johns damals siebenundzwanzigjähriger Vetter John Coming, Kriegsveteran auf der britischen Seite, galt in der Familie als wertlos, hatte jedoch nach dem Waffenstillstand besagte knapp fünfhundert Hektar große Plantage mit etwa achtzig Leuten erworben und entge-gen seinem schlechten Ruf einen Kontrakt mit dem Landarzt Samuel McCormick geschlossen. Dieser ließ fortan bei regelmäßigen Visiten auf Back River Rechnungen zurück, die belegen, wie stark sich die Medizin verändert hatte.

Als die Feldarbeiter Pompey und Binah im Februar 1785 an einem entzündlichen Hautausschlag litten, verabreichte McCormick ihnen eine »antipsorische Salbe« gegen den Juckreiz: Ihr half sie, ihm dage-gen nicht. Bei seiner nächsten Visite legte der Doktor einen »Salben-verband« an. Drei Wochen später hatte Pompey immer noch eine of-fene Stelle, die trotz Verbandswechsels nicht zuheilen wollte. Der Arzt kam ein viertes Mal und verabreichte »Wachssalbe«, das heißt, in Alkohol aufgelöstes und mit Schmalz angereichertes Bienen-wachs. Das scheint gewirkt zu haben – oder Pompey mochte einfach nicht mehr und war das ständige Herumdoktern leid. Sehr verbreitet waren Darmwürmer, besonders unter jüngeren Leuten, die häufig genug daran starben. Einem Mädchen verabreichte McCormick »3 anthelmintische Pulver«, um die Parasiten abzutöten. Als der Feldarbeiter Marcus erkrankte, vielleicht an der Grippe, setzte der Doktor auf starke Abführmittel. Einmal entleerte er Marcus sogar im Doppelschlag mit »einem Brechmittel« und »Abführsalzen«. Brech-durchfall scheint eine seiner Lieblingsmethoden gewesen zu sein, denn ihn verordnete er dutzendfach.

Neben solchen Brachialkuren, bei denen sich Schaden und Nutzen vermutlich die Waage hielten, hatten die Sklaven ihre eigenen alter-nativen Heilverfahren aus Westafrika mit denen der Eingeborenen Amerikas verbunden. Als John sich bei einem Freund nach einem Mittel gegen die Ruhr erkundigte (die durch blutige Stühle und Aus-trocknung schnell tödlich wirken konnte), empfahl ihm dieser etwas aus dem Garten. »Besagte Pflanze, Binnay, wird auf fast allen Plantagen South Carolinas von unseren Negern für den Eigenbedarf angebaut. In der Regel stampfen und trocknen sie den Samen, und so zubereitet schmeckt er fast wie getrocknete Erdnüsse; sie machen auch häufig Suppen daraus.« Wenn die Balls zwar von den Naturheilverfahren gewußt, sie aber trotzdem gemieden hatten, so zogen sie jetzt sogar hin und wieder schwarze Medizinmänner zu Rate, sooft die weißen Ärzte mit ihrem Latein am Ende waren. Zum Beispiel trug John in sein Geschäftbuch ein, er habe persönlich »Mrs. Mottes Schwarzen Jack bezahlt, der einen Feldarbeiter von seinem Schlangenbiß heilte«.

Offenbar traten die schwarzen Heilkundigen auf den Plantagen zum Teil auch als Priester auf. Eine ihrer Religionen scheint auf die mächtige Yoruba-Kultur zurückgegangen zu sein, die am Niger- und am Kongo-Delta beheimatet war. Auf Limerick, Mepkin und Pimlico förderten Ausgrabungen im Bereich der Sklavenviertel kleine Tontöpfe zutage, in denen Heilkundige ihre Medizinen gemischt haben dürften. Unweit der alten Sklavenhäfen Angolas, von wo Zehntausende nach South Carolina gelangten, lebten die Bakongo, deren Kultur seinerzeit die Küste Afrikas beherrschte. In ihrem Kult war der allmächtige Gott *Nzambi* durch die Medizin beeinflußbar. Priester oder Schamanen rührten in Tontöpfen, die etwa halb so groß waren wie Warzenmelonen, den heiligen Pflanzenwirkstoff *minkisi* an.

Ende des 18. Jahrhunderts beschäftigte John den freien Farbigen Robin als Plantagenarzt. Seine allererste Patientin scheint Hagar gewesen zu sein, die sich, 1795 von einem Nachbarn ausgeliehen, bei einem geschlechtskranken Sklaven Johns angesteckt hatte. Ihr Eigentümer Joseph Willingham bat um Robin und eine in der weißen Medizin unbekannte Kur. Später bestätigte John ihm die Maßnahme: »Ich werde Robin für die (wunschgemäß erfolgte) Heilung Hagars von der Geschlechtskrankheit 30 [Schilling] bezahlen.« Robin muß sich bewährt haben, denn den Büchern zufolge blieb er noch fünfundzwanzig Jahre auf Kensington tätig. Das in dieser Zeit gesparte Geld hinterlegte er bei John, der darüber peinlich genau Buch führte.

Die Revolution hatte das Plantagensystem zwar geschwächt, aber nicht zerstört. So konnten John, der Rebell, und Elias III., der Tory, ihre Differenzen ausräumen und die alte Dynastie wiederaufbauen. Zunächst standen einige Balls vor dem Ruin, und der Dritte Elias klagte unablässig, seine Schulden nicht mehr bezahlen zu können. Als schon alles nach gewaltsamen Veränderungen aussah – vielleicht in Richtung eines freien Arbeitsmarktes –, da trugen Umbrüche bei den Anbaumethoden wieder zur Stärkung der überkommenen Verhältnisse bei.

Wie oben gezeigt, war der Reis zu Rotkäppchens Zeiten meist auf Sumpffeldern angebaut und mit Hilfe künstlich angelegter Stauseen bewässert worden. Doch inzwischen hielten einige Pflanzer diese Felder für erschöpft und blickten daher zunehmend auf das unberührte, bei Flut überschwemmte und bei Ebbe freiliegende Marschland längs der endlosen Cooper-Kanäle. Um die Tide zu nutzen, ließen sie dort in den achtziger und neunziger Jahren neue Reisfelder anlegen. Wenn man damit andernorts schon vor dem Krieg begonnen hatte, so wurde jetzt das Tempo forciert. Zunächst einmal mußte man das Land durch aufwendige Erdarbeiten urbar machen und eindämmen. Zu diesem Zweck errichteten Sklaven etwa sechs Fuß hohe »Reisbänke« mit Öffnungen für das Tidenwasser, an denen schachtartige Holzschleusen, die an scheunentorgroße Guillotinen erinnerten, den Zustrom regelten. Bei Flut geöffnet, hielten sie danach das Tidenwasser auf den Feldern, und wurden bei Ebbe erneut geöffnet, um das Wasser abfließen und die Felder aushärten zu lassen.

Die Methode des Tidenreisanbaus könnte sogar von Westafrikanern nach Carolina eingeführt worden sein. 1794 zeichnete ein Engländer in Sierra Leone eingedämmte rechteckige Reisfelder mit Pforten für die Be- und Entwässerung. Gewiß hatten die Afrikaner ihre Technik nicht von Weißen gelernt, denn ein Kulturtransfer fand ausschließlich in der Gegenrichtung statt. Während man die Felder bis zur Einführung des Tideverfahrens mühsam mit Hacken hatte ausjäten müssen, ließ sich fortan ein Teil des Unkrauts in einer Art Wanne, dem sogenannten »langen Wasser«, unter den höheren Reispflanzen ersticken. Damit trug die Technik auch erheblich zur Rationalisierung bei, so daß bei vergrößerten Flächen weniger Leute benötigt wurden.

Der Dritte Elias besaß mehr Arbeiter als sein Bruder – hatte er doch seinem Tory-Vetter Wambaw vor dessen fluchtartiger Abreise nach England etwa hundert Sklaven abgekauft –, und mit dieser Truppe stellte er Limerick nun auf den Kopf. Eine Karte des Anwesens von 1786 zeigt vierzig Hektar bewirtschafteter Reisfelder, zehn Jahre später indes schon fünfundfünfzig, also nicht ganz das Anderthalbfache. Ein Verwandter des Dritten Elias lobte dessen Maßnahmen, die auch Comingtee betrafen. »Ich stimme Deinem gegenwärtigen Plane, das gesamte Tidenland am T zu erschließen und zu bewirtschaften, ausdrücklich zu«, schrieb er ihm. »Vielleicht weißt Du ja noch, daß ich Dir sogar dringend dazu geraten hatte.«

Dabei mußten die Sklaven Schwerstarbeit leisten, denn allein das Anlegen der Reisbänke war ein Mammutprojekt. Nach dem Roden hoben Männer (und wahrscheinlich auch Frauen) Kanäle aus, zogen Gräben rings um die Felder und bewegten auf Ochsenkarren Hunderte von Tonnen Erde, um kilometerlange Dämme aufzuwerfen, für die Zimmerleute Dutzende großer Schleusen anfertigten. Gegen 1800 hatten die insgesamt etwa fünfundfünfzig Meilen Reisbänke am Cooper-Ostarm ein Volumen von gut zwei Millionen Kubikmetern. Der Umbau zog sich über Jahre hin, und als die Verfassung in Kraft trat, hatte ein neuerlicher Reisboom eingesetzt. In der Zeit zwischen 1784 und 1789 war Charlestons Reisexport von 14 500 auf 23 400 Tonnen angestiegen.

Der Dritte Elias belohnte seine Leute, die ihm zu neuem Reichtum verholfen hatten, mit Textilien. Im Sommer 1787 gab er massenhaft Decken und Stoff sowie »6 Dutzend karierte Taschentücher« aus, um sich dann selbst zu belohnen und die unverhofften Gewinne in neue Leute zu investieren. Mit einem Kauf bescherte er Limerick sechsundzwanzig neue Bewohner, darunter das junge Paar Charles und Peggy, fünf Familien mit Kleinkindern und der alleinstehende Cudjo. Einige Jahre später kaufte er erneut ein, nörgelte diesmal jedoch über den Preis. »Am 30. März bei Ben Steeds Auktion Neger gekauft«, schrieb er, »Thom & Molly, Aspath & Dido, Cuffy & Amy, Dublin & Bella, allerdings zu dem Wucherpreis von £ 1 365.« Die Einfuhr afrikanischer Sklaven war durch den Verfassungskonvent der Vereinigten Staaten von 1787 vorübergehend unterbrochen worden, als sich Zweifel an dem Handel zu regen begannen, doch wenig später wurde er bis zum endgültigen Verbot von 1808 wieder aufgenommen. So stammten Elias' neue Leute wahrscheinlich entweder aus Virginia oder von Reispflanzern, die ihre Betriebe aufgegeben hatten.

Allerdings wäre die Belegschaft, wie die Geschäftsbücher zeigen, auch ohne Zukäufe gewachsen. Die Clans Angola Amys und Priscillas – um beliebig zwei in Westafrika gebürtige Frauen herauszugreifen, die im Laufe des 18. Jahrhunderts gekauft worden waren – bildeten große, weit verzweigte Sippen, denen die beiden Frauen jetzt als alternde Stammesmütter vorstanden. Ende des 18. Jahrhunderts gebaren allein ihre Töchter und Enkeltöchter den Herrschaften insgesamt Dutzende potentieller neuer Feldarbeiter und Hausdiener.

Etwas lückenhafte Belege lassen vermuten, daß nach der Erholung in den Sklavenvierteln neue Hütten entstanden. Unter den Papieren befindet sich eine doppelseitige, im Juni 1794 von Elias III. und John abgezeichnete Anleitung »für das Auslegen eines Teerbodens«, einer harten, trockenen Fläche, die man kehren und wischen konnte. Außerdem notierten sich die Brüder ein Rezept für Außentünche; das dickflüssige Gemisch aus abgekochten Häuten und Kalk wurde, einem Augenzeugen zufolge, zum Standardanstrich für Sklavenhütten. 1792 suchte ein Reispflanzer per Anzeige in der *South Carolina Gazette* einen Hüttenbauer – womit er nicht der einzige gewesen sein dürfte – und beschrieb darin die damals übliche Zweizimmerkate. »Eine Negerhütte, zwanzig Fuß lang, zehn Fuß breit und sechs Fuß hoch, mit Pfählen im Boden, Trennwand in der Mitte, einer Tür zu jeder Wohnung und zwei soliden Vorhängeschlössern.« Im übrigen beschäftigte John während dieser ganzen Zeit sieben Zimmerleute – Bristol, Daniel, Julius, Marcus, Peter, Pompey und Strephon –, die seinen Büchern zufolge immer gut zu tun hatten. Angesichts seiner neuen paternalistischen Ideale steht zu vermuten, daß John sie auch Quartiere bauen ließ.

Die Balls konnten also ihren alten Lebensstil als Reisbarone wiederaufnehmen. Aus einer Steuererklärung Johns geht hervor, daß er nicht weniger als zehn Kutschen besaß, und der damals neununddreißigjährige Junggeselle Elias III. gab in der seinen für 1790 die drei Plantagen Strawberry, Comingtee und Limerick mit insgesamt 3453 Hektar und 246 Leuten an. Damit war er, hinter seinem Onkel Henry Laurens mit 298 Leuten, der zweitgrößte Sklavenhalter von St. John's Parish – sein Bruder John folgte etwas abgeschlagen mit nur 188.

Im Mai 1787 tagte in Philadelphia der Verfassungskonvent, um die alten »Bundesartikel« durch eine neue Übereinkunft zu ersetzen. Allerdings wurden seine Debatten vom Problem der Sklaverei überschattet. Die Delegierten des Südens forderten, Sklaven bei der Steuerberechnung anhand von Volkszählungen nicht als Personen, sondern wie Vieh zu behandeln, also völlig unberücksichtigt zu lassen. Was die Zuteilung der Sitze im künftigen Repräsentantenhaus anging, so wollten sie Sklaven jedoch durchaus als Personen behandelt wissen, um auf diesem Wege den Einfluß der Gutsbesitzer zu stärken. Auch unter dem Spott der Norddelegierten hielten sie stur daran fest, derart zweierlei Maß anzulegen. Schließlich einigte man sich auf den Kompromiß einer »Drei-Fünftel-Regel«: Im Hinblick auf die Steuerlast und die Sitzzuteilung sollten Sklaven nur mit sechzig Prozent zu Buche schlagen. Als zwei Jahre später der Gründungskongreß zusammentrat, stand die Sklaverei auf Platz eins der Tagesordnung. Ihre Gegner hatten die Gerichte angerufen, so daß die Gesetzgeber eine neue Lösung finden mußten – die allerdings lediglich darin bestand, darüber erst in zwanzig Jahren endgültig zu entscheiden, wenn sich die Gemüter wieder beruhigt hätten.

Bei den Balls sah man die Entwicklung der Demokratie mit Sorge. Wenn der Kongreß das Thema ad acta gelegt hatte, so schlug es im Ausland um so höhere Wellen, und der in England lebende Tory Wambaw Elias berichtete regelmäßig über die entsetzlichen Erfolge der Französischen Revolution, deren »Gleichmacherei« er zutiefst verabscheute. Nach dem Sturz Ludwigs XVI. und der Erklärung der Menschenrechte durch die Verfassunggebende Versammlung in Paris machte er sich große Sorgen über die Zukunft. »Ich hoffe, diese französischen Sauhunde kriegen kräftig eins auf die Schnauze«, wetterte er. »Nicht genug, daß sie sich selbst zerstören, wollen sie auch noch alle Staaten ringsherum mit ins Elend stürzen.«

Die Kunde aus Frankreich, daß der Ständestaat zusammengebrochen und eine Umverteilung des Wohlstandes unabwendbar war, hatte bald auch Charleston erreicht. 1791 wurden auf der Insel Hispaniola im französischen Santo Domingo bei einem Aufstand von Zuckersklaven und freien Mulatten, den François Toussaint L'Ouverture anführte, Weiße getötet und Hunderte von Plantagen in Brand gesetzt. Binnen kürzester Zeit flüchteten daraufhin etwa zehntausend Weiße in die Vereinigten Staaten, von denen viele – verängstigt und mit leeren Taschen – in Charleston ankamen und dort als lebendiges Beispiel dafür galten, was die Demokratie anrichten konnte.

Im Hinterland fragten sich Pflanzer besorgt, ob auch ihre Leute die Botschaft aus Santo Domingo vernehmen würden (aus dem übrigens später der Schwarzenstaat Haiti hervorging). Von Anfang an hatten sie, um nachts durch die Hauptstraßen zu patrouillieren, zehn bis fünfzehn Mann starke bewaffnete »Sklavenstreifen« gebildet, die Leute verhörten, nach Ausreißern fahndeten und vor allem der Abschreckung dienten. Die Männer wechselten sich ab und mußten turnusmäßig ihren Dienst antreten. So erhielt John für 1792 folgende typische Anordnung: »Sie werden zum Patrouillenkommandeur ernannt und beauftragt, alle zwei Wochen und notfalls häufiger ... von Hugers Bridge [auf Limerick] bis hinüber nach Comingtee Streife zu reiten.« Ihm standen vierzehn Mann zur Seite, darunter Elias III., zwei Harleston-Vettern und mehrere Aufseher.

Für den Westarm des Cooper River waren andere Trupps zuständig. Eines Frühjahrs meldete R. Matthews, einer der dortigen Aufseher Johns, die Streife habe zwei seiner Sklaven angegriffen. Die beiden, Guy und Peter, seien an einem Sonntag, in eigener Sache unterwegs, von den Wachen angehalten und nach ihrem Ziel gefragt worden. Bloß weil sie »keine Pässe hatten, bekamen sie nicht nur heftige Schläge auf den Kopf und Körper, sondern einer wurde obendrein noch angebunden und übel ausgepeitscht«.

In den Augen der Familie schienen an Geschäftseinbrüchen immer nur die anderen schuld zu sein, seien es rebellische Feldarbeiter oder die Franzosen, niemals jedoch das Plantagensystem als solches. Zunehmend kamen auch Gefahren aus den Nordstaaten, denn dort ging es mit der Sklaverei zu Ende, was ebenso erschreckend wie verblüffend gewirkt haben muß. Dabei besaß der Norden nicht nur die Stirn, das Eigentum an Menschen kurzerhand zu verbieten, sondern er war auch der weitaus besser entwickelte, bevölkerungsreichere und seit dem Krieg sogar wirtschaftlich stärkere Landesteil. Während es in South Carolina keine einzige Hochschule gab, hatte Neuengland richtige Colleges. (Charleston eröffnete 1785 eine bescheidene Schule, der Benjamin Smith, ein mit den Balls verschwägerter Sklavenhändler, tausend Pfund vermachte, die aber sonst niemand ernstnahm.)

John, der vor der Revolution einmal in Philadelphia gewesen war, schlug Jane 1796 eine Reise die Ostküste entlang vor – vielleicht um sich ein besseres Bild vom Norden zu machen oder, im Hinblick auf seine heranwachsenden Söhne, das dortige Schulwesen genauer unter die Lupe zu nehmen.

Im Frühsommer trat die Familie ihre fünfmonatige Reise an. Mit von der Partie waren John, Jane, der damals vierzehnjährige John jr., die unverheiratete Base Polly Smith, der Diener Adonis und die Haussklavin Binah (letztere beiden waren lediglich Namensvettern der Vorfahren Katie Haywards, alias »Helle Ma«). Die einundvierzigjährige Binah und der etwa dreißigjährige Adonis von Kensington waren so etwas wie »Vorzeigeneger« – er, seit langem Johns Kammerdiener, kümmerte sich um seine Garderobe und wartete ihm auf; sie diente, ebenso wie ihre Kinder, seit Jahren im Herrenhaus. Dem Reisebericht im Taschenformat zufolge hatte John Taschengeld – »$1500«, wie er in der neuen Dollarwährung anstelle des englischen Pfundes eintrug – nach New York vorausüberwiesen, und am 11. Juni 1796 gingen die sechs in Charleston an Bord der Schaluppe *Romeo*.

Neun Tage später fuhr die *Romeo* durch den engen Hafeneingang New Yorks. Am ersten Abend stieg man in der Pension einer Mrs. Best am Fuße von Manhattan ab, und tags darauf besorgte sich John einen Stadtplan nebst Führer. New York war schon damals mit 35 000 Einwohnern die größte und wirtschaftlich mächtigste Stadt des Landes, und da die Sklaverei dort in den letzten Zügen lag, muß eine Reisegruppe aus dem Süden ziemlich stark aufgefallen sein. Die Balls waren sich, offenbar ebenso wie Adonis und Binah, durchaus bewußt, in einer neuen Welt mit vermindertem Gefälle zwischen Oben und Unten angekommen zu sein. Wenn Johns Reisebericht auch keine persönlichen Einträge enthält, so verraten die Quittungen über seine Ausgaben doch genug. Fast als erstes kleidete er Adonis und Binah neu ein: Er erhielt ein Paar Kniehosen mit Strümpfen, sie – die sonst nur »Negerschuhe« trug – ein Paar Maßschuhe angefertigt. Beide kamen also zu einem Staat, den sie von zu Hause her gar nicht kannten.

Nachdem für das Äußere gesorgt war, begann man sich umzuschauen. Beim ersten Stadtbesuch notierte John, er habe Binah einen Dollar gegeben, um sechs Gläser Eiscreme zu kaufen – also offenbar eines für jeden. Dann, erneut gegen alle Etikette, erhielten Adonis und Binah ein kleines wöchentliches Taschengeld, denn sicher machte es keinen schlechten Eindruck, wenn Sklaven aus dem Süden in New York über eigene Mittel verfügten. An mehreren Abenden gingen die Balls »ins Theater«. Johns Unterlagen zufolge besuchten Adonis und Binah derweil den Zirkus in »Rickets Amphitheatre«. Neben Kutschfahrten tätigte man ausgiebig Einkäufe. An einem Tag erstand John vier Paar Strümpfe aus gerippter Seide und ein Pfund Haarpuder für seine Perücke. Jane gönnte sich ebenfalls Seidenstrümpfe und drei Flaschen Parfüm.

Nach zehn ausgelassenen Tagen endete die New Yorker Etappe mit neuerlichen Großeinkäufen – John leistete sich eine goldene Taschenuhr nebst Kette (für stramme 148 Dollar), Jane einen Schrank voll Kleidung. Man zahlte bei Mrs. Best (84 Dollar für die Zimmer und 117 Dollar für beachtliche Mengen Schnaps) und bestieg sodann ein Schiff in Richtung Rhode Island.

Dort war Newport ein Ferienparadies für reiche Leute aus Boston und New York, zunehmend allerdings auch für Sklavenhalter aus dem Süden – und wenn jene mit irischen Bediensteten ankamen, so diese mit schwarzen. In New York mochte das Ballsche Grüppchen in der Menge noch untergegangen sein, doch in den erlesenen Kreisen Newports war man regelrecht gezwungen, wenigstens den Schein zu wahren. Gleich am Tag nach der Ankunft erhielt Adonis vier Dollar für einen Hut, und den Rest für Trinkgelder. Wenige Tage später spendierte John ihm nagelneue Stiefel. Den beiden Schwarzen dürfte das theatralische Auftreten ihrer Herrschaften nicht verborgen geblieben sein, und sie wußten, daß sie wohlgeborene, gut behandelte Sklaven abzugeben hatten. In Newport ging die Familie segeln, spielte Karten und kaufte erneut ein. John notierte, daß Adonis, während er mit Jane im Theater war, $1,50 »für einen Ausritt« bezahlt hatte.

John jr., das einzige Kind in der Runde, war ein stiller Knabe. Sein Vater scheint darüber nachgedacht zu haben, welche Stadt für seine Erziehung am besten geeignet wäre. Newport, wo die Familie den Sommer verlebte, lag in Reichweite Bostons, des geistigen Zentrums der Nation. Am 6. September, als die größte Hitze vorüber war, brach man dorthin auf – gewiß zum Vergnügen, vielleicht aber auch wegen einer Schule – und quartierte sich nach der Ankunft am folgenden Nachmittag in der Pension »Mrs. Hatch's« in der Federal Street ein. Zwei Tage später vermerkte John, einen Wegezoll für die Überquerung des Charles River gezahlt zu haben, um nach Cambridge zu gelangen, wo das berühmte »Harvard College« lag. Auch wenn er sich keinerlei Notizen über diesen Abstecher machte, trat sein Sohn John jr. zwei Jahre darauf als Harvard-Erstsemester in Cambrige an.

Zurück in Boston, erwarb John Zigarren und einige Bücher. Danach kehrten sie alle nach Newport zurück. Die Reise näherte sich allmählich ihrem Ende, doch vor der Heimkehr gab es noch etwas Wichtiges zu erledigen: Während des allgemeinen Packens besorgte John zwölf kleine Fässer mit eingelegten Hummern, die kurz vor der Abfahrt glucksend an Bord gerollt wurden. In der ersten Novemberwoche trafen die Balls und ihre Fracht wohlbehalten auf Kensington ein.

Diese Reise nach Norden bildete den Auftakt zu einer Reihe von Ausflügen die Ostküste hinauf, und jedesmal kam eine Handvoll Haussklaven in den Genuß, die Welt jenseits der Plantagen kennenlernen zu dürfen. 1806 reiste Johns Sohn Isaac in Begleitung des befreiten Schwarzen Nat Ball von Back River (der den Familiennamen angenommen hatte) nach Washington, D. C., wo seinerzeit der Virginier Thomas Jefferson im Weißen Haus residierte. »[Wir fuhren] von Georgetown aus hin, um das Haus des Präsidenten zu besichtigen, das mir sehr gut gefiel«, schrieb Isaac aus der Hauptstadt nach daheim. »Unterwegs kam er uns sogar persönlich entgegengeritten, aber da unser Besuch dem Gebäude und nicht dem Manne galt, gingen wir weiter.«

John Ball jr., Janes erstes Kind, galt als scheu und wirkt noch als Erwachsener auf einem Porträt sehr in sich gekehrt. Der Dritte Elias hielt seinen Neffen für intelligent, aber schwierig, und die Eltern planten eine Zeitlang, ihn in London studieren zu lassen in der Hoffnung, er würde dort etwas reifer, überlegten es sich dann jedoch angesichts seines Charakters anders, wobei indes auch der Nationalstolz eine gewisse Rolle gespielt haben dürfte.

Das »Harvard College« war 1636, also sechzehn Jahre nach dem Eintreffen der Pilgerväter bei Plymouth, eröffnet worden. John jr. verdankte seine Aufnahme neben Empfehlungsschreiben von Lehrern auch barem Geld. Harvard hatte mitgeteilt, daß außer Referenzen eine Einlage von zweihundert Unzen Silber erforderlich sei. Die Familie zahlte, und der Junge wurde angenommen. John senior klagte einmal, »mein guter Vater hat die Ausbildung bei mir allzusehr vernachlässigt«, und nach seinen Briefen an den Sohn zu urteilen, wollte er diesen Fehler nicht wiederholen. »Du mußt bedenken, daß Du Deinem Stande und Vermögen nach einmal eine stattliche Figur abgeben könntest«, schrieb er ihm. »Das Harvard College ist sicher das angesehenste der V[ereinigten] Staaten & deshalb habe ich es gewählt, um Deine Ausbildung zu vollenden. ... Allerdings hätte ich Dich in Amerika lieber nach patriotischen Grundsätzen erziehen lassen.«

Im Juli 1798 fuhr der sechzehnjährige John jr. allein mit dem Schiff nach Massachusetts und begab sich auf den Campus. Die vier kleinen Collegegebäude waren von Feldern umgeben, in der Nähe gab es eine Kirche mit Spitzturm und eine Viehweide. Der frischgebackene Student mietete mit Hilfe eines Newporters, den seine Eltern auf Rhode Island kennengelernt hatten, ein Zimmer an und richtete sich ein.

John jr. war einer von insgesamt siebenundsechzig Erstsemestern, doch sein Vater wollte ihn gegen klingende Münze gleich höher einstufen lassen. »In der Satzung steht, daß Du am College, je nach

Spendensumme, weiter oben hättest einsteigen können«, schrieb er. »Wäre das nicht besser gewesen?« Der Sohn verzichtete und absolvierte die üblichen Kurse in Latein, Logik, Mathematik, Naturwissenschaft und Philosophie, sollte allerdings auch ungeachtet des Bücherwissens neben seinen Kommilitonen bestehen können. »Sag, leben andere Studenten in Harvard besser oder auf größerem Fuße als Du?« erkundigte sich der Vater. »Falls es dort irgendwelche vornehmen jungen Herren gibt, die sich Diener & Pferd oder Pferde halten, so laß es mich bitte wissen.«

Mit Bangen dachte der besorgte Vater außerdem an jene Lustbarkeiten, die begüterte junge Männer in der Fremde lockten. »Bedenke, mein Sohn, daß ich Dir als Freund & Vater rate, schlechte Gesellschaft zu meiden«, mahnte er deshalb. »Trinken, Spielen & der Umgang mit unzüchtigen Frauen sind die für Jünglinge verderblichsten Laster, die beiden ersten sogar noch schlimmer als das letzte. ... Und wo alle zusammenkommen, da ist der Untergang unvermeidlich. Schmach & Schande kommen über Eltern & Verwandte, und alle wünschen sich den Tod, um aus der entehrten Familie zu scheiden.«

Jane scheint nicht im Traum daran gedacht zu haben, daß ihr Sohn Prostituierte aufsuchen könnte, sondern rätselte statt dessen, ob er sich wohl verlieben würde. »Laß mich wissen«, bat sie, »ob Dein Herz noch Dir selbst gehört. Ich hoffe, es wird noch eine Weile unverwundbar sein durch die Pfeile jenes blinden Gottes [Amor], der niemanden, kein Geschlecht und kein Alter, verschont.« Auch erkundigte sie sich, ob die Frauen Neuenglands besser aussähen als die Damen des Südens. »Findest Du, das schwache Geschlecht des Nordens übertrifft das unsere an Schönheit? Das Klima gewährt ihnen beim Teint einen Vorteil, was aber die Weichheit, Feinheit und Ausdrucksstärke der Züge angeht, so können wir dem Vergleich durchaus standhalten.«

Das Thema Sexualität lud in der feinen Gesellschaft durchweg zu Euphemismen ein. Allerdings war Johns vierter Sohn William James etwas offener als seine Angehörigen. Im Gegensatz zu seinem eher stillen Harvard-Bruder war der Achtzehnjährige, der ab Herbst 1805 im schottischen Edinburgh Medizin studierte, beredt und leicht sarkastisch. Irgendwann berichtete er seinem großen Bruder von einem geplanten Bordellbesuch außerhalb der Stadt, auf den er sich angeblich überhaupt nicht freute:

> Für mich ist jetzt Sauregurkenzeit. Morgen oder übermorgen werde ich mit ein paar anderen zu Fuß ins Hochland hinaufziehen und höchstwahrscheinlich als ein echter Virtuose auf der *Fiedel* zurückkommen, glaube aber nicht, daß mir diese Art von *Musik* sonderlich liegt.

Nach seiner Rückkehr witzelte er, schließlich doch gar nichts erlebt zu haben: »Bei dem Ausflug ... bin ich doch kein Fiedler geworden, obwohl es mich die Art der Spelunke eines Abends befürchten ließ.«

Sex muß William stark umgetrieben haben, denn etwa gleichzeitig machte er einem anderen Bruder diesen seltsamen Vorschlag: »Lieber Isaac«, antwortete er auf einen düsteren Brief aus der Heimat, »Du solltest Dir nun ein Spielzeug besorgen, das Dich abends amüsiert, wenn Du es Dir am Kamin bequem machst.« Möglicherweise hieß diese verschlüsselte Empfehlung, der zwanzigjährige Isaac auf Kensington solle sich mit einer Schwarzen verlustieren.

Die Bedrohung seiner Söhne durch Lust und Liebe war nur eine der Sorgen John seniors, denn die weitaus größere Gefahr ging in seinen Augen von der Politik aus. Offenbar hatte ihn die Reise nach Norden gelehrt, daß in Staaten wie Massachusetts ein gefährlicher Liberalismus vorherrschte. Einige weiße Nordstaatler hegten äußerst fragwürdige Ansichten über den Süden, und bei der Ausbildung des Ältesten stand nicht weniger auf dem Spiel als die Sicherung des Familienvermögens. In einem Brief nach Cambridge zeichnete der besorgte Vater ein Schreckensbild der Emanzipationsfolgen und riet John, nicht auf die radikalen Sprüche der Abolitionisten zu hören:

> An einer solchen Universität kannst Du die beste Ausbildung der Vereinigten Staaten bekommen, & Boston & Umgebung haben gewiß die höflichsten & gastfreundlichsten Menschen des gesamten Landes. Es besteht jedoch die Gefahr, daß Du im Osten gegen die Interessen der Südstaaten gerichtete Ideen aufnimmst, die zum Ruin Deiner Familie & Deines Vermögens führen könnten – wie

liberal sie auch erscheinen mögen, ihre Übertragung in die Praxis wäre von den unheilvollsten Folgen begleitet. Halte Dir vor Augen, daß Du, sobald es in S° Carolina & Georgia zur allgemeinen Emanzipation kommt, ruiniert bist und alle Deine Angehörigen zu Bettlern werden.

Im Sommer 1802 schloß John sein Studium ab und kehrte nach South Carolina zurück. Vom gefürchteten Liberalismus hatte er sich nicht beirren lassen, sondern tat binnen zweier Jahre genau das, was man von ihm erwartete: Er heiratete eine leibliche Base und übernahm Comingtee mit mehr als hundert Sklaven.

Die Plantagen bildeten eine starre, geschlossene, an der Spitze sehr angenehme, weiter unten dagegen kaum erträgliche Welt. Neben den beiden Brüdern hielten auch ihre weiblichen Pendants strikt am Überkommenen fest. Die Schwester Lydia Bryan und die Halbschwester Catherine Simons lebten als Witwen auf Camp Vere, respektive unweit davon auf Middleburg. Westwärts geboten ihre ebenfalls verwitweten Basen Eleanor Simons und Ann Waring am anderen Flußarm, und zwanzig Meilen weiter entfernt am Ashley, über Lewisfield beziehungsweise Tranquil Hill. Die vier Frauen herrschten über insgesamt etwa vierhundert Sklaven und endlose Reisfelder.

Da Napoleons Europafeldzüge den Reis verteuerten, konnten John und der Dritte Elias erneut expandieren. Nachbar Jonathan Lucas hatte eine mit Wasserkraft betriebene Mühle entwickelt, die Elias jetzt für Limerick bestellte, was seinen Sklaven einen Teil der mühsamen Arbeit abnahm, tonnenweise Reis von Hand zu dreschen. Gegen Anfang des 19. Jahrhunderts erwarb er außerdem zu seinen drei bestehenden noch zwei weitere Plantagen hinzu, womit sich seine Anwesen am Westufer des Cooper River um zweihundertachtzig Hektar vergrößerten. Die Namen der neuen Güter gingen auf den Londoner Stadtteil »Pimlico« und den Eingeborenenclan »Kecklico« zurück. John kaufte unterdessen die am Mittelstück der Straße zwischen den beiden Cooper-Armen gelegene Plantage Midway, einige Jahre später – für 20 000 Dollar – das 450-Hektar-Anwesen Belle Isle

PLANTAGE QUENBY

Jane (1823–1905), Tochter Isaac und Eliza Balls, hier gegen 1841 für die Künstlerbrüder James und Robert Bogle posierend – wobei der eine Gesichter und Hände, der andere Drapierung und Dekor malte. Die Harfe begleitete Jane in ihre kurze Ehe mit John G. Shoolbred (der 1842, sechs Monate nach der Hochzeit, vor der Geburt ihres Sohnes starb), auf die eine siebenundfünfzigjährige Witwenschaft folgte. Während des Bürgerkrieges floh Jane mitsamt ihrer Harfe in die Hauptstadt Columbia, S. C., um sie beide vor den marodierenden Truppen unter General William Tecumseh Sherman in Sicherheit zu bringen.

Beim Tod ihres Vaters 1825 erbte die damals zweijährige Jane Quenby mit etwa hundert Sklaven. Die Plantage b
danach noch eineinviertel Jahrhunderte im Familienbesitz, bis sie 1950 für 60 427 Dollar an die Whitener Lum
Company verkauft wurde.

Im Revolutionskrieg erlebte Quenby am 17. Juli 1781 ein Gefecht zwischen einem fünfhundert Mann starke
tischen Regiment und siebenhundert amerikanischen Rebellen. Das Regiment verschanzte sich in Sklavenh
aus Lehm, die das feindliche Musketenfeuer weitgehend abhielten, so daß die Rebellen unterlagen. Die Tote
der Seiten wurden entlang dem zum Eingang Quenbys führenden Torweg begraben.

...t Watson (etwa 1845–1922, links), bei den Balls »Daddy Nat« genannt, und seine Frau Binah (stehend) mit
...hkommen auf der Treppe des (nicht angestrichenen) Hauptgebäudes von Quenby, um 1905.

...Vatson blieb als Hausdiener bei seiner ehema-
...Eigentümerin Jane Ball Shoolbred, nach deren
...ei ihren Nichten. Hier sieht man ihn kurz vor sei-
...Tod 1922 im Alter von siebenundsiebzig Jahren.

Die ehemalige Quenby-Sklavin Binah, Frau des Haus-
dieners Nat Watson, in der Zeit nach dem Bürgerkrieg.

Catherine Chicken – die Tochter der in zweiter Ehe mit Elias II. verheirateten Lydia Chicken Ball – ließ sich wenige Jahre vor der Amerikanischen Revolution mit ihrem Mann Benjamin Simons auf dessen Plantage Midd burg nieder, einem der ältesten Anwesen South Carolinas: Der früheste Teil des Hauses stammte von 1699. Na dem Simons 1789 gestorben war, ging die Plantage auf seine drei Töchter über, doch 1872 kaufte John Coming sie zurück. Die Aufnahme stammt von etwa 1890.

Der Ballschen Familienüberlieferung zufolge hatte Maum Sue – die nach dem Bürgerkrieg zur »Mammy« von Middleburg wurde (hier auf der Treppe des Herrenhauses sitzend) – ehemals als Sklavin einem freien Neger gehört. Nach der Emanzipation fing sie als bedienstete Köchin beim damals vierundzwanzigjährigen John Coming Ball an, der inzwischen Farmpächter war.

Jede Plantage hatte einen Karzer für ungehorsame Arbeiter – auf Quenby hieß er »Mudlong's Kamm Um 1962 zeigte Edward Dingle, Ehemann der Pla geninhaberin Marie Ball, der Reporterin Louise J DuBose von Columbias The State das Sklavenver Middleburgs. Es bestand aus zwei düsteren, je etw ein mal zwei Meter großen Zellen mit vergitterte Oberlichtern.

im Verfahren alten Stils hatten Feldarbeiter den Naturreis am Ende der Saison in hüfthohen Mörsern mit knapp
‹terlangen Stößeln durch Stampfen geschält; das Getreide wurde kellenweise eingefüllt und so lange bearbeitet,
der Inhalt blitzblank und schneeweiß dalag. Die gegen 1794 auf Middleburg errichtete große Reismühle streifte
Schalen einfach von den Körnern ab, was den Bedarf an Muskelkraft und damit an Schwarzen erheblich ver-
‹nderte.

Ball III. (1752–1810), ein Enkel Rot-
chens, war etwa dreizehn Jahre alt, als
s Porträt entstand. Im späteren Leben
· er mit einer gichtbedingten Schwel-
der Beine zu kämpfen (und trottete
· eher, als zu gehen). Daß er unver-
tet blieb und als fast einziger Weißer
· etwa zweihundertfünfzig Schwarzen
imerick lebte, trug ihm in der Familie
›pitznamen »Ol' Mas' 'Lias« ein.

Abgesehen von dieser Photographie aus dem 19. Jahrhundert gibt es kaum Zeugnisse aus dem Leben Pinos, der William James Balls Anwesen Cedar Hill lebte, wo er sich (und seiner weißen Katze) diese Hütte baute. Der Scho stein bestand aus Lehm; die Leiter war für eilige Reparaturen im Fall heftiger Regengüsse bereitgestellt.

Fortune Ford, ein Arbeiter auf Comingtee (um 1890), vermutlich der Sohn eines gleichnamigen dortigen Feldarbeiters, der am Ende der Sklaverei Mitte Zwanzig war.

Eine Arbeiterin auf Comingtee, deren Name nich überliefert ist. Jemand muß die Beschichtung von Negativ gekratzt und sie dadurch mit einer Art H genschein versehen haben.

...ernte auf Comingtee mit Hilfe der Schwingsense.

...cheune Comingtees mit Zweispänner und Kutscher, irgendwann im 19. Jahrhundert.

Plantage Quenby
im 19. Jahrhundert.

Hannah, Comingtee,
19. Jahrhundert.

Auf Comingtee dienten Kinder als Nahrungsträger, und diese ⟨
Mädchen mußten mehrmals täglich eimerweise Wasser an den
großen Ziehbrunnen schöpfen.

KRIEG

ı Stich Charlestons aus dem Jahr 1851, von der Südspitze der Halbinsel her über die Dämme der Battery und die ume der White Point Gardens hinweg in Nordrichtung gesehen. Rechter Hand fließt der Cooper, linker Hand der hley River.

iam Balls Frau Julia Cart (1824–1858) war in den zehnten vor dem Bürgerkrieg Herrin über erick; das um 1850 entstandene Porträt scheint ⟨ dem Festkleid als der Person zu gelten. Julia ⟨ zwei Jahre vor South Carolinas Abspaltung von Jnion. Als der Krieg ausbrach, kämpften alle ihre Söhne in der Uniform der Konföderierten.

William James Ball (1821–1891), Familienpatriarch in der Zeit des Bürgerkrieges, gehörte zur ersten Generation, die sich lieber photographieren als malen ließ. Dieser Daguerreotyp stammt von etwa 1852. Im Gegensatz zu seinem Onkel John Ball jr., einem aktiven Sezessionisten, zeigte William wenig Interesse am Aufstand gegen den Norden, da er befürchtete, im Kriegsfall seine Plantagen zu verlieren.

Im Bürgerkrieg nahmen Kanoniere der Unionstruppen Charleston unter Beschuß, ein wichtiges Ereignis, über ⟨
die *Illustrated London News* im Dezember 1863 unter Verwendung mehrerer Stiche berichtete.

Nat (oder »Daddy Nat«, ⟨
links), der die vier Junge⟨
von Limerick und ihren ⟨
Vetter John Shoolbred v⟨
Quenby bei ihren Einsät⟨
auf seiten der Konföderi⟨
ten als persönlicher Die⟨
durch schlammige Lager⟨
begleitete. Obwohl die j⟨
gen Balls nur einfache S⟨
daten waren, sammelte ⟨
Brennholz für sie, trug ⟨
Gepäck und hielt ihnen ⟨
Wäsche sauber.

Nach Charlestons Fall am 17. Februar 1865 marschierten schwarze Verbände als erste Besatzungstruppen der Union in die Stadt ein. *Harper's Weekly* brachte dazu einen Stich mit dem Untertitel: »Das 55. Massachusetts Colored Regiment zieht, den *John Brown's March* singend, durch die Straßen Charlestons.«

(1844–1933), der zweite Sohn William und Julia Balls, trat unmittelbar vor seinem zehnten Geburtstag in die Artillerie der Konföderiertenarmee ein und half als Kanonier am Hafeneingang von Charleston, eine Invasion der Unionstruppen abzuwenden. Das Bild entstand vier Jahre nach dem Waffenstillstand, am Vorabend seiner Hochzeit.

Isaac Ball und seine Frau Mary Louisa (1846–1926), um 1920, nach fünfzig Ehejahren, vor dem Hauptgebäude von The Bluff. Mary Louisa hatte die Plantage von ihrem Vater geerbt und nach dem Bürgerkrieg gemeinsam mit Isaac als Pachtfarm weitergeführt. Als die Aufnahme entstand, lebten sie bereits in Charleston und besuchten The Bluff nur noch an Wochenenden, wenn der am grünen Star erblindete Isaac seine Enkel, darunter mein Vater, mit Erzählungen über die alten Zeiten vor der Emanzipation in Bann schlug.

DIE EBBE

Limerick blieb bis Ende des 19. Jahrhunderts im Familienbesitz, doch dann konnte man es sich nicht mehr leisten, das Haus instand zu halten, wenn man auch am Luxus eines Zweispänners mit Kutscher festhielt Im Oktober 1945 fiel das zweieinviertel Jahrhunderte alte Holzhaus einem Brand zum Opfer, den anscheinend ein verärgerter Pächter gelegt hatte.

Nach der Befreiung blieben schwarze Familien verschiedentlich auf den Ländereien und arbeiteten als Farmpächter auf eben den Feldern, die sie früher als Sklaven bestellt hatten – darunter diese Familie auf Comingtee …

… und jene auf Quenby

...ert Nelson jr., ein Sohn »Robties«,
letzten Haussklaven auf Limerick,
seiner Frau Nannie, um 1900.

Ende des 19. Jahrhunderts angelte Sarah (deren Zuname leider nicht
überliefert ist) mit einem als Sonnenschutz um den Kopf gebunde-
nen Hemd, neugierig von einem Schwein beäugt, in den überflute-
ten Reisfeldern Quenbys.

Auch nach dem Bürgerkrieg verließen die meisten der Balls im Sommer ihre Plantagen, um
der Malaria zu entgehen, und richteten sich (mit
Hausdienern) im Nachbarort Cordesville ein.
Dort besuchten sie in dieser Pfefferkuchenkapelle,
der Episcopal Church of the Holy Innocents, den
Gottesdienst. Das Gebäude faßte nur jene etwa
dreißig Weißen, die sich dort den Sommer über in
den Nadelwäldern niederließen, aber nicht ihren
schwarzen Anhang.

...querung des Cooper River mit der Strawberry Ferry,
...900.

Eine Gruppe Ballscher Damen mit männlichem Begleiter bei einem Strand ausflug auf die vor Charleston gelegene Isle of Palms, um 1910.

Um 1920 gehörten Maum Agnes (sitzend, blind) und ihre Familie – Bella (links), Isaiah und ein Gast (ganz rec – zu den letzten Farmpächtern auf Brickyard, einem Teil der Plantage Quenby.

1925 gründete die auf Limerick aufgewachsene Lydia C Ball in Charleston die »Plantation Melody Singers«, ei Gruppe von zehn weißen Frauen, die schwarze Spiritua vortrugen, sich bei ihren Auftritten als Sklavinnen ver deten (und offenbar die Gesichter färbten). Lydia, hier ein Konzert kostümiert, bewahrte unter ihren Andenk eine vorteilhafte Besprechung eines der Konzerte im Charleston News and Courier auf, worin es hieß, daß »Dialekt, Kleidung, Gestik, Mimik und Auftreten der gerinnen geradezu typisch [erschienen] für das schnell hinschwindende respektvolle, abergläubische, träge, ab immer treue und gutmütige Geschlecht der ›altmodisc Plantagenneger«.

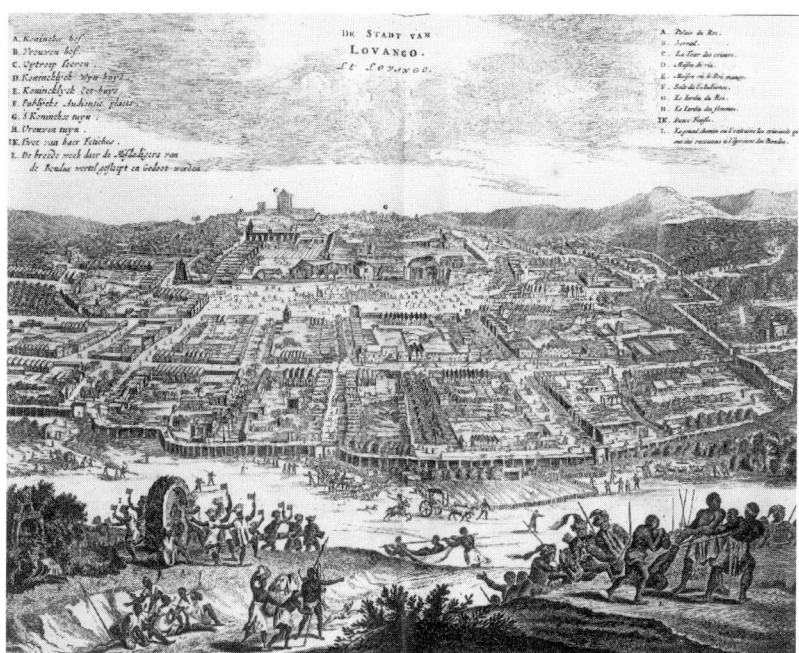

Aus diesem größeren Umfeld könnte Angola Amy gekommen sein, die Rotkäppchen 1736 als junge Frau kaufte. Englische Sklavenhändler holten Schwarze aus einem Gebiet, das sie »Angola« nannten, also im wesentlichen aus dem Königreich Loango an der Westküste Afrikas, direkt nördlich des Kongo-Flusses. Dieser Stich eines holländischen Künstlers aus dem 17. Jahrhundert zeigt Loangos Hauptstadt mit ihren prächtigen Mauern.

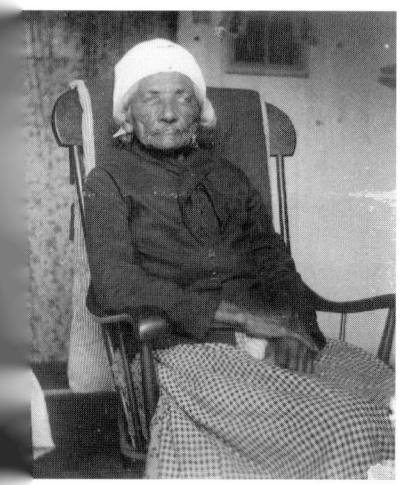

a Amy (etwa 1720 bis 1790) hatte den größ-
hwarzenclan auf den Reisplantagen der
egründet. Die hier abgebildete Mary Ann
(»Maum Mary Ann«, geboren 1786) heira-
ihre Familie ein und wurde später zur letz-
Iammy« Comingtees vor dem Bürgerkrieg.

Das »Sklavenviertel« auf Comingtee; durch einen Tunnel der von April bis Juni zauberhaft grün blühenden bartflechtenartigen Tillandsien sieht man in der Ferne den Cooper River schimmern. Angola Amys Nachkommen lebten in solchen Zweizimmerhütten für jeweils zwei Familien. Den Mittelpunkt bildeten Backsteinkamine mit je einer Feuerstelle pro Raum.

Georgianna Gadsden Richardson (1910–1997, Mitte), Urgroßnichte Mary Ann Royals und direkte Nachfal
Angola Amys, auf einem Polaroidphoto, das um 1968 in Charleston entstand. Die anderen Personen sind ihr M
Robert sowie Nichten und Neffen.

Die Familie Gadsden-Brown aus Cordesville (South Carolina) 1997. Georgianna Gadsden Richardson (in der
sitzend) und (von links nach rechts) Barbara Jean Brown, Leroy Brown sowie Barbara Jeans Kinder Shanice,
cill und Steven.

auf einer Insel vor Georgetown und sechs Monate danach seine siebente Plantage, das kleinere Gut Marshlands bei Charleston.

1794 war Eli Whitneys Verfahren zur maschinellen Entkörnung
von Baumwolle patentiert worden, und gleichzeitig schritt in England die industrielle Textilproduktion voran. Bald sollte »König
Baumwolle« die Wirtschaft des Südens von Grund auf verändern,
den Einfluß der Reispflanzer schwächen und den Bedarf an Arbeitskräften wieder erheblich steigern. 1787 war der internationale Sklavenhandel vorübergehend eingestellt worden, doch jetzt brauchten
die Baumwollpflanzer neue Ware. Der Kongreß hatte seine Entscheidung über die Sklaverei bis 1807 ausgesetzt, und im Süden ging die
Sorge um, die Regierung in Washington könnte »Lebendfracht« danach ein für allemal verbieten. Am 17. Dezember 1803 nahm South
Carolina den Handel mit Afrikanern als einziger unter den Südstaaten wieder auf, und in den folgenden vier Jahren trafen über Charleston mehr als neununddreißigtausend Sklaven ein – der größte Umschlag, den sein Hafen je gesehen hatte.

Erstmals seit vorrevolutionären Zeiten strömten wieder Afrikaner
auf die Ländereien. John kaufte einen Monat nach der Aufhebung
des Bannes »sechs neue Neger ... Moses, Aaron, Nathan, Ishamel, Is-
rael und Esau«. »Neu« bedeutete, neuerdings entführt. Später kamen
an einem einzigen Tag zweiundzwanzig weitere hinzu, davon zwei
Drittel Männer und der Rest Knaben: »11. Mai 1804, von Wm. Boyd
15 neue Neger zu [je] $315 ... [insgesamt] $4725« und »7 Negerjungen zu $280 ... ergibt $1 960«. Dann ging er nochmals an den Hafen,
um Frauen zu kaufen, »7 neue Negerweiber ... Rosina, Juno, Judy,
Tenah, Pallas, Bobbet und Molly«.

Auf dem neuen Anwesen Pimlico begann der Dritte Elias, nur
noch »Afrikaner« und ihre Namen einzutragen. Wenn sein Vater
oder sein Onkel Henry Laurens zusätzlich den Herkunftstamm vermerkt hatten, so wußte er jetzt nichts mehr davon oder interessierte
sich nicht dafür. Jedenfalls wurde das Aufkommen für solche Details
einfach zu hoch. In seiner Steuererklärung für 1805 gab der Dritte
Elias fünfhundert Leute an, gut doppelt so viele wie fünfzehn Jahre
zuvor. (In Wahrheit dürfte die Zahl noch größer gewesen sein, da
Reiche gegenüber dem Fiskus auch damals schon zum Flunkern neig-

ten.) In den Sklavenhütten Limericks herrschte ein solches Gedränge, daß der Ol' Mas' 'Lias auf die alte Praxis zurückgegriffen zu haben scheint, Frauen ihre Kinder nicht selbst benennen zu lassen (vielleicht, um Häufungen zu verhindern), denn einige Namen auf den Listen dürften kaum von Müttern stammen. Auf Limerick gab es einen Dolphin und einen Bengal. Eine Person – ich kann nicht sagen, welchen Geschlechts – hieß Jew [Jude].

Je mehr Leute kamen, desto weniger kümmerte man sich um sie. Bei insgesamt zwölf Plantagen hatten die Gebrüder kaum Kontakt zu ihren Feldarbeitern, und die Distanz schlug sich in ihren Büchern nieder. Während die Balls zuvor immer Vermerke zu jedem einzelnen gemacht hatten, führten sie ab etwa 1800 nur noch Listen. Auch hielten sie sich zunehmend in Charleston auf und überließen die Betriebe ihren Aufsehern, die das Essen ausgaben und Bestrafungen vornahmen. Bei wachsenden Zahlen ist zwar kaum noch etwas über das Leben einzelner zu ermitteln, doch gelegentlich gibt die Buchführung einen Eindruck davon, was die »neuen Neger« in der Fremde erlebten. Eine Episode, die vier schwarze und zwei weiße Mädchen betraf, verrät so manches über das Ballsche Imperium.

»Deine liebe Mutter ist schwer krank«, schrieb John seinem Sohn 1804, »mit ähnlichen (aber viel stärkeren) Schmerzen in der Seite, wie kurz vor Deiner Abreise von Hyde Park.« Jane selbst verglich ihren Zustand mit der »untergehenden Sonne, die den Zenit längst überschritten hat«. Wenig später berichtete John, auch ihre Lunge sei »stark angegriffen«. Anfang Oktober starb sie. Neun Monate später heiratete John die blutjunge, ebenfalls aus einer Pflanzerfamilie stammende Martha Caroline Swinton. John war vierundvierzig, Caroline neunzehn Jahre alt, also jünger als zwei seiner Söhne. Auf einem Miniaturgemälde wirkt sie sehr feminin und von einer durchscheinenden Schönheit. Im übrigen war sie höchst fruchtbar und gebar bereits knapp neun Monate nach der Hochzeit die Zwillinge Martha und Caroline. Der überglückliche, stolze Vater suchte in seiner Erregung nach einer passenden Liebesgabe und fand auch bald die Lösung – er würde den Zwillingen Zwillinge beigesellen.

John rief die ganze Familie zusammen, um jedem der Säuglinge ein Zwillingspaar zu schenken. Diese Kinder, »zwei Zwillinge für meine Töchter«, hatte er hocherfreut bei Elias auf Pimlico gefunden. Das eine Paar war im Lande geboren, das andere gerade erst frisch importiert worden. Klein Caroline schenkte er die »amerikanische« Sally und, so seine Notizen, die »afrikanische« Korah. Martha erhielt deren Schwestern Dye und Beda. (Jene waren Töchter des Sklaven Beck, diese etwa zehnjährig ins Land gekommen.) Wenn andere Neuankömmlinge draußen auf den Feldern Leute aus ihrer Heimat kennenlernen konnten, so waren Kora und Beda fortan nur von Weißen umgeben – gleichsam als Beutestücke den Eltern entrissen und ganz den Balls ausgeliefert.

Außer den Zwillingspaaren schenkte John seinen kleinen Töchtern silberne Becher, in die jeweils ihre Initialen eingraviert waren, sowie zwei Silberlöffel. Schließlich nahm er die gebührende Belohnung der Mutter Caroline in Angriff, die in der Familie bald für ihre Extravaganz bekannt wurde. Bald nachdem sie das Kindbett verlassen hatte, durfte sie sich bei ihrem Ausstatter zwölf Paar Schuhe aussuchen.

Ab 1807 versuchte das britische Parlament unter dem zunehmenden Druck der Abolitionisten, den Sklavenhandel zu verbieten, und zu diesem Zweck ließ die Krone eine Flotte vor der Westküste Afrikas patrouillieren. Geenterte Galeeren wurden zurückeskortiert und mußten ihre Fracht freilassen, oft am Stammsitz der Briten in Freetown (Sierra Leone). Zugleich beschloß der US-Kongreß, die Einfuhr von Afrikanern mit Wirkung ab dem 1. Januar 1808 auf unbestimmte Zeit zu untersagen. Damals lebten fast eine Million Schwarze im Lande. Das zweifache Verbot hemmte die Lieferungen nach Charleston, ohne sie indes zu beenden. Händler hielten das Geschäft am Laufen, wenn auch auf niedrigerem Niveau. So brachte der *Charleston Courier* am 4. Januar 1808, also nach Inkrafttreten des Washingtoner Verbots, ungerührt Verkaufsanzeigen für dreihundert »beste Sklaven von der Luvküste« oder hundert »erstklassige junge Kongosklaven« und zweihundertvierzig Angolaner. Danach begann der Schmuggel, und die Balls trugen ihre Neuerwerbungen nun nicht mehr ein.

Nach dem Tod des Dritten Elias im Jahr 1810 stellte die *Charleston Times* den Herrn von Limerick kaum verhohlen als einen nicht sonderlich gescheiten Zauderer dar: »Mr. Ball zeichnete sich mehr durch Kraft als durch Geistesblitze, mehr durch Pedanterie als durch Scharfsinn aus. Er konnte besser nachahmen als erfinden … griff eher Ideen auf, als welche anzuregen.« Doch trotz seiner Trägheit, so der Schluß, sei »Mr. Balls auffälligster Wesenszug das Wohlwollen gewesen. … Dieses zeigte sich, ob der Hilfesuchende nun ein Fremder oder ein Freund, ein Weißer oder ein Sohn Afrikas war.«

Limerick mit insgesamt 283 Schwarzen erbte der damals fünfundzwanzigjährige Neffe Isaac, der einst Thomas Jefferson begegnet war. Bald darauf warb er um seine Base Eliza Catherine Poyas, heiratete sie binnen eines Jahres und ließ für sie beide in Charleston ein stattliches Herrenhaus erbauen. Das Grundstück bestand aus vier Einzelparzellen im Nordosten der späteren East Bay und Vernon Street. Da Sklaven mauerten und zimmerten, war der Bau einer Prachtvilla im Süden erheblich günstiger als im Norden. Wenn, wie Isaac eintrug, allein die Backsteine »$ 699« kosteten, so hatten fünf Schwarze in einwöchiger Arbeit die Fundamente ausgehoben, wofür ihr Eigentümer lediglich zehn Dollar erhielt. Kunstschreiner kleideten die Innenwände mit reich verzierten Paneelen im modischen Föderationsstil aus. Bildhauer fertigen für den Kaminsims im Salon Büsten der neuesten Nationalhelden, Benjamin Franklin und George Washington. Nachdem das Haus 1813 fertig war, besaßen Isaac und Eliza eine der prachtvollsten Residenzen der Stadt. Als sie später zwei Kinder hatten, lebten einer Volkszählung zufolge achtzehn Schwarze bei ihnen, die sie bedienten und das Haus in Ordnung hielten.

»Mein Bein ist entzündet«, schrieb John sr. 1816 einem Bekannten. »Bei den Balls muß das mit den schlimmen Beinen erblich sein. Auch mein Vater hatte schon viele Jahre vor seinem Tod eine Flüssigkeit in den Beinen. … Vielleicht habe ich zu üppig gelebt.« Als John 1817 im Alter von siebenundfünfzig Jahren starb, hinterließ er sieben Plantagen mit 695 Leuten. Das Nachlaßverzeichnis füllte vierundzwanzig Bögen, zur Hälfte mit Namen. Gelegentlich finden sich Hinweise auf körperliche (»ein Bein«, »Invalide«) oder geistige Mängel (»verrückt«). Wenn er einst seinen Sohn über die »Pflicht zur Nächstenliebe« belehrt hatte, so schrieb sein Testament nun vor, das Land und die meisten Sklaven zu verkaufen.

Den Auftrag bekam das Auktionshaus William Payne & Son, und die Versteigerung begann am Morgen des 8. Februar 1819, einem Montag. Zwei Tage lang füllten Käufer und Ware den Saal, und eine Familie nach der anderen trat auf die Rampe – insgesamt 367 Schwarze. Die beiden neuen Jungpatriarchen, John jr. und Isaac, übernahmen einen Großteil des Restes. John erwarb Kensington und Midway, Isaac kaufte Hyde Park. Nach gemeinsamer Absprache beschlossen die Brüder, auch mehrere Sklaven ihres Vaters zu behalten. John zahlte für sechsundsechzig Leute 39 285, Isaac für sechzig 37 791 Dollar. So waren die betroffenen Familien einem ungewissen Schicksal entronnen und konnten wieder in ihre alten Hütten zurückkehren.

Wenn ein Grundprinzip des weißen Paternalismus schlicht lautete, schwarze Familien nicht aus finanziellen Motiven aufzuspalten, so löste Johns Testament nunmehr eine regelrechte Diaspora aus, denn von Marshlands gingen neununddreißig Sklaven an vierzehn, von Belle Isle einunddreißig an acht, von White Hall dreiundzwanzig an neun verschiedene Käufer und so fort. Am Ende waren vierzig Sklaven in Zweier- oder Dreiergruppen, weitere fünfzig indes einzeln verkauft und endgültig von ihren Frauen, Männern, Kindern oder Eltern getrennt worden.

Zweifellos traten einige Agenten für neue Baumwollpflanzer auf. Reis war mehr als ein Jahrhundert lang ein gutes Geschäft gewesen, aber jetzt entstanden westwärts, wo man die Eingeborenen vertrieb, immer neue Baumwollfarmen. Mississippi war seit 1817 Bundesstaat, 1819 gefolgt von Alabama. In jener Zeit sah man nicht selten lange Sklavenkolonnen, die in Zwangsmärschen aneinandergekettet von South Carolina durch die Wildnis zu den neuen Baumwollplantagen zogen. Die Auktion kam genau zum richtigen Zeitpunkt, um die dortige Nachfrage zu decken.

Als William Payne über den Erlös abrechnete, müssen John jr. und Isaac angesichts satter 227 191 Dollar hochzufrieden gewesen sein. Auch wenn man den Betrag, wie oben bereits erwähnt, kaum in spätere Dollarwerte umrechnen kann, verdienten Aufseher (die Plantagen wie Manager von Großunternehmen verwalteten) zum Vergleich durchschnittlich 1600 Dollar pro Jahr, wovon sie mit ihren Familien bequem leben und noch etwas sparen konnten. Die Auktion brachte fast das Dreihundertachtzigfache dieser Summe ein, so daß Caroline, die lustige Witwe des Verblichenen, mit ihren kleinen Kindern jedenfalls keine Geldsorgen hatte.

Irgendwann vor dem Bürgerkrieg hörte ein weißer Tourist in South Carolina schwarze Arbeiter auf ihrem Scheunenhof ein Lied singen, dessen Text er sich aufschrieb:

Johnny, komm in die Grube,
    O Grube.
Der Niggerhändler holte mich,
    O Grube.
Der Spekulant kaufte mich,
    O Grube.
Man verkauft mich für Silberdollar,
    O Grube.
Jungs, geht das Pony fangen,
    O Grube.
Bringt es hier rüber,
    O Grube.
Ich muß fort nach Georgia,
    O Grube.
Jungs, lebt wohl, für immer,
    O Grube.

Wir wissen nicht, wie die übrigen Sklaven einander trösteten oder sich von solchen Schicksalsschlägen erholten, doch scheint es, als hätten einige der Auktionsopfer drei Jahre später auf die Vorfälle reagiert. Im Juni 1822 wurde in Charleston der schwarze Bootsbauer Peter Poyas aufgrund eines Gerüchtes festgenommen und angeklagt, an einer umstürzlerischen Verschwörung gegen die Weißen beteiligt zu sein. Peter gehörte einem Bruder von Isaacs Frau, Eliza, und seine Stammplantage Windsor lag direkt nördlich von deren Sitz Limerick. Wie es sich fügte, war auch Eliza auf Windsor geboren und dürfte diesen Peter dort schon gesehen haben, der allerdings inzwischen in Charleston lebte, wo er lesen und schreiben gelernt hatte und im Hafen eine eigene Werkstatt betrieb.

Vom dortigen Sicherheitschef James Hamilton verhört, blieb Peter derart gefaßt und leugnete so unbekümmert, daß es ihm gelang, den nervösen Polizisten von seiner Unschuld zu überzeugen. Man ließ ihn gehen, beauftragte jedoch einen schwarzen Spitzel, ihm nachzuspüren.

Unterdessen erklärte der zuvor verhaftete Sklave William, daß in der Tat ein Aufstand geplant sei, der am Sonntag, dem 14. Juni, um Mitternacht beginnen solle – doch die Behörden glaubten ihm nicht. Am Freitag, dem 14. Juni, kam ein Pflanzer außer sich vor Angst ins Büro des Sicherheitschefs gelaufen. Von einem Verhör wisse er nichts, doch ein Sklave habe ihn gewarnt, daß übermorgen, also am Sonntag, ein Aufruhr bevorstehe.

Straßenpatrouillen sperrten die Stadt ab, die dadurch gleichsam in einen Belagerungszustand geriet. Man verstärkte die Wachen, und vier Kompanien der Bürgerwehr marschierten den ganzen Sonntagabend lang schwerbewaffnet auf und ab, doch alles blieb ruhig. Das Wochenende war, einem Bericht zufolge, »besonders seitens der Weiblichkeit mit tiefer Besorgnis und quälender Furcht erwartet worden«.

Dann wurde ein »Rat von Richtern und Gutsbesitzern« einberufen, um den Fall zu untersuchen und Verdächtige festzunehmen. Dabei wuchs die Liste der Verschwörer immer mehr an, als jeder Gefaßte weitere Namen preisgab. Peter kam nun erneut in Haft, nachdem ein halbes Dutzend Verdächtige ihn schwer belastet hatten.

Im Lauf der Ermittlungen geriet auch der Sklave Paris ins Netz, und diesmal führte die Spur des Komplotts mitten ins Zentrum der Familie, denn offenbar gehörte er Ann Simons Ball, der Herrin von Comingtee und Gattin John juniors, der sie nach dem Verlust seiner ersten Frau geheiratet hatte. In ihren Briefen zeigt sie sich als eine sehr eigenwillige Frau, die auf strengen Gehorsam der Sklaven bedacht war. Am 16. Januar 1805 hatte die Feldarbeiterin Hagar auf Comingtee einen Paris zur Welt gebracht. Sofern er der Betreffende war, muß er als Jugendlicher nach Charleston gekommen sein, denn dort war, den Gerichtsakten zufolge, ein »Paris Ball«, vermutlich als Stauer, an die »William's Wharf« ausgeliehen worden. Als Hafenarbeiter befand er sich ganz in der Nähe der Bootswerkstatt des Hauptverdächtigen Peter.

Der »Ermittlungsbericht über den kürzlich von mehreren Schwarzen dieser Stadt geplanten Aufstand« kam zu dem Schluß, die im letzten Moment vereitelte Erhebung sei in drei Militärschlägen oder Aktionen vorbereitet gewesen: Eine Rebellengruppe sollte von James Island – gegenüber dem Hafen – aus am Südzipfel Charlestons landen, um dort das Hauptarsenal einzunehmen, eine zweite Gruppe währenddessen das Wachlokal am schmalen Nordausgang, genannt The Neck, besetzen und die dritte bei der Reismühle des Gouverneurs Thomas Bennett am Ufer des Cooper losschlagen.

Als »Vater des Komplotts« hatte der Rat den etwa fünfzigjährigen freischaffenden schwarzen Zimmermann Denmark Vesey ermittelt, der den Aufstand seiner eigenen Aussage nach im Laufe von vier Jahren mit Peter als seinem Oberleutnant geplant hatte. Die beiden Männer, so Zeugen, hätten sich die Revolte Toussaint L'Ouvertures von 1791 in Santo Domingo zum Vorbild genommen. Vesey habe als Christ, oder gar Evangelist, speziell Bibelstellen über die Versklavung der Juden geliebt und immer wieder begeistert vom Auszug der Israeliten aus Ägypten nach vierhundertjähriger Gefangenschaft erzählt. Besonders gern habe er Exodus 21:16 zitiert, um damit zu zeigen, wie auch die Not der Schwarzen einmal enden könne: »Wer einen Menschen raubt, sei es, daß er ihn verkauft, sei es, daß man ihn bei ihm findet, der soll des Todes sterben.«

Die Verfahren begannen am 19. Juni und dauerten einen Monat. Der vierte Angeklagte, Peter, besaß nach Auffassung des Gerichtes »das volle Vertrauen Denmark Veseys« und war »unter allen Rädelsführern der eifrigste«. Viele Zeugen nannten ihn als den Anwerber, der sie in das Komplott verstrickt hatte. Ferner ergab die Beweisaufnahme, daß Peter sogar an die schwarze Regierung Santo Domingos geschrieben und sie um eine Unterstützung des Aufstandes gebeten hatte. Das verblüffte Gericht charakterisierte ihn deshalb als einen »kühnen und scharfsinnigen Mann«. Offenbar war Peter auch militärisch beschlagen, denn er hätte die Hauptattacke anführen sollen.

Nach zweitägiger Zeugenvernehmung kam das Gericht zu dem Schluß, er habe »keine Mühe gescheut, um andere zur Teilnahme an der Erhebung zu verführen«, und verurteilte Peter zum Tod durch den Strang. Den Akten zufolge hat er seine Komplizen noch in der Todeszelle ermutigt, ihren Glauben nicht zu verlieren. »Gebt keinen Laut von euch!« soll er gesagt haben. »Sterbt stumm, wie ihr es bei mir sehen werdet!« Denmark Vesey, »in dessen Brust jener ruchlose Plan ausgeheckt wurde«, verurteilte das Gericht am 27. Juni, zusammen mit Peter zu sterben. Auch er hatte keinerlei Angaben gemacht. Wenn die Akten von Aussagen überquellen, so enthalten sie nicht ein einziges Wort von Vesey oder Peter selbst. Beide wurden am 2. Juli zusammen mit fünf weiteren Männern gehängt.

Drei Indizien lassen erahnen, was die Balls von alledem hielten. Während sie einander sonst immer häufig schrieben, sind Briefe aus dem Sommer der Verschwörung in den Familienpapieren seltsamerweise kaum vorhanden, und in den wenigen erhaltenen kommen weder die Festnahmen noch die Prozesse zur Sprache. Ebenso kurios ist, daß die Korrespondenz im Herbst, direkt nach Abschluß des Falles, wieder einsetzt. Entweder man hielt die Sache für belanglos, was eher unwahrscheinlich ist, oder die einschlägigen Briefe sind irgendwie verschwunden. Das religiöse Tagebuch der damals achtundzwanzigjährigen Eliza, die ebenso wie der Rädelsführer Peter Poyas auf Windsor aufgewachsen war, läßt jedoch erkennen, daß die Familie tiefe Ängste ausstand. »O himmlischer Vater«, schrieb sie, den Aufruhr in einem Gebet beschwörend, »wie groß war Deine Gnade, als Du uns & unsere Stadt vor Feuer & Mord bewahrtest, die uns von einer Bande in unserer Mitte drohten. ... Schenke uns weiterhin Deine Gnade, o Gott, uns vor solchem Übel zu bewahren. ... Läutere ihre Herzen, o Herr, damit sie nie wieder Böses aushecken, sondern wie es Dein Wille ist in Ruhe & Frieden leben.«

Auch der Brief eines entfernten Verwandten läßt Sorgen erkennen. »Möge der Allmächtige Euch«, schrieb John Moultrie aus England an Isaac, »vor solchen teuflischen Machenschaften beschützen, denn in dieser Zeit der Emanzipation, Freiheit und Liberalität werdet Ihr Gutsherren der Südstaaten ständig in Angst vor Aufständen und vor Mordanschlägen auf Weiße leben.«

Das dritte Indiz stammt aus der mündlichen Überlieferung. Eine Kusine berichtete mir, unseren gemeinsamen Großvater Nathaniel als Kind in den fünfziger Jahren von jenen Ereignissen erzählen gehört zu haben. Am Vorabend des erwarteten Aufstandes hätten die Balls ihre Gewehre herausgeholt, und man habe überall im Umkreis Feuer entzündet. Alle seien bis zum Morgengrauen wach geblieben und beim geringsten Geräusch zusammengefahren – doch an dieser Stelle habe Opa Nats Tochter eingegriffen, damit er seinen Enkelchen keinen Schrecken einjagte.

In einer neuen Verfahrensrunde stand am 16. Juli Paris Ball vor Gericht (der im Geschäftsbuch nur mit Namen und Geburtsdatum erscheint). Er bekannte sich nicht schuldig im Sinne der Anklage, »einen schwarzen Aufstand gegen die Weißen vorbereitet zu haben«. Schließlich entschied die Aussage des Igbo Monday Gell, der eine Werkstatt für Pferdegeschirr betrieb, über sein Schicksal. Monday war als einer der Mitverschwörer später Kronzeuge geworden und sagte aus, auch Paris sei mit im Bunde gewesen.

»Er kam oft zu mir, um zu fragen, wie die Sache lief«, bekundete er. »In der Woche nach Peters Festnahme warnte Paris mich, ›Sei auf der Hut, Dein Name wird genannt!‹« Monday zufolge hatte sich Paris als »Fußsoldat« begeistert auf das Komplott eingelassen. Auch der schwarze Kronzeuge Perrault belastete den Angeklagten Paris. »Ich wußte, daß er eingeweiht war«, erklärte er. »Ich habe ihn mehrmals in Mondays Werkstatt gesehen und darüber sprechen gehört. Er steckte genauso tief drin wie ich.«

Paris selbst verweigerte entweder die Aussage, oder sie wurde nicht zu Protokoll genommen. Am Freitag, dem 19. Juli, verurteilte ihn das Gericht zum Tode.

Da schon wieder einer aus den Reihen ihrer Leute beteiligt war, fürchteten die Balls höchstwahrscheinlich das Schlimmste und fühlten sich betrogen, lebten sie doch in der festen Überzeugung, ihre Arbeiter mit quasi elterlicher Fürsorge zu behandeln (wie mir Angehörige nach wie vor immer wieder beteuern). Gewiß sprach im Laufe der Zeit auch einiges dafür. Schließlich war man 1822 seit hundertfünfundzwanzig Jahren im Geschäft. Wären die Leute schlecht behandelt worden, so hätte keine Macht der Welt es vermocht, sie so lange unter der Knute zu halten. Warum hatten also Peter und Paris, die doch wohlbehütet im Clan unserer Sklaven aufgewachsen waren, ihre Wohltäter töten wollen?

Eines Tages stieß ich bei meinen Recherchen über Paris Ball in den Gerichtsakten auf einen Mitverschwörer namens John, der einst, wie ich selbst später, in der Charlestoner Meeting Street gelebt hatte, sogar im gleichen Haus, als Kutscher des damaligen Eigentümers Elias Horry. Zeugenaussagen zufolge hatte John ein eigenes Schwert besessen und in den Wochen vor dem geplanten Aufstand oft erklärt, was er damit vorhabe: Sobald das Signal ertönte, wollte er nach oben laufen und seine Herrschaften in ihren Betten erschlagen.

»Ich bin bereit, wann immer die Schwarzen lospreschen«, habe er sich vor einem Mitsklaven gerühmt, der später gegen ihn aussagte. Daraufhin hatte man den Kutscher verhaftet, verurteilt und gehängt.

Am Abend in Johns einstiges Domizil zurückgekehrt, schloß ich im Obergeschoß erstmals die Türe ab.

In den achtwöchigen Ermittlungen und Verfahren von 1822 waren fünfunddreißig der Angeklagten gehängt und zweiundfünfzig freigesprochen worden. Zu guter Letzt scheint die Familie zumindest Paris verziehen zu haben, denn zwei Tage, bevor er hängen sollte, am 24. Juli 1822, beantragte sie in einem Gnadengesuch an den Gouverneur, Paris zu verschonen und lediglich zu deportieren. Peter gehörte bekanntermaßen zu den Rädelsführern, Paris hingegen war nur ein Mitläufer. Daher gab Gouverneur Bennett dem Antrag statt und wandelte das Urteil um in »Verbannung aus dem Gebiet der Vereinigten Staaten«.

Etwa drei Monate danach brachte die *Carolina Gazette* am Sonntag, dem 26. Oktober, eine Notiz über begnadigte Sklaven, die sich auf Frachtschiffen befänden. Der Gouverneur habe deren Kapitänen eine Frist gesetzt: »Die Schiffe mit Paris Ball und seinen Komplizen an Bord müssen den Hafen binnen sieben Tagen verlassen haben.«

13

DAS VERMÄCHTNIS EINES MALERS

Eines Spätwintertages läutete das Telefon, und eine Frau meldete sich: »Hier spricht Edwina Harleston Whitlock.« Sie war gewiß schon alt, und ihre Stimme zitterte, hatte jedoch eine schöne und kristallklare Aussprache. »Wie ich höre, gehen Sie Ihrer farbigen Verwandtschaft nach.«

Der Satz klang freundlich, ohne sein Motiv zu enthüllen. Ich hatte auch schon unangenehme Anrufe bekommen, sogar Briefe von Weißen, die um jeden Preis »unsere Rasse« schützen wollten. Mir schwante in diesem Fall etwas Ähnliches, und gerade der Name »Harleston« beruhigte mich in dieser Hinsicht wenig, denn immerhin hatte »Rotkäppchen« um 1700 eine Elizabeth Harleston geheiratet.

»Ich rede mit Nachkommen von Ballschen Sklaven«, erwiderte ich, »und einige von ihnen könnten auch Nachkommen der Balls sein.«

Edwina Harleston Whitlocks Stimme verriet nicht, ob sie sich als Weiße oder Schwarze bezeichnet hätte. (Die alte Mischkategorie der »Mulatten« war nicht mehr gebräuchlich.) Doch dessenungeachtet hatte Edwina eine denkwürdige Sprechweise, und sie fing nun an, mir am Telefon ihre Vorfahren aufzuzählen, die zum Teil auch die meinen waren; ihre Rede klang rhythmisch wie ein Tanz, mit betonten Hebungen und Senkungen, nur unterbrochen von verlegenen Lachanfällen. Schließlich nannte sie ein Paar, das mich aufhorchen ließ.

»Meine Urgroßeltern waren Kate Wilson und William Harleston«.

William Harleston kannte ich als einen der Ballschen Vettern aus der Mitte des 19. Jahrhunderts, von einer Kate Wilson jedoch hatte ich noch nie etwas gehört. »War Kate Wilson eine Farbige?« fragte ich.

»Aber natürlich«, antwortete sie. »Der Reispflanzer William Harleston und seine Sklavin Kate Wilson wurden im wahrsten Sinne des Wortes Mann und Frau. Die beiden hatten acht Kinder, und eines davon war mein Großvater. Ich gehöre also zu ihren Nachkommen.«

Edwina Harleston Whitlock lebte seit ihrer Pensionierung in der Nähe ihrer Töchter in Atlanta (Georgia). Die seit langem verwitwete Dame, die in den Siebzigern stand, bewohnte ein Haus mit Garten in einem reichen Viertel. Ich besuchte sie an einem sonnigen Nachmittag, als Kiefernschatten auf dem Rasen lagen und der Backstein im grellen Licht des Südens grobkörnig wirkte. Als Mrs. Whitlock öffnete und mir die Hand reichte, fiel mein erster Blick hinter sie, denn sie stand vor dem Eingang zu einer Art Ahnengalerie. So übersah ich im Moment die ausgestreckte Hand, beeindruckt von den Wänden voller Gemälde. Obwohl das Innere abgedunkelt war, konnte ich erkennen, daß es sich um eine Vielzahl von Porträts mit vereinzelten Landschaften dazwischen handelte.

Edwina Whitlock trug schwarze Hosen, eine weiße langärmlige Bluse und große schwarze Ohrreifen. Sie hatte ein leicht ovales Gesicht mit hellrot geschminkten Lippen, sehr feinen Augenbrauen, weißem Haar und einem sepiabraunen Teint, der an alte Photographien oder an Packpapier erinnerte. Ihre glitzernden Augen lachten verschmitzt.

»Es ist mir ein großes Vergnügen«, sagte sie, mit einer längeren Kunstpause, »einen verschollenen Vetter kennenzulernen.«

Auch ihre Tochter Mae Whitlock Gentry war zugegen. Die schlanke Enddreißigerin, Redakteurin bei der *Atlanta Journal-Constitution*, war ihrer Mutter wie aus dem Gesicht geschnitten. Sie sei, verriet sie mir später, geschieden und habe zwei Töchter, Alison und Sylvia.

Am Küchentisch sitzend, gingen wir drei die Familiengeschichte durch.

»Unser Stammbaum fängt bei John Harleston an, der 1699 mit seiner Schwester Elizabeth einwanderte«, sagte Mrs. Whitlock.

»Und diese heiratete Elias, den Urvater der amerikanischen Balls«, setzte ich hinzu.

»Genau«, bestätigte Mrs. Whitlock.

»Dann seid ihr ja wirklich miteinander verwandt«, stieß Mae Gentry ein wenig überrascht aus. »Das hatte ich mir fast schon gedacht.«

»Aber du doch auch«, berichtigte Mrs. Whitlock ihre Tochter und kicherte.

Während die Whitlocks »schwarz lebten«, waren unsere gemeinsamen Vorfahren anscheinend Weiße. Ich schwieg und wartete auf eine Geschichte darüber, wo sich unsere beiden Linien kreuzten.

»Der Sohn Johns«, hob Mrs. Whitlock an, »war John Harleston II.; und dessen Sohn, William Harleston I., hatte fünf Kinder, darunter William Harleston II., der Lebensgefährte Kate Wilsons.«

Mrs. Whitlocks Stimmfall konnte betörend schwanken. Sie begann ihre Sätze im tiefsten Register, das sie eine Zeitlang bebend hielt, um plötzlich eine ganze Oktave emporzuschießen, am Ende aber in einer erlösenden Kadenz, wie der einer Cellopartita, wieder abzusinken. Die Pausen und Takte ihrer Rede bildeten sich gleichsam im Raum ab.

»Und wer war Kate Wilson?« wollte ich wissen.

»Die Großmutter meines Vaters«, antwortete Edwina Whitlock. »Sie wurde 1820 vermutlich auf Barbados geboren. William Harleston baute ihr in Charleston, Laurel Street, heute Ashe Street, Nummer 28 ein Haus und hinterließ, als er 1874 starb, ein Testament des Inhalts, daß sein Vermögen zu gleichen Teilen an seine weiße Verwandtschaft und, wie er schrieb, ›meine farbige Frau und ehemalige Sklavin Kate‹ fallen sollte. Kate lebte bis zu ihrem Tod 1886 in dem Haus.«

»Das war eine regelechte Ehe«, warf Mae ein, »denn William hatte nie eine weiße Frau. Soweit wir wissen, hatte er noch ein Kind von einer anderen Schwarzen, Sibby oder Hattie. Er war Kate also nicht ganz treu.«

»War es üblich, daß Pflanzer mit ihren Sklavinnen schliefen?« fragte ich.

»Na, wie viele Leute kennen Sie denn in Charleston, die aussehen wie wir?« fragte Edwina Whitlock zurück.

»Etliche«, sagte ich wahrheitsgemäß.

»Jawohl, das war üblich«, fiel Mae Gentry ein. »Nicht üblich war allerdings, daß sie den Frauen ihr Vermögen hinterließen. Dies ist sogar der einzige Fall, von dem ich je gehört habe.«

Auf Mrs. Whitlocks Gesicht zeigte sich unverhohlener Stolz. Jene Ereignisse hatten den Gang ihres Lebens bestimmt, und sie bekannte sich dazu.

»Kate und William hatten acht Kinder«, sagte sie, »darunter mein Großvater Edwin G. Harleston, der 1852 geboren wurde. Einer seiner Söhne war mein Vater Robert, ein anderer mein Onkel Edwin A., alias Teddy, der mich großzog.« Bei den vielen Namen verlor ich kurz den Überblick. Ich fragte nach Onkel Teddy. »Er ist der Maler, von dem die Bilder im Wohnzimmer stammen«, erwiderte Mrs. Whitlock. So gab es anscheinend Gemeinsamkeiten, jedoch hatten die Harlestons etwas, womit die Balls nicht aufwarten konnten, nämlich einen richtigen Maler.

»Und wer war jetzt Mary Louisa Moultrie, ich meine, in bezug auf Sie?« fragte Mrs. Whitlock und überraschte mich schon wieder mit einem altvertrauten Namen.

»Mary Louisa Moultrie war die Großmutter meines Vaters«, gab ich zurück. »Sie starb 1926.«

»Mein Großvater Edwin G. Harleston war mit einer Louisa Moultrie verheiratet«, erklärte Mrs. Whitlock grinsend.

Damit rückten die Balls und die sepiabraunen Harlestons noch ein bißchen enger zusammen. Vermutlich hatte Louisa eine ganz ähnliche Hautfarbe gehabt wie Edwina Whitlock und war irgendwie mit meiner Urgroßmutter in Berührung gekommen. Wenngleich jene Mulattin nicht »meine« Mary Louisa war, hatte man ihr jedenfalls denselben Namen gegeben wie dem weißen Mädel.

Auf meine Frage hin erzählte Mrs. Whitlock mir, daß Kate Wilson kein gutes Ende genommen hatte. Nach dem Tod ihres Sklavenhalter-Mannes William habe dessen weiße Verwandtschaft ihr das Erbe geneidet und sie geschnitten. Der Sohn seiner Schwester Hannah, Benjamin Huger, wäre unter gewöhnlichen Umständen Kates Neffe gewesen.

»Onkel Teddy zufolge«, berichtete Mrs. Whitlock, »hat dieser

Benjamin Kate überredet, ihm mit Ausnahme des Hauses ihr Vermögen zu überschreiben.« Dann fuhr sie mit einem etwas betrübten Gesicht fort, »vielleicht war Kate ahnungslos, ich weiß es nicht«.

»Wahrscheinlich eher nicht«, sagte Mae Gentry.

»Das ist die Geschichte des Südens, Staat für Staat«, fügte ihre Mutter hinzu.

Kate Wilson sei in Charleston auf einem von Mulatten bevorzugten Friedhof beigesetzt worden, auf dem Grabstein jedoch von einem weißen Ehemann nichts vermerkt.

»Mae, wann hat Ihre Mutter Ihnen das erstemal von diesem ganzen Familienhintergrund erzählt?« fragte ich.

»Ich habe diese Sachen immer schon gehört, seit ich zurückdenken kann«, antwortete sie mit rollenden Augen. Mrs. Whitlock kicherte, und ihre Augen glänzten.

»Mein Kleinster«, erinnerte diese sich, »erklärte eines Tages, ›Ich kann nichts mehr von all diesen Toten hören! Ich habe mein eigenes Harleston-Problem!‹«

Mrs. Whitlock lachte zärtlich. Kate Wilson hatte alles verloren. Nun saß ein weißer Vetter in ihrer Küche, und das Ganze war überaus amüsant.

Zwischen uns bestand, über Rotkäppchens Frau Elizabeth Harleston und deren Bruder John, tatsächlich eine Blutsverwandtschaft, wobei ich sogar noch eine weitere Verbindung über Mrs. Whitlocks Urgroßmutter Kate Wilson vermutete. Aus den Unterlagen ergaben sich rasch nachvollziehbare Zusammenhänge.

Mary Louisa Moultrie, meines Vaters Großmutter väterlicherseits, war 1846 auf dem 487-Hektar-Anwesen The Bluff am Westufer des Cooper River zur Welt gekommen. Das Gut gehörte ihrem Vater, dem Arzt und späteren Sklavenhalter Dr. William Moultrie, und der Familie seiner ersten (weißen) Frau, Hannah Harleston. Mary Louisa hatte einen Teil der Plantage geerbt und 1869 den damals fünfundzwanzigjährigen Kriegsveteranen Isaac Ball geheiratet – jenen Großvater meines Vaters, den dieser »Isaac der Konföderierte« nannte. Das Paar ließ sich auf The Bluff nieder und zeugte alles in allem zwölf Kinder, darunter mein Großvater Nathaniel.

Irgendwann in den zwanziger Jahren hatte Mary Louisa ihre Erinnerungen an die Kindheitsjahre auf The Bluff in die Maschine getippt. In dem kurzen Text erwähnt sie auch ihre Familienmahlzeiten.

»Abends kamen immer Onkel John und Onkel William, zwei alte Junggesellen, die jenseits des Flusses auf Elwood lebten, zum Essen herüber, verbrachten dann den Abend mit dem alten Herrn [Marys Vater] und ließen sich anschließend wieder heim zu ihrer Junggesellenklause rudern.«

Der »Junggeselle William« war damals, um 1850, mit der Schwarzen Kate Wilson liiert und lebte zwei Meilen flußaufwärts auf dem 245-Hektar-Anwesen Elwood. Auch wenn ein lediger Mann mit einer Sklavin als Geliebter in der Gesellschaft nicht gerade hoch angeschrieben war, gehörte William zur Familie und durfte (allerdings ohne seine schwarze Freundin) regelmäßig zum Abendessen kommen – wobei alle diskret über seine Verfehlung hinwegsahen.

Wie sich zeigte, hatten die beiden Harlestons ihr Anwesen wenige Jahre zuvor – anscheinend mitsamt der Sklavin Kate – von den Balls erworben. Diese Kate mochte also durchaus die künftige Stammesmutter des Harlestonschen Mulattenclans gewesen sein.

Kate gelangte auf Umwegen in Williams Haushalt. Unter den vielen im Reisgeschäft tätigen Balls gab es den jugendlichen Playboy Alwyn, der 1826 als erst achtzehnjähriger Jungvermählter von seinem Vater John etwas Geld geerbt, die Plantage Elwood ersteigert und sich darauf niedergelassen hatte. Drei Jahre später übernahm er im Rahmen der Endaufteilung des Nachlasses zweiundachtzig (auf $18 601 geschätzte) Arbeiter von Johns Plantage Pimlico und verlegte sie nach Elwood. Auf der Namenliste steht eine mit dreihundert Dollar veranschlagte Katey oder Kate; eine andere Person dieses Namens lebte damals nicht auf dem Anwesen.

Es vergingen sechs Jahre, und im Juli 1835 erlag Alwyn achtundzwanzigjährig der Malaria. Die Nachlaßverwalter verkauften Elwood nebst Sklaven an Dr. William Moultrie und John Harleston. Ersterer blieb auf The Bluff, letzterer beschloß, zusammen mit seinem Bruder William, der damals vierunddreißig Jahre alt war, nach Elwood zu ziehen, wo die besagte, damals vielleicht fünfzehnjährige Kate lebte. Aus allen diesen (durchaus zeittypischen) Verwicklungen ergab sich demnach, daß die Balls den Kontakt zwischen Kate Wilson und ihrem späteren Partner gestiftet hatten.

Unter Kates Nachkommen heißt es, daß diese nicht bei William auf der Reisfarm blieb, sondern schließlich in das Haus einzog, das er in Charleston für sie gebaut hatte. Dort war sie eher unter ihresgleichen, denn Berichten zufolge lebten in Charleston mehr als dreitausend freie Schwarze – allerdings fast doppelt so viele Frauen wie Männer.

William selbst siedelte nach einiger Zeit von Elwood auf The Hut um, eine Nachbarplantage Comingtees, wo seinerzeit ein weiterer Junggeselle lebte, Keating Ball. Der führte Tagebuch und vermerkte darin einmal beeindruckt, wie sein Vetter mit den Sklaven umging: William begebe sich, was für einen Weißen höchst ungewöhnlich sei, mitunter persönlich zu seinen Arbeitern und lege sogar selbst mit Hand an. Ein Eintrag vom Januar 1849 beschreibt Straßenreparaturen, die William zusammen mit einer Kolonne durchführte: »Die Leute auf den Straßen stammen von Fish Pond und The Hut. Bei den Arbeiten erwies sich Mr. William Harleston von The Hut als ein fähiger Helfer, und ihm vor allem ist das gute Ergebnis zu verdanken.«

Von Kate ist weder eine Photographie erhalten, noch weiß ich zu sagen, woher sie den Namen Wilson nahm, denn nachdem William Harleston 1874 gestorben war, hatten ihre acht Mulattenkinder allesamt seinen Namen angenommen.

»Es gibt einen veröffentlichen Stammbaum der Harlestons«, erklärte ich, »demzufolge William unverheiratet war.«

»Ich weiß«, sagte Edwina Whitlock belustigt. »Ich habe irgendwann mal einen Aufsatz publiziert und darin behauptet, daß der Verfasser schlecht recherchiert hatte – denn es gab viele schwarze Harlestons, die alle Welt kannte. Meine Tante sagte immer, damals seien die Briefträger in Charleston schwarz gewesen und hätten alles, was an ›Harleston‹ adressiert war, zu uns gebracht. Daher waren wir umfassend über sie im Bilde – ich meine, über ihre Geschäfte.«

Mrs. Whitlock hob die Augenbrauen und schob kichernd ihre Zunge auf die Unterlippe. Die Vergangenheit erschien plötzlich heller, als sie gewesen sein mochte. Doch dann wurde Edwina auf einmal ernst.

»Man nannte diese Kinder ›Ableger‹«, sagte sie, ohne zu lächeln. »Damit war gemeint, daß der weiße Vater seine farbigen Kinder nicht anerkennt, sondern sie einfach ›ablegt‹. Haben Sie noch nie davon gehört?«

Edwina Harleston Whitlock sei am 28. September 1916 im zweiten Stock eines großen Hauses in der Charlestoner Calhoun Street als »Gussie Louise Harleston« zur Welt gekommen. Im Erdgeschoß habe das gutgehende Bestattungsunternehmen des Großvaters, eines der Söhne Kates und Williams, residiert. Das »Harleston Funeral Home« habe der Familie einen hohen Lebensstandard beschert, mit Bediensteten und ehemaligen Leichenwagenfahrern als Chauffeuren. »Alle nannten das Unternehmen nur ›die Firma‹«, sagte Edwina Whitlock, und Bestattungen hätten zu den wenigen Bereichen gehört, in denen Schwarze richtig Geld verdienen konnten, da weiße Betriebe keine schwarzen Leichen annahmen. Der erste Stock habe als Leichenhalle und Büro gedient, und in einer der beiden Wohnungen des zweiten Stocks hätten ihre Eltern, Robert und Marie Forrest Harleston, gelebt.

Als Gussie, alias Edwina, zwei Jahre alt war, sei bei ihren Eltern Tuberkulose festgestellt worden, an der ihre Mutter starb, während der Vater jahrelang unter der Krankheit litt. Sie selbst sei zu Onkel und Tante gegeben worden und bei ihnen aufgewachsen.

Gussies Vormunde, Edwin A. (»Teddy«), der Bruder des Vaters, und seine Frau Elise Forrest, die Schwester ihrer Mutter, hätten sich dank »der Firma« in hohem Maße ihrer eigentlichen Berufung widmen können: der Kunst. Elise war Photographin, Edwin ein am Boston Museum of Fine Arts und am Chicago Art Institute ausgebildeter Maler. Ihrer engen Bindung an den Adoptivvater Edwin wegen habe Gussie, als sie volljährig wurde, ihren Vornamen ihm zu Ehren offiziell in »Edwina« umschreiben lassen.

Während der zwanziger Jahre seien Onkel und Tante das vielleicht prominenteste Paar in der schwarzen Politik und Kultur Charlestons gewesen. 1916 habe Edwin dort eine Ortsgruppe der »National Asso-

ciation for the Advancement of Colored People« (NAACP) für South
Carolina mit aufgebaut, sie als Gründungspräsident geleitet und drei
Jahre später, mit bereits achthundert Mitgliedern, die erste Großak-
tion gestartet, einen Protestmarsch zum Staatskapitol, als Demon-
stration gegen das Berufsverbot für schwarze Lehrer an den Schwar-
zenschulen Charlestons. Am 18. Januar 1919 seien Demonstranten
aus ganz South Carolina, mit Edwin an der Spitze, vor das Kapitol gezogen, um der Staatsregierung eine von 4734 Haushaltsvorständen
unterschriebene Petition gegen das Lehrverbot zu übergeben, das
daraufhin aus dem Schulgesetz gestrichen worden sei.

Als Kind habe Edwina Zusammenkünfte der NAACP in der elterlichen Wohnung oberhalb der Firma in der Calhoun Street miterlebt.

»Du Bois war unser klügster Kopf seit dem Bürgerkrieg«, erklärte
Mrs. Whitlock am Küchentisch sitzend. Der 1868 in Great Barring-
ton (Massachusetts) geborene W. E. B. Du Bois hatte in Harvard, an
der Fisk University und in Berlin studiert, und sein 1903 publiziertes
Buch *The Souls of Black Folk* wurde eine Art Gründungsmanifest für
die Schwarzenbewegung des 20. Jahrhunderts. Als Edwin Harleston
die Charlestoner Ortsgruppe leitete, gab Du Bois das NAACP-Maga-
zin *The Crisis* mit einer Auflage von rund fünfzigtausend Exempla-
ren heraus. An seinem Lebensabend legte er die amerikanische
Staatsbürgerschaft ab und ging nach Ghana, da ihm die Situation der
Schwarzen in den USA aussichtslos erschien. Edwina zufolge war Du
Bois als Beauftragter des NAACP wiederholt nach Charleston und
zu ihren Eltern gekommen.

»Ich nehme an, ich war acht, als ich Du Bois das erste Mal bewußt
sah«, erzählte sie, auf den Tisch blickend. »Sie trafen sich immer bei
uns. Es gab einen langen Flur, von dem das Atelier abging, das sehr
groß war und dreißig bis fünfunddreißig Leute faßte. Ich war immer
ein bißchen unartig, zu neugierig. Als ich diese Leute den Flur entlang in das Atelier gehen sah, schaute ich ihnen auf Händen und
Knien hockend zu. Alle redeten miteinander, und dann sah ich, wie
Du Bois sich umdrehte, um festzustellen, wer ihn beobachtete. Danach zog er sich den Schritt hoch, um das da in Ordnung zu bringen.«
Mrs. Whitlock kicherte mit glitzernden Augen. »Er muß meine Anwesenheit körperlich gespürt haben, so wie der sich umschaute. Das

sind meine Erinnerungen an den großen Mann.« Sie lachte, wie um das Gespenst des heiligen Du Bois zu vertreiben.

Als Kind privilegierter Mulatten habe Edwina ansonsten vom Kampf der schwarzen Arbeiterschaft wenig mitbekommen.

»Mein Großvater besaß eine Reihe von Mietshäusern«, erzählte sie. »Wenn wir die Mieten einkassieren gingen, ermahnte er mich immer: ›Rede mit den Leuten! Die sorgen für deine Brötchen. Bilde dir ja nicht ein, was Besseres zu sein als sie!‹ So hopste ich neben ihm her, und die Mieter sagten, ›Schau, da kommt Mr. Harleston mit seinem Enkelchen.‹«

Edwin sei 1931 gestorben, als seine Adoptivtochter vierzehn Jahre alt war. Diese habe zunächst das Avery Normal Institute besucht, eine höhere Schule für die Elite der hellhäutigen Afroamerikaner, dann das Talladega, ein 1867 gegründetes Privatcollege für Schwarze in Alabama, dieses 1939 abgeschlossen und danach an der Northwestern University in Evanston (Illinois) Publizistik studiert.

Als Journalistin habe sie zuerst beim *Baltimore Afro-American* und daran anschließend, nach Illinois zurückgekehrt, beim *Chicago Defender* gearbeitet, beides von Schwarzen für Schwarze produzierte Zeitungen. Die Familie ihres späteren Mannes, Henry Whitlock, habe in der Kleinstadt Gary in dessen Heimatstaat Indiana eine schwarze Wochenzeitschrift mit dem Titel *American* verlegt. Nach der Heirat 1945 hätten die beiden Henrys Vater das Blatt abgekauft und es fünfzehn Jahre lang weitergeführt, wobei Edwina eine feste Kolumne schrieb.

»Mein Mann schaffte es als einziger, seine Leitartikel direkt in die Setzmaschine zu tippen«, erinnerte sich Mrs. Whitlock, ein bißchen stolz. »Ich schrieb eine Kolumne mit dem Titel ›Erste Person Singular‹, die ich ihm jeweils vorlegte. Dann bekam ich die korrigierten Fahnen, machte alles wieder rückgängig und legte sie ihm erneut vor.« Sie zwinkerte mir zu. »Anschließend flogen die Colaflaschen. Er war ziemlich gut im Ducken.«

Ich fragte, worüber sie geschrieben hatte.

»Vorgänge in der schwarzen Welt, über die in den weißen Blättern nichts stand«, antwortete sie.

Nach Henrys Tod 1960 habe Edwina den *American* verkauft, sei mit ihren vier Kindern nach Los Angeles gezogen und dort geblieben, bis die Kinder aus dem Haus waren, um schließlich, nach fünfzig Jahren, in ihre Heimatstadt Charleston zurückzukehren. In South Carolina sei sie zwölf Jahre geblieben, um zu guter Letzt als Fünfundsiebzigjährige nach Atlanta in die Nähe zweier ihrer Kinder zu ziehen.

Die Gemälde in Mrs. Whitlocks Wohnzimmer – teils Porträts, teils Landschaften – stammten von Edwin Harleston. Nach Onkel Teddys Tod habe sie eine Reihe seiner Werke geerbt und sich später sehr darum bemüht, über Museen und kunstgeschichtliche Texte für seinen Namen zu werben. Ein Rundgang durch den Raum verriet mir so manches über die Harlestons und die Geschichte der Schwarzen im Süden.

»Das da ist Teddy, ein Selbstporträt, und das ist seine Frau Elise«, erklärte Mrs. Whitlock, auf zwei Gemälde deutend. Ihre Tochter Mae Gentry hatte sich der Privatführung angeschlossen.

Edwin habe seine Frau Elise als Achtundzwanzigjährige in ihrem Hochzeitsjahr 1920 gemalt. Es war eine realistische Charakterstudie, in ein barockes Helldunkel getaucht. Elises Gestalt schien von oben her beleuchtet zu werden, so daß der Körper ins Dunkel entschwand. Dem eher ovalen Gesicht mit seinen vollen Wangen hatte der Maler auffallend tiefe Augen gegeben.

Direkt daneben hing eines der Selbstporträts, auf dem Edwin sich mit gemeißelten Zügen und kurzgeschorenem Haar vor einem blutroten Hintergrund darstellte, ebenfalls von oben her beleuchtet, nur mit noch mehr Kontrasten und tiefdunklen Stellen. Seine Stirn und Nase leuchteten weiß, während die untere Gesichtshälfte fast in Schwarz gehüllt war, als ob er »zweifarbig« wäre.

»Haben sie den Kongreßabgeordneten Miller erkannt?« fragte mich Edwina, auf ein anderes Bild deutend.

»Er war der letzte Schwarze im Rekonstruktionskongreß«, erklärte Mae Gentry, womit sie meinte, daß er nach dem Sezessionskrieg als letzter Schwarzer im Kongreß saß, bis sich die Weißen wieder ganz der Südstaatenpolitik bemächtigten. Das Gemälde wies den gleichen Einsatz von Licht und Schatten auf wie die anderen beiden.

»Das hier ist Aaron Douglas«, sagte Edwina, zum nächsten gehend. Der gutaussehende Mann im blauen Kittel blickte, Malerpalette und Pinsel in den Händen haltend, dem Betrachter direkt entgegen und schien sich gerade von einem Wandgemälde hinter ihm abgewandt zu haben. Mrs. Whitlock erklärte, Edwins letztes großes Werk sei 1930 eine Gemeinschaftsarbeit mit dem afroamerikanischen Malerkollegen Aaron Douglas gewesen. Die beiden hätten an der Fisk University in Nashville eine Serie von Wandgemälden geschaffen.

»Ihr Thema war die Geschichte der Schwarzen seit der Antike, angefangen im alten Ägypten«, erklärte Mae.

Edwina hatte das Leben des Malers Edwin A. Harleston ausführlich in dem Museumskatalog dargestellt, der anläßlich einer Ausstellung seiner Werke erschienen war. Der Enkel der Sklavin Kate Wilson war am 14. März 1882 als eines der acht Kinder Louisa Moultries und »Käpt'n« Edwin Gaillard Harlestons in Charleston geboren worden. (Der Käpt'n hatte ehemals an der Atlantikküste einen Schoner betrieben.) Seine Mutter war noch während der Sklaverei als Freie geboren und könnte, ihrem Namen nach, eine Mulattin von The Bluff gewesen sein, der Plantage Mary Louisa Moultrie Balls.

In Edwins Kindheit hatte seine Tante Hannah Harleston Mickey von ihrem Mann ein Bestattungsinstitut übernommen und Käpt'n Harleston die Geschäftsleitung angeboten. Dieser war einverstanden und führte das Unternehmen jahrelang, bis er schließlich sein eigenes Harleston Funeral Home eröffnete.

Bereits als Schüler der Charlestoner Simonton Public School habe Edwin gerne und hingebungsvoll gezeichnet, doch die ausschließlich weißen Lehrer hätten damals bei einem schwarzen Zögling gewiß kaum an eine Künstlerlaufbahn gedacht. Einmal habe Edwin einer Lehrerin eine Pferdezeichnung gezeigt, die dazu nach einem raschen Blick auf das Blatt geäußert habe: »Das ist nett, Edwin. Vielleicht wirst du mal Stallknecht.« Auf seine Eltern wirkte die Kunde, daß eine Lehrerin ihren Sohn von oben herab behandelt und zum Stalljungen erniedrigt hatte, wie ein Schlag ins Gesicht, so daß sie ihn von der Simonton School nahmen.

1896 schrieb Edwin sich am Avery National Institute ein, wo sein Abschlußkurs nur sechs Teilnehmer hatte, und besuchte anschlie-

ßend die schwarze Atlanta University, an der W. E. B. Du Bois als
Professor für Geisteswissenschaften lehrte. In Atlanta durchlief er
ein fast klassisch europäisches Curriculum, spielte im übrigen Foot-
ball und sang in einem Quartett mit. Alsbald gaben Kommilitonen
dem ehrgeizigen Mulatten aus Charleston den Spitznamen »Teddy-
seus«.

Als Edwin ans College kam, schrieb Du Bois gerade sein *The Souls
of Black Folk*. Der Schüler und der Lehrer freundeten sich miteinander an.

1904 bewarb Edwin sich in Harvard (wo Du Bois promoviert
hatte), und die Fakultät für die Schönen Künste nahm ihn an. Da er
seinerzeit jedoch als Schwarzer, sogar als Bakkalaureus, in Harvard
noch einmal ganz von vorne hätte anfangen müssen und Edwin eine
solche Benachteiligung ablehnte, entschied er sich für die School of
the Boston Museum of Fine Arts. Als er im Herbst 1905 in Massachusetts eintraf, stellte er fest, daß er der einzige farbige Student in
dem Kurs war.

Nebenbei arbeitete Edwin als Kellner in einem der Studentenclubs
von Harvard. Auf dem Selbstporträt in Edwinas Wohnzimmer trägt
er ein blütenweißes Hemd mit schwarzer Fliege – die Kellneruni-
form.

Nach dem Studium blieb Edwin bis 1913 in Boston. Dann verlangte sein Vater, der in Charleston jenes Bestattungsinstitut aufgebaut hatte, daß er zurückkam, um bei ihm zu arbeiten. Gehorsam be-
legte der Sohn einen Dreimonatskurs an der New Yorker Renouard
School of Embalming [Einbalsamieren], um anschließend ins Bestattungsgeschäft einzusteigen.

Binnen weniger Jahre war Edwin ein prominenter Geschäftsmann
und Präsident des örtlichen NAACP, verabscheute jedoch sein Me-
tier und arbeitete nebenher gezielt an einer Künstlerkarriere. Das
Problem war nur, daß ein farbiger Maler zu Beginn des 20. Jahrhunderts im Süden nirgendwo etwas verdienen konnte. Die schwarze
Gemeinschaft Charlestons war klein und niemals wohlhabend genug, um sich einen Luxus wie Gemälde leisten zu können. So erhielt
Edwin viele seiner Porträtaufträge von reichen Schwarzen aus größeren Städten oder von Weißen.

Gemeinsam mit seiner Braut, der in Charleston geborenen Lehrerin Elise Forrest, die er schon sieben Jahre lang kannte, beschloß er, eine Künstlerehe zu wagen und ein gemeinsames Atelier zu eröffnen, in dem er malen und sie photographieren wollte. Elise hatte ihren Beruf schon vor der Heirat aufgegeben und auf Edwins Kosten an der New Yorker E. Brunel School Photographie studiert, ihre Ausbildung später am Tuskegee Institute in Alabama abgeschlossen und ihm schließlich in Charleston offiziell das Jawort gegeben. 1922 eröffneten sie ihr Studio, und eine Zeitlang klappte die Zusammenarbeit gut. Elise machte während der Sitzungen Aufnahmen von den Klienten Edwins, der seine Gemälde schließlich anhand ihrer Photos fertigstellte.

Anfang des 20. Jahrhunderts kam der französische Impressionismus mit seinen Ablegern in Amerika groß in Mode, während er in Europa längst überwunden war. Dieser »neue« Stil schwelgte in der Darstellung von Gärten und Blumenwiesen, so daß die Künstler im Freien nach der Natur malten. Edwin hatte sich um einen Lehrauftrag in Washington, D. C., beworben, doch aufgrund des damaligen Stilwandels mitgeteilt bekommen, daß er dort nur unterrichten könne, wenn er auch Landschaften male. Edwin stand jedoch in der realistischen Tradition der Beaux-Arts-Schule, die vor allem Porträts malte. Um sein Spektrum zu erweitern und vielleicht auch vom Bestattungsgeschäft loszukommen, schrieb er sich mit zweiundvierzig Jahren an der School of the Chicago Arts Institute ein und studierte dort zwei Sommersemester lang. Nach South Carolina zurückgekehrt, bekam Edwin mit dem Malen gewisse Schwierigkeiten – besonders mit den inzwischen so beliebten Naturszenen. Im Süden verbot ihm nämlich, im Gegensatz zu Illinois, die Rassentrennung, öffentliche Parkanlagen und Gärten zu betreten.

South Carolina hatte an Parks nicht viel Schöneres zu bieten als die Magnolia Gardens, ein seichtes Reservat mit Lilienteichen und Blumenbeeten, das nahe Charleston am Ashley River lag. Da dort an Farbigen lediglich die schwarzen Gartenarbeiter zugelassen waren, bat Edwin die Parkverwaltung schriftlich um eine Sondererlaubnis, in der Anlage malen zu dürfen. Als das, wie zu erwarten, abgelehnt worden war, beschloß er, sich den Wasserlilien aus dem Spätwerk

Claude Monets durch einen Trick anzunähern. Zufällig hatte ein Vetter für die gewundenen Bachläufe der Magnolia Gardens vergitterte Holzbrücken entworfen, dekorative Narreteien, für deren Wartung er auch persönlich zuständig war. So konnte er Edwin, mit einem Sack voller Werkzeug als Mitglied seiner Mannschaft getarnt, dort einschleusen, und der knipste bei mehreren Besuchen heimlich Hartriegel und Tulpen, Rosen und Lilien – um schließlich in seinem Atelier anhand der Photos gut ein Dutzend Ölgemälde anzufertigen.

1926 bat Bürgermeister Thomas P. Stoney das Charleston Museum um eine Harleston-Retrospektive. Damals war Edwin unter Weißen als »der farbige Charlestoner Künstler« bekannt. Um den Wunsch zu erfüllen, stimmte Museumsdirektorin Laura M. Bragg dem seinerzeit beispiellosen Projekt zu, Gemälde eines Negers auszustellen. Der daraufhin angesprochene Edwin war einverstanden und begann schon, seine Werke für den Transport zu verpacken. Edwina zufolge sei er völlig verzückt darüber gewesen, sich endlich doch noch durchgesetzt zu haben. Allerdings spielte ihm die Politik einen Streich, und einige Wochen später teilte Braggs schriftlich mit, das Kuratorium habe dem Vorhaben widersprochen. »Eine solche Ausstellung würde Ihnen zur gegenwärtigen Zeit gewiß auch mehr schaden als nützen«, kommentierte sie.

Bei der besagten Gemeinschaftsarbeit mit Aaron Douglas, der 1930 geschaffenen Serie von Wandgemälden in Nashvilles Fisk University, wollte Douglas als Initiator die Geschichte der Schwarzen von der afrikanischen Frühzeit bis zur Gegenwart in Amerika nachzeichnen. Um das Werk in den Lesesälen der Bibliothek auszuführen, siedelte Edwin nach Nashville über und schilderte die Wandmalereien fortan regelmäßig in seinen Briefen an Elise.

»Die Figuren beider Säle sind konventionell – in der ägyptischen Manier – und handeln von den Grundzügen der Geschichte, Wirtschaft und Kultur der Schwarzen«, schrieb er. »Das Ganze wird sich schön in die gotische Architektur des Gebäudes einfügen – eine Adaption frühester afrikanischer Baukunst, wie man sie bei der ›rückweichenden‹ Gestaltung von Türmen etwa im antiken Timbuktu sieht.«

Im Oktober 1930 vermeldete der Maler seiner Frau: »Wir haben es geschafft! Fertig!! Vollendet!!! 220 Quadratmeter Wanddekorationen einziger Art, von Uns gemacht – von Uns und für Uns.«

Die Wandmalereien Douglas-Harlestons stellen eine schwarze Saga dar, die lange vor der Berührung mit den Weißen beginnt, und sind eine Pionierleistung der afroamerikanischen Kunst.

Einige Monate später, im Mai 1931, erkrankte Edwins Vater Käpt'n Harleston in Charleston an einer Lungenentzündung, und der Sohn beugte sich über den Sterbenden, um seine Lippen zu küssen. Zehn Tage später war Edwin Harleston selbst, neunundvierzigjährig, an einer Lungenentzündung gestorben

Zwei Jahre nach seinem Tod bekam der Maler jene Ausstellung, die man ihm zu Lebzeiten verwehrt hatte – und jetzt sogar in der Washingtoner National Gallery of Art.

»Wir alle«, sagte Edwina, um die Geschichte abzuschließen, »alle Harlestons durch die Bank, sind Schriftsteller, Künstler oder Musiker. Da steckt 'ne Menge Talent drin. Ich habe einen leiblichen Vetter, der Musikarrangeur ist. Ein Harleston war Präsident des New Yorker City College. Im Pentagon gibt es einen General Harleston.« Edwina klang nicht einmal eitel, als sie derart die großen Anlagen ihrer Familie rühmte.

Einer der vielen künstlerisch begabten Abkömmlinge Kate Wilsons und William Harlestons lebte in Los Angeles und arbeitete dort in der Musikbranche. Ray Maith Fleming war in Charleston geboren und zum möglichen Nachfolger für die Bestattungsfirma auserkoren worden, hatte dieser jedoch schon in der Jugend den Rücken gekehrt. Mittlerweile stand er in den Fünfzigern – und hatte in Kalifornien als Musikproduzent eine Reihe von Popstars groß herausgebracht.

Als ich Ray Fleming das erstemal besuchte, lag über Los Angeles ein milder, wolkenloser Nachmittag. Ray wohnte in einem Haus, das an zahllose andere in Süd-Kalifornien erinnerte: Der rechteckige beigefarbene Flachbau mit Balkons und Glasschiebetüren entsprach dem regionalen Stil der Sonnengürtelmoderne und gehörte zu einem Block, um dessen Trottoirs ein hoher Eisenzaun verlief. Sicherheitstore sorgten für den geregelten Zugang, und ankommende Mieter schauten sich um, bevor sie ihre Kodenummern eingaben.

Ray Fleming holte mich an einem der Eisentore ab, und wir gingen an zwei von Gartenmöbeln umstandenen Schwimmbecken vorüber. Ray war mittelgroß, trug ein rotes Polohemd, Khakihosen und Mokassins und sah sehr gut aus. Rings um das Becken erzeugte die pazifische Sonne ein Strahlenfeld, das meine Haut ganz weiß erscheinen ließ, während die Ray Flemings gelbbraun wie Ahornsirup wirkte.

In der Wohnung gesellte sich kurz Rays lebhafte Frau Tina De Fazio, mit einem Hausanzug und Sandalen bekleidet, zu uns. Sie war weiß, hatte glattes braunes, zu einem Bubikopf geschnittenes Haar und eine freundliche Art. Tina brachte Säfte und verließ den Raum wieder; dann kam ein etwa vierjähriger Junge hereingestürmt und hüpfte auf Papas Schoß. Er hatte krauses Haar und eine Hautfarbe wie Balsaholz.

»Sag deinem Vetter guten Tag, Giovanni«, ulkte Ray lachend, mit blitzenden Augen. Der Knabe sah mich groß an, bevor er wieder zu seiner Mutter wieselte.

Mit seiner sanften Baritonstimme und offenem Blick strahlte Ray die Ruhe eines Menschen aus, der kein Thema scheut.

»Sie sind mit einer Weißen verheiratet«, sagte ich.

»Ich bin mit der Richtigen verheiratet«, erwiderte Ray, »und die ist nun zufällig weiß. Sie ist in Italien geboren, aber in Kanada aufgewachsen. Wir sind uns vor fünfundzwanzig Jahren in New York begegnet und immer noch zusammen. Es wird von Tag zu Tag besser, weil sie mich als Mensch bereichert hat.«

»Was sagen Sie dazu, daß wir entfernte Verwandte sind?« fragte ich.

»Ich wußte immer, daß es Sie gibt«, antwortete er. »Nur kannte ich Sie nicht. Es war wie ein fehlendes Glied, bei dem du weißt, woraus es besteht.«

»Es ist ein weitläufiger Zusammenhang«, fügte ich an.

»Aber er besteht«, gab Ray zurück. »Und nicht nur das, sondern es schließt sich auch ein Kreis.«

Ray Flemings Großmutter Katherine Harleston war eine Schwester des Malers Edwin gewesen. Ray war ein Ururenkel Kate Wilsons und Giovanni nun schon wieder die nächste Generation.

»Wir wußten stets, daß wir nicht vollständig afrikanisch sind«, hob Ray an. »Ich wußte, daß die Harlestons aus England stammten. Schon sehr lange. Du spürst einfach, daß du auch was Englisches hast. So war's eben. Ich liebe alles an mir, das ist meine Einstellung. Ich liebe alles an mir.«

Ray sprach mit Nachdruck, aber ohne zu gestikulieren. Nur ab und zu hob er einen Finger oder zuckte mal mit den Schultern, wenn er einen Gedanken abgeschlossen hatte. Ähnlich wie seine Kusine Edwina Whitlock setzte er seine Stimme geradezu hypnotisch ein und spann seine Sätze kunstvoll aus.

»Ich liebe Schwarze nicht mehr als Weiße oder Fremde«, sagte er, »denn die Liebe ist offen und universell. Ich liebe nicht einmal meine Kinder mehr als die anderer Leute. Ich habe mehr Verantwortung für sie, gewiß, aber das hat nichts mit meiner umfassenden Liebe zu tun.«

Ray Fleming hatte seine Heimat schon in der Jugend verlassen und vertrat nun Ansichten, die in Teilen des Südens befremdlich wirken würden. Es war, als habe er sich selbst neu entworfen und den Südstaatler mit der langen Tradition von Schwarz und Weiß überwunden.

An das L-förmige, mit Teppichboden ausgelegte Wohnzimmer schloß sich eine offene Küche an, und vom Flur gingen zwei weitere Zimmer ab. Die bemerkenswertesten Ausstattungsstücke prangten an der Wand – vier goldene Schallplatten, Trophäen aus Ray Flemings Zeit in der Musikbranche –, gleichsam Abstandsmesser gegenüber seiner Herkunft. Ich bat Ray, mir etwas aus seinem Leben zu erzählen, und er rollte seine Geschichte bedächtig aus wie jemand, der es gewohnt ist, über sich zu sprechen.

»Geboren bin ich in der Calhoun Street, Charleston, South Carolina«, begann er. »Mein Vater war Junggeselle, und meine Mutter starb, als ich zwei Jahre alt war.«

»Das Bestattungsunternehmen der Harlestons lag in der Calhoun Street«, fiel mir dazu ein, »mit den Wohnungen darüber.«

»Damals gehörte es den Flemings«, sagte Ray, die Familie seines Großvaters ansprechend. »Oder schon beiden Familien gemeinsam. Die Flemings stammten aus St. Augustine in Florida, und im Süden hingen alle schwarzen Geschäftsleute irgendwie zusammen. Als ein Fleming eine Harleston heiratete, kamen sie auch miteinander ins Geschäft.«

»Mein Vater lebte in der Mulattenwelt. Er war Mulatte, ein sehr gutaussehender Bursche, mit Schnurrbart. Die Frauen flogen nur so auf ihn. Er war Junggeselle, hatte ein Haus und hatte Geld, kurzum er war reich. Meine Großmutter sagte immer, ›Sie waren begütert.‹«

Ray krümmte sich, mit geschlossenem Mund lachend, doch das Lachen klang etwas gehemmt, so als sei er nicht sicher, was er von dieser Verbindung zu einer alten Schwarzenelite halten sollte.

»Die Mulatten hatten mehr Geld als die dunkelhäutigeren Leute«, stellte ich fest.

»Sie waren reicher *und* gebildeter«, erwiderte Ray. »Und das gilt auch für die Harlestons. Viele der betuchten Schwarzen pflegten bei allem, was sie anfingen, von der Kleidung bis zum Essen, ihren sozialen Status. Sie konnten es sich leisten und wußten stets, was das Beste war.«

»Mieden sie dunklere Leute?«

»Nein! Mein Vater jedenfalls nicht. Alle seine Freundinnen waren dunkelhäutig!« Ray lachte. »Ich selbst war nicht dunkel, aber ich war auch kein Mulatte. Ich lag irgendwo dazwischen, war also beiden Seiten genehm. Aber bei vielen Mulatten im Umkreis von Charleston ist mir etwas Lustiges aufgefallen: Die Frauen heirateten nicht immer, so als ob sie nur eine Familie gründen konnten, wenn sie einen passenden Mulatten fanden. Viele der dunkleren Schwarzen kniffen vor ihnen; sie meinten, nicht landen zu können, und wagten sich deshalb gar nicht erst heran.«

Als Kind habe Ray eine Zeitlang im Haus mit der Bestattungsfirma gewohnt. »Wir bekamen Fünf-Gänge-Menüs«, betonte er. »An den Wänden hingen Edwin Harlestons Gemälde.« Unten lief derweil das Geschäft: »Ich war manchmal beim Einbalsamieren dabei. Unsere Klientel waren die Mulatten, doch das Unternehmensprinzip lautete: ›Niemand wird aus finanziellen Gründen abgewiesen.‹ Die Harlestons blieben immer großzügig. Sie hatten, also konnten sie auch geben.«

Ray Flemings alterndes Gesicht ließ den feschen Jugendlichen nur noch erahnen, doch war er körperlich kräftig, geistig voll auf der Höhe und konnte wohlgeordnet erzählen.

»Es war ein reizendes Leben«, fuhr er fort. »So lag zum Beispiel das städtische Schwimmbad direkt hinter unserem Haus in der George Street. Als Kind stand ich oft am Zaun und sah all den Weißen dort beim Schwimmen und Herumtollen zu. Ich hatte einen Freund, Tony Haynes, der wegen seiner hellen Haut glatt als Weißer durchging. Er sagte immer: ›Mann, ich latsch doch nich den ganzen Weg da rüber bis zu diesem Farbigenschwimmbad.‹ Dann rief er: ›Bis später‹ – zischte ab und sprang in das weiße Becken!«

Diesmal lachte Ray ganz offen – und setzte eine verschwörerische Miene auf.

»Dafür hätte er im Knast oder in einer Besserungsanstalt landen können«, erläuterte Ray. »Die hätten gesagt: ›Der Knilch hat Nerven! Was fürn eingebildeter Nigger! Demnächst treibt der's mit einer von unsern Töchtern!‹ Dabei spielten wir den Weißen doch nur einen Streich.« Ray hob die Schultern. »Wir wußten, daß die Weißen nichts anderes machten als wir auch. Wir machten es bloß anderswo.«

Als junger Mann sei Ray auch ab und zu über die Rassenschranken gestolpert.

»Die Mulattenfrauen waren sehr hell«, erzählte er, »und manchmal hielt die Polizei mich an, weil ich mit einer Weißen zusammen sei. Ich werde nie vergessen, wie ich mal mit Ella Sanders die Rutledge Avenue entlang lief. Diese Familie war besonders hell. Es dämmerte schon, und plötzlich tauchten Polizisten auf. Sie riefen mich rüber, und ich mußte mich ausweisen. ›Was hast du mit der da vor?‹ fragte der Bulle. ›Wir sind Schulkameraden‹, sagte ich. ›O, du meinst ... ‹, stotterte er. ›Ja, das meine ich – sie ist schwarz.‹«

»Sehen Sie, alle Polizisten waren ja weiß«, erklärte Ray. »Das Lustige war, als die ersten schwarzen Bullen kamen, da suchten sie gezielt Schwarzenhasser aus, die vor allem beweisen wollten, daß sie nicht zu nachsichtig waren – also haßten die Schwarzen sie ihrerseits auch. Wir sagten immer: ›Bringt bitte wieder die Weißen, diese Neger hauen einen ja tot!‹«

Ray sah das ganze Rassenproblem von der komischen Seite und fand es fast albern. Es fiel leicht, in sein Lachen einzustimmen.

»Jeder hat seine Geschichte, aber im Grunde sind die Geschichten alle gleich«, fuhr er fort. »Auch etwas Farbe ändert daran nichts. Die Weißen kamen mit leeren Händen aus Europa, kämpften und überlebten. Diese ›Kontraktknechte‹: das waren doch auch nur bessere Sklaven. Du konntest jederzeit gekauft, abverkauft, ausgepeitscht, vergewaltigt werden, egal mit welcher Farbe. Bei den Iren war es das gleiche. Sie kamen mit Schiffen rüber, in den sogenannten ›Sargkabinen‹. So viele von ihnen kamen auf der Überfahrt um. Sie schrieben heim, nach Irland, und warnten die Leute davor, zu kommen, denn der Pflanzer lasse sie sich totarbeiten.«

»Erging es den Iren genauso übel wie den Schwarzen?« fragte ich.

»In gewisser Hinsicht noch schlechter«, erwiderte Ray, »weil die Schwarzen nämlich etwas wert waren: Die Iren schuldeten Geld, aber für die Schwarzen hatte man selbst bezahlt, also waren sie besser geschützt.«

Giovanni kam wieder herein und setzte sich bei seinem Vater auf den Schoß. Ray griff seine Lebensgeschichte wieder auf.

»Ich wußte, daß ich meinen eigenen Weg gehen wollte, daß mich da unten im Süden nichts hielt«, erzählte er. »Also sagte ich meinem alten Herrn: ›Ich werde kein Bestatter! Ich habe keinen Bock, auf die Cincinnati School of Embalming zu gehen!‹ Damit gab es keinen Nachfolger. Als mein Vater starb, war auch das Familienunternehmen tot. Um 1957 herum ging ich nach New York.«

Als jungen Mann habe es ihn dort nach Greenwich Village gezogen. Damals sei gerade die weiße Gegenkultur aufgekommen, und statt nur in Harlem zu leben, sei er zwischen der weißen und der schwarzen Welt hin- und hergependelt, habe in Manhattans Cafés gesessen, Frauen kennengelernt und Dichterlesungen besucht.

»Von Juden habe ich 'ne Menge gelernt«, schwärmte Ray. »Sie waren sehr offen. Ich erinnere mich an einen Typen namens Yogi – eigentlich hieß er Harold Zimmermann. Er trug einen Ohrring, und das schon in den späten Fünfzigern! Lieh mir Bücher von Nietzsche. Sprach gerne über Cervantes und sogar Augustinus.« Neben seinen Cafébesuchen im Village habe er in der 125. Straße in Harlem, im »Apollo Theatre« und anderen Rhythm-and-Blues-Tempeln, ein zweites Nachtleben gepflegt.

»Im Village sagte mir mein jüdischer Freund Harvey: ›Mensch, Junge, du brauchst 'n Job. Du wirst dünn. Diese Mädels füttern dich nicht mehr ewig durch. Besorg dir 'n Job.‹ Ich sagte ihm: ›Harvey, ich bin das Arbeiten nicht gewöhnt.‹ ›Dann werd doch Verkäufer‹, schlug Harvey vor. Und ich fing bei einem Plattengeschäft mitten in Manhattan an. Als Jugendlicher hatte ich Trompete und Saxophon gespielt. Das brachte mich auf die Musikszene. Der Laden war in der 42. Straße, zwischen Siebter und Achter Avenue, und gehörte syrischen Juden. Ich konnte mir Tausende von Titeln merken. Leute kamen rein, sagten mir einen Text oder summten die Melodie vor, und ich lieferte den Titel. Das machte mich wertvoll, und nach einer Zeit wurde ich zum Einkäufer. Ich war etwas spät dran damit, fünf Jahre am Stück zu arbeiten, aber das machte nichts aus. ›Laßt ihn in Ruhe‹, sagte mein Chef immer. ›Wir brauchen ihn.‹ Damals kam gerade der Twist groß raus, also schrieb ich einen Song, ›The Whole World's Doing the Twist‹. Die Ladeninhaber finanzierten die Plattenproduktion, und wir spielten die Nummer im Geschäft, ja in der ganzen Stadt. Das gab mir einen Vorgeschmack aufs fette Geld. Ich freundete mich mit Musikern an, fuhr auf sie ab. Ich lernte einen Burschen aus Texas kennen, Jimmy Jones, der 1960 den Pop-Hit ›Handy Man‹ aufgenommen hatte. Jones sagte zu mir: ›Du bist ein guter Musiktexter.‹ Nach einiger Zeit stellte er mich seinem Produzenten vor, und ich unterschrieb einen Vertrag mit Screen Gems Music, gegen Vorschuß Songs zu schreiben. Da war ich Mitte Zwanzig.«

Irgendwann habe er sich als Songschreiber den Künstlernamen »Beau Ray« zugelegt, um die Leute an sein gutes Aussehen zu erinnern.

»Dann packte mich der Jazz. Ich hing im Birdland rum, Broadway, Ecke 52. Straße. Ging nicht mehr ins Apollo, um die R&B-Gruppen zu hören, sondern war jeden Abend in den Jazz-Clubs. Nach einer Weile begann ich, selbst Platten zu produzieren, lauter schwarze Stücke. Jedesmal, wenn ich etwas produziert hatte, verkaufte ich es, bekam Geld rein und machte sofort mehr.«

Er habe einen Jazz-Schnulzen-Sänger namens John Lucien engagiert und mit ihm ein Album für das große Musikhaus RCA aufgenommen. »Sie nannten ihn den neuen Nat King Cole«, sagte Ray.

»Die nächste Platte machte ich mit einem Burschen namens Milt Matthews, Bluesrock, wieder bei RCA.« Beau Ray habe sich durch das nächste Jahrzehnt geschlagen, bis zu den siebziger Jahren hier und da etwas produziert und es dann mit der Tanzszene versucht, als er Disco-Musik auf den Markt brachte.

»Eine meiner Gruppen hieß Mandrill«, erzählte Ray. »Sie waren zu siebt, Panamanesen, Kubaner, Puertoricaner und Juden. Hatten eine Top-ten-Platte mit dem Titel ›Fence Walk‹. Eine andere Disco-gruppe hieß GQ; die produzierte ich für Arista Records. Dann brach-ten wir Sun bei Capitol raus. Und danach kam Zulema, ein Mädchen, das eine Art symphonischen Soul sang – mit Streichern, Hörnern und Schlagzeug. Ihr großer Erfolg war ›Wanna Be Where You Are‹.«

In den siebziger Jahren habe Ray in der 56. Straße (West) Büros für seine Firma »Royal Gentlemen Productions« angemietet.

»Wir belegten eine ganze Etage«, schwärmte er, »und ich hatte drei persönliche Assistenten. Lebte auf großem Fuß.«

Wir erhoben uns von der Couch und gingen in den Flur, wo die vier goldenen Schallplatten eingerahmt an der Wand hingen. Es waren ein Album der Gruppe Mandrill von 1973, der Sun-Titel »Sunburn« aus dem Jahr 1978 sowie die Tanzmusik »A Night at Studio 54« und »Disco Nights« von der Gruppe GQ, beide aus dem Jahr 1979.

In den achtziger Jahren sei Rays Unternehmen zerbrochen. Trau-rig erzählte er diesen Teil seines Lebens, wobei sein Monolog zu ein paar hingeworfenen Tatsachen verkümmerte. Als Ray um eine Er-klärung rang, verdüsterte sich seine Miene erstmals.

»Du fällst auf dein eigenes Charisma rein«, erklärte er, unter sich blickend. »Ich habe zu viel gefeiert und zu wenig gearbeitet.«

Als der Geldstrom zusehends versiegte, seien sie nach Los Angeles umgezogen, wo Rays Frau Tina dann arbeiten ging; bei unserem Kennenlernen bemühte sich Ray gerade, wieder einzusteigen, indem er Fühlung mit alten Bekannten aufnahm und nach neuen Talenten suchte.

»Eine Platte, Jungle music und Techno, hat sich in Europa toll verkauft, und dann habe ich noch eine schwarze Sängerin in petto«, beteuerte er.

Ray zog eine fabrikneue CD hervor – seine erste Aufnahme seit mehreren Jahren. Sie werde bald auf den Markt kommen. Auf der Rückseite der Hülle stand die Widmung: »Dank an die Flemings, die Harlestons und alle meine schwarzen Freunde in Charleston, South Carolina.«

Ray hob die Schultern. »So ist eben die Plattenbranche. Ich habe Charleston im Blut – will dort auch mal beerdigt werden.«

An einem kühlen, verregneten Charlestoner Nachmittag nahm Edwina Whitlock mich mit zum Grab ihrer Urgroßmutter, Kate Wilson, deren Nachkommen über das ganze Land verteilt lebten. Auch Edwina selbst kam nicht sehr oft nach Charleston, doch jetzt war sie für ein Wochenende aus Atlanta angereist.

»Ihr Haar ist anders«, sagte sie, als wir uns begrüßten. »Es ist krauser geworden. Versuchen Sie, ein Schwarzer zu werden?« Edwina lachte vertraulich.

An diesem grauen Tag wirkte die alte Dame in ihrem schwarzen Mantel mit flammenden Revers, zu dem sie Hosen trug, besonders elegant. Außerdem hielt sie einen mit nackten Figuren ungewöhnlich verzierten Spazierstock in der Hand, der ihre leicht exzentrische Erscheinung unterstrich. Bevor es zu regnen angefangen hatte, waren wir essen gegangen und strebten jetzt mit aufgespannten Schirmen zum Friedhof.

Am Nordrand der Stadt erreichten wir den höchstens anderthalb Hektar großen Gottesacker der Unity and Friendship Society, einer um 1840 gegründeten Vereinigung von hellhäutigen Farbigen. Dort lagen viele Familien der schwarzen Elite, meist Nachkommen von Mulatten, die noch vor dem Ende der Sklaverei befreit worden waren. An einer mit bunten Sträußen überhäuften Stelle wurde die graugrüne Rasenfläche durch ein frisches Grab aufgelockert. Als wir zwischen den Reihen gepflegter Familiengräber hindurchgingen, deutete Edwina mit ihrem Spazierstock auf die Gedenksteine.

»Also, hier liegt Dr. McFall«, erklärte sie. »Der war ein echter Bürgerrechtler. Und er hat Onkel Teddy unterstützt. Ich meine, er kaufte ihm Gemälde ab.« Und dann etwas weiter: »Das sind die DeCostas.« Diese alte Charlestoner Familie von sephardischen Juden habe irgendwann die Seite gewechselt; mittlerweile seien die meisten Träger dieses Namens wohlhabende Farbige. »Der Mann dieser Frau war Arzt und eng mit Onkel Teddy befreundet. Sie gingen oft zusammen jagen.«

Edwina Whitlock lief weiter zwischen den Reihen hindurch. »Man könnte die Geschichte der Charlestoner Schwarzen schreiben, indem man nur über diesen Friedhof hier schlendert«, sinnierte sie. Vor einem großen Grabstein aus Granit blieb sie stehen. »O, da haben wir die Mickeys – Hannah Harleston Mickey. Sie war eine Tochter von Kate Wilson und William Harleston – heiratete einen gewissen Mickey und bekam fünf Kinder. Ihre jüngste, Ellen, hat einen Mann erschossen. Sie liebte die Frau dieses Mannes und wollte ihn loswerden.« Edwina richtete kichernd den Kopf auf.

»Ellen liebte die Frau?« fragte ich nach.

»Ja. Ich weiß allerdings nicht, ob sie den Mann wirklich getötet hat. Das muß so gegen 1925 gewesen sein.«

»Sie war lesbisch, und sie war eifersüchtig auf diesen Kerl, der mit ihrer Geliebten verheiratet war?« erkundigte ich mich.

»Genau«, bestätigte Edwina. »Onkel Teddy schrieb in einem seiner Briefe an seine Frau: ›Wir mußten Ellen aus der Stadt verschwinden lassen.‹ Wissen Sie, wir haben eine Menge Skandale in der Familie, und einige kommen erst viel später ans Licht.«

Edwina lief schulterzuckend weiter. »Na, wo ist denn nun Kate?« murmelte sie. »Ah, da.«

Wir standen vor einem hübschen Granitstein, in den mehrere Namen eingraviert waren, und die oberste Inschrift lautete: »Kate Wilson Harleston, 17. November 1886.« Williams Name war tatsächlich nirgends vermerkt. Unter sich blickend, lugte Edwina zwischen den Regenfäden hindurch und wiegte sich auf dem aufgeweichten Boden hin und her.

»Sehen Sie, manchmal gibt der Weiße den Bastarden seinen Namen, aber er kümmert sich nicht die Bohne um sie«, sagte sie. »Das sind eben die Ableger-Kinder. Doch ein Zug an William Harleston – er kaufte Kate ein Haus, und ich weiß, daß er es ihr hinterließ. Das hat er gemacht, und ich glaube, deshalb kann ich ihm verzeihen.«

14

BUSSARDSCHWINGES FLUCH

Bei den Balls gibt es eine Familienlegende, die manche den »Fluch der Bussardschwinge« nennen – nach dem postumen Spitznamen Martha Caroline Swinton Balls, der verzärtelten, schönen zweiten Frau des schwerreichen Pflanzers John. Caroline war diejenige, deren neugeborene Zwillinge je zwei kleine Sklaven geschenkt bekommen hatten. Es heißt, sie habe die Nachkommen der sparsamen, gottesfürchtigen Jane, Johns erster Frau – also letzten Endes uns alle –, mit einem bösen Fluch belegt.

Die südlich Charlestons auf Edisto Island geborene Caroline war in einer kleinen weißen Enklave jener überwiegend schwarzen Welt aufgewachsen. Eine Miniatur zeigt sie als etwa Zwanzigjährige mit hübschen selbstgefälligen Zügen, listigen Augen und Ringellöckchen auf der Stirn. 1805, also mit neunzehn, heiratete Caroline den damals vierundvierzigjährigen John Ball und war bei ihren (nur unwesentlich älteren) Stiefkindern rasch wegen ihrer Verschwendungssucht und uferlosen Fruchtbarkeit verschrien. Die erhaltenen Quittungsstapel belegen, daß Caroline den Hals nicht voll bekommen konnte. Von einem noch recht bescheidenen Besuch bei ihrem Ausstatter, den sie 1813 unternahm, kam sie mit einem Federhut, Biberfellhandschuhen, einer Pelzstola, einer Flasche Rouge, »einem marokkanischen Toilettenetui«, einigen Silberquasten, einer Brosche sowie »zwei Unzen Pailletten« zurück. Carolines große Garderobe bedurfte selbstverständlich der Pflege, und dafür kaufte sie sich einen Diener namens George – »ein Schneider«, so der Verkaufsbeleg, »und hüftlahm«. Wahrscheinlich gab Caroline große Summen für Umstandskleidung aus. In den zwölf Ehejahren mit John gebar sie elf Kinder, das letzte mit einunddreißig nach dem Tod ihres Mannes.

Ein Vetter erzählte mir einmal, wie seine Urgroßmutter Mary Gibbs Ball immer über Bussardschwinge schimpfte. Mary hatte den Bürgerkrieg durchlebt und mitbekommen, wie das Familienvermögen dahinschwand. »Uroma dachte oft an die Zeit zurück«, so mein Vetter, »als keine Sklaven mehr da waren und sie das Feld selber umpflügen mußte. Dann hätte sie oft den Blick gen Himmel gewandt und mit geballter Faust gegen die alte Bussardschwinge gewettert.« Anscheinend glaubte sie, mit uns habe es – vom Zusammenbruch der Konföderation bis zum Verlust sämtlicher Sklaven – allein wegen dieser Beutelschneiderin ein so schlimmes Ende genommen.

Nach Johns Tod 1817 nahmen der zweiunddreißigjährige Isaac und der fünfunddreißigjährige John jr. das Heft in die Hand. Da ihre drei älteren Brüder bereits verstorben waren, hatten sie nun eine ganze Brut von Halbgeschwistern zu versorgen: Carolines neun verbliebene Kinder im Alter unter zwölf Jahren. Geld spielte dabei keine Rolle. 1821 vermerkte John jr., er habe 167 537 Dollar, eine enorme Summe, in Wertpapieren für Carolines Kinder angelegt. Auch Arbeitskräfte gab es genügend. So besaß Isaac 1824 auf seinen sechs Plantagen 571 Sklaven; John gebot persönlich über 542 und verwaltete 173 weitere für seine Halbgeschwister.

Probleme bereitete hingegen die Gier der jungen Witwe. Kurz nach dem Tod ihres Mannes verklagte Caroline die Familie, offenbar weil sie einen größeren Erbanteil begehrte (dem Testament zufolge stand ihr und ihren Kindern ein bestimmter Betrag zu gleichen Teilen zu, so daß davon auf sie selbst lediglich ein Zehntel entfiel). Alsbald heiratete sie den für seine Spielleidenschaft und sein ausschweifendes Leben bekannten Reispflanzer Augustus Taveau. In einem Brief an John jr. – der den väterlichen Nachlaß und damit die Leistungen an Caroline verwaltete – kündigte Bussardschwinge ihre Neuvermählung an, fügte eine Arztrechnung bei und bat um Geld. Der Doktor habe ihr kürzlich wegen einer Unpäßlichkeit Portwein verschrieben, den sie (»mangels eigener Mittel«) habe anschreiben lassen. Daher ersuchte sie John, die »Arznei« zu bezahlen. »Solltest Du nicht zur Hochzeit erscheinen«, regte sie an, »könntest Du den Scheck Bob [einem Boten] mitgeben, der am Montag kommt.«

Von Taveau bekam Caroline weitere fünf Kinder und brachte es so in wenig mehr als zwanzig Jahren auf fünfzehn Schwangerschaften. Kurz nach der Hochzeit verklagte das Paar die Balls wegen Mißwirtschaft jenes Treuhandfonds, den John für den Unterhalt Carolines und ihrer Kinder eingerichtet hatte. Zwei Jahre später klagte diese ein drittes Mal und trug vor, die Unterhaltsleistungen reichten nicht aus, um ihren Nachwuchs standesgemäß aufzuziehen.

John jr. und Isaac nebst Anhang lebten überwiegend in Charleston – John in der Hasell Street, Isaac im Herrenhaus Ecke East Bay und Vernon Street –, Bussardschwinges Kinder bei ihr und Taveau. Inzwischen, also gegen 1820, gehörte die alte Landidylle mit dreitägigen Wiesenfesten und gemeinsamen Kirchenbesuchen der Vergangenheit an, und man ließ sich das aufwendige Stadtleben durch die Plantagen finanzieren. Mit insgesamt rund eintausenddreihundert Arbeitern waren die beiden Brüder fast Großindustrielle der Landwirtschaft. Die Betriebe selbst leiteten Aufseher, während John jr. und Isaac sich ausschließlich um die Finanzen kümmerten. Wenn sie zuvor einen Teil ihrer Gewinne in neues Land und Arbeitskräfte investiert hatten, so spekulierten sie jetzt mit Aktien. John juniors Geschäftsbücher mit ihren stets peinlich genauen Buchungseinträgen gäben eine Fallstudie für einen Wirtschaftsprüfer ab.

Fern von ihren Herrschaften und der Weißengesellschaft insgesamt, konnten die Sklaven zunehmend ihr eigenes Leben führen. Besonders Feldarbeiter sahen kaum noch Weiße – lediglich die Aufseherfamilie und ein paar geheuerte Knechte –, und bei ihren gelegentlichen Besuchen dürften die Pflanzer kaum welche von ihnen wiedererkannt haben. Diese Distanz gab den Schwarzen zwar mehr Freiheit, brachte jedoch auch Unsicherheiten mit sich, denn bei diesen Massen behandelten John jr. und Isaac »ihre Leute« einfach wie Gegenstände. Ab 1820 zeigen die Bücher zunehmend, daß die Sklavenviertel durch das Verleihen einzelner Personen oder ganzer Familien – die kurzfristig ihre Sachen packen und für ein halbes bis ganzes Jahr umsiedeln mußten – aufgebrochen wurden. Seine Leihgebühren vermerkte John jr. neben den Zinsen und Dividenden in den Eingangsspalten.

Nach dem Tod John seniors wurde das Klima zwischen den Söhnen seiner ersten Frau Jane und Bussardschwinge zunehmend gereizt. So schickte John jr. ihr ein Verzeichnis, um klarzustellen, daß alles in ihrem Hause, bis hin zu »2 Bügeltischen … und 4 Klodeckeln«, auf ihren Erbteil angerechnet würde. Als Nachlaßverwalter ließ John jr. sich von Caroline jeden Betrag quittieren, den sie erhielt, um Kleidung für ihre Kinder zu kaufen. Um sich tüchtig zu revanchieren, ärgerte sie ihn mit Bagatellrechnungen wie der ihres Apothekers über Rizinusöl und »4 Eßlöffel Spanische Fliege«, ein Aphrodisiakum.

John jr. und Isaac befürchteten, daß Carolines Kinder – darunter die drei fast gleichaltrigen Brüder Alwyn, Hugh Swinton und Elias Octavus – nach der Mutter kommen und dem Ruf der Familie schaden könnten. Alwyn sieht auf einer Miniatur recht goldig aus, doch der ziemlich verlebt wirkende dunkelhaarige Swinton läßt an einen Schürzenjäger denken. Der etwas ungewöhnliche Name Octavus erklärt sich übrigens daraus, daß er inzwischen der achte Elias war. Alle drei, beim Tod ihres Vaters noch keine zehn Jahre alt, wurden in der Pubertät überaus schwierig. John jr., selber siebenfacher pflichtbewußter Vater, beklagte sich schriftlich über die zusätzliche Verantwortung, auf diese Burschen aufpassen zu müssen, zumal sie ebenfalls deutliche Anzeichen der mütterlichen Raffgier an den Tag legten. Die Brüder, schrieb er, seien »genauso geldgierig« wie Caroline, und John sah die Gefahr, daß aus ihnen einmal Lebemänner werden könnten. »Meine einzige Hoffnung läge darin, sie dem Einfluß der Mutter so weit wie möglich zu entziehen«, ließ er einen Freund wissen.

Entsprechend nahmen John jr. und Isaac die Sache in die Hand und beschlossen, ihre Halbbrüder auf eine Militärschule zu schicken. 1823 kamen der sechzehnjährige Alwyn, der fünfzehnjährige Swinton und der vierzehnjährige Elias auf die Partridge's Military Academy in Norwich (Vermont). Bald nachdem sie dort eingetroffen waren, schrieb Isaac ihnen einen tröstlichen Brief, damit sie sich nicht so einsam fühlten, und bekräftigte darin, daß dies mit Sicherheit der einzig richtige Weg sei. Die Buben sollten sich anstrengen, gute Soldaten zu werden, da unvermeidlich dereinst weitere schwarze Revolten niederzuschlagen wären.

»Bedenkt, aus welchem Grund Ihr auf die Capt P[artridge]'s Academy geschickt worden seid«, schrieb Isaac wie mit erhobenem Zeigefinger. »Ich bin ziemlich sicher, daß wir schon in wenigen Jahren entschlossene Militärs brauchen werden, denn die Abolitionistenbünde Europas und auch gewisser unserer eigenen nördlichen Bruderstaaten wollen anscheinend nichts anderes, als unsere Sklaven in Aufruhr zu versetzen.«

Doch die spartanischen Verhältnisse und der endlose Drill konnten solche verwöhnten Bengel nur abstoßen. Sie rebellierten und plagten ihren Lehrer, Hauptmann Alden Partridge, mit ständigen Geldforderungen. Als der sie abwies, schwänzten sie den Unterricht. In der festen Annahme, daß sein Halbbruder John sie nicht aus der Anstalt herausholen würde, schrieb Swinton an Isaac und klagte, die Militärschule erinnere ihn an eine Plantage – nur daß er dort auf der falschen Seite stehe:

Das hier ist fast so schlimm wie die Sklaverei, denn wir kommen nicht aus dem Dorf raus, ohne daß man uns zur Rechenschaft zieht, müssen viermal täglich zum Appell antreten und dürfen das Quartier nach 2 Uhr nicht mehr verlassen. Außerdem bin ich verschuldet und werde meine Uhr verkaufen müssen, wenn ich von zu Hause kein Geld kriege. Wir mußten schon einige Kleidungsstücke versetzen, um uns Geld zu beschaffen. ... [Hauptmann Partridge] hat uns, seit wir da sind, keinen einzigen Cent gegeben, und von daheim kam auch nichts, was ich für ein starkes Stück halte, da es ja unser Geld ist.

Bevor Partridge sie rauswerfen konnte, hatten Alwyn und Elias O. schon ihre Sachen gepackt und waren abgereist, zu welchem Zweck sie Kleidungsstücke verhökerten, um die Rückfahrt nach Charleston bestreiten zu können. (Swinton dagegen besann sich und blieb.)

Etwas verzeifelt wollte John jr. die beiden nun nach England auf ein Internat schicken und gab sie im Juni 1824 in die Obhut seines Liverpooler Agenten Thomas Crowder. Einer verunsicherten Notiz des Inhalts, daß er einfach nicht wisse, wieviel Geld Crowder für die Jungen brauchen werde, fügte er einen Wechsel über dreihundert Pfund bei.

In Liverpool schlugen die beiden Rabauken über alle Stränge, und Crowder hatte sich bald ihrer Geldforderungen zu erwehren, während ihr neuer Schulmeister, Reverend James Balfour, dem Halbbruder lediglich Bestürzendes berichten konnte. Die Jungen seien »zurückgeblieben«, »halsstarrig« und weigerten sich, Latein zu lernen. Dabei suchten sie auch keinen Anschluß, denn das Zusammensein mit Gleichaltrigen führe ihnen nachhaltig vor Augen, wie wenig sie wüßten. John jr. beschwor die beiden brieflich, sich am Riemen zu reißen, und entschuldigte sich beschämt bei ihrem neuen Vormund: »Tatsächlich, Sir, stammen meine Brüder aus zweiter Ehe«, legte er Crowder auseinander, »und leider Gottes denkt ihre Mutter beträchtlich mehr an Äußerlichkeiten, als an jene inneren Werte, auf denen die Achtbarkeit oder Nützlichkeit für eine Gemeinschaft beruhen, und das wird Ihnen in gewissem Maße erklären, warum meine Brüder derart zurückgeblieben sind.«

Nach sechs Monaten in England stiegen Alwyn und Elias zur großen Erleichterung des Schulmeisters aus. Crowder schrieb John jr., er wolle versuchen, einen Privatlehrer für sie zu finden, doch schon nach dem ersten Eindruck von den beiden lehnten sämtliche Bewerber ab. Schließlich übernahm ein frischgebackener Cambridge-Absolvent den Hausunterricht (für hundert Pfund), worauf man Alwyn und Elias O. bei der Mutter des jungen Mannes einquartierte.

Der Unterricht hatte gerade begonnen, als Alwyn vor Crowder hin trat und ihm erklärte, das für seine Ausbildung bezahlte Geld gehöre in Wirklichkeit ihm, und er wolle es auf der Stelle haben. Nachdem Crowder dies abgelehnt hatte, blieben beide Brüder dem Unterricht fern und trieben sich nachts herum. Bald berichtete Crowder, sie gerieten in schlechte Gesellschaft und zechten ständig mit »Wanderschauspielern«, wie er sich ausdrückte – dem Trunk verfallenen Spielleuten. Dann bettelten sie ihn an, um durch England ziehen zu können, offenbar zusammen mit dem fahrenden Volk, doch Crowder lehnte erneut ab. Daraufhin beschlossen die enttäuschten Jungen, kurzerhand abzureisen. Wie Crowder in seinem letzten Brief schrieb, waren Alwyn und Elias O. noch einmal vor seiner Haustüre erschienen und hätten ihm Belege über angehäufte Schulden überreicht, die sich auf gut das halbe Jahresgehalt ihres Lehrers beliefen. Der verlange übrigens seinen vollen Jahreslohn, da er andere Aufträge abgelehnt habe, um die wilden Ball-Jungen zu unterrichten. Höflich, aber bestimmt, teilte Crowder mit, daß er nunmehr die Nase voll habe. »Es ist klar, daß ihnen weniger als ein unbeschränkter Kredit kaum genügen würde«, schrieb er, und »der Wille, sich zu bessern, ihnen durchaus fernliegt. … Deshalb bin ich unter keinen Umständen bereit, jene Verantwortung zu übernehmen, die ihr Verbleiben im Lande bei einem derart müßigen Lebenswandel mir auferlegen würde.«

Im Februar 1825 begaben sich Alwyn und Elias O. auf die Heimreise in Richtung Charleston. John rechnete zusammen, wieviel er für den englischen Spaß der Brüder aufgewandt hatte – in kaum sieben Monaten nicht weniger als 2674 Dollar – und zog den Betrag sogleich von ihrem Erbteil ab.

Auch wenn sie zwölf Plantagen besaßen und ihre Kinder verwöhnen konnten, gehörten die Balls einer zunehmend unzeitgemäßen Schicht an. Seit der Gründung South Carolinas im Jahr 1670 war Charleston die tonangebende Stadt des Südens gewesen. Der Reisanbau hatte die Wirtschaft der Region gestärkt und die Einfuhr zahlloser Afrikaner vorangetrieben. Doch Anfang des 19. Jahrhunderts begannen Geld und Einfluß der alten Pflanzer dahinzuschwinden. Der Reis verlor seine Bedeutung als das Symbol der Südstaaten – und König Baumwolle trat an seine Stelle.

Ich habe bereits erwähnt, daß der Niedergang der Reisbarone durch Eli Whitneys Entkörnungsmaschine eingeläutet wurde. South Carolina baute seit langem Baumwolle an, jedoch nur auf jener Inselkette vor Charleston und Savannah, wo die »langfaserige« Pflanze gut gedieh. Auf dem welligen Piedmont des Festlandes wuchs die Spitzenqualität dagegen nicht, sondern nur die gröbere »kurzfaserige« Sorte, deren Säuberung sehr mühsam und aufwendig war, weil die Samen so fest in der Kapsel sitzen. Deshalb hatte sich die anspruchslosere Pflanze – bis zur Erfindung der Entkörnungsmaschine – nicht behaupten können. Eli Whitneys Apparat zog mit seinem gezahnten, rotierenden Zylinder den Samen aus der Rohfaser, und dieses Verfahren machte die Piedmont-Baumwolle schließlich rentabel.

Ein zweiter Angriff auf den Reis ging vom Santee-Kanal aus. Der gewundene Lauf des Santee River, dessen Nebenflüsse halb South Carolina entwässern, kommt aus dem tiefsten Landesinneren – und verglichen mit ihm sind Ashley oder Cooper kaum mehr als Bäche. Doch während die Reispflanzer beide für ihre Transporte in die Stadt nutzen konnten, ergoß sich der Santee an einer recht ungünstigen Stelle (nördlich Charlestons) in den Atlantik, was den im Landesinneren ansässigen Baumwollpflanzern erhebliche Mühe bereitete, ihre Ernten an den Mann zu bringen. Doch nachdem die Staatsregierung im Jahr 1800 den Kanal eingeweiht hatte, der Santee und Cooper River miteinander verband, konnten sie ihre Erträge auf diesem Wege direkt nach Charleston befördern. Innerhalb weniger Jahre gelangten dank des Kanals Millionen Pfund Baumwolle über den Cooper River zu den im Hafen bereitliegenden Schiffen. In einem durchschnittlichen Jahr wie 1830 passierten siebenhundertzwanzig Frachtkähne den Kanal bis ans Meer hinunter und lieferten insgesamt siebzigtausend Ballen zu je fünfhundert Pfund Gewicht. Auf diese Weise trug der Santee-Kanal erheblich mit dazu bei, die neuen Textilfabriken Englands und Nordostamerikas zu füttern und die Schwerpunktverlagerung vom Reis auf die Baumwolle zu beschleunigen.

»King Cotton« wurde zum Renner und Werbeslogan. Strebsame kleine Leute, die schnell reich werden wollten, setzten auf Baumwolle, und als dies den Einfluß der Reispflanzer schwächte, kamen neue Familien empor, die nichts mit dem Paternalismus am Hut hatten, der Ballschem Selbstverständnis zufolge gegenüber schwarzen Arbeitskräften geboten war – mit ihren veralteten Vorstellungen schienen sich die einstigen Regenten sogar selbst überlebt zu haben und als eine geschwächte Elite kurz vor dem Abtreten zu stehen.

Nachdem die Baumwolle South Carolina erobert hatte, breitete sie sich auch westwärts nach Alabama, Mississippi und Louisiana aus – eine nicht zuletzt durch die Vertreibung der Eingeborenen ermöglichte Expansion. Die Creek hatten seit dem frühen 18. Jahrhundert in Georgia und weiter westwärts gelebt, waren jedoch ab 1810 verjagt worden und auf dem berüchtigten, »Trail of Tears« (Pfad der Tränen) genannten Todesmarsch gen Südwesten gezogen. Nun hielt König Baumwolle Einzug in ihrem Gebiet, und Ströme schwarzer Sklaven aus South Carolina und Virginia nährten den Boom. Zwischen 1830 und 1860 verkauften Virginias Tabakpflanzer (die ebenfalls am Ende waren) rund dreihunderttausend Schwarze, die aneinandergekettet bis nach Arkansas getrieben wurden. New Orleans mauserte sich zur Metropole des Südens, und Charleston fiel weit zurück. Bald erschien die Stadt mit ihren Reisbaronen vielen weißen Südstaatlern nur noch altmodisch und schrullig.

Nicht nur Carolines Söhne hielten ständig die Hand auf, auch ihre Töchter lebten auf großem Fuße. Die elfjährige Lucilla deckte sich bei einem Gang zum Ausstatter (vermutlich gemeinsam mit ihrer Mutter, die den Beleg aufbewahrte) mit »griechischen Stiefeletten, Seidenschühchen und marokkanischen Pantoffeln« ein. Später bekam sie einen »langen Schildpattkamm, einen Federfächer sowie Kinder- und Seehundfellschuhe«. Etwa zu der Zeit, als Lucilla jenes Schuhwerk erhielt, aus dem sie schon binnen weniger Monate herausgewachsen sein würde, freute sich ihre kleine Schwester Lydia über »eine Reitpeitsche mit Elfenbeingriff« – die mit drei Dollar mehr als den Wochenlohn eines Koches kostete.

Als Alwyn und Elias O. von England abreisten, war Swinton als Dritter im Bunde bei Partridge's Academy ausgestiegen und nach Charleston zurückgekehrt. Onkel Isaac weilte, als er dort eintraf, gerade in der Stadt. »Swinton ist Anfang November hier angekommen«, notierte er, »doch kann ich vorerst nicht sagen, was er eigentlich vorhat.« Noch im selben Monat hatte der Siebzehnjährige diese Frage vorläufig beantwortet und sich in einer wahren Kauforgie auf Rechnung der Familie völlig neu eingekleidet. Nachdem die Garderobe beisammen war, erstand Swinton ein Pferd, um damit in der Stadt zu paradieren. Der längst überdrüssige John jr. zahlte zwar, als der junge Mann jedoch eine Rolle Bargeld verlangte, lehnte er dies ab, worauf Swinton ihm in einer verstiegenen Notiz schrieb: »Aber ich will Geld haben, wann es mir paßt.«

Alwyn und Elias kehrten im Frühjahr 1825 aus England zurück. Um sich nicht von Swinton ausstechen zu lassen, kaufte der fünfzehnjährige Elias O. bei seinem Ausstatter einen blauen Samtmantel, eine weiße Satinhose, diverse Seidentaschentücher und eine schwarze Samtweste. Obwohl die drei jetzt bei John jr. um die Ecke wohnten, verkehrten sie ausschließlich per Boten mit dem Geldgeber, da sie es offenbar nicht wagten, ihn persönlich anzugehen. Elias O. forderte für sich einen Kammerdiener. Das sei nur gerecht, da sein Bruder Alwyn über zwei Leibsklaven verfüge. So bat er um »einen Jungen von Pimlico, genau wie Alwyn Joshua und Katy hat. Solltest Du meinem Wunsche entsprechen, dann würde ich einen gewissen Toby wählen, der als einziger für das Amt eines Kammerdieners in Betracht kommt.« John jr. gab nach, und der arme Toby wurde von seiner Plantage geholt, um dem kleinen Playboy aufzuwarten.

Nach den Regeln des Treuhandfonds sollten Bussardschwinges Söhne ihr Erbe mit einundzwanzig antreten, falls sie nicht zuvor heirateten. Die ständigen Kämpfe um das Geld hielten an, bis den dreien die Idee kam, einfach die zweite Bedingung zu erfüllen. Der erst siebzehnjährige Alwyn verlobte sich 1825 mit der gleichaltrigen, im Norden Charlestons lebenden Pflanzerstochter Esther McClellan und heiratete sie, als er achtzehn wurde, so daß John jr. einen Teil der Anlagen verkaufen mußte, um den Jungvermählten auszubezahlen – der bald nach der Hochzeit, vielleicht als Dienstpersonal, von einem Charlestoner Arzt neun Sklaven übernahm. Elias wartete etwas länger und heiratete mit zwanzig die reiche Erbin Amelia Waring. Swinton dagegen folgte dem Beispiel Alwyns und versprach sich mit siebzehn Anna Channing, der Tochter einer Bostoner Familie, die er augenscheinlich während eines Urlaubs in Newport auf Rhode Island kennengelernt hatte. Die Hochzeit fand im März 1827 (Swinton war achtzehneinhalb Jahre alt) in Anwesenheit einer Handvoll Trauzeugen in New York statt. Einige Tage später schrieb der Bräutigam an seinen Halbbruder John. Jetzt da er verheiratet war, wollte Swinton einmal genau wissen, wieviel Geld er eigentlich zu erwarten hatte.

An »Bussardschwinges Fluch« mag wirklich etwas dran sein. Nach dem Auftreten Carolines schlich sich eine gewisse Achtlosigkeit in der Familie ein – und zugleich begann sich ihr Schicksal abzuzeichnen. Am Vorabend des Bürgerkrieges stand sie den Belangen der Schwarzen in vieler Hinsicht ferner als während der gesamten einhundertdreißig Jahre ihres vorausgegangenen Plantagenlebens.

Ich hatte bereits John jrs. zweite Frau Ann Simons erwähnt, die ihm bei der Verwaltung seiner Ländereien half. Ihr von dem Maler Samuel F. B. Morse gefertigtes Porträt zeigt eine Endvierzigerin mit aparten, aber strengen Zügen. Das Bild scheint sie gut getroffen zu haben, denn Ann ging soldatisch an die Plantagenführung heran und strafte damit die Auffassung Lügen, nur Männer hätten Gefallen an der Brutalität des Geschäfts gefunden. Anns militärischer Führungsstil trug ihr in der Familie den Spitznamen »Oberst Nancy« ein.

Oberst Nancys Briefe an ihren Mann strotzen von Ratschlägen für die Behandlung von Feldarbeitern nebst Vorhaltungen, er greife nicht genügend durch. In einer typischen Notiz ermahnte sie John jr., Sklaven auf Midway zu züchtigen, die offenbar gemeutert hatten. »Es tut mir wirklich sehr leid, daß Du mit Deiner Negerbande auf Midway so großen Ärger hast«, schrieb sie. »Laß mich Dir raten, mein lieber John ... dem möglichst einen Riegel vorzuschieben ... Meinst Du nicht, es wäre besser, diese ganze Kolonne aufzulösen, die Neger unter den anderen zu verteilen und eine neue Truppe zu bilden?« (Jahre später, nach Johns Tod, riet die Familie Oberst Nancy, alles zu veräußern. Doch statt dessen kaufte sie bei der Versteigerung des Nachlasses zweihundertfünfzehn Leute für insgesamt 79 855 Dollar zurück – darunter Tenah, Adonis und Binah, Vorfahren der Familie, die ich in New York und South Carolina besucht hatte – und führte das Geschäft in eigener Regie fort.)

Ann, die sechs Jahre älter war als John jr., scheint im Hause zunehmend den Ton angegeben zu haben. Eines Tages peitschte sie höchstselbst die Wäscherin Betty aus, die ihre Badetücher nicht richtig sauber bekommen hatte. Nach dem Vorfall setzte sich Oberst Nancy seelenruhig hin, um ihrem Mann die ganze Sache auseinanderzulegen:

Du wirst nicht nur überrascht, sondern auch erzürnt sein über das absonderliche Verhalten, das sich Betty in Deiner Abwesenheit herausgenommen hat. ... Sie hatte einige Handtücher hereingebracht, die dermaßen schlecht gewaschen waren, daß ich sie ihr zurückgab. Auch beim zweiten Mal sahen sie nicht besser aus – und das verbunden mit einer absolut impertinenten Art. Ich war in meiner Kammer & holte, ohne viel zu sagen, die kleine Peitsche aus unserem Ankleidezimmer, die ich ihr zwei-, dreimal über den Rücken zog. Sie war derart perplex, daß ich fast lachen mußte. ... Ich schrieb sofort eine Notiz & ließ Peter sie zum Arbeitshaus bringen, wo sie in Einzelhaft gehalten werden soll, bis Du sie zurückholst. Sie schritt mit einer beinahe hochmütigen Miene vom Hof. ... Sofern Du einverstanden bist, möchte ich sie nicht aufs Feld zurückschicken, sondern hier [in Charleston] behalten & weiter waschen lassen.

Auf Anns Anordnung hin landete Betty im Charlestoner *Work House*, wo viele Pflanzer gute Kunden waren. Die Ballschen Geschäftsbücher weisen gelegentliche Beträge für Züchtigungen und Einkerkerungen aus. Einmal Auspeitschen kostete 25 Cent; die Haftstrafen waren teurer. In einem Jahr bezahlte John jr. angefallene Gebühren in Höhe von 65 Dollar 25 Cent. Das gegen 1730 am Stadtrand errichtete Gebäude diente jedoch nicht nur als Gefängnis für ungehorsame Schwarze, sondern der Hof daneben wurde auch als Markt für Zweit- und Drittverkäufe von Sklaven genutzt. Außerdem fungierte das Arbeitshaus als Hinrichtungsstätte für straffällige Schwarze. 1769 waren dort der Sklave Liverpool und seine Frau unter dem Vorwurf, ein weißes Kind vergiftet zu haben, bei lebendigem Leibe verbrannt worden.

Wir wissen zwar nicht, was Betty bei ihrer Haft im Arbeitshaus im einzelnen widerfuhr, aber Ann dürfte sich darüber im klaren gewesen sein, daß die Wäscherin auch gefoltert werden sollte. Kurz nachdem Oberst Nancy »die kleine Peitsche aus unserem Ankleidezimmer« an Betty erprobt hatte, besichtigte der deutsche Adlige Karl Bernhard, Herzog zu Sachsen-Weimar, das Arbeitshaus und beschrieb, was er dort sah:

In demselben befanden sich etwa 40 Individuen beiderlei Geschlechts. [...] Im Erdgeschoß ist in einer Stube eine Vorrichtung, an welcher die Neger auf Befehl der Polizei oder auf Ansuchen ihrer Herren gepeitscht werden. Letztere können ihnen nach hiesigen Gesetzen 19 Hiebe geben lassen. Die Vorrichtung besteht aus einer Art Krahn, an dem ein Strick mit zwei Schlingen über Rollen läuft; die Schlingen werden um die Hände des Sclaven geschlun-

gen und hinauf gezogen, während die Füße auf einem Brette fest-
gebunden sind. Der Körper wird soviel als möglich ausgestreckt:
und so erhält der Unglückliche auf dem bloßen Rücken die festge-
setzte Anzahl Peitschenhiebe aufgezählt.

Die Belegschaft des Arbeitshauses bestand dem Herzog zufolge aus
Schwarzen, gemäß der Theorie, daß die Züchtigung um so mehr Leid
zufüge, wenn sie von anderen Schwarzen vorgenommen werde.

Sofern Betty nicht die Peitsche zu spüren bekam, könnte sie einer
etwas einfallsreicheren Folter unterzogen worden sein, der »Tretmühle«:

Seit einem Jahr etwa soll das Peitschen selten vorkommen. Man
hat nämlich in einem Hintergebäude eine Tretmühle – *tread mill* –
eingerichtet, in welcher zwei Treträder im Gange sind. Jedes beschäftigt zwölf Gefangene, die eine Mühle zum Mahlen des Mais
in Bewegung setzen, und dadurch zur Unterhaltung des Gefäng-
nisses beitragen. An jedem Rade treten 6 auf einmal, während 6
auf einer dahinter stehenden Bank ausruhen. Jede halbe Minute
tritt der links auf dem Rade Tretende ab, während die 5 anderen
links nachrücken, um den ledigen Platz auszufüllen; zu gleicher
Zeit tritt der rechts auf der Bank Sitzende ans Tretrad und beginnt
seine Motion … Also gewährt selbst das 3 Minuten lange Sitzen
den Unglücklichen keine Ruhe. Das Zeichen zum Wechsel wird
durch eine Schelle gegeben, die an dem Rade befestiget ist. Die Gefangenen müssen auf diese Art täglich 8 Stunden arbeiten. Die
Ordnung wird durch ein Individuum erhalten, welches, mit einer
cowhide bewaffnet, am Rade steht.

Apropos: »Die Neger sollen vor der Tretmühle eine gewaltige Furcht
hegen und die Peitschenhiebe als das kleinste Uebel betrachten!«

Zur Zeit der Züchtigung Bettys hatten sich die Einstellungen des
Nordens zur Frage des Eigentums an Menschen zu verändern begonnen. Wie oben bereits erwähnt, schien man dort nach der Amerikanischen Revolution den Geschmack an der Sklaverei verloren zu ha-

ben, und die meisten Staaten erließen Gesetze, um sie abzuschaffen und allmählich die Emanzipation zu ermöglichen. Und als sich das Übel nach Südwesten verschob, lag den Politikern im Norden zunehmend das Erscheinungsbild wie auch das Machtgefälle des ganzen Landes am Herzen. Der sogenannte »Missouri-Kompromiß« von 1820 verlangsamte die Ausbreitung der Zwangsarbeit und war das erste Anzeichen einer kulturellen Entfremdung, die schließlich im Bürgerkrieg gipfeln sollte.

Das »Nordwest-Dekret« zur Grenzpolitik bezog Ohio, Indiana und Illinois als »Freistaaten«, die Zwangsarbeit verboten, in die USA ein. Unterdessen schlossen sich Louisiana, Mississippi und Alabama der Union als Verfechter der Sklaverei an. Auch Missouri wollte 1819 als Sklavenstaat aufgenommen werden, doch diesen Antrag wiesen die Gesetzgeber zurück – teils aus Prinzip, teils weil die gegensätzlichen Kulturen des Südens und des Nordens im Kongreß gleich stark vertreten waren. Durch den besagten Kompromiß wurden Missouri als Sklavenstaat und Maine als Freistaat aufgenommen. Danach zog der Kongreß bei der Breite 36° 30′ eine geographische Grenze quer durch den gewaltigen *Louisiana Purchase*, nördlich deren es keine Sklaverei mehr geben sollte – und kündigte damit bereits die unheilvollen Folgen der Pattsituation an.

1824 erließ die zuständige Legislatur des Bundesstaates die »Ohio Resolutions«, einen Aufruf zur Beendigung der Zwangsarbeit und zur Befreiung aller nach Inkrafttreten der Gesetzesvorlage geborenen Sklaven im Alter von einundzwanzig Jahren. Die Nordstaaten unterstützten den Beschluß, doch im Süden machte sich die Presse darüber lustig. Die Legislatur South Carolinas bat ihren Gouverneur, eine Resolution nach Ohio zu schicken, um zu bekunden, daß »die Menschen dieses Staates dem von ihren Vorfahren übernommenen System treu bleiben werden, das heute untrennbar mit ihrer sozialen und politischen Existenz verbunden ist«.

Die meisten in der Familie ließ das kalt, obwohl sie mitbekamen, welche Gefahr von alledem für ihre Welt ausging. Einer der Söhne John jrs. schrieb von einer Vergnügungsreise nach New York heim, er habe ein Theaterstück freier Schwarzer besucht. Der Achtzehnjährige witzelte, während der Aufführung habe er dauernd daran denken müssen, um wieviel besser sich die schwarzen Darsteller, gebückt und mit der Hacke in der Hand, auf einer Plantage unten im Süden gemacht hätten. »Der Schwarze Adel New Yorks hat ein Theater eröffnet und erzählt hübsche Geschichten über seine Geschwister auf den Baumwoll- und Reisfeldern des Südens«, schrieb der junge Mr. Ball. »Ich wünschte, einige von ihnen wären in Carolina und würden lernen, auf dem *Hoeboy* [Hacke / Oboe] zu spielen, was die passende Begleitung wäre.«

1826 brachen in Charleston eine Reihe mysteriöser nächtlicher Feuer aus. Auch nachdem drei Schwarze wegen mehrfacher Brandstiftung verurteilt und inhaftiert worden waren, riß die Serie nicht ab, was in der Stadt große Ängste vor einer allgemeinen schwarzen Verschwörung aufkommen ließ. Ein Jahr darauf trat am 4. Juli im Bundesstaat New York der »Manumission Act« in Kraft und gewährte den letzten zehntausend dort lebenden Sklaven die Freiheit. Als sich die Bedrohungen derart häuften, berichtete der in England lebende John Moultrie in einem Brief an Isaac über die Lage in Großbritannien. In London sehe es düster aus, schrieb er, denn das Parlament plane, die Sklaverei in den Zuckerkolonien der Karibik endgültig abzuschaffen. An der Spitze der Kampagne stehe der geschickte Agitator William Wilberforce.

»Ich muß Dir mitteilen, daß dieser verblendete alte Narr Mr. Wilberforce auf den W. Indies einen fürchterlichen Schlamassel anrichten wird«, las Isaac, »und bevor man irgend etwas dagegen unternehmen kann, wird es ein Massaker an der gesamten weißen Bevölkerung geben. ... Im Zeichen der Menschlichkeit und des Wohlwollens richtet [Wilberforce] großes Unheil an und tut den Negern letzten Endes gar keinen Gefallen, die in ihrer jetzigen Lage viel glücklicher und besser behütet sind, als sie es in der Freiheit je sein werden.«

Während die Balls eher schwerfällig reagierten, hörten andere Weiße in Carolina gleichsam das Gras wachsen. 1826 sollte in Panama ein Kongreß der spanisch-amerikanischen Nationen tagen, zu dem, wie Präsident John Quincy Adams vorschlug, auch die Vereinigten Staaten einen Delegierten entsenden sollten. Doch dem widersprachen die Abgeordneten des Südens mit dem Argument, an der Konferenz nähmen auch Vertreter Haiitis teil – jenes Schwarzenstaates, der aus einer Sklavenrevolte hervorgegangen war –, und die Präsenz der USA könne als Billigung von Aufständen ausgelegt werden. Der besonders reizbare Senator Robert Y. Hayne aus South Carolina erklärte in einer Rede im Kapitol: »Die Frage der Sklaverei muß ausschließlich als eine innere Angelegenheit betrachtet werden. … Sie überhaupt anzuschneiden bedeutet, unsere heiligsten Rechte zu verletzen, unsere wesentlichen Interessen – den Frieden in unserem Lande sowie die Sicherheit unserer Familien, Altäre und heimischen Herde – zu gefährden.« Wenn die Bundesregierung sich in irgendeiner Weise einmische, schloß Hayne, »so werden wir das als die Verstoßung aus der Union auffassen«.

John jr. und Isaac erkannten schließlich doch, daß sich der Wind gedreht hatte. 1825, als der damals vierzigjährige Isaac Ball an der Malaria erkrankt war und im Sterben lag, rief er nach einem Sekretär, um sein Testament aufzusetzen. Seinen letzten Willen diktierend, fügte er auch eine sorgenvolle Bemerkung über die Zukunft des Geschäftes ein: »Ich halte bestimmte Eigentumsformen in diesem Bundesstaate für höchst unsicher.« Wenn die Emanzipation unmittelbar bevorstand, so stellte Isaac klar, müßten umgehend alle Leute verkauft werden, damit seine Kinder nicht um ihr Erbe betrogen würden.

Als das Thema der Emanzipation auf die nationale Tagesordnung kam, trat es jedoch zunächst nur im Gewande von Steuerfragen auf. Die Elite des Südens lebte nach wie vor von der Landwirtschaft, während die des Nordens sich längst auf Produktion und Handel umgestellt hatte. 1828 verabschiedete der Kongreß einen Schutzzoll zugunsten der neuen Nordbranchen – eine Abgabe in Höhe von dreißig bis fünfzig Prozent auf alle Importwaren. Das sahen die Pflanzer im Süden als einen direkten Affront an, weil sie überhaupt nichts von dieser Maßnahme hatten. Das Gesetz hetzte die beiden Regionen gegeneinander auf, verschärfte die Konfrontation zwischen Frei- und Sklavenstaaten und wurde in der Südpresse als »Greuelzoll« angeprangert. South Carolina rief zur Rebellion auf, und auch die Balls waren mit von der Partie.

John C. Calhoun, der als Sohn einer eher mittelmäßigen Familie aus Carolina eine Reiserbin geheiratet hatte, war unter Präsident

James Monroe Kriegsminister und später unter John Quincy Adams Vizepräsident gewesen. Als der besagte Zoll in Kraft trat, diente er unter Andrew Jackson als Vize. Calhoun lehnte die Vorlage in einem Aufsatz ab und stellte eine Theorie der »Annullierung« auf, die allen Bundesstaaten das Recht zusprach, bestimmte Washingtoner Gesetze für nichtig zu erklären. Die Union sei ein Zusammenschluß souveräner Einzelstaaten, und wenn sie diese Verfassungsänderungen nur gemeinsam beschließen könnten, so müßten sie auch weitreichende politische Maßnahmen wie Schutzzölle einstimmig verabschieden. Obgleich die Verfassung eine übergeordnete Zuständigkeit der Bundesgerichte für das nationale Recht vorsehe, sollten bei Landesgesetzen die Staaten selbst das letzte Wort haben. Annullierung bedeute, daß sich ein Staat das Recht vorbehalte, Washingtoner Dekrete auf der Grundlage des eigenen Rechtes zurückzuweisen.

So ermutigt, brachen die Balls ihr Schweigen und traten als Zollgegner auf. Nachdem sich die Familie dem öffentlichen Leben lange Zeit ferngehalten hatte, beendete John jr. diese Tradition 1830 und ging in die Politik, um für die Rechte der Einzelstaaten zu kämpfen. Calhouns Forderung zog politische Initiativen und sogar eine Partei nach sich, die States Rights Party. Als Sklavenhalter gehörte John jr. genau zu jenem Personenkreis, den die Annullierung schützen sollte, und so kandidierte er für die Legislatur South Carolinas. Doch war er nicht gerade als mitreißender Redner oder Populist bekannt und fiel daher bei der Wahl im Oktober durch. Er blieb jedoch in der Partei und wurde dank einiger Machenschaften sechs Monate später zu deren stellvertretendem Vorsitzenden ernannt.

Wenn Washington sich das Recht anmaße, Schutzzölle zu verhängen, so die Logik der Annullisten, dann werde es demnächst auch die Sklaverei verbieten. Diese Befürchtung wurde mal ganz offen, mal unter der Hand geäußert. Die States Rights Party rief South Carolina auf, wie Calhoun es formulierte, »seine staatliche Souveränität zu wahren« und die Zollbeamten am Erheben der Abgabe zu hindern. Im Juli 1832 erhöhte der Kongreß den Einsatz, indem er einen weiteren Zoll verabschiedete, und John jr. nutzte die Gelegenheit, um bei den Charlestoner Stadtratswahlen auf die Karte der Staatenrechte zu setzen – diesmal mit Erfolg. Etwas später, als die Legislatur South

Carolinas aus Anlaß der Zölle einen Sonderkongreß einberief, der in der Hauptstadt Columbia stattfinden sollte, wurde John jr. zum Delegierten gewählt.

Der sogenannte »Annullierungskonvent« tagte und erklärte die Zollgesetze von 1828 und 1832 in aller Form für »nichtig«. Nun drohte Präsident Andrew Jackson mit der militärischen Belagerung Charlestons, und Calhoun, der Held des Widerstandes, trat als Vize zurück. Gouverneur Robert Hayne empfahl den Gesetzgebern South Carolinas, eine Staatsmiliz aufzustellen für den Fall, daß es tatsächlich zum Einmarsch Washingtons käme, woraufhin sich gut fünfundzwanzigtausend Mann freiwillig für die potentielle »Sezessionsarmee« meldeten. Andere Südstaaten verurteilten South Carolina in Resolutionen und zogen die Annullierung ins Lächerliche. Doch die bloße Existenz einer Sezessionsarmee bewirkte, daß man in Washington die Nerven verlor. Im März 1833 nahm der Kongreß einen »Kompromißzoll« mit gesenkten Sätzen an, und da Calhoun der Lösung zustimmte, konnte die Staatenrechtsbewegung sie als einen Sieg feiern. Zwei Wochen später trafen John jr. und die anderen Annullisten erneut zusammen und hoben ihre früheren Maßnahmen wieder auf. Die Partei gab nach, und die Krise war vorerst abgewendet.

Nicht lange danach erhielt John jr. einen Bericht des Aufsehers von Comingtee, der ihm die Motive der Annullierungstheorie erneut vor Augen geführt haben muß. Der pflichtbewußte Verwalter Thomas Finklea teilte seinem Chef mit, er habe soeben den Feldarbeiter Morris bei einem Fluchtversuch niederschießen lassen.

Finklea leitete Comingtee sowie eine weitere Plantage seit etwa zehn Jahren, und gut die Hälfte seiner Berichte handelte von der Züchtigung ungehorsamer Arbeiter. Im Juli 1833, als sich Oberst Nancy und John jr. in Charleston aufhielten, berichtete er, in der Nähe Comingtees seien vier Ausreißer gesichtet worden. Er habe die – aus Pflanzern bestehende – Sklavenstreife alarmiert, jedoch vergebens. Einige Tage später seien die Männer »in der Nähe von Mrs. Laurens' Tor« erneut gesehen worden. Einer von ihnen, Morris, befinde sich schon seit vier Monaten auf freiem Fuß. Nachdem er erneut die Streife zusammengerufen habe, »wollte ich diesmal, daß je-

der gut bewaffnet is, weil ich gehört hatte, daß diese Ausreißer Bajo-
netter & ein oder zwei Gewehre hatten«. Bei der Verfolgung begleiteten ihn der gehorsame Sklave Scipio und Ned, ein Hausdiener Benjamin Reads, dem die Nachbarplantage Rice Hope gehörte. Ned und
die Weißen hielten Gewehre im Anschlag. Die Jagdregel lautete, das
Feuer zu eröffnen, wenn sich die Ausreißer nach dreimaligem Zuruf
nicht ergeben hatten. Der Trupp streifte umher, bis Scipio besagten
Morris auf einer Weide erspähte. Offenbar war er auf Zuruf nicht
stehengeblieben, so daß Scipio ihm nachlief, worauf der Flüchtige ein
Schwert zückte. Finkleas Bericht endete: »Ich wies Ned an, auf den
Burschen zu schießen, weil der Ausreißer nicht stehenblieb, sondern
Widerstand leistete & versuchte, Sipio mit einem Schwert zu töten.«
Morris wurde nicht tödlich getroffen, sondern erholte sich von seiner
Verletzung und wurde dann wieder zur Arbeit hinaus auf die Felder
geschickt.

Nach Jahrzehnten bloß vereinzelter Proteste begannen sich die Abolitionisten im Norden nun allmählich zu formieren. 1831 gründete
der sechundzwanzigjährige Journalist William Lloyd Garrison in Boston die Zeitung *Liberator* mit dem Ziel, Eigentum an Menschen
nicht länger zuzulassen, worauf Georgia eine Belohnung von fünftausend Dollar für seine Festnahme wegen Volksverhetzung aus-
lobte. Sogar im Norden hatte Garrison nicht viele Anhänger, und
1835 ergriff ihn eine Meute, die ihn an einem Seil durch die Straßen
Bostons zerrte. Doch Garrison führte das Blatt weiter und warb un-
verdrossen für seine Sache. Unterdessen predigte Theodore Dwight
Weld in Kreisen des Westens, die sonst vor allem Erweckungsbewe-
gungen auf sich zogen, gegen die Sklaverei. Er war mit Angelina
Grimké verheiratet, einer Tochter John F. Grimkés, des Vorsitzenden
Richters am Obersten Gerichtshof von South Carolina. Wie bereits
geschildert, hatte Angelina ihre Sklavenhalterfamilie in den zwanziger Jahren (zusammen mit ihrer älteren Schwester Sarah) verlassen
und war in den Norden gezogen, wo sie sich ganz der Aufgabe widmete, die Brutalität der Pflanzer anzuprangern. Theodore Weld veröffentlichte schließlich ein Buch mit dem Titel *American Slavery As
It Is*, in das er auch Angelinas erschütternde Berichte über Charles-

ton aufnahm. Im Dezember 1833 gründeten William Garrison, Theodore Weld und eine Handvoll anderer die American Anti-Slavery Society. Einige Jahre danach entkam Frederick Douglass in Maryland aus der Sklaverei und schloß sich der Gruppe an. 1843 schließlich reiste der in New York befreite Sojourner Truth auf seinem Feldzug gegen die Sklaverei kreuz und quer durch das gesamte Land. Zwei Jahre darauf veröffentlichte Douglass seine vielgelesene Autobiographie, während Truth' Vorträge eine geradezu magnetische Anziehungskraft entfalteten.

Der Abolitionismus kam etwa zur gleichen Zeit in Schwung wie die Annullierungskampagne, und wahrscheinlich zog man bei Versammlungen der States Rights Party mit Hohn und Spott über die moralische Entrüstung des Nordens her. Acht Monate, bevor die erste Ausgabe von Garrisons *Liberator* erschien, zettelte der Sklave Nat Turner in Virginia zusammen mit siebzig Komplizen einen Aufstand an, bei dem fast sechzig Weiße umkamen, und in den Augen der Südstaatler führte ein direkter Weg vom *Liberator* zu Nat Turner. Als Antwort auf die Abolitionistenpresse prägten die Weißen des Südens eigens ein neues Genre – das Plädoyer für die Sklaverei. Ein Pamphlet des Charlestoners Edmund Holland, betitelt »Widerlegung der Verleumdungen gegen die ... Sklaverei ... des Südens«, hob hervor, daß ja sogar die Bibel Zwangsarbeit rechtfertige und daß die Sklaverei für die Landwirtschaft des Südens schlicht unabdingbar sei, da diese ohne Schwarze unweigerlich zusammenbrechen müsse. Ein weiterer Charlestoner, Edward Brown, erklärte in seinen »Bemerkungen über den Ursprung und die Notwendigkeit der Sklaverei«, diese sei »schon immer die Trittleiter gewesen, auf der zivilisierte Staaten von der Barbarei zur Zivilisation aufstiegen«, und schloß mit der Behauptung, daß »allgemeine Gleichheit nichts anderes bedeutet als Barbarei«.

Auch die Balls trugen ihren Teil zur Abwehrschlacht bei und verherrlichten die Sklaverei auf eine fast lyrische Weise. Ihre Base Catherine Gendron Poyas feierte die selige Plantagenwelt in einer Reihe sentimentaler Gedichte. Catherine, alias »Kusine Kate«, war die Tochter Henry Poyas', und dessen Schwester Eliza war die Witwe Isaac Balls von Limerick. Kate blieb unverheiratet und soll über ihrem mehrfach gebrochenen Herzen schwermütig geworden sein. Wie dem auch sei, sie hatte jedenfalls viel Zeit und verbrachte diese während ausgedehnter Besuche bei ihrer Tante Eliza auf Limerick mit dem Schreiben. Schließlich veröffentlichte Kate zwei Gedichtbände, in denen die denkwürdigsten Ergüsse jene über die Sklaverei sind. Die Schwarzen umschreibt sie als »das schwarze Gefolge« oder mit dem biblischen Ausdruck »die Söhne Kanaans«. (Manche Befürworter der Sklaverei hielten den afrikanischen Stamm der Kanaaniter für die dunklen Nachfahren Hams, den sein Vater Noa zur Knechtschaft verurteilt hatte.) Ein Weihnachtsgedicht, das Kusine Kate bei den Balls schuf und mit »Limerick, oder Landleben in South-Carolina« überschrieb, enthält folgende Verse:

's ist Weihnacht – und das schwarze Gefolge jubelt:
In seinen bescheidenen Hütten hört man jetzt den Klang
Von Gesang und Fröhlichkeit; und drei volle Tage lang
Kann es sich ganz so erfreuen, wie es ihm gefällt.
…
Die meisten bleiben zu Hause und pflegen den Tanz,
Und lustig gar, nicht anders als der Franz-
Mann, Tanzen sie von fruh bis spat, von spat bis fruh,
Bis ihnen die glücklichen Augen fallen zu.
…
Nun wieder einmal magst du sorglos gehen
In das Dorf der Negerehen:
Die Hütten sauber in Reih und Glied,
Das herzliche Willkommenslied,
Die friedliche Ruhe der ganzen Stätte,
Zeigen dir, daß die Söhne Kanaans, ich wette,
Gewiß weder Elend noch Verzweiflung kennen,
Auch wenn die »Herrschaften« sie ihr eigen nennen!

1834 verbot South Carolina per Gesetz die Alphabetisierung der Schwarzen. Wer sie als Weißer das Lesen lehrte, mußte mit sechs Monaten Haft und einer Geldstrafe von hundert Dollar rechnen, während freien Farbigen obendrein noch fünfzig Peitschenhiebe drohten. Die American Anti-Slavery Society reagierte darauf mit einer Flut von Pamphleten, die im Juli 1835 zu Tausenden an weiße Haushalte Charlestons gehen sollten. Doch der Postamtsvorsteher Alfred Huger beschlagnahmte die Sendungen ihres Inhaltes wegen, und später wurden sie von einem Mob verbrannt. Danach erließ Charlestons Stadtrat ein Dekret, um derlei »aufrührerische und volksverhetzende« Schriften zu verbieten. Im darauffolgenden Februar brachte Henry Laurens Pinckney, der Abgeordnete für South Carolina, im Kongreß eine Gesetzesvorlage ein, um zu verhindern, daß Washington sich mit Petitionen über die Rechtmäßigkeit der Sklaverei befaßte. Der »Knebelerlaß« kam durch, und damit waren die Abolitionisten erst einmal mundtot gemacht.

Etwa um jene Zeit schien auch Bussardschwinges Fluch seine volle Wirkung zu entfalten. Im Juni 1834 starb John jr., die Stütze der Familie und des Sezessionismus, einundfünfzigjährig an der Malaria. Kaum fünf Wochen später, am 1. August, erklärte das britische Parlament die gut siebenhunderttausend Sklaven in den neunzehn westindischen Kolonien für frei und entschädigte ihre früheren Halter mit insgesamt zwanzig Millionen Pfund Sterling. Nun sahen die Pflanzer Carolinas ihr Ende nahen, und Bussardschwinges Fluch sollte offenbar auch ihre eigenen Kinder ereilen. Im Juli 1835 starb mit achtundzwanzig Jahren Alwyn, einer der Playboy-Brüder, und hinterließ eine Witwe mit fünf Kindern. Seine Schwester Caroline Olivia, die mit siebzehn geheiratet hatte, starb zweiundzwanzigjährig als zweifache Mutter. Einen besonders spektakulären Tod indes fand Swinton, der zweite von Carolines verzogenen Bengeln.

Er und seine Frau, die neuenglische Erbin Anna Channing, hatten mehrere Kinder bekommen, die alle früh gestorben waren. So reisten beide ständig in der Gegend herum – nach New York, Newport oder gar Europa – und ließen sich ihren ausschweifenden Lebensstil durch die selten besuchte Plantage Pimlico finanzieren. Gelegentlich verkaufte Swinton einige der etwa hundert Sklaven, vielleicht weil das Ehepaar Geld brauchte: im Januar 1834 drei Frauen und im März 1837 insgesamt zehn Leute. Die beiden reisten meist auf dem Landweg, weil »Anna das Meer partout nicht ausstehen kann«, wie er

Verwandten schrieb. Im Frühsommer 1838, Swinton war gerade erst dreißig, machten sie eine Ausnahme und gingen in New York an Bord des Dampfschiffes *Pulaski*, das sie nach Charleston bringen sollte. Unterwegs explodierten in der Nacht des 14. Juni die Kessel und zerfetzten das Schiff. Anna und Swinton ertranken.

Die Havarie hatte ein Nachspiel in dem Gerichtsverfahren *Ferris Pell ./. E. O. Ball*, als Anna Channings Erben das von dem Ehepaar hinterlassene Vermögen verlangten. Da Swinton und Anna einander testamentarisch im wesentlichen wechselseitig als Erben eingesetzt hatten, kam es nun darauf an, wer von beiden zuerst gestorben war: Wenn er, dann stand alles den Channings, wenn sie, dann den Balls zu. Nun boten die Channings einen Überlebenden des Unglücks als Zeugen auf, der aussagte, Anna neben dem sinkenden Dampfer im Wasser nach Swinton rufen, jedoch keine Antwort gehört zu haben. Daraus folgerte das Gericht messerscharf, daß Swinton als erster gestorben war. So fiel nicht nur Annas, sondern auch die Hälfte von Swintons Vermögen der Familie aus Massachusetts zu.

Die Sache *Pell ./. Ball* zog sich über Jahre hin, denn es kam noch ein weiteres Problem hinzu, das die Arbeiter auf Pimlico betraf: Als deren neue Eigentümer wollten die Channings (von Boston, dem Zentrum der Abolitionistenbewegung aus) die meisten Sklaven veräußern und den Erlös nach Neuengland transferieren. Da Einzelversteigerungen mehr brachten als familienweise, wollten die Channings genau diesen Weg einschlagen. Dagegen wandten die Balls ein, man müsse es aus Tradition und Prinzip vermeiden, die schwarzen Familien auseinanderzureißen. Ihre Einlassung roch zwar nach Schikane, hatten sie doch selbst oft genug Leute einzeln versteigert; doch aus welchen Gründen auch immer entschied das Südgericht gegen die Nordler und ordnete in seinem Beschluß vom März 1845 an, daß »die Negersklaven gruppenweise nach Familien zu verkaufen sind«.

John jr. hatte bereits in der ersten Auseinandersetzung mit dem Norden, die zur Distanzierung führte, eine gewisse Rolle gespielt. Seine Kinder, die letzte im Zeichen der Sklaverei heranwachsende Generation, lebten dagegen zurückgezogen und mieden die Politik. Wenn am Vorabend des Bürgerkrieges die heftigsten Streitigkeiten seit der

Amerikanischen Revolution entbrannten, so schienen sie nicht viel davon mitzubekommen. Ähnlich wie vor 1776 warteten die Balls bis zuletzt, bevor sie sich – und auch dann nur widerwillig – an der Rebellion beteiligten. Doch als der Krieg dann ausgebrochen war, schlüpften zehn Söhne des Clans in die Uniform der Konföderation.

Als John juniors Bruder Isaac 1825 an der Malaria starb, fiel Limerick, die größte Plantage, seinem vierjährigen Sohn William James zu, dessen Vermögen treuhänderisch verwaltet wurde, solange er bei seiner verwitweten Mutter Eliza aufwuchs. Onkel John hatte ein Studium in Harvard abgeschlossen, sein Vater Isaac dagegen abgebrochen, und auch er selbst zeigte wenig Interesse am Lernen. Er haderte mit seiner Mutter, die ihn auf das staatliche College in Columbia geschickt hatte. »Ich wollte nicht sagen, daß ein Studium an sich nutzlos ist«, schrieb der damals Siebzehnjährige heim, »sondern lediglich, und daran halte ich weiter fest, daß es *mir* nicht viel bringt.« Auch William hat das College offenbar nicht abgeschlossen; statt dessen heiratete er 1842, zwanzigjährig, die zierliche siebzehnjährige Julia Cart.

Die restlichen Plantagen Isaacs erbten Williams Schwester Jane (Quenby), sein Bruder John (Hyde Park) und sein Onkel John jr. (Jericho). Limerick, Hyde Park und Quenby lagen nur wenige Meilen auseinander. Spätere Aufnahmen von William zeigen einen drahtigen Mann mit kantigen Wangenknochen, schmalen Lippen und einem Vollbart. Der Familienüberlieferung zufolge hatte er eine angenehme Stimme und setzte diese oft ein, um die Gemeinde in der Episkopalkirche bei Limerick zu betören, wo er predigte, wenn der Pfarrer unterwegs war. In den vierziger Jahren wurde William mangels Konkurrenz der dominierende Bruder. Nachdem der Mann seiner Schwester Jane 1842 gestorben war, übernahm er die Verwaltung Quenbys. Mehrere Jahre später starb im Alter von siebenundzwanzig Jahren sein Bruder John, und damit unterstand William auch noch Hyde Park.

Als junge Herrschaften kontrollierten William und Julia Ball nun drei Plantagen mit etwa vierhundertfünfzig Schwarzen. Im Monat ihrer Vermählung erwarb William außerdem noch Halidon Hill hinzu, ein von Limerick stromabwärts gelegenes Anwesen, und 1850 kaufte er einem Vetter Cedar Hill ab, einen 355 Hektar großen, sehr schmalen Streifen, der auf der Karte aussieht wie ein Strich. William und Julia geben auf Photos ein hübsches Paar ab, schlank und stets elegant gekleidet. Die junge Frau widmete sich ganz den Kindern und den gesellschaftlichen Verpflichtungen, während ihr Mann das Geschäft aufbaute.

Der Kampf um die Sklaverei kam zeitweilig zum Stillstand, als die Vereinigten Staaten westwärts expandierten. 1845 trat Texas – ein von Südstaatlern kolonisierter und später vorübergehend selbständig verwalteter Teil Mexikos – der Union als Sklavenstaat bei. Im darauffolgenden Jahr überschritten amerikanische Truppen die Grenze, um weitere Teile des Landes zu erobern. Die Invasion endete 1848 damit, daß Mexiko die Hälfte seines Gebietes aufgab, woraus später unter anderem Arizona, Kalifornien und Neu-Mexiko hervorgingen. Die Gesetzgeber des Nordens betrachteten den Krieg als einen Versuch des Südens, die Sklaverei auszudehnen und damit im Kongreß kurzerhand zahlenmäßig die Oberhand zu gewinnen. Der Abgeordnete David Wilmot aus Pennsylvania brachte die sogenannte »Wilmot Proviso« ein, um das Eigentum an Menschen in allen besetzten Territorien zu verbieten. Abraham Lincoln, der neue Abgeordnete aus Illinois, verurteilte den Krieg und unterstützte das Verbot, doch Wilmots Vorlage kam trotzdem nicht durch.

Während die Kämpfe in Mexiko und Washington tobten, ging William Ball seiner alltäglichen Routine nach und übte sich als Unternehmer. Die Bücher zeigen, daß er mit der Belegschaft experimentierte und Arbeitskräfte je nach Saison und Laune versetzte, wovon im Laufe eines Jahrzehnts Hunderte Menschen betroffen waren. Außerdem mischte er sich in die Ehen seiner Leute ein und suchte sogar Partner für sie aus. Ein halbes Jahrhundert später sagte der ehemalige Feldarbeiter William Gaillard unter Eid aus, daß er zu den Verlegten gehört hatte, und erklärte bei einer Anhörung: »Mein Eigentümer war William Ball. Ich wurde auf der Plantage Limerick geboren, aber noch als Kind nach Cedar Hill geschickt.« In derselben Rentensache der Armee gab die ehemalige Arbeiterin Patty Moultrie an, sie sei auf Anordnung William Balls mit Stepney Moultrie verheiratet worden. »Ich kenne mein genaues Alter nicht, bin

jedoch über Sechzig«, erklärte sie 1903 einem Richter. »Ich gehörte
Mr. Ball ... bin auf Halidon Hill zur Welt gekommen und aufgewach-
sen, wurde aber noch als Kind nach Cedar Hill gebracht. Etwa drei
Jahre vor [Bürger]Kriegsausbruch schenkte mein Inhaber mich
Stepney, und wir wurden auf Cedar Hill getraut.«

Im April 1852 stimmten die Delegierten South Carolinas bei
einem weiteren Staatenrechtskonvent für das Verlassen der Union,
gaben dann jedoch unter dem Druck der anderen Südstaaten klein
bei. Die meisten Nordstaatler konnten sich auf die Absichten der
Radikalen Carolinas keinen Reim machen, und auch William ging es
offenbar nicht anders. Der Familienüberlieferung zufolge hielt er die
Sezession für eine törichte Idee. Er meinte, damit setze der Süden
sein Sozialsystem aufs Spiel und werde es zuletzt wahrscheinlich
verlieren. Im Norden, wo kein Weißer (abgesehen vielleicht von einigen Anhängern Garrisons) für Schwarze in den Krieg ziehen wollte,
hatten die Abolitionisten nach zwanzig Jahren endlich begonnen, mit
einer Gewissenskampagne an die Massen zu appellieren. 1852 publizierte die Pfarrerstochter und -schwester Harriet Beecher Stowe
ihren Roman *Onkel Toms Hütte*, ein Melodram, das die Sklaverei
als ein Passionsspiel mit schwarzen Heiligen und grausamen Weißen
darstellte. Zu den Schlüsselszenen des Buches gehört jene Episode, in
der die aus Kentucky entlaufene Sklavin Eliza auf ihrem Weg in die
Freiheit über das Wasser des vermeintlich zugefrorenen Ohio River
wandelt. *Onkel Toms Hütte* wurde im Amerika des 19. Jahrhunderts
zum meistverkauften Buch nach der Bibel. 1854 entstand im Norden
die Republican Party mit dem Programm, den Westen nicht mit
Sklaven, sondern mit freien Arbeitern zu besiedeln, und zu ihren
Gründungsmitgliedern gehörte der frühere Kongreßabgeordnete
Abraham Lincoln, der nach einer geeigneten Fortsetzung seiner politischen Laufbahn suchte. Unterdessen geriet die »Untergrundbahn«
aus dem Süden, mit der Tausende von Schwarzen in den Norden gekommen waren, in Konflikt mit dem neuen »Gesetz über entflohene
Sklaven«. Nicht nur Abolitionisten verurteilten dieses Regelwerk,
das die Polizei im Nordosten und im Mittleren Westen verpflichtete,
geflüchtete Sklaven einzufangen, und Fluchthelfern mit schweren
Geld- und Haftstrafen drohte.

Nach ihrem Treiben und dem Plauderton ihrer Briefe zu urteilen, scheinen sich William und die Seinen kaum um den Nord-Süd-Konflikt gekümmert zu haben. Man lebte wie eh und je über St. John's Parish verstreut; William selbst hatte sechs Ländereien, dazu je einen Vetter auf Comingtee und auf Buck Hall, und war mit den meisten Pflanzerfamilien im Umkreis von zwanzig Meilen verschwägert. Die Balls widmeten sich abwechselnd dem süßen Leben und der Steigerung ihrer Erträge; William stürzte sich außerdem in die Gemeindearbeit und wurde sogar Vorsitzender des örtlichen Kirchenvorstandes. Um noch mehr zu tun, gründeten er, sein Vetter Keating S. Ball und mehrere Nachbarn einen Verband namens Strawberry Agricultural Society. Bei ihren Versammlungen diskutierten deren Mitglieder weder über Politik noch über die Sezession, sondern über die Tücken von Mais, Erbsen und Kartoffeln. Die Protokolle ihrer monatlichen Sitzungen (in denen sich auch Williams Name findet) belegen, daß die etwa fünfundzwanzigköpfige Gruppe eigene Gutachten über unterschiedliche Räucherverfahren für Schinken erstellte und Ausschüsse einsetzte, um die Viehzucht und den Reisanbau genauer erforschen zu lassen. Der Verband hinterließ kein Mitgliederverzeichnis, sondern nur die Namen der Gremien. William könnte dem »Ausschuß für Düngemittel« angehört haben.

Williams und Julias zweiter Sohn, mein Urgroßvater Isaac Ball, wurde am 21. April 1844 auf Limerick geboren. Auch wenn er Bussardschwinge nie zu Gesicht bekam, die kurz nach seiner Geburt starb, geriet seine Generation stärker unter den Bann ihres Fluches als jede andere. Er wuchs gleichsam im Schlachtgetümmel heran, wurde gerade erst einundzwanzig, als sich seine Einheit in North Carolina den Yankees ergeben mußte, und konnte es später niemals verwinden, daß sein gesamtes Vermögen seit der Kapitulation im Court House von Appomattox zum Teufel war.

Auch wenn William und Julia alles nur Erdenkliche taten, um ihre Kinder abzuschirmen, und Klein Isaac vermutlich freudig begrüßten, wurde seine Geburt durch einen Mord eingeläutet. Im Frühjahr 1844 töteten zwei Feldarbeiter, Mutter und Sohn, nahe dem Herrenhaus Limericks ihren Kolonnenführer. Zwar führte William selbst nicht

Buch über die Vorgänge, aber einem Zeitungsbericht zufolge kamen die Täter, Amelia und Sambo, von seinem Gut Halidon Hill, und ihr Opfer war der Sklaventreiber Jingo. Amelia (als »Melia« geführt) war Mitte Vierzig und hatte mit ihrem Mann Pino sieben Kinder im Alter zwischen vier und einundzwanzig Jahren. Sambo, der zweitälteste, war neunzehn. Die Familie hatte auf Limerick gelebt, bis William sie ein paar Meilen stromabwärts nach Halidon Hill verlegte und dort Jingo unterstellte. Zwei Jahre später war es aus ungeklärten Gründen zu der Bluttat gekommen. Das zuständige Gericht urteilte die beiden Täter unverzüglich ab, Sambo wegen Mordes und seine Mutter wegen Beihilfe. Sie sollten in der Nähe des Tatortes gehängt werden. Der Sohn wurde tatsächlich am 1. August hingerichtet, die Mutter dagegen begnadigt, jedoch des Landes verwiesen. So verkaufte William sie 1847 (für vierhundert Dollar) an den Sklavenhändler Daniel Cook, der sie nach Mississippi geschafft haben dürfte. Ihre sechs verbleibenden Kinder bekam Pino auf Halidon Hill überantwortet. Der Name Amelia geisterte weiter auf der Plantage herum, als eine ihrer Enkelinnen später auf ihn getauft wurde.

Isaac wuchs auf Limerick mit den üblichen Annehmlichkeiten heran, zum Beispiel einem Hauslehrer und Geigenunterricht, und manchmal durfte er bei Ausflügen nach Charleston sogar das Theater besuchen. Ein Brief des Neunjährigen schildert die Eindrücke des Knaben und läßt erahnen, welche Rolle das Schwarze im Lokalkolorit spielte. Klein Isaac ging nämlich auch in die beliebten Spielshows – komische Revuen, in denen weiße Musikanten mit geschwärzten Gesichtern vor ihrem bürgerlichen Publikum die Sklaven imitierten. Nachdem er in Charleston eine solche Darbietung gesehen hatte, berichtete Isaac seiner Mutter:

Ich war in der Campbell-Show. … Sie hatten sich die Lippen weiß und die Gesichter schwarz angemalt einer rasselte mit Knochen besser als ich es je gesehen habe zwei hatten Banjos zwei hatten Fiedeln einer hatte eine Harfe und einer hatte ein Tamburin und als er es spielte glaubte ich er sei verärgert schlug es sich auf den Kopf und trat es und boxte es und der mit den Rasseln rasselte so laut er konnte und sprang danach sehr hoch und fiel auf den Stuhl und spielte viele Lieder und einer sagte einmal als er über eine Brücke gegangen ist hat ihn was runtergeworfen und er fiel ins Wasser und steckte bis zu den Augen im Schlamm er sagte niemand ist bei ihm gewesen und im Umkreis einer halben Meile gab es kein Haus und einer fragte ihn wie er da wieder rauskam ... und er sagte daß er zu dem Haus lief und sich eine Schaufel holte und sich ausgrub. ... Nach dem Ende des ersten Teils kamen sie wieder mit der Musik raus & tanzten ich habe nie einen Schwarzen den Negertanz besser & länger tanzen gesehen. ... Grüße alle herzlich von mir Dein Dich liebender Sohn Isaac Ball.

Schwestern hatte Isaac nicht. Er und seine drei Brüder – William (Willie), John und (noch ein) Elias – lernten, poussierten, jagten und wollten in die Fußstapfen ihrer Eltern treten (waren allerdings nicht so verzogen wie die drei Söhne Bussardschwinges), kämpften jedoch schließlich auf seiten der Konföderation.

William und Julia lebten zufrieden im ländlichen Rhythmus und hatten bei der ausgeprägten Reiswirtschaft ohnehin genügend zu tun. Anfang 1857 kaufte William noch das 420-Hektar-Anwesen Cherry Hill nebst tausend Hektar Nadelwald hinzu. Im darauffolgenden Jahr erzeugte allein die Belegschaft der länglichen Plantage Cedar Hill 11 097 Scheffel oder 316 077 Pfund geschälten Reis. Auch wenn er kein so umtriebiger Investor war wie sein Onkel John jr., führte William Buch über sämtliche Geschäfte und legte zum Beispiel ein Journal über Erkrankungen und Todesfälle im Sklavenviertel an. Bei letzteren vermerkte er keine Namen, sondern nur das Alter und die Todesursache: Kaumuskelkrampf (ein neunzehn Tage altes Baby), Krämpfe (zwei Jahre alt), Ertrinken (ein Mann, 37), Lungenentzündung (50), Schwindsucht (58), Altersschwäche (85).

1857 konnte er noch hoffen, daß die Sezessionisten sich beruhigen und einlenken würden, so daß alles beim alten geblieben wäre, denn in jenem Jahr fiel die günstige Entscheidung des Obersten Gerichtshofes in der Sache *Dred Scott ./. Sanford.* Scott, ein Sklave aus St. Louis in Missouri, hatte nach der Durchquerung eines freien Staates auf Freilassung geklagt, doch der Oberste Richter Roger Taney aus Maryland wies die Klage ab mit dem Argument, als Eigentum eines

Dritten sei Scott nicht rechtsfähig, und aus der Verfassung gehe eindeutig hervor, daß die Vereinigten Staaten eine weiße Nation seien, in der Schwarze niemals eigene Bürgerrechte beanspruchen könnten. Der Beschluß in Sachen Dred Scott ließ bei den Sezessionisten neue Zuversicht aufkommen und irritierte die Schwarzen des Nordens nicht weniger als die Weißen.

Isaacs Mutter Julia Cart Ball starb im Juli 1858 nach langer Krankheit. Der damals einundvierzigjährige Witwer William heiratete wenig später seine sechsundzwanzigjährige Base Mary H. Gibbs. Seine Einträge aus jener Zeit lassen darauf schließen, daß er energisch seinen Geschäften nachging und im übrigen kaum etwas anderes tat. Er schulte seine Söhne in der Plantagenverwaltung und dachte zumindest zeitweilig über die Bedürfnisse der Schwarzen nach. Einmal brachte er aus der Stadt erlesene Geschenke für einige der Feldarbeiter auf Limerick mit. Sein Notizbuch bezeugt, daß ein Brawley »ein paar extrafeine Hosen« bekam, Esau dagegen erhielt »einfache Stoffhosen«, Aurelia eine schwarze Samtweste, Jeffrey ein Paar Kammgarnhosen und Cuffie einen Gehrock.

Im Oktober 1859 kaperte der neunundfünfzigjährige weiße Abolitionist John Brown zusammen mit achtzehn bewaffneten Komplizen die Harper's Ferry am oberen Potomac River in der Hoffnung, dadurch einen allgemeinen Sklavenaufstand auslösen zu können. Brown hielt die Stellung und gab eine Proklamation heraus, doch der Oberst Robert E. Lee aus Virginia schlug die Revolte nieder, und Brown wurde gehängt. Der Zwischenfall schürte im Süden neue Ängste vor den Abolitionisten – William scheint er allerdings nicht bekümmert zu haben. Nur wenige Monate nach »Harper's Ferry«, einem Paukenschlag, der den meisten Berichten zufolge die ganze Nation in Atem hielt, machte William den nächsten Schritt und kaufte noch eine Plantage, das 255-Hektar-Anwesen The Blessing direkt neben Cedar Hill. Nach diesem seinem letzten Coup besaß er acht Güter.

Im November 1860 gewann mit Abraham Lincoln ein erklärter Gegner der Sklaverei die Präsidentschaftswahlen, ohne auch nur einen der Südstaaten hinter sich zu haben, und diese Gelegenheit nutzten die Sezessionisten, um den endgültigen Bruch zu provozieren. Auch wenn William die Wahl enttäuscht haben dürfte, hörte er wie gewöhnlich über den Aufschrei hinweg. Drei Tage nach der Wahl, am 9. November, fand in Charleston eine Massenversammlung mit allgemeiner Debatte über die Sezession statt, doch William blieb daheim. Noch in der Woche darauf, nach weiteren Kundgebungen und Demonstrationen, bezeugen seine Einträge, daß er vorhatte, seinen Sklaven weitere kleine Geschenke zu machen. Am Freitag, dem 14. November, überwachte er die Ernte auf Limerick und notierte, die Feldarbeiterin Molly habe ihn gebeten, ihr im Tausch gegen die sieben Hähnchen, die sie ihm zum Verzehr nach Charleston geschickt hatte, ein Stück Kattunstoff zu besorgen. Und, o ja, er vermerkte auch noch, Leah habe ihm fünfundsiebzig Cent ausgehändigt, wovon er Schuhe für ihren Sohn Caesar kaufen sollte.

Als die Bürger South Carolinas ihre Delegierten für den letzten Sezessionskonvent wählten, schienen sich weder William noch die Seinen dafür zu interessieren, von einer eigenen Kandidatur ganz zu schweigen. Der Konvent sollte am 17. Dezember 1860 in Columbia beginnen, vertagte sich jedoch wegen eines Gerüchtes über Pocken und trat am nächsten Morgen in Charleston erneut zusammen. Drei Tage lang debattierten 169 Volksvertreter über eine ausgemachte Sache und beschlossen am 20. Dezember einstimmig die Abspaltung.

»Wir, die Bevölkerung des Staates South Carolina«, lautete der sogenannte Sezessionsbeschluß, »erklären die Verfassung der Vereinigten Staaten von Amerika für ... aufgehoben; damit ist die bisher unter dem Namen ›Die Vereinigten Staaten von Amerika‹ bestehende Union zwischen South Carolina und den übrigen Staaten aufgelöst.«

15

DIE BELAGERUNG

Als es 1860 zur Sezession kam, war die Welt der Balls eine gut fünf Generationen oder einhundertzweiundsechzig Lenze alte, wenn auch wertvolle Antiquität.

»Dann brach der Krieg aus, ›der Konföderiertenkrieg‹«, schrieb Williams zweite Frau Mary Gibbs im Rückblick auf die Ereignisse. »Als das ›Sezessionsdekret‹ unterzeichnet wurde & South Carolina als freier, unabhängiger Staat die Union verließ, da erzitterten die Söhne & Töchter des Palmettostaates, & als noch die anderen Südstaaten hinzukamen – wie sehr freuten wir uns jetzt auf unsere Südliche Konföderation.«

Die Männer der Familie fanden wenig Trost am bevorstehenden großen Kampf, doch die Frauen scheinen das Ende der Vereinigten Staaten als eine Glanzleistung betrachtet zu haben. Von ihrer Begeisterung mitgerissen, meldeten die Söhne sich freiwillig, sobald sie das wehrfähige Alter erreichten, wollten allerdings auf keine Bequemlichkeiten verzichten und nahmen daher ihre Leibdiener mit aufs Schlachtfeld. Zumindest anfangs blieben die Ballschen Sklaven weitgehend teilnahmslos. Doch seinerzeit lebten die meisten Arbeiter im Verbund befriedeter Dörfer und hatten insofern auch gar keine Möglichkeit, Gegenwehr zu leisten. Jedenfalls liefen die Reisernten bis zum Ende des Bürgerkrieges planmäßig weiter, ohne daß es zu schwarzen Revolten oder nennenswerten Sabotageakten gekommen wäre. Als die Yankees schließlich eintrafen, brach in den Sklavenvierteln zwar großer Jubel aus, aber die Emanzipation fand ein triviales Finale – ein ruhmloses zweitägiges Besäufnis mit viel zerbrochenem Porzellan und Durcheinander. Dann waren die Nordstaatler plötzlich wieder weg und hatten Weiße und Schwarze erneut sich selbst überlassen, nur daß jetzt eine tiefe Kluft zwischen den beiden Lagern klaffte und auf dem Papier neue Gesetze galten, denen in der Praxis nichts, aber auch rein gar nichts entsprach.

Beim Ausbruch der Rebellion besaß der neununddreißigjährige vierfache Vater William James acht Plantagen am Cooper River, einen sechs Meilen langen und zwei Meilen breiten schachbrettartigen Komplex, auf dem mehr als sechshundert Schwarze arbeiteten. Er war Witwer – seine Frau Julia 1858 gestorben – und ernährte eine Reihe von Angehörigen, darunter seine vier Söhne, seine Schwester Jane Shoolbred und seine Schwägerin Maria L. Ball, beide ebenfalls verwitwet, deren vier Kinder und seine sechsundsechzigjährige Mutter Eliza. Einige Meilen südwestlich des Hauptanwesens Limerick lag Comingtee, der Sitz seines ledigen Vetters Keating S. Ball, nebst dem dazugehörigen Schwarzendorf mit etwa hundertsechzig Bewohnern. Am Westarm des Flusses besaß Dr. Horry Deas, der Witwer von Keating Balls Schwester Ann, die Plantagen Pawley und Buck Hall, und Elias Nonus, der damals fünfundzwanzigjährige Sohn des zügellosen Elias Octavus (und in fortgeführter lateinischer Zählung neunte Elias) das 1250-Hektar-Anwesen Dean Hall. Insgesamt lebten auf den Ländereien der Familie nicht weniger als achthundertzweiundvierzig Schwarze.

Reis war zwar nach wie vor ganz rentabel, das Geschäft jedoch seit dem Siegeszug der Baumwolle geschrumpft – statt mehrerer Gemeinden gab es nur noch eine, und einst, in der Blütezeit, hatte man ja über mehr als dreizehnhundert Leute verfügt. Landesweit war die Anzahl der Sklaven allerdings innerhalb von zwei Generationen um das Vierfache gestiegen. Der einschlägigen Volkszählung zufolge hatten die Vereinigten Staaten im Sommer vor der Sezession insgesamt 33 440 000 Einwohner, darunter zwölf Prozent Schwarze, das heißt knapp vier Millionen, gegenüber einer Million im Jahr 1810. Gut 375 000 Haushalte, was im Süden etwa einem Viertel entsprach, hielten Sklaven; zwölf Prozent davon besaßen mehr als zwanzig Leute, und auf diese kleine Minderheit von nur einem Prozent der Gesamtbevölkerung entfiel die Hälfte aller Betroffenen.

Obwohl Charleston die Rebellion anführte, spielte es auf der nationalen Bühne nur noch eine Nebenrolle. Die Stadt hatte 40 500 Ein-

wohner und lag damit landesweit auf Rang zweiundzwanzig, gegenüber Platz vier bei Ausbruch der Amerikanischen Revolution. Wenn
viele Reispflanzer irgendwann einmal den Norden bereist hatten, so
war dieser 1860 für Herrschaften mittleren Alters, die als Jugendliche New York besucht haben mochten, kaum noch wiederzuerken-
nen. Der Süden hatte keine Industrialisierung erlebt, wohingehen
man damals unter den Schloten von Massachusetts mehr Fertigwaren produzierte als in allen Staaten der künftigen Konföderation
zusammen. Es gab 31 000 Meilen Bahnlinien, die größtenteils oberhalb Virginias verliefen, und daneben dreitausend Dampfschiffe, die
jedoch – vom Mississippi abgesehen – nur auf Flüssen oder Kanälen
der Region zwischen Chicago und Boston fuhren. Zusätzlich zur
augenfälligen technischen Antiquiertheit des Südens waren dessen
Touristen in New York oft beschämt über ihren großen Bildungs-
rückstand gegenüber den Yankees, denn Bücher hatte man unten in
ihrer Heimat traditionell fast völlig vernachlässigt. Wenn die Sklaven
nicht lesen durften, so versagten die Weißen es sich selbst ebenfalls,
und insgesamt besuchten kaum ein Drittel ihrer Kinder Schulen, verglichen mit immerhin drei Vierteln im Norden.

Trotz alledem spricht wenig dafür, daß ein Großteil von ihnen den
Norden um seine besseren Schulen und größeren Städte oder seine
aufstrebende Mittelschicht beneidet hätte. Vielmehr liebte man den
eigenen Lebensstil und scheint die Nordstaatler als etwas über-
spannte Bürger einer anderen – zu hektischen, zu überfüllten und
vor allem zu modernen – Welt betrachtet zu haben.

South Carolina hatte sich im Dezember abgespalten, und vier Tage
später legte der Sezessionskonvent in Charleston ein Dokument vor
– »Erklärung der unmittelbaren Gründe, welche die Sezession South
Carolinas von der Bundesunion erzwingen und rechtfertigen« –, das
den Schritt kommentieren sollte. Darin hieß es schlicht, der Staat
habe die Union wegen der Übergriffe des Nordens auf die Rechte der
Sklavenhalter verlassen:

Die zunehmende Feindseligkeit der Freistaaten gegen die Institution der Sklaverei bewirkt, daß sie ihre Verpflichtungen nicht

mehr erfüllen. … Die Freistaaten … haben die Sklaverei als sündhaft verurteilt; sie haben zugelassen, daß sich bei ihnen öffentliche Vereinigungen mit der erklärten Absicht bildeten, den Frieden anderer Staaten zu stören und das Eigentum ihrer Bürger zu entfernen. Sie haben Tausende unserer Sklaven darin ermutigt und unterstützt, ihre Plantagen zu verlassen, und die verbliebenen durch Emissäre, Bücher und Bilder zu Ungehorsam und Rebellion aufgehetzt. … Die Öffentlichkeit mußte den Eindruck gewinnen, daß die Sklaverei vor dem endgültigen Untergang steht.

Wenn die Rebellion bereits dreißig Jahre zuvor als eine Steuerrevolte begonnen hatte, so endete sie nach den Worten der Aufständischen als ein Krieg zur Verteidigung des Rechtes auf Eigentum an Menschen.

Mississippi, Florida, Alabama und Georgia schlossen sich South Carolina an. »Wenn die Zeitungen kommen, wirst Du sehen, daß auch Georgia ausgetreten ist«, schrieb Eliza Ball ihrem Sohn William in der dritten Januarwoche 1861. Dann folgten Louisiana und Texas. Am 9. Februar wählten Delegierte der sieben abtrünnigen Staaten in Montgomery (Alabama) die neue Südregierung, und der ehemalige US-Senator Jefferson Davis aus Mississippi wurde zum vorläufigen Präsidenten der »Konföderierten Staaten von Amerika« ernannt.

Binnen weniger Tage aufgesetzt, hielt sich die Verfassung der Konföderation fast wörtlich an die US-Vorlage, aus der lediglich alle Vorbehalte gegen die Sklaverei gestrichen und durch gegenlautende Formulierungen ersetzt wurden. »Wir, die Bürger der Konföderierten Staaten von Amerika«, begann sie, »geben uns folgende Verfassung.« Der geänderte Absatz 3 von Artikel IV lautete: »Die Konföderation kann … neue Staaten aufnehmen, und in allen diesen Gebieten soll die Institution der Negersklaverei … anerkannt und geschützt werden.« Da der Krieg nicht direkt unvermeidlich erschien, beraumte man in Washington eilig Verhandlungen an, um ihn noch abzuwenden. Doch Jefferson Davis erhöhte bei seiner Amtseinführung am 18. Februar in Montgomery den Einsatz, als er sagte: »Wir müssen uns auf den Ernstfall vorbereiten und letzten

Endes auch unter Gebrauch des Schwertes den Platz verteidigen, den wir unter den Nationen der Erde eingenommen haben.«

Williams vier Söhne waren im Unterschied zu dem sechsundzwanzigjährigen Elias Nonus von Dean Hall noch keine achtzehn Jahre alt, also nicht wehrfähig. Der unverheiratete Enkel Martha Carolines (alias Bussardschwinge) bewarb sich als erster aus der Familie bei der in Sammlung begriffenen Armee. Vier Tage nach Präsident Davis' Amtsantritt schrieb Nonus an den ehemaligen US-Senator und führenden Kopf der Sezessionisten, Robert Barnwell Rhett aus South Carolina. Rhett hatte das Dekret entworfen, das die Krise auslöste, und war selbst als Präsident der Konföderation gehandelt worden, um dann jedoch Davis zu unterliegen. Eingangs wies Nonus sicherheitshalber darauf hin, mit Rhetts Sohn, dem Herausgeber der radikalen Sezessionistenzeitung *Charleston Mercury*, befreundet zu sein.

»Ich möchte Sie höflich ersuchen, Ihren Einfluß für mich geltend zu machen«, schrieb Nonus erwartungsvoll. »Ich strebe einen Posten als Hauptmann oder, sofern das nicht möglich ist, als Leutnant der Kavallerie an. Ich möchte in diesen Armeezweig eintreten, weil ich mit seinen Ausbildungsgängen vertraut bin und bereits vier Jahre lang als Dragoneroffizier gedient habe.« Damit meinte Nonus offenbar seinen Dienst in der Sklavenstreife, der zu den Pflichten eines jeden Gutsbesitzers gehörte. Darüber hinaus schrieb er auch William Porcher Miles, dem ehemaligen Bürgermeister Charlestons, früheren Kongreßabgeordneten der USA und Mitglied des Militärausschusses im vorläufigen Konföderiertenkongreß von Montgomery, ebenfalls mit der Bitte, sich für ihn zu verwenden. »Ich habe die verschiedenen Werke über die Kavallerietaktik gründlich studiert«, eröffnete er Miles, als sei er allein dadurch schon für den Posten geeignet. Nonus scheint ähnlich labil gewesen zu sein wie sein Vater Elias Octavus, der vierzig Jahre zuvor die Militärakademie in Vermont und dann den Unterricht in England abgebrochen und es nie zu irgendeinem Abschluß gebracht hatte. Elias IX. gebot zwar erst seit vier Jahren über Dean Hall – und hatte das Gut noch nicht einmal ganz bezahlt –, ließ Miles jedoch wissen: »Sollte ich ein Patent erhalten, so würde ich die Armee zu meinem Beruf machen, da ich der Pflanzerei überdrüssig bin.«

Da weder Rhett noch Miles antwortete, schrieb Nonus schließlich an den Konföderierten Kriegsminister LeRoy P. Walker: »Ich möchte nur sagen: Alles, was ich unserer Konföderation bieten kann, ist ein tapferes Herz, eine scharfe Klinge und eine Hand, die sie zu führen versteht.« Doch nichts von alledem klappte, und schließlich gab Nonus auf. Ein Jahr später, im März 1862, meldete er sich als einfacher Soldat bei »Rutledge's Regiment«, einer Kavallerieeinheit.

Die neue Südregierung war bereits installiert, als sich Abraham Lincoln am 4. März 1861 in seiner Washingtoner Antrittsrede an die Konföderation wandte: »Die folgenschwere Entscheidung über einen Bürgerkrieg, meine unzufriedenen Landsleute, liegt nun allein bei *Ihnen* und nicht bei *mir*. Die Regierung wird Sie nicht angreifen. Einen Konflikt wird es nur dann geben, wenn *Sie selbst* die Aggressoren sind.« In Charleston kommentierte Rhetts *Mercury* Lincolns Rede wie folgt: »Eine jämmerlichere Zurschaustellung von Schwäche und Unvermögen, die Umstände dieses folgenschweren Ernstfalles zu erfassen, hätte es kaum geben können.«

»Nun, ich nehme an, der Krieg wird kommen«, schrieb Eliza Ball einer im Hinterland lebenden Freundin. »Bisher hat Gott uns vor allen Angriffen bewahrt, aber es sieht nicht so aus, als würden sie ihren Streit freundschaftlich beilegen.« In einem Nachtrag betonte sie: »Die Damen hier sind im allgemeinen höchst kriegerisch gesinnt.«

In den fünf Monaten nach Lincolns Wahl, zwischen November und März, besetzten die Rebellen fast alle Unionsdepots südlich von Virginia – Zoll- und Postämter ebenso wie Vorposten der Armee. Das mitten im Charlestoner Hafen gelegene Fort Sumter gehörte zu den wenigen Stützpunkten, die noch der nationalen Armee unterstanden. Symbolisch gesehen war Sumter sogar die wichtigste Südpräsenz des Bundes, da die Konföderation ja in Charleston ausgerufen worden war. Monatelang standen sich Carolinas Rebellen und die auf der Insel stationierten Unionstruppen kaum eine Meile voneinander entfernt gegenüber. Am 8. April setzte Präsident Lincoln South Carolina davon in Kenntnis, daß er die Festung zu halten und mit Proviant zu versorgen beabsichtigte. Als sich die Versorgungsschiffe am 12. April gegen 4.30 Uhr dem Hafen näherten, eröffneten Schützen der Rebellen vom nahe gelegenen James Island aus das Feuer auf Sumter, und damit hatte der Krieg begonnen.

Die Balls saßen derweil auf ihren Plantagen nördlich der Stadt.

»Ich weiß noch, daß ich bei meiner Schwester auf Hyde Park war, als die Schlacht um Fort Sumter begann«, schrieb Mary, die zweite Frau Williams, in ihren Memoiren. »Bei uns oben am Cooper River konnte man die Kanonensalven unserer Batterien & der vom Fort deutlich hören. Die Häuser bebten & die Scheiben klirrten … Ich werde nie vergessen, wie ich mich bei diesem Kanonendonner fühlte, und dann die Freude, Dankbarkeit & Erleichterung, als wir den Sieg errungen hatten.«

Als die Yankees kapituliert hatten und das Bombardement vorüber war, bat der *Charleston Courier* die poetische Kusine Kate um ein Gedicht zur Feier des Kriegsausbruches, worauf sie dem Blatt eine Hymne mit dem Titel »Siegesgruß« lieferte:

Unser Gott hat uns gesegnet, Brüder,
Gesegnet unsre Sache, unsern Heldenmut,
Und nun hallt es um die ganze Welt:
Gab es je auf Erden ein größeres Gut?
Gab es je auf Erden ein schöneres Fest,
Oder je einen reicheren Lohn,
Für unseren heiligen Protest
Als die Geburt einer neuen Nation?

Nach ihren Briefen zu urteilen fürchtete William das Schlimmste, aber Mary faßte sich ein Herz:

[Dann] zogen unsere Kavalleristen ins Gefecht nach Virginia & wir begleiteten die tapferen Soldaten an den Zug, jubelten ihnen zu, bis wir heiser waren. Ich glaube, sie waren die Tapfersten der Tapferen, & denke gerne an sie. … Ich werde nie vergessen, mit welchen Gefühlen wir sie in der Nacht abfahren sahen, über uns die leuchtenden Sterne, & dazu spielten Kapellen anfeuernde »Dixie«-Melodien.

Ich kann nur vermuten, wie die Ballschen Sklaven die Nachricht vom Krieg aufnahmen. Zwar ging die Arbeit weiter, aber Williams Notizen zeigen, daß die Ernten auf fünf seiner Plantagen von 1860 bis 1861 drastisch – nämlich um ein volles Drittel – schrumpften. Der Einbruch mag zum Teil witterungsbedingt gewesen sein, doch vielleicht gab es auch so etwas wie einen »Bummelstreik«.

Zum Zeitpunkt der Sezession lebte ein Großteil der Sklaven bereits in der dritten oder vierten Generation auf den Plantagen und hatte sich weitgehend auf die Abhängigkeit eingestellt. Den letzten Aufstand gegen die übermächtigen Weißen hatten Denmark Vesey und seine Komplizen bereits 1822 inszeniert, so daß die meisten sich schon gar nicht mehr daran erinnern konnten. Offener Widerstand kam nur noch selten vor, und wenn überhaupt, dann in Form kleiner Diebstähle oder Sabotageakte, oder aber durch absichtliches Mißverstehen von Anordnungen. Betrachten wir die individuelle Ebene, so war die Zahl der Fluchtversuche trotz der organisierten »Untergrundbahn« zurückgegangen: South Carolina lag so weit südlich von Pennsylvania, daß nur die Verwegensten eine Flucht in den Norden wagten. Mit Ausnahme von Kammerdienern, die weiße Familien begleiteten, hatten nur wenige Schwarze den Staat je verlassen. Die meisten wußten auch nichts über Afrika, obwohl es noch alte Rezepte, Beschwörungsformeln und Zaubersprüche gab, die ihren Alltag beseelten. Bis Mitte des 19. Jahrhunderts waren fast alle Sklaven des Südens zum Christentum bekehrt worden; alle Gemeinschaften hatten eigene Kirchen mit schwarzen Pastoren, die meist ein besseres Leben nach dem Tod predigten.

Seit vielen Jahren sprachen die Herrschaften nur noch von ihren »Dienern«, da der Abolitionismus das Wort »Sklave« ein für allemal vergiftet hatte. In der Familie galt Williams Verhältnis zu seinem Pferdejungen John, den er »Stallknecht« nannte, als typisch für die Beziehungen zwischen Gutsbesitzern und Leibeigenen. Einige Jahre vor dem Krieg hatte William in seinem Geschäftsbuch ein Loblied auf John angestimmt: »Am 2. Januar gestorben. Stallknecht John, ein treuer, guter Diener, etwa 65 Jahre alt, von der Familie wie auch von seinen Dienerkollegen sehr betrauert, unterstanden ihm doch jahrelang Stallungen, Garten & andere wichtige Tätigkeitsfelder, in denen er sich bis zu seinem Tode durch Fleiß und Zuverlässigkeit bewährte.«

Am Tag nach »Sumter« bewilligte Lincolns Kabinett die anfangs von ihm geforderten fünfundsiebzigtausend Soldaten; später beantragte er beim Kongreß weitere vierhunderttausend Mann, dann immer mehr. Als fünf Infanteriekompanien aus Pennsylvania, gefolgt von der 8. Massachusetts und der 7. New York, in Washington aufmarschierten, nahm die Unionsarmee rasch Gestalt an.

Wenn South Carolina eigene Verbände aufstellte, so zeigte abgesehen von Nonus zunächst keiner der Balls Interesse am Soldatenleben. Williams Generation blieb auf ihren Gütern und profitierte von einer Vorschrift, die der Konföderiertenkongreß erlassen hatte, um Großgrundbesitzer vom aktiven Dienst zu befreien. Doch Mitte 1861 scheint der zweiundvierzigjährige Keating von Comingtee Gewissensbisse verspürt zu haben, und plötzlich meldete er sich beim Ersten Artillerieregiment, einem Kampfverband. Seine Dienstzeit dauerte allerdings nur zweiundfünfzig Tage; dann schied er aus und trat einer nominell der Landesverteidigung dienenden Einheit bei, den »Etiwan Rangers«. William folgte Keatings Beispiel und buk kleinere Brötchen, indem er sich bei einer Feuerwehreinheit meldete. Keiner von beiden nahm je an einem Gefecht teil.

Durch den Erfolg bei Sumter ermutigt, verließen auch vier Staaten des oberen Südens – Arkansas, North Carolina, Tennessee und Virginia – die Union. Später kam es zur Spaltung Kentuckys und Missouris, die beide je eine Konföderierten- und eine Unionsregierung hatten. Damit erschienen die Aussichten für die Konföderation gar nicht so schlecht, und die Weißen konnten gemütlich weiterleben wie bisher. Williams Söhne lernten eifrig und widmeten sich den schönen Künsten; sechs Monate nach der Sezession schrieb Eliza ihrer früheren Gouvernante: »Sie fragen nach dem Musizieren der Jungen; es ist wirklich ein Genuß – Willie am Klavier & Isaac an der Geige. Sie spielen das ganze große Opernrepertoire zusammen, die schwersten Stücke, & zwar mit Ausnahme einiger verzwickter Stellen alles direkt vom Blatt – & es klingt nicht wie übende Kinder, sondern wie schöne Orchestermusik.«

Dem reichen Virginia zuliebe beschloß der Konföderiertenkongreß, die Rebellenhauptstadt von Montgomery in das prächtigere Richmond zu verlegen, also fast bis auf Schußweite an Washington heran. »Das hat Virginia nicht verdient«, schrieb Eliza, tief enttäuscht über die Verschiebung des Machtzentrums hinauf an die mittlere Atlantikküste. »Hätten die sich der Sezession nicht erst so spät angeschlossen, dann wäre uns der Krieg vielleicht noch erspart geblieben, und jetzt scheint es, als bekämen Carolina und Virginia die Gefechtsfront & ... als könnten wir viele treue Herzen & tapfere Soldaten verlieren.«

Präsident Lincoln ordnete eine Blockade wichtiger südlicher Häfen an, und ab Mitte Mai kreuzte die *U. S. S. Niagara* vor Charleston. Weitere Unionsschiffe sollten die Handelswege nach New Orleans, Savannah und Mobile (Alabama) abschneiden, um die Wirtschaft des Südens abzuwürgen. Im Juni kam es bei Big Bethel (Virginia) und Boonville (Missouri) zu vereinzelten Scharmützeln, und Kanonenboote nahmen Konföderiertenstellungen an der Küste Virginias unter Beschuß. Das erste große Gefecht war am 21. Juli die Schlacht von Bull Run oder Manassas (Virginia), in der fünfunddreißigtausend Konföderierte siebenunddreißigtausend Unionisten gegenüberstanden. Letztere unterlagen, bei Verlusten von insgesamt achthundertsiebenundvierzig Mann. In der Folge gab es weiteres Blutvergießen bei Wilson Creek (Missouri) und Cape Hatteras (North Carolina).

Im Sommer 1861 flohen Hunderte, später Tausende, von Sklaven ins Gebiet der Union, wie sich ihre Vorfahren während der Revolution zu den Briten hinübergerettet hatten. Unionsgeneral Benjamin Butler, der Kommandant von Fort Monroe in Virginia, fragte schriftlich bei Lincoln und dessen Kriegsminister Simon Cameron an, was er mit der, so sein Ausdruck, »Konterbande« anfangen solle, womit er jene neunhundert entlaufenen Schwarzen meinte, die sich inzwischen bei seiner Truppe befanden. Er bekam die Anweisung, sie irgendwie gegen den Süden einzusetzen. So verfügte die Union bald über ein wachsendes Korps von Fuhrmännern, Spähern und Köchen. Später wurden ehemaligen Sklaven sogar blaue Uniformen übergestreift, und sie dienten als reguläre Soldaten.

Im Norden war man von diesem Zustrom der Schwarzen nicht gerade begeistert, und Lincoln selbst hielt ihre sofortige Freilassung nicht für machbar. Schon einen Monat nach seinem Amtsantritt, im April, hatte der Präsident Interesse an einem Umsiedelungsmodell gezeigt und Fühlung mit der im späteren Panama ansässigen »Chiriqui Improvement Company« aufgenommen, die im Kohlebergbau tätig war. Er wollte die befreiten Schwarzen nach Mittelamerika deportieren, um sie dort anzusiedeln. Einige Monate später nahm der humaner gesinnte Generalmajor John Charles Frémont die Dinge in Missouri selbst in die Hand und verfaßte eine »Emanzipationsproklamation«, mit der er alle den aufständischen Südstaatlern entlaufenen Arbeiter für frei erklärte. Als Lincoln von diesem eigenmächtigen Schritt hörte, sah er die Lösung des Problems offenbar nach wie vor darin, alle Neger aus dem Lande zu schaffen. Der Präsident pfiff seinen General zurück, bezeichnete dessen Dekret als »diktatorisch« und erklärte: »Es wird die Freunde der Union im Süden aufbringen und endgültig gegen uns einnehmen.«

Charleston selbst umgab ein Ring von Batterien, Festungen und Wällen, doch fünfundfünfzig Meilen südwärts, bei Port Royal, war die Küste an der Mündung des Broad River, der sich vor den Baumwollinseln St. Helena und Hilton Head ins Meer ergoß, relativ ungeschützt. Dort fuhr Anfang November 1861 die aus siebzehn Schiffen bestehende Unionsflotte des Flaggoffiziers Samuel F. Dupont vor, um eine Invasion von zwölftausend Soldaten unter Brigadegeneral Thomas Sherman vorzubereiten. Nach vierstündigem Bombardement nahmen die Yankee-Truppen Port Royal ein und errichteten dort ein großes Lager; damit trieben sie einen Keil in die Flanke der Konföderation und bedrohten das nur einen Tagesmarsch entfernt gelegene Charleston, wo die Rebellen infolgedessen ihre Befestigungen verstärkten. Die Konföderationsregierung rief alle Plantagenbesitzer auf, für diese Arbeiten Schwarze zu entsenden, und im Dezember 1861, einen Monat nach der Invasion bei Port Royal, ordnete William Ball fünfundzwanzig Kräfte von Limerick, Halidon Hill und Cedar Hill ab, die Schützengräben aushoben und das Fort Moultrie auf Sullivan's Island verstärkten.

Aufgrund der anhaltenden Hafenblockade begannen Bedarfsartikel wie Zucker, Kaffee oder Papier auszugehen. Bei Kriegsausbruch war der ehemalige Vertreter des Staates South Carolina, George Alfred Trenholm, Teilhaber der Baumwollreederei Fraser & Trenholm, die über eine große Flotte verfügte, und wurde bald darauf zu einem der erfolgreichsten Blockadebrecher. (»Wir müssen hier schon seit langem auf Tee & Kaffee verzichten«, schrieb Williams Schwester Jane einer Freundin. »Ich schreibe auf Musterpapier, das ich von Mr. Foster habe, der bei Trenholm arbeitet und vieles dergleichen beschaffen kann.«) Von Trenholm – mitunter auf seinem persönlichen gepanzerten Kanonenboot *Chicora* – hereingebrachte Güter erzielten horrende Preise, und nicht jeder konnte sich die Schwarzmarktware leisten. Im *Charleston Courier* erschien ein hilfreicher Artikel über die Aufbereitung von Meersalz, »um Schinken einzupökeln«, da der Import zum Erliegen gekommen war. Wenn es in der Heimat nach »Sumter« keine weiteren Gefechte gegeben hatte, so führten weiße wie schwarze Frauen in den Plantagenhaushalten einen regelrechten Versorgungskrieg, in dem sie darum kämpften, den Lebensstandard zu halten. Da es preiswerte Kleidung von neuenglischen Fabriken nicht mehr gab, ließ eine der Ballschen Damen ihre Sklavinnen Aberhunderte von Hemden und Hosen nähen, um sie an die Konföderation zu verkaufen.

Im Umland gab es kaum Kämpfe, und die gewaltigen Armeen hatten es nicht eilig, ihre Lager zu verlassen. Lincoln verzweifelte schier über den ausbleibenden Fortschritt. Doch am 16. Februar 1862 gelang den Unionisten am Cumberland River in Tennessee ein großer Durchbruch, als ihnen nach kurzer Belagerung die Konföderiertenhochburg Fort Donelson in die Hände fiel. Zwölftausend feindliche Soldaten mußten sich ergeben, Kentucky gehörte der Union, und Tennessee war angreifbar geworden. Zehn Tage später nahmen die Unionstruppen Nashville ein.

Auf Limerick schien man sich keine Sorgen zu machen. Kusine Kate teilte einer Freundin mit, William habe »seine Buben nach Hause gerufen & zum 1. März fürs College angemeldet, & sein Neffe John Shoolbred geht auch mit«. Eliza beklagte sich von Charleston aus bei William über die hohen Steuern der Konföderation und darüber, daß sein Sohn John in der Schule nicht richtig pariere.

Offenbar rückten die Männer des Südens nur schleppend ein, denn im Konföderiertenkongreß begann man, eine Aushebung zu erörtern. »Ich bin froh, daß die Leute sich freiwillig melden«, schrieb der damals zwanzigjährige William jr. (Willie) seiner Großmutter Eliza, »denn es wäre eine Riesenschande, wenn die Charlestoner, die immer eine so große Klappe hatten, eingezogen werden müßten.« Diese ermahnte seinen Vater, der nach wie vor kniff, die Göttlichkeit des Krieges nicht zu vergessen. »Am Montag hat der Bischof vor dem Damenverein gesprochen. Er bezeichnete den Krieg als ein notwendiges Übel, um eine Nation zu läutern & im Volke gute Gefühle zu wecken. ... Er erklärte uns unverblümt ... daß der Feind stark & gut vorbereitet ist & daß er gerade unseren Staat besonders gerne zerschlagen würde.«

Im März 1862 stießen bei der Schlacht von Pea Ridge (Arkansas) elftausend Unionisten auf vierzehntausend Konföderierte, und es gab insgesamt eintausendachthundert Tote und Verwundete. Daraufhin zogen sich die Rebellen zurück, was ihre Aussichten jedoch verschlechterte, denn nun drohte auch Missouri in die Hände der Union zu fallen. Einen Monat später schlug diese einen Vorstoß der Konföderierten im äußersten Südwesten bei Santa Fe (New Mexico Territory) zurück. Dann folgte das Gemetzel von Shiloh. Am 6. und 7. April verteidigten die zweiundvierzigtausend Mann der Tennessee-Armee Ulysses Grants und die zwanzigtausend der Ohio-Armee Don Carlos Buells bei Shiloh (Tennessee) ihre Stellungen gegen vierzigtausend Konföderierte. Am Ende mußten die Rebellen weichen, da die erhoffte Verstärkung ausblieb. Allein ihre Seite zählte 1723 Gefallene, 959 Vermißte und 8012 Verwundete. Noch im selben Monat rückten Unionstruppen weiter gegen Charleston vor und besetzten die dreißig Meilen südlich der Stadt gelegene Insel Edisto.

Am 16. April unterschrieb Präsident Davis in Richmond ein Gesetz über die Einziehung aller weißen Männer im Alter zwischen achtzehn und fünfunddreißig Jahren zu einer dreijährigen Dienstzeit. Anstatt sich ausheben zu lassen, rückten die Ball-Jungen jetzt lieber von selbst ein. Nur zwölf Tage nach Inkrafttreten des Wehrgesetzes, am 28. April, meldeten sich der fünfundzwanzigjährige Octavus-Sohn Hugh Swinton (der Namensvetter des ertrunkenen Bruders von Octavus), Williams gerade erst achtzehnjähriger Sohn Isaac und dessen älterer Bruder Willie freiwillig beim Ersten Regiment der South Carolina Artillery und wurden der Kompanie Hauptmann Edward Parkers zugeteilt. (Die anderen Limerick-Brüder John und Elias waren mit sechzehn bzw. dreizehn Jahren damals noch zu jung, zogen jedoch später ebenfalls ins Gefecht.) Wenn alle drei als einfache Soldaten anfingen, so bewies Isaac offenbar großes Organisationstalent, denn er wurde später zum Regimentssekretär ernannt. Hugh Swinton ließ sich dank seines Musikunterrichtes zum Bläser des Signalhorns küren. Die jungen Männer dienten fast den gesamten Krieg lang als Kanoniere und bezogen dreizehn Dollar Monatssold.

Das Erste Artillerieregiment hieß Marion's Brigade, weil sein befehlshabender Brigadegeneral, Nathan G. Evans, aus Marion (South Carolina) stammte. Der hagere Offizier mit Ziegenbart trug seiner dürren Beine wegen den Spitznamen »Shanks« [Haxler]. Seine Truppen – Hauptmann Parkers Kompanie inklusive – wurden zur Verteidigung Charlestons auf Stellungen im Umkreis der Stadt verteilt. Die wichtigsten Hafenbastionen bestanden aus Fort Johnson am Südzipfel von James Island, Fort Moultrie auf Sullivan's Island, gegenüber dem Nordostkanal, und dazwischen Fort Sumter. Weitere Batterien lagen auf Morris Island, einem Sandstreifen vor James Island, mit der sogenannten »Battery Wagner« als ihrer wichtigsten Befestigung. Als die Unionisten von Edisto aus nordwärts vorrückten, wurden etwa vierzehntausend Soldaten, darunter die Ball-Jungen, sofort nach James Island beordert, wo sie auf die Invasion der Yankees warteten.

Schon ihre ersten Wochen in der grauen Uniform brachten schwere Kämpfe. Eine große Unionsstreitmacht hatte mit Kanonenbooten vor der Küste geankert und ihr Lager auf John's Island aufgeschlagen, einer weiteren schlammigen, nur durch den schmalen Stono River von James Island getrennten Insel. Am 23. Mai 1862 überquerte Hauptmann Parkers Artillerie zusammen mit acht Infanterie- und zwei Kavallerieeinheiten den Fluß und fiel auf der Insel ein, um die Yankees auf ihre Schiffe zurückzutreiben. Doch zur Verblüffung der Rebellen war die Insel von Yankees wie Pflanzern verlassen, dafür aber mit Sklaven bevölkert, die Evans nun daran hindern wollte, zu den Yankees überzulaufen. In seinem Einsatzbericht schrieb er: »Es wurde sofort befohlen, die Neger zu entfernen, und bevor ich abzog, hatten die Soldaten etwa 200 eingefangen. ... Ich ordnete an, sie ins Arbeitshaus zu schaffen und dort von ihren Haltern versorgen und beaufsichtigen zu lassen. Doch war ich gezwungen, Rationen an sie auszugeben, bis ihre Ernährung gesichert erschien.«

Alsbald gelang es den Unionisten, im Südwesten von James Island siebentausend Soldaten abzusetzen mit dem Plan, bis zum etwa sieben Meilen entfernten Charleston vorzudringen. Drei Wochen nach den Vorfällen von John's Island griffen Unionstruppen unter Brigadegeneral H. W. Bentham eine Rebellenstellung auf James Island an, die den unzweideutigen Namen »Secessionville« trug. Am 16. Juni wurden die Yankees zurückgeschlagen, wobei sie neun Offiziere verloren; hundertsiebenundachtzig Rekruten fielen oder galten als vermißt, und vierhundertneunundfünfzig wurden verwundet. Bei den Konföderierten gab es sechzig Tote und hundertvierundvierzig Verwundete.

Eine Woche später sahen die Ball-Jungen und ihre Kompanie, die jetzt bei Simmon's Bluff stationiert war, zwei Kanonenboote der Unionisten nahen, eines mit Seitenrad und ein Dreimaster. Als die Schiffe das Feuer eröffneten, erhielten die Rebellenkanoniere den Befehl, ihre Geschütze zu verlegen. Doch auf dem schlammigen Weg gelang es ihnen nicht, sie in Gefechtsposition zu bringen. Ein Yankee-Trupp landete, setzte einige Zelte in Brand und zog sich daraufhin sofort wieder zurück.

Schließlich scheinen die quälenden Ereignisse, denen die Ball-Jungen ausgesetzt waren, auch die Älteren in der Familie aufgeschreckt zu haben. Eliza schrieb einer Freundin im Hinterland von Charleston aus: »Wir sind gerade vom Lande zurückgekehrt ... & treffen hier viele Familien im Aufbruch an, & alle fragen dich, wann & wohin du gehst – was mich ganz schön in Erstaunen gesetzt hat & ich nun gar nicht mehr so recht weiß, was ich tun soll. ... Ach, wie traurig und furchtbar ist dieser Krieg – alle meinen, daß der Feind die gesamte Küste einnehmen wird.«

Die Frauen machten Pläne für eine Umsiedelung ins Hinterland und fragten schriftlich bei Julia Obear, der ehemaligen Gouvernante von Williams Söhnen, an, ob sie in ihrem Haus in Winnsboro noch Platz habe. Zwar bejahte die Dame, aber nun stellten die vielen Sklaven ein Problem dar. Williams Schwester Jane scheint damals bereits das ganze Dilemma, von der Invasion bis zur Befreiung und ihren Folgen, gründlich durchdacht zu haben. Als sie die Absicht erwog, zusammen mit ihrer Mutter umzuziehen, schrieb sie an Julia Obear:

Wir könnten mühelos [als Flüchtlinge] zu Ihnen kommen, wenn wir nur wüßten, was wir mit all den Negern machen sollen. Meinen Sie, es gäbe Möglichkeiten, sie gegen Kost & Logis, ich meine als Hausdiener, zu verleihen? – Die Leute auf den Plantagen werden wir, fürchte ich, nur sich selbst überlassen können. ... Sollte Charleston fallen, wird unser Fluß selbstverständlich nicht mehr sicher sein. Wenn wir jetzt fliehen, werden wir nicht mehr sehen können, was noch zu tun ist, aber ich möchte ungern *hier* bei den Yankees & Negern bleiben, die vermutlich sehr unverschämt werden, wenn sie erst einmal befreit sind. ... Sogar wenn wir alle unsere Neger verlieren sollten, die mein ganzes Vermögen bilden, müssen wir noch mit weiteren Härten & Prüfungen rechnen – & wenn unsere Männer sie erleiden, warum dann nicht auch wir Frauen? Gott muß wissen, daß wir das alles verdient haben, denn sonst ließe er es bestimmt nicht über uns kommen.

Noch im jenem Mai machte Lincoln einen Schritt in die von Jane gefürchtete Richtung und unterschrieb ein Gesetz zur Abschaffung der Sklaverei im Distrikt Columbia.

Anstatt nach Winnsboro zu gehen, mieteten Jane und ihre Mutter ein Haus hundertzehn Meilen landeinwärts in Columbia an, das sie zusammen mit Williams beiden jüngeren Söhnen und mehreren Haussklaven bezogen. Nachdem Mutter, Schwester und alle seine Söhne verschwunden waren, blieb der verwitwete William, nur von Schwarzen umgeben, allein auf Limerick zurück. Der Krieg bereitete ihm mehr Kummer als irgendwem sonst in der Familie, und wie üblich scheint er in seinem Plantagebetrieb Zuflucht vor der Politik gesucht zu haben. Er verbrachte die Tage mit Altvertrautem, zählte gewissenhaft sein Vieh und kam dabei allein für Limerick auf 161 Kühe, Kälber, Ochsen, Stiere, Jährlinge und Bullen. In seiner Einsamkeit begann er sich plötzlich für seine leibliche Base Mary Huger Gibbs von der Nachbarplantage Windsor zu interessieren – die ein längliches Gesicht, glattes braunes Haar und traurige Augen hatte. Offenbar machte er ihr im Herbst 1862 einen Antrag, denn zwei Tage vor Weihnachten wurden sie getraut. William war damals einundvierzig, Mary hingegen erst sechsundzwanzig Jahre alt. Allem Anschein nach gelang es der neuen Mrs. Ball, ihren Mann vorübergehend vom Krieg abzulenken; so läßt zumindest eine Flut glückstrunkener Briefchen vermuten, die er seiner Mutter schrieb. Eliza, die Mary zweifellos kannte, dachte jedoch mehr an ihre eigenen Nöte als eine in Columbia »Ausgesetzte« und nahm an Williams Glück nur geringen Anteil. »Es freut mich«, schrieb sie ihrem Sohn pikiert, »wenn Dir Deine neue Frau so gut gefällt, daß Du ihren Namen in Deinen Briefen so oft erwähnen mußt.«

»Hiermit verkünde und erkläre ich, daß alle Personen, die in den bezeichneten Staaten oder Teilstaaten als Sklaven gehalten werden, fortan frei sein sollen.« Präsident Lincoln hatte das letzte Stück auf dem Wege zur uneingeschränkten Freiheit zurückgelegt, und die Emanzipationsproklamation trat am 1. Januar 1863 in Kraft. Sie war zwar bloß ein Stück Papier, aber nun konnten sich der Norden und der Süden wenigstens auf ein und denselben Kriegsgrund berufen.

In den Konföderiertenlagern bei Charleston zeigte die Nachricht von der Emanzipation kaum Wirkung. William schickte auch weiterhin Arbeitertrupps von Limerick nach James Island, wo sie wochen- und monatelang Befestigungsanlagen bauen mußten. Einmal schrieb Willie seinem Vater: »Habe gestern Cupid gesehen, der sagte, die Jungs [Schwarze von Limerick] ... wollten unbedingt wieder nach Hause und fragten ständig, wann sie gehen könnten. Wenn Du eine andere Kolonne herunter schicken würdest ... so wäre das bestimmt sehr hilfreich.« Er fügte hinzu: »Die Yankees hämmern weiter täglich auf uns ein. ... Unsere Neger mögen das nicht so sehr, denn die Granaten kommen näher, als es ihnen lieb ist.«

In jenem Jahr, 1863, rückte auch Isaacs und Willies inzwischen siebzehnjähriger Bruder John auf James Island ein. Dabei begleitete ihn der Segen seiner Großmutter, die seinem Vater ahnungsvoll schrieb: »John ... will unbedingt einen Beitrag zur Verteidigung seines Landes leisten, & ein S. C. [South Caroliner] könnte sein Leben für nichts Besseres lassen als die Beschützung unserer guten alten Stadt.« Neben John meldete sich auch Janes zwanzigjähriger Sohn John Shoolbred und traf wenig später bei den anderen Jungen ein. Williams Schwester Jane hatte Anfang 1842 John G. Shoolbred geheiratet, der verstarb, als sie im sechsten Monat schwanger war, und damit auf Quenby den Halbwaisen John jr. hinterließ. Der wurde überwiegend von seinen Basen auf Limerick großgezogen, die ihn stets nur »Shoolbred« nannten. Er hatte eine Schilddrüsenschwäche und wurde später drei Zentner schwer, was ihn bei den einfachsten Verrichtungen behinderte, so daß er kaum ohne seinen Diener Nat auskam. Dieser war um 1845 geboren und auf Quenby aufgewachsen, wo er wegen seiner unfehlbaren Zuverlässigkeit »Daddy Nat« hieß. Der Überlieferung zufolge muß Shoolbred derart schwerfällig gewesen sein, daß er ohne Nats Hilfe nicht einmal in den Sattel gelangte. Wie schon erwähnt, ließen sich viele der konföderierten Pflanzersöhne von ihren Leibsklaven bedienen. Als sich Shoolbred bei einer Abwehrkompanie in Charleston meldete, hatte er diesem besonderen Vorrecht gemäß Nat mit dabei.

Nachdem Nat mit Shoolbred im Lager eingetroffen war, wurde er zum ständigen Begleiter und Diener der Vettern, kümmerte sich um ihre Kleidung, sorgte regelmäßig für Brennholz und holte Vorräte von der fünfunddreißig Meilen entfernten Plantage. »Nat ist bisher noch nicht angekommen, aber wir erwarten ihn heute mit den Kisten, die ich bei nächster Gelegenheit zurückschicken werde«, schrieb Willie seinem Vater. Bei einem Weihnachtsessen im Lager, so berichtete Willie, ließen sich die Jungen »zu Truthahn mit gebratenem Schinken nieder. Ich vermute, Nat weiß am besten, wie gut alles schmeckte, denn für ihn blieb nicht mal ein Knochen zum Abknabbern übrig«.

Auf James Island gewöhnte man sich an das Lagerleben und maß sich mit den Yankees in Geduld. Oft endete wochenlanges Nichtstun jäh mit heftigen Artilleriegefechten, wenn feindliche Kanonenboote vor der Küste auftauchten und an verwundbaren Stellen Landetruppen aussetzten. Am 30. Januar kaperte die Artillerieeinheit Isaacs und Willies, unterstützt durch Infanterie, am Stono River das Unionsboot *Isaac Smith* mit sieben Kanonen, und nahm seine elf Offiziere und einhundertacht Besatzungsmitglieder gefangen. Manchmal berichteten die Brüder von ihren Taten nach Hause. »Ich habe gerade einen Brief von Willie bekommen«, teilte Eliza aufgeregt William mit. »Am Freitag hatten sie eine lebhafte Begegnung mit zwei Kanonenbooten & setzten eines davon außer Gefecht, das sie in Brand schossen. Zum Glück wurde keiner von ihnen verletzt, obwohl es Kugeln & Granaten nur so hagelte.«

Während Isaac selbst seinen Dienst als Kanonier nicht beschrieb, ist ein Bericht erhalten, der einen Eindruck von den Scharmützeln vermittelt. Sein Freund und Waffenbruder D. E. Huger Smith führte ein Kriegstagebuch, in dem sich die folgende Passage findet:

John's Island, 1863
Isaac Ball war der Unteroffizier oder Kanonier meiner Einheit. Er richtete gerade das Geschütz für die nächste Salve aus, als eine Granate die Schleppe zwischen seinen Beinen traf und die Lenkkette wegschleuderte. Ich stand an Position 6 und hielt eine Granate in der Hand, um sie Nummer 2 zu übergeben. Als der annehmen wollte, riß ein Stück der Lenkkette die Haut an seiner Kehle mehrere Zentimeter lang auf. Er taumelte rückwärts und rief: ›Großer Gott, ich bin verwundet.‹ Darauf strich er sich mit dem Handrücken über die Kehle, sah mir fragend in die Augen und sagte, ›Nein, bin ich nicht!‹ Dann nahm er die Salve und steckte sie in die Kanone.

Die Unionisten machten immer neue Anstrengungen, gegen Charleston anzurennen. Am 7. April 1863 fuhren sie mit neun Panzerkreuzern in den Hafen ein, um das für eine seegestützte Invasion neuralgisch wichtige Fort Sumter zu attackieren. Doch die Angreifer konnten lediglich hundertvierundfünfzig Salven abgeben, während die Kanoniere der Konföderierten sie mit insgesamt zweitausendzweihundert Granaten zum Abdrehen zwangen. Nachdem die Schiffe vertrieben waren, kam es im Kriegsministerium des Südens zu einem Führungswechsel, und bald darauf wurde ein neuer Angriff geplant. Da die Konföderierten viele Verteidiger Charlestons ins Landesinnere verlegt hatten, zählten diese kaum noch sechstausend Mann, von denen dreitausend auf James Island und ein paar hundert auf der angrenzenden, kaum befestigten Insel Morris standen. Als sie diese Schwächung erkannten, zogen die Unionisten im Juni fast elftausend Mann an der Stono-Mündung zusammen, um eine Offensive vorzubereiten, die am Südende von Morris Island starten und bis zur Battery Wagner an der Nordspitze durchdringen sollte, um von dort aus Fort Sumter unter Beschuß zu nehmen.

Als der Angriff am 10. Juli begann, standen die Vettern mit den Hauptverbänden nebenan auf James Island. Während die Unionisten bis zur Battery Wagner vorrückten, zogen dreitausendachthundert weitere Angreifer den Stono hinauf, um Stellungen auf James Island unter Beschuß zu nehmen. Der erste Angriff auf Wagner endete am 11. Juli mit dem Rückzug der Unionisten. Am 18. Juli erfolgte ein zweiter, bei dem fünf Kanonenboote die Bastion von morgens um neun bis zum Einbruch der Dämmerung mit Feuer belegten. Um 19.45 Uhr schließlich stürmte die sechshundert Mann starke Schwarzeneinheit »45. Massachusetts« die Festung, ein regelrechtes Selbstmordkommando, bei dem zweihundertzweiundsechzig fielen, darunter der Befehlshaber. Die Bombardements und Offensiven dauerten tage- und dann wochenlang an, bis der Zugang zur Battery Wagner ein einziges Leichenfeld war und die Gefallenen neben toten Kavalleriepferden in der Sommerhitze verwesten.

»Was für entsetzliche Gefechte haben Morris Island erschüttert«, schrieb Eliza an William. »Gott war mit uns, denn sonst wäre eine derartige Übermacht mit so vielen Schiffen und all den Kugeln & Granaten gleichzeitig niemals zurückgeschlagen worden.« William hatte sich offenbar wieder in seiner Verzweiflung über den Krieg gehenlassen, denn seine Mutter fügte hinzu: »Laß Dir, besonders vor den Dienern, nicht anmerken, daß Du Dich ganz aufgegeben hast, wie mir zu Ohren kam.« Einige Tage später rügte sie ihren Sohn erneut: »Willie schreibt … er habe kürzlich einen Brief von Dir bekommen & Du seist der kleinmütigste Mensch, von dem er je gehört hat; Du jammertest, wir gingen alle unter. Du darfst unseren lieben Jungen nicht so verzagt schreiben; sie tragen doch alle Prüfungen & Härten des Krieges & sind allen seinen Gefahren ausgesetzt, also brauchen gerade sie Ermutigung.«

Der Defensivplan sah vor, die Männer an der Battery Wagner alle paar Tage auszutauschen. Jane erklärte den Grund dafür wie folgt: »Die Regimenter dort müssen ständig wechseln, da die Männer rasch erschöpft sind, nichts essen können und der einzige gute Brunnen vom Blut der Verwundeten verseucht ist, das der Regen hineinspült, und die Granaten rings um das Fort Fetzen der Yankees aus dem Sand reißen, die nicht tief genug begraben sind – also wundert es mich auch nicht, wenn sie keinen Appetit haben.«

Bald darauf waren die Vettern an der Reihe, und Eliza schrieb an William: »Willie teilt Jane mit, daß John und Isaac am 5. [August] zur Battery Wagner aufbrechen, um dort drei bis vier Tage lang zwei Haubitzen zu besetzen. ... Er scheint ungern zurückzubleiben & von seinen Brüdern getrennt zu werden & sagt, sie seien die tapfersten und kaltblütigsten Burschen, neben denen er überhaupt nur kämpfen könnte.«

Später mußte auch Willie nach Wagner und beschrieb seinem Vater, was er dort erlebte:

Letzten Freitag brachen wir von hier nach Morris Island auf, wo wir samstags etwa bei Tagesanbruch eintrafen. Unsere Abteilung blieb bei der Battery Gregg. Am Montag lösten wir die Männer bei Wagner ab. ... Die Yankees rückten Tag und Nacht weiter vor, und am Dienstag waren ihre Schützengräben nur noch knapp 25 Meter von unseren entfernt. Als nächstes wollten sie unsere Gräben einnehmen, und am Dienstagabend gegen Einbruch der Dämmerung kam der Angriff, aber unsere Jungs hielten tapfer dagegen und nach einem vielleicht einstündigen Gefecht zogen sie sich wieder zurück. Artillerie war wegen der geringen Entfernung zwischen den kämpfenden Parteien nicht beteiligt. ... Mittwochs ... eröffneten sie schweres Mörserfeuer, das bis Sonnenuntergang ununterbrochen andauerte, um plötzlich abrupt zu enden, und im nächsten Moment waren sie in unseren Gräben. Wir nahmen sie mit Kartätschen und Granaten unter Beschuß, konnten aber in der Dunkelheit nicht erkennen, wie ihnen das bekam. ... Sie hielten keine Ruhe, sondern feuerten Salve auf Salve Miniékugeln gegen uns ab, töteten ein, zwei Mann von den anderen Kompanien, erwischten jedoch keinen einzigen von uns. Ich begreife selber nicht, wie wir davonkamen, da unsere Kanonen häufig streikten und ihre Kugeln uns mit Sand eindeckten. ... Montags feuerten sie drei Granaten auf eine 42-Pfünder ab. Gleich die erste traf, zerfetzte die Kanone und verwundete fünf von den sechs Mann der Abteilung. ... Und im übrigen ... halten ihre Scharfschützen ständig auf jeden, der es wagt, den Kopf über die Brustwehr zu heben.

Nach mehrwöchiger Belagerung gaben die Konföderierten Morris Island und die Battery Wagner auf. Daraufhin rückten die Unionisten mit einer Acht-Zoll-Parrott-Kanone nach, dem sogenannten »Sumpfengel«, der das ungefähr acht Kilometer entfernt gelegene Charleston mit Zweihundert-Pfund-Granaten belegen konnte. Der Beschuß begann am 22. August mit sechzehn Salven. Am nächsten Tag folgten weitere zwanzig, doch bei der letzten war das Geschütz nach nur sechsunddreißig Einsätzen kaputt. Auch andere Artillerieeinheiten der Union bombardierten die Stadt. Eine Granate landete im Keller des Ballschen Hauses Vernon / Ecke East Bay Street, das allerdings zu diesem Zeitpunkt leerstand.

Zunehmend verzweifelt, bat Eliza ihren Sohn, möglichst einige der ihrer Ansicht nach entbehrlichen Sklaven zu opfern: »Der Bedarf an Negerarbeit hält an & wird dringender. Hast Du welche hingeschickt oder kannst Du es nicht einrichten? Jane ist bereit, auf einige zu verzichten, da wir versuchen müssen, unsere Stadt & unser Land zu retten. Was würde ihr Verlust schon bedeuten im Vergleich mit dem unserer Kinder & Freunde?«

Die nach wie vor in Columbia sitzende Jane sah den Fall ihrer Heimatstadt kommen und machte sich Sorgen über ihre wertvollen Besitztümer:

Ich wage gar nicht daran zu denken, welch eine Hungersnot im Lande ausbrechen wird, wenn alle unsere Ernten da unten vernichtet sind. ... Das bißchen abgepacktes Fleisch [auf Quenby] solltest Du besser gleich an die Leute verteilen, bevor es den Yankees in die Hände fällt. ... Ich hoffe, meine Harfe wird irgendwann hier [in Columbia] eintreffen, doch sollte sie in der Stadt kaputtgehen, wird darüber mein Herz nicht zerbrechen, da ich im ganzen letzten Jahr nicht mehr damit gerechnet habe, sie je wiederzusehen. Die Familienporträts werden uns kaum noch von Nutzen sein, wenn wir in dieser Welt keine Bleibe mehr haben. ... Wir müssen immer daran denken, wieviel Hiob zu ertragen hatte. ... Mein lieber Bruder, die Zeit unserer Prüfung naht, und ich sehe nicht, was wir noch für unsere armen Neger tun können. Sie werden in die Wälder fliehen müssen, wenn die [Unions]Boote den Fluß hinauffahren. Ich hoffe, wir werden wenigstens verhindern können, daß die Yankees in Charleston landen. Sonst bleibt davon gewiß nur Schutt und Asche.

Trotz der bedrohlichen Lage trotzte die Stadt den Angriffen der Unionisten noch ein weiteres Jahr lang. Die Anzahl der Balls in grauer Uniform wuchs. Williams Jüngster, Elias, trat sechzehnjährig in eine Kompanie von »Stono-Spähern« ein, die Unionistenstellungen auskundschaftete. Der junge John wurde im Juli 1864 auf John's Island von einer Kugel oder einem Stück Schrapnell an der Wange verwundet, erholte sich rasch wieder und trug lediglich eine Narbe davon. Im selben Jahr bekam Shoolbred eine Miniékugel in die Achillessehne, womit er nicht mehr diensttauglich war und später sein Leben lang humpelte. Doch der schwerste Verlust trat im Sommer ein, als Isaac B. Gibbs, der Bruder von Williams Kriegsbraut Mary, vierundzwanzigjährig in Virginia fiel.

Der 1840 geborene Isaac, dessen Eltern, Mathurin Guerin Gibbs und Maria Louisa Poyas, mit den Balls verschwägert waren, hatte sich – nach der zusammen mit den Ball-Brüdern und ihrem Vetter Shoolbred verbrachten Kindheit und Jugend – für Hagoods Brigade gemeldet, die unter dem Kommando General Johnson Hagoods im gesamten Süden operierte. Im August 1864 stand er mit seinem Regiment südlich von Petersburg (Virginia), das als die letzte Konföderiertenbastion gegen die Unionisten auf ihrem Vormarsch in die wenige Meilen entfernt gelegene Hauptstadt Richmond belagert wurde. Von Osten her traf die siebzehntausend Mann starke Armee General Ulysses Grants ein, um den fünfundzwanzigtausend, in fünfundfünfzig Batterien rings um die Stadt verteilten Verteidigern Petersburgs unter General Robert E. Lee beizustehen. Grant zog auf die Westseite hinüber und versuchte, die Flanke der Konföderierten zu umfassen, wobei er an die von Richmond über Petersburg südwärts führende Weldon Railroad gelangte. Diese Eisenbahnlinie sollte Hagood's Brigade verteidigen.

Als die Unionisten am Sonntag, dem 21. August 1864, begannen, die Schienen herauszureißen, hielt Hagood voll dagegen. Gegen neun Uhr nahm Konföderiertenartillerie die feindlichen Stellungen unter Beschuß, worauf er stracks vorrückte. Darauf antworteten die Unionisten mit Kanonen, und fast alle Rebellen außer dem weiter vorpreschenden Regiment Isaac Gibbs stellten ihre Offensive ein. Siebenhundert Mann, die eine Bergkuppe nahe der Bahnlinie erstiegen, sahen sich dort mit mehreren tausend Unionisten konfrontiert und von drei Seiten her unter Salvenfeuer genommen. Eine Stunde später lagen fünfhundert tot oder verwundet am Boden, darunter Isaac Gibbs.

Im *Charleston Courier* erschien ein Nachruf: »I. B. Gibbs aus dem 25. Regiment, Kompanie B, soll letzte Nacht stundenlange schwere Qualen erlitten haben, bevor er das Zeitliche segnete. ... Er starb in seinem 24. Jahr, die Aura eines guten Namens und eines ehrbaren Lebens hinterlassend.«

Mary Ball erzählte: »Ein als Gefangener ausgetauschter Kamerad berichtete uns vom Tod meines Bruders Isaac. Er hatte Isaac Mut zugesprochen, als dieser unter fürchterlichen Qualen auf dem Schlachtfeld starb.«

Auf der besagten Kuppe steht heute ein acht Fuß hoher Obelisk aus Granit, den Angehörige der fünfhundert Konföderierten eine Generation später dort hatten errichten lassen. Es ist ein stiller Ort, obwohl dort eine zweispurige Straße entlangführt und kaum hundert Meter entfernt die Überreste einer Unionistenfestung liegen. Die

Inschrift auf dem Gedenkstein lautet: »Hier traf am 21. August 1864 eine ... von Brig. Gen. Johnson Hagood befehligte Brigade auf das Armeekorps des Unionisten Warren. Nur 273 der 740 Angreifer kamen aus dem Gefecht zurück. Es gibt kein stolzeres Los als das ihre, denn sie ließen ihr Leben für die Freiheit.«

»Erneut Weihnacht«, schrieb Willie 1864, nach zweieinhalb Jahren im schlammigen Feldlager von John's Island. »Das ist eindeutig der schwärzeste Tag, den die Konföderation bisher erlebt hat, und ich befürchte, demnächst sind wir dran, zu leiden und unsere Häuser zu verlieren. ... Ich bin sicher, daß wir mit aller Kraft für unsere alte Stadt kämpfen werden. ... Ich wünsche Euch allen ein ruhiges, glückliches Weihnachtsfest und hoffe, daß wir uns demnächst alle in Sicherheit wieder zu Hause einfinden können.«

Ende 1864 kehrten Jane und ihre Mutter Eliza mit ihren Haussklaven von Columbia nach Limerick zurück, offenbar um anwesend zu sein, wenn die Yankees schließlich eintrafen. Die entscheidende Offensive der Unionisten führte General William T. Shermans Armee im Januar 1865 von Georgia aus. Zeitgleich mit seinem Einmarsch in South Carolina war etwa fünfundzwanzig Meilen nördlich von Charleston, an der Bull's Bay, ein seegestützter Angriff der Yankees geplant. Direkt unterhalb der erwarteten Landestelle, an der Sewee Bay, bildeten die Konföderierten aus der Einheit der Vettern eine Notabwehr von zweihundertfünfzig Mann, mit nur vier Geschützen.

Am 18. Januar schrieb Willie nach Hause:

Die Stadt soll evakuiert werden, und zwar sehr bald. Ich habe zwar keine »offizielle« Ankündigung, aber alles spricht dafür. ... Jetzt betrachte ich unsere Erfolgsaussichten als äußerst zweifelhaft, und wenn nicht die Vorsehung uns rettet, haben wir wohl keinerlei Hoffnung mehr, da unsere Leute völlig »verkommen« sind. Viele gehen in die Stadt und wollen den Treueid ablegen. Ich kann Euch nichts raten, da das ganze Land überrannt werden könnte. Neulich [auf Urlaub] hatte ich den Eindruck, mein liebes altes Haus das letzte Mal zu sehen, und das war für mich eine schwere Prüfung. Ich weiß zwar nicht, warum Gott uns solche Prüfungen schickt, aber irgendeinen Grund muß er ja haben. ... Möge er Euch alle, um Christi willen, vor den Greueltaten des Feindes bewahren.

Die zunächst für den 12. Februar geplante Landung der Unionisten verzögerte sich noch bis zum 16., doch dann wurde die Evakuierung Charlestons angeordnet. Hauptmann Edward Parkers Einheit zog sich von der Sewee Bay ins Hinterland zurück, wobei sie über Limerick kam und sich über Nacht auf der Plantage einquartierte.

»Wir nahmen so viele ins Haus, wie wir nur konnten, und einige kampierten auf dem Hof«, erinnerte sich Mary Ball. »Nachdem sie wieder aufgebrochen waren, fühlten wir uns wahrhaft verlassen. Ich mußte weinen, als sie Huger's Brücke nach dem Überqueren in Brand setzten. ... Am letzten Abend, den sie bei uns auf Limerick verbrachten, hatten wir versucht, gemeinsam Kirchenlieder zu singen. Es war ein Sonntag. Einige konnten aber nicht singen, sondern schluchzten nur.«

Auf Limerick kam das Ende der Sklaverei am 26. Februar. William saß im Wohnzimmer, eine Bibel vor sich, aus der er seiner Familie und einigen »seiner Leute« vorlas. Da sich der Gemeindepfarrer während der Kämpfe rar gemacht hatte, hielt William nun zu Hause Gottesdienste ab. Es war ein Sonntag, und jeder im Raum, egal ob schwarz oder weiß, wußte, was bevorstand. Alsbald würde eine Abteilung »schmieriger Yankees«, wie Williams Sohn Isaac sie titulierte, auf der Eichenallee vor dem Portal eintreffen.

An der Gebetsrunde nahmen etwa zehn Personen teil. Am Tisch saßen Williams Mutter Eliza, seine Schwester Jane und seine Frau Mary sowie William selbst und seine vier Monate alte Tochter Eliza. In einer Ecke dahinter lehnte Maum Hetty an der verputzten Wand. Sie war die schwarze Stammesmutter und Vorsteherin des Hauspersonals von Limerick, lebte bei der Familie und hatte außer ihren eigenen Kindern Williams vier Söhne aus erster Ehe aufgezogen. Neben ihr stand wahrscheinlich Robert oder »Robtie«, der Butler, Diener und Gefährte der Ball-Jungen. Er soll ausgesprochen gut erzählt und die Gebrüder stundenlang mit Geschichten über den alten Zauberer »Brer Rabbit« in Bann gehalten haben.

Für seine Bibellesung hatte William eine besonders düstere Stelle aus den *Klageliedern* über das traurige Los des wegen seiner Sünden von Gott verurteilten Jerusalem ausgewählt. »Die Fürstin unter den Völkern, die eine Königin in den Ländern war, muß nun dienen«, las er. »Sie weint des Nachts, daß ihr die Tränen über die Backen laufen … denn der Herr hat über die Stadt Jammer gebracht um ihrer großen Sünden willen.« Mary Ball zufolge war gerade diese Bibelstelle den Weißen im Raum ihrem Dilemma als angemessen erschienen.

Ende 1864 marschierte ein 64000 Mann starkes Heer unter General William Tecumseh Sherman von Atlanta aus nach Savannah, riß unterwegs Gebäude ab, zerstörte Eisenbahnlinien und legte gewaltige Brände. Die Armee lagerte sechs Wochen lang in Savannah und brach dann in Richtung South Carolina auf. Wenn alle erwarteten, daß Charleston ihr nächstes Ziel sein würde, so nahmen die plündernden Unionisten statt dessen Kurs auf Columbia und ließen die Hauptstadt in Flammen aufgehen. Als das am 17. Februar geschah, mußte Charleston vor den im Hafen liegenden Kanonenbooten kapitulieren. Eine Woche nach ihrem Einmarsch schickten die Sieger Stoßtrupps auf die Plantagen, und als William gerade aus der Bibel vorlas, kam plötzlich ein Kavallerist mit seiner Kompanie auf das Herrenhaus zugeritten. Der Mann in blauer Uniform saß ab, riß die Türe auf und kündigte die Befreiung der Schwarzen an.

Die Sklaven kamen aus den Hütten hinter dem Haus herbeigelaufen, unter ihnen der damals neunjährige Henry, ein hellhäutiger Junge mit breitem Gesicht. Er (der inzwischen P. Henry Martin hieß und dessen Familiengeschichte oben dargestellt wurde) berichtete viele Jahre später in einem Brief an Mary Ball von jenem Tag. Auch die junge Näherin Sylvia trat hinzu; vor dem Krieg hatten die Balls ihre Kleidung stets gekauft, doch seit der Blockade Charlestons mußte sie für William Hemden aus grobem Homespun schneidern. Der Gärtner Daddy Ben, der den Hof und die Blumenbeete rings um das Herrenhaus pflegte, humpelte herbei. (Er war als Junge vom Pferd gefallen und hatte sich dabei ein Bein gebrochen. Mit den Methoden der oft brutalen Plantagenmedizin war man zur Amputation geschritten und hatte Ben ein Holzbein verpaßt.) Bald standen alle beisammen, und der Yankee erklärte die Schwarzen für frei.

Offenbar fürchteten die Frauen damals Vergewaltigungen, denn die Konföderiertenpresse hatte ihre Leser den ganzen Krieg über durch Warnungen aufgehetzt, sofern man nachgäbe, würden die Yankees »den Süden schänden«, und ähnliches drohe auch von befreiten Schwarzen. Mary schrieb, als draußen das Feiern begann, sei sie zusammen mit ihrer Schwägerin Jane nach oben geeilt. Dort hätten sie sich beide dick vermummt und derart zugerichtet, daß sie eine Vergewaltigung weniger fürchten mußten. William hatte das Familiensilber bereits in einem Sumpf unweit des Hauses versenkt. Mary und Jane steckten jene feineren Schmuckstücke, die der Feuchtigkeit nicht standgehalten hätten, in Wäschebeutel und verstauten sie unter Schichten von Petticoats direkt am Leib.

Dann erschienen die ersten Soldaten und durchsuchten das Haus. Da sie wenig Unheil anrichteten, ließ auch die Furcht der Frauen vor sexuellen Übergriffen nach. Später berichtete Mary, einige der Yankees seien sogar freundlich gewesen. (»Uns erschienen sie fast höflich.«) So legten Mary und Jane ihre doppelten Gewänder wieder ab, weil es ihnen darin mit der Zeit zu warm wurde.

Man hatte gehört, daß die Plünderer gewöhnlich direkt über den Schnaps herfielen. Doch dann kam eine weitere Kavallerieeinheit auf den Hof geritten, und zwei ihrer jungen Soldaten setzten alle in Erstaunen, als sie um einen Krug Milch mit Melasse baten. Maum Hetty brachte ihnen das Gewünschte, und nachdem sie ausgetrunken hatten, so Mary, erklärten die beiden, das sei mit Abstand die beste Melasse ihres Lebens gewesen.

Alsbald fand sich noch eine dritte Yankee-Truppe auf dem Hof von Limerick ein, deren Soldaten mit Ausnahme des Kommandeurs – eines Obersten – durchweg Schwarze waren. Diese gingen nun, ohne sich im geringsten um das Herrenhaus zu kümmern, schnurstracks auf die Scheunen zu – und zwar dorthin, wo die große Glocke hing, mit der man einst den Sklaven zur Arbeit geläutet hatte. Wortlos nahmen sie das Gerät aus seiner Halterung und zerschlugen es am Boden.

Ihr Kommandeur, Oberst James Beecher, stammte aus einer Familie aktivistischer Gegner der Sklaverei. Sein Halbbruder war Reverend Henry Ward Beecher, seines Zeichens Pfarrer an der Plymouth

Congregational Church von Brooklyn und Abolitionist, seine Halbschwester die berühmte Harriet Beecher Stowe. Er selbst hatte als Missionar jahrelang in China gelebt. 1861 dann in die Unionsarmee eingetreten, wurde der damals dreiunddreißigjährige Beecher zum Oberstleutnant der 141. New York Volunteers ernannt und erhielt später den Auftrag, ein schwarzes Regiment zu bilden, die First North Carolina Volunteers. Er eröffnete in New Bern (North Carolina) eine Rekrutierungsstelle und diente zugleich als Befehlshaber und Kaplan. Seine fast nur aus befreiten Sklaven bestehende Einheit hatte soeben auf Limerick die Glocke zerstört. Doch an der Spitze seiner North Carolina Volunteers stand Oberst Beecher ganz selbstverständlich für die Rechtmäßigkeit, die der Krieg mit der Emanzipationsproklamation vom Januar 1863 gewonnen hatte. Den Balls dürfte es fast den Eindruck gemacht haben, als sei mit ihm ein persönlicher Botschafter Präsident Lincolns selber bei ihnen aufgetreten.

Während die schwarzen Soldaten am Abend im alten Sklavenviertel zusammen mit den Befreiten feierten, lagerten die weißen Yankees auf dem Hof vor dem Hauptgebäude, doch Oberst Beecher und andere Offiziere unterhielten sich im Wohnzimmer mit der Familie. William scheint den Obersten mit einer Mischung aus Charme und Arroganz behandelt zu haben. Immer wieder ließ er Maum Hetty am Tisch servieren, aber Mary zufolge lehnte Beecher es ab, sich von ihr bedienen zu lassen. Sie durfte ihm nicht einmal einen Krug Wasser bringen, da sie keine Sklavin mehr sei, die man herumkommandieren könne. Ein anderer Offizier öffnete eine Flasche Wein, die er auf einer Nachbarplantage erbeutet hatte, doch Beecher fürchtete trotz der Gastfreundschaft anscheinend, dieser könne vergiftet sein. William empörte sich über die Annahme, ein Gentleman des Südens würde Wein derart barbarisch zweckentfremden, schenkte sich ein Glas ein und trank es aus. Danach nahm auch Beecher eines an, und die ungleichen Trinkpartner prosteten einander bis tief in die Nacht hinein zu.

Wenn die Balls hinter verschlossenen Läden im Hause blieben, so herrschte draußen auf dem Hof trunkene Ausgelassenheit, und Mary vernahm im Salon wiederholt Rufe, das Haus anzustecken. Doch das wagte niemand, solange sich der Oberst darinnen aufhielt.

William, der den Tumult vom Fenster aus beäugte, forderte Beecher auf, im Wohnzimmer zu übernachten, während seine Leute ihre Zelte im Gras aufschlagen sollten. Die Einladung mochte eine freundliche Geste gewesen sein – aber sehr wahrscheinlich wohl auch als eine Art »Brandversicherung« dienen. Als einer der Soldaten das Vorratslager aufbrach, begann die Plünderung. Einige verteilten Schinken und Speck, während andere auf der Suche nach einem versteckten Schatz den gesamten Hintergarten umpflügten. Nur ein Teil der Befreiten machte dabei mit. Schließlich wurden die Yankees müde und die Plantage, inzwischen ein überfülltes Militärlager, kam zur Ruhe. Doch schon am nächsten Morgen gingen die Ausschreitungen weiter, als Soldaten ins Hauptgebäude eindrangen und alles durchwühlten. Aus Enttäuschung darüber, keine Wertsachen und besonders kein Silber zu finden, hielten sie sich an einer Porzellanvitrine schadlos. Ehemalige Sklaven nahmen ein paar Stücke mit, und den Rest zertrümmerten die Yankees auf dem Steinboden des Kellers. Dann fielen sie erneut über den Lagerraum her und räumten ihn diesmal vollständig aus.

Ähnliche Szenen spielten sich auf allen Plantagen ab, die samt und sonders von Yankee-Trupps geplündert wurden. Die Balls hatten Schlimmeres befürchtet, doch am Ende begnügten sich Soldaten wie Befreite mit einigen Schinken. Die einzige Ausnahme war Buck Hall, wo Williams Base Ann ihren Mann Horry Deas als Witwer hinterlassen hatte, denn dort brannten Unionssoldaten und befreite Sklaven das Herrenhaus, die Werkstätten und die Scheunen nieder (allerdings nicht die Sklavenhütten). Trotz aller Kriegsgemetzel wurde indes auch auf Buck Hall niemandem ein Haar gekrümmt.

Genau vierundzwanzig Stunden nach ihrem Eintreffen auf Limerick machten sich die Unionstruppen wieder zum Abmarsch bereit. Die Schlußgruppe riß noch den Holzzaun rings um den Plantagenhof nieder, und dann waren sie auf und davon. William und Mary fühlten sich gedemütigt und verbittert. Als die letzten Versprengten hinter dem Sternenbanner hermarschierten, krümmte sich Mary vor Schmerz zusammen. »Nach dieser Entwürdigung«, schrieb sie, »konnte es nie wieder meine Flagge sein.«

Williams Söhne zogen mit den Überresten der Army of Tennessee unter General Joseph E. Johnston nordwärts den letzten Gefechten in North Carolina entgegen. Der General war zwar im Juli 1864 von Präsident Davis degradiert, am 25. Februar 1865 jedoch wieder in seinen alten Rang eingesetzt worden, also gerade noch rechtzeitig, um den Rückzug aus South Carolina anführen zu können. Isaac wurde als Unteroffizier der Infanterieeinheit Rhett's Brigade unter Oberst Alfred Rhett zugeteilt, die nach der Evakuierung Charlestons aus der First South Carolina Artillery hervorgegangen war und auf dem Rückzug die Nachhut bildete.

Anfang März wies General Grant seinen Kollegen Sherman an, South Carolina in Richtung Norden zu verlassen, und befahl einer anderen Einheit, die Philip Sheridan befehligte, ihm von Nord-Virginia aus entgegenzuziehen. Shermans Armee ließ Columbia in Schutt und Asche zurück, um General Johnston zu jagen. Die Union wollte ihre Heere in North Carolina zusammenführen, ihn (und die Ball-Jungen) in die Zange nehmen und danach bis zur Konföderiertenhauptstadt Richmond vorstoßen. Zur Vorbereitung jenes Manövers wurden Unionisten unter General Jacob Cox nach New Bern (North Carolina) beordert, um dort die Eisenbahn zu kapern und eine direkte Transportstrecke für den Nachschub von der Küste ins Hinterland zu sichern. Die Unionisten hatten insgesamt neunzigtausend Mann, Johnston dagegen nur noch einundzwanzigtausendfünfhundert.

Den sicheren Untergang vor Augen, begann Isaac auf dem Rückzug nach North Carolina Tagebuch zu führen. Offenbar rechnete er mit seinem Tod und wollte der Familie etwas über die letzten Wochen hinterlassen. Die knappen Einträge handeln jedoch fast nur von äußeren – und nicht inneren – Bewegungen. Mitunter holte Sherman die Nachhut von Rhett's Brigade ein und verwickelte sie in Gefechte. Nachdem das in Cheraw (South Carolina) geschehen war, hielt Isaac lediglich fest: »An der Schlacht teilgenommen.« Einige Tage später notierte er: »3. März, heftiges Scharmützel im Dorf, Pferd des Hauptm erschossen, als er die Brücke verteidigte. ... Mußten mangels Pferden unsere Caissons [Munitionswagen] aufgeben.«

Anfang März schloß sich die Legion Hampton, eine von General Wade Hampton befehligte Heeresgruppe mit Kavallerie und Infanterie, Johnstons Rückzug an. Hamptons Offiziere stammten, ähnlich wie der Baumwollpflanzer selbst, aus wohlhabenden Familien South Carolinas. Für die gut fünfundsiebzig Meilen von Cheraw bis Fayetteville (North Carolina) brauchte Isaacs Einheit bei Dauerregen eine volle Woche. »Kleidung getrocknet«, vermerkte er am 11. März. Doch kaum hatte er seine Uniform aufgehängt, als Sherman herannahte. Dazu Isaac: »Hampton hatte in der Stadt ein Scharmützel mit den Yanks, [und wir] zogen ab.«

Am 8. März stimmte der Konföderiertensenat in Richmond in seiner Verzweiflung der Rekrutierung von Schwarzen zu, aber der Krieg war aus, bevor die Rebellen auch nur anfangen konnten, den Beschluß in die Tat umzusetzen. Sherman schickte von Fayetteville aus Boten zu General Schofield, da er Johnston im fünfzig Meilen nordostwärts gelegenen Goldsboro in die Zange nehmen wollte. Er selbst werde am 15. März, nach einer Finte direkt nördlich davon bei Raleigh, in Richtung Goldsboro aufbrechen. »Nach Raleigh beordert, sollen neu ausgerüstet werden«, notierte Isaac am 12. März. Und am 15. lapidar: »In Raleigh angekommen.«

Sherman marschierte auf Raleigh zu und bog dann nach Goldsboro ab, während die Generäle Cox und Schofield ihre Verbände von der Küste her landeinwärts führten. Angesichts der Bedrohung von zwei Seiten her, verschanzte sich Johnston in Bentonville. Vom 19. bis zum 21. März griffen die Konföderierten wiederholt Shermans linke Flanke an, doch die Yankees wehrten alle Vorstöße ab, und Johnston wurde besiegt. Die Gefechte waren der letzte nennenswerte Versuch der Rebellen, Sherman aufzuhalten, und am 23. März vereinte er in Goldsboro seine Kräfte mit denen Schofields. Johnston wollte ihm noch nordwärts folgen in der Hoffnung, auf General Robert E. Lee zu stoßen, aber der bereitete angesichts des Vormarsches General Grants die Evakuierung Petersburgs vor. In einer Art Hasardspiel postierte Johnston einige Leute am mutmaßlichen Weg Shermans in die Konföderiertenhauptstadt Richmond.

Isaac und seine Brüder hielten sich nach wie vor in Raleigh auf und bekamen von allen diesen Gefechten nichts mit. Am 24. März vermerkte Isaac: »Nach Hillsboro beordert.«

Johnston wollte sich in das dreißig Meilen nordwestlich von Raleigh gelegene Hillsborough zurückziehen, um dort auf Lee zu warten, der in die Kämpfe von North Carolina einzugreifen versuchte. Isaac mag der Rückzug kreuz und quer durch den Süden erschienen sein wie der letzte Akt einer Katastrophe – wie der Untergang von Prinzipien, an die er glaubte, zugleich aber auch seines gesamten Erbes. Schließlich mußte man tagelang warten, weil Lee in Virginia von hunderttausend Mann unter Sheridan aufgehalten wurde. Als die Unionisten am 3. April Richmond einnahmen, brach Lee westwärts aus, verfolgt von Grant, der Lees Vereinigung mit Johnston verhindern wollte. Am 5. April machte Isaac in Hillsborough den düsteren Eintrag: »An die Front abgeordnet.« Diese lag rückwärtig in Richtung Goldsboro, wo Sherman stand.

Am 6. April kam es zum letzten größeren Gefecht zwischen Grant und Lee, bei dem dieser hohe Verluste erlitt, um dann am 9. April im Court House von Appomattox (Virginia) zu kapitulieren. In North Carolina wurde allerdings noch weitergekämpft. Am 10. April marschierte Sherman auf Raleigh zu, um Johnston den Weg abzuschneiden, wobei es zu vereinzelten Scharmützeln kam. Isaac notierte, an jenem Tag habe seine Einheit bei Smithfield nur fünf Meilen von der Shermans entfernt gelagert. Am 11. April zogen dessen Truppen in die Stadt und erfuhren dort von Lees Kapitulation. Doch ungeachtet dessen gingen die Gefechte weiter, als die Konföderationsregierung aus Richmond floh und mit einem Gefolge nach North Carolina kam. Johnston zog sich, begleitet von Präsident Jefferson Davis und seinem Kabinett, erst nach Raleigh und dann in das fünfundsiebzig Meilen dahinter im mittleren Norden North Carolinas gelegene Greensboro zurück, das nunmehr zur Interimshauptstadt der Konföderation erklärt wurde. Dort schlugen Davis' Einheiten mit den Ball-Jungen ihr letztes Lager auf.

Am 15. April wurde Abraham Lincoln in Washington ermordet. Johnston beschloß, mit Sherman zu verhandeln, und nach ihrer Zusammenkunft vom 17. April bei Durham unterschrieben die beiden Generäle ein Waffenstillstandsabkommen. Eine Woche später lehnte Lincolns Amtsnachfolger Andrew Johnson die geschlossene Vereinbarung ab, da die Union ihr zufolge die bestehenden Südstaatenregierungen hätte anerkennen müssen. Jefferson Davis wies Johnston

an, seine Truppen in den Süden zu führen und den Kampf wiederauf-
zunehmen, doch der widersetzte sich seinem Präsidenten und kehrte
an den Verhandlungstisch zurück. Am 26. April gaben die Konföderierten nach und erklärten sich bereit, ihre Waffen und alles sonstige
öffentliche Eigentum abzugeben. Am folgenden Tag kam die endgültige Kapitulation, und Isaac schrieb: »Gewehre dem Quartiermeister
in Greensboro ausgehändigt.«

Mehr als sechshundertzwanzigtausend Amerikaner hatten im Sezessionskrieg ihr Leben gelassen. Das letzte Gefecht, an dem auch die
Ball-Jungen teilnahmen, fand östlich des Mississippi statt. Einer Re-
gimentschronik zufolge, die ein Offizier ihrer Einheit schrieb, waren
die Verbände am Tag der Kapitulation »nur noch Rumpfkompanien«.
Der Rückzug aus Charleston hatte mit fünfundvierzig Offizieren
und tausend Infanteristen begonnen; er endete mit elf Offizieren und
hundertfünfundzwanzig Mann.

Isaac scheint sich bewußt gewesen zu sein, daß er jetzt in einer anderen Welt lebte. Ein Tagebucheintrag zeugt davon, wie grauenhaft
ihm die neue Ordnung dämmerte, in der alles Bisherige auf den Kopf
gestellt erschien. Als er und seine Brüder vor den Yankees flohen und
um ihr Leben bangten, notierte er eines Tages: »Habe das erstemal
um etwas Eßbares gebettelt.«

16

NACHWEHEN

Eines Sommers, ich war fünf Jahre alt, machten meine Eltern mit uns
Kindern einen Ausflug zum Lincoln Memorial in Washington, D. C.
Ich hatte Durst und kein gesteigertes Interesse an Abraham Lincoln,
wußte jedoch, daß er in gewisser Weise der bedeutendste aller Präsidenten war, und seine gewaltige Statue bildete für uns Südstaatler einen Höhepunkt der Wallfahrt in die Hauptstadt. Die Sonne brannte
auf den schneeweißen Coloradomarmor des Ehrenmals, eines im Stil
der griechischen Antike gehaltenen Tempels, und in dem grellen,
blendenden Licht konnte man hinter den Säulen des großen offenen
Portals überhaupt nichts erkennen. Im Inneren gewöhnten sich unsere Augen allmählich an das Halbdunkel und unsere Ohren an die
vom Deckengewölbe widerhallenden Stimmen. Als wir uns dem Ab-
sperrseil näherten, hinter dem Mr. Lincoln mit geschlossenen Füßen
und gespreizten Knien thronte, brachte meine obrigkeitshörige Mutter uns Jungen mit besänftigenden Geräuschen zur Ruhe. Mein Vater
sah geflissentlich an der Statue vorbei, las die daneben eingemeißelte
»Zweite Antrittsrede« von Gettysburg und betrachtete die beiden
Wandgemälde an der Nord- und Südseite, »Einigung« respektive
»Emanzipation«, letzteres mit dem Wahrheitsengel, der unter den
Augen der allegorischen Figuren »Gerechtigkeit« und »Unsterblich-
keit« einen Sklaven befreit. In seinen kurzen Hosen und dem bunten
Freizeithemd mag Dad im sommerlichen Washington einen guten
Jedermann abgegeben haben, ließ jedoch gewiß nicht vermuten, daß
er einst in Charleston mit Hetztiraden gegen Lincoln aufgewachsen
war.

Aus meiner Kinderperspektive wirkten Lincolns riesiger Kopf mit
der hohen Stirn und den eingefallenen Wangen sowie seine gurkigen

Marmorfinger nachgerade grotesk. Doch während mich der Steinkoloß ziemlich abstieß, hatten seine Augen etwas Fesselndes. Sie wirkten müde und hohl, zugleich aber auf etwas weit Entferntes gerichtet – vielleicht die Zukunft Amerikas oder auch nur die Reisebusse, aus denen die Touristenmassen auf den Rasen quollen.

Im Frühjahr 1862 benutzten schwarze Amerikaner in der Nähe von Hilton Head Island (South Carolina) erstmals Nachnamen. Nachdem Unionstruppen das Gebiet besetzt hatten und die Weißen geflohen waren, klärte Generalmajor Ormsby M. Mitchel die ehemaligen Sklaven darüber auf, daß sie jetzt Familiennamen annehmen könnten. Drei Jahre später, nach der endgültigen Kapitulation, folgten Befreite überall im Süden ihrem Beispiel.

Gemeinhin heißt es, die meisten Schwarzen hätten sich nach ihren ehemaligen Eigentümern benannt, doch von den Ballschen Plantagen tat das höchstens eine Handvoll. (Manche hatten vorher schon heimlich Nachnamen geführt, an denen sie dann einfach festhielten.) Einer mündlichen Familienüberlieferung zufolge sollen einige Balls ihre ehemaligen Sklaven ersucht haben, einen anderen Namen zu wählen – offenbar weil sie sich für etwas Besseres hielten und fürchteten, schwarze Träger würden ihren Namen besudeln oder gar, farbige »Balls« könnten für Abkömmlinge von Weißen gehalten werden. Gewiß wollten einige Befreite unseren Namen annehmen, denn er mochte fern der Heimat anerkannt werden und bei der Wohnungssuche oder bei Kreditanträgen für den Bodenerwerb helfen. Doch die meisten entschieden sich für andere.

Die gebräuchlichsten Namen waren am Ende Aiken, Anton, Ash, Bennett, Black, Broughton, Brown, Bryan, Campbell, Cigar (oder Segar), Coaxum, Collins, Dart, Drayton, Easton, Ellington, Evans, Fayall, Ferguson, Fleming, Ford, Fork, Frost, Gadders (oder Gethers), Gadsden, Gaillard (Gillard), Gainey, Gamble, Garrett, Garsing, Gibbes, Gilbert, Gillon, Graham, Green, Guinness, Hamilton, Harleston, Harris, Hasgill (Haskell), Heyward, Horlbeck, Irving, Jenkins, Johnson (Johnston), Jones, Ladson (Ladsdon), Lance, Lash, Lawrence, London, Lonesome, Lovely, Lucas, Martin, Matthews, Maxwell, McKnight, Middleton, Miles, Miller, Moultrie, Nelson, Nesbitt (Nesbeth), Oliver, Owens, Parker, Pinckney, Poyas, Pritchard, Randolf (Randolph), Read, Richardson, Rivers, Roberson (Robertson), Robinson, Roper, Royal (Ryall), Scott, Seymour, Shepherd, Simmons, Simon, Singleton, Stewart, Thompson, Vandross (Vanderhorst), Wade, Waring, Warren, Washington, Watson, Waylan, White, Wigfall, Williams, Wilson und Withers.

Namen wurden ebenso oft *erfunden* wie zufällig *gefunden*. Eine Familie, die Fashions, erzählte mir von zwei Brüdern unter ihren Vorfahren, die nach der Befreiung nicht den Namen ihrer ehemaligen Herrschaften führen wollten. Als sie eines Tages über das Thema sprachen, hätten sie kurzerhand die Anregung einer auf dem Tisch stehenden Schachtel mit dem Aufdruck »Fashion« aufgegriffen.

Auf der Plantage The Bluff, die von 1869 bis 1924 Isaac und Mary Louisa Ball gehörte, gab es anscheinend eine Marly One. Anfang des 20. Jahrhunderts von einer neugierigen Ball nach der Herkunft ihres ungewöhnlichen Namens gefragt, habe sie erklärt, ihr Großvater sei kurz nach dem Bürgerkrieg von einem Armeebeauftragten angesprochen worden, der die Namen der befreiten Sklaven aufnehmen sollte: »Der Mann ging auf Großvater zu und fragte ihn: ›Wie heißen Sie?‹, und der antwortete ›Jack‹. Darauf der Mann: ›Jack wie?‹ Und Großpapa sagte: ›Jack One‹.« »One« sei Jacks Nummer auf The Bluff gewesen.

Nach der Kapitulation ging es finanziell zunehmend bergab. Ein Jahr nach dem Ende der Kämpfe verkaufte William Ball, der letzte Reispflanzer, die vier Plantagen The Blessing, Cedar Hill, Cherry Hill und Halidon Hill. Briefe bezeugen, daß die schwarzen Bewohner ihn nicht mochten und die Herrenhäuser geplündert hatten. Wie Mary schrieb, war das gesamte Mobiliar des Stadthauses, das man vor der Bombardierung Charlestons aufs Land hinaus geschafft hatte, spurlos verschwunden. »Die schönen Möbel des Hauses in der East Bay Street waren auf Cedar Hill eingelagert worden, und das meiste davon kam weg«, beklagte sie. »Die Yankees hatten sie aus dem Haus geholt und den Negern geschenkt.«

William versuchte sich weiter als Landwirt, jedoch ohne viel Glück. In dem neuen Pachtsystem wollten sich ehemalige Sklaven jetzt, da sie auf dem Arbeitsmarkt nur ihre bislang erworbenen Fertigkeiten anzubieten hatten, ihren Lebensunterhalt verdienen. Viele schwarze Familien blieben auf ihren alten Plantagen, allerdings mit dem Vorbehalt, daß Gewalt gegen Arbeitskräfte nicht mehr geduldet würde. Gewöhnlich erhielten sie die eine Hälfte der Reisernte, während die andere ihrem ehemaligen Eigentümer zustand. Bei William wollten, anders als bei manchen seiner Vettern und Söhne, nur sehr wenige Leute arbeiten. Wenn er vor dem Bürgerkrieg ungefähr sechshundertzwanzig Leute gehabt hatte, so setzten im März 1866 lediglich neunundzwanzig ihre Namen auf den ersten Arbeitsvertrag für Limerick. Alle anderen wollten offenbar nichts mehr mit ihm zu tun haben.

Das Stadthaus war im Krieg von Granaten getroffen, später jedoch wieder instand gesetzt und so 1866 auf zehntausend Dollar geschätzt worden. Weitere Reparaturen konnte die Familie allerdings nicht bezahlen, und das Gebäude verfiel, womit sein Wert schnell auf neuntausend Dollar und dann noch tiefer sank. Um Steuern und Versicherungen bezahlen zu können, zog William mit seinem achtköpfigen Anhang aus und vermietete das Haus für nur fünfzig Dollar monatlich an einen Iren. 1878 war der Wert auf fünftausend und der Mietzins auf dreiunddreißig Dollar gesunken. Im März 1879 schließlich verkaufte William das Haus für 5105 Dollar (in Form von Bahnanleihen); später wurde eine Unterkunft für Schienenarbeiter daraus, bis es gegen 1920 zuletzt dem Abriß anheimfiel.

Als das Ende kam, wußte die versprengte Familie nicht, wovon sie nun leben sollte, und einige bekamen ihren Alltag kaum noch in den Griff. Alwyn Ball jr., der Sohn von Williams Vetter Alwyn, zog nach New York und verfiel dort dem Alkohol. »Vor anderthalb Jahren habe ich eine Entziehungskur begonnen«, schrieb er 1872 aus dem Norden, »und ein Jahr in der Anstalt verbracht. Seit sechs Monaten bin ich wieder zu Hause und kann wahrhaftig sagen, mit Gottes Hilfe völlig von der Trunksucht geheilt zu sein.« Nachdem der Geldstrom von den Plantagen versiegt war, hatte er Schulden machen müssen, um seine Familie zu ernähren und als nächstes das Tafelsilber verscherbelt, um die Schulden zu tilgen. In seiner Verzweiflung war er dann auf den Einfall gekommen, in New York ein Geschäft zu eröffnen, »einen Butterstand auf dem Hauptmarkt«. In einem Brief bat er William um Geld (dreihundert Dollar) für den Kauf der Marktbude. Wenn ihm der Vetter nicht helfen könne, so müsse er auch noch einen Teil seiner Möbel versetzen.

Gegen 1875 lagen die Felder auf Limerick überwiegend brach, und in den alten Sklavenhütten lebten vielleicht noch hundert Schwarze von den mageren Erträgen der Maisfelder und der Schweinekoben. Die Steuererklärung für 1876 setzte den Wert des 1864-Hektar-Anwesens mit fünfundzwanzig Gebäuden bei 10 153 Dollar an. Im Lauf der folgenden zehn Jahre mußte William immer wieder Land verkaufen, um flüssig zu bleiben, und veräußerte 1890 zweihundert Hektar an ein Unternehmen, das in den Sümpfen Phosphat abbaute. Etwa gleichzeitig kam eine Gebietsreform, und der alte Distrikt St. John's Parish fiel nun in die Grenzen des neuen Berkeley County. (Die Gemeinde hieß von da an St. John's Berkeley Parish.) Als sich die Grenzen ihrer Welt verengten, sehnte sich die Familie nach der Sklaverei zurück. Drei Monate vor seinem Tod schrieb William in einem sentimentalen Brief, wenn er könnte, würde er sich alles wieder zurückholen.

»Ich kann zwar noch ohne Brille lesen und schreiben, benutze sie aber gelegentlich trotzdem«, schrieb der Neunundsechzigjährige. »Ich habe bis heute so viel Gnade erfahren, daß ich mein Leben lang dankbar sein muß, und wenn Gott es für richtig hielt, mich auf meine alten Tage mit Kummer und Armut heimzusuchen, so wird auch dies einem weisen Zweck dienen. ... Wir hatten über die Weihnachtstage eine ziemlich angenehme Stimmung im Hause ... auch wenn sich das Weihnachten von heutzutage dank Mr. Lincoln und Konsorten nicht mit dem der guten alten Sklavenzeiten vergleichen läßt.«

Als William im April 1891 starb, hinterließ er seine zweite Frau Mary mit sieben Kindern und vier erwachsene Kinder aus erster Ehe. Zwei Jahre später forderte einer seiner Gläubiger ein Darlehen in Höhe von zweitausend Dollar zurück, verklagte die Erben, als diese nicht zahlen konnten, und betrieb anschließend mit dem Titel die Zwangsversteigerung Limericks. Diese erbrachte lediglich 1298 Dollar, und in der Folge verfiel das 1720 erbaute Herrenhaus schnell. Um 1930 wurde sein Inneres photographiert: Aus dem Gebäude war eine mit klapprigen Betten ausgestattete Pension für Pächter geworden, die statt Tapeten Magazinseiten an die Wände klebten. Schließlich brannte das alte Haus 1945 bis auf die Grundmauern ab.

Nachdem ihre letzte Enklave dahin war, zog die Familie nach Charleston, um sich dort nach einem neuen Lebensunterhalt umzusehen. Williams Sohn, Isaac der Konföderierte, hatte sich als Landwirt auf The Bluff niedergelassen, mußte aber 1895 aufgeben, nachdem 1893 ein Wirbelsturm den größten Teil der verbliebenen Reisfelder zerstört hatte. Sein Sohn, mein Großvater Nat, konnte sich noch an den Umzug in die Stadt erinnern, bei dem er dreizehn Jahre alt war. Man habe alle Habseligkeiten auf einen Pferdekarren gepackt und die dreißig Meilen bis Charleston auf zerfurchten Wegen im Schrittempo bewältigt. Allerdings konnte Isaac das 455-Hektar-Anwesen am Cooper-Westarm noch bis 1924 halten, um es dann letzten Endes doch zu verkaufen.

Um 1900 ergriffen die Balls in Charleston alle möglichen Berufe. Einer der Söhne Williams und Julia Carts arbeitete bei der Tuxbury Lumber Company, andere Angehörige gingen in die Düngemittelbranche oder boten Versicherungen feil. Der auf Limerick geborene William Moultrie Ball wurde Aufsichtsbeamter für die städtischen Parks und Spielplätze. Ein anderer Enkel erhielt eine bessere Ausbildung als seine Geschwister und stieg zum Rektor der Montgomery Bell Academy auf, einer Privatschule in Nashville (Tennessee). Doch insgesamt sank die Familie allmählich auf das unter der weißen Bevölkerung des Südens vorherrschende Armutsniveau ab. Der ebenfalls auf Limerick geborene Enkel I. G. Ball unternahm etwas, das seine Vorväter noch beschämt hätte – er eröffnete eine Eisenwarenhandlung. Vom Anfang des 20. Jahrhunderts bis zum Ende der vierziger Jahre verkaufte seine Ball Supply Company in der King Street Schraubenzieher und Klemmen.

Mein Großvater Nathaniel I., der fünfte Sohn Isaacs und Mary Louisas, kam bei einem Düngemittelhersteller unter und heiratete mit neunundzwanzig Jahren die Tochter und Enkelin von Pfarrern der Episkopalkirche, Susan Magdalene Porter. Später gründete er einen Handwerksbetrieb für Renovierungen und brachte sein Büro in einem Hinterhofschuppen unter. Schließlich hatte er vier oder fünf Beschäftigte, Schwarze, die verputzten, anstrichen und Dächer reparierten. Mein Vater Theodore Porter Ball, Nathaniels zweiter Sohn, ging in Charleston aufs College, besuchte dann das Theologische Seminar in Virginia und wurde Vikar der Episkopalkirche. Im Alter von zweiundvierzig Jahren heiratete er meine Mutter, Janet Rowley aus New Orleans, die Tochter eines Sachbearbeiters bei einem Versorgungsbetrieb in Louisiana. Ich kam in Savannah (Georgia) zur Welt, wo Dad die Gemeinde der St. Paul's Episcopal Church führte (und als Geistlicher kaum mehr als einige Hundert Dollar monatlich verdiente). So studierte ich, gestützt auf ein Stipendium und Kredite, an der Brown University in Providence (Rhode Island) – denn Ländereien, Erbschaften oder Sklavengelder gab es bei uns längst nicht mehr.

Im Jahr 1880 hatten die »Farbigen« sechzig Prozent der Einwohner South Carolinas ausgemacht. Allein in den zwanzig Jahren von 1860 bis 1880 war die schwarze Bevölkerung Charlestons um zwei Drittel gewachsen, da Tausende ehemaliger Sklaven auf der Suche nach Arbeit in die Stadt strömten. Einige der Familien blieben in der Nähe der Balls und arbeiteten im Haushalt, die meisten jedoch strebten nach einer neuen Identität. Grundsätzlich trennten sich die Schwarzen überall im Süden von den Weißen, die sie oftmals sogar achtlos und ruppig zurückwiesen. 1896 bestätigte der Oberste Gerichtshof in dem Fall *Plessy ./. Ferguson* ein Gesetz über die Rassentrennung, zumal die schwarzen und weißen Veteranen des Plantagenlebens damals bereits parallele Gesellschaften ausgebildet hatten.

Fünfzig Jahre nach der Befreiung, also bei Beginn des Ersten Weltkrieges, hatten die meisten ehemaligen Sklaven keinen Kontakt mehr zu den Balls – sie mochten zwar noch wissen, wo sie lebten, nicht jedoch, wie sie aussahen. Die zuvor kaum merkliche Abwanderung der Schwarzen aus South Carolina nahm erheblich zu, als die schwarzen Kriegsveteranen aus Europa zurückkehrten und Tausende in den Norden umsiedelten, um dort ein neues Leben anzufangen; zwischen 1900 und 1940 sank der Schwarzenanteil insgesamt um nahezu dreißig Prozent, da sich viele nach Washington, Baltimore, Delaware, Philadelphia, New York und Boston aufmachten, und 1923 gab es in

South Carolina erstmals seit dem Exodus der Amerikanischen Revolution wieder mehr Weiße als Schwarze. Weißer Terror gesellte sich
zum Bestreben der Schwarzen, bestimmte Gruppen zu vertreiben:
Noch 1947 gab es in South Carolina einige hundert Fälle von Lynch-
justiz, und einunddreißig der weißen Angeklagten wurden freigesprochen. Die Abwanderer gründeten im Norden Familien und verloren dann völlig den Kontakt zum Süden, so daß bei Ausbruch des
Zweiten Weltkrieges nur noch wenige Balls und wenige der Enkel
ihrer ehemaligen Sklaven etwas voneinander wußten.

Der vermutlich älteste Mensch, dem ich je begegnet bin, war der
Sohn eines der Ballschen Sklaven. Da seine Familie Anonymität
wünschte, gebe ich ihm hier den Decknamen Benjamin Nesbitt. Sein
Vater war kurz vor dem Ende der Sklaverei auf einer der Plantagen
Williams zur Welt gekommen, während die Familie seiner Frau von
einem Anwesen Janes, dessen Schwester, abstammte. Als ich Mr.
Nesbitt traf, war er Ende Neunzig und lebte an einem von den Häusern seiner Kinder gesäumten Feldweg. Bei meiner Ankunft öffneten
sich die Schleusen des finsteren Himmels, und prasselnd ging ein
kräftiger Regenguß nieder. Mr. Nesbitt war ein kleiner Mann, gewiß
im Lauf der Zeit noch geschrumpft, mit schütterem, kurzem weißem
Haar und einem faltigen Gesicht. Körperlich ziemlich schwach, war
er indes noch sehr redselig. Seine fast gleichaltrige Frau setzte sich zu
uns, schwieg jedoch, das Feld ganz ihrem Mann überlassend.
    »Ich und meine Frau sind schon uralt, und ich kann nichts mehr
machen, sie auch nicht – überhaupt kein Gedanke daran«, sagte er
mit einer Stimme wie ein Korb voll Kies.
    Ich wollte wissen, wie sich seine Familie von der Plantage abge-
setzt hatte.
    »Das ist lange her«, antwortete er. »Meine Großmutter hat ihre
Kinder mit Mais aufgezogen und, soviel ich weiß, hart gearbeitet.
Damals ging es rauher zu. Du mußtest von Schwarz zu Schwarz auf
der Farm bleiben. Du gehst im Dunkel, und du kommst ins Dunkel.
Wenn dir der Weiße Arbeit gab, dann sagtest du ›Danke, Sir‹ und
machtest weiter. Wenn sie dir damals sagten, los marsch, mußtest du
auf los marsch parieren.«

Mrs. Nebitt sah ihren Mann ausdruckslos mit geschlossenem Mund an und seufzte. Sie schien seine forschen Monologe gewohnt zu sein.

»Mein Vater zieht mit den Leuten seiner Mutter hier rüber, und dann kaufte er ein Stück Land, sechs Hektar«, fuhr Mr. Nesbitt fort. »Wissen Sie, was Land damals kostete? Fünfundsiebzig Cent der Hektar. Und wissen Sie, womit er anfing? Fünf Scheffel Kartoffeln. Das Ganze kostete siebenunddreißig Dollar.«

»Was ist Ihre früheste Kindheitserinnerung?« fragte ich.

»Ich sehe mein Elternhaus auf der Plantage vor mir, eine kleine alte Pfahlhütte«, erzählte er. »Sie legten die Pfähle übernander und taten Lehm dran, damit der Pfahl nicht runterrollen kann, verstehen Sie? Verklebten alles mit Lehm und nahmen dann den Lehm und bauten einen Kamin. Das war in der armen Zeit ein Reichenhaus.«

Draußen war ein kalter Dezembertag, und das Trommeln des Regens auf dem Dach ließ nach.

»Ich ging eine Weile zur Schule. Mann, das Schulhaus sah aus wie 'ne Hundehütte. Da waren Sitzbänke drin, der Lehrer hatte einen Stuhl in der Mitte, die Bänke standen rings um ihn rum, und er gab Unterricht. Wenn du nicht aufpaßtest, nahm er einen Riemen und zog dir damit eins über. Der alte Herr konnte mich aber nicht in der Schule lassen, weil ich die anderen Kinder hüten mußte. So wußte ich nicht mehr von keinem Schulbuch als was ich gehört hatte. Ich kann heute noch nicht lesen und schreiben.«

Ihm gegenüber sitzend hob Mrs. Nesbitt leicht, aber nur ganz leicht, den Kopf, und fing einen Blick ihres Mannes ein.

»Ich bin seit achtundsechzig Jahren verheiratet«, fuhr er fort, »und weiß nur, daß wir ein hartes Leben hatten. Nach der Hochzeit arbeitete ich für fünfzig Cent Tagelohn, das war auf der Plantage Cedar Hill. Wußte nichts von Gas oder Strom. Ein Mann handelte mich auf fünfzig Cent am Tag runter und sagte, ihm sei es egal, ob ich was anhätte oder nicht. 1930 arbeiteten Leute, die zehn Kinder hatten, für fünfzig Cent am Tag! Du gehst ins Geschäft, für einen Dollar kriegtest du einen Sack Grütze. Wenn du Glück hattest, mal Fleisch – drei, vier Cent das Pfund –, aber nur manchmal, sonst kein Fleisch. Das war's dann, was du zu essen hattest, Maisgrütze mit Langbohnen drin.«

Mr. Nesbitt ließ vor sich hin stierend das 20. Jahrhundert Revue passieren.

»Ich will Ihnen die Wahrheit sagen, dann hören wir auf damit«, erklärte er. »Als Präsident Roosevelt ins Amt kam, soll ich Ihnen sagen, was er als erstes machte? Er schickte einen Lastwagen mit Lebensmitteln zur Plantage Quenby – wo ein großes Schulhaus stand, die Weißenschule. Roosevelt ernährte die Schwarzen dort etwa vier Monate lang. Dann ließ er das und gab ihnen Jobs für zweiundneunzig Cent am Tag. Das Arbeitsamt vergab Jobs und ließ Straßengräben ausheben, nur um die Löhne hochzufahren, damit du dir was zu essen kaufen konntest. Es ging rauf auf fünfundneunzig, sechsundneunzig Cent und mehr. Es ging rauf bis achtundneunzig Cent am Tag, und davon nahmen sie dir zwei Cent für Sozialabgaben.«

»Haben Sie einen dieser Jobs angenommen?« fragte ich.

»Ich mußte. Damals, das war ein Hundeleben. Du kriegtest keine Schuhe, mußtest Kinderkleidung aus Kartoffelsäcken machen. Dann, als die Yankees vom Norden eine der Plantagen kauften, steuerte ich siebzehn Jahre lang ein Boot, für etwa vier Dollar am Tag, und zog davon meine acht Kinder groß.«

Er schloß kurz die Augen, war müde vom Erzählen und vom erneuten Durchleben der Vergangenheit. »Hat jetzt keinen Sinn mehr weiterzufragen«, sagte er. Irgendwann in der Gegenwart war die Geschichte schließlich versandet.

»Sie sehen ja, wo die Sozialversicherung mich heute hat. Konnte aufhören und kriegte Schecks. Gott sei Dank, daß ich lebe. Reich kann ich nicht werden, habe aber mein Auskommen, bis ich sterbe. Verglichen mit früher leben wir heute wie die Millionäre. Das hier ist das Paradies. Es ist ein herrliches, herrliches, herrliches Land, verglichen mit früher.«

Die schwarzen Abwanderungswellen hatten fast alle Gegenden Amerikas erreicht, und ich ging einigen davon nach. Mitunter verabredete ich mich wegen Namensgleichheit irrtümlich mit schwarzen Familien, die sich dann als Unbeteiligte entpuppten, also gar nicht von Ballschen Sklaven abstammten. Zur interessantesten Verwechslung dieser Art kam es in Kalifornien.

Von den vielen auf Comingtee befreiten Familien hatte eine einen ungewöhnlichen Namen angenommen, den ich hier durch das Pseudonym Withers ersetzen möchte. Nach mehreren vergeblichen Anrufen stieß ich auf eine Frau mittleren Alters, die sagte, ihre Familie stamme aus Berkeley County, und einer ihrer Angehörigen habe noch den letzten Sklaven der Familie gekannt, einen gewissen Scipio. Mrs. Withers verwies mich an einen Vetter, der Näheres wisse, und dieser brachte mich zu seinem älteren Bruder, einem Pfarrer, der als der Familienchronist galt. Er war ungefähr achtzig Jahre alt, lebte in Kalifornien und hatte Scipio als Kind noch gekannt.

Wie schon erwähnt, tauchte der römische Name Scipio bei den Ballschen Sklaven häufig auf. Im 3. Jahrhundert vor Christus hatte der römische General Publius Cornelius Scipio (später unter dem Namen Scipio der Ältere bekannt) mehrere Feldzüge bestritten und sich die Herrschaft über Sizilien erkämpft. Im Jahr 204 setzte er mit seiner Armee nach Afrika über, um Karthago einzunehmen, und schlug zwei Jahre später seinen Gegner Hannibal vernichtend, worauf man ihm, der einen Teil des Kontinents erobert hatte, den Ehrennamen Africanus verlieh. Scipio Africanus wurde erst Zensor und Konsul, dann Botschafter in den afrikanischen Kolonien Roms. Im Europa des 18. Jahrhunderts hatte sein Werdegang eine regelrechte Flut von Historiengemälden angeregt – darunter Giambattista Tiepolos *Der enthaltsame Scipio* und *Scipio gewährt Massinissa die Freiheit* (oder *Scipio befreit den Sklaven*) –, und in der Folge griffen amerikanische Pflanzer den Namen für schwarze Jungen auf. Die Sklavenliste Comingtees für das Jahr 1847 enthielt einen solchen Scipio (vielleicht jenen, der Dorothy Dame Gibbs zufolge lateinische Floskeln auswendig hersagen konnte).

Ich rief Reverend Peter Withers an, der bei San Francisco lebte, und erzählte ihm von der möglicherweise zwischen uns bestehenden Verbindung. Seine Stimme verriet keinerlei Regung. Als ich schwieg, hüstelte er.

»Sie nannten ihn ›Onkel Scip‹«, sagte er mit einem Lachen. »Er war mein Großvater.«

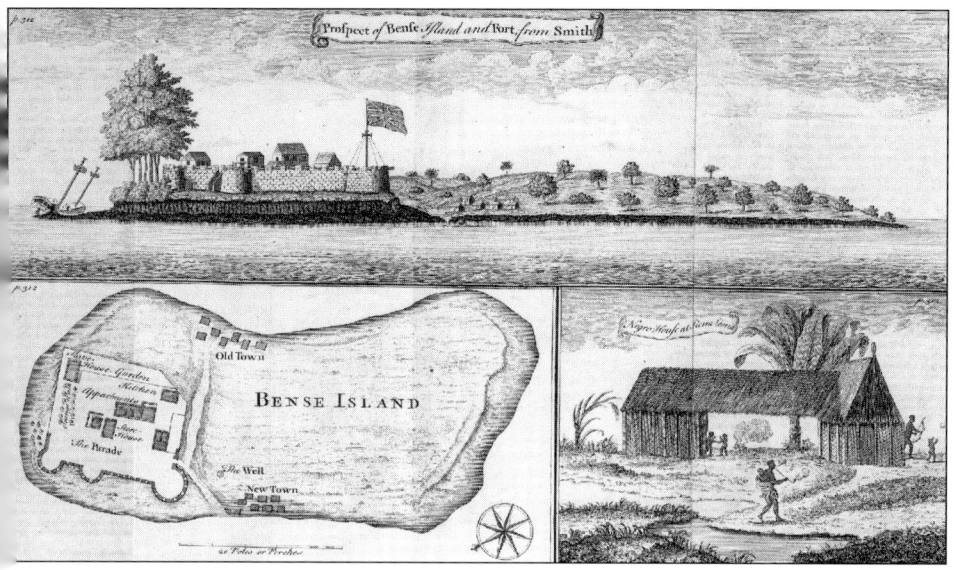

PRISCILLA UND DIE MARTINS

1756 wurde in Sierra Leone ein zehnjähriges Mädchen eingefangen und auf Bunce Island festgehalten, einem englischen Stützpunkt mit Sklavengefängnis in der Mündung des Sierra-Leone-Flusses.

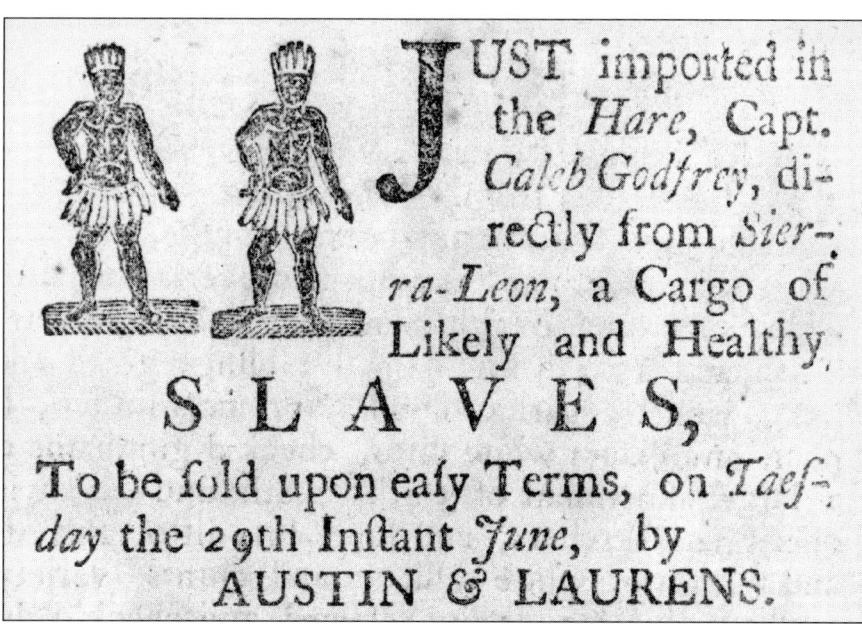

Die *Hare* lud vor Bunce Island etwa hundertsiebzig Leute an Bord (darunter die Zehnjährige) und nahm Kurs auf Charleston, wo sie im Juni 1756 mit etwa hundertzehn Gefangenen anlegte, die unter Deck überlebt hatten. Für den Absatz der Sklaven warb die Importfirma Austin & Laurens am 17. Juni in der *South Carolina Gazette*. (Text: Soeben eingetroffen mit der *Hare* von Captn. *Caleb Godfrey*, direkt aus *Sierra-Leon*, eine Ladung vielversprechender, gesunder Sklaven. Freier Verkauf am nächsten *Dienstag*, dem 29. *Juni*, durch Austin & Laurens.)

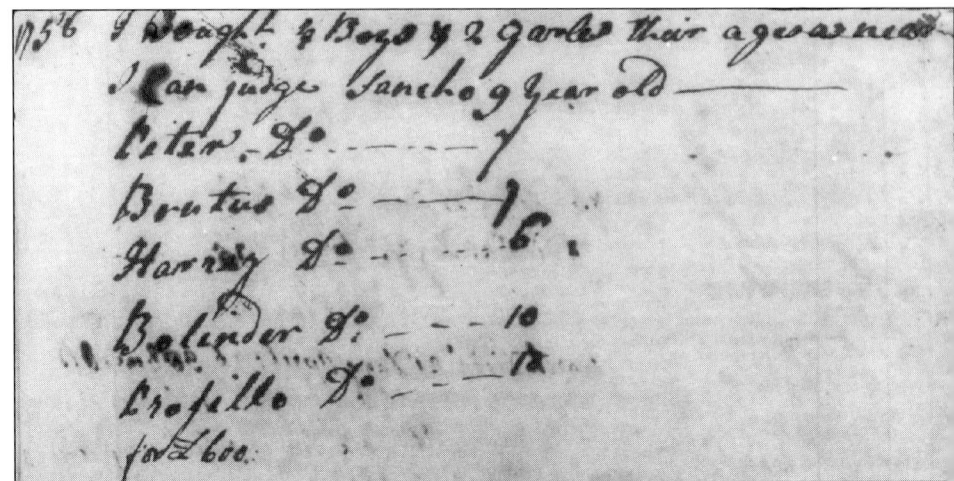

Am 30. Juni 1756 kaufte der Zweite Elias jene Zehnjährige, die er »Priscilla« nannte, und fünf weitere Kinder au
Sierra Leone. Er schrieb in sein Hauptbuch: »4 Knaben und 2 Mädchen gekauft – ihr Alter schätzungsweise
Sancho = 9, Peter = 7, Brutus = 7, Harry = 6, Belinda = 10 und Priscilla = 10. Alle zusammen für £ 600.«

Peter Henry Martin (1855–1933, Mitte), ein Ururenkel Priscillas, mit seiner Frau Anna Cruz Martin und ihren
ben Kindern, um 1898 in einem Charlestoner Atelier photographiert. Im zarten Alter von zehn Jahren auf Li
rick befreit, hielt P. Henry Martin noch lange mit den Balls Verbindung, schrieb seinen ehemaligen Eigentün
sogar sentimentale Briefe über seine Kindheit in der Sklaverei (»Solange es Balls gibt, werde ich Herrschaften
ben«, betonte der damals bereits siebenundsiebzigjährige 1933.)

Der erste Sohn P. Henry Martins und Anna Cruz', P. H. Martin jr. (1886–1957), wurde Dachdecker bei der H. A. DeCosta Company, einem schwarzen Charlestoner Bauunternehmen.

Schulkonrektor im Ruhestand Thomas P. Martin, Nachkomme Priscillas in der siebten Generation und Enkel Henry Martins, Charleston 1994.

Thomas P. Martin und der Autor bei einem Besuch auf Limerick, wo dessen Großvater P. Henry Martin vor Bürgerkrieg gelebt hatte.

DIE BALLS

Mein Vater sprach oft über das fünfundzwanzig Meilen von Charleston entfernt gelegene 450-Hektar-Anwesen The Bluff, auf dem seine Großeltern Isaac und Mary Louisa Ball ihre Kinder als Pachtfarmer großgezogen hatten, bis sie die Landwirtschaft 1894 aufgaben. Ab Anfang des 20. Jahrhunderts diente The Bluff der Familie, darunter die zehn erwachsenen Kinder und sechsunddreißig Enkel Mary Louisas, nur noch als Landsitz.

Mein Vater, Theodore Porter Ball (»Porter«, vorne), und einige seiner Vettern auf The Bluff, gegen 1922. Wenn die Charlestoner Balls das Anwesen am Wochenende auf schlammigen Wegen besuchten, gingen die Buben eine Mahlzeit angeln und die Mädchen spielen – sofern sie nicht, wie hier, für einen Photographen posierten.

Mein Großvater Nathaniel I. Ball (1881–196.
Mitte) war auf The Bluff aufgewachsen. In
seinem 13. Lebensjahr gab die Familie das
Anwesen auf und siedelte nach Charleston
um, womit die einhundertsechsundneunzig
Jahre währende Verwicklung der Balls in
den Reisanbau endete. Großvater Nat wurde
Bauunternehmer und zeugte mit seiner Frau
Susan Magdalene Porter eine Tochter, Magdalene, sowie zwei Söhne, Nat jr. (rechts)
und Theodore Porter (links), beide in Knicke
bockern, wie es um 1929 Mode war.

Wer als Charlestoner »nach
draußen« heiraten will, muß die
Stadt verlassen. Mein Vater war
zweiundvierzig Jahre alt und
hatte eine fünfzehnjährige Amts-
zeit bei der Episkopalkirche auf
dem Buckel, als er 1956 in New
Orleans, ihrer Heimatstadt, der
damals sechsunddreißigjährigen
Janet Rowley das Jawort gab.

Mein Bruder Theodore Porter wurde 1957 von meinem Vater (rechts) in den Armen unserer Großmutter getauft. Die Zeremonie fand unter den Augen einiger Angehöriger aus South Carolina in unserem Garten in Savannah (Georgia) statt. Meine Mutter ist auf dem Bild nicht zu sehen, da sie photographierte.

...h meiner Geburt stellten meine Eltern Re...ca ein, deren Zuname weder auf dem Photo ...nerkt noch anderweitig überliefert ist. Nach ...em Jahr hatte sie ihre Schuldigkeit getan und ...nnte gehen«, worauf sie völlig aus unserem ...kfeld verschwand.

Mein Bruder, Theodore jr. (links), und ich am Lincoln Memorial in Washington, D. C., nachdem wir kurz die kolossalen Füße und Finger der Statue Abraham Lincolns bestaunt hatten.

Joseph Ball (1910–1985) aus Marion in South Carolina, neunzig Meilen von den Familienanwesen entfernt, war Schulrektor, als er im April 1942, vier Monate nach dem Angriff auf Pearl Harbor, in die Armee eintrat. Entgegen einer weitverbreiteten Legende nahmen nur wenige befreite Sklaven von den Plantagen am Cooper River die Nachnamen ihrer ehemaligen Eigentümer an. Wenn Joseph tatsächlich ein Nachkomme Ballscher Sklaven war, so gehörte er zu den Ausnahmen, doch gibt es dafür keine sicheren Belege.

Jacqueline Ball (rechts), Tochter Joseph Balls, Navy-Offizier im Pentagon, hier bei der Abschlußfeier ihrer Toc LaShawn McGhee im Ausbildungslager der Army, 1995.

DIE HARLESTONS

Edwin A. Harleston (1882–1931), Enkel des Reispflanzers William Harleston und dessen Sklavin Kate Wilson. Zu Anfang des 20. Jahrhunderts bildeten Kates acht Kinder von William und deren Abkömmlinge dank des Harleston Funeral Home in der afroamerikanischen Elite Charlestons eine vermögende Familie.

DR. W.E.B. DU BOIS & SIGHT SEEING PARTY
CHARLESTON, S.C. MARCH, 1917

Edwin Harleston (ganz links) besuchte die »Atlanta University« und freundete sich dort mit Professor W. E. B. Du Bois (Mitte) an. 1916 gründete er in Charleston eine Ortsgruppe der National Association for the Advancement of Colored People und wurde auch deren erster Präsident; im Rahmen seiner Arbeit kam Du Bois, der Herausgeber des NAACP-Magazins *The Crisis*, regelmäßig nach Charleston und zu den Harlestons.

Als ein Künstler, der lieber malte, als sich um das Geschäft zu kümmern, gehörte Edwin Harleston – der an der Schule des »Boston Museum of Fine Arts« und am Art Institute of Chicago studierte – dem Brauchtum und den Umständen zum Trotz zu einem der wenigen schwarzamerikanischen Maler des frühen 20. Jahrhunderts, die es bis zur Anerkennung brachten.

»Mädchen in Blau«,
Öl auf Leinwand,
von Edwin A. Harleston,
um 1920.

Kreidezeichnung Edwin Harlestons von seiner Nichte Gussie Louise Harleston, um 1922. Die D gestellte nahm später (zu Ehren ihres Onkels) de Namen Edwina an, wurde Journalistin und setzt sich schließlich in Atlanta zur Ruhe.

Ray M. Fleming, dessen Großmutter, Katherine Harleston, eine Schwester des Malers Edwin war, am Anfang seiner Karriere als Musikproduzent, gegen 1965 in New York.

via …

… und Alison Gentry, Enkelinnen Edwina Harlestons und damit bereits die sechste Generation der Nachkommen Kate Wilsons und William Harlestons, 1989 in Atlanta.

»HELLE MA« UND DIE IHREN

1865 wurde auf Buck Hall die damals fünfundzwanzigjährige Feldarbeiterin Katie (von ihren Nachfahren »Helle Ma« genannt) befreit, worauf sie den Zunamen Heyward annahm und sich gemeinsam mit ihrem Mann Zachariah ein eigenes Haus aufbaute. Eine Photographie von Katie Heyward selbst ist nicht erhalten; hier sitzt ihr Schwiegersohn, der Baumwollfarmer und Fischer Wesley T. Simmons, gegen 1910 vor dem Haus der Heywards in Cordesville (South Carolina).

Katie Simmons (später Roper), geboren 1912, eine Enkelin von Helle Ma, um 1935, in einem Photoatelier aufgenommen; den Pelzmantel hatte sie sich auf einer Reise nach New York gekauft.

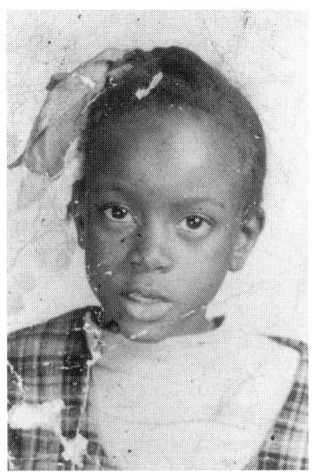

Charlotte Roper (später Dunn), eine Tochter Katie Ropers und Urenkelin von Helle Ma, 1954, in der Schule photographiert.

Delores Roper (später Singletary), eine
Schwester Charlottes, im Lebensmittel-
geschäft der Familie auf James Island,
South Carolina, um 1974.

ige Angehörige der Familie Heyward-Roper aus South Carolina im Jahr 1996. Von links nach rechts: Delores
gletary, Rosalyn DeSaussure, Michael Singletary, Charlotte Dunn, Katie Roper und Rosalie Frasier.

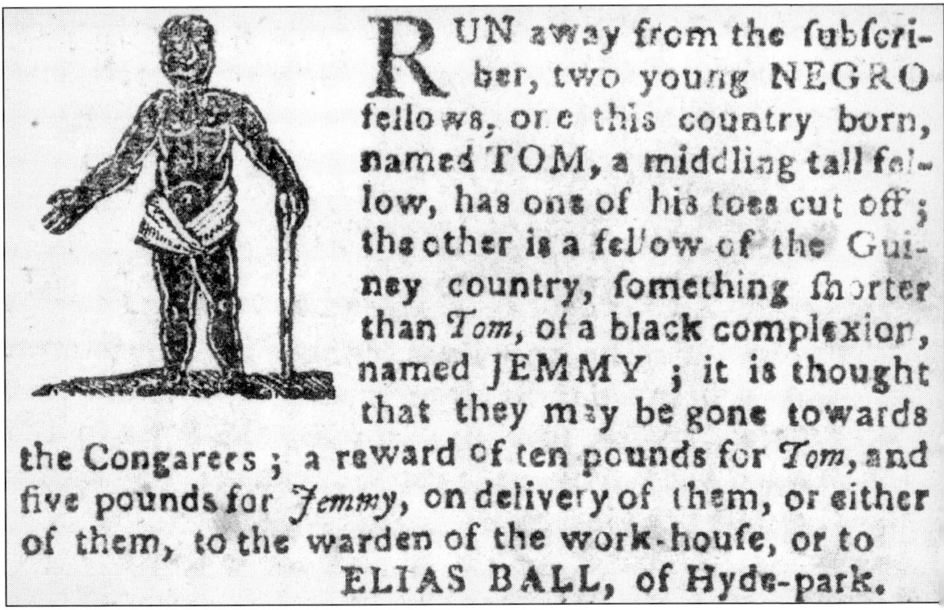

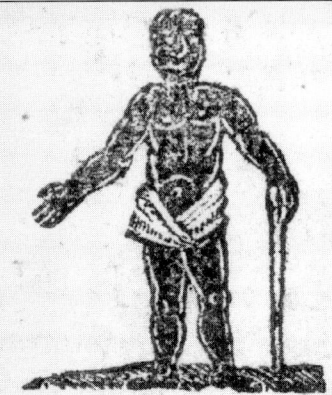

R UN away from the subscriber, two young NEGRO fellows, one this country born, named TOM, a middling tall fellow, has one of his toes cut off; the other is a fellow of the Guiney country, something shorter than *Tom*, of a black complexion, named JEMMY ; it is thought that they may be gone towards the Congarees ; a reward of ten pounds for *Tom*, and five pounds for *Jemmy*, on delivery of them, or either of them, to the warden of the work-house, or to ELIAS BALL, of Hyde-park.

1768 gab der Zweite Elias in einer Anzeige bekannt, daß der in Amerika geborene Sklave Tom von seiner Plantage entlaufen war. Zu den Nachkommen von Toms Schwester Bessie gehört der mit zweiundzwanzig auf Limerick befreite Philip Lucas. (Text: Entlaufen Zwei junge Neger – ein hierzulande geborener namens Tom, mittelgroß, mit einer abgeschnittenen Zehe, und einer aus Guinea, etwas kleiner als *Tom*, von schwarzer Hautfarbe, namens Jemmy. Sie könnten in Richtung der Congarees geflohen sein. Eine Belohnung von zehn Pfund für *Tom* und für Pfund für *Jemmy* gibt es für die Ablieferung beim Direktor des Arbeitshauses oder bei Elias Ball, Hyde Park.)

Sonya Fordham, eine Enkelin Emily Frayers, und ihr Mann, der Nigerianer Sylvester Egwu, 1981 bei einer denkfeier auf ihre Hochzeit, die in Washington, D. C., stattgefunden hatte.

...mily Frayer (mit Stock), in der sechsten Generation Nachfahrin Bessies, der Schwester Toms, des Entlaufenen, ...nd Enkelin Philip Lucas'. Als ich 1994 mit Mrs. Frayer das verfallene Herrenhaus von Comingtee besuchte, be-...eiteten uns (von rechts nach links) ihre Enkel George und Sonya Fordham, ihre Tochter Luzena King und ihre ...eundin Carutha Williams – allesamt Nachkommen ehemaliger Ballscher Sklaven.

Chiemeka Egwu, die damals sechzehnjährige Tochter Sonya Fordhams und in der neunten Generation Nachfahri der Familie des entlaufenen Tom, hier von jungen Rekruten des Charlestoner Reserve Officer's Training Corp frisch zur »Miss Junior R. O. T. C.« gewählt, 1996.

Mr. Withers' Stimme wirkte selbstsicher und hatte etwas Sonores. In seinem Akzent klangen mehrere Regionen an – darunter Carolina und Jamaica. Mir fielen vor allem das scharfe P, das weiche S und der tröstende Unterton der Kanzel auf. Ich fragte den Geistlichen, ob er bereit wäre, mir persönlich etwas über Scipio zu erzählen.

Als ich Peter Withers kennenlernte, stand er auf dem Rasen vor der Kirche, die er sein Zuhause nannte. Sein Lächeln war ebenso kräftig wie sein Händedruck; er trug einen weißen Anzug und weiße Schuhe. Im Gras stand ein Schild mit der Aufschrift, »Mission Word Church, Rev. Peter Withers, Founder«, und der Pfarrer daneben schien im Lichte der San Francisco Bay zu glühen. Während meine Haut in der grellen Sonne bunte Sommersprossen und rötliche Flekken bekam, glänzte die von Mr. Withers pechschwarz wie eine Aubergine, mit einem violetten Schimmern. Nach fünfzig Jahren auf dem Boden des Neuen Testaments stand der Pfarrer da wie eine Eins und schien nicht gealtert zu sein. Seine Augen leuchteten hell wie Streichhölzer, und über schön geformten Wangenknochen trug er kurzgeschorenes, graumeliertes Haar.

Mr. Withers' Kirche, ein umgewandeltes Vororthaus im Ranch-Stil, lag mitten in einem Wohnviertel, und ihr Inneres bestand aus einem großen ausgebauten Raum. Im vorderen Teil sah ich neben der Kanzel ein Schlagzeug und eine Orgel, den Rest füllten zwanzig Holzbänke. Ich holte meine Unterlagen hervor, die uns zusammengeführt hatten. Wir schauten uns eine Karte von Berkeley County mit dem Plantagen-Distrikt, Photokopien des Arbeitsvertrages von Comingtee und Kopien jener Sklavenlisten an, auf denen Scipios Name stand. Mr. Withers ging alles schweigend durch und hob schließlich die Hand wie ein Verkehrsschutzmann.

»Scipio war zweifellos versklavt«, sagte er. »Er hat mir alles darüber erzählt. Leider wußte ich damals nicht, wie wertvoll seine Berichte waren. Ich war noch zu jung und habe erst später genauer darüber nachgedacht. Doch er starb mit neunzig Jahren, glücklich. Wenn ich mich recht entsinne, war das 1935 oder 1936. Und nach seinem Tod – es war ungewöhnlich und könnte Ihnen sonderbar erscheinen –, kamen fast genauso viele Kaukasier wie Schwarze zur Beerdigung.«

Der Pfarrer sprach langsam, aber rhythmisch, und lächelte dabei. Er bewundere seinen Großvater und hoffe das auch für mich. Alles, was ich über Scipio wußte, schien zu passen: Der besagte Großpapa war 1846 geboren, und etwa zu jener Zeit erschien mein Scipio in den Sklavenlisten.

»In diesen Unterlagen«, erklärte ich, »gehört der Name Scipio zu einer Plantage namens Comingtee und taucht dort 1847 erstmals auf. Wo war Ihr Großvater versklavt?« fragte ich.

»Ich weiß nur, daß er in Berkeley County, South Carolina, war.«

Mr. Withers zufolge hatte sein Großvater in den zwanziger Jahren sieben Kinder gehabt. Er besaß vier Hektar Land, lebte mit seiner zweiten Frau, Margaret, zusammen, nachdem die erste, Alice, gestorben war, und wurde im hohen Alter von seinen Söhnen finanziell unterstützt, darunter der Vater des Geistlichen.

»Scipio war groß, vielleicht einsachtzig, und hatte etwa meine Statur«, sagte Mr. Withers. »Er hielt sich immer kerzengerade und lief bis zum letzten Tag aufrecht.« Der Pfarrer selbst hatte starke Arme und war kräftig gebaut.

»Mein Großvater hatte einen ganz ähnlichen Gesichtsausdruck wie Mr. Abraham Lincoln«, schwärmte er. »Er hatte von Natur aus weißes Haar. War immer heiter und zwanglos. Man konnte den ganzen Tag mit ihm zusammensein, ohne seiner überdrüssig zu werden.«

Ich fragte, ob er ein Bild seines Großvaters habe, worauf sich sein Gesicht verzog und er gestand, einst eine Photographie besessen, diese aber verloren zu haben.

»Hat Scipio Ihnen je von der Sklaverei berichtet?« fragte ich.

»Eines hat er immer wieder erzählt, nämlich wie er unter seinen Freunden eine Gebetsgruppe organisierte, und daß sie nie geprügelt wurden. Das betonte er immer wieder«, antwortete Mr. Withers. »Und bemerkenswert ist, daß Scipio ein Mann Gottes war. Er lehrte mich, niemals zu hassen. Gott sorge für alles. Deshalb sei Scipio nicht gefoltert worden oder dergleichen. Sie hätten auch keine Hunde auf ihn gehetzt.«

»Hat er von anderen erzählt, auf die man Hunde hetzte?«

»O ja, das hat er.«

»Können Sie sich an eine dieser Geschichten erinnern?«

»Nicht sehr deutlich«, sagte der Pfarrer. »Aber er sagte, viele der –«

Mr. Withers hielt inne. Seine Erinnerung wandte sich von Scipios grausamen Geschichten ab und etwas Harmloserem zu.

»Wissen Sie, da war ganz schön was los«, fuhr er neu ansetzend fort. »Viele der Sklaven und Sklavenhalter, die hatten eine Menge Ärger. Aber mein Großvater sagte, er hätte nie welchen gehabt.«

»Hat er über seine Lebensumstände gesprochen?« fragte ich.

»Er sagte, gelegentlich seien Sklaven mit ›einer Tracht Prügel‹ bestraft worden«, deutete der Enkel zurückhaltend an. »Ein anderer älterer Bekannter hat mir das, was Onkel Scip sagte, bestätigt. Er hieß nämlich bei allen ›Onkel Scip‹.« Mr. Withers lachte und wurde in seiner vorsichtigen Art heiter. »Und dieser Mann sagte, er habe Onkel Scip schon in der Sklaverei gekannt, und beide hätten sie nie Probleme mit Folter und dergleichen gehabt. Das bekräftigte er immer wieder.«

Es war ein verwirrender Bericht. Scipio hatte zwar über Gewalt auf der Plantage gesprochen, aber auch gesagt, daß zumindest ein paar seiner Freunde und Angehörigen die Peitsche niemals am eigenen Leibe zu spüren bekommen hätten.

»Wissen Sie, Onkel Scip hat mir noch folgendes erzählt«, begann Mr. Withers, eine letzte Erinnerung hervorkramend. »Er sagte, ›In der Sklaverei waren unsere wirklichen Feinde, die uns foltern und auspeitschen wollten, viel versklavter als ich: Sie waren Sklaven ihrer Besessenheit, mich zu strafen, aber ich war in meiner Seele ein freier Mensch.‹ Ein Diener Gottes sei weise wie die alten Propheten«, fuhr er fort. »Wer sich in einer solchen Lage befinde, dem werde Rebellion nichts nützen. Standzuhalten, das sei die Weisheit.«

Ich fragte nach der Art seines Großvaters, wie er mit Menschen geredet habe.

»Wenn man ihm begegnete, zitierte er oft den Psalter oder irgend etwas anderes. Zu seinen Lieblingsstellen gehörte der 37. Psalm, ›Entrüste dich nicht über die Bösen, sei nicht neidisch auf die Übeltäter.‹ Sehen Sie, soweit ich es verstand, glaubte Scipio nicht an Vergeltung.«

»Man muß seinen Unterdrücker lieben«, sagte ich, »muß an seine Menschlichkeit glauben.«

»Ganz bestimmt.« Mr. Withers schürzte die Lippen und sprach mit erhobener Stimme: »Segne, die dich verfluchen, und tu Gutes denen, die dich hassen! Sehen Sie, als ich jung war, haßte ich das System der Rassentrennung! Aber Bitterkeit ist nicht gesund. Man muß sich davon freimachen.«

»Ich möchte, daß Sie versuchen, sich Ihres Hasses zu erinnern«, gab ich zurück.

»Ich habe eine Menge entsetzliches Unrecht gesehen«, bemerkte er nach einer langen Pause.

»Zum Beispiel?« fragte ich.

»Ich möchte keine schädlichen Erinnerungen hochkommen lassen.« Mr. Withers machte erneut einen Rückzieher. »Es ist nicht mehr da. Das System ist weg, dieser ganze Lebensstil – weggewischt. Und als ich dann zum Herrn fand, da verminderte sich mein Haß.«

Peter Withers habe 1946 im Alter von einunddreißig Jahren seine Wiedergeburt erfahren und 1949 in Jamaica begonnen, als Missionar und Evangelist durch die Karibik zu ziehen. Zwischen dem Festland und den Inseln pendelnd, habe der Reverend einen bestimmten Lebensstil entwickelt und in der Folge an ihm festgehalten. 1958 sei er mit seiner Frau – die seinerzeit ebenfalls Missionarin war – nach Haiti umgesiedelt.

»Da legten wir uns richtig ins Zeug«, sagte er. »Auf Haiti haben wir fünfzehn Kirchen – jede mit einer eigenen Missionsschule, weil es so viele Analphabeten gibt. Dreitausend Kinder besuchen die Schulen, und wir beschäftigen sechzig Lehrer. In der Missionszentrale betreiben wir eine medizinische Klinik mit einem haitianischen Arzt und außerdem eine Verpflegungsstelle, wo die Kinder täglich eine warme Mahlzeit erhalten.«

»Warum sind Sie Missionar geworden?« fragte ich.

»Weil die Menschen bedürftig sind. Hier in Amerika haben wir alles – Krankenhäuser, Kirchen, Schulen, Annehmlichkeiten. Dort haben sie nichts ... nichts!«

1976 habe Mr. Withers begonnen, in Afrika zu missionieren.

»Kenia hat dreiundvierzig verschiedene Stämme«, sagte er. »Jeder mit seiner eigenen Kultur, seinem eigenen Dialekt. Wir konzentrierten uns vor allem auf die Masai, die überwiegend in kleinen, aus Holzbrettern zusammengestoppelten und mit Abfallstücken gedeckten Hütten wohnen.« Dort hätten er und seine Frau eine Übersetzung des Neuen Testaments in die Sprache der Masai auf den Weg gebracht, und seine Kirche habe einen Brunnenbau finanziert, um ein unter Trockenheit leidendes Dorf mit fließendem Wasser zu versorgen.

»Jetzt planen wir ein kombiniertes Missions- und Klinikgebäude, in dem Masai-Frauen ihre Babys zur Welt bringen können. Denn die heidnische Art, unter Aufsicht der Medizinmänner, ist einfach grauenhaft.« Bei dem Wort »Medizinmänner« verzerrte sich Mr. Withers' Gesicht zu einer Grimasse.

»Hatten Sie auf Haiti mit Voodoo zu tun?« fragte ich.

»Voodoo ist teuflisch«, gab er zurück. »Man kann es einfach nicht abstellen. Man muß die Ursachen bekämpfen, was seine Zeit braucht. Es verträgt sich nicht mit dem Christentum. Was wir glauben, steht unverrückbar fest.«

Wir sprachen noch kurz über Voodoo und traditionelle afrikanische Religionen, die Mr. Withers mit Stumpf und Stiel ausrotten wollte. Plötzlich fragte mich der Geistliche: »Mr. Ball, was hat Ihrer Ansicht nach die Sklaverei verursacht?«

»Ich glaube, Gier führt zur Sklaverei.«

»Das ist Ihre Auffassung«, sagte er skeptisch. »Aber sehen Sie, die christliche Kultur war in Afrika schon fest verwurzelt, als es zur Sklaverei kam. Afrika ist von der göttlichen Lehre abgefallen. Begreifen Sie?«

»Hatten die Afrikaner sich die Sklaverei also selbst zuzuschreiben?« fragte ich.

»Durch Ungehorsam und Auflehnung.« Der Pfarrer hob seine Hand in die Höhe. »Sie führten zur Vernichtung, und so könnte es jedem von uns ergehen. Nehmen Sie etwa das Beispiel Israels. Gott hatte sein Volk geliebt. Doch als die Israeliten sich gegen Ihn auflehnten, da sprach Er: ›Zur Strafe werde ich euch in die Sklaverei schikken.‹«

»Juden und Afrikaner wurden also beide der Sklaverei ausgesetzt, weil sie Gottes Wort nicht gehorcht hatten?« hakte ich nach.

»Genau das will ich damit sagen.«

Ich erklärte Mr. Withers, daß mir sein Modell einer kollektiven Schuld und Sühne der Schwarzen äußerst gewagt erschien, und fragte ihn, was er Schwarzen raten würde, die mit der Plantagenerblast leben müssen.

»Ich würde ihnen sagen: ›Gebt euch in Gottes Hand.‹ Amerika hat alles im Überfluß, und es ließe sich viel Leid lindern.« Seine leuchtenden Augen nahmen einen strengen, ungerührten Ausdruck an. »Doch in Amerika leben viele Faulpelze, und für so was kennen wir kein Pardon.«

Ich brach auf. Als wir die Kirchentür erreichten, nahm mich der Pfarrer mit einem aufgesetzt wirkenden Lächeln am Arm, und draußen bezog Reverend Peter Withers dann direkt neben der Tafel seiner »Mission Word Church« Stellung, um mir zum Abschied zu winken.

Später versuchte ich, seine Familie aufzuspüren. Ich ging erneut die Sklavenlisten durch und stellte dabei fest, daß Scipio im Jahr 1847 nicht, wie ich anfangs geglaubt hatte, ein Kleinkind, sondern vielmehr längst erwachsen war. Später fand ich in den Büchern von Comingtee einen Vermerk, demzufolge der damals Sechzigjährige am 19. August 1857 an der »Wassersucht« gestorben war. Peter Withers konnte ihn also weder gekannt haben noch sein Enkel gewesen sein, und seine Familie stand in keiner angestammten Verbindung mit den Balls.

Eine über das gesamte Land verstreute Familie von Nachkommen ehemaliger Sklaven veranstaltete allsommerlich ein großes Treffen. Ich hatte mit einer gewissen Sarah Roper England gesprochen, deren Vorfahren auf den Ballschen Plantagen versklavt gewesen waren, und sie wollte mich mit ihren Angehörigen bekannt machen. Der geeignete Anlaß, meinte sie, wäre ein großes Essen, bei dem zwei Familienstämme – die Ropers und die Robersons – zusammenkämen. (»Manche schreiben es Robertson«, erklärte sie.)

»Meine Großmutter sprach oft über ›Maussa Ball‹«, erzählte Sarah England. »Sie sagte nie ›Mister‹, sondern immer ›Maussa‹.«

Die Zusammenkunft fand in einem nagelneuen Vorortmotel statt, das an einer großen Raststätte lag und in seiner schablonenhaften

Bauart Zehntausenden ähnlicher glich. Der kunststoffbeschichte Tresen des Foyers hob sich von einem synthetischen Teppichboden ab, und aus verborgenen Lautsprechern dudelte unbestimmbare Musik. Im für den Anlaß gemieteten Konferenzraum standen zwei fertig gedeckte Tischreihen, und knapp vierzig Schwarze hatten sich bereits eingefunden. Meine Ansprechpartnerin Sarah England, eine Frau von Ende Fünfzig, begrüßte mich wärmstens und führte mich sogleich in eine stille Ecke, wo wir die Familiengeschichte durchgingen.

»Unsere Leute kamen von Pawley's Plantage«, erklärte sie, »und von Buck Hall.« Sie holte eine für das Treffen vorbereitete, etwa dreißig Seiten starke Kladde mit Photographien, Stammbäumen, Überlieferungen und einem Adressenverzeichnis der Verwandtschaft hervor. Auf einer Seite hatte sie Geschichten von ihrer Großmutter festgehalten. Anfang des 19. Jahrhunderts, so ergab das Material, hatten Vorfahren der Ropers und Robersons auf der Plantage Brick House (auf Edisto Island, südlich Charlestons vor der Küste) gelebt und dem Pflanzer J. W. Roper gehört. Nachdem dieser all sein Land verloren hatte, so der Text weiter, »arbeiteten unsere Vorfahren bei den Balls auf Buck Hall, direkt neben Pawley's Plantage. ... Am Ende des Bürgerkrieges ließen die Balls sämtliche Sklaven frei. Doch anstatt sich ›Ball‹ zu nennen, hielt die Familie am Nachnamen des Sklavenhalters J. W. Roper fest.« Das Adressenverzeichnis auf den hinteren Seiten der Kladde führte hundertsechsundachtzig Angehörige überall im Lande auf, Nachkommen der letzten zwei, drei Sklaven. Sie lebten in Alabama, Connecticut, Delaware, Florida, Georgia, Kalifornien, Maryland, New York, North Carolina, Pennsylvania, South Carolina, Tennessee, Virginia und Washington, D. C.

Mrs. Englands Familiengeschichte war also schriftlich fixiert, und ihre Spuren führten zu einer Tochter Ann Simons Balls, alias Oberst Nancy. Die damals Neununddreißigjährige hatte 1815 eine kleine Ann zur Welt gebracht, die später den Arzt Elias Horry Deas heiratete. Das Paar kaufte Buck Hall, ließ sich 1850 dort nieder und erwarb kaum ein Jahr darauf das Nachbaranwesen Pawley (oder Pawley's) mit 321 Hektar. Auch Dokumenten im Washingtoner Bundesarchiv zufolge hatten die Vorfahren Mrs. Englands auf Pawley und Buck Hall gelebt.

Die Familienchronik der Roper-Robersons zeichnete sich durch die Besonderheit aus, daß Mrs. England mündliche Überlieferungen darüber besaß, wie die Balls ihre Sklaven behandelt hatten.

»Bei den Balls war es gut arbeiten«, sagte sie mit sorgfältiger Aussprache. »Das Plantagenleben hatte also auch sein Gutes. Meine Großmutter sagte, die Balls hätten dafür gesorgt, daß die Sklavenkinder eine Erziehung bekamen. Eine andere Pflanzerfamilie, die Cordes, seien sehr böse gewesen und hätten auch nach der Befreiung nicht dulden wollen, daß ihre ehemaligen Sklaven eine Ausbildung kriegten. Doch meine Großmutter konnte lesen und schreiben, weil die Balls ihre Leute zum Lernen ermutigten.«

Die Gesellschaft um uns herum schwatzte munter, als Mrs. England mir auseinanderlegte, wie unterschiedlich Sklavenhalter seinerzeit auf die Emanzipation reagiert hatten. Erneut wies sie mich auf die schriftliche Fassung ihrer Familiengeschichte hin.

»Die Ropers ... und Robersons konnten Schulen besuchen, und sie nutzten die Gelegenheit«, hieß es in dem Büchlein. »Nach dem Ende der Sklaverei blieben sie auf der Plantage und arbeiteten weiter bei den Balls, bis Frank Roper selbst Land kaufen und darauf ein kleines Haus erbauen konnte.«

Nachdem ich so viele Beweise für die Schrecken und Entbehrungen des Plantagenlebens gefunden hatte, überraschte mich Mrs. Englands Mitteilung. Doch einige Monate später lernte ich eine Familie kennen, die von Pimlico und The Bluff abstammte und Ähnliches zu berichten wußte. Eine Frau hatte von ihrer Großmutter gehört, daß die Balls auf The Bluff ihre Hausdiener, ehemalige Sklaven, noch Jahre nach der Befreiung ermutigt hätten, die Schule zu besuchen, und ihnen dann sogar manchmal bei den Hausaufgaben halfen.

Andernorts bestätigte mir eine eidesstattliche Erklärung, was Mrs. England und jene andere Frau erzählt hatten. Im Jahr 1903 hatte die ehemalige Sklavin Patty Moultrie bei einer Rentenstelle der Armee angegeben, daß Isaac Ball in den Jahren nach dem Bürgerkrieg eine Zeitlang Briefe für sie schrieb. Da ihr Mann Stepney Moultrie noch bei der Unionsarmee diente, hatte der Konföderiertenveteran Isaac den beiden geholfen, über die Entfernung hinweg miteinander in Verbindung zu bleiben. »Als mein junger Herr Mr. Isaac Ball aus dem Krieg zurückgekehrt und Stepney noch bei der Armee war«, hatte Patty Moultrie ausgesagt, »las er mir seine Briefe vor und antwortete ihm für mich.«

Später ging Sarah England noch weiter und sagte, ihre Vorfahren seien nicht nur zum Lernen ermutigt worden, sondern hätten auch sonst viel besser dagestanden als die meisten anderen ehemaligen Sklaven, weil die Balls ihnen stets unter die Arme gegriffen hätten.

»Fast alle, die bei ihnen gearbeitet hatten, brachten es weiter als andere«, erklärte Mrs. England. Als ich darauf überrascht reagierte, bekräftigte sie mit erhobenem Zeigefinger: »Das steht fest.« Ihr Vetter Kenneth Cook äußerte sich ganz ähnlich. Dieser freundliche, stämmige Mittdreißiger, der beim Verkehrsamt in Washington, D. C., tätig war, sagte: »Nach der Befreiung standen alle in der Familie gut da. Einer hatte ein Schuhgeschäft und einen Lebensmittelladen. Auch mein Onkel war selbständig, und später eröffnete jemand eine chemische Reinigung. 1948 begann sogar einer, Flugstunden zu nehmen, weil er Pilot werden wollte – unglaublich, ein Schwarzer, der es inmitten der Rassentrennung als Pilot versuchte.«

Ich bat Mrs. England, mir weitere Familien zu nennen, denen die Balls nach der Befreiung geholfen haben mochten, und wie aus der Pistole geschossen sagte sie: »Außer uns gab es noch die Chisolms und die Evans. Sie hatten bei den Balls gearbeitet, dann lesen und schreiben gelernt und sich später ein Grundstück gekauft.«

Einige der Befreiten hatten unseren Familiennamen gewählt, und so lernte ich schwarze Balls kennen, die über Delaware, Maryland, Pennsylvania, South Carolina und Virginia verstreut lebten. Auch wenn ich selbst keine sichere Verbindung zu den weißen Balls herstellen konnte, wußte ihre mündliche Überlieferung von Vorfahren, die bei Charleston an der Küste South Carolinas gelebt hatten. Sie mögen Ballsche Sklaven gewesen sein, doch Belege dafür fanden sich nicht. Gleichwohl traf ich mich an einem kalten Novemberabend mit einer der Ihren, Jacqueline Ball, die als alleinerziehende Mutter in der Nähe von Washington, D. C., wohnte.

Jackie war groß und schlank, mit glattem Haar, das gerade die Ohren bedeckte. Sie stamme aus einer Militärfamilie und sei als Navy-

Maat zweiter Klasse im Pentagon tätig. Ihr Vater und ihre beiden Brüder hätten im Zweiten Weltkrieg mitgekämpft, sie selbst diene seit zehn Jahren bei der Navy, und sie habe noch eine Base und einen Vetter, die erst vor kurzem aus der Army ausgeschieden seien, beide im Majorsrang. Um die Sache abzurunden, sei Jackies Tochter La-Shawn in die Reserve der Army eingetreten. Im Pentagon meldete sich Jackie am Telefon mit ihrem Dienstgrad – »YN2 Ball, was kann ich für Sie tun?«

»Ich arbeite in einem streng geheimen Bereich«, erläuterte sie ihren Posten, »Sicherheitsfragen«. Und entsprechend wenig verriet sie mir über die Art ihrer Tätigkeit. »Es hat mit Kriegführung und Bombardements zu tun«, fuhr sie unbekümmert fort. »Ich helfe, die Bombenpläne auszuarbeiten. Ich kann Ihnen sagen, wir haben zwei getrennte Abfallbehälter, geheim und normal – und wenn abends die Putzkolonnen durchkommen, passen wir genau auf, daß sie nur die richtigen leeren.«

»Ich kannte mal einen Spezialisten für nukleare Ziele«, sagte ich. »Er suchte geeignete Stellen für die Abwürfe aus.«

»Kann ich mir vorstellen«, erwiderte Jackie. »Vor dem Pentagon wird jeden Montag demonstriert. Die Polizei hat Videokameras und nimmt alle auf. Am Jahrestag von Hiroshima kamen eine ganze Menge Demonstranten mehr als sonst, und es wurde wirklich ungemütlich. Sie warfen irgendeine Substanz gegen des Gebäude, symbolisches Blut, und ich hatte wirklich Angst.«

Für eine Bombenanalytikern hätte Jackie in ihrer Art nicht süßer sein können, und ihre Stimme hatte etwas Zartes. Sie war um die Vierzig und in Los Angeles von ihrer Mutter aufgezogen worden; ihren Vater, Joseph M. Ball, habe sie fast nie gesehen.

»Ich kannte meinen Vater nicht besonders gut«, sagte sie. »Meine Eltern hatten sich kennengelernt, während er Praktikant in Baltimore war – Mutter war das Kind eines Methodistenpfarrers. Sie heirateten und zogen in seine Heimat, nach South Carolina. Mutter machte sich nichts aus dem Süden, ja, sie haßte ihn sogar. Kurz nach meiner Geburt gingen sie auseinander, und anschließend zog Mutter mit mir nach Los Angeles.«

Jackie habe an der San Diego State University studiert, einen Kommilitonen geheiratet und ihre Tochter LaShawn McGhee bekommen. Doch auch diese Ehe habe nicht gehalten, und Jackie sei mit ihrer Tochter nach Washington, D. C., umgesiedelt, wo sie LaShawn allein aufzog. Ich fragte Jackie, ob ihr Vater, der unterdessen in South Carolina gestorben sei, gewußt hatte, woher seine Familie stammte.

»In den achtziger Jahren hatte ihn irgend jemand angeschrieben«, erwiderte sie. »In dem Brief ging es um die Ballschen Plantagen, und der Absender wollte ihm etwas mitteilen oder ihn vielleicht etwas fragen. Von meiner Stiefmutter erfuhr ich, daß er den Brief einfach weggeworfen hat.«

»Warum?«

»Anscheinend wollte er nichts damit zu tun haben«, mutmaßte sie. »Also schmiß er ihn einfach weg. Ich meine, er wollte, warum auch immer, nicht daran erinnert werden.« Jackies Vater sei gestorben, bevor sie ihn nach dem Brief habe fragen können.

Ich rief Jackies Base Denise an, die Majorin im Ruhestand. Sie freute sich, war redselig und fragte sofort, wann wir uns treffen könnten. »Ich bin so glücklich, daß jemand aus der Familie die Geschichte endlich mal anpackt«, frohlockte sie. Denise spekulierte über die mögliche Herkunft und das weitere Schicksal ihrer Vorfahren, und sagte dann etwas, dem ich entnahm, daß Jackie sie nicht ganz vollständig aufgeklärt hatte.

»Ich bin Krankenschwester«, erklärte sie, »und habe einmal bei einem Dr. Ball gearbeitet, einem Weißen.«

»Ich habe Mediziner in der Verwandtschaft«, erwiderte ich.

»Nein, dieser Bursche war *weiß*«, betonte Denise.

»Richtig«, erwiderte ich. »Ich bin *auch* weiß.«

Es trat eine kurze Pause ein.

»Sind Sie! Okay!« schrie Denise. »Also gut! Rein zufällig!«

Ich erläuterte ihr, wer ich war, und fragte, ob sie sich immer noch mit mir treffen wollte.

»Nun, es ist sehr interessant, und es ist wichtig, seine Geschichte zu kennen«, antwortete sie vorsichtig. »Wir haben ja alle Fortschritte gemacht, und das gehört mit zu der Geschichte dazu, so war es eben.«

Wir trafen uns alle drei in einem Vorort-Steakhaus. Denise war kleiner als Jackie, hatte mehr Fleisch auf den Knochen und war Ende

Vierzig. In ihrer unverblümten Art schien sie alles aussprechen zu können, was ihr gerade in den Sinn kam.

»Denise war richtig schockiert, als sie hörte, daß Sie weiß sind«, erzählte Jackie. »Dann haben wir beide sehr darüber gelacht.«

»Jawohl, ich habe keine Komplexe«, sagte Denise sarkastisch.

Ich hatte ihnen mit der Hand geschrieben, und nun holte Denise meinen Brief hervor.

»Sie haben uns einen wirklich schönen Brief geschrieben.«

»Danke«, sagte ich.

»Ich wollte Ihnen wie eine richtige Feldsklavin auf liniertem und gelochtem Papier antworten«, fuhr Denise mit entschlossenem Gesicht fort. »Ich wollte alles, sogar die Satzzeichen, richtig machen, aber in Blockschrift schreiben. Doch die Familie hat mir das ausgeredet.«

Wir lachten so, daß die Vinylnische bebte. Denise erklärte, sie sei Offizier im Ruhestand und habe früher Sanitäter ausgebildet.

»Ihr habt so viele beim Militär«, scherzte ich, »daß ihr eine eigene Ball-Division aufstellen könntet.«

»Sie kriegen wir auch noch«, unkte Jackie.

»Die nehmen Sie sofort als Offizier«, warf Denise ein. »Die suchen doch immer aufgeweckte weiße Jungs mit blauem Blut.«

Jackie besaß die Dienstbücher ihres Vaters, Joseph Ball, die wir eines Tages durchgingen. 1910 geboren, hatte er am Morris College in Sumter (South Carolina) ein Pädagogikstudium abgeschlossen und war beim Ausbruch des Zweiten Weltkrieges Rektor einer staatlichen Schwarzenschule mit einem Wochensalär von 16,50 Dollar gewesen. Im April 1942 war er in die Armee eingetreten, nach Louisiana ins Camp Claiborne geschickt und nach drei Monaten als einfacher Soldat zum Feldwebel befördert worden. Auf einer kurz danach entstandenen Photographie wirkte der lächelnde Joseph Ball, mit Lippenbart und einem offenen Blick, ausgesprochen schneidig. Der Stabsarzt hatte seine Größe mit 174 cm und sein Gewicht mit 77 Kilo festgestellt. Im Januar 1943 war der Feldwebel beim Nordafrikafeldzug gegen die dortigen Einheiten der Wehrmacht für die Versorgung seiner Kompanie zuständig, und als die Alliierten im September 1944 besetzte Gebiete zurückeroberten, zog sein Bataillon durch Südfrankreich. Bei Kriegsende im Frühjahr 1945 hatte er noch am Rheinlandfeldzug teilgenommen, war im Herbst in die Vereinigten Staaten zurückgekehrt, wieder ins Bildungswesen eingetreten und hatte den Rest seines Lebens als Rektor staatlicher Schulen South Carolinas verbracht. 1985 war er verstorben.

»Ich war ein Einzelkind«, betonte Jackie. »Und ob Sie es mir glauben oder nicht, ich habe meinen Vater nur ein einziges Mal gesehen. Da muß ich um die neunundzwanzig gewesen sein. Alles war sehr unangenehm, obwohl es jetzt irgendwie ulkig ist, daran zurückzudenken. Ich arbeitete in Washington bei der Kongreßbibliothek und fuhr für den Nachmittag runter nach South Carolina. Ich weiß noch, wie ich mich vorstellte – ich war seine Tochter, und stellte mich ihm vor! Er war freundlich, und seine Frau, meine Stiefmutter, war auch dabei. Aber mein Vater und ich, wir sprachen nicht über uns oder was ich in all den dreißig Jahren gemacht hatte. Ich weiß noch, Ronald Reagan war damals Präsident, also redeten wir über ihn. Wir sprachen über aktuelle Ereignisse und wie teuer Kleidung sei – über alles, bloß nicht über uns. Es war so peinlich. Als ich ihn noch mal besuchen wollte, war er schon gestorben.«

Jackies Tochter LaShawn McGhee war bei ihrer Mutter in verschiedenen Vororten Washingtons aufgewachsen. Sie hatte einige Jahre an einem College in Ohio studiert, war jedoch vor dem Examen abgegangen, um in die Army Reserves einzutreten. Als ich die Familie kennenlernte, stand die noch junge LaShawn gerade im Begriff, ihre Grundausbildung auf einem großen Militärstützpunkt abzuschließen.

Jackie und ich trafen an einem Exerzierplatz mit großen Tribünen ein, die voll mit Schwarzen und Weißen besetzt waren. Fünfhundert junge Soldaten in nagelneuen grünen Uniformen marschierten in der Mitte auf. An jenem Tag hatte ich Jackie einige der Sklavenlisten und Briefe von den Ballschen Plantagen gezeigt, darunter auch eine Schenkungsurkunde über ein Kind, das an einen Verwandten ging. Als Jackie die Dokumente schweigend durchsah, begann sie plötzlich zu zittern.

»Die Sklavenlisten haben mich wirklich erschüttert«, gestand sie mir später. »Es war einfach zuviel, ich kämpfte mit den Tränen, zwang mich aber nachzuempfinden, was ich da las.«

Die Soldatenkolonnen marschierten, in fünf Kompanien unterteilt, zur Musik einer Blaskapelle. Von den weit entfernten Tribünen aus hätte man die Rekrutentrauben für dunkle, über den Rasen ziehende Wolkenschatten halten können.

»Sie sollten bedenken«, versuchte ich die bedrückt schweigende Jackie aufzumuntern, »daß diese Leute, die Sklaven, bei alledem ihre Gemeinschaft hatten, also Spaß, Musik – und die Liebe.«

LaShawn gehörte zu den »Fighting Falcons«, dem Zweiten Bataillon des 39. Infanterieregiments. Es war genau jene Einheit, die 1943, als ihr Großvater dort diente, in Nordafrika gekämpft hatte.

»Wie war es wohl, jemandem geschenkt zu werden?« fragte Jackie. »Kein Pony als Geschenk, sondern ein Mensch.«

Aus der Lautsprecheranlage ertönte eine harte Männerstimme. »Die heutige Veranstaltung ist ein Meilenstein, der für Sie alle einen Neuanfang, ein ganz neues Leben bedeutet. Wer Sie sind, woher Sie kommen, Hautfarbe, Religion oder kultureller Hintergrund, spielen keine Rolle. Von nun an gehören Sie alle einem großen Team an, der United States Army.«

Jackie begann, frei über die Vergangenheit zu assoziieren. »Wie konnte man denn da jemanden wirklich lieben? Ja, man liebte wen, wie Sie sagten, aber diese Liebe konnte einem doch jeden Moment wieder weggeschnappt werden.«

Nach der Zeremonie fanden wir die frischgeprüfte Rekrutin LaShawn McGhee. Vor jugendlicher Kraft strotzend, war sie gut einssechzig groß und hielt sich gerade wie ein Brett. Ihre grüne taillierte Jacke ließ die Rundungen der Figur erkennen. Sie gab sich stramm, schob beim Gehen den Unterkiefer vor und schlenkerte energisch mit den Armen. In der achtwöchigen Ausbildung war LaShawn bereits zur Zugführerin aufgestiegen, und ihre Stimme klang heiser vom lauten Befehlston.

»Laß dich mal anschauen«, sagte Jackie mit weit geöffneten Augen. »Ich erkenne ja meine eigene Tochter nicht wieder – nicht einmal das Gesicht. Also diese Frisur!«

»Ich habe stark abgenommen«, bemerkte LaShawn.

»Was sind das denn für Orden?« fragte Jackie, vor der Brust ihrer Tochter herumfingernd.

»Der eine für Scharfschießen und der andere für Granatenwerfen«, antwortete die Rekrutin.

Die geheimnisvollste aller schwarzen Familien mit dem Namen Ball war ein New Yorker Clan. Eines Tages bekam ich Post von einer mir unbekannten älteren Dame (wegen ihrer Bitte um Anonymität nenne ich sie Evelyn Post), die schrieb, jemand habe ihr eine Aufnahme von mir gegeben. Beim Betrachten des Photos seien ihr gewisse Ähnlichkeiten mit einem seit langem verschollenen Angehörigen aufgefallen. Es handele sich bloß um einen entfernten Verwandten, den Neffen ihres verstorbenen Stiefvaters, doch dieser habe Luther Ball geheißen, und der Name des besagten Neffen sei Edward Ball.

Evelyn Post, eine Dame in den Achtzigern mit hellbrauner Haut, weißem Haar, zierlicher Figur und einer sehr klaren Aussprache, wohnte in einem Stadthaus mit einem kleinen Hinterhof. Als ich Platz nahm, servierte sie mir auf erlesenem Porzellan Kaffee und Kuchen. Der Mulatte Edward Ball sei auf der Bildfläche erschienen, nachdem Evelyns Mutter in den zwanziger Jahren seinen Onkel, den besagten Luther, in zweiter Ehe geheiratet hatte. Sie besaß ein schönes Photo von Edward – ein Studioporträt, das einen hellhäutigen jungen Mann mit eher dunklem, welligem Haar zeigt, der ein Hemd mit gestärktem weißem Stehkragen und darüber eine Wolljacke trägt. Als die Aufahme entstand, schien er Anfang Zwanzig gewesen zu sein. Später erfuhr ich, daß er 1888 geboren war.

»Vor langer Zeit hatte er oben am Hudson River gelebt«, erzählte Mrs. Post, »und war dann mit seiner Frau in die Bronx gezogen. Als mein Stiefvater 1945 starb, verlor ich allmählich den Kontakt zur Familie.« Sie wisse kaum etwas über Edward Ball, meine allerdings, er sei damals von South Carolina aus nach New York gekommen. »Ich habe seit dreißig Jahren nichts mehr von den Balls gehört«, sagte sie, »besaß aber diese Aufnahme und bin sicher, daß sie aus Charleston stammt, denn da kam meine Mutter her.« Edward sei angeblich in den sechziger Jahren gestorben.

»Mein Großvater war weiß«, fuhr sie fort. »Und Edward Ball, den ich als junge Frau kennenlernte, ebenfalls sehr hell. Seine Frau Edith war ziemlich hübsch. Nachdem mein Stiefvater gestorben war, besuchten die beiden ab und zu meine Mutter. Später, als wir uns aus den Augen verloren, schrieb ich ihnen in ihrem Namen. Edwards Frau antwortete, setzte aber nie einen Absender aufs Couvert. Ich nehme an, sie hatten, wie es heißt, ›die Seite gewechselt‹, denn sie gingen glatt als Weiße durch. Deshalb geben gewisse Leute nie einen Absender an: Sie wollen dort, wo sie leben, keine Verbindungen mit Schwarzen erkennen lassen. Ich war etwas bange, Ihnen das alles zu erzählen – wie dem auch sei, als ich Ihr Photo sah, da dachte ich, ›Meine Güte, das ist doch ein Verwandter von Mr. Ball.‹ Gucken Sie sich die Ohren an! Jetzt, wo ich Sie sehe, fällt mir auf, daß er auch die gleichen Hände hatte.«

Ich recherchierte, konnte jedoch weder die Familie des Mulatten Edward Ball aufspüren noch eine wie immer geartete Verbindung zu den Plantagen herstellen.

Schließlich wurde ich doch noch fündig und stieß beim New Yorker Gesundheitsamt auf Edward Balls Sterbeurkunde. Er war im November 1969 mit einundachtzig Jahren in der Bronx, Riverdale Avenue, gestorben. Der Urkunde zufolge war er Postbeamter im Ruhestand und hatte seit vierundsechzig Jahren in New York gelebt. Die Namen seiner Eltern waren mit James Ball und Matilda Faison angegeben, es gab jedoch keinen Vermerk über die Hautfarbe oder ethnische Zuordnung des Verstorbenen – dafür aber den Hinweis, daß Edward Ball in der Nähe von Manhattan beerdigt worden war.

»Manchmal soll es eben so sein«, kommentierte Mrs. Post.

17

TRADITIONSPFLEGE

In meinem Charlestoner Behelfsquartier, dem Branford-Horry House in der Meeting Street, hatte es geklingelt, und vor der Tür stand mein entfernter Verwandter John Gibbs. Er geht auf die Sechzig zu, hat krauses Haar und erkennbar dunkle, etwa pappbraune Haut. Wegen seines leicht negroiden Äußeren hatte er als Junge den Spitznamen »Schwarzer John« erhalten. Sein Familienzweig hatte einst auf Hyde Park gelebt, jener Plantage, die sich insgesamt zweihundertdreiundfünfzig Jahre lang im Besitz der Balls befand – denn der Schwarze John war ein Enkel der zu den letzten Erbinnen zählenden Ann Simons Ball und ein Sohn der ehrwürdigen Familienchronistin Dorothy Dame Gibbs. Er wollte mich abholen, um mit mir in seinem Club, der South Carolina Society, essen zu gehen.

»Im Grunde ist die Society ein Junggesellenclub«, sagte John, als wir unter der vorspringenden Veranda im trüben Lichtschein der Straßenlaternen standen.

Der Schwarze John ist ein Arzt, der Zigaretten raucht. Das Trinken hat er sich irgendwann abgewöhnt, doch die jahrzehntelange Kombination von Alkohol und Nikotin ist nicht spurlos an ihm vorübergegangen. Sein Quadratschädel präsentiert sich mit einer tief zerklüfteten Stirn und mit Wangen, durch die sich kleine Furchen ziehen wie Rinnsale im Schlamm einer Marsch. Seiner Stimme hat der Tabak eine gehörige Tiefe gegeben, so daß er mit einem donnernden Krächzen spricht.

»Weißt du, wer füher hier gleich nebenan gewohnt hat?« kollerte er. Neben dem Branford-Horry House lag der ehemalige Wagenschuppen mit den Sklavenquartieren des Herrenhauses, ein kleiner verputzter Backsteinbau, der später in einen marmorverkleideten, mit Lüstern beleuchteten Stadtsitz umgewandelt worden war. »Dort hat Richter Waring gewohnt«, sagte John. »Ich werde dir irgendwann mal mehr davon erzählen.«

Unser Ziel, das Clubhaus der South Carolina Society, lag auf der anderen Straßenseite unweit der Kreuzung Meeting und Broad Street. Von ferne sah es aus wie ein weiß getünchtes Mausoleum, nur wirkte die tagsüber grelle Fassade jetzt im Dunkeln etwas stumpf. Die Society zählt zu den ältesten Charlestoner Clubs, und John freute sich, sie mir vorführen zu können. In dem 1737 gegründeten Männerclub sind Balls erst seit 1803 vertreten. Als eine Bruderschaft mit sehr strengen Aufnahmebedingungen wacht die Society auch unbestechlich über die Blutsbande, denn ihre Mitglieder sind fast ausnahmslos Nachkommen ehemaliger Pflanzer und bilden einen durch den steten Brauch der Vererbung gefestigten Klüngel. Auf seine Orthodoxie ist der Club sogar stolz – es war jener Dienstag, an dem allmonatlich seit der Gründung des Clubs das formelle Abendessen stattfand.

»Eine unserer Regeln besagt«, erklärte mir John, als wir auf das Clubhaus zugingen, »daß zu der Dinnerrunde nur alle hundert Jahre einmal ein Redner eingeladen werden darf.« Er lächelte bei diesem Gedanken, einem zutreffenden kleinen Witz. Der letzte Redner, so stellte sich heraus, hatte 1937 gesprochen. »Das soll verhindern, daß sie uns langweilen«, kommentierte John.

Die Society ist exklusiv, wie in der Stadt üblich. In Charleston lassen die meisten für Weiße interessanten Vereine keine Schwarzen als Mitglieder zu; das gilt für Clubs und Kirchen ebenso wie für Berufsverbände. Manche nehmen nur Männer auf, und Frauen dürfen nur als Dauergäste kommen. Die sehr alte South Carolina Society hat erfolgreich nach Hautfarbe und Geschlecht ausgesiebt und dadurch auch Maßstäbe für andere gesetzt.

Von außen erinnert das Clubhaus – die sogenannte »South Carolina Hall« – an einen umgebauten römischen Tempel. 1804 errichtet, hat es zwei an ein Gebiß erinnernde Säulenreihen, deren knapp acht Meter hohe untere den einer Zunge gleich über das Trottoir hinausgestreckten Balkon stützt, unter dem alle Passanten hindurch müssen. Die obere geht vom Balkon bis zum Dach und stützt einen großen dreieckigen Giebel. An dessen Front hängt, im ovalen Goldrahmen, ein medaillonartiges Holzrelief mit dem symbolischen Wappen einer Hand, die den Stengel einer Indigopflanze hält. Aus dem Indigobusch wird jene blaue Farbe gewonnen, die man einst aus den Kolonien exportierte: Im Jahrzehnt nach 1740 bildete sie für einige Gutsbesitzer eine genauso sichere Geldquelle wie der Reis. Auch wenn die Pflanze nach der Amerikanischen Revolution an Bedeutung verlor, hatte der Club an dem Symbol nebst seinem am Rand eingravierten Motto festgehalten – *Posteritati*, das heißt »Für die Nachwelt«.

In dem kapellengroßen, etwas steifen Vorraum liefen etwa vierzig Männer in Jacketts murmelnd umher. In der Rechten hielt jeder ein Glas, die Linke steckte in der Hosentasche. An der Seite gab es einen spartanischen Tresen mit Selbstbedienung, auf dem je eine Flasche Bourbon und Scotch, Säfte und Eis standen. Das Durchschnittsalter lag bei sechzig, doch in der Mitte des Raumes thronte ein Vierziger, der die Regie führte. Er war der Präsident oder »Kämmerer« des Clubs und als solcher für die Begrüßung der Neuankömmlinge zuständig.

»Wie geht's, Budge? Wie geht's, René. Und wie geht's dir, John?«

Der Stuhl des Kämmerers erinnerte, mit seiner hohen Rückenlehne und dem daran angebrachten Wappen, tatsächlich an einen Thron. Daneben stand ein etwas schlichterer für den Vizepräsidenten oder »Clerk« (dort in Anlehnung an das Kolonialenglisch »Clark« ausgesprochen). Dieser Schriftführer rief die jeweils eintretenden Mitglieder mit ihren vollständigen Namen aus. Vom Vorraum her öffneten sich hohe Flügeltüren aus Holz in einen länglichen Ballsaal mit sechs Meter hohen Decken, der erheblich geschmackvoller ausgestattet war und schöne Holzverkleidungen aufwies. An den Wänden prangten Porträts von Männern in gepuderten Perücken und Jacken mit Goldknöpfen – den Vorfahren der Mitglieder.

Der Kämmerer eröffnete die Sitzung mit einem Hammerschlag.

»Meine Herren, ich darf Sie bitten, Platz zu nehmen!« sagte er, »Wir werden gleich die Türen schließen.«

Das allgemeine Gemurmel erstarb, und wie auf Kommando ließen wir uns in einem Halbkreis um den Kämmererthron nieder. Anschließend klappte der Schriftführer sein Hauptbuch auf und begann, das Protokoll der letzten Versammlung zu verlesen.

»Die Sitzung wurde pünktlich, um 19.30 Uhr, für eröffnet erklärt«, las er. »Anwesend waren …« Er hatte leiernd begonnen, sprach aber bald wie ein Auktionator. Dabei zog er, einem Marktschreier gleich, die Nachnamen der Mitglieder zu einem einzigen Wort zusammen.

»Anwesend waren Ravenel Bennett Gibbs Stevens Lucas Simmons Pringle Lowndes Maybank Walker Wilson Clement Porcher Gaillard King Rivers Ford Bryan …« Während er diesen Bandwurm abspulte, trat eine Karte der Umgebung Charlestons vor mein geistiges Auge, und die Namen verteilten sich jeweils auf die großen Quadrate und Rechtecke der alten Plantagen.

Viele gehörten Sklavenhaltern am Cooper River. Bei den ältesten Familien unterschied man stets zwischen denen am Ashley, der sich ostwärts, und denen am Cooper River, der sich südwärts auf Charleston zuwindet. Da das Reisen beschwerlich war, bewirkten die großen Distanzen, daß sich an beiden Flüssen feste weiße Gemeinschaften ausbildeten – mit eigenen Kirchen, Rennbahnen, Gasthäusern – und es zur Regel wurde, eher intern zu heiraten, als sich einen Partner »außerhalb«, das heißt am anderen Fluß, zu suchen. Die vom Schriftführer verlesenen Namen belegten, daß sich die South Carolina Society von der Sklavenzeit bis heute überwiegend am Cooper River orientiert hatte.

Das Protokoll wurde genehmigt, und der Kämmerer schlug wieder mit seinem Hämmerchen auf, um das Programm für den Abend zu verkünden. Vor dem Essen sollte über einige Tagesordnungspunkte und die Aufnahme neuer Mitglieder entschieden werden. Punkt eins betraf das George-Washington-Porträt des Clubs. Dieser hatte das Gemälde an das örtliche Museum ausgeliehen, das den Vertrag verlängern und auf unbegrenzte Dauer festschreiben wollte.

»Ich schlage vor, ihnen einen verlängerbaren Fünfjahresvertrag anzubieten«, sagte ein Mitglied zur Eröffnung der Debatte. Daraufhin wogte ein aufgeregtes Gemurmel durch den Raum. Als nächster erhob sich ein Mann im grauen Wollanzug und erklärte, auch wenn es sich um ein ziemlich gelungenes Werk handele, seien die Wände der South Carolina Hall längst mit Porträts gefüllt. Da es keinen Platz mehr gäbe, solle das Museum den Washington ruhig behalten. Mir fiel George Washingtons Mutter Mary Ball ein. Die Balls aus South Carolina schienen jedoch nicht mit der Familie des Gründungsvaters verwandt zu sein. Wie schade – das Thema beflügelte meine Phantasie, war aber gleichwohl eine etwas zu hoch hängende genealogische Traube.

Ein erregter Mann ergriff das Wort und brachte einen schärferen Ton in die Diskussion. »Du gibst ein Gemälde hin und kriegst ein Stück Papier zurück!« schnauzte er. »Solche Stücke Papier gehen leicht verloren!«

Ein weißhaariger Herr erhob sich und sagte verstimmt, er habe demselben Museum ein Gemälde von einem seiner liebsten Vorfahren geliehen. »Und als ich es zurückhaben wollte, da führten sie sich auf, als wollte ich ein Pferd stehlen!« Seine alten Wangen glühten rot, als er sich erschöpft wieder hinsetzte.

Das Thema des Washington-Porträts erschien etwas zu heikel, so daß der Kämmerer es zurückstellte.

Der nächste Punkt war offenbar unverfänglicher. Eine Dame hatte dem Club einen schönen Lüster geschenkt, und eines der Mitglieder regte an, ihr schriftlich zu danken. Sein Vorschlag fand Beifall und wurde angenommen. Dann beantragte jemand, den Lüster säubern zu lassen. Der Kämmerer griff zum Hämmerchen und klopfte.

Die South Carolina Society kümmerte sich nicht bloß nebenbei um die »Reinrassigkeit«, sondern das Blut war ihre *raison d'être*, was den Spitznamen meines Gastgebers, »Schwarzer John«, um so erstaunlicher erscheinen ließ. Einmal redeten wir über seine Hautfarbe, und sein Ton verriet mir, daß er schon oft darüber gesprochen hatte. Er lachte über die Annahme einer Beimischung aus dem Sklavenviertel, um mir dann eine kleine Geschichte zu erzählen.

Als Kind hätten Gleichaltrige ihn seine sepiabraune Haut niemals vergessen lassen, bis er etwas ziemlich Furchtbares erlebte. Mit acht, neun Jahren sei er einmal mit einem schwarzen Freund in der Straßenbahn durch Charleston gefahren, und sie hätten sich in den hinteren Teil – für Farbige – gesetzt. Plötzlich sei ein Polizist aufge-

sprungen, habe die beiden geschnappt und in einen Streifenwagen
gestoßen. Auf der Wache habe er ihre Eltern benachrichtigt, die auch
rasch alle vier eingetroffen seien. Unterdessen habe man jedoch für
klare Verhältnisse gesorgt und der Beamte seinen dummen Fehler
zugegeben. Er sei, so entschuldigte er sich kleinlaut, der Auffassung
gewesen, der schwarze Junge habe John entführt, weil beide zusammen im Farbigenteil der Straßenbahn gesessen hätten.

»Habe ich dir schon mal von Richter Waring erzählt?« fragte mich
der Schwarze John irgendwann nach dem Club-Dinner. »Richter Waties Waring, der in dem Wagenschuppen neben deinem Haus in der
Meeting Street wohnte.« Johns Augen blitzten verschwörerisch.

Jeder in Charleston kennt die Geschichte des ebenso verhaßten wie
geliebten Richters Waring.

Julius Waties Waring war 1880 als Sohn einer alten Charlestoner
Familie zur Welt gekommen. Traditionsgemäß besuchte er das dortige College, studierte Jura und wurde Richter. Später zog er mit seiner Familie in den besagten umgebauten Wagenschuppen unweit der
South Carolina Hall. Auf dem Höhepunkt seiner Laufbahn war Waring 1942 – nach den üblichen Etappen als Beisitzender Richter des
Staates South Carolina und Vorsitzender Richter der Stadt Charleston – zum Bundesrichter berufen worden.

Danach vollzog sich mit Waring ein Wandel. Der Zweiundsechzig-
jährige begann, seinen neuen Posten zu nutzen, um jener Gesellschaft, die ihm selbst alle Wege geebnet hatte, kräftig die Leviten zu
lesen. Als Auftakt bekam er im Februar 1944 eine Klage schwarzer
Lehrer auf den Tisch, die gleiche Bezahlung wie ihre weißen Kollegen
forderten – und zur Überraschung aller entschied er für die Gleich-
behandlung. Auch als 1947 eine Unbilligkeitsklage schwarzer Pächter gegen ihren weißen Gutsherrn einging, urteilte er zu ihren Gun-
sten. Als nächstes folgte die Klage eines schwarzen Kriegsveteranen,
den ein weißer Polizist blind geschlagen hatte, und Waring gab ihr
statt. Wenn man gemeint hätte, daß der Richter nun nicht noch weiter gehen konnte, so beschäftigte ihn anschließend die Sache *Elmore
./. Rice.*

Seit der Rekonstruktion im Anschluß an den Bürgerkrieg waren die
Wahlbeamten South Carolinas ausschließlich Weiße gewesen, was

zum Teil an der »weißen Nominierungsversammlung« lag, die jeweils vor den eigentlichen Wahlen stattfindet und in der von Gesetzes wegen ausschließlich Weiße stimmberechtigt waren. Diese wählten ihre Kandidaten aus der Demokratischen Partei, die im Staat ein Monopol innehatte, und bei den Hauptwahlen wurden sie dann auf die Machtposten gehievt. Zwar hatte der Oberste Gerichtshof 1944 für Texas entschieden, daß eine solche Vorwahl verfassungswidrig sei, aber South Carolina hielt dennoch am alten Brauch fest. Im Juli 1947 schaffte Richter Waring, anläßlich der Sache *Elmore . / . Rice,* die rein weiße Nominierungsversammlung ab und räumte damit den Schwarzen erstmals seit der Rekonstruktion das Wahlrecht ein.

Zuvor hatte er sich nach zweiunddreißig Ehejahren scheiden lassen, um eine ihrerseits schon zweimal geschiedene Nordstaatlerin zu heiraten. Mit dem Wahlrechtsfall und einer Yankee-Frau belastet, sah sich Richter Waring plötzlich von seinen weißen Freunden gemieden.

Drei Jahre später kam der bedeutendste Fall in Warings Laufbahn, denn 1950 saß er der dreiköpfigen Kammer vor, die in Sachen *Briggs . / . Elliott* über die Rassentrennung an den Schulen South Carolinas zu entscheiden hatte. Die beiden Beisitzer hielten an dem Prinzip fest, das seit dem höchstrichterlichen Urteil von 1896 in Sachen *Plessy . / . Ferguson* galt, namentlich getrennte, aber gleichartige Bildungseinrichtungen für farbige und für weiße Bürger zuzulassen, doch Waring war da anderer Meinung. Nunmehr kam es zu Übergriffen auf sein Haus.

»Ich war noch nicht mal zwanzig«, berichtete der Schwarze John, »als er eines seiner Bürgerrechtsurteile fällte. Meine Freunde und ich wollten uns einen Jux machen, steckten uns Steine in die Taschen, gingen zu ihm und bewarfen sein Haus. Auf dem Rasen davor war auch ein kleines Kreuz verbrannt worden. Ich kann gar nicht mehr sagen, wer es angesteckt hatte, wir jedenfalls bewarfen das Haus mit Steinen, und ich weiß noch, daß ich die Haustür traf.« John lachte heiser. Seine Augen schimmerten feucht und wehmütig. »Der Presse sagte Richter Waring, auf sein Haus wäre geschossen worden! Dabei waren wir doch nur Bengel, die sich einen Spaß machen wollten. Wir haben bloß ein paar seiner Fenster eingeschmissen.«

In der Revisionsinstanz wurde die Sache *Briggs . /. Elliott* mit dem ebenfalls die Rassentrennung betreffenden Verfahren *Brown . /. Board of Education of Topeka* verbunden, und im Mai 1954 hob der Oberste Gerichtshof die Rassentrennung landesweit auf.

»Schließlich zog der gute Richter nach New York«, erklärte John. »Ich glaube, da ist er dann auch gestorben.«

Der Schwarze John war aufrichtig, und er wußte das Wichtige vom Unwichtigen zu unterscheiden.

Die South Carolina Society hatte als ein Hugenottenclub begonnen – also französische Protestanten zusammengeführt, die nach Amerika gekommen waren, um sich den Nachstellungen der katholischen Kirche zu entziehen. Anfangs hatten die Männer nur ab und zu in einer Kneipe getagt und getrunken, später nebenbei auch für bedürftige französische Einwanderer gesammelt. Im Laufe der Zeit waren dann englischsprachige Männer hinzugekommen und hatten nach ein paar Jahren, als sie die Mehrheit bildeten, die Führung übernommen.

Später hatte sich der Verein zu einem bloßen Dinnerclub mit wohltätigem Einschlag entwickelt. Wenn die Pflanzer von ihren Plantagen in die Stadt kamen, nahmen sie an seinen Spieltischen Platz, tranken Madeira und diskutierten über Politik. Zwischen den Kartenrunden sammelten sie für die Ausbildung bedürftiger weißer Charlestoner Kinder. Nachdem Anfang des 19. Jahrhunderts das auffällige Clubhaus entstanden war – besagte South Carolina Hall –, waren auch mehrere Balls eingetreten. Zunächst beherbergte es im Erdgeschoß eine Armenschule, die gleich im ersten Jahr zweiundsiebzig Knaben besuchten, und darüber den Versammlungsraum, in dem dienstagsabends die Dinners stattfanden. John Ball, der Herr von Kensington und Hyde Park, trat im Juli 1803 ein. Ihm folgte im Dezember 1804 sein Bruder Isaac von Limerick. 1810 kamen dann zwei von Johns Söhnen als Mittzwanziger hinzu, und ihnen schlossen sich im Lauf des 19. Jahrhunderts weitere Familienmitglieder an. In der Ära des Bürgerkrieges gingen die meisten Pflanzer vom Cooper River, wenn sie in der Stadt waren, zum Essen in die South Carolina Hall.

Nach dem Bürgerkrieg änderte sich wenig. Auch wenn die Pflanzer ihre Wirtschaftskraft einbüßten, blieb die South Carolina Society als ein Relikt früherer Zeiten erhalten. Mein Großvater Nathaniel gehörte ihr ebenso an wie manche aus der Generation meines Vaters.

»Ich bin eingetreten, weil mein Vater Mitglied war«, sagte John. »Er war Kassenwart und legte großen Wert darauf.«

Der Club, so wollte John anscheinend ausdrücken, war inzwischen nur noch ein blasser Abklatsch der Sklavenära. In gewissem Sinne ähnelte er einem Veteranen, der Gewehr bei Fuß darauf wartet, daß die glorreichen alten Zeiten noch einmal wiederkehren.

»Nächster Tagesordnungspunkt ist die Aufnahme neuer Mitglieder«, bellte der Kämmerer, »und zunächst geht es um Jeremiah Bennett, der von seinem Vater Theodore Bennett vorgeschlagen und am 28. April 1973 als Kandidat zugelassen wurde.«

Der Schwarze John lehnte sich an meine Schulter. »Manche stehen schon seit fünfundzwanzig oder sogar dreißig Jahren auf der Warteliste«, flüsterte er mir zu. »Mehr oder weniger. Meistens melden die Väter ihre Söhne schon als Kinder an, damit sie vor dem vierzigsten Geburtstag reinkommen. Doch die Mitgliederzahl ist begrenzt, ich glaube auf zweihundert. Man kommt also nur rein, wenn jemand stirbt. Zum Glück sind im letzten Monat drei Leute gestorben.«

Da der Vater des Antragstellers offenbar schon vor geraumer Zeit verblichen war, setzte sich jetzt ein Onkel für diesen ein.

»Jeremiah Bennett! Soweit mir bekannt, ist das ein Prachtkerl«, betonte er. »Hat nach Aiken Prep die University of South Carolina absolviert, war dann ein Jahr in Chicago, bei der Handelskammer, und da oben auch eine Zeitlang als Börsenmakler zugelassen. Verlor mehr, als er verdiente, machte aber das Richtige und kam nach South Carolina zurück. Ist hier bei einer Hypothekenvermittlung tätig. Sein Vater hat diesem Verein mehr als zwanzig Jahre angehört. Sein Bruder ist schon Mitglied. Das sollte genügen.«

Der Kämmerer fragte von seinem Thron herab: »Will sonst noch jemand etwas über Mr. Bennett sagen?« Stille. »Dann mögen die Mitglieder jetzt zur Abstimmung schreiten. Ist die Wahlurne vorbereitet?«

Der Kämmerer wandte sich seinem Schriftführer zu, und der nickte zu einer vor ihm stehenden Holzkiste hin. Die dunkle Wahlurne ließ an einen Brotkasten denken, wenn man von dem aufgesetzten Holztrichter und den beiden Schublädchen an der Vorderseite absah.

Der Schriftführer räusperte sich und verlas erneut die Namen der Anwesenden, die nun nacheinander aufstanden und einzeln nach vorne schritten.

Der erste Stimmberechtigte öffnete die untere Schublade, in der sich schwarze und weiße Kügelchen in Murmelgröße befanden. Er nahm eine Kugel heraus und ließ sie durch den Trichter fallen, was beim Auftreffen ein kleines Geräusch machte – *plopp.*

»Eine einzige schwarze reicht als Einspruch gegen die Aufnahme«, erklärte der Schwarze John im Flüsterton.

»Wann hat zum letztenmal jemand eine schwarze versenkt?« fragte ich.

»Das ist seit fünfunddreißig Jahren nicht mehr vorgekommen«, erwiderte John. »Der letzte Angeschwärzte hieß DeCosta – oder war es Goldblum? Er war zwar vorgeschlagen, aber Jude. Doch das hat sich inzwischen geändert. Jetzt nehmen wir auch Juden auf. Es gibt ungefähr zwei. Zum Vorzeigen.«

Die Wahl zog sich noch mehrere Minuten hin, und am Ende öffnete der Kämmerer mit großer Geste die obere Schublade, um deren Inhalt zu überprüfen – nur weiße Kugeln. »Damit«, sagte er, in die Runde blickend, »ist Mr. Bennett aufgenommen.«

Der Abend in der South Carolina Hall nahm seinen Lauf. Es wurden weitere Kandidaten genannt, erörtert und gewählt. Nach jeder Wahl flammte ein kleiner Applaus auf. Als der letzte Durchgang vorüber war, lehnte sich der Schwarze John erneut an meine Schulter.

»Warte mal«, sagte er. »Danach gab es noch eine Anschwärzung. Früher war der Charlestoner Bürgermeister Mitglied. Aber bei irgendeiner Versammlung fing er an, über integrierte Schulen zu sprechen. War offenkundig dafür, und alle hörten artig zu. Als er später seinen Sohn für die Aufnahme vorschlug, bekam der 'ne schwarze verpaßt.«

Es war ein lauer Donnerstagabend im milden Zwielicht des Südens, bei dem man den dort ohnehin nie strengen Winter völlig vergessen konnte. Im Dock Street Theatre, einem alten, von zwei Kirchen flankierten Sandsteingebäude, stand ein Konzert auf dem Programm. Der »Verein zur Bewahrung des Spirituals«, eine ehrwürdige Charlestoner Truppe, gab seine jährliche Darbietung. Er trug seit Dutzenden von Jahren immer wieder im gleichen Stil dieselben Lieder vor, und sicher würde auch die heutige Vorstellung wie am Schnürchen laufen. Etwa vierzig Männer und Frauen, darunter Pinckney Ball – um ihn hier seinem wirklichen Namen entsprechend zu benennen –, wollten zweifellos die alten Ohrwürmer singen.

Der hoch in den Siebzigern stehende Pinckney Ball hinterließ einen nachhaltigen Eindruck, zum Teil wegen seiner Kleidung, in der man ihn auf der Straße immer schon von weitem erkannte. Seine Uniform bestand im Winter aus einer Tweed-, im Sommer aus einer Leinenjacke mit Fliege, meist aus rot-blau gestreifter Seide, Khakihosen und weißen Turnschuhen. Früher mag es Lederschuhwerk gewesen sein, doch irgendwann muß er die Slipper oder Mokassins mit Tennisschuhen vertauscht haben. Pinckney war ein leiblicher Vetter meines Vaters, und die meisten aus seiner Generation lebten schon nicht mehr, doch als einer der Jüngsten dachte er noch nicht ans Sterben. Vielmehr gaben er, ein ehemaliger Naturwissenschaftler, und seine ebenso liebenswerte wie geistreiche Frau Ann Louise sich rastlos ihrer Vernarrtheit ineinander hin.

Das Ehepaar Ball gehörte dem Verein zur Bewahrung des Spirituals seit etwa 1920 an, als meine Großeltern zu den Gründungsmitgliedern zählten, und Vetter Pinckney singt schon seit ungefähr fünfzig Jahren mit. Der Chor hat drei Besonderheiten – die Herkunft seiner Mitglieder, das Repertoire und der Gesangsstil: Alle Sänger stammen aus Familien, die früher Sklaven hielten; sie singen nur die Lieder der Sklaven – eben Spirituals; und sie ahmen den schwarzen Plantagenslang, das Gullah, nach. Wegen des starken Dialekts, den sie mit viel Aufwand imitieren, können manche im Publikum ihre Texte nicht verstehen.

Der einem Würfel ähnelnde Saal des Dock Street Theatre hat etwa vierhundert Parkettplätze plus fünfzehn Logen. Hinter der erhöhten Holzbühne hing an jenem Donnerstag als Kulisse ein gemalter Sumpf, wie man ihn einst auf den Plantagen sah. Der Chor trat von den Seiten her in seiner üblichen, hocheleganten Tracht aus der Vorkriegszeit auf. Die Männer trugen frackähnliche Gehröcke, dazu Rüschenhemden und lange Krawattenbänder – eine Kluft, die Abraham Lincoln hätte anlegen können und die auch dem schlanken, hageren Pinckney ausgesprochen gut stand; die Frauen, das Haar hochgesteckt, duftige Gewänder, die aus einem ganzen Hektar Seide zu bestehen schienen. Ihre schimmernden, mit Volants besetzten Stoffe verhüllten gewaltige Reifröcke, gaben jedoch bei vielen der Damen ein blaßweißes Dekolleté frei, und die bis zum Boden reichenden Röcke ließen ihren Einzug erscheinen wie auf die Bühne schwebende rosarote, gelbe und grüne Glocken. Danach machten die Damen einen Knicks, ließen sich auf kleinen Hockern vor den Herren nieder und legten ihre Gewänder wie Schutzhüllen um die Beine. Anscheinend waren die alten Herrschaften wieder von den Toten auferstanden.

Pinckney stand in der hinteren Reihe, neben anderen seiner Größe. Bis auf einen schmalen weißen Haarkranz um die Ohren hatte er eine Glatze mit hoher Stirn und einen großen, häufig lachenden Mund. Alsbald ging er kräftig mit, beugte sich ab und zu in die Hüfte, und seine laute, quäkende Stimme hatte einen unvergeßlichen Klang. Er konnte keinen Ton halten, sondern tanzte schwankend durch die Oktaven.

Der weißhaarige Zeremonienmeister des Abends trat vor, räusperte sich und sagte dann mit einer ebenso sanften wie gebieterischen Stimme: »Der Verein wurde zu einem dreifachen Zweck gegründet. Er soll den Spiritual bewahren, der nachwachsenden Generation nahebringen und als geselliger Club seine Mitglieder erfreuen.« Etwas älter als die meisten seiner Sänger, stützte der Chorleiter sich auf einen Ebenholzstock mit apartem kleinen Hirschhorngriff. »Wir sind fast von Anfang an, als sich unsere Eltern und Großeltern zusammenfanden, öffentlich aufgetreten. 1935 lud Präsident Roosevelt den Chor ein, im Weißen Haus zu singen. Dieser hat selbstverständlich angenommen und spricht seitdem über nichts anderes mehr.«

In dem inzwischen gut gefüllten Saal wurde gekichert. Von zweien abgesehen, waren alle Gesichter weiß.

Man bot die Spirituals a cappella im Wechselgesang dar, so daß der Vorsänger eine Zeile anstimmte, worauf der Rest den Vers aufnahm. Bei den ersten Takten wiegte sich Pinckneys Reihe der langen Kerls hüpfelnd und ließ ihre Frackschwänze wippen. Vor ihnen raschelten die Petticoats, als sich die sitzenden Damen aufrichteten, geziert klatschten und ihrerseits einige Töne anstimmten.

Bald entströmten die Silben des Sklavendialekts den Lippen der Sänger und ergaben die wallende Melodie des traurigschönen alten Spirituals »In My Time of Dying«.

Een muh time ob dyin'
Don' wan' nobody tuh moan.
All I wan' fuh yuh to do
Is tuh close my dyin' eyes.

Well, well, well
So I kin dy easy,
Well, well, well
Lawd, lemmy die easy,
Well, well, well
Wan' tuh die easy,
Jedus gwine mek up my dyin' bed.

Als das Lied ausklang, setzte heftiger Beifall ein. Der nächste Spiritual folgte, »I Know I've Been Changed«, und der Chor legte sich mächtig ins Zeug, tanzte diesmal noch wilder und schrie:

I know I bin chainge
I know I bin chainge
Angul een de hebun dun changed muh name.

Oh two white horses side by side,
Angul een de hebun dun changed muh name
One ob dese horse King Jedus ride,
Angul een de hebun dun changed muh name.

I know I bin chainge
I know I bin chainge
Angul een de hebun dun changed muh name.

Nach weiteren zehn Liedern war das Konzert beendet. Als sich der Chor verbeugte, glitten meine Augen über die Köpfe der Sänger und das Proszenium zur Decke hinauf, die ein besonderes Wappen zierte, offenbar ein Emblem des Theaters. Das Gemälde stellte einen Löwen und ein Einhorn dar, und die Inschrift am Rande lautete: *Honi soit qui mal y pense* – »Ein Schelm, wer schlecht darüber denkt«.

Monate später bereitete der Verein zur Bewahrung des Spirituals eine weitere Darbietung vor, und ich besuchte die Probe. Pinckney Ball und seine Frau Ann Louise hatten mich eingeladen. »Komm doch mit«, hatte sie mit einem trockenen Lächeln gesagt. »Es ist ja dein Erbe.«

Die Chormitglieder strebten aus allen Teilen Charlestons in ein großes Gebäude am Hafen. Es war ein milder Abend, und eine leichte Brise kräuselte das Wasser zwischen den Quaimauern. Die Luft hatte etwas Flaumiges, das durch die Ritzen des weitläufigen Holzhauses in dessen Inneres eindrang.

Pinckney trug ein dunkles, sportliches Sakko, ein weißes Hemd mit Samtfliege, dunkelbraune Hosen und helle, blitzsaubere Turnschuhe. Eine freundliche, zahlreiche Gesellschaft hatte sich eingefunden, und er stellte mich ringsum vor. Der Chor bestand überwiegend aus Ehepaaren mittleren oder gehobenen Alters, doch eine Handvoll waren jünger, so um die fünfunddreißig. Hinter jedem der Gesichter stand ein erhabener alter Name aus Pflanzerzeiten: Grimball, Horlbeck, Hutson, Smythe, Townsend, Waring. Um uns auf die Proben einzustimmen, kippten wir größere Schlucke Bourbon, Scotch oder Wodka mit kleineren Stücken Eis, unterhielten uns eine Zeitlang und gossen dann wieder nach. Schließlich betraten wir einen geräumigen, hohen Salon mit Sofas, Sesseln und Bücherregalen.

Bei jedem der Spirituals führte ein anderer Sänger. Alle im Raum kannten ihre Texte auswendig, doch der Vorsänger stand jeweils auf und trug die erste Zeile vor, und dann fielen die übrigen mit der Fortsetzung ein. Ein Mann im Jackett erhob sich aus seinem Sessel, um einen der alten Klassiker anzustimmen:

Well uh look'd een de grabe,
An' de grabe so watry,
I got to lay een dat watry grabe.
Uh look'd in de grabe
I got to lay down in de watry grabe.

Das Lied klang aus, wir nahmen einen Schluck, und der nächste Sänger erhob sich. Sein Spiritual handelte vom Ende der Sklaverei und trug den Titel »How Long Watchman?« Einen Moment später sangen Nachkommen von Pflanzerfamilien jene alte Frage, die einst Sklaven herausgeschrien hatten:

My Lawd I dun jes like yuh said,
How long watchman, how long?
De rich man lib an' de po' man dead.
How long watchman, how long?

How long?
How long?
How long watchman, how long?

Wir gingen das gesamte Repertoire durch, sangen Lieder über Tod, Enttäuschung, Trauer, Trost, Erleichterung und das Umherziehen, allerdings keine Liebeslieder. Spirituals handelten vom Leid, und auf den Plantagen gab es keine Lieder über die Liebe.

In einer Pause rief ein fast kahlköpfiger Mann in Tweedjacke, wie mir schien leicht verstimmt, in die Gruppe.

»Hört mal her, ihr alle, bei ›Uh Look Down Duh Road‹ gibt es ein Problem«, klagte er. »Ich singe ›Uh look in de grabe, an duh grabe so watry, uh got to *lay* in dat watry grave‹. Also nicht *lie* in duh grabe, sondern *lay*.«

Alles nickte murmelnd, und dann stand ein anderer auf.

»In meinem Lied heißt es nicht ›way beyond the moon‹‹, monierte er. »Hört genau zu, es heißt ›way beyan' de moon‹.« Dann setzte er sich wieder hin.

Eine Frau mittleren Alters in langen Hosen sagte: »In Ordnung, aber was ist hiermit? Es heißt nicht ›hold the light‹. Es heißt ›hole 'he light‹.«

Die Botschaft erschien klar: Es bestand die Gefahr, das Gullah zu verweißlichen, also mußte seine Schwärze energisch geschützt werden.

Das letzte Lied der Probe erklang, »Leave You in the Hand«, und Pinckney kam herüber, um mir seinen Arm auf die Schulter zu legen. Wir setzen leise ein und sangen zusammen.

»I'm a gonna lebe yuh een duh han'!« trällerte Pinckney mit seiner quäkenden Stimme. »I'm a gonna lebe yuh een duh han' ob duh kine sabior!«

Neben ihm stehend summte ich, »I'm a gonna lebe yuh een duh han' ob duh kine sabior!«

»Na los!« rief Pinckney. »Mach den Mund auf und sing! Lauter!«

Der Refrain setzte ein, und Pinckney nahm mich bei der Hand. Wir tanzten zusammen und grölten das alte Lied, »I'm a gonna lebe yuh een duh han' duh kine sabior!«

Mein Großvater Nathaniel Ingraham Ball war auf der ehemaligen Reisplantage The Bluff aufgewachsen – die sein Vater, Isaac der Konföderierte, später in eine Pachtfarm umwandelte – und hatte so von ferne den Arbeitsgesängen und religiösen Liedern des »farbigen Volkes« lauschen können. Ich stelle mir vor, daß er in seiner Kindheit mehr Spirituals hörte als sonst etwas – zum Beispiel weiße Volksmusik, Hymnen oder das klassische Repertoire. Doch schon in seiner Jugend, als das Reisgeschäft zusammengebrochen und die Pflanzer mit ihren Familien nach Charleston gezogen waren, um noch einmal ganz von vorne anzufangen, konnte er nichts mehr von alledem vernehmen.

Großvater Nat heiratete Susan Porter, deren Familie, abgesehen von Geistlichen, nur aus ehemaligen Reispflanzern bestand und insofern fest im benachbarten Georgetown verwurzelt war. In Charleston lebte das Paar unter Freunden ähnlicher Herkunft, von Plantagen

abstammenden Weißen, die sich nach ihrer Kindheit und der unter-
gegangenen Welt des Großgrundbesitzes zurücksehnten. Ab 1922
fand sich eine Gruppe solcher Erwachsenen, die alle einer ähnlichen
Jugend nachtrauerten, zusammen, um gemeinsam etwas zu trinken,
in alten Erinnerungen zu schwelgen und schwarze Spirituals zu singen. So schrieben sie alle Verse, deren sie sich noch entsinnen konnten, in einer dem Gullah angenäherten Form auf. Die gesellige
Runde gründete den Verein zur Bewahrung des Spirituals und wurde
alsbald von der Kirchengemeinde St. Philips eingeladen, anläßlich
einer Wohltätigkeitsveranstaltung zu singen. Zum erstenmal trat der
Chor in einem altehrwürdigen Gebäude auf; der Eintritt kostete
fünfundzwanzig Cent. Meine Großeltern wurden ständige Mitglieder des Vereins, bis Großvater Nat 1962 starb.

Als dieser Chor in den zwanziger Jahren öffentlich aufzutreten begann, gründeten zehn weiße Frauen, die eine ähnliche Liebe zur
schwarzen Musik verband, die »Plantation Melody Singers«, darunter Großvater Nats Basen, die Schwestern Mary und Lydia C. Ball.
Beide waren auf Limerick aufgewachsen und beschlossen, inzwischen in den Fünfzigern stehend und ledig, ihre Bekanntschaft mit
Schwarzen vom Cooper River zu nutzen, um ein Repertoire zusam-
menzustellen. Jede der Reisfarmen war wie eine eigenständige Siedlung oder ein Dorf, und ihre musikalischen Überlieferungen wichen
leicht voneinander ab. Entsprechend zogen Lydia und Mary von Feld
zu Feld und baten die Farbigen, ihnen die unterschiedlichen Lieder
vorzusingen. Von Quenby brachten sie »Mary and Martha« in der
dortigen Version mit, vom benachbarten Middleburg ebenso »Roll
Jordan, Roll« und »Shout Jubilee« und von Limerick »Christ Co-
min'« und »Nobody Knows the Trouble I've Seen«. Nachdem die
Schwestern alles notiert hatten, stellten sie ein Liederbuch zusammen. 1925 gaben die Plantation Melody Singers zehn Konzerte vor
weißem Publikum. Sie traten weiter bis Mitte der dreißiger Jahre auf,
gingen dann jedoch auseinander.

Die beiden Chöre machten mehr oder weniger das gleiche, jedoch
mit einem augenfälligen Unterschied. Der »Verein« trat in Smokings
und Abendkleidern auf, während sich die »Melody Singers«, so gut
es ging, als Sklavinnen verkleideten. Eine Photographie von 1925

zeigt Lydia in der Aufmachung einer schwarzen Köchin. Über einem langen Kattunrock trägt sie eine Kittelschürze und dazu, als Schmuck, eine lange Perlenkette und ein um den Kopf gebundenes buntes Tuch. Sie wirkt jedoch etwas linkisch, als ob sie sich dabei nicht ganz wohl in ihrer Haut fühlte.

Ob man es glaubt oder nicht, die Nachahmung von Sklavinnen durch einen weißen Frauenchor schlug beim Publikum voll ein. Nach einem Kirchenkonzert schrieb ein Redakteur des Blattes *Charleston News and Courier*, der die Echtheit der Verkleidung lobte, über Lydias Sängerinnen:

Die jüngste Vorstellung der Plantation Melody Singers im Gemeindesaal der Holy Communion Parish war außergewöhnlich gut gelungen ... und bewundernswert echt choreographiert. Dialekt, Kleidung, Gestik, Mimik und Auftreten der Sängerinnen erschienen geradezu typisch für das schnell dahinschwindende respektvolle, abergläubische, träge, aber immer treue und gutmütige Geschlecht der »altmodischen« Plantagenneger. ... Die Leiterin dieser einzigartigen Truppe ist Miss Lydia C. Ball.

Nach der Probe wandten wir uns wieder den Getränken zu und bildeten kleine Gesprächsrunden. Der Präsident des Spiritual-Vereins, ein großer, schlanker Endvierziger, war Angestellter bei der städtischen Sparkasse.

»Wir sind offenkundig ein Anachronismus«, sagte er gutgelaunt. »Viele Leute halten es für politisch nicht korrekt, daß wir die Spirituals singen, und deshalb stehen wir in der Kritik.«

»Die Spirituals sind ein Geschenk der Plantagen an die Musik«, sagte ich.

»Jüngst kam eine Frau zu einem Konzert«, fuhr der Bankangestellte fort, »kaufte sich eine Karte und nahm ihren Platz ein. Wir traten auf die Bühne, und da sah sie, daß wir Weiße sind. Wir haben einen Prospekt über unsere Gruppe herausgegeben, aber ohne Bild, und sie muß ein Exemplar davon bekommen haben. Jedenfalls stand sie plötzlich wieder auf, verließ den Saal und verlangte ihr Geld zurück. Wir waren nicht das, was sie erwartet hatte.«

Der Bankangestellte lachte verständnisvoll.

»Wir sind fast alle von Schwarzen aufgezogen worden«, sagte ein älterer Mann in Tweedjacke, »und haben vieles mit ihnen gemeinsam. Faktisch verbindet uns sogar mehr, als uns trennt. Wir haben zum Beispiel den gleichen protestantischen Hintergrund und damit auch die gleichen Ideale.« Er ereiferte sich richtiggehend und suchte in meinem Blick Zustimmung.

Eine freundliche Dame in den Siebzigern, die ein Kleid aus bedrucktem Stoff und auf dem weißen Haar ein Birett trug, kam zu uns herüber, warf den Kopf zurück und sprach in gewähltem Ton.

»Ich bin Ihres Großvaters wegen in diesen Verein eingetreten«, sagte sie. Ihre Augen weiteten und füllten sich mit Erinnerungen. »Ich war sechs Jahre alt, und der Chor gab ein Konzert. Ich meine im Dock Street Theatre. Die Bühnendekoration bildeten nachgemachte Kiefern, weil wir immer Kiefern als Staffage hatten. Ich kletterte auf eine hinauf, kauerte mich da oben zusammen und sah auf die Bühne hinunter. Plötzlich kippte meine Kiefer um, und ich landete auf dem Schoß Ihres Herrn Großvaters. Und der hob mich hoch und stellte mich ganz vorne auf die Bühne. Seit jenem Abend singe ich mit.«

»Wir suchen noch junge Leute, die mitmachen wollen«, sagte eine junge, ganz in Gelb gekleidete Frau. »Wir sind überaltert. Hätten Sie nicht Lust? Sie wären aufnahmeberechtigt!«

»Ich bin eingetreten«, bekräftigte Pinckney, sich auf meine Schulter stützend, »weil man sich in der Episkopalkirche nicht aussingen konnte. Mein Gott, niemand brachte da richtig was raus! Hier kannst du dich austoben, weil dich verdammt noch mal niemand bremst! Es macht Spaß, ein Episkopaler zu sein und trotzdem noch grölen zu können!«

Die Frau in Gelb hakte nach und erklärte: »Es mag scheinheilig wirken, diese Lieder zu singen, so wie wir auf der Bühne gekleidet sind, aber es bereitet viel Freude. Wie hat es Ihnen gefallen?«

»Es ist zu schade, daß es keine Sklaven mehr gibt«, sagte ich lächelnd, »sonst könnten wir die Stile vergleichen. Aber ich glaube, die Sklaven selbst hätten es nicht besser machen können.«

18

EIN RÜCKBLICK

In einem Artikel für die schwarze Charlestoner Wochenzeitschrift *Chronicle* hatte ich erklärt, einem Clan anzugehören, der einst im Umkreis der Stadt Plantagen besessen hatte, und wenige Tage später bekam ich Post von einer Frau, die über ihre Familie schrieb: »Die Mutter meiner Großmutter war auf Limerick versklavt, ebenso ihr Vater Philip Lucas, der im Bürgerkrieg mitkämpfte. ... Wir würden Sie gerne sehen und mit Ihnen sprechen. Meine Mutter ist nach Marie Ball aus der Logan Street benannt worden.« Der Brief schloß mit dem Wort »Erwartungsvoll«.

Das umgebaute ehemalige Lebensmittelgeschäft, in dem die Familie lebte, lag in einem kastenförmigen Eckhaus. Dort begrüßte mich die Absenderin des Schreibens, Luzena King, an der Türe und führte mich durch den Flur an einem Treppenhaus vorbei. »Wir fühlen uns fast wie in einem Hotel«, erklärte sie, auf das Geländer schauend, »denn hier wohnen fünf Generationen unter einem Dach.« Mein Besuch galt ihrer Mutter Emily Marie Frayer, die trotz ihrer mehr als neunzig Jahre noch ein ausgezeichnetes Gedächtnis haben sollte.

Durch eine doppelte Schiebetür traten wir in einen sehr großen Raum, den ehemaligen Laden, in dem Sofas und Sessel, Schränke und Regale mit Erinnerungsstücken standen. An den Wänden hingen mehrere Familienphotos, darunter auch ein gerahmter Stammbaum. Am anderen Ende des Raumes saß die alte Dame mutterseelenallein an der Stirnseite eines langen, schmalen Eßtisches.

Die ohnehin schon kleine Emily Marie Frayer war stark gekrümmt und stützte sich mit beiden Händen auf den Griff eines Spazierstocks. Sie trug einen einfachen Rock mit Pullover und dazu ein Kopftuch. Ihre Wangen waren von tiefen Rinnen durchfurcht, Teile der Stirn indes völlig glatt. Ihre Augen schwammen, wie oft bei hochbetagten Menschen.

»Wir haben vieles zu bereden«, sagte sie in einer freundlichen Untertreibung.

Ich nahm der Greisin gegenüber am Eßtisch Platz. Ihre Kinder, Enkel und Urenkel verteilten sich alsbald in den Ecken und auf Sofas, um uns aus sicherer Entfernung zu beobachten. Unter ihnen befand sich Sonya Fordham, die mir mit sanfter Stimme ihre jugendliche Tochter Chiemeka vorstellte und diese dann bat, mir Kaffee zu bringen. Als Mrs. Frayer zu sprechen begann, wurde es ganz still im Raum.

»Ich bin am 30. Januar 1901 auf Hyde Park zur Welt gekommen.« Sie hatte eine volltönende Stimme und hob leicht das Kinn, wie um ihre Sätze voranzutreiben.

Hyde Park, im März 1740 von John Coming Ball übernommen, war 253 Jahre später von den mit uns verschwägerten Gibbs verkauft worden. Mrs. Frayer erzählte, daß sie dort die letzten Jahre erlebt hatte, in denen das Reisgeschäft florierte.

»In meiner Kindheit bauten sie auf Hyde Park Reis an«, erzählte sie. »Ich saß oft in der Tür und schaute zu, wie sie den Reis auf dem Karren stapelten. Oben stand der Kutscher. Ich hatte so einen Bammel, daß der runterfiel. Ich sah den ganzen Tag zu, wie sie den Reis auf den Hof fuhren. Es gab einen großen Scheunenhof, und dort stapelten sie den Reis, gleich neben dem Fluß. Der Hof führte direkt zum Fluß, und von dort fuhren sie den Reis mit Booten weg.«

Mrs. Fayer sprach in rhythmischen Hebungen und Senkungen, und ihre Sätze waren bis ins kleinste wohlbemessen.

»Meine Eltern kamen von Limerick«, sagte sie und sprach den Namen »Lim-brick« aus.

»Mein Urgroßvater war ein gewisser Isaac Ball«, erklärte ich.

»Jawohl, ich habe viel von ihm gehört«, erwiderte sie.

»In der Familie nennen wir ihn Isaac den Konföderierten, weil er im Bürgerkrieg mitgekämpft hat«, fügte ich hinzu.

Mrs. Frayer stieß ein Gackern aus und verzog den Mund zu einem Lächeln.

»Aha, sieh mal an.«

»Isaac war der Sohn von William James Ball«, fuhr ich fort, »dem Limerick gehörte.«

»William Ball? Ach ja.«

»Das heißt, Ihre Großeltern hatten unter diesem William Ball in der Sklaverei gelebt.«

Ich sagte das nur sicherheitshalber, aber Emily Frayer brauchte meine Belehrung nicht. Später erzählte sie mir, daß ihr Großvater Philip als Sklave auf Limerick geboren, und daß auch schon seine Eltern, Philip sr. und Flora, dort zur Welt gekommen waren. Dann berichtete sie mir über den Werdegang Philip seniors.

»Mein Urgroßvater wurde verkauft und kam nach Stoney Landing«, erzählte Mrs. Frayer, eine etwa fünfzehn Meilen westlich von Limerick gelegene Ortschaft nennend, und zwar, wie sie später hinzufügte, auf die Plantage Kid Field. »Er ließ seine Familie auf Limerick zurück und gründete dort noch eine, hatte also zwei. Und als er starb, hinterließ er zwei Sätze Kinder.«

Im Raum war es mucksmäuschenstill, und um das Schweigen zu brechen, faßte ich den Bericht über Philip sr. in eine etwas freundlichere Form.

»Ihr Urgroßvater verließ also seine Familie auf Limerick«, sagte ich, »ging nach Stoney Landing und gründete dort eine neue.«

»Sehen Sie, das war nicht ›verließ‹«, berichtigte sie mich. »Er wurde verkauft. Die haben ihn von Limerick abverkauft. Verkauften dich wie ein Huhn. Wenn einer kommt und dich will, dann sagen sie, ›Der ist ein guter Schaffer‹, und dann verkaufen sie ihn. So haben die das gemacht. Es war eine schreckliche Zeit.«

Einer mündlichen Familienüberlieferung zufolge (die ich vielfach gehört hatte) sollen die Pflanzer, wenn sie gnädig geneigt waren, ausschließlich ganze Familien verkauft haben, doch es sind bloß eine Handvoll Quittungen über solche Geschäfte erhalten. Die meisten Unterlagen zu diesem heiklen Komplex waren, sofern es sie überhaupt noch gab, vor der Abgabe des Familenarchivs an öffentliche Bibliotheken aus diesem verschwunden.

»Er benutzte ein Boot, um von der einen zur anderen Familie zu kommen«, erklärte Mrs. Frayer. »Wenn er heimkam, fuhr er von dort mit dem Boot los, und wenn er wieder zurückfuhr, dann von uns aus mit dem Boot.« Später nannte mir einer ihrer Angehörigen mehrere Nachkommen jenes anderen Familienzweiges von Kid Field.

»Er kam im Schutze der Dunkelheit?« fragte ich.

»Genau«, sagte Mrs. Frayer nickend. »So machen es alle, und sie begraben die Toten bei Nacht. Und meine Großmutter sagt, du konntest ihre Leute nachts kreischen hören, großes Feuerlicht, großes Fackellicht, wenn sie ihre Toten begruben.«

»Die Sklaven beerdigten ihre Toten nachts?« fragte ich, mich vorbeugend.

»Das ging nicht anders, weil sie ja tagsüber arbeiten mußten«, gab Mrs. Frayer zurück. »Am Tage hatten sie keine Zeit, Tote zu begraben. Wenn du tot warst, mußtest du bis nachts aufs Beerdigen warten.«

Sie lächelte mir verschmitzt zu. Ich hatte schon mit vielen Leuten gesprochen, aber nur wenige wußten so viel über das Plantagenleben wie Emily Frayer. Die meisten ihrer Geschichten habe sie von ihrer Großmutter Ellen Lucas, die im Alter von achtzehn Jahren befreit worden sei.

»Wir waren noch klein und saßen rings um das Feuer, als meine Großmutter uns das erzählte. Es war eine schreckliche Zeit. Ich bin froh, daß ich damals noch nicht da war.« Sie kicherte.

Ich hatte zuvor noch nie gehört, daß Schwarze ihre Toten nach Sonnenuntergang beerdigen mußten. Aber die Memoiren Mary Gibbs Balls bestätigten, was Mrs. Frayer sagte. In ihren 1923 im Alter von sechsundachtzig Jahren verfaßten Erinnerungen hatte Mary ihr Leben als junge Braut auf Limerick geschildert und dabei auch die Beerdigung des Schmiedes Fortune erwähnt: »Ich weiß noch, daß Daddy Fortune um Mitternacht beigesetzt wurde«, schrieb sie. »Es war ein überaus feierlicher Anblick, sie in ihrem Leichenzug mit Kienholzfackeln zum Friedhof marschieren zu sehen und zu jener stillen Stunde ihr Requiem singen zu hören.«

Mrs. Frayer lachte bitter, fing sich dann aber wieder. »Nee, Mann, die Sklaverei ist kein Zuckerlecken, ist wirklich nicht witzig.«

»Ich habe mit Verwandten gesprochen«, sagte ich, »und einer nach dem anderen behauptet, die Balls seien keine so üblen Herrschaften gewesen.«

Emily Frayers Nachkommenschaft, die über den Raum verteilt saß, brach in ein schallendes Gelächter aus. Als sie sich wieder beruhigt hatte, atmete Mrs. Frayer tief durch und begann, ganz langsam wie eine Lehrerin zu sprechen. »Sehen Sie, die hatten einen Aufseher, und dieser Kerl, das war der Mann fürs Grobe. Und meine Großtante Rachel – die Schwester meiner Großmutter –, die hat den Schinder bekämpft.«

»Wenn der Herr einen Sklaven schlagen wollte, dann rief er den Aufseher und trug es ihm auf?« fragte ich.

»Nein, der Aufseher rief ihn und meldete ihm, daß etwas nicht stimmte«, stellte Mrs. Frayer klar. »Der Aufseher macht alles – überwacht die Leute, treibt sie an, und wenn Prügel fällig sind, dann verabreicht er sie. Und so kommt es, als er anfängt, meine Großtante auszupeitschen, daß sie zurückschlägt.«

Später sah ich die Geschäftsbücher von Limerick durch und fand die 1840 geborene Rachel. Beim erwähnten Vorfall dürfte sie noch keine zwanzig gewesen sein.

»Der Aufseher war so wütend, daß der Maussa einschritt«, fuhr Mrs. Frayer fort. »Sie nannte ihn ›Maussa‹, und der Maussa sagte, ›Nein, du darfst sie nicht schlagen, ich schlage Rachel selbst.‹«

»Und hat er sie dann verprügelt?« fragte ich.

»Jawohl, er hat ihr eine Tracht verpaßt.«

»Und wie hieß dieser Herr?«

»Der Maussa war ein Ball«, sagte Mrs. Frayer abschließend.

Dieser »Maussa« war William Ball. Als er Rachel eigenhändig schlug, mag er sich eingeredet haben, sie dadurch vor dem sadistischen Aufseher zu schützen.

Mrs. Frayer gluckste, und ringsum erhob sich ein Gemurmel. Ihre Familie besaß offenbar ein beträchtliches Insiderwissen über die einzelnen Abläufe und Vorfälle.

Mrs. Frayer war 1901 unter dem Namen Emily Marie Bryant in einer Hütte auf der Klippe hoch über den Reisfeldern Hyde Parks zur Welt gekommen. Zu jener Zeit gehörte die Plantage dem damals zweiundfünfzigjährigen Farmpächter John Coming Ball (familienintern schlicht als »Coming« geführt), und Emilys schwarze Eltern gaben ihr mit dessen Zustimmung den Namen seiner zwanzigjährigen Tochter Marie. Als Emily Marie etwa fünf war, zog ihre Familie nach Charleston zu einer Tante, die im Dienerquartier eines Herrenhauses in der Ladson Street wohnte. Die neue Adresse lag ganz in der Nähe der White Point Gardens, jenes reizenden kleinen Parks am Hafen, in dem Isaac der Konföderierte damals regelmäßig spazierenging. Wenn diesen zu betreten Schwarzen auch verboten war, so habe die Kleine dennoch eine geschützte Bank am Rande gefunden, wo sie ungestört mit dem Rücken zur Anlage und mit Blick auf die Stadt sitzen konnte. Ihre Haut sei dunkel gewesen, sagte Mrs. Frayer, und bevor die Mutter sie in den Park schickte, habe sie ihr stets eine braune Schleife ins Haar gebunden. Dem Brauchtum zufolge seien für dunkelhäutige Neger keine anderen Farben als Braun und Blau in Frage gekommen.

Emily Bryant besuchte eine schwarze Grundschule mit dem Namen Shaw und anschließend die Charleston Colored Industrial School (später umbenannt in J. E. Burke High School), die sie 1918 abschloß. Damals erhielten Schwarze nach vier Jahren Grundschule eine dreijährige Berufsausbildung an der »Charleston Colored«, wo ausschließlich weiße Lehrer unterrichteten, bis 1920 auch schwarze Lehrkräfte zugelassen wurden. Alsbald lernte sie ihren späteren Ehemann Eugene Frayer kennen, heiratete ihn 1921 und bekam ihren ersten Sohn, Eugene jr. 1924 habe ihr Mann sie davon überzeugt, daß es ihnen im Norden bessergehen würde, und die junge Familie, mit jetzt schon zwei Kindern, sei nach New York gezogen. Anfangs habe sie in der Bronx bei Verwandten gewohnt, die ebenfalls aus South Carolina stammten, und sich dann eine eigene Wohnung gesucht. In New York fand Eugene eine Arbeit als Hafenarbeiter, und Emily bekam ihr drittes Kind, Helen. Eines Nachts, als sie mit den Kindern allein war, sei Helen jedoch schwer erkrankt und gestorben, bevor sie in ein Krankenhaus eingeliefert werden konnte. Danach habe Emily ihren Mann überreden können, wieder in den Süden zurückzuziehen, und so kehrte die Familie heim nach Charleston.

In den zwanziger und dreißiger Jahren arbeitete Mrs. Frayer als Köchin in Charlestoner Privathaushalten. Sie habe die Stelle oft wechseln müssen, weil sie die herablassende Art der Weißen nicht ertrug und sich regelmäßig darüber beschwerte. Besonders an eine Hausherrin erinnerte sie sich noch, die alle Gerichte vor der Zubereitung genau portionierte, damit ja keine Reste anfielen, die ihre Köchin vielleicht würde mitnehmen wollen.

Während des Zweiten Weltkrieges eröffnete Emily einen kleinen Küchenbetrieb. Nachdem Charleston zum Militärstützpunkt geworden war, stellte die Werft Navy Yard am Cooper River Hunderte von Schwarzen neu ein. Allerdings durften schwarze Arbeiter nicht in den Lokalen und Kantinen der Werft essen, so daß Stände für sie eingerichtet wurden. Emily und mehrere andere Frauen bereiteten allmorgendlich große Mengen Bohnen, Kohl, Schinken, Brathähnchen und Maisbrot zu und brachten ihre Gerichte mit dem Bus vor die Tore der Anlage, wo sie Tische im Freien aufstellten. Das Geschäft blühte jahrelang, und von den Gewinnen kaufte sich die Familie, mit inzwischen drei erwachsene Kindern, ein Haus in Charleston.

Die Kinder zogen aus und heirateten, um ihrerseits Familien zu gründen. Als Emilys Mann 1991 starb, hatten sich beide längst zur Ruhe gesetzt und lebten im Haushalt ihrer Tochter Luzena King in Charleston.

»Du hast uns mal erzählt, daß sie einen Schinken aus dem Haus stahl«, sagte Luzena, auf ihre Urgroßmutter bezogen, zu Emily. Dann fügte sie in den Raum blickend hinzu: »Ihre Mutter hat mir anvertraut, daß sie auf Limerick einen Schinken aus dem Herrenhaus klaute, und in der Nacht hätten sie ihn zubereitet und mächtig einen draufgemacht – denn tagsüber mußten sie ja arbeiten.«

»Ich habe gehört, sie bekamen ein großes Frühstück«, schaltete sich jemand ein, »aber mittags gar nichts. Sie mußten den ganzen Tag schuften und kriegten erst am späten Abend wieder etwas zu essen, und wenn ein Sklave satt war, dann schlief er sofort ein.«

»Ich habe in den Büchern von Limerick festgestellt«, trug auch ich meinen Teil bei, »daß der Herr zweimal im Jahr Kleidung an die Sklaven ausgab.«

»Jawohl, das stimmt genau«, sagte Mrs. Frayer, ihren Stock mit beiden Händen umklammernd. »Sie gaben die Kleidung immer zweimal im Jahr aus. Wenn jemand heiratete, kriegte er ebenfalls Kleidung.«

»Erzähl ihm von Onkel Francis, als er böse war«, bettelte eine Kinderstimme. »Was machten sie mit ihm, als er so viel trank?«

»Onkel Francis«, Emily durchforstete ihr Gedächtnis und kam auf ihren Großonkel zu sprechen. »Er war ein Trunkenbold und konnte ganz schön was vertragen. Einmal wollte er nach den Pferden sehen, war jedoch so betrunken, daß er sie nicht mehr versorgen konnte. Also steckte ihn der Maussa in dieses dunkle Loch – es gab so ein kleines Loch – und sperrte ihn ein.«

Jede Plantage hatte einen Kerker, in den die Pflanzer störrische Arbeiter einschlossen, gewöhnlich samstags, an ihrem großen freien Abend.

»Und meine Großmutter Elsie wollte Onkel Francis besuchen gehen, aber die Tür war zugesperrt. Er sagte: ›Elsie geh heim. Du wirst sonst bestraft.‹ Und sie konnte nichts weiter machen, als durch das Loch in der Tür gucken und heulen.«

Die alte Dame lachte, belustigt über den Zustand des betrunkenen Francis. Danach fiel der Raum in Schweigen, und ich hörte draußen auf der Straße einen Wagen vorbeizischen. Irgendwo hinter mir ließ sich das leise Stimmchen eines der Enkelkinder vernehmen. »Erzähl ihm vom Warten auf Sherman.«

Bei den Weißen des Südens galt General William Tecumseh Sherman als der schrecklichste und hassenswerteste von allen Yankees. Doch Emily Frayers Familie feierte den kleinen, rastlosen General als einen Helden – ihren Befreier.

»Erzähl ihm vom Warten auf Sherman«, wiederholte das Stimmchen. Mrs. Frayer sah unter sich, schaute dann wieder auf und hielt den Blick fest nach vorn gerichtet. Plötzlich befanden wir uns im Februar 1865 auf dem Hof von Limerick, und die letzte Stunde der Sklaverei hatte geschlagen.

»Meine Großmutter erzählte«, begann sie, »sie habe in der Tür gestanden.« Die Unterlagen von Limerick zeigten, daß einige der Angehörigen von Mrs. Frayer Hausdiener gewesen waren, es mußte sich daher um die »Tür« des Herrenhauses handeln.

»Sie wußten, daß die Befreiung kam«, sagte jemand im Raum.

»Sie stand in der Tür, die Yankees gingen durch und setzten ihr die Mütze ab. Also, Großmutter sagte, sie hatte eine Kappe auf, und einer nahm sie ihr vom Kopf und warf sie hoch. Der Yankee johlte: ›Du bist frei wie ein Vogel in der Luft!‹ Sie erzählte, daß sie auf die Knie sank und Gott dankte, und dann sagte sie zu dem Yankee: ›Danke Maussa!‹«

Im Raum wurde gekichert, und jemand seufzte voller Erleichterung auf. Mrs. Frayer mußte bei der Erinnerung lachen.

»Ich schwöre hoch und heilig, daß wir als kleine Kinder über alles heulen mußten, was wir da hörten!« Emily Frayer starrte vor sich hin. »Großmutter sagte: ›Die schickten sie los, alle zu suchen, die sich versteckt hatten, um ihnen zu sagen, daß sie frei sind!‹«

Unsere Familienversion des »Wartens auf Sherman« deckte sich fast genau mit der Emilys, nur eben spiegelverkehrt.

»Wir waren hoffnungslos und warteten ängstlich ab«, schrieb Mary Ball in ihren Memoiren über die Niederlage der Konföderation. »Als Sherman durch Georgia marschierte … Häuser in Brand steckte und Krieg gegen wehrlose Frauen und Kinder führte, spürten wir unsere ganze Ohnmacht.«

Als die Unionstruppen Limerick erreichten, ritt ein Kavallerist in blauer Uniform an der Spitze seiner Kompanie auf das Herrenhaus zu, saß ab und trat ein. Mary erinnerte sich noch an die ersten Worte aus seinem Munde.

»Ich möchte, daß alle Farbigen zum Haus kommen! Ich möchte ihnen mitteilen, daß sie frei sind.«

Mary beschrieb, wie sich das ganze Schwarzendorf versammelte – Feldarbeiter, Köchinnen, Bootsführer, Stallknechte, Pflegerinnen, Zimmerleute, Mütter, Gerber, Kinder, alte Leute – und der Yankee vor die Menge trat.

»Ich weiß zwar nicht mehr, ob die Plantage vollzählig erschien«, schrieb Mary, »aber es hatten sich sehr viele eingefunden, und der Yankee erklärte: ›Ihr seid frei! Frei wie ein Vogel und müßt nicht mehr arbeiten.‹ Einige der Frauen machten einen Knicks und sagten, ›Dankeschön Maussa.‹«

Plantagenunterlagen zufolge war Emilys Großvater Philip Lucas am 11. Dezember 1843 als viertes Kind von Philip und Flora, zwei damals etwa dreißigjährigen Sklaven, auf Limerick geboren worden. Als die Yankees eintrafen, war Philip jr. einundzwanzig Jahre alt. Nach der Kapitulation warb die Unionsarmee schwarze Rekruten an, die bei der Besetzung ganz South Carolinas helfen sollten. Philip trat als einfacher Soldat ins 128. Regiment, Kompanie D, der »U. S. Colored Infantry« ein.

Alsbald legte er sich den Nachnamen Coaxum zu. Nur hätten, so Emily, den in der Gegend viele befreite Schwarze gewählt, weshalb sich Philip dann einen anderen suchte. Mitte des 18. Jahrhunderts hatte die damals weithin bekannte ledige Eliza Lucas Pinckney aus eigener Kraft Wappoo geführt, die unweit von Limerick gelegene Reis- und Indigoplantage ihrer Familie. Der Überlieferung zufolge soll sie einige ihrer Sklaven das Lesen gelehrt haben. Zu ihrem Gedenken und als Verbeugung vor dieser ungewöhnlichen Maßnahme entschied sich Philip für den Nachnamen Lucas.

Am 20. September 1866, etwa anderthalb Jahre nach der Befreiung, betrat Philip Lucas die Freedmen's Bank in der Charlestoner Broad Street, ein neues Geldinstitut für schwarze Soldaten und sonstige Freigelassene. Als Lucas an der Reihe war, fing der Sachbearbeiter im Hauptbuch eine neue Seite an und trug »Kunde Nr. 277« auf dem Kontoeröffnungsantrag ein, der schließlich zusammen mit Tausenden weiterer in den National Archives von Washington, D. C., abgelegt wurde. Um ein Konto zu eröffnen, mußte man eine Reihe von Angaben zur Person machen. Als Geburtsort nannte Lucas »St. John's Parish« bei Charleston – wo seine Eltern Philip und Flora ja nach wie vor lebten; er sei ledig, von Beruf Soldat, und sein letzter Eigentümer sei William Ball gewesen. Nachdem sein Gegenüber das alles aufgenommen hatte, unterschrieb Lucas mit einem X neben seinem Namen. Als er drei Jahre später seine Bank erneut aufsuchte, machte ein anderer Angestellter im Hauptbuch den Vermerk: »9. Aug. '69. Gab an, jetzt verheiratet zu sein, Name der Frau Ellen.« Ellen Lucas, die Philip von Kindesbeinen an kannte, war als Tochter der Sklaven Benjamin Irving und Myrtilla auf Limerick zur Welt gekommen.

Philip Lucas verließ die Armee und arbeitete zusammen mit seiner jungen Frau als Pachtfarmer. Emily zufolge hatte William Ball sich geweigert, den beiden Land zu verkaufen, um sie bei der Stange zu halten. So erwarb Philip von Ersparnissen, die er in der Armee und als Landarbeiter zusammengekratzt hatte, ein Feld in der Nähe von Limerick, das eine weiße Familie zum Kauf anbot. Das Paar bekam insgesamt elf Kinder, von denen fünf überlebten. Eine ihrer Töchter sollte Emily Frayers Mutter werden.

Wie es sich fügte, hatten Philip und Ellen auf Limerick beide je vier Brüder und eine Schwester, die gleichzeitig mit ihnen befreit wurden. Die meisten dieser Geschwister heirateten ebenfalls und gründeten Familien, und ihre Abkömmlinge hielten immer den Kontakt miteinander. Insgesamt wußten Emily und ihre direkten Angehörigen von etwa zweihundert Verwandten, die über mehr als zehn Staaten verstreut lebten. Das war eine große Zahl, aber nur ein kleiner Teil der Nachkommenschaft. Angesichts der normalen Zuwachsraten dürften die Nachfahren der beiden auf Limerick geborenen Gruppen von Lucas-Geschwistern im Jahr 2000 über die Vereinigten Staaten verteilt mehr als zwölfhundert Personen zählen.

Der Lucas-Clan stammte von »alten Bekannten« ab, die im Gebiet des Cooper River als rebellisch verrufen waren. Den Plantagenbüchern entnahm ich, daß Tom White, über dessen Festnahme und Befragung im Zusammenhang mit einer angeblichen Verschwörung gegen das Regiment der Weißen ich bereits eingehend berichtet habe, Emilys Urururururgroßvater gewesen war.

Tom war 1731 aus Angola verschleppt und nach Comingtee gebracht worden, wo Rotkäppchen ihm, vermutlich zur Unterscheidung von dem Feldarbeiter Tom Black, den Zunamen »White« gegeben hatte. Ich weiß allerdings nicht, ob White eine hellere Haut hatte als Black. Wie dem auch sei, im Alter von etwa zwanzig Jahren lernte Tom White seine Partnerin Julatta kennen.

Die spärlichen vorhandenen Zeugnisse über Julattas Leben lassen vermuten, daß sie fast rund um die Uhr arbeitete, um ihrer Familie das Leben etwas zu erleichern. In einem Jahr baute sie Mais oder Reis an, um ihre Ernte für neun Shilling an Elias abzugeben. Ein Eintrag

in dessen Geschäftsbuch zeigt, daß Julatta den Verdienst für zusätz-
lichen Kleiderstoff verwendete.

Toms umstürzlerisches Temperament, das sich in seiner Rolle bei
dem geplanten Aufstand von 1748 äußerte, scheint ein Grundzug der
ganzen Familie gewesen zu sein. Zwischen 1740 und 1750 gebar Julatta ihm fünf Kinder, und Stammhalter Tom jr. kam insofern nach
dem Vater, als er regelmäßig davonlief. 1742 seinem Eigentümer zufolge »oberhalb der Deiche« geboren (vielleicht in einer abseits des
Sklavendorfes gelegenen Hütte), arbeitete er bis zum Alter von Mitte
Zwanzig auf den Feldern von Comingtee und Kensington. Doch im
Februar 1768 gab der Zweite Elias mit einer Anzeige in der Charlestoner Tageszeitung bekannt, daß Tom ausgerissen war. Darin hieß es,
dem Siebenundzwanzigjährigen fehle eine Zehe. Die Unterschrift
lautete »Elias Ball, Hyde Park«, so daß er offenbar während der Ern-
tezeit auf der Nachbarplantage Kensingtons lebte.

Tom juniors Schwester Bessie wurde Feldarbeiterin und war 1750,
mit dreißig, Mutter dreier Kinder im Alter zwischen zwei und zehn
Jahren. Wenn ihr mittleres »am Damm neben dem Stampfwerk geboren« war, so dürfte auch Bessie, wie ihr entlaufener Bruder, abseits
des Hauptdorfes bei den Nebengebäuden gewohnt haben. In jenem
Frühjahr, als sich das Land in den Revolutionskrieg verstrickte, gelang es der Britischen Armee, einen Großteil des Gebietes im Umkreis von Kensington zu besetzen. Als die königlichen Soldaten ein-
rückten, beschlossen Dutzende von Sklaven, darunter Bessie, ihr
Glück beim Feind zu suchen. Einem Ballschen Notizbuch zufolge lief
Bessie am 10. Mai »mit ihren Kindern Roebuck, January & Betty«
davon. Am Tag zuvor war eine weitere Familie entkommen, doch in
jener Nacht floh Bessie auf eigene Faust, ihr Zweijähriges in den
Armen oder auf dem Rücken. Ihre beiden anderen liefen vermutlich
nebenher und hielten sich an den Rockzipfeln der Mutter fest.

Doch Bessies Freiheit war nicht von Dauer, denn die Sklavenlisten
zeigen, daß sie und ihre Kinder schon wenig später wieder auf den
Reisfeldern standen. Ihr Besitzer machte einen Vermerk, wonach
eine weitere Flüchtige, Charlotte, »heimgebracht« worden war; auch
Toms Schwester mag auf dem Weg zu den britischen Linien erwischt
worden sein. Bessies Leben kannte nur diese kurze Phase der Frei-

heit. Dem Geschäftsbuch zufolge starb sie ein paar Jahre nach der Revolution bei der Geburt eines Sohnes.

Zwar dürfte der Clan in der dritten Generation auf der Plantage als fanatisch gegolten haben, aber bei Bessies Kindern scheint sich kein Impuls geregt zu haben, offen gegen die Balls zu rebellieren. Bessies Tochter Betty, die seinerzeit von der Mutter fortgetragene Zweijährige, wuchs auf Kensington heran und heiratete den dortigen Hausdiener Joe Bailey. Als seine Frau dürfte auch Betty die meiste Zeit im großen Haus und damit in unmittelbarer Nähe der auf solche Weise besonders verwundbaren Herrschaften zugebracht haben. Demnach stünde zu vermuten, daß diese ihr rebellisches Erbe vergessen oder vergeben hatten.

Ab Ende des 18. Jahrhunderts gehörte Kensington dem knallharten Geschäftsmann John Ball, der üppig lebte und in seinen Dreißigern immer dicker wurde. Nach fünf Geburten hatte John seine erste Frau Jane beerdigt, um 1806 mit Martha Caroline (alias Bussardschwinge) eine weitere Familie zu gründen. Die neue Hausherrin organisierte das Personal um, schickte einige Leute weg und holte dafür andere hinzu. Dabei verschlug es Betty und Joe Bailey von Kensington nach Limerick, wo sie für Johns Bruder, den Dritten Elias, arbeiteten.

Dort bekam Betty am 9. Januar 1810 ihr erstes Kind, Flora. Nach dem Tod des Dritten Elias ging das Eigentum an Bettys Familie auf Isaac Ball über. Alsbald gebar Betty einen Sohn, dann eine weitere Tochter. Es vergingen fünfzehn Jahre, und als Isaac 1825 verstarb, wurde die Familie auseinandergerissen – Bettys erst zweijährige Tochter Lucretia ging zusammen mit ihrem achtjährigen Bruder an Jane Ball, die, ebenfalls erst zwei Jahre alt, immerhin bereits Eigentümerin der Plantage Quenby war, wohingegen ihre übrigen Angehörigen auf Limerick zurückblieben.

Flora, das dritte Kind des alternden Paares Betty und Joe Bailey, arbeitete als Dienerin der verwitweten Eliza Ball sowie ihrer drei Kinder im Hauptgebäude. Um 1830 lernte sie den Feldarbeiter Philip kennen und rief mit ihm zusammen die fünfte Familiengeneration ins Leben, als sie Philip jr. – den späteren Bürgerkriegsveteranen mit dem Zunamen »Lucas« – gebar.

Der trat in die Fußstapfen des Angolaners Tom. Wenn ein befreiter Schwarzer wie Philip zur Unionsarmee ging, so war das offener Widerstand und konnte nichts anderes bedeuten, als daß er nach Kräften dazu beitragen wollte, die Herrschaft der Weißen zu brechen.

»Ich habe Geschichte studiert«, begann Sonya Fordham, »und dabei gelernt, die Dinge zu analysieren. Aber trotzdem war es weiterhin nicht erwünscht, daß wir Schwarzen fragten: ›Was ist mit uns?‹«

Die Enkelin Emily Frayers wohnte in Charleston in einem kleinen Holzhaus mit zwei Zimmern oben und zwei unten sowie einer Veranda. Sie war Ende Vierzig, Brillenträgerin und hatte ein angenehmes, breites Gesicht, eine sanfte Art und ein helles, etwas traurig klingendes Lachen. Wenn ihre Großmutter klein, aber forsch war, so hatte die große, kräftige Sonya eine auffallend leise Stimme.

»Als Kind«, sagte sie, »kannte ich überhaupt keine Weißen. Weder in der Nachbarschaft noch in der Schule gab es welche. Eigentlich begegnete ich ihnen überhaupt erst im Studium. Der einzige Weiße, den ich kannte, war mein Arzt.«

Ich ging ab und zu mit Sonya Fordham essen, wofür sie sich meist sehr schick machte. Eines Abends trug sie ein schwarzes Kostüm, Schuhe mit hohen Absätzen und ein Jackett mit Leopardenfellbesatz. Sonya war geschieden und Mutter – sie hatte 1980 in Washington, D. C., den Nigerianer Sylvester Egwu geheiratet und war mit ihm in seine Heimat gegangen, um vier Jahre später, nach dem Scheitern der Ehe, mit ihrer Tochter Chiemeka wieder nach Charleston zurückzuziehen. Diese war, als ich sie kennenlernte, um die fünfzehn und ging noch zur Schule – ein großgewachsenes, ausgeglichenes Mädchen mit einem gewinnenden Lächeln.

Chiemeka hatte eine örtliche Wahl zur Schönheitskönigin gewonnen, und Sonya zeigte mir ein Photo, auf dem drei junge Männer sie mit einem Blumenstrauß im Arm in einem Cabriolet eskortieren. Während sie Chiemeka aufzog, habe Sonya nebenbei noch an der Georgia State University Jura studiert, das Studium jedoch 1989 aufgeben müssen, nachdem der Hurrikan Hugo das Wohnhaus ihrer Großmutter fast völlig zerstört hatte, worauf sie arbeiten gehen mußte, um dessen Instandsetzung bezahlen zu helfen.

Bei einem Essen erzählte Sonya mir von ihrer Jugend. »Ich war eine sehr schüchterne Schülerin«, sagte sie, »so ein Bücherwurm mit nur wenigen Freunden.« Sie habe die öffentlichen Bildungsanstalten Charlestons durchlaufen und nach dem Schulabschluß 1964 mit einem staatlichen Stipendium am konservativen, traditionell schwarzen South Carolina State College in Orangeburg studiert, das, 1896 gegründet, auf dem Grundsatz einer getrennten, aber gleichartigen Ausbildung beruhte. Die finanziell bessergestellte, weiße University of South Carolina in Columbia habe Schwarze nur widerwillig aufgenommen.

»Mein Bruder ging auf die USC«, erinnerte sich Sonya, »und hatte nur Ärger. Sie traten ihm sogar mal die Zimmertür ein.«

Die frühen sechziger Jahre, in denen sich die Schwarzen deutlich vernehmbar zu Wort meldeten, brachten zwar das Bürgerrechtsgesetz (1964) und das Wahlrechtsgesetz (1965), änderten jedoch nichts am System der Rassentrennung. Die meisten schwarzen Studenten an der South Carolina State, so Sonya, seien entweder vorsichtig gewesen oder hätten sich nicht für »die Bewegung« interessiert. Sie selbst habe sich zurückhalten müssen, da ihre Mutter an einer staatlichen Schule beschäftigt war und schwarze Lehrer ihre Stellen verlieren konnten, wenn sie selbst oder ihre Angehörigen sich politisch zu stark engagierten.

»Als 1965 das Viertel Watts in Los Angeles brannte«, fragte ich, »haben Sie das bewußt mitbekommen?«

Sonya kräuselte etwas verlegen die Lippen. »Wir waren sehr abgeschirmt«, erklärte sie. »Wir wußten gar nichts. Zum Beispiel wußte ich, zu seinen Lebzeiten, nichts von Malcolm X. Können Sie sich das vorstellen?«

Am College jedoch hätten einige Seminare ihr die Augen geöffnet, in denen sie auch erstmals erfuhr, daß es ein Schrifttum gab, um die Überlegenheit der Weißen theoretisch zu begründen.

»Ich erinnere mich an einen weißen Professor an der historischen Fakultät des State, der aus Syracuse, New York, kam«, sagte Sonya. »Er hieß Ruben Weston und wies uns auf Rudyard Kiplings Text über die ›Bürde des Weißen‹ hin als Beispiel dafür, was alles zu diesem Thema erschienen war. Das eröffnete mir ganz neue Perspektiven.« Sonya sprach ruhig und würzte ihre Erzählung ab und zu mit einem feinen Lächeln. Sie zeigte keinerlei Groll.

Im Oktober 1966 war im kalifornischen Oakland die »Black Panther Party« entstanden, und im Sommer darauf gingen die Schwarzenviertel von Detroit und Newark (New Jersey) bei Krawallen in Flammen auf.

»Anfangs wartete ich noch ab«, erklärte Sonya, »schloß mich aber 1967 der Bewegung an und wurde zu einer der Studentenführerinnen.« In South Carolina seien schwarze Proteste selten gewesen, und sie habe zu der Handvoll Aktivisten auf dem Campus gehört.

»In den fünfziger Jahren«, sagte sie, »waren die Präsidenten der South Carolina State durchweg sehr hellhäutig und pro-weiß gewesen – die waren weißer als Sie. Auf dem Campus der State war der NAACP nicht mal erlaubt. Wir beschlossen, daß wir davon genug hatten. Im Herbst 1967 kamen acht von uns zusammen und gründeten eine Gruppe, die wir *Black Awareness Coordinating Committee* nannten. Vor allem wollten wir uns Präsident B. C. Turner vom Hals schaffen und einen andern durchboxen. Als Auftakt legten wir uns vor dem Rektorat auf den Rasen mit dem Schild ›Betreten verboten‹. Damals reichte so was schon, um gefeuert zu werden. Danach riefen wir zum Studienboykott auf.«

Sonya erzählte ihre Erlebnisse mit einem verlegenen Lächeln. Sie schienen schon sehr lange zurückzuliegen und trotzdem kein klares Urteil darüber zuzulassen, was dabei herausgekommen war.

»Irgendwie wurden wir Turner los«, fuhr sie fort, »und ein Neuer übernahm das Präsidentenamt – der erste wirklich Dunkelhäutige in der Geschichte der Hochschule. Wir agitierten weiter und kriegten unseren ersten Kurs über die Geschichte der Schwarzen. Er war zwar nicht gerade ideal, denn ein schwuler Weißer hielt ihn ab! Aber es gab wenigstens einen. Anschließend bemühten wir uns um Gemeinschaftsprojekte. Wir erkundeten Orangeburg, was wir zuvor nicht gemacht hatten, und fingen an, bei Schwarzen zu kaufen, statt unser Geld weiterhin, wie bisher, in die weißen Geschäfte zu tragen. Wir wollten so etwas wie ein schwarzes Bewußtsein entwickeln. Der Vietnamkrieg spitzte sich zu, und wir wußten, daß dort Schwarze getötet wurden. Also machten wir ein Onkel-Sam-Plakat, mit der

Parole: ›Onkel Sam braucht dich, Nigger‹. Als der Konzern Dow Chemical auf dem Campus anwerben wollte, stellten wir Streikposten auf – denn die produzierten das Napalm, das in Vietnam abgeworfen wurde. Dann sammelten wir Material, um zu dokumentieren, daß South Carolina schwarze Colleges gegenüber weißen finanziell benachteiligte, und veröffentlichten es. Man wollte einfach mehr über seine Gemeinschaft und sich selbst wissen! Wir gaben auch ein Rundschreiben heraus. Doch trotz allem standen wir eigentlich nach wie vor am Rande. Die meisten ließen das Flugblatt liegen. Als ich mit einem Afroschnitt ankam, wurde ich auf dem Campus sofort zu einer Ausgestoßenen.«

»Wie viele Studentinnen trugen eine Afrofrisur?« fragte ich.

»Zunächst zwei. Dann ging die andere ab, also blieb nur ich.«

Ich versuchte, mir Sonya, die ihr Haar unterdessen hatte glätten lassen, mit einem Afro-Look vorzustellen, doch es wollte mir nicht gelingen.

»Mittendrin kam der Aktivist Cleve Sellers von der Washingtoner Howard University zu uns runter. Ursprünglich stammte er aus South Carolina und war Mitglied des SNCC.« Sonya hatte die Abkürzung für das »Koordinationskomitee Gewaltfreier Studenten« durch den alten Spitznamen »Snick« ersetzt.

»Ende 1967, als Cleve da war, kam die Idee auf, eine integrierte Bowlingbahn zu eröffnen. Ich war davon nicht sonderlich angetan, weil wir damals gerade in der Richtung dachten, daß es mehr um schwarze Gemeinschaftsprojekte als um Integration gehen sollte, aber einige in der Gruppe wollten sich partout integrieren, also fingen wir an zu planen. Wir fuhren über Weihnachten heim und kamen dann zurück. Im Januar 1968 redeten wir mit der Verwaltung über die Bowlingbahn und über weitere Seminare zur schwarzen Geschichte. Es war einiges los. Martin Luther King hatte gerade gefordert, man müsse sich bei Vietnam stärker engagieren, und so stellten wir Recherchen an. Als wir in einer Gruppensitzung auf Cleve warteten, der mit einem Film über Vietnam kommen sollte, stürmte jemand in den Raum und schrie: ›Cleve ist an der Bowlingbahn festgenommen worden!‹ Der Grund war, daß er den Haupteingang benutzen wollte. Dann sagte jemand: ›Gehen wir hin.‹

Es war ein Montagabend. Als wir an die Bowlingbahn kamen, waren dort schon etwa tausend Studenten versammelt, aber anders als uns stand den meisten von ihnen der Sinn nicht nach Kämpfen. Ich hatte Steine in der Tasche.« Sonya sprach jetzt langsamer und malte mehr Einzelheiten aus. Sie schien sich noch lückenlos an die Ereignisse vom Februar 1969 zu erinnern.

»Neben uns fuhr ein Feuerwehrwagen vor, und dann fiel ein Schuß. Ich weiß nicht, wer da schoß, aber vermutlich war es ein Warnschuß der Polizei. Die Menge zerstreute sich. Wir rannten wieder auf den Campus zurück und warfen auf dem Weg dahin unsere Steine in ein paar Schaufensterscheiben.«

»Gingen sie wirklich zu Bruch?« fragte ich.

Sonya nickte. »Es war die blanke Wut.«

Das Lächeln verschwand, und ihre freundliche Art wich dem kühlen Blick einer Reporterin.

»Am nächsten, dem Dienstagabend, kam es auf dem Campus zu einer Schießerei«, berichtete sie.

»Wer schoß?«

»Wir hörten, daß es Weiße waren, aber ich habe es nicht gesehen. Sie schossen auf einige Studenten, allerdings ohne jemanden zu treffen.« Sonya nickte mit dem Kopf, wie um mir anzudeuten, daß der Vorfall erklärungsbedürftig sei. »Viele der Weißen von Orangeburg konnten uns wirklich nicht ausstehen.«

»Die Verwaltung sagte Kurse ab, doch wir blieben auf dem Campus. Mittwoch abend lief ich allein dort herum, als plötzlich ein Schuß fiel. Ich warf mich zu Boden und sah einen Wagen über den Campus rasen. Einige Schwarze jagten ihm nach und stellten ihn, zerrten die Weißen raus und schlugen sie zusammen.«

Dann erinnerte sich Sonya eines Abends, an dem sie selbst in eine brenzlige Lage geraten war. »Ein andermal war ich abends in einem Wagen voller Schwarzer in North Carolina unterwegs, und wir hatten eine Panne. Hinter uns hielt ein mit weißen Männern voll besetzter Wagen und blieb dort stehen, fünf Minuten lang – die längsten fünf Minuten meines Lebens. Wir hatten keinen blassen Dunst, warum die uns nicht angriffen. Schließlich fuhren sie langsam davon.«

»Auf dem Campus hatten sich die Gemüter wieder beruhigt«, sagte ich.

»Alle spürten, daß etwas in der Luft lag«, antwortete Sonya. »Am Donnerstag zog die Nationalgarde auf, mehrere Hundertschaften. Es waren Weiße in grünen Uniformen und mit Gewehren bewaffnet. Einige Studenten standen ihnen direkt gegenüber auf dem Rasen einer Kuppe vor dem Campus und beobachteten sie einfach nur. Ich wollte versuchen, sie fortzuschicken, weil du dich als Schwarzer doch nicht vor Weiße mit Gewehren stellst. So was ist einfach Wahnsinn. Aber viele blieben trotzdem. Na ja, jedenfalls hatten wir ein paar Versammlungen.« Sonya sah zu Boden, um zu entscheiden, ob sie mir von ihrem nächsten Einfall berichten sollte. »Wir beschlossen, etwas in die Luft zu sprengen, ein Gebäude abseits des Campus.«

»Kannte sich jemand mit Sprengstoff aus?« fragte ich.

»Ich nicht.« Sie lachte.

»Fing wirklich jemand an, eine Bombe zu basteln?«

»Ich weiß nur, daß nie eine explodierte«, fuhr Sonya fort. »Es kam einfach nicht dazu.« Ihre Kommilitonen in der Bewegung hätten entweder beschlossen, doch kein Gebäude in die Luft zu sprengen, oder nicht genügend Zeit dafür gehabt.

»Später fanden wir heraus, daß an einigen unserer Versammlungen ein Spitzel teilgenommen hatte«, fügte sie an.

»Ist es möglich, daß er bei der Nationalgarde geplaudert hatte?«

Sonya nickte ärgerlich. »Am Abend standen auf der Kuppe immer noch Leute den Nationalgardisten gegenüber. Ich ging so gegen 18.30 Uhr ins Wohnheim zurück, und etwa eine Stunde später eröffneten die das Feuer. Zu dem Zeitpunkt waren ungefähr hundert Leute da. Das Ganze dauerte nur zehn Sekunden. Ich war nicht dabei. Im Wohnheim hörten wir die Schüsse; später kam jemand rein und erzählte, was passiert war. Wir wurden ganz still und betreten, setzten uns in den Flur, weit weg von den Fenstern, und sahen einander bloß an. Wir wußten schlicht und einfach, daß wir alle dran glauben würden! Wir hatten Angst und weinten.«

Die Ereignisse vom 8. Februar 1968 gingen als das »Massaker von Orangeburg« in die Geschichte ein.

»Wie reagierten die Studenten auf dem Hügel«, wollte ich wissen, »als die Nationalgarde das Feuer eröffnete?«

Sonya lehnte sich vor. »Sie blieben einfach stehen!« brach es aus ihr hervor. »Achtundvierzig wurden getroffen, drei davon tödlich. Keiner von ihnen gehörte der Bewegung an. Eine Stunde später ging ich zum Krankenhaus rüber, aber da ließ man mich nicht rein. Bei einem Opfer, Smitty, war der Tod äußerst suspekt, da es ihn bloß am Bein erwischt hatte. Photos von Smitty kurz nach dem Vorfall zeigten ihn aufrecht sitzend und bei vollem Bewußtsein. Dann packten sie ihn in einen Krankenwagen und fuhren ihn zur Klinik. Er soll unterwegs gestorben sein, aber wir meinen, daß er im Polizeigewahrsam getötet wurde. Wir haben immer vermutet, daß Smitty sich gegen seine Festnahme wehrte und sie ihn regelrecht totprügelten.«

»Gab es eine Untersuchung?« fragte ich und schaute etwas beschämt über meine naive Frage auf die Tischplatte nieder.

»Es wurde gar nichts untersucht.« Sonya schüttelte erbittert den Kopf. »Am nächsten Morgen trafen Schwarzenführer aus dem gesamten Staat ein. Wir wurden vom Campus vertrieben, und bei unserem Abzug sahen wir Panzer in die Stadt einfahren. Das war Macht. Panzer!«

Sonya lachte und legte ihre Stirn in die offene Hand. Vor meinem geistigen Auge sah ich Panzer durch das schöne Städtchen rollen.

»Drei Wochen später sprachen mich Leute vom SNCC an und meinten: ›Geh wieder zur Schule.‹ Wir waren demoralisiert, bekamen aber aus allen Ecken des Landes ermutigende Telegramme und Briefe. Also stellte ich mich in eine Telefonzelle und führte Ferngespräche mit Leuten, die uns geschrieben hatten, R-Gespräche, bat sie, uns Geld zu schicken. Obwohl sie Fremde waren, und Weiße, überwiesen viele von ihnen zu meiner Verblüffung tatsächlich Geld.«

»Davon mieteten wir Busse, um nach Columbia zu fahren und uns dort an das Parlament zu wenden. Wir gingen zum Capitol, in die Kammern des Senats und auf die Empore. Der Gouverneur und die Staatsregierung sollten zugeben, daß sie unsere Kommilitonen ermordet hatten. Doch als wir die Anklage zu verlesen begannen, wurden wir festgenommen und ins Gefängnis gesperrt. Es war das erste Mal, daß ich so einen Knast von innen sah. Nachdem wir gegen Kaution wieder draußen waren, beschlossen wir, es noch mal zu probieren, nur diesmal im größeren Stil. Als wir dann das zweite Mal nach Columbia kamen«, fuhr sie fort, »erwarteten uns dort mehr weiße Polizisten, als ich je zuvor – und danach – auf einem Haufen gesehen habe. Stellen Sie sich mindestens tausend Streifenbeamte vor, alles Zwei-Meter-Männer, die mit großen Knüppeln und Gewehren bewaffnet Schulter an Schulter um das Capitol herum stehen. Sogar auf den Dächern standen Bullen! Unsere Seite zählte neun bis zwölf Busladungen, denn es waren schwarze Studenten aus dem gesamten Süden gekommen. Einige waren bewaffnet, weil wir ja nicht wußten, was auf uns zukam. Als die Studenten vom State eintrafen, kriegten sie es mit der Angst zu tun. Der Collegepräsident stellte sich hin und forderte sie auf, sofort wieder zu verschwinden. Dann rückte die Polizei vor. Wir gaben klein bei, viele der Busse wendeten, und dann überließen wir die Stadt endgültig den Bullen.«

»Gingen Sie noch mal hin?« fragte ich.

»Wir hatten verloren«, erwiderte Sonya traurig, kicherte indes gleich darauf, wie um die Resignation zu vertreiben. »Wer sich zu weit vorwagt, zerstört sich entweder selbst oder wird zerstört. Und diese Leute sind zu töten bereit. Unsere Bewegung ist nie richtig in die Gänge gekommen – unsere Beschwerden wurden gar nicht angesprochen. Als Dr. King im April starb, gab es bei uns auf dem Campus so gut wie keine Tumulte, weil wir schon so viel durchgemacht hatten. Das war mehr oder weniger das Ende.«

Sonyas Stimme nahm etwas sarkastisch Schneidendes an.

»Mein Motto lautete nie ›Eines Tages werden wir siegen‹, sondern immer: ›Wir wollen es *heute* schaffen.‹ Heute, nicht irgendwann in der fernen Zukunft, müssen wir Bürger erster Klasse werden.«

Sonya lachte traurig und blickte erneut verlegen unter sich. »Am Tag vor meiner Abschlußprüfung kam meine Mutter von Charleston aus nach Orangeburg hinauf. Und an jenem Abend sagte sie mir, ich solle mein Haar glätten. Es lag ihr sehr am Herzen, daß ich aussah wie die anderen Studenten auch.«

Ich erzählte Sonya von Tom White, dem Angolaner, der beschuldigt worden war, einen Sklavenaufstand angezettelt zu haben. Sie dachte eine Zeitlang schweigend nach und erwiderte dann: »In der

Bewegung fühlte ich mich manchmal wie ferngelenkt. Ich hielt eine Rede und kam mir vor wie besessen, als ob ein ganz anderer aus mir spräche. Vielleicht können sich die Toten einer Familie durch die Lebenden äußern.«

»Unsere Familienüberlieferung«, erklärte ich Emily Frayer, als wir wieder in ihrem Wohnzimmer saßen, »beharrt darauf, daß Pflanzer nicht mit Sklavinnen schliefen. Kennen Sie irgendwelche Berichte darüber, daß schwarze Frauen auf Ballschen Plantagen gezwungen waren, mit ihren Herren ins Bett zu gehen?«

Mrs. Frayers Angehörige, die im Raum verteilt saßen, gaben einen kollektiven Stoßseufzer von sich. Es verging eine halbe Minute, ehe die alte Dame leise zu sprechen begann.

»Ja, so was habe ich gehört«, sagte sie. »Wie ich hörte, kriegten sie vor langer Zeit Kinder von den Sklavinnen. Ich weiß nicht, ob es der Herr selbst war, sondern ich meine, es waren seine Jungs.«

Mrs. Frayer habe von ihren Großeltern gehört, daß sich die Söhne der Herrschaften, um die zwanzigjährige Burschen, bei Gelegenheit mit schwarzen Frauen verlustierten.

»Ja, es war schon üblich«, sagte sie. »Ab und zu hörtest du was. Ich erinnere mich an eine Dame – sie hieß Abby –, die hatte einen Sohn. Das war auf Hyde Park, also kenne ich ihn. Dieser Junge, er war ein Ball.«

»Sie kannten einen Mann auf Hyde Park –«, hob ich an.

»Nee, nee, ich kannte eine Dame, die damals auf Hyde Park lebte«, berichtigte mich Mrs. Frayer. »Abby. Sie hatte einen Sohn. Dieser Junge, er ging nicht dort zur Schule, weil sie ihn als kleinen Bub ins Waisenhaus von Moncks Corner geschickt hatten. Sie nannten ihn Sonny. Das ist sein Kindername, aber eigentlich hieß er Moses. Und er wurde in diesem Waisenhaus aufgezogen, damit er was lernte.«

»Wer war sein Vater?« fragte ich.

»Ein Ball, aber ich wußte nicht, welcher.« Mrs. Frayer fügte an, daß Moses etwa so alt war wie sie. »Ich weiß nur nicht, wer der Vater war. Einmal sprach ich ihn an. Ich fragte: ›Sag mal, welchen Namen führst du?‹ Darauf er: ›Weißt du, hier bin ich Dent, aber wenn ich weggehe, habe ich meinen eigenen Namen. Hier heiße ich Moses Dent, aber wenn ich fortgehe, bin ich Moses Ball.‹«

Jemand von Mrs. Frayers Angehörigen warf ein: »Er ging dann nach Boston.«

»Jawohl, er ging fast noch als Junge nach Boston«, nickte sie. »Kam zu Besuch, aber nach dem Tod seiner Mutter kam er dann nicht mehr. Ich glaube kaum, daß er noch lebt, weiß nicht einmal, ob er Kinder hatte oder nicht.«

»Wenn ich nach Boston führe«, sinnierte ich, »und nach Schwarzen dieses Namens suchte, müßte ich die Familie Moses Balls doch eigentlich finden können.«

»Ich hoffe, das werden Sie«, antwortete Mrs. Frayer, »und wenn, dann grüßen Sie alle mal schön von mir.«

Bis zur Einführung von Blut- oder später Gentests ergab sich die Identität des Erzeugers im Zweifelsfall allein aus den Angaben der Mutter. Mrs. Frayer hatte ihr Wissen von jener Abby und von Sonny selbst erlangt und ein Menschenleben später an mich weitergegeben. In anderen Bereichen waren ihre Hinweise sehr zuverlässig gewesen. Was sie über das Ende der Sklaverei auf Limerick berichtet hatte, stimmte fast wortwörtlich mit den schriftlichen Erinnerungen Mary Balls überein.

Familiengerichte ließen zur Klärung von Blutsverwandtschaft drei Beweismittel zu: Urkunden, Indizien und Zeugenaussagen. Das waren erstens amtliche Dokumente, wie Eheverträge, Testamente, Geburts- und Sterbeurkunden, zweitens Hinweise auf die Familienstrukturen, wie Photos, Erbstücke oder Grabsteininschriften, und drittens alle möglichen Beobachtungen aus der Zeit vor dem Beginn des Rechtsstreits. In der Regel ergab sich das Bestehen einer Blutsverwandtschaft mit Längstverstorbenen nicht aus dem einen oder anderen Indiz, sondern aus der Kombination überzeugender Argumente und Beweise.

Im Fall des Moses Dent Ball gab es keine direkten Indizien. Wenn er den Staat als junger Mann verlassen hatte, so ließen sich keine Belege für die Identität der Eltern mehr finden. Auch gab es keine Geburtsurkunde, denn South Carolina hatte die gesetzliche Pflicht,

Neugeborene anzumelden, erst 1905 eingeführt, als Moses bereits lebte. Zuvor waren viele Kinder überhaupt nicht registriert worden. Allerdings sind schriftliche Zeugnisse zur Person des Moses Dent Ball erhalten. Der bundesweiten Volkszählung zufolge wohnten 1880 drei schwarze Familien mit dem Namen Dent im Umkreis der Ballschen Plantage Hyde Park, und in einem dieser Haushalte lebte die damals fünfzehnjährige Abby, mit deren Familie die Balls, nach gerichtlichen Akten zu urteilen, ebenfalls zu tun hatten. Abbys Vater, der Farmarbeiter Marcus Dent, war 1881 im Alter von einundsechzig Jahren gestorben, und der zuständige Richter hatte ihre Mutter Amy zur Nachlaßverwalterin bestimmt. Als Zeugen in dieser Sache waren drei männliche Mitglieder der Familie Ball aufgetreten. Im übrigen ergibt sich aus den Plantagenbüchern, daß Marcus Dent Sklave auf Hyde Park gewesen war, denn dort hatte das Feldarbeiterpaar Peter und Beda im Mai 1822 einen Marcus bekommen, der nach Aktenlage nur der spätere Vater Abbys gewesen sein kann.

Bei der Volkszählung von 1910 lebte der damals zehnjährige Moses mit mehreren anderen Kindern und einer Aufseherin im westlich von Hyde Park gelegenen Städtchen Moncks Corner. Dabei muß es sich um jenes Waisenhaus gehandelt haben, in dem das Mulattenkind Abby Dents zur Schule ging.

Mrs. Frayer hatte berichtet, daß Moses Ball als junger Mann nach Massachusetts gegangen war. Bei der Volkszählung von 1920 war Moses in South Carolina nicht erfaßt worden, aber in Massachusetts gab es einen neunzehnjährigen Moses Ball, der damals bei Boston in dem Dorf Watertown lebte. Als Geburtsort hatte er South Carolina angegeben.

Also machte ich mich auf nach Massachusetts.

Watertown ist ein altes Industriegebiet, fünf Meilen vom Zentrum Bostons entfernt und eine Meile westlich von Cambridge gelegen. Seine Hauptstraße, die Arsenal Street, trägt den Namen eines gegen 1820 angelegten Militärdepots, in dem während des Bürgerkrieges Kanonen und Munition für die Unionstruppen hergestellt worden waren. Nach 1900 wurde Watertown zu einer Durchgangsstelle für Viehtransporte, die per Bahn aus Chicago kamen, und erlebte so einen wirtschaftlichen Aufschwung. Als im benachbarten Brighton ein Schlachthaus entstand, kamen auch noch Abpackbetriebe für Rindfleisch hinzu. Weiteren Aufwind gab es während des Ersten Weltkrieges, als die Waffenproduktion zunahm und die Zahl der im Arsenal Beschäftigten auf rund sechzehnhundert anstieg. Etwa zur gleichen Zeit gründete die Hood Company dort eine Gummifabrik, in der 1919 um die achttausendsiebenhundert Beschäftigte Galoschen herstellten.

Ich traf eines sonnigen Samstags in einem Watertown ein, aus dem sich der einstige Wohlstand längst wieder verabschiedet hatte. Die Backsteinfabriken der Jahrhundertwende standen leer, dem Verfall anheimgegeben, und die Holzhäuser der alten Arbeiterviertel wirkten heruntergekommen. Das Arsenal selbst, ein buntscheckiger Backsteinkomplex, war nicht mehr zugänglich. Ein Schild neben dem Eingangstor trug die stark ausgebleichte handgemalte Aufschrift Army Research Center.

In den Volkszählungsunterlagen von 1920 war Moses Balls Adresse mit Arsenal Street Nummer 42 angegeben. In jenem Jahr hatte er sich bei der schwarzen Wäscherin Frannie Lucas ein Zimmer gemietet und in einem der Abpackbetriebe gearbeitet. In der Bibliothek Watertowns fand ich ein Adressenverzeichnis aus jener Zeit, in dem ein Moses Ball als Mieter jener Frannie Lucas aufgeführt war. Außerdem ergaben die Volkszählungsdaten, daß damals in der Arsenal Street vor allem weiße Einwanderer gewohnt hatten. Nördlich seiner Unterkunft lebten nicht wenige walisische und schottische Krankenschwestern und Techniker, südlich davon neben zahlreichen Malern und Dachdeckern auch einige Näherinnen, unter anderem aus Irland und Schweden. Moses Ball und Frannie Lucas waren die einzigen Farbigen in der Straße gewesen. Mir fiel ein, daß Moses mit seinem weißen Vater vermutlich ziemlich hellhäutig war und sich daher, obwohl der Zähler ihn als schwarz bezeichnete, mühelos unter die Weißen hätte mischen können. Ich ging zu seiner alten Adresse, einem Eckhaus an der Taylor Street, das allerdings inzwischen einer Reifenhandlung hatte weichen müssen. Auf der anderen Straßenseite lagen ein Möbelgeschäft und eine weitere Reifenhandlung.

Im Bostoner Standesamt fand ich heraus, daß Moses am 11. Mai 1921 die achtundzwanzigjährige, in Montclair (New Jersey) geborene

»Kosmetikerin« Carrie Redmond aus Holyoke (Massachusetts) geheiratet hatte. Sein Beruf war mit »Stahlarbeiter« angegeben. Wahrscheinlich hatte er unterdessen eine Stelle beim Arsenal bekommen, dessen Flammofen-Gießerei damals noch in Betrieb war.

Bezüglich seiner Eltern hatte Moses dem Standesbeamten gegenüber erklärt, seine Mutter heiße Abby – jene Abby Dent von Hyde Park –, und sein Vater sei der in Charleston lebende James Ball. Auch wenn der Vatersname unten in South Carolina ein brisantes Thema gewesen sein mochte, hatte Moses im tausend Meilen entfernten Boston wenig Grund zu lügen oder sich etwas auszudenken. Im heimischen Clan gab es einen James Austin Ball, der bei Moses' Geburt fünfundzwanzig Jahre alt und ledig war. Sein Vater Isaac wie auch sein Onkel Elias betrieben am Cooper River Pachtfarmen. Damit ist zwar nicht erwiesen, wohl aber sehr plausibel, daß dieser James Austin der Erzeuger Moses' war.

Etwa zwei, drei Jahre später verschwanden Moses und Carrie Ball aus den öffentlichen Registern – sie sind ab 1923 in den Adreßbüchern für Watertown oder Boston nicht mehr aufgeführt. In den Geburtenlisten für Massachusetts fand ich zahlreiche Kinder des Namens Ball, die samt und sonders als Weiße ausgewiesen sind, jedoch keine schwarzen mit Moses und Carrie Ball als Eltern. Daher durchforstete ich als nächstes die Sterberegister und Todesanzeigen für einen Zeitraum von fünfzig Jahren, ohne jedoch die geringste Spur der beiden zu finden.

Emily Frayer wußte noch, daß sie Moses um 1940 in Charleston bei einer Trauerfeier getroffen hatte, und zu jener Zeit habe er nach wie vor in Massachusetts gelebt. Das Paar sei also nicht nach South Carolina umgezogen. Zwar mochten Moses und Carrie sonstwohin gegangen sein, doch als Emily von ihrem spurlosen Verschwinden erfuhr, tippte sie auf einen »Seitenwechsel«. Selbstverständlich mochten alle beide – Moses wie auch Carrie – hellhäutig genug gewesen sein, um sich als Weiße auszugeben, und das würde erklären, warum sie aus amtlichen Registern verschwanden, in denen sie als »Farbige« geführt wurden.

Dann kam mir der Gedanke, daß Moses (wie die meisten Männer) vor seiner Frau gestorben und sie daraufhin in ihre Heimat New Jersey zurückgekehrt sein könnte. Im Register der Sozialversicherung fand ich tatsächlich eine Carrie Ball, die vierundachtzigjährig in der Nähe des Geburtsortes von Moses' Frau gestorben war. Auch das Geburtsdatum paßte. Schließlich sah ich beim Gesundheitsamt des Staates New Jersey die Sterbeurkunde ein. Ihr zufolge war diese Carrie Ball ehemals Fließbandarbeiterin in einer Bleistiftfabrik gewesen, kinderlos – und in der Tat weiß.

Eines frischen Februarmorgens unternahm ich zusammen mit einigen Abkömmlingen von Philip und Ellen Lucas einen Ausflug zur Plantage Hyde Park, wo Emily Frayer 1901 in der Hütte ihrer Großtante Rachel zur Welt gekommen war. Diese hatte Hyde Park später verlassen, und danach lebte aus dem Lucas-Clan niemand mehr dort. Das Anwesen war jüngst als letztes der Familie veräußert worden. Mrs. Frayer hatte erklärt, sie sei nun schon seit mehr als achtzig Jahren nicht mehr an ihrem Geburtsort gewesen, und vor dem Sterben wolle sie ihn gerne noch einmal sehen.

Vor dem Eingang befand sich eine Kirche, und auf dem Friedhof lag Mrs. Frayers Großvater Philip Lucas unter einem Stein begraben, in den zwei gekreuzte Schwerter eingemeißelt waren. Da Philip am Ende des Bürgerkrieges Unionsoldat gewesen war, hatte seine Familie die Schwerter in Auftrag gegeben, um dies nicht in Vergessenheit geraten zu lassen.

Wir fuhren über einen endlosen staubigen Feldweg und erreichten schließlich das Hauptgebäude, eine einstöckige Hütte mit Veranda. Sie lag auf einer Klippe mit herrlichem Blick auf eine ausladende, zum Cooper River hin abfallende Wiese. Von der Veranda aus, die an der Front lehnte wie eine große Holzbank, sah man die alten Reisfelder, oder was davon noch übrig war, und dahinter den schmalen Fluß, der sich träge seinen Weg durch das Marschland bahnte.

Das erste Herrenhaus Hyde Parks war zur Zeit der Amerikanischen Revolution abgebrannt. Da niemand in der Familie auf der Plantage wohnen wollte, richtete man dort eine kleine »Eremitagehütte« ein, in der die Damen gelegentlich miteinander plaudern und die Herren anläßlich der Jagd absteigen konnten. 1799 auf Backsteinpfeilern erbaut, hatte die Laube ein schräges Zinndach, und fünfzig

Meter dahinter stand eine kleine Kate mit je zwei Türen und Fenstern, die aussah wie ein Eisenbahnwaggon. Sie war heillos baufällig und lag in einer vom Unterholz eingefaßten Mulde.

Außer Emily Frayer waren ihre Tochter, zwei Enkel und ein Freund der Familie dabei. Wir gingen, Mrs. Frayer mit ihrem Spazierstock voran, auf die beiden Hütten zu. Die kleine, gekrümmte Frau führte uns so sicher, als liefe sie durch ihr eigenes Wohnzimmer.

»Früher führte der Weg an der Scheune vorbei«, sagte sie, »dann über eine kleine Brücke an einem Bach entlang, runter zum Fluß und zu den Feldern.«

Das Hauptgebäude würdigte Mrs. Frayer kaum eines Blickes. Ich bot ihr an, mit hineinzugehen, doch sie winkte ab, sah zu Boden, dann wieder auf und über die Wiese zu der kleinen Hütte weiter hinten. Ich fragte, wie es gekommen sei, daß sie dort geboren wurde.

»Schauen Sie, meine Großtante kam nach hier zurück, als ihr Haus abgebrannt war«, antwortete sie. »Und sie bat Mas' Coming, bleiben zu dürfen, wenn sie eine Wohnung fand. Und der sagt ihr: ›Ja, komm nur zurück.‹« »Mas' Coming« war Coming Ball, ihre Großtante Rachel Lucas jene Feldarbeiterin, die sich gegen den Aufseher von Limerick gewehrt hatte und darauf von William Ball persönlich ausgepeitscht worden war.

Wir schritten betont langsam über die Kuppe des Hügels.

»Ich mußte viel darüber nachdenken, was die Balls angerichtet haben«, sagte ich zu Emily Frayer. »kann aber nichts tun, um all das Leid wiedergutzumachen, das meine Familie der Ihren zugefügt hat.«

»Nee, nichts«, bestätigte sie. »Also denken Sie nicht mehr dran, denn es ist vergangen und vorüber. Das ist eine neue Zeit, und wir müssen versuchen, der neuen Zeit gerecht zu werden. Und wir sehen ja Licht. Manchmal geht es schneller und manchmal langsamer. Aber Gott sei Dank, daß wir so weit gekommen sind.«

»Ich weiß nicht, ob ich überhaupt für die Balls sprechen kann«, fuhr ich fort. »Ich habe viele Verwandte, und einige davon sähen es nicht sehr gerne, wenn ich für sie spräche. Aber mir persönlich tut es leid, was wir Ihrer Familie angetan haben.«

»O Mann«, wetterte Mrs. Frayer, »damals schwammen Sie ja noch im großen Teich. Dazu können Sie doch überhaupt nichts.«

»Ich kann nichts dazu, weil es zu meinen Lebenszeiten gar keine Sklaverei mehr gab?«

»Genau das meinte ich – Sie schwammen noch im großen Teich«, gab Mrs. Frayer zurück. »Es war überhaupt nicht Ihre Zeit. Also müssen Sie auch kein schlechtes Gewissen haben.«

»Um Verzeihung muß man trotzdem bitten«, wandte ich ein.

»Ja, und wir verzeihen«, antwortete sie. »Mich hat's ja nicht mehr getroffen, sondern die Leute vor mir, und die sind jetzt alle weg.«

»Wir sind«, erklärte ich, »für das Tun und Lassen unserer Vorfahren zwar nicht verantwortlich, müssen aber Rechenschaft ablegen.«

»Richtig, wir sind nicht verantwortlich«, erwiderte Mrs. Frayer. »Gott ist barmherzig und wird uns allen vergeben, was wir gemacht haben. Er verzeiht Ihnen, was Sie denken und was Sie nicht denken – was Sie wissen und was Sie nicht wissen.«

»Es gibt vieles«, fuhr sie fort, »wofür man dankbar sein muß. Denn Sie hätten ja nicht erst jetzt auf die Welt kommen müssen, sondern viel früher kommen können. Aber Sie kamen rechtzeitig. Sie. Als Sie kamen, kamen Sie rechtzeitig. Sie können es sich erklären, können darüber nachdenken. Aber vor langer Zeit, die dachten noch nicht einmal daran.«

»Ich bin rechtzeitig gekommen?« fragte ich noch einmal nach.

»Ja, rechtzeitig. Sie werden viele Brücken schlagen. Sie müssen nur weitermachen, mein Junge. Machen Sie weiter, denn es ist noch sehr viel zu tun.«

»Es gibt ja noch nicht einmal Pfeiler«, sagte ich.

»Ach Junge, was heißt das schon? Es muß viel aufgebaut werden«, erwiderte sie. »Aber Sie haben einen Anfang gemacht. Und wenn wir uns nicht mehr sehen sollten, beten Sie mal für mich.«

Am Rande der gerodeten Fläche stand ihre alte Hütte, die in der Mitte durchhing und völlig mit Unkraut zugewachsen war.

»Ich möchte was nachschauen«, sagte Mrs. Frayer. »Mal sehen, ob ich es finde. O, dort das Haus, da hinten!« Wir bahnten uns einen Weg zu der Kate, und Mrs. Frayer deutete mit ihrem Spazierstock hin.

»Ja, in diesem Haus da unten bin ich geboren.«

»In dem Haus sind Sie zur Welt gekommen?«

»Jawohl, damals lag es hoch über dem Boden, denn da gab es zwei, drei Stufen. Ich saß gern in der Tür. Gleich hintendran stand ein Maulbeerbaum. Es gab nur einen Schornstein, und der war für beide Seiten da – eine Familie auf dieser Fensterseite und eine auf der anderen. Aber damals wirkte das Haus größer als heute.«

»Natürlich wirkte es größer«, sagte ich, »denn Sie waren ja erst fünf Jahre alt.«

»Noch nicht mal fünf.«

Irgendwann nach dem Auszug ihrer Familie war die Hütte in einen Hühnerstall umgewandelt worden. Der große Kamin stand noch so, wie Mrs. Frayer ihn kannte, aber der Bodenbelag fehlte, es roch nach Getier, und in einer Ecke stapelten sich Hühnerleitern und Dreck. In den Kiefern raschelte es, und Mrs. Frayer fing an zu weinen.

»Ich hatte nicht geglaubt, daß ich es noch einmal sehen würde«, schluchzte sie. »Jetzt brauche ich nicht mehr zu grübeln.«

»Ich bin froh, daß ich Sie hierher begleiten durfte«, sagte ich, und auch mir kamen die Tränen.

»Ich danke Ihnen für den Ausflug, denn ich hatte schon so lange herkommen wollen.« Wir standen weinend nebeneinander und blickten auf die durchhängende Hütte.

Ich fragte Emily Frayer, warum sie weinte.

»Manchmal weinst du, weil du glücklich bist, und manchmal, wenn du trauerst«, antwortete sie. »Also suchen Sie es sich aus.«

In den Kiefernkronen ertönte Vogelgezwitscher.

»Zeit bringt Veränderung«, sagte Mrs. Frayer plötzlich. »Zeit bringt wirklich Veränderung. Wenn du lebst, dann siehst du es.«

Neben der Hütte führte eine kleine Brücke über einen Bach. »Auf diesem Brückchen habe ich immer gespielt«, sagte sie. Ich wies zu dem Steg hinüber, und wir machten einen Schritt in seine Richtung.

»Ja«, sagte Mrs. Frayer, »aber Gott allein weiß, was am anderen Ende ist.«

Epilog
BUNCE ISLAND

Zwischen mir und den schwarzen Sklavenhändlern, die ehemals ihre Ware an der Küste Afrikas feilboten, bestand ein weitläufiger Zusammenhang: Wenn ich einer *Käufer*dynastie entstammte, so lebten die Nachkommen der *Verkäufer* im Kongo, in Ghana, Senegal und in Sierra Leone. Daher ging ich nach Westafrika und versuchte, ein paar von ihnen aufzuspüren. In den Südstaaten Amerikas kann jeder Fremde fragen, wem die ganzen Plantagen ringsum früher einmal gehörten, und mit einer klaren Antwort rechnen. Die Ortskundigen wissen Bescheid darüber, welche Familien Sklaven hielten. Also mochte das Äquivalent – welche Clans Sklaven an die Weißen verkauft hatten – in den betreffenden Gegenden Afrikas nicht minder bekannt sein.

Da mein klappriges Charlestoner Behelfsquartier soeben verkauft worden war, packte ich meine wenigen Habseligkeiten zusammen, um auszuziehen. Eines Morgens kurz vor der Abreise machte ich noch einen Strandspaziergang auf Sullivan's Island, jener vorgelagerten Insel mit dem »Pesthaus« zur Aufnahme von Sklaventransporten. Über den gesamten zwei Meilen langen Strand zog sich direkt am Wasser ein grauer und weiter hinten an den Dünen ein etwas hellerer Sandstreifen. Obwohl die Insel einst die wichtigste Landestelle für verschleppte Schwarze gewesen war, gab es dort kein Museum, kein Denkmal, ja nicht einmal eine handgefertigte Gedenktafel.

Der Deportationsbetrieb im Westen Afrikas basierte auf diversen, von Europäern erbauten Festungen oder Fabriken, die weiße Aufseher mit schwarzen Hilfstruppen zu überwachen hatten. Eine der größten, Elmina, lag an der Küste des späteren Ghana, und weitere gab es in Gambia (James Fort), Senegal (Gorée), der Elfenbeinküste (Assini) und Benin (Ouidah). Die Hauptfestung Sierra Leones lag auf einem ovalen Felsen namens Bunce Island – dem Gegenstück zu Sullivan's, wo der Export zum Import wurde. (Sierra Leone und South Carolina entsprechen einander insofern, als sie ungefähr gleich groß sind, sich gleichsam als auf den Kopf gestellte Ebenbilder am Atlantik gegenüberliegen und auch landschaftliche Ähnlichkeiten aufweisen – mit zwanzig bis vierzig Meilen breiten marschigen Küstenstreifen und dahinter trockenen, hügeligen Binnenformationen.) Bunce Island war mit Unterbrechungen von Mitte des 17. bis Anfang des 19. Jahrhunderts im Geschäft geblieben, und während dieser großen Zeitspanne gelangten Tausende von Menschen aus seinen Festungsmauern nach Charleston.

Es gab drei Gründe, gerade Sierra Leone auszuwählen. Erstens hatte Schwager Henry Laurens Lieferungen von dort abgewickelt und einen Teil seiner Menschenfracht an die Balls verkauft. Zweitens hatte ich mit der Familie Thomas Martins in Charleston darüber gesprochen – den Nachkommen der damals zehnjährigen Insassin von Bunce Island, Priscilla, die Elias Ball 1756 kaufte: Sie hatte dort ihre Heimat zum letztenmal gesehen. Der dritte Grund schließlich ging auf die Amerikanische Revolution zurück, in welcher der neunzehnjährige Zimmermann Boston seinen Eigentümern Ann Ball und Richard Waring von Tranquil Hill entkommen war. 1792 hatte sich Boston King (wie bereits berichtet) zusammen mit zwölfhundert anderen entlaufenen Sklaven nach Sierra Leone aufgemacht, um in Freetown die erste Kolonie schwarzer Amerikaner zu gründen. Die Nachkommenschaft des Ausreißers mochte heute noch dort leben.

Wir landeten nachts auf einem beleuchteten Flugplatz, der mitten in einem dunklen Waldstück bei Freetown liegt. Da Sierra Leone ein sehr armes Land ist, gibt es dort nur in begrenztem Umfang erschlossene Bezirke mit befestigten Straßen oder elektrischem Strom. Freetown selbst liegt auf einem weit in den Atlantik hinausragenden Vorsprung südlich des großen Hafens, den die ausladende Mündung des Sierra-Leone-Flusses bildet. Das einzige Küstengebirge zieht sich über diese Halbinsel, und die Metropole strahlt vom Meer bis weit über die Berghänge des Hinterlandes aus. Portugiesische Seefahrer hatten das Gebiet Mitte des 15. Jahrhunderts »Serre Lyoa« genannt, Löwenberg, eine deutliche Anspielung auf das Gesicht des bewaldeten Gebirgszuges, und später mutierte der Name zu Sierra Leone. Nachdem englische Eindringlinge die Portugiesen vertrieben hatten, wurde das Gebiet zur britischen Handelsstation und war dann hundertfünfzig Jahre lang, bis zur Unabhängigkeit im Jahr 1961, eine Kronkolonie. Es schlossen sich zwei Zivilregierungen, einige Staatsstreiche und ein Militärregime an. Bei meiner Ankunft gab es gerade einen Bürgerkrieg mit vereinzelten Scharmützeln zwischen der Armee und Rebellen im Busch, womit Reisen über Land gefährlich erschienen. Flüchtlingsströme hatten die Einwohnerzahl Freetowns auf eine halbe Million anschwellen lassen, und die Barakkensiedlungen der Armen quollen über von Menschen aus dem Landesinneren.

Weiße Besucher Freetowns können sich fühlen wie alte Kolonisten, denn alles starrt erwartungsvoll auf Ausländer, die etwas Geld und vielleicht Aufträge mitbringen. Die auf den Straßen bettelnden Kinder rufen jeden Weißen mit »He, Master« an, bevor sie ihn wegen Geld ansprechen. Kellner in Restaurants nicken artig und sagen »Ja, Chef«, und Leute zeigen mit Fingern auf den »weißen Mann«, der sich eingefunden hat und etwas wünscht.

Es war März, das Ende der sechsmonatigen Trockenzeit, und die Hauptstadt erstickte an ihrer staubigen Hitze. Aus aufgebrochenen, nur halb asphaltierten Straßen trat zerbröselter Lehm hervor, und ein rotes Pulver überzog die Autos und verschmierte die Fassaden. Freetown war in Schüben entstanden, doch jede der neuen Schichten unterdessen schon wieder verfallen. Gegen Ende des 19. Jahrhunderts hatten viktorianische Häuser, von denen noch eine Handvoll unter durchhängenden, unbemalten Chintzplanen erhalten waren, die traditionelle strohgedeckte Hütte verdrängt. Im 20. Jahrhundert waren dann die Kolonialämter gekommen, deren Säulenpracht jetzt verwahrlost abbröckelte. In den fünfziger Jahren traten ein paar moderne rechteckige Blöcke auf den Plan – Banken, Schulen, Bürogebäude –, doch ihre ehemals weißen Fassaden waren längst fleckig, die Klimaanlagen kaputt. Die vorerst letzte Bauwelle kam mit der Einführung des Hohlziegels, aus dem Tausende grauer Kästen überall in der Stadt bestanden, die allerdings zur Hälfte unvollendet blieben. Die allgegenwärtigen Baulücken füllten aus Holzkisten zusammengestoppelte Baracken mit schlammigen Böden, deren Zinndächer mit Töpfen und Pfannen beschwert waren.

Als erster Nachkomme von Sklavenhändlern begegnete mir der gebürtige Freetowner Peter Karefa-Smart. Peter, wie er sich in der Regel anreden ließ, war Anfang Fünfzig und wohnte – von einem hohen Zaun geschützt – in einem freundlichen weißen Haus, das auf einem felsigen Hügel stand. Als Beamter im »Ministerium für Kultur und Tourismus« hatte er sich eine Zeitlang beurlauben lassen. Bei unserem Kennenlernen trug Peter ein weißes Hemd und dunkle Hosen. Sein breites Gesicht mit der hohen Stirn hatte einen dunklen Teint, wie gebeizte Eiche, und eine kleine Lücke zwischen den Frontzähnen, die jedoch seine klare Aussprache in keiner Weise beeinträchtigte. In einem schlichten Büro mit Röhrenlampen und einem Bücherregal fragte ich Peter nach dem heutigen Stellenwert von Bunce Island.

»Viele Leute in Sierra Leone würden diese Insel am allerliebsten vergessen«, begann er, »denn von dort wurden viele Afroamerikaner, wie man sie heute nennt, außer Landes verschleppt. Deshalb ist sie gleichsam eine Ikone unserer Geschichte.«

Peter war korpulenter als die meisten seiner Landsleute, die zu arm waren, als daß sie hätten zunehmen können. Er schien eher nach innen gekehrt, sprach gewählt und mit einnehmender Freundlichkeit. Sein Nachname, Karefa-Smart, bezeuge einen familiären Zusammenhang mit Bunce Island, der im Lande allgemein bekannt sei.

»Es gab einen berühmten Smart – Gumbu«, erklärte Peter in seiner fast reumütigen, zurückhaltenden Art. Er gestikulierte kaum, wiegte aber leicht den Kopf, wenn er einen Gedanken faßte. »Ursprünglich, hieß es, habe er aus einer nördlichen Provinz gestammt, dem Bezirk Bombali, und von 1750 bis 1820 gelebt. Er war als Junge geschnappt worden. Es heißt, er habe einen seiner Brüder umgebracht und sei dann aus seinem Dorf davongelaufen, worauf Sklavenjäger ihn fingen. An die Aufseher von Bunce Island verkauft, habe er das Glück gehabt, nicht übers Meer geschickt zu werden.«

Gumbu Smart, der Gründer von Peters Familie, war nachgerade eine legendäre Figur. Da jene weißen Aufseher, die ihn auf der Insel einsetzten, seine Klugheit schätzten, nannten sie ihn »Smart« und behielten ihn da, anstatt ihn auf ein Sklavenschiff zu verfrachten. Smart erlernte sein Handwerk schnell und stieg alsbald zum Chef der afrikanischen Truppe auf, der sogenannten *grumettas*. Die »Grumettas« (vermutlich abgeleitet von dem altfranzösischen Wort *gromet* und dem spanischen *grumete*, was Diener oder Hüttenjunge bedeutet), seinerzeit gut hundertvierzig Männer und Frauen, dienten als Boten, Wächter, Maurer, Zimmerleute und Näherinnen. Als ein erfolgreicher Chef erlangte Smart später noch mehr Macht, da ihn die Weißen zum Sklaveneinkäufer beförderten.

»Smart wurde mit Tauschware losgeschickt, um Sklaven zu besorgen«, erklärte Peter und gab damit wieder, was er selber als Kind gehört hatte. »Er wußte genau, was er tat, und kaufte zuerst viele seiner eigenen Landsleute vom Stamm der Loko, die er jedoch behielt; so baute er eine gewaltige Streitmacht auf. Er wurde derart mächtig, daß er eine ganze Region des Landes rings um das Städtchen Rokon beherrschte.«

Als Einkäufer der Briten fuhr Smart regelmäßig den nahe gelegenen Rokel-Fluß hinauf und kam mit in Ketten und Fesseln gelegten Gefangenen zurück. Er erwarb weitere Leute aus dem eigenen Stamm, und anstatt sie zu versklaven, siedelte er sie in Rokon an. Vielleicht infolge ihrer Dankbarkeit konnte Smart die so versammelten Loko zu seinem persönlichen Gefolge machen. Schließlich erhob er sich gegen seine weißen Herren, befestigte Rokon, blockierte den Rokel und begann, Gebühren von allen Händlern zu verlangen, die flußaufwärts fahren wollten, um Leute einzutauschen.

»Den Namen Gumbu bekam er erst später«, fügte Peter hinzu, »als ihn die hervorragende Geheimgesellschaft der *Mendes* aufnahm – ›Gumbu‹ bedeutet Feuer.«

»Ihr Urahne war also ein Sklavenhändler«, folgerte ich.

»Er war Agent der Engländer, ein Mittelsmann«, antwortete Peter behutsam.

»Er kaufte Leute und lieferte sie aus«, bohrte ich nach.

»Nicht alle«, wandte Peter ein. »Er kümmerte sich sehr um seinen eigenen Stamm. Sie müssen die damalige Situation bedenken, als die Stämme einander bekriegten und er selbst bereits in die Sklaverei geraten war.«

»Gumbu Smart war ein Opfer und wurde dann zum Tyrannen«, schlug ich vor. »Als Kind geschnappt, ein Opfer, wurde er als Erwachsener selber zum Sklavenhändler und Tyrannen.«

»Das sind Wörter, mit denen wir heute so um uns werfen«, gab Peter verärgert zurück. »Eine abgehobene Betrachtungsweise. Wenn man da mittendrin aufwuchs – wie hätte man das erkennen sollen? In allen Gesellschaften wurde Sklaverei betrieben ...« Seine Stimme schwand ihm.

Peter kannte die Grauzonen menschlichen Verhaltens, und obwohl er den Sklavenhandel nicht direkt rechtfertigte, konnte er verstehen, warum seine Familie Leute nach Amerika verkauft hatte. Ich fragte ihn, wie seine Angehörigen über Gumbu Smart dachten.

»Er ist eine Art Heiliger«, antwortete er. »Meine Familie fühlt sich schlicht ein wenig bevorzugt. Ich bin stolz, wenn ich seinen Namen lese, und sehe auch keinen Grund, nicht stolz zu sein.«

»Trotzdem war er in üble Machenschaften verstrickt«, insistierte ich.

»Das können wir heute sagen«, wandte Peter erneut ein. »Niemand ist frei von Schuld. Niemand kann mit dem Finger auf andere zeigen und sagen: ›Du bist der Schuldige.‹ Wir können uns allenfalls damit abfinden und sagen: ›Es ist eben passiert.‹ Menschen haben gemeine und gute Seiten. Jeder hat seine Gemeinheit, die ab und zu durchkommt. Das gehört fest zu dem, was ich als mein Erbe betrachte. Ich empfinde deshalb weder Schuld noch Trauer, sondern nehme es eben hin. Wenn wir auf die Bibel hören, dann werden die Sünden der Väter bis ins siebte Glied gerächt; da schleppt man eine Menge Ballast mit sich herum. Aber ich neige nicht zu dieser Art von Denken.«

»Da war viel Gier mit im Spiel«, sagte ich.

Peter schien noch etwas trauriger zu werden, aber nicht wütend, und sein Blick blieb fest.

»Wo es um Geld geht, da gibt es auch Gier«, sagte er ruhig. »Und wofür wurden die Leute denn eingetauscht? So entzückende Dinge wie Kupferpfannen, Perlen, Rum. Wenn wir diese Listen durchgehen, können wir das heute gar nicht mehr nachvollziehen. Um sich zu betrinken! Das waren neue Erfahrungen. Das waren neue Eindrücke für sie, so hoffe ich wenigstens.«

Nach dem Verbot des Sklavenhandels im Jahre 1808 hatte die Krone eine Flotte nach Freetown geschickt, um ihr Dekret durchzusetzen. Peters Vorfahren verloren einen Teil ihrer Macht, als Gumbu Smarts Sohn, der ebenfalls Gumbu hieß, sich mit einem örtlichen Anführer entzweite und getötet wurde. Doch andere Smarts verbündeten sich mit führenden Häuptlingsfamilien, und unter der Britenherrschaft wurde Samuel Smart schließlich Gouverneur von Sierra Leone. Auch während des 20. Jahrhunderts blieb der Clan mit Unterbrechungen in der Politik tätig, und 1996 wäre Peters Onkel fast zum Präsidenten gewählt worden. Ich wollte wissen, ob Gumbu Smarts früher Erfolg im Sklavengeschäft seinen Nachkommen gleichsam erbliche Vorteile verschafft hatte.

»Ehrlich gesagt habe ich mir noch nie Gedanken darüber gemacht, welche Auswirkungen Gumbu Smarts Rolle im Sklavenhandel für mich persönlich entfaltete«, sagte Peter, etwas überrascht von meiner Frage. »Aber die Geschichte prägt jeden von uns – also ja.«

Ich fragte ihn, wie viele Leute durch Gumbu Smarts Hände gegangen waren. »Das ist Afrikas Ruin«, frotzelte Peter. »Wir führen keine Bücher. Als Kollektiv dokumentieren wir nichts. Gewiß könnten Sie Leute finden, die wissen, aus welchen Dörfern die Opfer kamen, aber genaue Zahlen würden Sie wohl nicht erfahren. Unsere Gesellschaft hat ihre Barden, und deren Aufgabe ist es, die Geschichte zu kennen. Wir machen sie dazu, und sie erzählen uns, was geschah.«

Das Gespräch kam auf die Verstrickung der Engländer, die mit dem Menschenhandel begonnen hatten, und dann auf die Amerikaner. Peter sprach über seine Jugend, als er schwarzamerikanische Musik gehört und Nachrichten über die Bürgerrechtsbewegung verfolgt hatte. Seine Augen schimmerten wehmütig, seine Miene hellte sich etwas auf, und er schien einmal kurz aus seiner tiefen Ambivalenz herauszutreten.

»Heute kann ich nach Amerika blicken und stolz darauf sein, daß einige meiner Angehörigen dort landeten«, faßte er seine Gefühle mit erhobener Stimme zusammen. »Es war schmerzhaft, traumatisch, aber sie haben die Seele unseres Volkes mitgenommen und haben überlebt. Wenn sie als Volk gescheitert wären, so könnten wir diesen Stolz heute nicht empfinden.« Peter schaute geradeaus, sein Gesicht eine Insel der Zufriedenheit. »In der Schule sehnten wir Afrikaner uns danach, Schwarzamerikaner zu sein! Die hatten aus eigener Kraft ihre Umwelt erobert, und wir bewunderten sie! Auf sie kann man heutzutage stolz sein, obwohl es immer hieß: ›Sie waren die Schwachen, die Verschleppten.‹ Aber vielleicht waren wir Zurückgebliebenen ja die Schwachen und *sie* die Starken.«

Peters Gewissen schien wieder zu schwanken, und er schwieg. Zwar wollte er weder seine Familie noch sein Land anschwärzen, scheute sich aber auch nicht, eine gewisse Mitschuld anzuerkennen.

»Leute, die es verteidigen, das Sklavengeschäft, die betonen: ›Wo keine Käufer sind, da gibt es auch keine Verkäufer‹«, erklärte Peter mit einem leichten Zucken. »Aber man könnte das auch umkehren und sagen, wo keine Verkäufer sind, da gibt es keine Käufer.«

Obwohl ich Boston Kings Lebensgeschichte eingehend nachvollzogen hatte, erwies sich seine afrikanische Nachkommenschaft als unauffindbar. Berichten zufolge war er 1792 bald nach der Ankunft zusammen mit seiner Frau Violet an die zehn Meilen von Freetown entfernte, dem Hafen gegenüber gelegene Bullom Shore gezogen und hatte dort in der Schule Kinder des Eingeborenenstammes Temne unterrichtet. Nach einiger Zeit starb Violet, und King heiratete erneut, doch der Name seiner zweiten Frau ist nicht überliefert. Er wurde Evangelist bei der Methodistenkirche und korrespondierte mit Londoner Förderern der Kolonie Sierra Leone. 1796 reiste King als Mittdreißiger nach England, studierte dort etwa zwei Jahre lang den Methodismus und kehrte dann wieder nach Freetown zurück, wo er in der außerhalb liegenden Siedlung Granville zum Schulmeister ernannt wurde. Gegen 1800 zog King, offenbar mit Frau, in das hundert Meilen südlich von Freetown an einer Flußmündung gelegene Gebiet Sherbro, wo er um 1802 starb, wenig später gefolgt von seiner Gefährtin. Rund ein Vierteljahrhundert danach, 1827, lebte dort – einer Volkszählung der ursprünglichen Siedler Freetowns zufolge – an Nachkommen Boston Kings nur eine Tochter. Da Sherbro nicht alphabetisiert war, gäbe es, auch wenn sie dort geblieben sein und später selbst Kinder gehabt haben sollte, keine Dokumente darüber. Ich wollte mich vor Ort nach mündlichen Überlieferungen über die Kings erkundigen, wurde jedoch davor gewarnt, weil das Gebiet im laufenden Bürgerkrieg jüngst Kämpfe gesehen hatte.

Bunce Island lag verwaist im Flußbett des Sierra Leone, und ich besuchte den unwirtlichen Felsen in Begleitung des amerikanischen Ethnologen Joseph Opala. Der Weiße, ungefähr Mitte Vierzig, war in Oklahoma aufgewachsen, nach dem College in das Peace Corps eingetreten und schließlich nach Westafrika ausgewandert, um sich in Sierra Leone niederzulassen. Er hatte kurzes, dunkles Haar, einen graumelierten Bart und ein einnehmendes Lächeln. Da er Besuchern schon seit Jahren die Lokalgeschichte erklärte, war seine Art entsprechend gefällig. Er gestikulierte beim Sprechen mit den leichten Handbewegungen eines Lehrers, gab dazu mit dem Gesicht bestimmte Signale und zeichnete gelegentlich etwas in die Luft. Opala hatte Bunce Island jahrelang erforscht und fand Freude daran, die gräßliche Geschichte der Insel auf eine ruhige, fast tröstliche Art zu erzählen.

Da es reguläre Exkursionen zu den Ruinen des Sklavengefängnisses nicht gab, heuerte Opala ein Boot, das uns hinbrachte. Es war ein heißer, trockener Tag; Opala, der ein kurzärmliges braunes Hemd und weiße Hosen trug, sah in einer für ihn typischen Pose über das Wasser. Wir legten an einem schmalen, steinigen Landungssteg von der Länge eines Eisenbahnwaggons an, genau der Stelle, wo die Sklavengaleeren einst geankert hatten – also dem letzten Stück festen Bodens unter den Füßen der Häftlinge, bevor sie in den Schiffsrümpfen verschwanden. In seiner langen Betriebszeit war Bunce Island ständig gerodet worden, jetzt jedoch von Dickicht und Palmen überwachsen. Wenn der Staat schon nichts unternahm, um Besichtigungen zu fördern, so bezahlte er doch wenigstens einen nebenamtlichen Verwalter, der jetzt plötzlich in seinem Kanu auftauchte, ein Buch unterm Arm – das »Gästebuch«.

Vom Anleger führte ein hügeliger Pfad hinauf zur Nordwestspitze der Insel, wo sich die Ruinen der Festung über dem Wasser erhoben. Der Komplex, ein graues Labyrinth aus Mauerresten, nahm insgesamt ungefähr viertausend Quadratmeter ein. In die Basteien war wilder Wein eingedrungen, hatte sie gespalten und seitwärts weggedrückt. An ein, zwei Stellen wuchsen Bäume aus den Brustwehren hervor. Trotz ihres dichten Laubwerks fehlte seltsamerweise jede Spur tierischen Lebens – man hörte weder Vogelgezwitscher noch Rascheln im Gebüsch –, und es herrschte eine beklemmende Stille.

»Das da hieß einmal Bunce Island House«, sagte Joe Opala, auf das einstöckige Gerippe deutend. »Im Obergeschoß wohnte der große Boß, der Generalagent. Unten hatten sie ihre Lager- und Büroräume. Dann gab es eine schwere Holztüre, und darüber lagen Fenster und ein Turm. Von da oben aus überwachte ein Bewaffneter das Treiben unter ihm.«

Joe sprach ganz ruhig, so als schildere er Wetterbewegungen. Er schaute durch einen offenen Bogen, der zu einem kleinen, mit Gras bewachsenen Raum führte.

»Der Torbogen bildete den Zugang zu den Büroräumen, die wirklich ganz fesch waren, sogar mit einer Kamin-Attrappe. In Afrika, wo es das ganze Jahr über warm ist, brauchte man selbstverständlich nie einen Kamin, sondern es ging allein um den Effekt. Da saßen sie an ihren Schreibtischen über den Hauptbüchern und wickelten ihre Geschäfte ab, zweifellos bei ein paar Gläsern Port oder Brandy.«

Im Boden des kleinen Raumes wuchs ein Schößling heran, flankiert von den Überresten eines ansprechenden Wandstucks. Später erfuhr ich, daß sich die Weißen in den Wartezeiten zwischen Schiffen auf einem kleinen Golfplatz (mit zwei Löchern) vergnügten, der um die Mitte des 18. Jahrhundert östlich des Hauses angelegt worden war.

Die Geschichte Bunce Islands hatte im 17. Jahrhundert begonnen, als englische Seefahrer an der Küste Sierra Leones eintrafen, um Elfenbein und Rotholz (zur Gewinnung von Farbstoff) zu kaufen. 1663 gründete König Karl II. die »Royal Adventurers of England Trading into Africa«, um es den Holländern und Portugiesen nachzutun, das heißt, außer Holz auch Menschen einzukaufen. Das Unternehmen baute zwei Festungen, doch nachdem ein holländischer Admiral eine davon erobert hatte, wichen die Engländer auf Bence (oder Bense) Island aus – vermutlich benannt nach einem Landjunker, der Geschäfte mit dem Londoner Unternehmen machte. Später mutierte die Schreibweise zu »Bance« und noch später zu »Bunce«.

Für die Nutzung der Insel zahlten die Briten Pacht und Tribut an die sogenannten »Oberhäuptlinge« des zuständigen Temne-Stammes und tauschten Fertigwaren gegen Sklaven. Nach dem Tod eines Häuptlings herrschte regelmäßig Unsicherheit, bis eine Neuregelung mit seinem Nachfolger getroffen war. 1672 gingen die »Royal Adventurers« in der »Royal African Company« auf, und diese blieb sechsundfünfzig Jahre lang bis 1728 auf Bunce Island tätig, als die Festung von französischen Schiffen angegriffen und in Brand geschossen wurde. Danach lag die Insel bis 1748 verwaist, als der Sklavenhandel an die Londoner Firma Grant, Oswald & Co. abgetreten wurde.

Die beiden Partner Richard Oswald und Alexander Grant schickten sofort eine starke Belegschaft hin, um die verfallene Festung mit ihren Verschlägen instand setzen zu lassen und das eingeschlafene Geschäft wieder neu zu beleben. Während man die Gefangenen zuvor in Hütten untergebracht hatte, ließen Grant & Oswald eine Fläche von etwa fünfzig Quadratmetern mit viereinhalb Meter hohen Mauern einfassen, so daß sie größere Gruppen im Freien halten konnten. 1751 lieferte das Londoner Unternehmen der Festung hundert Fesseln, hundert Paar Handschellen, tausend Splinte (zum Absperren) plus diverse Ketten, dazu Tauschwaren für die örtlichen Häuptlinge.

Etwa zu jener Zeit waren die Balls in den Sklavenhandel eingestiegen: Die Firma Austin & Laurens, deren Partner George Austin und Henry Laurens mit Ann beziehungsweise Eleanor Ball verheiratet waren, betrieb in Charleston den Absatz schwarzer Sklaven aus Westafrika und nahm im Juni 1756 die erste durch Grant, Oswald & Co. zusammengestellte Schiffsladung von Bunce Island in Empfang. Bei der Galeere handelte es sich um die *Hare,* von der Elias Ball jr. sechs Kinder für seine Plantage Kensington kaufte – so daß sie bis zur Deportation einige Zeit im Sklavenhof von Bunce Island verbracht hatten.

Nach dieser Lieferung belebte sich das Geschäft, und bald trafen Jahr für Jahr mehrere Ladungen aus Sierra Leone in Charleston ein, wo Austin & Laurens den Vertrieb abwickelten. Das Geschäftsbuch für den Zeitraum 1759/60 zeigt, daß damals innerhalb von zwölf Monaten allein vier Schiffe mit Ziel Charleston von Bunce Island abgingen – die *Marlborough,* die *Nestor,* die *True Blue* und die *Two Brothers* –, mit denen neunhundertachtundzwanzig Leute eintrafen. Grant, Oswald & Co. blieben bis zum Tod Richard Oswalds 1784 im Rennen, doch danach scheint Henry Laurens nicht mehr mit jener Firma zusammengearbeitet zu haben, die nun zwei Neffen Oswalds übernahmen.

Joe Opala stand im Zählraum der eingefallenen Festung, reglos, mit einem friedlichen Gesichtsausdruck und beim Sprechen leicht gestikulierend.

»Die Währung, in der für Sklaven bezahlt wurden, gliederte sich in mehrere Kategorien, und am Handelsvolumen gemessen war Stoff die wichtigste«, sagte er leise. »Daneben gab es Waffen und Munition, Metallwaren, etwa Äxte und Schwerter, sowie Alkoholika aller Art. An letzter Stelle kam Plunderkram wie zum Beispiel Glasperlen, Steinschloßgewehre oder Tontabakpfeifen, die bloße Prämien und Zugaben waren« – also nach Abschluß des Geschäfts verteilte »Trinkgelder«.

Der Handel hätte nicht funktionieren können ohne Unternehmen wie Austin & Laurens, doch aus der lokalen Perspektive erlaubte es die Sklaverei gewissen mächtigen Afrikanern, mit Menschen zu bezahlen, um Stoff zu erwerben. Die Grundwährungseinheit hieß »Barren« und war anfangs ein abgemessenes Stück Eisen, später jedoch, nach der Inflation, nur noch eine rein fiktive Größe. Ein Stück

Stoff entsprach soundsoviel Barren, ein Gewehr einer größeren Anzahl. Im Laufe der Zeit stiegen die Preise stetig an, so daß sich die Gü-
termenge, die Häuptlinge für einen Sklaven bekamen, allein in den
hundert Jahren von 1690 bis 1790 verfünffachte.

»Nehmen wir an, ein Sklave brachte fünfzig Barren« erklärte Joe.
»Doch selbstverständlich wollten die afrikanischen Verkäufer ihre
Bezahlung nicht nur in *einer* Warenform haben, sondern zum Bei-
spiel teils in Stoff, teils in Feuerwaffen, teils in Alkohol. Ihnen kam es
auf die Mischung an, und wenn Sklavenhändler nicht die richtige
Mischung bieten konnten, so kamen sie kaum ins Geschäft.«

In den stürmischen Jahren lebten etwa fünfzig Weiße auf der Insel,
zusammen mit, je nach Aufkommen, manchmal mehreren hundert
schwarzen Helfern. Diese waren überwiegend ihrerseits Sklaven,
zum Teil aber auch bezahlte Hilfskräfte, und die stets drohende Ab-
schiebung nach Amerika hielt sie gefügig. Die schwarzen Lieferanten
brachten ihre Gefangenen mit Booten den Rokel hinab – einen Nebenfluß des Sierra Leone (das Einsatzzentrum Gumbu Smarts) –,
oder sie kamen über den parallel verlaufenden Port Loko Creek, der
sich fünf Meilen stromaufwärts von Bunce Island in dessen Mündung ergießt.

Die Insel mißt in der Breite nur etwa drei und in der Länge zehn
Gehminuten. Am Westwall der Ruine erstreckte sich, hoch droben
über dem Meer, eine Grasfläche, der sogenannte »Paradegrund«.
Dort lagen wie Leichen sechs Kanonenrohre am Boden, deren Holz-
gestelle verrottet waren, nach wie vor auf den Zugangsweg von der
Flußmündung her gerichtet. Eines trug die Jahreszahl 1796, andere
das Monogramm König Georges III. Hinter dieser Stelle zerfiel die
Festung in zwei verschiedene Teile: das Herrenhaus mit den Schlaf-
zimmern, Büro- und Lagerräumen und daneben (wo normalerweise
ein Garten gewesen wäre) der Sklavenhof. Der einst mit Schwarzen
gefüllte, nicht überdachte Hof war so angelegt, daß man ihn von
einem Geschäftsraum in ersten Stock aus einsehen konnte. Als Joe
mich auf das rechteckige Feld führte, das bis auf einen kargen Gras-
bewuchs kahl war, herrschte eine sengende Hitze, und es wimmelte
von Insekten. An drei Seiten dieses Kerkers standen hohe Steinmau-
ern, die vierte bildete eine Außenwand des Herrenhauses. Neben

dem Hauptpferch gab es noch einen kleineren, wahrscheinlich um die Geschlechter voneinander zu trennen.

»Allein der große Hof faßte zwei- bis dreihundert Leute«, sagte Joe mit einem gewissen Unterton in der Stimme, »also konnte man hier in der Trockenzeit, der jeweiligen Hauptphase der Handels, insgesamt etwa fünfhundert Gefangene halten. Da drinnen wurden sie in getrennten Kreisen aneinandergekettet und bekamen bei der Fütterung Tröge mit Reis in die Mitte gestellt. Derart aneinander gefesselt oder gekettet konnten sie nicht über die Mauer steigen. Ich habe keine Hinweise darauf gefunden, daß irgend jemandem die Flucht gelungen wäre. Zudem war die Gefängnisverwaltung so gut organisiert, daß ein Entkommen praktisch nicht in Betracht kam.«

In seiner Betriebszeit muß der Hof ein schattenloser Ort gewesen sein, wo die Massen inmitten des Gestanks von Kot, Schweiß und Urin leben mußten. Die Gefangenen – ihren Familien entrissen, wobei einige sogar hatten mitansehen müssen, wie ihre Eltern oder Kinder ermordet wurden – standen wahrscheinlich unter Schock und blickten angsterfüllt ihrem weiteren Schicksal entgegen.

»Die Sklaven kamen aus bis zu dreihundert Meilen die Küste hinab oder hinauf entfernten Gegenden«, erklärte Joe. »Sie redeten Dutzende von verschiedenen Sprachen, so daß die Aufpasser Dolmetscher brauchten. Wenn ein Sklavenhändler gescheit war, schilderte er möglichst vielen Schwarzen plastisch, was ihnen bevorstand, nämlich daß sie als Arbeiter nach Amerika kämen, und beruhigte sie nach Kräften, denn sonst verloren sie alle Hoffung und wurden katatonisch. Das war so verbreitet, daß die Händler ein eigenes Wort dafür hatten – ›die Lethargie‹. Die Gefangenen verloren jeden Realitätsbezug und aßen nichts mehr; sie nahmen auch nichts mehr um sich herum wahr und starben einfach. Es war die äußerste Hoffnungslosigkeit. Die Leute dachten, sie würden getötet oder sogar gegessen und gaben sich restlos auf – oder sie verloren schlicht den Verstand.«

Der Hauptverschlag hatte zwei Eingänge, einen bewachten für neue Gefangene und einen Sicherheitstrakt mit doppelten Toren. Wenn die Träger Fässer mit Nahrung und Wasser hineinbrachten, wurden sie in dem kleinen Vorraum eingeschlossen und danach durch das zweite Tor auf den Sklavenhof gelassen. Der Durchgang war so eng, daß man ihn nur einzeln passieren konnte, und bei Ausbruchsversuchen mußte es naturgemäß stets die vordersten erwischen.

Joe nickte mit einem feinen Lächeln, als er zum Ende der Führung kam. Seine Augen strahlten, als er sich wieder einer interessanten Einzelheit entsann.

»In der Anfangszeit, als die Royal African Company diese Festung betrieb, brannte man den Sklaven beim Kauf Male ein«, erklärte er, sich auf die Schulter tippend. »Bevor sie auf den Hof kamen, kriegten alle die Buchstaben R-A-C-E, für Royal African Company of England, in die Schulter eingebrannt. Und wenn sie vor dem Verladen auf die Schiffe erneut durch dieses Tor schritten, bekamen sie ein zweites Brandmal auf die andere Schulter, S-L, damit die Käufer in Amerika wußten, daß sie aus Sierra Leone kamen.«

Wenn es damals ein Nachschubzentrum für Bunce Island gab, so war es das von Freetown fünfundvierzig Meilen landeinwärts gelegene Städtchen Port Loko. Die Landesgeschichte Sierra Leones nennt speziell diesen Ort, ebenso die mündliche Überlieferung der Einheimischen, seien es nun einfache Leute oder Fachhistoriker. Ganz in der Nähe von Bunce Island ergießt sich der Port Loko Creek in den Sierra Leone, und an ihm liegt zwanzig Meilen flußaufwärts jenes Port Loko.

Die herrschenden Häuptlingsfamilien hatten im Sklavenhandel eine bedeutende Rolle gespielt, auch wenn sie kein Monopol besaßen. Das System der Stammesoberhäupter besteht heute noch. Da die nationale Regierung schwach ist und jene alten örtlichen Dynastien nach wie vor große Macht haben, liegt die Regionalverwaltung Sierra Leones fest in deren Hand. Ich durchlief sämtliche Ebenen des zuständigen Staatsministeriums, um mit der herrschenden Familie von Port Loko, einem Fünfeck von dreihundert Quadratmeilen, dem Sitz des Stammes Maforki, sprechen zu können. Zuletzt schrieb ein stellvertretender Minister an das Büro des Maforki-Häuptlings Alikali Modu III. und bat ihn, mein Anliegen erläuternd, mich zu empfangen.

»In Anbetracht der Tatsache, daß alle Angelegenheiten der Kommunalbehörden in die Domäne oder Zuständigkeit des Ministeriums fallen«, begann das Schreiben, »bin ich verpflichtet, Sie um Ihre freundliche Mithilfe in dieser Sache zu bitten, indem ich Oberhäuptling Modu III. den Wunsch Mr. Edward Balls unterbreite ... Port Loko zu besuchen ... und mit ihm selbst und seinen Experten zu sprechen ... wobei es hauptsächlich um die Beteiligung des Stammes Maforki am Sklavenhandel gehen soll. [...] Ihre übliche Kooperation und freundliche Unterstützung würde auch in dieser Angelegenheit sehr begrüßt.«

Während des Wartens auf eine Antwort besuchte ich die ehrwürdige Doris Lenga-Kroma, die in den Fünfzigern stand und ebenfalls von Sklavenverkäufern abstammte. Sie wohnte in einem freundlichen Viertel Freetowns, auf einem Hügel, wo sich viele der Wohlhabenden niedergelassen hatten. Als wir uns eines Abends nach dem Essen trafen, trug sie ein langes pupurrotes Kleid, dazu große Ohrringe, ein Kruzifix und eine etwas eulenhafte Brille. Ihr hageres, fast dreieckiges Gesicht zeigte einen dunklen, mahagonibraunen Teint. Sie sei eine geborene Doris Caulker und entstamme einer mächtigen Familie von Erbhäuptlingen aus dem eine Tagesreise südlich von Freetown in der Küstenprovinz Sherbro gelegenen Bezirk Shenge. Den Doppelnamen »Lenga-Kroma« habe sie von ihrem Mann, einem emeritierten Professor. Sie selbst unterrichte Theologie an der zentralen Universität der Stadt, dem Fourah Bay College, und sei außerdem Pastorin der United Methodist Church. Im Wohnzimmer ihres schlichten, aber modernen Hauses sitzend, fragte ich Mrs. Lenga-Kroma, seit wann ihr Clan in Shenge regiere.

»Schon sehr lange, seit dem 17. Jahrhundert«, erwiderte sie. »Der mündlichen Überlieferung zufolge kam die Familie meines Vaters aus dem englischen Plymouth. Sie traten als Agenten für den britischen Küstenhandel auf, und der erste Mann, Thomas Corker, wurde von der Royal African Company in die Region Shenge geschickt. Dort soll er eine der führenden Frauen aus dem Hause Ya Kumba geheiratet haben, und ihre Kinder wurden die Caulkers.«

Mrs. Lenga-Kroma saß absolut still und beherrschte den Raum

mit ihrem nachdrücklichen Vortrag. Sie war die Tochter eines Häuptlings, und diese Abstammung schlug voll durch. Seit den Lebzeiten jener fernen Vorfahren, des Engländers und der afrikanischen Prinzessin, war die Schreibweise des Familiennamens also von Corker zu Caulker mutiert. Ich fragte, welches der Hauptauftrag Thomas Corkers in Sierra Leone gewesen sei.

»Holzhandel«, lautete die Antwort.

»Den Hauptumsatz machte die Royal African Society aber mit Sklaven«, wandte ich ein.

»Ja«, Mrs. Lenga-Kromas Stimme wurde weicher. »Es gab interne Kriege zwischen den Stämmen, und so wurden Leute als Sklaven genommen und gehalten. Als diese Schiffe anlegten, lud man sie auf, verkaufte sie an die Weißen – wer gerade kam. Es gibt noch einen Verschlag, in dem man die Sklaven bis zur Ankunft der Schiffe hielt, und dann wurde kräftig gefeilscht. Das weiß ich jedoch nur von meinem Vater und aus Geschichtsbüchern, denn ich war damals ja noch nicht geboren.«

Das Auftreten Thomas Corkers hatte demnach eine lokale Dynastie gestärkt. Corker war 1684 als Agent der Royal African Company an die Küste Shenges beordert worden. Er bekam zwei Söhne von einer Frau, die unter den Weißen die »Herzogin von Sherbro« hieß, einer Tochter des Hauses Ya Kumba, das noch heute die Gegend zwischen der Halbinsel nahe bei Bunce Island und der Sherbro-Mündung weiter unterhalb regiert. Später war Corker nach Gambia gegangen und dann wieder nach England zurückgekehrt, wo er 1700 starb.

Vor Ort beriefen sich seine Söhne Stephen und Robin auf den Herrschaftsanspruch der Familie ihrer Mutter, verbanden ihn mit dem väterlichen Namen und hielten den Handel mit England aufrecht. Bald erstreckte sich das Imperium der Caulkers auch auf Plantain und Banana, zwei lange Inselketten, die an der üblichen Route der europäischen Schiffe lagen. Obwohl es später zu Stammesfehden kam, hielt sich der Clan am Leben, als eine Anballung verschiedener Machtblöcke, die einander zwar bekämpften, dabei aber weiterhin Sklaven an die Europäer verkauften. Auf dem Festland habe Doris Lenga-Kromas Familienzweig sein Gebiet noch mehr als zwei Jahrhunderte lang verteidigen können, bis zum Tod ihres Vaters Alphonso Theodore Caulker, wonach der Machtanspruch auf eine andere Familie übergegangen sei.

Sie, Doris Caulker, die Tochter des letzten Häuptlings, sei Christin geworden und trage seit 1994, nach etlichen Jahren als Dekanin, den Titel einer »Methodistenältesten«. Auf der Höhe ihres Lebens habe sie zehn Waisen- und Flüchtlingskinder aus dem vom Bürgerkrieg zerrütteten Landesinneren adoptiert, die sie gemeinsam mit ihrem Mann aufziehe.

»Waren die Caulkers Sklavenhändler?« fragte ich.

»Ja«, antwortete sie. Es folgte eine Pause. »Nun, als Häuptlinge waren sie Vermittler, also konnte es sein, daß sie diese Menschen kauften und dann mit den Weißen verhandelten. Ich weiß noch, daß ich meinen Vater einmal danach fragte und er nur sagte: ›Nun, das gehörte mit zum System.‹ Ich persönlich denke anders. Obwohl ich nichts dazu kann, in diese Familie hineingeboren worden zu sein, schäme ich mich angesichts der Greuel dafür, daß meine Großeltern und Vorfahren sich daran beteiligt haben. Aber dann denke ich auch wieder, daß sie es zu ihrer Zeit vielleicht noch gar nicht für etwas Schlimmes halten konnten.«

»Wie wäre das möglich gewesen?« fragte ich.

»Ich weiß nicht, aber sonst hätten sie es doch wohl nicht gemacht!« Mein Nachfragen hatte Mrs. Lenga-Kroma verunsichert und ließ sie einen Moment lang die Fassung verlieren. »Du kannst so etwas nur abstellen, wenn du weißt, daß es schlecht ist!«

Hatte ihre Familie vom Sklavenhandel profitiert?

»Ich weiß es wirklich nicht!« stöhnte sie, wobei ihre krause Stirn innere Kämpfe verriet. »Zu der Zeit, als mein Vater Häuptling wurde, gab es diese Art Sklavenhandel schon nicht mehr. Es waren also mein Urgroßvater und mein Großvater, und die müssen sich in der einen oder anderen Form daran bereichert haben. Am meisten kam ihnen zugute, daß die Sklaven auf ihren Farmen arbeiteten, also produzierten, für sie ernteten oder fischten. Alles, was anfiel, gehörte dem Häuptling und seiner Gattin sowie deren Kindern und Gästen.«

»Der Sklavenhandel lag zwar in den Händen der Briten«, sagte ich,

»aber es waren Afrikaner, die die Gefangenen verkauften. Sind Afrikaner also mitverantwortlich für den angerichteten Schaden?«

»Ich zweifle daran«, lautete ihre zögernde Antwort. »Wenn ich nicht annehme, daß Sie Diamanten haben, versuche ich auch nicht, welche bei Ihnen zu kaufen. Wenn ich jedoch auftrete und sage: ›He, ich will Diamanten haben‹, ermutige ich Sie, mir welche zu beschaffen. Die Briten kamen und brauchten Leute. Wenn sie nicht immer wieder wegen Sklaven angekommen wären, hätten arme Afrikaner auch nicht ihre Brüder verkauft. Ich möchte das nicht entschuldigen, aber so war es.«

Mrs. Lenga-Kromas Gewissen schien gespalten zu sein zwischen kühler Verleugnung (die Caulkers als Opfer der mächtigen Weißen) und »Scham«, wie sie es nannte, über die Erblast ihrer Familie.

»Ich werde sie nicht nachträglich schelten. Das werde ich gewiß nicht«, bekräftigte sie mit erhobener Hand, »sondern einfach bloß annehmen, daß viele von ihnen wirklich nicht wußten, wie schlimm das war. Sie hielten ihr Tun einfach für selbstverständlich. Jetzt kommen Sie und ich Jahre später an und behaupten, daß es schlecht war. Das ist die heutige Meinung und Ansicht. Ich kann nur in meiner Generation leben. Ich kann im Jetzt hinschauen und erklären, daß es übel war, weiß allerdings nicht, wie ich mich an der Stelle meines Urgroßvaters verhalten hätte.«

»Was würden Sie schwarzen Amerikanern sagen, deren Vorfahren von den Caulkers verkauft wurden?« fragte ich.

»Ich kenne sie doch gar nicht!« antwortete sie. »Es sind nicht mehr jene Leute, die verschleppt wurden!« Nach einer kurzen Pause fügte sie etwas sanfter hinzu: »Ich weiß nur, daß sie heute meine Brüder und Schwestern wären. Diese Rassenprobleme in Amerika hören nicht auf, weil die Weißen immer weiter dominieren und herrschen wollen. Schließlich wart ihr doch schuld. Ich meine, sie haben es getan – Ihre Vorfahren. Die Weißen, die Mehrheit, versuchte abzustreiten, daß die Schwarzen Menschen waren, genau wie sie selbst. Ich wünschte, man könnte herausfinden, was in ihren Hirnen vorging, obwohl sie längst tot sind.«

Einen Moment später tauchten die zehn Adoptivkinder im Alter zwischen fünf und achtzehn Jahren auf und stellten sich mir vor. Die meisten von ihnen schienen sanftmütig und sich schnell wohl zu fühlen. Nach kurzem Geplänkel verstummten sie und lauschten den Worten ihrer Mutter.

»Wir sollten versuchen, zu vergessen und im Heute zu leben. Wenn wir über das Gewesene nachdenken, so war es schlecht. Aber was kann ich heute noch tun, um es wiedergutzumachen?« sinnierte Mrs. Lenga-Kroma inmitten ihrer Kinderschar. »Jeder muß sich um sein eigenes Leben kümmern! Ich kann nicht weiter die Schuld an dem tragen, was meine Urgroßeltern verbrochen haben. Ich denke darüber nach und frage mich: ›Ach, wie konnte Menschen so etwas auch nur im Traum einfallen?‹ Ich wurde eben in einer solchen Familie geboren – dafür bin ich zwar nicht verantwortlich, aber so ist es nun mal. Welch eine Schande! Aber was kann ich daran ändern? Im Grunde kommt alles nur darauf an, was du aus der Gegenwart machst.«

Ich erhielt eine Nachricht, daß mich die regierende Familie in Port Loko empfangen würde. Ihre Vorfahren hatten mit Sicherheit viele Leute verkauft, die auf Ballschen Plantagen endeten.

Vor Jahrhunderten waren Portugiesen über das erwähnte Flüßchen zum Stamm Loko hinaufgefahren, hatten Handelsabkommen geschlossen und an einem Ort, den sie »Os Alagoas« nannten, eine Tauschstation eingerichtet; das Dorf führte später den Namen Port Logo oder Loko. Auch nachdem die zahlreicheren Temne den dortigen Stamm vertrieben hatten, blieb der Name bestehen. Schließlich waren die Portugiesen abgezogen, und die Briten hatten sich fest an der Küste eingerichtet, worauf die Weißen nie wieder ins Landesinnere kamen, sondern sich die Sklaven von den Schwarzen frei Haus anliefern ließen.

An einem sengend heißen Morgen verließ ich die Hauptstadt, fuhr landeinwärts und stand wenig später vor einer Straßensperre, die mit Maschinenpistolen bewaffnete Soldaten bewachten. Verschiedene Nachbardörfer waren angegriffen worden, und die Siedlungen entlang der Route wiesen Schäden durch Mörserbeschuß und Brände auf. Nach einem kurzen Wortwechsel winkten die grün uniformierten Männer meinen Wagen durch. Der Straßenbelag ging von

Asphalt in Lehm über, und die Räder wirbelten rötliche Staubwolken auf. Ein Stückchen weiter gab es erneut Bewaffnete und Fragen, dann jedoch nur noch Wald- und Buschland.

Nach zwei Stunden auf holperigen Wegen erreichte ich Port Loko, ein staubiges Städtchen auf niedrigen Hügeln, mit Lehmhütten am Rande, ehrwürdigen alten Gebäuden in der Mitte und einer schönen, fahlen Moschee.

Der Port Loko Creek, jenes Flüßchen also, auf dem man die Gefangenen einst in kleine Boote gezwängt hatte, um sie stromabwärts nach Bunce Island zu bringen, floß mitten durch den Ort. Auf einem der Hügel stand die Villa des Häuptlings, Alikali Modu III. Seine Residenz war ein eckiger Bungalowkomplex moderner Bauart, grün angestrichen und mit einer Veranda davor. Schüsse von Rebellentrupps, die jüngst durchgezogen waren und einige Bewohner des Dorfes getötet, die Herrscherfamilie jedoch verschont hatten, hatten mehrere der Fenster durchschlagen.

Alikali Modu III. erschien höchstpersönlich an der Türe. Der Titel »Alikalki« leitet sich vom arabischen *El Kadi* her und bedeutet »der Richter«. Der Häuptling, ein gutaussehender Herr in den Achtzigern, trug einen langen Gehrock mit erlesenem Ösenmuster und dazu leuchtend weiße, gestärkte Hosen. Seine würdige Erscheinung unterstrichen goldene Ringe, eine goldene Halskette und ein schwarzgoldener Brokatfes mit einer haarlangen goldenen Quaste. Der abgemagert und etwas schwach wirkende Häuptling sprach mit heiserer, zaghafter Stimme. Auch wenn er sich sehr graziös bewegte, blickten seine Augen eher ängstlich drein, wie im Wissen darum, daß er den Höhepunkt seiner Macht längst überschritten hatte.

Seine Frau, Madame Haja Fatu, führte mich aus der unbarmherzigen Sonnenglut in einen kühlen Empfangsraum. Sie war um die Sechzig, gediegen, konnte bezaubernd lächeln und trug einen blauen Turban mit Goldstickereien; bekleidet war sie mit einem grünen Musselingewand mit fließendem Muster und hellen Ärmeln. Der Empfangsraum glich, abgesehen von ein, zwei Tierfellen am Boden, einer großen Höhle. Ansonsten prägten ihn einfache Sofas und Holzsessel aus den fünfziger Jahren, Nippes auf Nierentischen und Dutzende gerahmter Photographien an den Wänden, überwiegend von Häuptling Modu in pompösen Zeremonien.

Das Gefolge des Häuptlings trat ein, ein Zug von fünf, trotz der Hitze und des Staubes tipp-topp gekleideten, hoch eleganten Herren, deren höfische Manieren und stille Selbstsicherheit von Generationen des Wohlergehens und der Gewohnheit des Bedientwerdens zeugten. In dem Gefolge befand sich ein schlanker, gelassener Herr im weißen Hemd und weißer Hose, Mitte Vierzig, der mir als Pakerur Kamara vorgestellt wurde: der Zeremonienmeister des Clans, dessen Aufgabe darin bestand, über das Protokoll zu wachen. Ein etwas stämmigerer, lebhafter Herr, der ein langes weißes Hemd und ein blaues Käppchen trug, stellte sich als Maligie Omar Kanu vor. Auch er war knapp fünfzig, hatte ein offenes Lachen und eine kräftige Baritonstimme. Später erfuhr ich, daß der Zeremonienmeister aus der Familie des Häuptlings stammte, den Kamaras, Kanu dagegen aus einer anderen, mit dem Kamara-Clan verbündeten.

Wie in fast allen Herrscherhäusern Sierra Leones war die Familie des Häuptlings bereits vor Jahrhunderten zum Islam übergetreten. Modu sprach, ebenso wie seine Frau und ein Teil des Gefolges, ein gepflegtes Englisch, denn die Elite durchlief das von den Briten hinterlassene Schulsystem. Andere im Raum sprachen den örtlichen Dialekt Temne. Das Gespräch wurde im wesentlichen auf Englisch geführt und bisweilen gedolmetscht.

Der Häuptling nahm seinen Stammsessel ein, und man plauderte ein wenig – unter anderem über die Straßen und die Hitze. Nach den Unverbindlichkeiten fragte ich den Häuptling: »Was wissen Sie über den Sklavenhandel?«

»Nur sehr wenig«, antwortete er mit seinem Fistelstimmchen. »Ich weiß, daß wir hier einen kleinen Anleger haben, von dem aus die Sklaven nach Freetown geschafft wurden. Doch lassen Sie uns meinen Sprecher hier hinzuziehen. Das wäre mir lieber, weil ich selbst zu sehr stammele.«

Der alte Häuptling hatte in der Tat ein merkliches Stocken in der Stimme, aber ich konnte nicht ohne weiteres erkennen, ob er grundsätzlich stotterte oder ob ihn einfach nur das Thema nervös machte. Modu wandte sich einem überaus gesetzten Mann im blauen Gehrock zu. Er war als der rituelle Sprecher dafür verantwortlich, die Wünsche des Häuptlings zu formulieren – eine besondere Aufgabe neben der des Zeremonienmeisters –, hatte schwere Augenlider, eine gebieterische Art und erstattete nunmehr einen kurzen Bericht über den Menschenhandel, der eher verschleiernd als enthüllend wirkte, um dann wieder an Modu abzugeben.

»Der Sprecher weiß viel darüber«, bekräftigte Häuptling Modu. »Ich hingegen ging damals zur Schule.«

Alikali Modu flezte sich in den Sessel und hielt die Hände über der Brust gefaltet, ab und zu mit einem Winken gestikulierend. Der Häuptling habe in der Tat während der Endphase des Sklavenhandels die Schulbank gedrückt. Auch wenn das Bemühen des Parlaments, den transatlantischen Deportationen mit seinem Gesetz von 1808 ein Ende zu machen, weitgehend erfolgreich gewesen sei, habe Sierra Leone noch mehr als ein Jahrhundert lang Menschen verkauft. Noch in den zwanziger Jahren habe seine Familie viele Sklaven besessen, und zwar bis 1926, als das britische Kolonialamt deren Befreiung verordnete.

»Es gibt Bücher über den Sklavenhandel«, sagte der Häuptling mit einem abfälligen Winken.

»Ich nehme an, daß Ihre Familie und Ihr Clan am Sklavenhandel beteiligt waren«, mutmaßte ich.

»Ja, das waren sie«, gab er zurück. Plötzlich rief Modu einen Boten herbei und bat ihn, jemanden aus dem Dorf zu holen, worauf der Bote verschwand.

»Wären die Maforki ohne den Beitrag der Sklaven heute so stark, wie sie es sind?« wollte ich wissen.

»Nein.«

Um die Spannung zu lösen, fragte ich Häuptling Modu, wann er an die Macht gekommen war.

»Das war 1949«, erklärte er, sichtlich erleichtert.

»Es gab eine Krönung«, warf die neben ihrem Mann sitzende Madame Modu lächelnd ein. »1949 haben wir auch geheiratet.«

Häuptling Modu deutete auf eine Ecke, in der massenhaft Photos an den Wänden hingen. Ein gerahmtes Bild zeigte ihn als jungen Mann nebst den Insignien der Herrschaft, einem weißen Turban mit einem Edelstein darauf. Ein anderes zeigte König George VI., ein drittes dessen Tochter und Thronfolgerin, Königin Elizabeth II. Madame Modu berichtete, nach dem Tod des Königs 1953 hätten sie und ihr Mann an der Krönung der damals erst sechsundzwanzigjährigen Elizabeth teilgenommen.

»Können Sie sich noch daran erinnern?« fragte ich.

»An jede Einzelheit«, sagte Madame Modu, und ihr Blick wanderte in die Vergangenheit.

Ein Photo zeigte Häuptling Modu, nun schon etwas älter, wie er Königin Elizabeth in Port Loko öffentlich die Hand schüttelt, daneben steht deren Mann, Prinz Philip, der Herzog von Edinburgh. Das königliche Paar habe sie 1961 besucht, erklärte Madame Modu, als Sierra Leone von Großbritannien unabhängig wurde.

»Die Königin hat einen Tag hier in Port Loko verbracht, und wir haben sie verköstigt«, sagte sie mit einem aufleuchtenden Lächeln.

»Wie verhält man sich gegenüber einer Königin?« fragte ich.

»Wie es sich geziemt«, antwortete sie lachend.

Die Erinnerungen an die englischen Royals hellten auch die Augen des Häuptlings auf, und er lächelte verträumt, erhob sich dann aus seinem Sessel, rief einem Diener etwas zu und hielt wenig später ein massives Schwert mit einer reich verzierten Goldscheide in Händen. Auch wenn das Gold verstaubt und matt war, schien seine Schönheit durch.

»Das hat König George V. meinem Vater geschenkt«, erklärte Modu III. und überreichte mir die mehrere Pfund schwere Reliquie. Der Häuptling nahm einen dunkelgrünen Band vom Regal, *The Secret Life of Maforki*. Das »Buch« erwies sich als ein fester Holzblock, der nach Art eines Lederbandes bemalt war. »Falls Sie es öffnen können, wird Ihnen alles beantwortet, was Sie mich gefragt haben«, unkte Modu schalkhaft. Ich tat so, als kämpfe ich mit dem Umschlag, und betonte dann, die Geheimnisse der Dynastie seien offenbar sicher.

Wenn die königliche Familie Großbritanniens Häuptling Modu eine derart außergewöhnliche Aufmerksamkeit widmete, so schien sich das aus der Stellung seines Städtchens als Handelszentrum zu ergeben. Port Loko lag an einer alten Karawanenstraße, dem »Futa

Jalon Highway«, der von der Savanne aus fünfhundert Meilen nordwärts nach Senegal und weiter über Guinea bis nach Sierra Leone führt. Über diese Strecke wurden Rindfleisch, Gold, Stoff und, als der Sklavenhandel begann, auch Menschen transportiert. Die Karawanen kamen durch Futa Jalon, eine Region mit gewieften Händlern und strengen Muslimen, in der auch die Fula lebten, islamische Schwarze, die sich im 18. Jahrhundert durch ihre Sklavenraubzüge hervorgetan hatten. In Futa Jalon war es verboten, Muslime gefangenzunehmen und zu verkaufen, aber man machte Jagd auf Nichtbekehrte. Wenn die Menschenkarawanen von dort in Port Loko eintrafen, übernahm der örtliche Häuptling die Fracht und schickte sie mit Booten an die Atlantikküste. Nach dem totalen Wegfall des Exportmarktes für Sklaven fing ein neues Zeitalter der Britenherrschaft an, und die britische Kolonialverwaltung wurde – besonders was Rindfleisch anging – stark von Port Loko abhängig, um weiterhin Zugang zur Karawanenstation zu haben. Da der Alikali der Maforki über einen Angelpunkt der Route herrschte, behandelte man ihn ausgesprochen zuvorkommend und hielt ihn stets mit Geschenken bei Laune.

Unser Geplauder über das Haus Windsor endete, und ein alter Mann betrat, tief über einen schwarzen Spazierstock gebeugt, jedoch mit würdevollen Bewegungen, den Raum. Er dürfte um die fünfundachtzig gewesen sein und stellte sich als Alhadschi Said Deen Kanu vor; anschließend bedeutet man mir, daß er der »Griot« oder Historiker des Hauses Kamara war. Kanu hatte weiße Augenbrauen und einen kurzen weißen Ziegenbart an der Kinnspitze; zu einer weißen Robe trug er einen goldbestickten Fes und ein rotes Halstuch.

»Er mag Ihnen auseinandersetzen, was er über den Sklavenhandel weiß«, sagte Madame Modu. Im Raum wurde es still.

Deen Kanu hatte kluge Augen, die fest geradeaus blickten. Sich eines Dolmetschers bedienend, sprach er Temne und begann mit der Feststellung, daß der Sklavenhandel beendet sei und man deshalb eigentlich nicht mehr darüber reden sollte. Er wandte sich an Häuptling Modu, bat ihn um Erlaubnis zu schildern, was er wußte, und bekam diese durch ein Winken. Die Hand auf den Stock gelegt, hielt der Historiker einen Monolog, der im 16. Jahrhundert mit der Ankunft portugiesischer Seeleute an der Westküste Afrikas begann. Er zählte die frühesten von Weißen eingerichteten Handelsstationen sowie die ersten Stätten auf, an denen sie Sklaven für den Export einkerkerten. Der Chronist sprang von Ereignis zu Ereignis, erwähnte die am Menschenhandel beteiligten Routen und Dörfer und malte ein gewaltiges Panorama aus. Er schilderte auch ein Feuergefecht, mit dem vor Jahrhunderten eine weitere Nachschubquelle eröffnet worden sei.

»Wurden auch Leute aus dem Gebiet der Maforki verkauft und nach Amerika geschickt?« fragte ich ihn schließlich.

»Ja«, antwortete der Historiker, »auch einige von hier.«

Abgesehen von Razzien, die sich gewöhnlich gegen andere Stämme richteten, sei die Versklavung im Laufe der Zeit auch allerorten mit in die Dorfjustiz einbezogen worden. Des Ehebruches schuldige Frauen habe man vielfach, ebenso wie Diebe, zur Strafe an die Weißen verkauft. Auch wer seine Schulden nicht bezahlen konnte, habe mit einer solchen Maßnahme rechnen müssen. Auf diese Weise hätten die Stämme nicht nur ihre Feinde, sondern auch sich selbst dezimiert.

»Warum ließen die Häuptlinge zu, daß Leute von hier verkauft wurden?« fragte ich.

Häuptling Modu stieß ein Glucksen aus, ob nervös oder belustigt, das konnte ich nicht beurteilen.

»Alle taten es«, sagte Deen Kanu. »Man weiß ja auch nicht, warum ein Geschäftsmann Geschäfte macht.« Ringsum wurde gelächelt.

»Wenn der Maforki-Häuptling sein Volk beschützen wollte«, setzte ich nach, »warum ließ er dann zu, daß Menschen verkauft wurden?« Diesmal wogte Gelächter durch den Raum. »Ist das eine so dumme Frage?« erkundigte ich mich.

»Ja«, kicherte Madame Modu. Doch dann sagte sie verlegen, »Nein, nein. Es ist keine dumme Frage.« Nun entstand eine nervöse Pause.

»Ich habe mich das selbst noch nie gefragt«, stotterte Häuptling Modu aus seinem Sessel hervor.

»Die Frage bietet sich nicht gerade an«, fiel Madame Modu ein.

Man wechselte Blicke, und es vergingen einige Momente, bis Deen Kanu schließlich herauspreßte: »Es ging um Geld«.

»Es ging um Geld«, wiederholte Madame Modu.

Mit diesem ziemlich unbedeutenden, fast grotesken Eingeständnis änderte sich die Stimmung im Raum von Grund auf. Plötzlich war der zuvor herrschende Bann ängstlicher Verleugnung gebrochen, und echte Erleicherung machte sich breit. Auf einmal schaltete sich Maligie Omar Kanu ein, der Mittfünfziger mit der Baritonstimme und dem blauen Käppchen. Als Neffe des Chronisten hatte er höflich geschwiegen, während sein Onkel von den alten Zeiten berichtete.

»Es gibt zwei Familien«, sagte er, »die Kamaras und die Kanus. Wir sind mehr oder weniger verantwortlich für den Sklavenhandel.« Der faßdicke Maligie Kanu saß, den rechten Arm auf die Rückenlehne gelegt, wunderlich lächelnd auf dem Sofa. Sein Blick war ungerührt, die Stimme dagegen dröhnte wie ein Horn.

»Die Oberhäuptlinge wußten, daß sie durch Sklaven sehr mächtig werden konnten«, fuhr er fort, »und förderten die Sklaverei sogar mit Hilfe ihrer Krieger. Wenn man mächtig ist, kann man Menschen erobern, und dann hat man Sklaven. Wenn man gegen irgendeine Stadt zog, dann nur, um sie einzunehmen und Gefangene zu machen. Diese wurden zu Sklaven. Man konnte sie entweder verkaufen oder selbst behalten und für sich arbeiten lassen.«

Kanus zwanglose Auskünfte stachen deutlich von der Chronologie seines Onkels und vom feierlichen Schweigen Häuptling Modus ab. Er hatte eine entwaffnende Ausdrucksweise, so als hätte ein Konflikt gedroht und es sei an ihm gewesen, wieder Frieden zu stiften.

»Menschen wurden demnach nicht als Sklaven geboren«, stellte ich klar, »sondern gezielt eingefangen und versklavt.«

»Genau«, bestätigte Maligie Kanu.

»Sind auch welche von ihnen gestorben?«

»Ja«, antwortete Kanu, »denn einige wurden geschlagen, weil sie nicht in die Sklaverei gehen wollten.« Nachdem er ruhig begonnen hatte, sprach Kanu jetzt nachdrücklich und mit feurigen Augen, den Mund zu einem seltsamen Lächeln verzerrt.

»Wenn man viele Leute besaß oder fing, stieg damit das Ansehen«, sagte ich.

»Jawohl«, nickte Kanu. Der Häuptling und sein Gefolge schwiegen weiter, erfreut darüber, daß sich ein Beherzter der Sache annahm. Der Geschichtsschreibung zufolge war es im 18. und 19. Jahrhundert in Port Loko zu politischen Kämpfen gekommen. Schließlich einigten sich die verfehdeten Familien und teilten die Macht im Reich unter drei Clans dergestalt auf, daß sie beim Tod des Häuptlings jeweils auf einen der anderen überging. Nach dem Ableben des amtierenden Alikali Modu III. fiele sie einem anderen Clan zu, von dem einige Mitglieder im Raum saßen.

»Sie sind die Elite des Stammes«, sagte ich.

»Hmmmmm«, ließ sich Kanu vernehmen.

»Was denkt die heutige Elite über den einstigen Sklavenhandel?« fagte ich.

»Die Sklaverei«, erwiderte Kanu, »war in Wirklichkeit überhaupt nicht gut für uns.«

»In Amerika«, fuhr ich fort, »gibt es Millionen von Schwarzen, die sie für etwas Schreckliches halten.«

»Sie war auch fürchterlich«, bekräftigte Kanu.

»Sie war entsetzlich«, betonte Madame Modu quer durch den ganzen Raum.

»Was die Briten Ihren Familien für die Sklaven gaben«, sondierte ich, »war eigentlich nichts Außergewöhnliches.«

»Nein, im Grunde nicht«, stimmte Kanu zu.

»Rum, Gewehre –«

»Tabak«, fügte Kanu hinzu. »Damals rauchten nur die Wohlhabenden Tabak. Und ein Gewehr zu haben – nur reiche Leute hatten Gewehre.«

»War es das wert?« fragte ich.

»War es nicht«, erwiderte Kanu.

»Was würden Sie schwarzen Amerikanern sagen, die beklagen, daß Afrikaner ihre Brüder und Schwestern verkauften?«

Ein nervöses Gelächter brach aus, dann folgte eine Pause, bevor sich aller Augen wieder auf Kanu richteten.

»Na, das ist ja eine Frage«, sinnierte der Bariton. Er blickte unter sich, einen Gedanken prüfend, und sah dann wieder auf. »Wir meinen, daß es ein schwerer Fehler war«, gab er zurück. »Ein sehr schwerer Fehler unserer Vorfahren.«

»Ein zweieinhalb Jahrhunderte andauernder Fehler«, präzisierte ich.

»Es war wirklich übel, seinen Bruder zu verkaufen«, sagte Kanu.

»Wenn jemand in Ihrer Gesellschaft Böses anrichtet, wie macht er oder sie das wieder gut?« fragte ich.

Kanu schaute auf Häuptling Modu. »Ich denke, diese Frage sollte der Oberhäuptling beantworten«, erklärte er mit einem aufgeregten Lachen. Modu schwieg.

»Man bittet den Allmächtigen um Vergebung«, eröffnete Kanu schließlich. »Wenn wir beisammensitzen, beten wir manchmal für unsere Vorfahren und das, was sie vor zwei-, dreihundert Jahren gemacht haben.«

»Sie beten für Sklavenhändler?«

»Jawohl. Wir beten dafür, daß der Allmächtige diesen Menschen vergibt, denn sie haben in der Vergangenheit Böses getan«, sagte er mit resigniertem Ausdruck.

»Ich denke, unsere Familien sind gleichermaßen schuldig«, erklärte ich.

»Ich freue mich, daß wir das sagen können«, erwiderte Kanu, nun wieder lächelnd.

»Zum Teil ist es die Schuld meiner Familie –«

»Ja«, warf Madame Moudu ein.

»– und zum Teil die Schuld der Afrikaner, die ihre eigenen Leute verkauften.«

»Der Afrikaner, richtig«, sagte Kanu zum allgemeinen Murmeln im Raum. »Wenn Sie diese kollektive Verantwortung einsehen«, fuhr Kanu fort, »diese Untaten, die sowohl von den Afrikanern als auch von den Amerikanern, von Ihren Vorfahren, begangen wurden, was tun Sie dann heute zur Wiedergutmachung? Wir wissen ja, daß die Sklaverei abgeschafft ist, doch das Übel wurde nun einmal begangen. Können wir irgend etwas Sinnvolles veranstalten?«

»Ich würde an Aktionen jeder Art teilnehmen«, sagte ich. »Aber ich komme als Privatmann, nicht als Regierungsvertreter.«

»Ich weiß«, lächelte Kanu.

Es war der richtige Augenblick, und er würde nicht wiederkehren. Daher fragte ich Häuptling Modu und sein Gefolge, ob sie bereit wären, mit ans Flußufer zu gehen, wo einst die Leute verschickt worden waren, und im Namen ihrer Familien an einer kleinen Gedenkfeier teilzunehmen. Der Häuptling starrte vor sich hin und bewegte seine Lippen, brachte aber keinen Ton heraus. Ich wartete darauf, daß er den Vorschlag verwerfen würde, doch dann richtete sich Madame Modu in ihrem Sessel auf.

»Der Häuptling müßte durch jemand anderen vertreten werden«, erklärte sie, »weil er nicht bei bester Gesundheit ist und schlecht laufen kann.« Häuptling Modu nickte zustimmend und bestätigte, daß er zu schwach sei.

»Aber angeführt von Deen«, sagte Maligie Kanu, auf seinen Onkel deutend, »meiner Person und Pakerur, dem Zeremonienmeister, wären wir bereit, hinunter zu gehen.«

Es gab eifrige Diskussionen im Temne-Dialekt, dann meldete sich Madame Modu noch einmal zu Wort.

»Wenn mein Mann es wünscht, werde ich mitgehen«, sagte sie, »und ihn vertreten.«

Plötzlich standen wir alle.

In Westafrika glauben die meisten Menschen, daß die Toten über die Lebenden wachen und sie zum Guten oder Schlechten beeinflussen können. Eine weitverbreitete Zeremonie ermöglicht es den Lebenden, mit ihren Ahnen zu sprechen und um ihren Segen oder ihre Vergebung zu bitten. Die Feier beginnt damit, daß ein Trankopfer auf den Boden geschüttet wird, gewöhnlich Rum, worauf Gebete und laute Gespräche mit den Toten folgen. Danach wird eine etwa eigroße Kolanuß entzweigebrochen und die beiden Hälften über den Boden gerollt. Wie die Stücke fallen, verrät etwas darüber, ob eine Bitte erhört wurde. Wenn beide Hälften mit dem Nußfleisch nach oben landen, so wurde das Gebet gnädig aufgenommen. Muslime haben dieses antike Ritual, das dem Islam lange vorausging, adaptiert und benutzen es, um mit dem Allmächtigen in Verbindung zu treten.

Zahlreiche neugierige Bewohner folgten unserer Prozession zu den Ufern des Port Loko Creek. Die Straßen des Städtchens winden sich einen Hügel hinab, an einem Marktplatz mit alten viktorianischen Gebäuden vorüber zu einer größeren Lichtung am Wasser, deren Wall aus Lagerhäusern den Flußlauf säumt. Die Stelle war reizend, das andere Ufer mit Bäumen und Büschen bedeckt. Ein kahles, staubiges, etwa sieben Quadratmeter großes Dock ragte ins Wasser hinein: das Quai, an dem die Leute verladen wurden. Es war so gut wie sicher, daß viele der Ballschen Sklaven, die von den Kamaras und den Kanus auf den Markt geworfen wurden, diese Stätte passiert hatten. Die Abordnung des Häuptlings trat auf das Dock – der greise Deen Kanu, sein Neffe Maligie Kanu, Madame Modu und Zeremonienmeister Pakerur Kamara, der hagere Mann im weißen Gewand.

»Dies ist der Ort, von dem sie nach Bunce Island verschleppt wurden und von dort weiter nach Amerika«, sagte Maligie Kanu. »Die Boote kamen stromaufwärts angefahren.«

Kanu zeigte auf ein etwa sechs Meter langes, blau angestrichenes Holzboot, das im Wasser vor Anker lag. »So sahen auch die aus, mit denen Sklaven transportiert wurden«, sagte er.

Für einen Großteil des Landes war dies der einzige Zugang zur Küste«, erklärte Madame Modu, in der Sonne blinzelnd. »Jedes Boot faßte zehn bis zwanzig Leute.«

»Sie waren gefesselt«, fügte Kanu hinzu.

Ein Menschenmenge beobachtete uns vom Ufer aus. Der Fluß machte hier eine Biegung, doch der Bootsverkehr ruhte. Ich fragte mich laut, wie viele Leute wohl insgesamt von hier abgegangen waren.

»Tausende«, mutmaßte Madame Modu.

Pakerur Kamara bückte sich, raffte sein weißes Gewand, goß aus einer kleinen Flasche dunklen Rum in einen Becher und verteilte vier Spritzer auf dem Dock. Er beschwor im Temne-Dialekt, was dort geschehen war, und warf danach die Nußhälften aus. Siehe da, beide Stücke landeten mit dem Gesicht nach oben. Pakerur betete und tat einen zweiten Wurf – wieder mit dem gleichen Ergebnis.

»Das ist sehr gut«, freute sich Maligie Kanu glucksend.

Jetzt war ich an der Reihe, also bückte ich mich, verschüttete etwas Rum und sprach Worte des Gedenkens.

Dann warf ich die Kolanüsse, die erneut mit dem Gesicht nach oben fielen. Bei diesem dritten Erfolg ging ein Raunen über das Dock.

»Das ist wirklich sehr gut«, sagte Maligie Kanu lächelnd. »Es bedeutet, daß unsere Gebete erhört wurden.«

Die Frau des Häuptlings fiel in seine Heiterkeit ein und gab sich nickend einem flammenden Lächeln hin.

```
//////////////////////
/                    /
/    Nachkommen      /
/        von         /
/    Elias Ball I.   /
/        aus         /
/   South Carolina   /
/                    /
//////////////////////
```

& Lydia Chicken
Catherine 1741–1820 (Stieftochter)
Elizabeth 1748–50
Elias 1752–1810 (»Ol' Mas' 'Lias«)
Isaac 1754–76
Lydia 1757–1843 & Edward Simons
John 1760–1817
  ├─ **& John Bryan**
  │   BRYAN
  │   Elizabeth 1784–1812 & John Ball, Jr. 1782–1839
  │   John 1791–1849
  └─ **& Jane Ball 1761–1804**
       John, Jr. 1782–1834
       Elias 1784–1797
       Isaac 1785–1825
       William James 1787–1808
       Edward 1788–96

Elias Ball 1676–1751 »Rotkäppchen«

& Elizabeth Harleston
Ann 1701–65 & Capt. P. Dawes & George Austin
Eleanor 1707–23
Elias 1709–86
Elizabeth 1711–46 & John Ashby & John Vicaridge & Richard Shubrick
John Coming 1714–64
  └─ **& Catherine Gendron**
       Elias 1744–1822 (»Wambaw Elias«)
       Elizabeth 1746–87 & Henry Smith
       John Coming 1747–50
       William *1750
       Catherine 1751–74 & Maj. B. Smith
       Ann 1753–1826 & Richard Waring
         ├─ **& Martha C. Swinton (»Buzzard Wing«)**
         │   Caroline O. 1806–28 & John Laurens
         │   Martha A. 1806–16
         │   Alwyn 1807–35
         │   Hugh Swinton 1808–38 (ertrunken)
         │   Elias Octavus 1809–43
         │   Susanna S. 1810–41 & Wm. Haskell
         │   Alphonso C. 1812–22
         │   Eliza L. 1814–49 & R. D. Simons
         │   Lydia C. 1816–58 & T. M. Waring
         │   Edward W. *1816
         │   Angeline 1818–19
         └─ **& Catherine Gaillard**
              Catherine 1766–1827 & John Moultrie
              John Coming 1768–92
              Elias *1769 (»Wambaw Elias«)
              Lydia *1770
              Elizabeth *1773
              Anne *1775
              Eleanor *1779

& Mary Delamare
Sarah 1722–37
Delamare 1723–25
William 1726–27
George *1728
Eleanor 1731–70
Mary 1733–51
  ├─ **& Judith Boisseau**
  │   Jane 1757–60
  │   John Coming 1758–92
  │   David *1760
  │   Jane 1761–1804 & John Ball 1760–1817
  │   Eleanor 1765–1827 & John Wilson & Keating Simons
  └─ **& Henry Laurens**
       LAURENS
       John 1754–82 (in der Revolution getötet)
       Martha
       Henry
       Mary E.
```
```

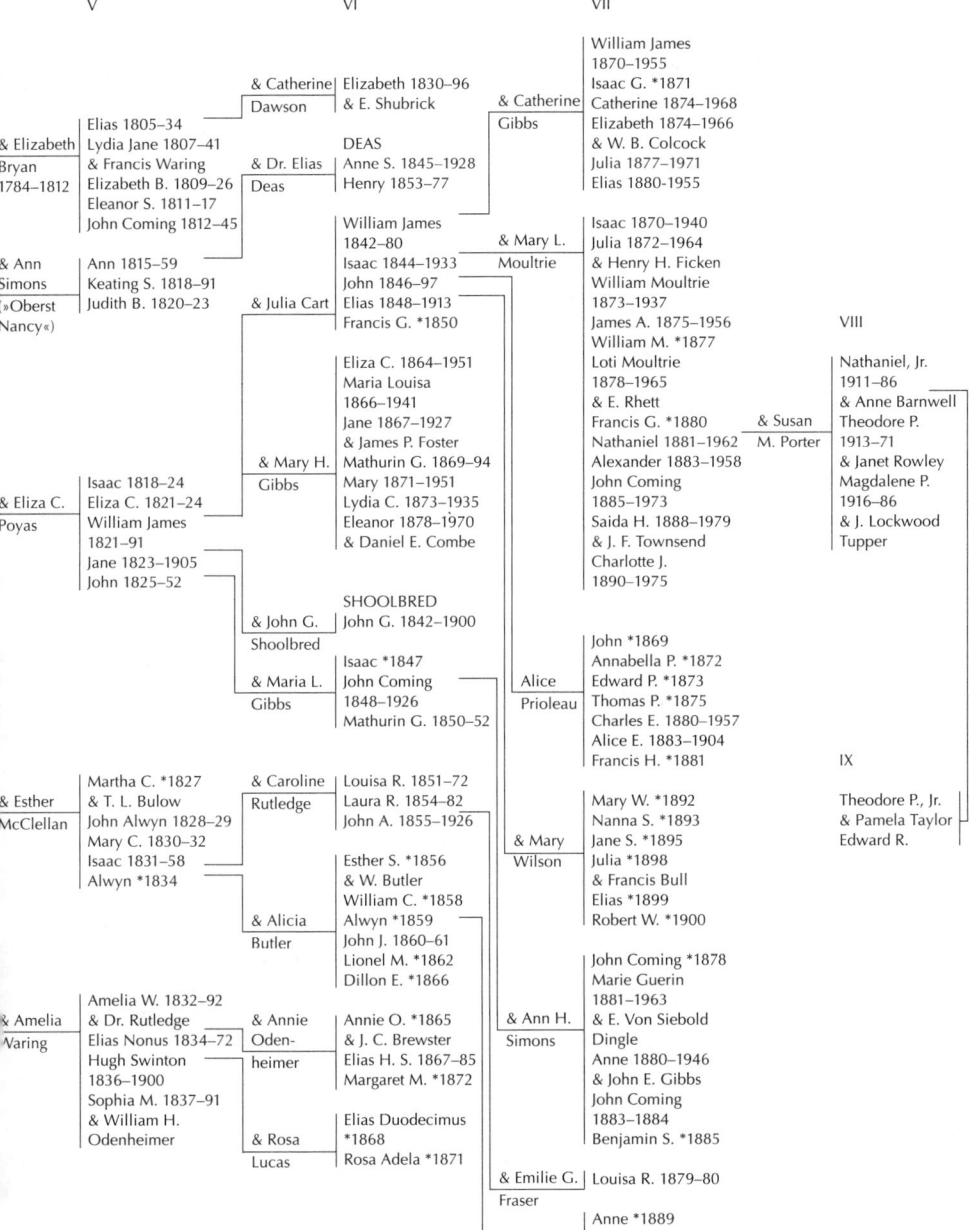

V   VI   VII

William James
1870–1955
& Catherine | Elizabeth 1830–96   Isaac G. *1871
Dawson   & E. Shubrick   & Catherine | Catherine 1874–1968
Elias 1805–34   Gibbs | Elizabeth 1874–1966
& Elizabeth | Lydia Jane 1807–41   DEAS   & W. B. Colcock
Bryan | & Francis Waring   & Dr. Elias | Anne S. 1845–1928   Julia 1877–1971
1784–1812 | Elizabeth B. 1809–26   Deas | Henry 1853–77   Elias 1880-1955
Eleanor S. 1811–17
John Coming 1812–45   William James   Isaac 1870–1940
   1842–80   & Mary L. | Julia 1872–1964
& Ann | Ann 1815–59   Isaac 1844–1933   Moultrie | & Henry H. Ficken
Simons | Keating S. 1818–91   John 1846–97   William Moultrie
(»Oberst | Judith B. 1820–23   & Julia Cart | Elias 1848–1913   1873–1937
Nancy«)   Francis G. *1850   James A. 1875–1956   VIII
   William M. *1877
   Eliza C. 1864–1951   Loti Moultrie   Nathaniel, Jr.
   Maria Louisa   1878–1965   1911–86
   1866–1941   & E. Rhett   & Anne Barnwell
   Jane 1867–1927   Francis G. *1880   & Susan | Theodore P.
   & James P. Foster   Nathaniel 1881–1962   M. Porter | 1913–71
& Mary H. | Mathurin G. 1869–94   Alexander 1883–1958   & Janet Rowley
Isaac 1818–24   Gibbs | Mary 1871–1951   John Coming   Magdalene P.
& Eliza C. | Eliza C. 1821–24   Lydia C. 1873–1935   1885–1973   1916–86
Poyas | William James   Eleanor 1878–1970   Saida H. 1888–1979   & J. Lockwood
1821–91   & Daniel E. Combe   & J. F. Townsend   Tupper
Jane 1823–1905   Charlotte J.
John 1825–52   SHOOLBRED   1890–1975
& John G. | John G. 1842–1900
Shoolbred   John *1869
   Isaac *1847   Annabella P. *1872
& Maria L. | John Coming   Alice | Edward P. *1873
Gibbs | 1848–1926   Prioleau | Thomas P. *1875
   Mathurin G. 1850–52   Charles E. 1880–1957
   Alice E. 1883–1904
Martha C. *1827   & Caroline | Louisa R. 1851–72   Francis H. *1881   IX
& Esther | & T. L. Bulow   Rutledge | Laura R. 1854–82   Mary W. *1892   Theodore P., Jr.
McClellan | John Alwyn 1828–29   John A. 1855–1926   Nanna S. *1893   & Pamela Taylor
Mary C. 1830–32   & Mary | Jane S. *1895   Edward R.
Isaac 1831–58   Esther S. *1856   Wilson | Julia *1898
Alwyn *1834   & W. Butler   & Francis Bull
   William C. *1858   Elias *1899
& Alicia | Alwyn *1859   Robert W. *1900
Butler | John J. 1860–61
   Lionel M. *1862   John Coming *1878
   Dillon E. *1866   Marie Guerin
Amelia W. 1832–92   1881–1963
& Amelia | & Dr. Rutledge   & Annie | Annie O. *1865   & Ann H. | & E. Von Siebold
Waring | Elias Nonus 1834–72   Oden- | & J. C. Brewster   Simons | Dingle
Hugh Swinton   heimer | Elias H. S. 1867–85   Anne 1880–1946
1836–1900   Margaret M. *1872   & John E. Gibbs
Sophia M. 1837–91   John Coming
& William H.   Elias Duodecimus   1883–1884
Odenheimer   *1868   Benjamin S. *1885
   & Rosa | Rosa Adela *1871
Lucas   & Emilie G. | Louisa R. 1879–80
   Fraser
   Anne *1889
   Alwyn *1891
   & Rebecca | Helen R. *1892
   O'Brien | John S. *1894
   Frederick P. *1895

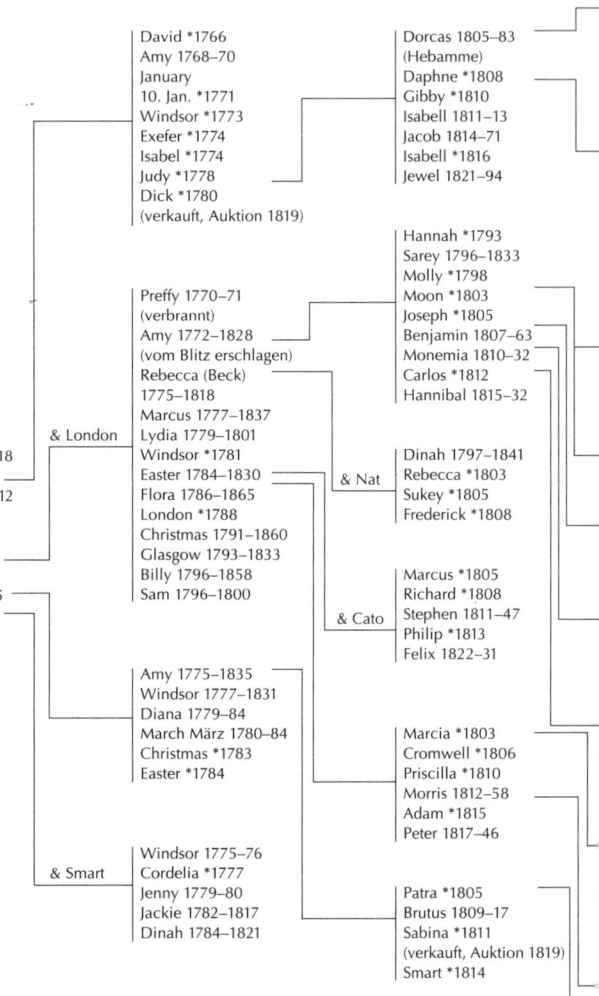

**Nachkommen
von »Angola« Amy,
die 1736
von Elias Ball I.
in South Carolina
gekauft wurde**

Amy 1720–90

& Windsor

Christmas
25. Dez. 1743–1818
Easter
29. März 1746–1812
Judy *1748
Surrey *1751
Dinah (Dye)
1753–1809
Sabina 1755–1825
Cleopatra *1758

& London

David *1766
Amy 1768–70
January
10. Jan. *1771
Windsor *1773
Exefer *1774
Isabel *1774
Judy *1778
Dick *1780
(verkauft, Auktion 1819)

Preffy 1770–71
(verbrannt)
Amy 1772–1828
(vom Blitz erschlagen)
Rebecca (Beck)
1775–1818
Marcus 1777–1837
Lydia 1779–1801
Windsor *1781
Easter 1784–1830
Flora 1786–1865
London *1788
Christmas 1791–1860
Glasgow 1793–1833
Billy 1796–1858
Sam 1796–1800

Amy 1775–1835
Windsor 1777–1831
Diana 1779–84
March März 1780–84
Christmas *1783
Easter *1784

& Smart

Windsor 1775–76
Cordelia *1777
Jenny 1779–80
Jackie 1782–1817
Dinah 1784–1821

Dorcas 1805–83
(Hebamme)
Daphne *1808
Gibby *1810
Isabell 1811–13
Jacob 1814–71
Isabell *1816
Jewel 1821–94

Hannah *1793
Sarey 1796–1833
Molly *1798
Moon *1803
Joseph *1805
Benjamin 1807–63
Monemia 1810–32
Carlos *1812
Hannibal 1815–32

& Nat

Dinah 1797–1841
Rebecca *1803
Sukey *1805
Frederick *1808

& Cato

Marcus *1805
Richard *1808
Stephen 1811–47
Philip *1813
Felix 1822–31

Marcia *1803
Cromwell *1806
Priscilla *1810
Morris 1812–58
Adam *1815
Peter 1817–46

Patra *1805
Brutus 1809–17
Sabina *1811
(verkauft, Auktion 1819)
Smart *1814

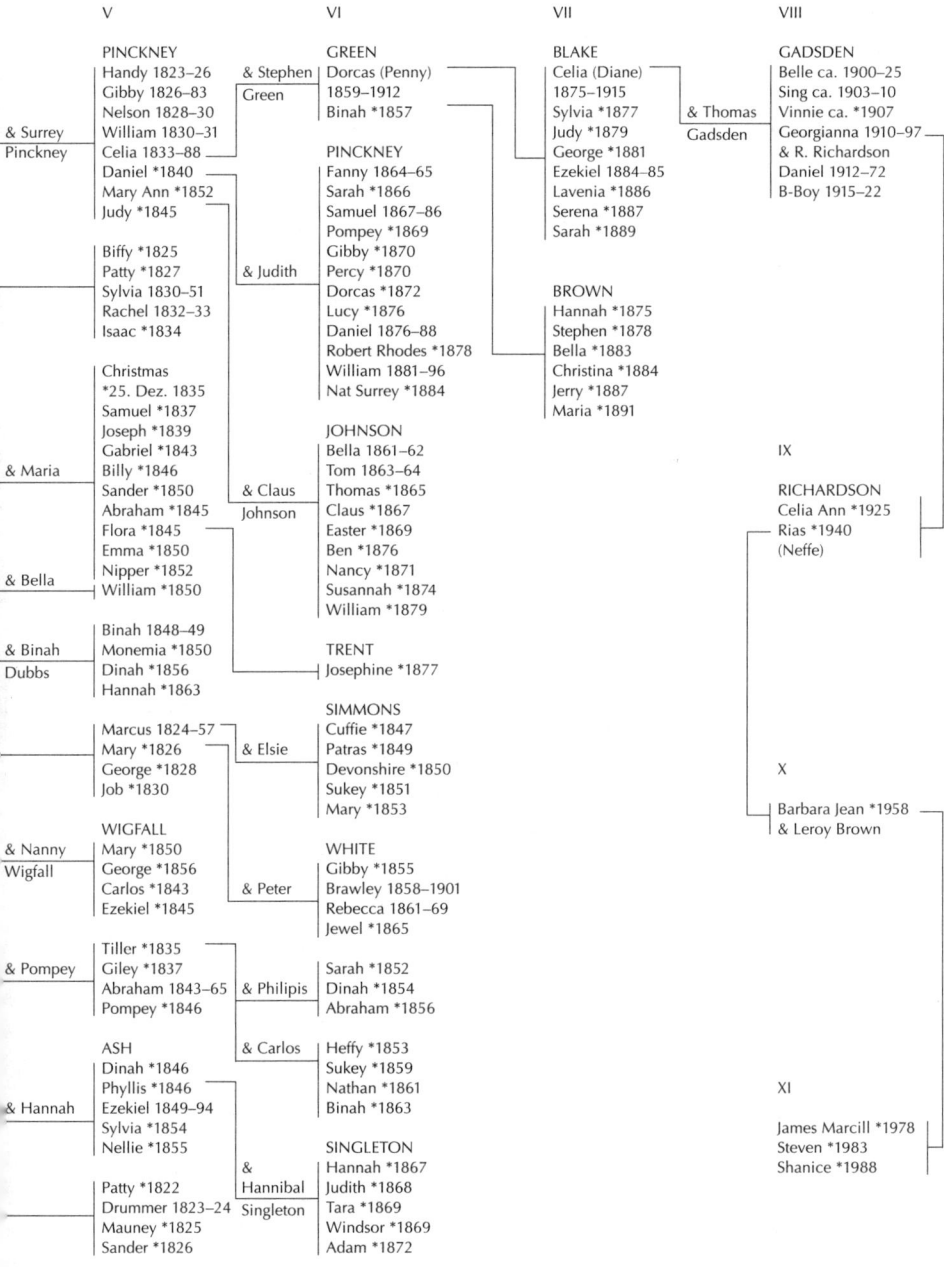

V	VI	VII	VIII
PINCKNEY	**GREEN**	**BLAKE**	**GADSDEN**

&Surrey Pinckney

&Maria

&Bella

&Binah Dubbs

&Nanny Wigfall

&Pompey

&Hannah

PINCKNEY
Handy 1823–26 & Stephen
Gibby 1826–83 Green
Nelson 1828–30
William 1830–31
Celia 1833–88
Daniel *1840
Mary Ann *1852
Judy *1845

Biffy *1825
Patty *1827 & Judith
Sylvia 1830–51
Rachel 1832–33
Isaac *1834

Christmas
*25. Dez. 1835
Samuel *1837
Joseph *1839
Gabriel *1843
Billy *1846
Sander *1850 & Claus
Abraham *1845 Johnson
Flora *1845
Emma *1850
Nipper *1852
William *1850

Binah 1848–49
Monemia *1850
Dinah *1856
Hannah *1863

Marcus 1824–57
Mary *1826 & Elsie
George *1828
Job *1830

WIGFALL
Mary *1850
George *1856
Carlos *1843 & Peter
Ezekiel *1845

Tiller *1835
Giley *1837
Abraham 1843–65 & Philipis
Pompey *1846

ASH & Carlos
Dinah *1846
Phyllis *1846
Ezekiel 1849–94
Sylvia *1854
Nellie *1855

Patty *1822 &
Drummer 1823–24 Hannibal
Mauney *1825 Singleton
Sander *1826

GREEN
Dorcas (Penny)
1859–1912
Binah *1857

PINCKNEY
Fanny 1864–65
Sarah *1866
Samuel 1867–86
Pompey *1869
Gibby *1870
Percy *1870
Dorcas *1872
Lucy *1876
Daniel 1876–88
Robert Rhodes *1878
William 1881–96
Nat Surrey *1884

JOHNSON
Bella 1861–62
Tom 1863–64
Thomas *1865
Claus *1867
Easter *1869
Ben *1876
Nancy *1871
Susannah *1874
William *1879

TRENT
Josephine *1877

SIMMONS
Cuffie *1847
Patras *1849
Devonshire *1850
Sukey *1851
Mary *1853

WHITE
Gibby *1855
Brawley 1858–1901
Rebecca 1861–69
Jewel *1865

Sarah *1852
Dinah *1854
Abraham *1856

Heffy *1853
Sukey *1859
Nathan *1861
Binah *1863

SINGLETON
Hannah *1867
Judith *1868
Tara *1869
Windsor *1869
Adam *1872

BLAKE
Celia (Diane)
1875–1915
Sylvia *1877
Judy *1879
George *1881
Ezekiel 1884–85
Lavenia *1886
Serena *1887
Sarah *1889

BROWN
Hannah *1875
Stephen *1878
Bella *1883
Christina *1884
Jerry *1887
Maria *1891

& Thomas
Gadsden

GADSDEN
Belle ca. 1900–25
Sing ca. 1903–10
Vinnie ca. *1907
Georgianna 1910–97
& R. Richardson
Daniel 1912–72
B-Boy 1915–22

IX

RICHARDSON
Celia Ann *1925
Rias *1940
(Neffe)

X

Barbara Jean *1958
& Leroy Brown

XI

James Marcill *1978
Steven *1983
Shanice *1988

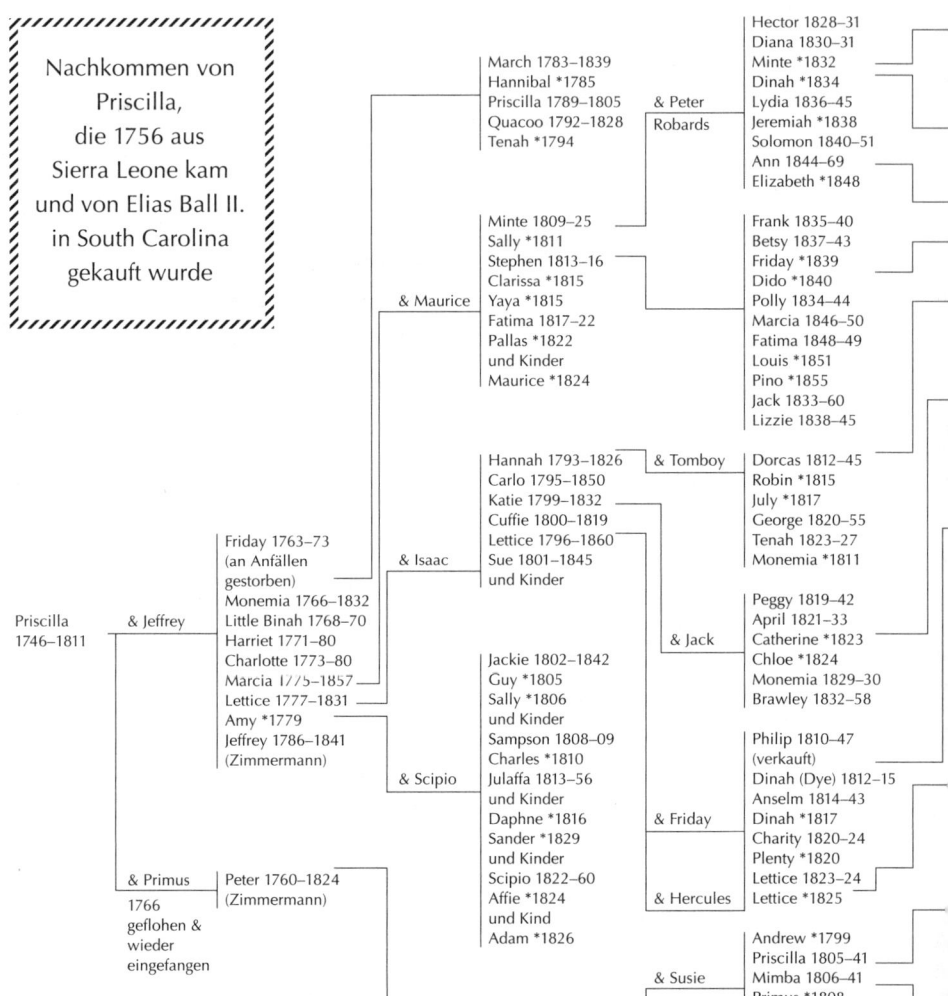

Nachkommen von Priscilla, die 1756 aus Sierra Leone kam und von Elias Ball II. in South Carolina gekauft wurde

Priscilla 1746–1811

& Jeffrey

Friday 1763–73 (an Anfällen gestorben)
Monemia 1766–1832
Little Binah 1768–70
Harriet 1771–80
Charlotte 1773–80
Marcia 1775–1857
Lettice 1777–1831
Amy *1779
Jeffrey 1786–1841 (Zimmermann)

& Primus
1766 geflohen & wieder eingefangen

Peter 1760–1824 (Zimmermann)

March 1783–1839
Hannibal *1785
Priscilla 1789–1805   & Peter Robards
Quacoo 1792–1828
Tenah *1794

Hector 1828–31
Diana 1830–31
Minte *1832
Dinah *1834
Lydia 1836–45
Jeremiah *1838
Solomon 1840–51
Ann 1844–69
Elizabeth *1848

& Maurice

Minte 1809–25
Sally *1811
Stephen 1813–16
Clarissa *1815
Yaya *1815
Fatima 1817–22
Pallas *1822
und Kinder
Maurice *1824

Frank 1835–40
Betsy 1837–43
Friday *1839
Dido *1840
Polly 1834–44
Marcia 1846–50
Fatima 1848–49
Louis *1851
Pino *1855
Jack 1833–60
Lizzie 1838–45

& Isaac

Hannah 1793–1826   & Tomboy
Carlo 1795–1850
Katie 1799–1832
Cuffie 1800–1819
Lettice 1796–1860
Sue 1801–1845
und Kinder

Dorcas 1812–45
Robin *1815
July *1817
George 1820–55
Tenah 1823–27
Monemia *1811

& Jack

Peggy 1819–42
April 1821–33
Catherine *1823
Chloe *1824
Monemia 1829–30
Brawley 1832–58

& Scipio

Jackie 1802–1842
Guy *1805
Sally *1806
und Kinder
Sampson 1808–09
Charles *1810
Julaffa 1813–56
und Kinder
Daphne *1816
Sander *1829
und Kinder
Scipio 1822–60
Affie *1824
und Kind
Adam *1826

Philip 1810–47 (verkauft)

& Friday

Dinah (Dye) 1812–15
Anselm 1814–43
Dinah *1817
Charity 1820–24
Plenty *1820
Lettice 1823–24

& Hercules

Lettice 1825

& Susie

Andrew *1799
Priscilla 1805–41
Mimba 1806–41
Primus *1808
(verkauft)

Prince 1780–1845

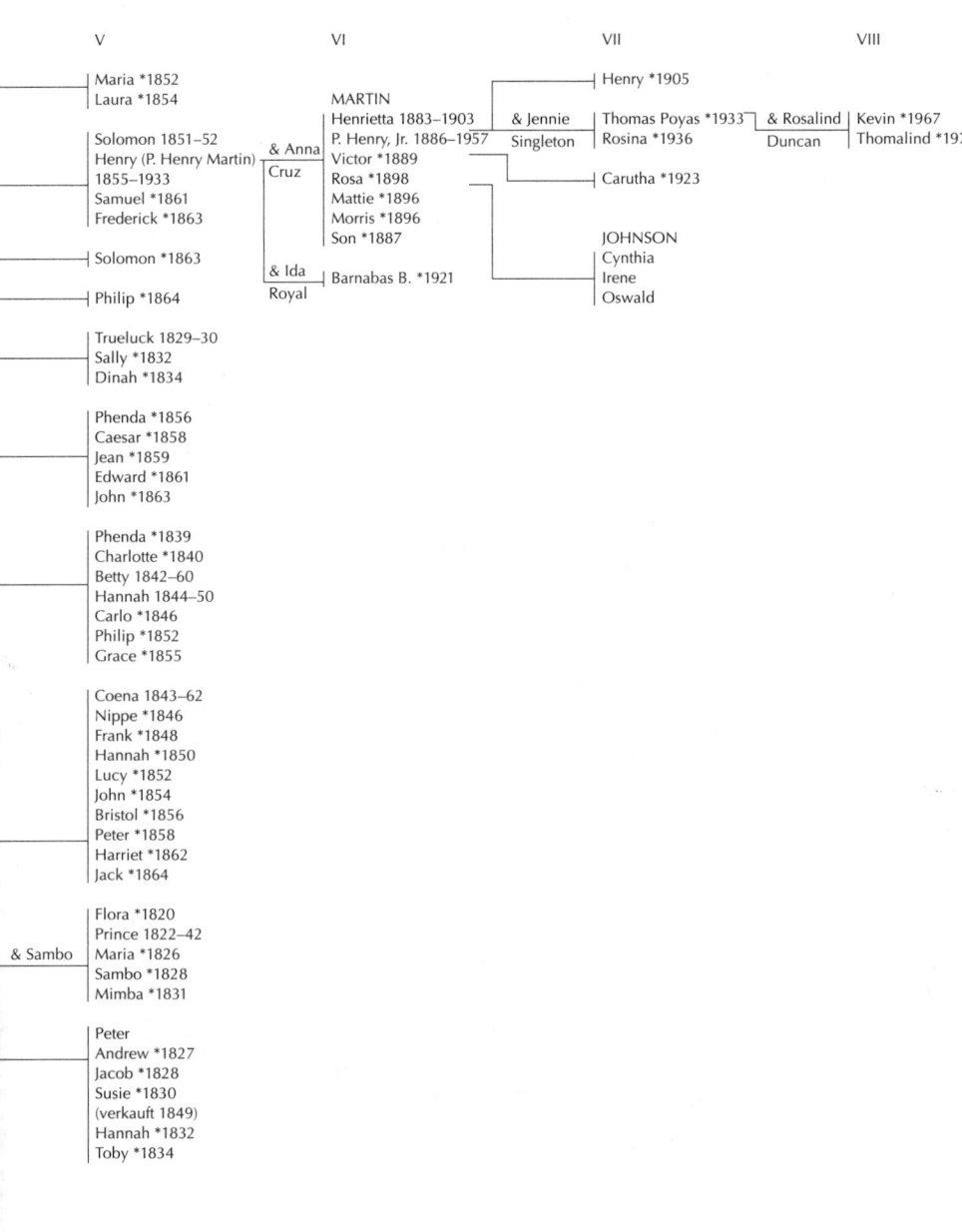

DANKSAGUNG

Ich danke den schwarzen Familien, die mir trotz des belastenden Ver-
mächtnisses, das uns zusammenführte, Vertrauen schenkten und
ihre Lebensgeschichten erzählten – Nachfahren der ehemaligen
Sklaven Gadsden, Harleston, Heyward, Lucas, Martin und Poyas. Im
einzelnen geht mein Dank ganz besonders an Georgianna Gadsden
Richardson und Barbara Jean Brown; Edwina Harleston Whitlock,
Mae Whitlock Gentry und Ray M. Fleming; Katie Simmons Roper
und Charlotte Roper Dunn; Emily Marie Frayer und Sonya Jean
Fordham; Thomas P. Martin und Carutha M. Williams; Fredie Mae
Smalls und Caroline Smalls Goodson. Gedenken möchte ich außerdem jener Familien, deren mündliche Überlieferung ich nicht in dieses Buch aufnehmen oder nur am Rande streifen konnte.

Meinen Altvordern gebührt Anerkennung dafür, im Laufe von
zwei Jahrhunderten viele Vorgänge festgehalten und ihre umfangrei-
chen Papiere aufbewahrt zu haben. Respekt schulde ich auch jenen
meiner Angehörigen, die der Ansicht waren, ich hätte lediglich Vol-
taires Maxime über die Geschichtsschreibung bestätigen wollen –
nämlich daß sie im Grunde nichts anderes sei als eine Methode, den
Toten einen bösen Streich zu spielen: In diesem Sinne danke ich Nathaniel Ball III. für seine ausgesuchte Hilfe sowie Frank Jervey Ball,
Isaac Rhett Ball, Jeff Ball, Dorothy Dame Gibbs, John E. Gibbs III.,
Jane Ball Gilchrist, Catherine Porter Tupper und Charlotte Ball Vo-
gelsang für ihre Unterstützung. Meiner Mutter Janet Rowley Ball
rechne ich es hoch an, daß sie eine so selbständige Frau ist, und an
meinem verstorbenen Vater Theodore Porter Ball bewundere ich vor
allem die denkwürdige Kraft seines Gewissens.

Für ihre Anregungen bin ich Sharon Green und David Isay vom National Public Radio verpflichtet, die mir halfen, dieses Projekt auf die Beine zu stellen, worin mich auch Mitglieder der Afro-American Historical and Genealogical Society ermutigten. Lucy D. Rosenfeld hat die vorläufigen Stammbäume einiger der bei den Balls versklavten Familien angefertigt, und bei der weiteren Ausarbeitung kam mir die Geduld Lucinda Rosenfelds zugute. Die Forscherin Cherisse R. Jones hat meine ersten Recherchenschritte begleitet. W. Marvin Dulaney vom Charlestoner Avery Research Center for African American History and Culture stand immer zur Verfügung, wenn ich ihn brauchte. Viele Weiße und Schwarze haben mir Photographien oder auch Kunstwerke aus ihren Privatsammlungen für den Abdruck in diesem Buch überlassen und die Rich-Steele Pro Labs in Charleston mit viel Aufwand die Reproduktionen von zahlreichen oft schon brüchigen Leihbildern hergestellt. Ruth Holmes Whitehead vom Nova Scotia Museum half mir unermüdlich, die Lebensgeschichten entlaufener Sklaven nachzuzeichnen. Ich danke den Bibliothekaren und Belegschaften der Archive, in denen unsere Familiendokumente lagern, allen voran Stephen Hoffius und Alex Moore; ebenso jenen Institutionen, die sich um die Pflege der Manuskripte kümmern. Jane Gilchrist ließ mich ihre privat gesammelten Dokumente und Photographien einsehen. Kurz vor dem Ende meiner Recherchen gab mir Joseph Opala in Sierra Leone noch wertvolle Hinweise und Anregungen. Der Archäologe Leland G. Ferguson von der University of South Carolina stellte mir seine Studie über die Plantagen am Cooper River zur Verfügung, und Tim Belshaw aus Columbia (South Carolina) hat die entsprechenden Karten (für die amerikanische Ausgabe) angefertigt.

Besonders herzlich danke ich Elizabeth Guckenberger für ihren Humor und ihre Hingabe, sowie Josephine Humphreys, die mich oft sehr ermutigt hat. Jessica B. Cohen, eine begabte Forscherin, hat mir sehr dabei geholfen, das Vorhaben aus einem mittleren Chaos zum Abschluß zu führen; sie hat auch die beiden zentralen Stammbäume Angola Amys und Priscillas zusammengestellt. Ihrer tatkräftigen Hilfe verdankt das Buch fraglos seinen Reichtum an persönlichen Einzelheiten.

An letzter und zugleich erster Stelle möchte ich Jonathan Galassi und Roger Straus vom Verlag Farrar, Straus and Giroux danken. Ohne ihre geduldige, unvoreingenommene, bedingungslose Unterstützung hätte ich den richtigen Weg gewiß nicht so leicht gefunden.

QUELLEN

Die Berichte in diesem Buch beruhen teils auf Texten, teils auf erzählten Geschichten. Dabei habe ich versucht, die schriftlichen Quellen streng von den mündlichen zu trennen, so daß sich Aussagen
stets auf diese oder jene zurückführen lassen. Dokumente wurden,
mit Ausnahme der gelegentlich aktualisierten Eigennamen, durchweg in der Originalfassung zitiert. Die Transkriptionen von Inter-
views sind aus einem größeren Bestand ausgewählt und redigiert
worden. Manchmal habe ich mich um die Darstellung weißer oder
schwarzer Mundarten bemüht, ohne jedoch zu überziehen, denn
selbst wenn man das gedruckte Wort noch so höflich bittet, gibt es
nicht den Klang des gesprochenen wieder.

Die vom 17. bis zum 20. Jahrhundert geführten Familienbücher
bilden das Gerüst der Handlung. Die meisten Unterlagen stehen auf
Mikrofilm zur Verfügung und liegen in den folgenden Archiven:

Familiendokumente der Balls 1645–1920, South Carolina Histori-
cal Society, Charleston.
Familiendokumente der Balls 1696–1896, South Carolinian Li-
brary, University of South Carolina, Columbia.
Geschäftsbücher John Balls und Keating Simons Balls 1779–1911
sowie William J. Balls 1804–1890, Southern Historical Collection,
University of North Carolina, Chapel Hill.
Papiere John Ball seniors und John Ball juniors 1773–1892, Special
Collections Library, Duke University, Durham, North Carolina.

Dies ist die richtige Stelle für eine Bitte an die Familien ehemaliger
Sklavenhalter und alle anderen, die weiterhin Unterlagen aus der

Plantagenzeit sammeln: Da die Lebensläufe der Sklaven von ihren Eigentümern, also nicht von amtlichen Schreibern, dokumentiert wurden, betreffen solche privaten Briefe und Dokumente die Chroniken zahlloser Familien und sollten aus diesem Grund der öffentlichen Hand vermacht werden – das heißt Archiven, historischen Gesellschaften, Museen oder Universitäten.

Wenn die Schriften vieler Historiker mir halfen, Chronologien zu erstellen und Vorgänge zu interpretieren, so wäre eine Liste der Titel bei einer Erzählspanne von rund dreihundert Jahren dennoch ziemlich willkürlich. Einige Autoren habe ich ausdrücklich in den Anmerkungen zitiert, andere mögen sich (sofern sie noch am Leben sind) im Text wiedererkennen. Ich danke den Verstorbenen wie den Lebenden für ihre Gelehrsamkeit, aber auch für den Mut zur Lücke. Unter den noch schreibenden Historikern habe ich bei folgenden häufig über South Carolina nachgelesen: Alpha Bah, Ira Berlin, Peter A. Coclanis, David B. Davis, Leland G. Ferguson, Eric Foner, William W. Freehling, Christopher Fyfe, Eugene D. Genovese, Jack P. Greene, Graham R. Hodges, Norrece T. Jones, Winthrop D. Jordan, Charles W. Joyner, Daniel C. Littlefield, Philip D. Morgan, Bernard E. Powers jr., Theodore Rosengarten, Margaret Washington, Robert M. Weir und Peter H. Wood.

Bei meinen Recherchen über Familien in der Sklaverei mußte ich dokumentarisches Neuland betreten. Um ihre Chroniken zu erstellen, begann ich mit der jeweiligen mündlichen Überlieferung – ergänzt durch die Geburts-, Heirats- und Sterbeurkunden aus den kommunalen Sammlungen, Volkszählungsunterlagen, Testamenten und Gerichtsakten in den Staatsarchiven. Ich verfolgte Abstammungslinien zurück bis in die Zeit kurz nach dem Bürgerkrieg. Um Verbindungen zwischen befreiten und versklavten Familien herzustellen, zog ich vielfach Papiere der National Archives und der Records Administration in Washington, D. C., zu Rate, darunter folgende: (1) Akten des Bureau of Refugees, Freedmen and Abandoned Lands (Amt für Freigelassene), besonders Arbeits- oder Pachtverträge aus den Jahren 1866 bis 1870, die erste Nachnamen schwarzer Amerikaner enthalten und Personen bestimmten Plantagen zuordnen; (2) die

Kundenverzeichnisse der Freedman's Savings and Trust Company (Bankakten über jüngst freigelassene Schwarze, die manchmal deren frühere Eigentümer aufführen); und (3) Personalakten des Militärs und Rentenanträge schwarzer Bürgerkriegsveteranen, die nach der Befreiung auf seiten der Union gekämpft hatten, mit biographischen Angaben sowie (manchmal) Hinweisen auf Geburtsorte und Herkunftplantagen. Die Plantagenzuordnungen wurden durch die Sklavenlisten in den Familiendokumenten erhärtet. Anhand eben dieser Listen, die Geburts-, Ehe- und Todesdaten enthalten, wurden Stammbäume für die Nachkommen von Sklaven erstellt. Die verbleibenden Lücken füllten gelegentlich Testamente, Nachlaßverzeichnisse, Steuererklärungen und Urkunden über Sklavenverkäufe in den Staatsarchiven. Biographische Angaben über einzelne Sklaven stammen aus der Korrespondenz von Weißen oder aus der mündlichen Überlieferung schwarzer Familien. Dank der außergewöhnlich vollständigen Buchführung Ballscher Sklavenhalter konnte ich die Namen und Geburtsorte zweier afrikanischer Frauen ausfindig machen, die dann in Amerika Familien gründeten.

ANMERKUNGEN

1 STREIFLICHTER

SEITE 11 **fast viertausend schwarze Sklaven**: Diese Schätzung beruht auf den Sklavenlisten in den Ball Familiy Papers 1645–1920, South Carolina Historical Society, Charleston; Ball Family Papers 1696–1896, South Carolina Library, University of South Carolina, Columbia; John Ball and Keating Simons Ball Books 1779–1911, William J. Ball Books 1804–1890, Mikrofilm 1820-B, Southern Historical Collection, University of North Carolina, Chapel Hill; und John Ball sr. und John Ball jr. Papers 1773–1892, Special Collections Library, Duke University, Durham, North Carolina. Die Ball-Papiere aller Sammlungen werden fortan zitiert als BP, die Archive in Abkürzung: South Carolina Historical Society = SCHS; South Carolina Library, University of South Carolina = USC; Southern Historical Collection, University of North Carolina = UNC; und Special Collections Library, Duke University = Duke.

SEITE 23 **vierunddreißig Sklaven**: *Heads of Families at the First Census of the United States Taken in the Year 1790 – South Carolina*, U. S. Government Printing Office, Washington, D. C., 1908, S. 40.

SEITE 24 **»Ball Family Papers«**: Siehe Anmerkung zu S. 11 und »Quellen« (S. 507 f.).

SEITE 26 **mindestens achthundertzweiundvierzig Personen befreit**: 1865 gehörten The Blessing, Cedar Hill, Cherry Hill, Halidon Hill und Limerick allesamt William James Ball (1818–1891). Über Hyde Park gebot Maria Louisa Gibbs Ball, die Witwe John Balls (1825–1852), über Quenby Jane Ball Shoolbred (1823–1905). Pawley und Buck Hall waren Eigentum von Elias Horry Deas, dem Witwer Ann Balls (1815–1859); Dean Hall von Elias Nonus Ball (1834–1872). Kensington und St. James lagen von 1747 bis 1846, Pimlico von 1802 bis 1844 in Familienhand. Die Anzahl der Sklaven auf den Plantagen im Jahr 1865: Plantagenbuch 1804–1890, BP-UNC; Geschäftsbuch für Comingtee 1850–1859, BP-Duke; und Volkszählung für South Carolina von 1860, Slave Schedules, Charleston District, worin die Ballschen Pflanzer und die Anzahl ihrer Sklaven aufgeführt sind.

SEITE 26 **auf mindestens fünfundsiebzigtausend belaufen**: Ich danke Allen Hutcheson aus Charleston für die folgende Berechnung:

1865 wurden in Berkeley County, S. C., 850 Sklaven befreit.
Schwarze Bevölkerung der USA 1865 = ca. 4 000 000
Schwarze Bevölkerung der USA 1995 = ca. 33 117 000

$$D_{n+1} = D_n(f) - ID_n(f)$$

D = Gesamtzahl der Nachkommen Ballscher Sklaven

---

n = Generation
(n = 0–5)
1865–1995 = 130 Jahre
Eine Generation = 25 Jahre (Durchschnittsalter der Gebärenden)
130 Jahre = 5,2 Generationen

---

f = Durchschnittszahl der Lebendgeburten
(f = 3), errechnet als Durchschnittswert für Afroamerikaner, beruhend auf
dem Wachstum der Gesamtbevölkerung (abzüglich der Zuwanderungsquote).
Bei einer Durchschnittslänge von 25 Jahren verachtfacht sich die Einwohnerzahl im Lauf von fünf Generationen mit der Folge:
Pro Generation eine Steigerung um 150 Prozent
Drei Kinder pro Paar (oder r = 1,62)

I = »Inzuchtquote«, das heißt Ehen oder Partnerschaften mit anderen Nachkommen Ballscher Sklaven
(I = 0,25)
Jeder Fall von »Inzucht« schafft f Nachkommen
I = Zahl der Fälle pro Generation
= die Hälfte der Partner (in Prozent)
Vorausgesetzt wird eine relative Stabilität der Dörfer befreiter Sklaven in den
Jahren 1865 bis 1900; unter dieser Bedingung gehen in den ersten drei Generationen etwa die Hälfte der Betroffenen Verbindungen mit anderen Nachkommen ein.

(D_0 = 400)
Bei 850 ist D_0 die wahrscheinliche Menge derer mit der vollen Kinderzahl
D_0 = 400
D_1 = 400(3) – 0,25 × 400(3) = 900
D_2 = 2 025
D_3 = 6 075
D_4 = 13 669
D_5 = 30 755
D_6 = 69 198

Wenn es 1995 rund 70 000 Nachkommen waren, so werden es im Jahr 2000 mindestens 75 000 sein. Seit 1920 nimmt die Häufigkeit der »Inzucht« ab, weil viele Schwarze in den Norden umsiedeln, wegen der Auflösung früherer Dorfgemeinschaften wahrscheinlich sogar kraß. Senkt man diese Variable um die Hälfte (von $I = 0,25$ auf $I = 0,125$), so erhöht sich die Zahl der Nachkommen um 33 Prozent (in der fünften Generation auf 35 881 und in der sechsten auf 94 188), also im Jahr 2000 auf etwa 100 000.

SEITE 27   **vier eng beschriebene Seiten als Testament**: Testament Elias Balls, 31. Aug. 1750, BP-SCHS.

2 MEISTER AUS ENGLAND

SEITE 29   **Elias Ball kam 1676 ... zur Welt**: Nan S. Ball, *Ball Family of Stoke-in-Teignhead, Devon, England*, Broschüre, Charleston, S. C., 1944.

SEITE 30   **John Ball, der »verrückte Priester aus Kent«**: R. B. Dobson (Hg.), *The Peasants' Revolt of 1381*, New York: St. Martin's, 1970, S. 369–377; Rodney Hilton, *Bond Men Made Free: Medieval Peasant Movements and the English Rising of 1381*, New York: Viking, 1973, S. 213–222.

SEITE 34   **John ... Seemann**: Langdon Cheves (Hg.), *The Shaftesbury Papers and Other Records Relating to Carolina Prior to the Year 1676*, South Carolina Historical Society, Charleston 1897, S. 231, Fn.

SEITE 37   **»tief kastanienbraun«**: Thomas Ashe, »Carolina, or a Description of the Present State of that Country ... 1682«, in: Alexander S. Salley jr. (Hg.), *Narratives of Early Carolina, 1650–1708*, New York: Barnes & Noble, 1911, S. 156.

SEITE 37   **»Abtreibung«**: Robert Ferguson, »The Present State of Carolina with Advice to the Settlers« (1682), und J. F. D. Smyth, »A Tour of the United States of America ... with a Description of the Indian Nations« (1784), zitiert nach Gene Waddell, *Indians of the South Carolina Lowcountry 1562–1751*, University of South Carolina, Columbia 1980, S. 8 f.

SEITE 38   **Fundamental Constitutions**: Ein Exemplar der Grundrechte: *Abstracts of Grants and Commissions of Lords Proprietors, 1692–1718, 1733–1736, 1775–1820*, Teil 2, S. 41–46, South Carolina Department of Archives and History, Columbia, S. C. (fortan zitiert als SCDAH).

SEITE 39   **System der Entführung und des Verkaufes**: John Wesley, A. M., *Thoughts on Slavery*, Pamphlet, London 1774, S. 4–10.

SEITE 40   **»begibt sich dadurch in einen Kriegszustand«**: John Locke, *Two Treatises on Government*, London: J. Whiston, 1772, 3. Kap., 17. Abschn.

SEITE 41   **die erste Sklavenrazzia Carolinas**. Totschlag: Gouv. Joseph West an Anthony Lord Ashley, 3. Sep. 1671, in Cheves (Hg.), *Shaftesbury Papers* (wie Anm. zu Seite 34), S. 336; »den offenen Krieg«: Grand Council Journal, 27. Sep. 1671, in A. S. Salley (Hg.), *Journal of the Grand Council of South Carolina, 25. August 1671–24. June 1680*, Historical Commission of South Carolina, Columbia, S. C., 1907; »eroberten Indianer bis zu ihrem Abtransport«: Grand Council Journal, 2. Okt. 1671; durch eine Mauer zu schützen: Anthony Lord Ashley an John Yeamans, 18. Sep. 1671, *Shaftesbury Papers*, S. 343.

SEITE 42   **Bestandsverzeichnis**: Inventar der Güter im Besitz Mr. John Harlestons (1631), und Elizabeth Harleston an David Edwards, Vollmacht (1. Aug. 1659), BP-SCHS.

SEITE 43   **für mehrere Jahre verdingte Kontraktknechte**: John Coming, Antrag vom 22. Nov. 1672 in A. S. Salley (Hg.), *Warrants for Land in South Carolina 1672–1711*, University of South Carolina, Columbia, S. C., 1973.

SEITE 44   **»21 Peitschenhieben auf den entblößten Rücken«**: Grand Council Journal, 4. Jun. 1672.

SEITE 44   **den Namen »Charlestown« gegeben**: Grand Council Journal, 1. Jun. 1680, eine Anhörung »vor dem Großrat in Kiawah, manchmal auch Charlestowne genannt«.

SEITE 44   **John Coming ... reichte ... neue Bodenanträge ein**: Henry A. M. Smith, *Rivers and Regions of Early South Carolina*, South Carolina Historical Society, Charleston 1988, S. 27–31; »Cap᧐ John Coming am 5. März 1680 von Gouverneur Joseph West ein Stadtgrundstück N° 49 erhalten«: Landübertragung auf Elias Ball I., BP-SCHS.

SEITE 44   **Plantage Coming's T**. Von 1672 bis zu seinem Tod 1695 erhielt John Coming fünf Parzellen: am 17. Okt. 1672 375 Acres in Oyster Point, am 27. Nov. 1672 810 Acres, am 30. Nov. 1678 740 Acres (Coming's T), am 10. Nov. 1680 »ein Stadtgrundstück«, am 30. Apr. 1681 210 Acres (Salley, *Warrants for Land*). Eine Karte von 1682 (»A New Map of the Country of Carolina« von Joel Gascoyne) zeigt ein Vorgebirge, an dem der Goose Creek in den Cooper River einmündet, das als »Commins« (Comings) Land bezeichnet ist. Dieses Anwesen, vielleicht die im November 1672 erworbenen 810 Acres, scheint vor Comings Tod verkauft worden zu sein. Weitere 150 bis 200 Acres wurden 1672 auf die Kolonie zurückübertragen, um sie der Anglikanischen Kirche zu stiften. [Der Anschaulichkeit halber wurden im fließenden Text sämtliche Flächenangaben der Plantagen in Hektar wiedergegeben.]

SEITE 45   **»Immergrüne Eiche, Hickory, Kiefer«**: Karte der Plantage Strawberry vom 17. Okt. 1680, BP-SCHS.

SEITE 45   **machten die Eingeborenen ihnen Platz**: Waddell, *Indians*, George D. Terry, »›Champaign Country‹: A Social History of an Eighteenth Century Lowcountry Parish in South Carolina, St. Johns Berkeley County«, Diss., University of South Carolina, Columbia, S. C., 1981, S. 36.

SEITE 46   **eine einfache Blockhütte**: Anne Simons Deas, *Recollections of the Ball Family of South Carolina and the Comingtee Plantation*, Charleston 1909, Nachdruck South Carolina Historical Society, Charleston 1978, S. 12.

SEITE 46   **Afrikaner und Eingeborene ... Unterkünfte bauten**: Leland Ferguson, *Uncommon Ground: Archeology and Early African America, 1650–1800*, Smithsonian Institution, Washington, D. C., 1992, 3. Kap.

SEITE 47   den vierjährigen Sohn eines Nachbarn: Grand Council Journal, 23. Okt. 1671.

SEITE 47   **John Coming starb**: Cheves, *Shaftesbury Papers*, S. 231, Fn.; Testament John Comings, 20. Aug. 1694, Charleston County Wills, Transkriptionen der Works Progress Administration, Charleston County Library, Charleston (fortan als »Charleston Wills« zitiert).

SEITE 48   **»alle Neger, Mulatten und Indianer«**: M. Eugene Sirmans, »The Legal Status of the Slave in South Carolina, 1670–1740«, in: *Journal of Southern History* 28, Nr. 4 (Nov. 1962).

SEITE 48   **»mein trauriges Witwendasein«**: Kopie von Mrs. Affra Comings Brief an ihre Schwester Ann Harleston Bulkeley von 1696, BP-SCHS.

SEITE 48   **Damit fiel die Wahl auf Elias**: Nan S. Ball, *Ball Family of Stoke-in-Teignhead.*

SEITE 49   **»Affra«... vielsagende Etymologie**: Isaac Taylor, M. A., *Words and Places, or Etymological Illustrations of History Ethnology and Geography*, London 1909, S. 56 und 368; 1. Mose 25:4, Micha 1:10.

SEITE 50   **»Ich vermache ... John Harleston & Elias Ball alle meine Neger«**: Testament Affra Comings vom 28. Dez. 1698, Charleston Wills.

SEITE 50   **Elias [Balls] ... Hafeneinfahrt**: Auch wenn kein genauer Bericht über Elias Balls Ankunft in South Carolina erhalten ist, so lassen zwei Indizien den Sommer oder Herbst 1698 als Datum fast sicher erscheinen: Ein Brief Affra Comings an ihre Schwester Elizabeth Harleston vom März 1698 belegt, daß keiner der beiden Erben schon in Charleston eingetroffen war (zitiert in Deas, *Recollections of the Ball Family*, S. 29 f.). Doch in Affra Comings Testament vom 28. Dez. 1698 ist Elias Ball aufgeführt, so daß er zu diesem Zeitpunkt bereits in South Carolina gewesen sein muß. Das Testament enthält Vermächtnisse an John Harleston »aus Dublin im Königreich Irland« und an Elias Ball, dessen Aufenthaltsort nicht erwähnt wird, vermutlich weil er bereits in der Kolonie war.

SEITE 51   **etwa dreitausendachthundert freien Weißen und dreitausend ... Sklaven**: Peter H. Wood, *Black Majority: Negroes in Colonial South Carolina from 1670 through the Stono Rebellion*, New York: Knopf, 1974, S. 26, Fn. 144.

SEITE 51   **die »bekanntesten Plantagen«**: Terry, »›Champaign Country‹«, S. 66; John Oldmixon, »The History of the British Empire in America, 1708«, in Sally (Hg.), *Narratives of Early Carolina*, S. 366.

SEITE 51   **»Tag an dem ich meene fier Kindern zu Mr. Faur schikte«**: Memorandum vom 23. Jan. 1721, Account and Blanket Book, 1720–1778, BP-SCHS.

3. DIE QUELLEN DER TRADITION

SEITE 53   **einen entfernten Verwandten ... Elias Ball Bull**: Persönliche Mitteilung Elias Ball Bulls, Charleston.

SEITE 54 **Er versuchte, die Erhebung niederzuschlagen**: Edward McCrady, *History of South Carolina Under the Royal Government, 1719–1776*, New York: MacMillan, 1899, S. 794 f.

SEITE 54 **Patriarch ... porträtieren ließ**: Elias Ball, Öl auf Leinwand, um 1740, von Jeremiah Theus, Privatbesitz; eine Kopie des Gemäldes hängt im Gibbes Museum of Art, Charleston.

SEITE 61 **Dorothy Dame Gibbs die personifizierte Familiengeschichte**: Persönliche Mitteilung von Dorothy Dame Gibbs, Charleston.

SEITE 67 **»Work House« ... gebührenpflichtig die Sklaven verprügelte**: Thomas G. Finklea an John Ball, 26. Okt. 1827, 8. März 1832 und 11. Okt. 1833, BP-SCHS; »[18. Nov. 1819] Arbeitshausgebühren für Joes Haft ... $65,25«, »14. Okt. 1828, an W. E. Gordon Arbeitshausgebühren für Town bezahlt, $8,87«, Plantagenbuch Pimlico, 1810–1830, BP-Duke; Charles R. Simpson an Isaac Ball, 15. März 1814, BP-SCL.

SEITE 67 **Quittungen nicht nur über den Kauf**: Verkaufsrechnung »Mulattenbursche Sam«, John Ball an Banks & Lockwood, Händler, 27. Jan. 1803, Misc. records, Bd. 3X, S. 525; Verkaufsrechnung »Mann namens George«, Martha C. Ball an Hermann Bourhaus, 13. Feb. 1821, Misc. records, Bd. 4V, S. 83; Verkaufsrechungen »Mädchen namens Mary«, Elias O. Ball an Thomas Waring, Dezember 1839, und »Mädchen namens Nancy«, Elias O. Ball an Mrs. E. Belin, 17. Dez. 1839, Misc. records, Bd. 5W, S. 90 f.; Verkaufsrechnung »Lewis und Daniel«, James Poyas, Nachlaßverw. für Isaac Ball, an Wm. W. Smith, 10. Jan. 1845, Misc. records, Bd. 6A, alle in SCDAH.

4 »HELLE MA«

SEITE 82 **eine Sklavin namens Tenah ... Mende**. Tenah: Liste der Neger auf Limerick, 25. März 1806, BP-SCHS; Herkunft der Namen: Prof. Alpha Bah, Department of History, College of Charleston, S. C., und Prof. Akintola Wyse, Fourah Bay College, Freetown, Sierra Leone; Dörfer: A. P. Kup, *Sierra Leone: A Concise History*, New York: St. Martin's Press, 1975, S. 35 und 38 (Karte).

SEITE 83 **»Ich ... vermache meinem Neffen«**: Testament Elias Balls, 6. Dez. 1809, Charleston Wills; Geschäftsbuch der Plantage 1803–1834, BP-UNC.

SEITE 84 **auf Tauben spezialisiert**: Thomas G. Finklea an John Ball, 19. Okt. und 15. Nov. 1833, BP-SCHS.

SEITE 84 **ein Mädchen zur Welt, Binah**: Geschäftsbuch der Plantage 1818–1833, BP-UNC.

SEITE 84 **Tenah und Adonis ... bekamen ... manchmal die Peitsche zu spüren**: Thomas G. Finklea an John Ball, 26. Okt. 1827, BP-SCHS.

SEITE 85 **»der Folterriemen«**: American Anti-Slavery Society, *American Slavery As It Is: Testimony of a Thousand Witnesses* (1839), Nachdruck New York: Arno Press, 1968, S. 52–54.

SEITE 86 »**Plantagenhospital**«: Ann an John Ball, 27. Nov. 1823, Thomas G. Finkley an John Ball, 2. Aug. 1833, BP-SCHS.

SEITE 86 **wenig später wurde fast alles versteigert**: Testament John Balls, 26. Jun. 1834, Charleston Wills; Liste der Neger, die Mrs. Ann Ball aus John Balls Nachlaß kaufte (1834), BP-SCHS.

SEITE 87 **Teilungsbeschluß**: Keating S. Ball, Schuldschein, 1843, und E. R. Laurens, Bericht, Charleston Library Society (fortan zitiert als CLS); Hypothek Elias Horry Deas und Keating S. Ball … Lydia Jane Waring, 1. März 1841, Misc. reports, Bd. 5S, S. 123, SCDAH.

SEITE 88 **daß ihr Dorf aufgespalten würde**: Geschäftsbuch der Plantage 1849–1871, BP-UNC; Blanket Book der Plantage Comingtee 1841–1861, Charleston Museum, Charleston (die Initialen EHD für Elias Horry Deas stehen neben den Namen von Leuten, die nach Buck Hall verlegt werden sollten).

SEITE 88 **des Zweihundertfünfzig-Hektar-Anwesens Buck Hall**: Berkeley County, South Carolina, Register of Mesne Conveyance, A11–41 (fortan zitiert als RMC).

SEITE 88 »**Mit den Schwarzen kam er nicht zurecht**«: Vermerk Anne S. Deas, Privatbesitz, Charleston.

SEITE 89 **Stoßtrupp der Unionisten**: Vermögensaufstellung für die Plantagen Buck Hall und Washington, F. M. Montell, Kommandeur der *Potomaska*, 9. März 1865, Elias H. Deas an Anne S. Deas, 5. Mai 1865, Papiere des E. H. Deas, SCL.

SEITE 90 **Katie Roper**: Persönliche Mitteilung der Familie Heyward-Roper, South Carolina.

SEITE 91 **Katie … für »Heyward« entschieden**: Moncks Corner, South Carolina, Arbeitskontrakte für Januar bis Mai 1866, Bd. 237, Eintrag 3286, Berichtgruppe 105, Bureau of Refugees, Freedmen and Abandoned Lands, National Archives, Washington, D. C. (fortan zitiert als Freedmen's Bureau, National Archives).

SEITE 100 **Der Heyward-Clan … umfaßte mehr als hundertfünfzig Personen**: Heyward Familiy Reunion, Broschüre, Juli 1995, Privatbesitz.

5 EIN FAMILIENBETRIEB

SEITE 103 »**Pesthaus**«: An Act for the … Defence of this Province, 12. Jul. 1707, in Nicholas Trott, »The Laws of the Province of South Carolina« (1719), II. Teil, Nr. 5, S. 23, SCDAH.

SEITE 103 **kamen … mehr als vierzig Prozent der Afrikaner … über Charleston ins Land**: Elaine Nichols, »Sullivan's Island Pest Houses: Beginning an Archaeological Investigation«, Referat, Archaeology and the Black Experience, University of Mississippi, Oxford, 17.–20. Mai 1989; Wood, *Black Majority*, S. xiv.

SEITE 103 »**Schmutz, Fäulnis und Ruhr**«. Alexander Garden: zitiert nach Edmund Berkeley und Dorothy Smith Berkely, *Dr. Alexander Garden of Charles Town*, University of North Carolina, Chapel Hill 1969, S. 124; Leichen: *South Carolina Gazette*, 8. Jun. 1769 (die Presse South Carolinas aus dem 18. und 19. Jahrhundert findet sich in der Charleston Library Society, Charleston, und verschiedenen anderen Sammlungen).

SEITE 104 »**15 Neger plus 15 Indianerinnen**«. Frühe Landwirtschaft: John Norris, »Profitable Advice for Rich and Poor ... a Description, or True Relation of South Carolina« (1712), in: Jack Greene (Hg.), *Selling a New World: Two Colonial South Carolina Promotional Pamphlets*, University of South Carolina, Columbia, S. C., 1989; John Lawson, *A New Voyage to Carolina* (1707), Nachdruck bei der Readex Microprint Corporation 1966; Lewis Cecil Gray, *History of Agriculture in the Southern United States to 1860*, New York: Peter Smith, 1941, Bd. I, S. 153–160; Account and Blanket Book 1720–1778, BP-SCHS.

SEITE 106 **die Wiedertäufer ... bauten ... ihre Gemeinde ohne Sklaven auf**: Terry, »›Champaign Country‹«, S. 48–52 und 88; J. Russel Cross, *Historic Ramblin's Through Berkeley*, Columbia, S. C.: R. L. Bryan, 1985, S. 130–132.

SEITE 106 **Aufstand der Eingeborenensklaven**: A. S. Salley (Hg.), *Commissions and Instructions from the Lords Proprietors of Carolina Public Officials to Public Officials of South Carolina, 1685–1715*, Historical Commission of South Carolina, Columbia, S. C., 1916, S. 144.

SEITE 107 **erweiterten die Balls ihren Betrieb**: Landbegebung an Elias Ball I. und Memorial über mehrere Anwesen im Besitz Elias Balls aus der St. John's Parish in Berkeley County, BP-SCHS.

SEITE 107 **ausgewachsene Arbeitskräfte für zwanzig bis dreißig Pfund**: 1699 bis 1708 in Virginia verkaufte Leute, Kosten von Kontraktknechten gegen Ende des 17. Jahrhunderts; Gray, *History of Agriculture*, Bd. I, S. 368–370.

SEITE 108 **Eingeborene konnte man auch mit Tierfellen bezahlen**: Protokolle vom 17. Apr. 1712 und 4. Mai 1714, A. S. Salley (Hg.), *Journal of the Commissioners of the Indian Trade of South Carolina September 20, 1710– April 12, 1715*, Historical Commission of South Carolina, Columbia, S. C., 1926.

SEITE 108 **1706 ersann Child den Plan**. »›Strawberry Ferry‹: An additional act for the making of high ways, and for appointing a ferry over ye Western Branch of Cooper River«, 17. Feb. 1705, BP-SCHS; Raubzug: Verner W. Crane, *The Southern Frontier, 1670–1732*, Duke University, Durham, N. C., 1928, S. 147.

SEITE 109 »**Oft hat er sogar auf der Indianerjagd Spähtrupps angeführt**«: »A short history of the family of the Balls since my grandfather settled in South Carolina, wrote by John Ball« (1786), BP-SCL.

SEITE 109 **Nach fünfzehn Ehejahren ... fünf Kinder**: Stammbaum der Balls, in Deas, *Recollections of the Ball Family*, S. 184 f.

SEITE 109 **John Harleston ... zog ... ans andere Ende von Comingtee**: John Ball, Chronicles of Comingtee (1892), BP-Duke.

SEITE 109 **taten sich vierzehn Eingeborenenstämme zusammen**. Eingaben ... bei den Kolonialbehörden: Protokolle der Commissioners of the Indian Trade, Salley (Hg.), *passim*; Offizierspatent ... Hauptmann Ball: Gouv. Charles Craven an Capt. Ball, 4. Apr. 1715, Privatbesitz; »Milizionäre sind derart rachsüchtig«: Gideon Johnston, Charleston, an den Sekretär der »Gesellschaft für die Verbreitung des Evangeliums«, London, 19. Dez. 1715, zitiert nach Crane, *Southern Frontier*, S. 179; »Yamasee-Krieges«: Crane, *Southern Frontier*, S. 166–184; George Chicken, »1715 ... Journal of the March into the Cherokee Mountains in the Yamassee War«, *Year Book of the City of Charleston, 1894*, Charleston, S. 342–352; John Barnwell, Map showing the route ... from North Carolina in 1715 to aid South Carolina during the Yamasee War, SCHS; »Sklaven ... nur noch kaufen, wenn sie unter 14 Jahre alt sind«: 10. Jul. 1716, Commissioners of the Indian Trade.

SEITE 111   **erwarb Elias noch mehr Land**: Landakten 1680–1842 und Memorial über mehrere Anwesen des Elias Ball, BP-SCHS; Namen der Anwesen aus Elias Balls Testament vom 31. Aug. 1750, BP-SCHS.

SEITE 111   **»Elizabeth von einem bösartigen Fieber befallen«**: John Harleston (South Carolina) an Ann Bulkeley (Dublin), Februar 1721, zitiert nach Deas, *Recollections of the Ball Family*, S. 35 f.

SEITE 112   **Elias erwarb ein neues Geschäftsbuch**: Account and Blanket Book 1720–1778, BP-SCHS.

SEITE 112   **»Habe Bella drei Yards Negerstoff gegeben«**. Bella: Memoranden vom 10. Nov. 1720 (Stoff), Nov. 1749 (Decken), 20. Okt. 1753 (Schuhe), Account and Blanket Book 1720–1778; Der erste Vermerk über einen Sklavenkauf: Sklavenlisten für 1721, Account and Blanket Book 1720–1778, BP-SCHS.

SEITE 113   **1721 ... kein sehr ergiebiges Jahr**: Wood, Black Majority, S. 151.

SEITE 113   **»Fatima«**. Kurzbiographie: Memoranden, »*1721 – Gekauft*: Fatima«, »1725 gebar sie – Pino« (Fatimas Tochter), »Giley, Fatimas Sohn geboren [am 23. Apr. 1742]« (verschwindet nach der Geburt, vielleicht gestorben), Account and Blanket Book 1720–1778, BP-SCHS.

SEITE 114   **einen Markt ... einmal monatlich samstags**: An act for settling a fair and market in Childsberry Town in St. John's Parish in Berkeley County (1723), BP-SCHS.

SEITE 114   **»Entlaufene Neger haben ... ein Jackett nebst Kniehosen mitgehen lassen«**: 4. Sep. 1731, Account and Blanket Book 1720–1778, BP-SCHS.

SEITE 115   **»Gesetz über die Behandlung entlaufener Sklaven«**: »Acts for the Better Ordering of Slaves«, Thomas Cooper (Hg.), *The Statutes at Large of South Carolina*, Columbia, S. C., 1837, Gesetz Nr. 314 vom 7. Jun. 1712.

SEITE 115   **stellte Elias einen Musiklehrer ein**: Memoranden 1722/23, 1731, 1735, Account and Blanket Book 1720–1778, BP-SCHS.

SEITE 116   **1752 Acres Land und dreiundvierzig Sklaven**. Vermögen im Jahr 1727: Terry, »›Champaign Country‹«, S. 331–335; Aufseher und Backsteinhaus: Mai 1721, Sep. 1722, um 1736, Account and Blanket Book 1720–1778, BP-SCHS.

SEITE 118   Die ersten Reisfelder: Gray, *History of Acriculture*, Bd. I,
S. 278–286.
SEITE 121   »daß der Name ›Dolly‹ über allen anderen steht«: Deas, *Recol-
lections of the Ball Family*, S. 169; »Mulattenmädel«: Elias Balls Testament vom
31. Aug. 1750, BP-SCHS; Tod Dollys: »Die alte Dolly starb am 5. Dez. 1774 im Al-
ter von 62 Jahren«, Account and Blanket Book 1720–1778, BP-SCHS.
SEITE 121   Dolly war 1712 zur Welt gekommen. Dollys Biographie: Memo-
randen vom 13. Mai 1727 und 28. Jan. 1728 (Arzt), 1745 (Schuhe), April 1735
(Cupid), Account and Blanket Book 1720–1778, BP-SCHS.
SEITE 121   zum Sex überredeten oder sogar zwangen. Gegengesetze: Wood,
Black Majority, S. 99; Fall La Salle: Grand Council Journal, 6. Mai 1692.
SEITE 123   1740 gebar Dolly ihr zweites Kind ... Edward. Geburt: 16. Sep.
1740, Account and Blanket Book 1720–1778, BP-SCHS; Schwester: Catherine
Johnston, Quittung für Vermächtnis, 5. Feb. 1821, Papiere Edward Tanners in BP-
Duke; als Nachlaßverwalter seiner Schwester: »Citation to Edward Tanner to ad-
minister on estate of Free Kate ... 5. Sep. 1768«, Abstracts from Records of the
Court of Ordinary, *South Carolina Historical and Genealogical Magazine* (fortan
zitiert als SCHM, Bd. 27 (1926).
SEITE 123   »nicht ständig mit ihren schwarzen Geliebten im Park ... herumzupoussieren«: *South Carolina Gazette*, 18. März 1732; »African Ladies«:
24. Jul. 1736.

6 IN BLUT GESCHRIEBEN

SEITE 125   Carolyn Smalls Goodsons ... Familienüberlieferung: Persön-
liche Mitteilung der Smalls und der Goodsons, Pennsylvania.
SEITE 134   Frederick [Poyas] ... »Mulatten«: Volkszählung der Vereinigten
Staaten, 1880, Charleston County, South Carolina, Parish of St. Thomas & St.
Denis, Zählbezirk 97, S. 44; Geburtenlisten, Cedar Hill, Stoffliste für 1850, Stoff-
liste Limerick für 1851 im Plantagenbuch 1804–1890, BP-UNC.
SEITE 137   [James Poyas] erbte eine gewisse Summe von Isaac: Testament
Isaac Balls vom 15. Nov. 1825, Charleston Wills; Mathurin G. Gibbs an Isaac Ball,
11. Feb. 1825, 16. Feb. 1825 und Übertragung der Plantage Cedar Hill, James
Poyas an William James Ball, 1. Jan. 1850, BP-SLC; William J. Ball und James
Poyas, 4. Feb. 1850, Charleston County RMC, E-12, S. 343; Henry A. M. Smith,
The Baronies of South Carolina, South Carolina Historical Society, Charleston
1931, S. 172.
SEITE 148   das Verfahren gegen den mutmaßlichen Mörder: *State of South
Carolina ./. Tony Lewis McNeil* II (1996), Fall Nr. E-291072, Nineth Judicial Cir-
cuit, Charleston County.

7 DYNASTISCHES

SEITE 151 **Angola Amy**: »Gekauft – 1736 … Amey«, später »Angola Amey«, Account and Blanket Book 1720–1778, BP-SCHS; Wood, *Black Majority*, Anhang C.

SEITE 151 **nach fast fünfzig Jahren**. Amy und Windsor und ihre Nachkommen: Eine Liste der Neger im Eigentum von Elias Ball, erstellt am 12. Mai 1784; Sterbedaten: [List of] Superannuated Negroes as Incumbrance, in Appraisement and division of the Negroes late the property of Elias Ball (1787), BP-SCHS; Cheryll Ann Cody, »There Was No ›Absalom‹ on the Ball Plantations: Slave-Naming Practices in the South Carolina Low Country, 1720–1865«, *American Historical Review* 92 (Juni 1987). Amys Beziehung zu Windsor wird aus folgenden Indizien abgeleitet: (1) Auf zwei im Abstand von Jahren erstellten Sklavenlisten sind Amy und Windsor als Paar geführt; und (2) im Zuge der Praxis, daß Sklaven ihre Kinder nach Großeltern benannten, erhielten vier von Angola Amys Enkeln den Namen »Windsor«. Amys Nachkommenschaft: Recherchen Lucy D. Rosenfelds und Jessica B. Cohens, die auch den Stammbaum angelegt hat.

SEITE 152 **»Angola« ein Gebiet an der afrikanischen Atlantikküste**: Daniel C. Littlefield, *Rice and Slaves: Ethnicity and the Slave Trade in Colonial South Carolina*, University of Illinois, Chicago 1991, S. 41–44; John K. Thornton, »African Dimensions of the Stono Rebellion«, *American Historical Review* 96, Nr. 4 (Ok. 1991), S. 1101–1113; Joseph Miller, *Way of Death: Merchant Capitalism and the Angolan Slave Trade, 1730–1830*, University of Wisconsin, Madison 1988.

SEITE 154 **eine Art Überstunden zu bezahlen**: Memoranden Jan. 1728, Jan. 1736 und 1740, Account and Blanket Book 1720–1778, BP-SCHS.

SEITE 155 **»System der Aufgaben«**: Philip D. Morgan, »Work and Culture: The Task System and the World of Lowcountry Blacks, 1700 to 1880«, *William and Mary Quarterly* 39, Nr. 4 (1982), S. 563–599.

SEITE 156 **Hannah … baute … Tabak [an]**: Account and Blanket Book 1720–1778, BP-SCHS.

SEITE 156 **Rotkäppchen … beschloß … nach Charleston umzusiedeln**: Übertragung Elias Ball sr. auf Elias Ball jr., tausend Acres, Aug. 1733, BP-SCL; Memoranden vom Mai 1738 und »5. Februar [1739] – Mein Vater ging an einem Dienstag in die Stadt«, Account and Blanket Book 1720–1778, BP-SCHS.

SEITE 157 **Der Aufstand begann an einem … Sonntage**: John K. Thornton, »African Dimensions of the Stono Rebellion«; Wood, *Black Majority*, S. 314–326.

SEITE 158 **[Elias] eine Festung in der Stadt aufsuchte**: Deas, *Recollections of the Ball Family*, S. 47.

SEITE 158 **»Negro Act« von 1740**: Joseph Brevard, *An Alphabetical Digest of the Public Statute Law of South-Carolina*, Charleston 1814, Bd. II, S. 228–244.

SEITE 159 **hatte Charleston sich … gemausert**: Peter A. Coclanis, *The Shad-*

ow of a Dream: Economic Life and Death in the South Carolina Low Country, 1670–1920, New York: Oxford University Press, 1989, Einführung.

SEITE 159 **Elias' Stadtsitz ... am Hafen**: Lageplan vom 17. Okt. 1750 ... mit Hinweis auf den Streit zwischen Charles Pinckney und Jonathan Scott, von Landmesser Thomas Blythe, SCHS.

SEITE 159 **Dolly ... scheint ... mit dem alten Mann zusammengelebt zu haben**: Memoranden vom »[22. Juni 1742] Dolly fuhr mit Mrs. Dogett über den Fluß in die Stadt«, »[23. Dez. 1742] Sanders Doleys Sohn geboren, Account and Blanket Book 1720–1778, BP-SCHS.

SEITE 160 **verkaufte Elias seinem Schwiegersohn**: Misc. records, 20. Nov. 1741, Bd. EE, S. 102–108, SCDAH.

SEITE 160 **an den Maler Jeremiah Theus**: Margaret S. Middleton, *Jeremiah Theus: Colonial Artist of Charles Town*, University of South Carolina, Columbia, S. C., 1953.

SEITE 162 **John Coming ... den Namen »Hyde Park«**: Smith, *Baronies of South Carolina*, S. 33. Smith verwechselt die Plantage Hyde Park mit dem 1747 von Elias Ball II. gekauften Anwesen Kensington.

SEITE 162 **Amos, einem Facharbeiter**: Memoranden vom 20. Okt. 1741, 4. Aug. 1743, 8. Okt. 1743 und März 1745, Account and Blanket Book 1720–1778, BP-SCHS.

SEITE 163 **Der ... Zweite Elias fühlte sich zunehmend einsam**: Deas, *Recollections of the Ball Family*, S. 66–69; Alexander Murfee an Elias Ball, 5. Aug. 1763, und Memoranden vom 25. März 1740 und 22. Jan. 1741, Account and Blanket Book 1720–1778, BP-SCHS.

SEITE 164 **kaufte der Zweite Elias ... »Kensington«**: Richard Gough an Elias Ball, 27. Feb. 1747, Charleston deeds, Bd. 2F, S. 51–55, SCDAH.

SEITE 165 **Lydia Chicken brachte ... Sklaven**: »Ratclif and Amey«, Jenny Buller, Account and Blanket Book 1720–1778, BP-SCHS.

SEITE 165 **Der Name »Jenny Buller«**: Deas, *Recollections of the Ball Family*, S. 163 f.

SEITE 166 **Im Sommer 1748 ... eine blutige Revolte**. Bericht: South Carolina Council Journal, Nr. 17 (20. Dez. 1748–16. Dez. 1749), SCDAH; Akinfield: Smith, *Baronies of South Carolina*, S. 174; Cornelia: Memorandum Jun.–Aug. 1738, »Cornelah von Feb. ... bis Aug. ... 22 Wochen zu £30«, Account and Blanket Book 1720–1778, BP-SCHS; Thom Paine: Memorandum vom 14. Aug. 1739, »[an Mrs. Elizabeth Harleston] eine Flasche Rum ausgeliehen, überbracht von Tompane«, Account and Blanket Book 1720–1778; Tom White: Für 1777 Liste der männlichen Sklaven und ihrer Geburtsorte, »Tomwhit – Angola – 55 [Jahre alt]«, Sklavenliste Mai 1751 (Tom White, Carolina, Pompey und Violet) Account and Blanket Book 1720–1778: Carolina: »Entlaufen von meiner Plantage in Carolina ... : *South Carolina Gazette*, 4. Mai 1752.

SEITE 171 **Die Hochzeit fand ... auf Comingtee statt**: Cross, *Historic Ramblin's Through Berkeley*, S. 53.

SEITE 172 **der größte Sklavenhändler der britischen Kolonien:** Richard
Waterhouse, *South Carolina's Colonial Elite: A Study in the Social Structure
and Political Culture of a Southern Colony, 1670–1760,* Diss., Johns Hopkins
University 1973, S. 160–165.

SEITE 172 **»Ich, Elias Ball ... aus Charles Town«:** Testament Elias Balls vom
31. Aug. 1750, BP-SCHS:

SEITE 172 **starb Elias fünfundsiebzigjährig:** Zwar sind keine Berichte über
Elias' Tod und Beisetzung erhalten, aber wahrscheinlich fielen beide Ereignisse in
die letzte Septemberwoche 1751. Im Nachlaßverzeichnis vom 4. Okt. 1751 ist ein
Sklavenkind Surrey als Sohn Angola Amys aufgeführt. Den Sklavenlisten in
Elias' Account and Blanket Book 1720–1778 zufolge wurde Surrey am 25. Sept.
1751 geboren und starb wenig später. Da der Säugling im Verzeichnis steht, muß
Elias zwischen dem 25. Sept. und dem 4. Okt. gestorben sein.

SEITE 172 **ein Vermögensverzeichnis:** Inventory of Elias Ball, 8. Nov. 1751,
Charleston inventories, Bd. R(1), S. 119–125, SCDAH.

8 SAWMILL

SEITE 176 **Georgianna Gadsden Richardson:** Persönliche Mitteilung der Familie Gadsden-Richardson, South Carolina.

SEITE 177 **Comingtee ... die erste Plantage ... und ... auch eine der letzten:**
Testament Affra Comings vom 28. Dez. 1698, Charleston Wills; Louisa Cheves
Stoney (Hg.), John B. Irving, *Day on Cooper River,* Columbia, S. C.: R. L. Bryan,
1969, S. 80 und 125; Übertragungen von Comingtee: Ann Deas auf Alwyn Ball
jr., 1. Jan. 1901; Union Corp. auf Comingtee Corp., 1. Apr. 1918; Comingtee Corp.
auf Joseph Frelinghuysen, 18. Mai 1927; Leigh Banana Case Company auf West-
Vaco, 28. Jun. 1949, Berkeley County RMC, Bücher C-4, S. 793, C-19, S. 537,
A-55, S. 195 und C-46, S. 58.

SEITE 181 **Maum Mary Ann [und Familie]:** Deas, *Recollections of the Ball Family,* S. 166; Nachruf: Keating Simons Ball Plantation Journal 1850–1859 und
1866, BP-Duke; Mary Ann Royal und Surrey Pinckney, Memoranden vom 6. Feb.
1862 und 31. März 1866, Plantation Record Book 1803–1834, BP-UNC.

SEITE 182 **»Habe beide ausgepeitscht«:** Thomas G. Finklea an John Ball,
11. Okt. 1833, BP-SCHS.

SEITE 192 **»Der Negerfriedhof ... an einem Hain aus hohen Weißeichen«:**
Deas, *Recollections of the Ball Family,* S. 15 und 151.

SEITE 194 **der Schweinehüter Brawley und Feldarbeiterin Binah:** *ibid.,*
S. 166–168.

SEITE 196 **die Urururururenkelin Angola Amys.** Angola Amy: »Geborene
und gekaufte Sklaven, 1721–1736«, und spätere Geburtenlisten, Account and
Blanket Book 1720–1778, BP-SCHS; Plantation Record Book 1779–1817 und
1803–1834, BP-UNC; Testament Elias Balls III. vom 6. Dez. 1809, Charleston

Wills; Plantation Record Book 1849–1890, BP-SCL; Keating Simons Ball Plantation Journal 1850–1859 und 1866, BP-Duke; Dienstvertrag Comingtee: Moncks Corner, South Carolina, Arbeitskontrakte Jan.–Mai 1866, Bd. 237, Eintrag 3286, Freedmen's Bureau, National Archives; Probate records, Grafschaften Charleston und Berkeley.

9 BLUTLINIEN

SEITE 205 **der eitelste Pfau der Familie**: Catherine Simmons an John Ball, 10. Jan. 1775, 24. Jan. 1775, 6. März 1775; Diana: Account and Blanket Book 1720–1778; Memo Book of John Ball 1774–1780, BP-SCHS.

SEITE 206 **Oft kam der Tod unerwartet**: Account and Blanket Book 1720–1778, BP-SCHS, 23. Feb. 1771 und *passim*; Cheryll Ann Cody, *Slave Demography and Family Formation: A Community Study of the Ball Family Plantations, 1720–1896*, Diss., University of Minnesota 1982, S. 211 und 232.

SEITE 207 **Mord … Dreieicksverhältnis**: Henry Laurens an Elias Ball, 2. Mai 1766, *Laurens-Papers*, Bd. V, S. 123.

SEITE 208 **Carolina nur einer von vielen Sklaven, die zu fliehen versuchten**: *South Carolina Gazette*, 4. Mai 1752, 20. Okt. 1766 und 22. Feb. 1768; Carolina, Patra und Truman: 15. Apr. 1742 und 20. Okt. 1753, Account and Blanket Book 1720–1778, BP-SCHS.

SEITE 209 **South Carolina verzeichnete weit mehr Fluchtversuche**: Billy G. Smith und Richard Wojtowicz, *Blacks Who Stole Themselves: Advertisements for Runaways in the Pennsylvania Gazette, 1728–1790*, Philadelphia: University of Philadelphia, 1989, S. 13.

SEITE 209 **Tom … aus einer rebellischen Familie**: Geboren am 18. Jan. 1741, Account and Blanket Book 1720–1778, BP-SCHS.

SEITE 210 **»jeweils zwei Zehen«**: *South Carolina Gazette*, 23. Aug. 1740.

SEITE 210 **Der farbige Knabe Edward … bereitete Probleme**: Elias Ball an Richard Shubrick, Schenkungsurkunde über das Kind Ned, 19. Nov. 1741, Misc. records, Bd. EE, S. 102 f., SCDAH; Smith, *Baronies of South Carolina*, S. 154; »Doley und ihre Kinder gingen nach St. James«, Account and Blanket Book 1720–1778, BP-SCHS, 19. Feb. 1748 und *passim*.

SEITE 212 **Als Stallmeister und Pferdehüter … Edward Tanner**: Fohlenregister 1745–1777, BP-SCHS.

SEITE 212 **der kleinen Gruppe freier Farbiger**: Coclains, *Shadow of a Dream*, S. 64; Terry, »›Champaign Contry‹«, S. 116; David Duncan Wallace, *South Carolina: A Short History, 1520–1948*, University of North Carolina, Chapel Hill 1951, S. 247.

SEITE 213 **»Kate« … starb**: »Abstracts from records of the Court of Ordinary«, SCHM, Bd. 27 (1926), S. 92 f.

SEITE 213 **»Dolly am 5. Dez. 1774 … gestorben«**: Account and Blanket Book 1720–1778, BP-SCHS.

SEITE 213 **knapp 9,5 Millionen Afrikaner … verschleppt**: Eine gründliche Untersuchung des Menschenhandels findet sich bei Philip D. Curtin, *The Atlantic Slave Trade: A Census*, University of Wisconsin, Madison 1969, mit Abschnitten über die Vereinigten Staaten, 3. Kap., »Die Kolonien der Nordeuropäer«, und 5. Kap., »Der englische Sklavenhandel des 18. Jahrhunderts«.

SEITE 214 **machten zwei Schwäger der Balls zu den größten Nutznießern**: W. Robert Higgins, »Charles Town Merchants and Factors Dealing in the External Negro Trade, 1735–1775«, SCHM, Bd. 65 (1964), S. 205–217.

SEITE 215   **So schrieb [Laurens] einmal seinem Schwager:** Henry Laurens
an John Ball, 3. Mai 1756, Letterbook, 12. Mai 1755–25. Apr. 1757, unveröffent-
lichte Laurens-Papiere, SCHS; Henry Laurens an Smith and Clifton, 26. Mai
1755, *Laurens-Papers*, Bd. I, S. 255.
SEITE 215   **»Brewton & Smith«:** Waterhouse, *South Carolina's Colonial Elite*,
S. 163.
SEITE 215   **»Negermüll«:** Henry Laurens an Ross and Mill, 11. März 1769, *Lau-
rens-Papers*, Bd. VI, S. 407.
SEITE 216   **»mit der Hare ... aus Sierra-Leon«:** *South Carolina Gazette*,
17. Jun. 1756.
SEITE 216   **unter anderen die Stämme Limba, Kono, Mende:** Kup, *Sierra
Leone*, S. 38 und *passim*.
SEITE 217   **Henry Laurens ... klagte in mehreren Briefen an Bekannte:** H.
L. an John Knight, 28. Mai 1756; H. L., Charleston, an Richard Oswald, London,
29. Jun. 1756; H. L. an Samuel & William Vernon, 5. Jul. 1756; H. L. an Robert &
John Thompson & Co., 24. Jul. 1756; H. L. an Augustus & John Boyd & Co., 30.
Jul. 1756; H. L., Charleston, an Richard Oswald & Co., London, 14. Aug. 1756;
Laurens-Papers, Bd. II, S. 204 f., 232 f., 238 f., 239–243, 269 f., 272 f. und
283–285.
SEITE 217   **Der Zweite Elias begab sich persönlich zum Hafen hinunter:**
Bilanz über Verkauf, Gebühren & Reinerlös aus 63 neuen Negersklaven von der
Schaluppe Hare ... (17. Jul. 1756), *Laurens-Papers*, Bd. II, S. 256–258; »[1756] 4
Knaben und 2 Mädchen gekauft«, »[13. Sep. 1769] 13 junge Gambianer gekauft
... 11 Knaben und 2 Mädchen«, Account and Blanket Book 1720–1778, BP-
SCHS.

10 »GEHORSAMST IHR«

SEITE 221   **Thomas Martin war Lehrer ... im Ruhestand:** Persönliche Mittei-
lung der Martins, South Carolina.
SEITE 224   **P. Henry Martins Leben:** Plantation Book 1804–1890, BP-UNC; P.
H. M. an Isaac Ball, 20. Feb. 1926, P. H. M. an Mary H. Ball, 2. Okt. 1932, P. H. M.
an Mrs. Henry H. Ficken (Julia Ball), 27. März 1933, Privatbesitz; persönliche
Mitteilungen der Martins.
SEITE 225   **eine gewisse Erziehung:** F. W. Liedke an Leutn. C. E. Campbell, 1.
Mai 1868, Moncks Corner, South Carolina, Letters and circulars Aug. 1866–Jan.
1868, Eintrag 3279, Misc. reports 1866–1868, Eintrag 3280, monatlicher Lehrer-
bericht für die Nazareth Church School, Lists and Registers 1866–1868, Eintrag
3287, Berichtgruppe 105, Freedmen's Bureau, National Archives.
SEITE 234   **Die Geschichte der ... Plantage Limerick:** Smith, *Baronies of
South Carolina*, S. 30–32; William B. Lees, *Limerick: Old an in the Way: Archaeological Investigations at Limerick Plantation*, Anthropological Studies 5,

Papers of the Institute of Archaeology and Anthropology, University of South Carolina, Columbia, S. C., 1980, S. 31 f. und *passim*.

<small>SEITE</small> 237 **[die Martins als] Nachkommen Priscillas**: In der *South Carolina Gazette* vom 17. Juni 1756 heißt es:»Soeben eingetroffen, mit der *Hare* von Captn. *Caleb Godfrey*, direkt aus *Sierra-Leon*, eine Ladung vielversprechender, gesunder Sklaven. Freier Verkauf am nächsten *Dienstag*, dem 29. *Juni, durch Austin & Laurens.*« In einem Geschäftsbuch Henry Laurens', Sklavenhändler in Charleston, findet sich eine Notiz:»Bilanz über Verkauf, Gebühren & Reinerlös aus 63 neuen Negersklaven von der Schaluppe Hare ...« (*Laurens-Papers*, Bd. II, S. 256–258). Für den Verkauf, der am 29. und 30. Juni 1756 stattfand, führt Laurens seine Kunden auf, darunter sein Schwager Elias Ball jr., der am 30. Juni drei Knaben und zwei Mädchen für £460 kaufte. Elias scheint einzeln noch einen weiteren Knaben für £140 erstanden zu haben. In seinem Hauptbuch vermerkte der Inhaber Comingtees:»4 Knaben und 2 Mädchen gekauft – ihr Alter schätzungsweise: Sancho=9, Peter=7, Brutus=7, Harry=6, Belinder=10, Prosillo [Priscilla]=10. Alle zusammen für £600«, Account and Blanket Book 1720–1778, BP-SCHS. Die anschließenden Berichte über Geburten und Sterbefälle reichen aus, um die Nachkommenschaft Priscillas zu rekonstruieren (Account and Blanket Book 1720–1778, Slave Registers and Blanket Book 1804–1821, Slave Lists 1804–1810, Plantage Limerick, alle in BP-SCHS; Plantation Record Book 1804–1890 und Birth Lists 1735–1817, in John and Keating S. Ball Books 1779–1911, BP-UNC). Diesen Angaben zufolge hatte Priscilla neun Kinder, vermutlich von einem gewissen Jeffrey: Friday, Monemia, Little Binah, Harriet, Charlotte, Marcia, Lettice, Amy und Jeffrey. Diese wiederum bekamen insgesamt vierzig Kinder. Eines davon, Priscillas Enkelin Sally, gebar eine Tochter namens Dinah (geb. 1834). Am 6. Oktober 1855 brachte diese Henry zur Welt, der 1865 befreit wurde und den Namen Peter Henry Martin annahm.

11 EIN GETEILTES HAUS

<small>SEITE</small> 241 **Tausende Hektar Land und etwa fünfhundert schwarze Sklaven**: Das Nachlaßverzeichnis John Coming Balls vom 12. Jan. 1765 (Charleston inventories, Bd. W, S. 198–202, SCDAH) führt 249 Sklaven als Eigentum eines einzigen Pflanzers auf. Weitere Dörfer auf Comingtee: Account and Blanket Book 1720–1778, BP-SCHS; Hyde Park, Kensington, Limerick: Smith, *Baronies of South Carolina*, S. 32 f.; Old Goose Creek: Irving, *Day on Cooper River*, S. 100; und Tranquil Hill: Henry A. M. Smith, *Cities and Towns of Early South Carolina*, South Carolina Historical Society, Charleston 1988, S. 22.

<small>SEITE</small> 241 **allen voran South Carolina**: Coclanis, *Shadow of a Dream*, S. 64.

<small>SEITE</small> 242 **Im Frühjahr 1775 ... Gefahr für die Sklaverei**. Ereignisse von 1775/76: Benjamin Quarles, *The Negro in the American Revolution*, University of North Carolina, Chapel Hill 1961; Robert A. Olwell, »›Domestic Enemies‹:

Slavery and Political Independence in South Carolina, May 1775–March 1776«, *Journal of Southern History,* Jg. LV, Nr. 1, *passim*.

SEITE 243 **hielt der Dritte Elias es für angezeigt, einer Bürgerwehr beizu- treten:** *South Carolina Provincial Troops, Named in Papers of the First Council of Safety in the Revolutionary Party of South Carolina, June–November 1775,* zusammengestellt von A. S. Salley, Baltimore: Genealogical Publishing, 1977; Elias an John Ball, 27. Aug. 1775, BP-SCHS.

SEITE 244 **Notplan für den Fall eines britischen Angriffes:** Robert W. Gibbs (Hg.), »Report of the Committee for Forming a Plan of Defence for the Colony«, in: *Documentary History of the American Revolution: Consisting of Letters and Papers Relating to the Contest for Liberty, Chiefly in South Carolina, From Originals in the Possession of the Editor, and Other Sources, 1774–1776,* 3 Bde. 1855, Nachdruck, drei Bände in einem, New York: Arno Press, 1971, Bd. I, S. 205.

SEITE 245 **»elender alter Verräter unser Gouverneur [Campbell]«:** John an Isaac Ball, 19. Sep. 1775, BP-SCHS:

SEITE 245 **»Wir treffen alle Vorkehrungen«:** Elias an John Ball, 18. Nov. 1775, BP-SCHS.

SEITE 245 **»Sie erhalten hiermit den Befehl, Sullivan's Island mit zwei- hundert Mann«:** Olwell, »›Domestick Enemies‹«, S. 45; *Laurens-Papers,* Bd. X, S. 546.

SEITE 246 **»Schlacht um Fort Sullivan«:** Robert M. Weir, *Colonial South Carolina: A History,* Millwood, N. Y.: KTO Press, 1983, S. 328–330.

SEITE 246 **»[Der König] führt einen grausamen Krieg«:** Carl Becker, *The Declaration of Independence,* New York: Knopf, 1969, S. 180 f.

SEITE 249 **»Vorteile … wenn Du … ein Regiment von Weißen aufstellen würdest«:** John Laurens an Henry Laurens, 2. Feb. 1778, *The Army Correspondence of Colonel John Laurens in the Years 1777–8, now first printed from original letters addressed to his father Henry Laurens, President of Congress, with a memoir by Wm. Gilmore Simms,* New York 1867, S. 114; John Laurens an George Washington, 19. Mai 1782, zitiert nach Charles, *The Negro in the American Revolution,* S. 67; Henry an John Laurens, 6. Feb. 1778, »Correspondence between Hon. Henry Laurens and his son, John, 1777–1780«, SCHM, Bd. 6 (Apr. 1905), S. 47–52.

SEITE 249 **Boston King … 1760 auf White Hall … geboren:** »Memoirs of the Life of Boston King, a Black Preacher, Written by Himself, during his Residence at Kingswood School [England]«, *The Methodist Magazine* (London), Nr. 21 (1798), S. 105–110, 157–161, 209–213, 261–265.

SEITE 250 **Als Ann ins große Haus einzog, wurde Boston ein Ballscher Sklave:** Testament Richard Warings vom 8. Jun. 1780, Charleston Wills; Familie Waring, misc. file, SCHS; Legaré Walker, *Dorchester County: A History of Its Genesis … and other matters of a historical nature,* MS 1941 / 1979, SCHS, S. 23; Elizabeth Ann Poyas, *The Olden Time of Carolina,* Charleston 1855, S. 79 f.

SEITE 250 **Tranquil Hill ... in die Revolution verstrickt**: Smith, *Cities and Towns of Early South Carolina*, S. 22; Weir, *Colonial South Carolina*, S. 334 f.

SEITE 252 **ein Aquarell von Tranquil Hill**: »Tranquil Hill«, Wasserfarbe auf Papier, anonym (um 1800), Gibbes Museum of Art / Carolina Art Association, Charleston.

SEITE 253 **eine Besatzungstruppe aus örtlichen Rekruten:** Gregory Palmer, *Biographical Sketches of Loyalists of the American Revolution*, London: Meckler Publishing, 1984, S. 38; Murtie June Clark, *Loyalists in the Southern Campaign of the Revolutionary War*, Baltimore: Genealogical Publishing, 1981, Bd. I, S. 183.

SEITE 253 **Wambaw ... am Santee River**: Lease and release, John Coming Ball an Henry Laurens, 11. Mai 1756, Indenture and release, Henry Laurens an Elias Ball, 25. Mai 1769, Charleston deeds, Bd. 2Y, S. 513–530, und Bd. 3N, S. 171–179, SCDAH.

SEITE 253 **blieben mindestens zwei Balls den unterlegenen Rebellen treu**: Sara Sullivan Ervin, *South Carolinans in the Revolution*, Baltimore: Genealogical Publishing Company, 1965, S. 90; Orderly book for the regiment of Light Dragoons, Commanded by Col. D. Horry, 1779, BP-SCHS.

SEITE 254 **»einem kurzen blauen Rock mit scharlachroten Aufschlägen«**: Auszug aus Capt. F. Marions Orderly Book, 1775, und Regimental Orders, Col. Marion, 23. Jun. 1777, Gibbes (Hg.), *Documentary History of the American Revolution*, Bd. I, S. 104, und Bd. II, S. 59 f.

SEITE 254 **zweihundert Faß ... Reis aufgezehrt**: Account Book 1780–1784, BP-Duke.

SEITE 254 **»Eines Abends um 10 zogen wir«**: John an Elias Ball, 28. Mai 1779, BP-SCL.

SEITE 255 **den damals sechsunddreißigjährigen Gambianer London**: List of males at Comingtee, 1777, in Account and Blanket Book 1720–1778, BP-SCHS; John Ball an Elias Ball, 4. Jun. 1779, BP-SCL.

SEITE 256 **mindestens einundfünfzig Leute ... von Kensington verschwunden.** 51 Leute: A fair list of the Negroes that is gone from Kensington (1780) und misc. note, 1. Jun. 1780, in Account Book 1780–1784, BP-Duke; Alter: A list of male slaves from sixteen to sixty at Kensington with each Negroes age to the best of our Knowledge, 8. März 1780, BP-UNC; Besatzungsblatt: *Royal Gazette*, 21. März 1781; Petition: Terry, »Champaign Contry««, S. 352; 12 000: Ralph Izard an Mrs. Izard, 7. Okt. 1782, zitiert nach Charles, *The Negro in the American Revolution*, S. 158.

SEITE 258 **folgte ... bei seinen Besuchen einem strengen Protokoll**: Edward McCrady, *The History of South Carolina in the Revolution, 1780–1783*, New York 1902, Nachdruck New York: Russell & Russell, 1969, Anhang B, S. 746 f.; Irving, *Day on Cooper River*, S. 40 ff. und 170.

SEITE 259 **Die Gefallenen beider Seiten wurden ...**: McCrady, *Revolution*, S. 331–340; Marion: zitiert nach Ferguson, *Uncommon Ground*, S. 77.

SEITE 262 **versuchte man, die unbewaffneten Schwarzen zusammenzu-**
treiben: Cross, *Historic Ramblin's Through Berkeley*, S. 257; Robert Stansbury
Lambert, *South Carolina Loyalists in the American Revolution*, University of
South Carolina, Columbia 1987, S. 243.

SEITE 262 **»Meine Neger wurden, entgegen meinem ausdrücklichen**
Befehl, mit Reis und Mais versorgt«: Elias Ball an Bord eines Schiffes nach
St. Augustine an Elias Ball in Charleston, 5. Jun. 1784, BP-SCL.

SEITE 262 **neun Familien mit zweiundfünfzig ehemaligen Sklaven Wam-**
baws ... verkauft: Verkauf des Nachlasses von Elias Ball, Wambaw (22. Jun.
1782), 20. Mai 1786, BP-SCHS.

SEITE 263 **Als flüchtige Schwarze ... erwartete [sie] wenig Gutes**: Quarles,
The Negro in the American Revolution, S. 177.

SEITE 264 **erhielt Wambaw Elias ... 12 700 Pfund Sterling**: Palmer, *Biograph-*
ical Sketches of Loyalists, S. 38; Memorial [Anspruch] of Col. Elias Ball, late of
the Province of South Carolina, 20. März 1784, Privatbesitz; Decisions of Loyalist
Claims Commission for South Carolina 1784–1788, AO 12/68; Claim of Elias
Ball sr., AO 12/50, Public Record Office, London.

SEITE 265 **Der ... in Amerika geborene Maler Benjamin West**: »American
Commissioners of the Preliminary Peace Negotiations with Great Britain«, von
Benjamin West, Öl auf Leinwand (1783), Henry Francis du Pont Winterthur Mu-
seum, Winterthur, Delaware.

SEITE 265 **»gelten hier im allgemeinen als schwarze Schafe«**: Militia Of-
ficers at Present Refugees in Charleston, SC, 4. Jun. 1782, in Clark, *Loyalists in*
the Southern Campaign, Bd. I, S. 419; Lambert, *South Carolina Loyalists*, S. 292;
Elias Ball, Limerick, an Elias Ball, Bristol, England, 15. Mai 1784, BP-SCHS.

SEITE 266 **besaßen die Brüder jetzt nur noch einhundertdreiundzwanzig**
Sklaven: List of Negroes the property of Elias Ball made the 12th day of May
1784, BP-SCHS.

SEITE 266 **»wobei mich die Neger fast um den Verstand bringen«**: zitiert
nach Deas, *Recollections of the Ball Family*, S. 116 f.

SEITE 266 **eine Liste der Flüchtlinge**: Boston King, Frank Symons, Polly Shu-
brick: Inspection Roll of Negroes Book No. 1, New York City, 23. Apr.–3. Sep.
1783, Miscellaneous Papers of the Continental Congress 1774–1789, National
Archives Washington, D. C.; Graham Russell Hodges (Hg.), *The Black Loyalist*
Directory, New York: Garland, 1996, enthält alle sog. Inspektionsrollen; Inhaber
Frank Symons: Indenture, John Bryan and Lydia Simons of Charleston, and Ben-
jamin Simons and John Ball, 25. Jan. 1783, BP-SCHS; Inhaber Polly Shubricks:
Smith, *Baronies of South Carolina*, S. 153.

SEITE 267 **King ... und den anderen New Yorker Flüchtlingen**: Quarles,
The Negro in the American Revolution, S. 173 und 179–181.

SEITE 269 **Am 6. März 1792 trafen die Kolonisten an der Westküste Afri-**
kas ein: Names of Settlers Located on the 1st Nova Scotian Allotment (1792),
Sierra Leone National Archives, Freetown, Sierra Leone.

12 EIN WEITES FELD

SEITE 270 **Levitikus ... das alte Mosaische Gesetz**: 3. Mose 18.

SEITE 271 **schwoll ihr eine Hand an:** Jane Ball an John Ball jr., 24. Feb. 1800, John Ball an John Ball jr., 29. Dez. 1799 und 18. März 1800, BP-SCHS.

SEITE 271 **»Ich war vorher schon zu fett«**: John Ball an John Ball jr., 5. Aug. 1801, BP-SCHS.

SEITE 271 **hatte er vermutlich eine Lebensgefährtin, eine Sklavin**: Testament Elias Balls III. vom 6. Dez. 1809, Charleston Wills; Memorandum Isaak Balls, »Limerick, April 1822, habe der Freien Nancy nach dem Willen meines Onkels $100 gezahlt«, Plantagenbuch 1804–1890, BP-UNC.

SEITE 272 **entweder zinsbringend zu verleihen oder »junge Sklaven zu kaufen«**: Testament Elias Balls II. (1772), BP-SCHS.

SEITE 272 **»Eine kurze Geschichte der Balls«**: »A short history of the family of the Balls since my grandfather settled in South Carolina, wrote by John Ball for the satisfaction of the posterity of the Balls, wrote in August 1786«, BP-SCL, abgedruckt in Deas, *Recollections of the Ball Family*, S. 174–182.

SEITE 272 **teilten John und der Dritte Elias »ihre Leute« auf**: Division of the Negroes belonging to Mrs. Judith Balls Estate, An Inventory and Appraisement of the Estate of Mrs. Judith Ball, deceased, 31 Mar 1783, A list of Negroes the Property of Elias Ball made the 12th day of May 1784, and Appraisement and Division of the Negroes late the property of Elias Ball, 22 Jan 1787, BP-SCHS.

SEITE 273 **Die erste Volkszählung ... 1790.** Bevölkerung 1790: U. S. Bureau of the Census, *Statistical Abstract of the United States*, 115. Aufl., Washington, D. C., 1995; Sklaven und Sklavenhalter: Jessie Carney Smith and Carrell Peterson Horton (Hg.), *Historical Statistics of Black America*, New York: International Thomson Publishing, 1995, »Population: Slave and Free, 1790–1860« und »Slaveholding and Non-slaveholding Families: by State, 1790–1850«.

SEITE 274 **»das bittere Los der Sklaverei so erträglich zu machen«**: John Ball an John Ball jr., 6. Okt. 1801, BP-SCHS.

SEITE 274 **wandten ausgebildete Ärzte eine Reihe von Heilverfahren an**: Jane Ball an Isaac Ball, 18. und 24. Mai 1802, BP-SCL; John Ball an John Ball jr., 14. Okt. 1801, BP-SCHS; Geschäftsbuch John Balls 1796–1817, *passim*, und Honorarrechnung Alexander Gardens an John Ball, 6. Mai 1806, BP-Duke.

SEITE 275 **John Coming ... hatte ... einen Kontrakt mit dem Landarzt ... geschlossen**: Samuel McCormick in a/c mit John Coming Ball, 23. Apr. 1785, BP-SCHS.

SEITE 275 **hatten die Sklaven ihre eigenen alternativen Heilverfahren**: James Simons an Frenau & Williams, 6. Sep. 1803, BP-SCHS; John Ball jr., Estate Account Book of John Ball sr., Plantage Pimlico, 1810–1829, BP-Duke.

SEITE 276 **kleine Tontöpfe ... in denen Heilkundige**: Ferguson, *Uncommon Ground*, Anhänge 1–3.

SEITE 276 **»Ich werde Robin für die ... Heilung Hagars von der Ge-**

schlechtskrankheit ... bezahlen«: Memoranden vom 21. Dez. 1795, 5. Jan. 1799 und 26. Jan. 1818, Geschäftsbuch John Ball 1788–1818, BP-SCHS.

SEITE 277 **Die Methode des Tidenreisanbaus**. Technik: Gray, *History of Agriculture*, Bd. I, S. 280 f.; Zeichnung: Abgedruckt in Kup, *Sierra Leone*, S. 34.

SEITE 278 **»daß ich Dir sogar dringend dazu geraten hatte«**: Joseph Purcell, A Plan exhibiting the shape and form of a body of land called Limerick (1786), SCL; John Hardwick, A plan of Limerick, a plantation belonging to Elias Ball, Esquire (1797), SCDAH; Elias Ball, England, an Elias Ball, South Carolina, 25. Jun. 1787, BP-SCL.

SEITE 278 **von gut zwei Millionen Kubikmetern**. Reisbänke: Ferguson, Uncommon Ground, S. xxiv; Exporte: Edward A. Pearson, *From Stono to Vesey: Slavery, Resistance, and Ideology in South Carolina, 1739–1822*, Diss., University of Wisconsin, Madison 1992, S. 293.

SEITE 278 **»zu dem Wucherpreis von £1365«**. Textilien: Invoice of Sundry Merchandize ... by Order of Col. Elias Ball, Bristol, and addressed to Mr. Elias Ball jr. (South Carolina), 2. Jul. 1787, BP-SCL; Kauf von Arbeitern: Taschengeschäftsbuch 1795–1808, BP-SCL:

SEITE 279 **neue Hütten entstanden**. Teerboden: Anweisungen E. Balls & J. Balls, einen Teerboden zu legen, 20. Jul. 1794, BP-SCHS; Tünchen: Zusammensetzung von Außentünche (um 1794), BP-SCL, und Deas, *Recollections of the Ball Family*, S. 150; Hütten: *South Carolina Gazette*, 11. Jun. 1792, CLS; Zimmerleute: Memoranden 1786–1790, in Geschäftsbuch John Balls, Plantage Back River, 1786–1803, Privatbesitz.

SEITE 279 **Die Balls konnten also ihren alten Lebensstil als Reisbarone wiederaufnehmen**: Steuererklärung Elias Balls für das Jahr 1790, BP-SCHS; Haushalte bei der ersten Volkszählung der Vereinigten Staaten von 1790, South Carolina, U. S. Government Printing Office, Washington, D. C., 1908, S. 31.

SEITE 280 **»Ich hoffe, diese französischen Sauhunde kriegen kräftig eins auf die Schnauze«**: Elias Ball, Bristol, an Elias Ball, South Carolina, 19. Jan. 1793, BP-SCL.

SEITE 281 **»angebunden und übel ausgepeitscht«**: Patrol Command, 26. Mai 1792, BP-SCHS; R. Matthews an John Ball, 13. Mai 1817, BP-Duke.

SEITE 282 **Charleston eröffnete 1785 eine bescheidene Schule**: George C. Rogers jr., *Charleston in the Age of the Pinckneys*, University of South Carolina, Columbia, S. C., 1980, S. 98.

SEITE 282 **eine Reise die Ostküste entlang**. Diener Adonis: Henry Laurens jr. an John Ball, 31. Jul. 1786, BP-SCHS; Chronik der Reise: Account Book 1796–1817, BP-UNC.

SEITE 285 **»kam [der Präsident] uns sogar persönlich entgegengeritten«**: Isaac an John Ball, 18. Okt. 1806, BP-SCL.

SEITE 285 **neben Empfehlungsschreiben ... auch barem Geld**: Dr. Purcell und George Buist, Brief, Charleston, 15. Sep. 1798, John Ball an John Ball jr., 30. Sep. 1798, BP-SCHS.

SEITE 285 **John jr. [in] Massachusetts.** »die Ausbildung bei mir allzusehr vernachlässigt«: A short history of the family of the Balls, BP-SCL; »Deinem Stande
und Vermögen nach«: John Ball an John Ball jr., 9. Mai 1802; »weiter oben hättest
einsteigen können«: 17. Jun.1799; »vornehmen jungen Herren«: 15. Aug. 1799;
»der entehrten Familie«: 12. Aug. 1798; »das schwache Geschlecht des Nordens«:
Jane Ball an John Ball jr., 28. Aug. 1799, alle BP-SCHS.

SEITE 286 **William James ... im schottischen Edinburgh.** Bordell: William
James Ball, Edinburgh, an John Ball jr., South Carolina, 26. Jul. 1806 und 7. Jan.
1807; »Du solltest dir nun ein Spielzeug besorgen«: William James Ball, Edinburgh, an John Ball jr., South Carolina, 25. Jan. 1805, BP-SCL.

SEITE 288 **Vom gefürchteten Liberalismus ... nicht beirren lassen.** »zum
Ruin Deiner Familie & Deines Vermögens«: John Ball an John Ball jr., 24. Jun.
und 1. Jul. 1802, BP-SCHS.

SEITE 288 **konnten John und der Dritte Elias erneut expandieren.** Mühle
Limerick: Quittung Jonathan Lucas an Elias Ball, 10. Feb. 1795, und Jonathan Lucas jr., Quittung für Reparatur und Ausstattung einer Mühle auf Limerick, 23.
und 28. Jan. 1801, BP-SCL; »Pimlico« und »Kecklico«: Ann Shreve Norris, *Pimlico Plantation: Now and Long Ago*, Mt. Pleasant, S. C., 1994, S. 28; Mittelstück
der Straße: John Ball an John Ball jr., 19. März 1799, BP-SCHS; Belle Isle und
Marshlands: Thomas Slater an John Ball, Verkaufsangebot für die Plantage Cat
Island, 13. Jan. 1810, W. H. Gibbes an John Ball, 16. Jul. 1810, BP-Duke.

SEITE 289 **strömten wieder Afrikaner auf die Ländereien.** Wiederaufnahme
des Sklavenhandels: George C. Rogers jr. und C. James Taylor, *A South Carolina
Chronology, 1497–1992*, University of South Carolina, Columbia, S. C., 1994,
S. 70; »neue Neger«: Memoranden vom Jan. 1804 und Okt. 1805 im Plantagenbuch 1779–1817, BP-UNC; Misc. memorandum, 11. Mai 1804, BP-Duke.

SEITE 289 **Steuererklärung ... fünfhundert Leute**: Elias Ball, Steuererklärung für das Jahr 1805, Privatbesitz.

SEITE 290 **Eine Person ... hieß Jew**: Liste der Neger auf Limerick, 25. März
1806, BP-SCHS.

SEITE 290 **ein Zwillingspaar zu schenken.** Jane Balls Krankheit: Jane Ball an
John Ball jr., 16. Jul. 1800, John Ball an John Ball jr., 19. Aug. 1801, 7. Sep. 1801
und 21. Sep. 1801, BP-SCHS; vier Kinder zum Geschenk: »zwei Zwillinge für
meine Töchter«, Liste der Neger auf Pimlico, 6. Feb. 1810 und Schenkungsurkunde, John Ball an Caroline Olivia Ball und Martha Angeline Ball, 17. Okt. 1806,
BP-Duke; Schuhe: Kopie einer Bestellung von Maßschuhen bei Mr. Thos. Naylor,
5. Jun. 1806, BP-SCHS.

SEITE 291 **versuchte das britische Parlament ... den Sklavenhandel zu
verbieten.** Sierra Leone: Christopher Fyfe (Hg.), *»Our Children Free and
Happy«: Letters from Black Settlers in Africa in the 1790s*, Edinburgh University, Edinburgh 1991, S. 19; »beste Sklaven von der Luvküste«: *Charleston Courier*, 4. Jan. 1808, CLS.

SEITE 292 **»Mr. Ball zeichnete sich«**: *Charleston Times*, 8. Jan. 1810.

SEITE 292 **eine der prachtvollsten Residenzen der Stadt**: Charleston County RMC, B8–346, A8–411; Isaac Ball in a / c Thos. Elfe jr., 21. März 1811, und in a / c Robert Roulain, 10. Dez. 1811, BP-SCL; misc. file, Haus Isaac Ball, SCHS.

SEITE 292 **»Mein Bein ist entzündet«**: John Ball, Charleston, an Thos. Slater, London, 8. Okt. 1816, BP-Duke.

SEITE 293 **Den Auftrag bekam das Auktionshaus William Payne & Son**: Nachlaßverzeichnis John Balls vom 14. Nov. 1817–1. Jan. 1818, Charleston District Ordinary Inventory Books, SCDAH; Sales on a / c of the Estate of John Ball, deceased ... 8th & 9th February 1819, BP-Duke.

SEITE 294 **»Johnny, komm in die Grube«**: H. M. Henry, *The Police Control of the Slave in South Carolina*, Emory, Va., 1914, S. 56.

SEITE 294 **einer umstürzlerischen Verschwörung gegen die Weißen**: »An Account of the Late Intended Insurrection among a portion of the blacks in this city«, Pamphlet, Corporation of Charleston, Charleston 1822; Court Proceedings and Testimony Regarding the Vesey Rebellion, Governor's Message to the General Assembly (1822), SCDAH.

SEITE 297 **»O himmlischer Vater«**: Religiöses Tagebuch der Eliza Ball, Eintrag vom 28. Sep. 1822, Privatbesitz.

SEITE 297 **»Angst vor Aufständen und vor Mordanschlägen auf Weiße«**: John Moultrie an Isaac Ball, 17. März 1823, BP-SCL.

SEITE 298 **verurteilte ihn das Gericht zum Tode**. Biographie des Paris: Plantagenbuch 1803–1834, BP-UNC; Court Proceedings and Testimony Regarding the Vesey Rebellion, Petition of Kennedy et al., re: Paris Ball, 24. Jul. 1822, SCDAH; Zeitungsberichte.

SEITE 299 **begnadigte Sklaven, die sich auf Frachtschiffen befänden**: *Carolina Gazette*, 26. Okt. 1822.

13 DAS VERMÄCHTNIS EINES MALERS

SEITE 300 **Edwina Harleston Whitlock**: Persönliche Mitteilung der Familien Harleston-Whitlock und Fleming, Georgia und Kalifornien.

SEITE 305 **»Onkel John und Onkel William, zwei alte Junggesellen«**: Mary Louisa Ball, »The Bluff«, dreiseitiges Typoskript, um 1910, Privatbesitz.

SEITE 305 **Kate [auf der Plantage Elwood]**. Kauf Elwoods: Charleston County RMC, 19–77; Caroline Ball Laurens an John Ball jr., 13. Feb. 1828, BP-Duke; 82 Arbeiter: Schedule and appraisement of the plantations Melshew, Pimlico & Kecklico, also of the negro slaves ... 20 Jul 1830, BP-Duke; Wiederverkauf Elwoods: Charleston County RMC, S10–248.

SEITE 306 **in Charleston mehr als dreitausend freie Schwarze ... fast doppelt so viele Frauen wie Männer**: Michael P. Johnson und James L. Roark (Hg.), *No Chariot Let Down: Charleston's Free People of Color on the Eve of the*

Civil War, New York: Norton, 1984, Einführung; Bernard E. Powers jr., *Black Charlestonians: A Social History, 1822–1885,* University of Arkansas, Fayetteville 1994, S. 41.

SEITE 306 **»Mr. William Harleston von The Hut ... ein fähiger Helfer«:** Plantagenbuch 1849–1871, BP-UNC.

SEITE 311 **das Leben des Malers Edwin Harleston:** Edwina Harleston Whitlock, »Edwin A. Harleston«, in *Edwin A. Harleston: Painter of an Era, 1882–1931,* Ausstellungskatalog, Your Heritage House, Detroit 1983, S. 9.29.

14 BUSSARDSCHWINGES FLUCH

SEITE 325 **rasch wegen ihrer Verschwendungssucht und uferlosen Fruchtbarkeit:** Kopie einer Bestellung von Maßschuhen bei Mr. Thos. Naylor, 5. Juni 1806, BP-SCHS; Mrs. [Martha C.] Ball in a/c mit Ann Savage, 1812–1816, BP-Duke; Verkaufsbeleg [für Schneider George], 30. Feb. 1821, Misc. records, Bd. 4V, S. 83, SCDAH.

SEITE 326 **Geld spielte dabei keine Rolle:** Account of six percent and other stock of the estate of John Ball, 1820–21, Schedule of bonds due the estate of John Ball, 1 Apr 1826, Tax for 1824, John Ball's negroes, BP-Duke; Vermögensteuererklärung für Isaac Ball, 1824, BP-SCHS.

SEITE 327 **ihren Nachwuchs standesgemäß aufzuziehen.** Prozeß: John Ball jr. und Isaac Ball, Nachlaßverwalter des verstorbenen John Ball ... 9. Jul. 1819, Misc. records, Bd. 4R, S. 244–248, SCDAH; Ehe Taveau: Caroline Ball an John Ball, 30. März 1821, BP-SCHS; Taveau: »Guide to the manuscript collections in the Duke University Library«, *Historical Papers of the Trinity College Historical Society,* Serie 27–28, Durham N. C.: Duke University Press, 1947, S. 223–228: Prozesse: »Taveau ./. John Ball, esq., 4. Jan.1826«, in John Ball jr., Estate Account Book of John Ball Sr. 1826–1832, und Case of Augustus Taveau & wife vs. the Executors of John Ball, 19. März 1828, BP-Duke.

SEITE 327 **das Verleihen einzelner Personen oder ganzer Familien.** Adressen der Balls: *Negrin's Directory for the Year 1807,* Charleston 1807; *An Almanac for the Year of Our Lord 1822,* Charleston; *Guide to the Residences and Places of Business ... City of Charleston* (1829); Ausleihen: John Ball jr., Estate Account Book of John Ball Sr., 1826–32, BP-Duke.

SEITE 328 **»Spanische Fliege«, ein Aphrodisiakum:** Inventory, 18. März 1819, Haushaltsartikel und Küchenmöbel, die Martha Caroline Ball von den Nachlaßverwaltern John & Isaac Ball erhalten hat; Hirschhornsalz: William Burgoyne in a/c Estate of John Ball, Feb-Nov 1827, Bills and Receipts, John Ball jr., 1823–1824, BP-Duke.

SEITE 328 **Alwyn, Hugh Swinton und Elias Octavus.** Ausbildung: Isaac Ball an Elias O. Ball, 19. Sep. 1823, BP-SCHS; Hugh Swinton Ball an Isaac Ball, 1. Jan. 1823, BP-SCL; John Ball jr. an Capt. Alden Partridge, 20. Jul. 1823; Misc. note,

9. Jan. 1824; John Ball jr., Charleston, an Thomas Crowder, Liverpool, 23. Okt.
1824 und 27. März 1825; James Balfour und Thos. Crowder, Liverpool, an John
Ball jr., Charleston, 5.–7. August 1824; John Ball, Charleston, an Alwyn Ball,
Liverpool, 23. Okt. 1824; Thomas Crowder, Liverpool, an John Ball jr., Charleston, 1. und 9. Feb. 1825; Memorandum, Schätzung der Ausbildungskosten
Hugh S. und Elias O. Balls in England (1824/25), alle BP-Duke.

SEITE 331 **der Niedergang der Reisbarone.** Santee-Kanal: F. A. Porcher, »The
History of the Santee Canal«, Pamphlet, South Carolina Historical Society,
Charleston 1875; Sklavenexporte aus Virginia: Hugh Brogan, *The Penguin History of the United States of America*, New York: Penguin, 1985,
S. 303.

SEITE 333 **auch [Carolines] Töchter lebten auf großem Fuße:** Quittung
Peter Fayottes an John Ball, Esq., vom 23. Jun. 1825, Abrechnung für Miss
Catherine und für Miss Lucilla Ball, Jul.–Dez. 1827, George Granniss, Richard
McKensie an Nachlaß John Balls, 10. Jan. 1829, Quittung James Peters an Lucilla
Ball, Dez. 1830–Jun. 1831, BP-Duke.

SEITE 334 **Obwohl die drei jetzt bei John jr. um die Ecke wohnten.** Swinton in Charleston: Isaac Ball, Charleston, an Elias O. Ball, Liverpool, 1. Dez. 1824,
BP-SCHS; Kaufrausch: Hugh S. Ball an John Ball jr., 16. und 30. Nov. 1824, 17.
und 18. Dez. 1824, BP-Duke; Elias O.: E. L. Roche in a/c Elias O. Ball, Jan.
1827–Mai 1828 (Kleidung), Elias O. Ball an John Ball jr., 2. Jun. 1827 (Diener),
BP-Duke; Ehen: Elias O. Ball an John Ball jr., 9. Okt. 1825, Hugh S. Ball an John
Ball jr., 30. Aug. 1826, 16. und 24. März 1827, BP-Duke; Alwyns neun Sklaven:
Verkaufsrechnung James Doughty, M. D., an Alwyn Ball, 25. Jan. 1827, in Misc.
records, Bd. 5G, S. 10, SCDAH.

SEITE 335 f **»die kleine Peische aus unserem Ankleidezimmer«:** Oberst
Nancy: Irving, *Day on Cooper River*, S. 127; Sklaven von Midway: Ann an John
Ball, 4. Apr. 1823, BP-SCHS; Rat, zu verkaufen, und Auktion: J. E. Holmes an
Ann Ball, 30. Jan. 1835, Liste der Neger, die Mrs. Ann Ball aus dem Nachlaß John
Balls gekauft hat (1834), BP-SCHS; Auspeitschen Bettys: Ann an John Ball,
26. Nov. 1823, BP-SCHS.

SEITE 336 **Work House, wo viele Pflanzer gute Kunden waren.** Dienste:
Charles R. Simpson an Isaac Ball, 15. März 1814, BP-SCL; »Gebühren des Arbeitshauses … $ 65,25 [18. Nov. 1819]« und »14. Okt. 1828 an W. E. Gordon Gebühren
für Town bezahlt, $ 8,87«, in Plantagenbuch Pimlico 1810–1830, BP-Duke.

SEITE 336 **der deutsche Adlige Karl Bernhard:** *Reise Sr. Hoheit des Herzogs
Bernhard zu Sachsen-Weimar-Eisenach durch Nord-Amerika in den Jahren 1825
und 1826.* Herausgegeben von Heinrich Luden, 2 Bde. in 1, Weimar 1828, S. 8,
8 f. und 9, und Rogers, *Charleston in the Age of the Pinckneys*, S. 146–148.

SEITE 338 **Der sogenannte »Missouri-Kompromiß«.** Chronologie der Ereignisse und Zitate aus der politischen Debatte 1820–1835: William W. Freehling,
*Prelude to Civil War: The Nullification Controversy in South Carolina,
1816–1836*, New York: Harper and Row, 1965, II. Teil.

SEITE 339 »Ich wünschte, einige ... würden lernen, auf dem *Hoeboy* zu spielen«: Elias Ball an Isaac Ball, 23. Jul. 1823, BP-SCL.

SEITE 339 »den Negern ... die in ihrer jetzigen Lage viel glücklicher und besser behütet sind«: John Moultrie, Liverpool, an Isaac Ball, South Carolina, 10. Okt. 1823, BP-SCL.

SEITE 340 Isaac Ball ... rief ... nach einem Sekretär, um sein Testament aufzusetzen: Testament Isaac Ball, 15. Nov. 1825, Charleston Wills.

SEITE 341 John jr. ... ging in die Politik: *Charleston Mercury*, 5. und 15. Okt. 1830, 29. Jun. 1831, CLS.

SEITE 342 Morris ... niederschießen lassen: Thomas G. Finklea an John Ball, 26. Jul. und 16. Aug. 1833, BP-SCHS.

SEITE 344 »allgemeine Gleichheit nichts anderes bedeutet als Barbarei«: Pamphlete zitiert nach Freehling, *Prelude to Civil War*, S. 81 f.

SEITE 345 Ein Weihnachtsgedicht ...»Limerick, oder Landleben in South Carolina«: Catharine Gendron Poyas, *»The Huguenot Daughters« and Other Poems*, Charleston: John Russell, 1849, S. 66–91.

SEITE 346 Gelegentlich verkaufte Swinton ... Sklaven: Verkaufsrechnungen vom 1. Jan. 1834 und 2. & 6. März 1837, Misc. records, Bd. 5O, S. 417, und Bd. 5T, S. 131 und 142, SCDAH.

SEITE 347 »die Negersklaven gruppenweise nach Familien zu verkaufen sind«.»Anna das Meer partout nicht ausstehen kann«: Hugh Swinton Ball an John Ball jr., 26. Jul. 1830, BP-Duke; Havarie: Elias Ball, Geschichte der Balls, zusammengestellt um 1950, BP-SCHS, und Deas, *Recollections of the Ball Family*, S. 140 f.; Gerichtsverfahren: Irving, *Day on Cooper River*, S. 164, und Helen Tunnicliff Catterall, *Judicial Cases Concerning American Slavery and the Negro*, Carnegie Institute, Washington, D. C., 1929, Bd. II, S. 395.

SEITE 348 »Ich wollte nicht sagen, daß ein Studium an sich nutzlos ist«: William James Ball an Eliza Ball, 22. Apr. 1840, BP-SCHS.

SEITE 348 kontrollierten William und Julia Ball nun drei Plantagen. Halidon Hill: Memorandum William James Balls, 1842, Plantagenbuch 1804–1890; 450 Leute: Plantagenbuch 1804–1890, BP-UNC; Cedar Hill: Übertragung James Poyas' auf William James Ball, 1. Jan. 1850, BP-SCL.

SEITE 350 »schenkte mein Inhaber mich Stepney«: Aussagen von William Gaillard und Patty Moultrie (1903), Rentenakte Bürgerkrieg bezüglich Stepney Moultries (128th U. S. Colored Troops, Company D), Zert. Nr. 559536, Records of the Veterans Administration, National Archives, Washington, D. C.

SEITE 351 »Ausschuß für Düngemittel«: Geschäftsbuch der Strawberry Agricultural Society 1847–1859, Privatbesitz.

SEITE 351 töteten zwei Feldarbeiter ... ihren Kolonnenführer. Verfahren und Todesurteile: *Charleston Courier*, 7. Jun. 1844; Familie von Pino, Amelia und Sambo: Plantagenbuch 1804–1890, BP-UNC; Verkauf Amelias: Schuldschein Daniel Cooks für den Kauf der vom Court of Freeholders aus dem Staat South Carolina verbannten Amelia, 12. Feb. 1847, Privatbesitz.

15 DIE BELAGERUNG

SEITE 359 **»daß auch Georgia ausgetreten ist«**: Eliza an William James Ball, 21. Jan. 1861, BP-SCL.

SEITE 360 **Elias Nonus von Dean Hall**: Confederate States Service Records, National Archives, Washington, D. C.; Elias N. Ball an Robert Barnwell Rhett, 22. Feb. 1861, Elias N. Ball an W. Porcher Miles, 30. März 1861, Elias N. Ball an LeRoy P. Walker, 30. März 1861, in Confederate papers relating to citizens or business firms, M346, National Archives.

SEITE 361 **»Die Damen sind hier im allgemeinen höchst kriegerisch gesinnt«**: Eliza Ball an Julia Obear, 7. März 1861, Privatbesitz.

SEITE 362 **»Siegesgruß«**: *Charleston Courier,* 17. Apr. 1861.

SEITE 363 **daß die Ernten ... drastisch ... schrumpften**: Tage- und Memobuch 1853–1863, BP-SCL.

SEITE 363 **Sklaven des Südens zum Christentum bekehrt**: Zum Wandel des geistlichen Lebens der schwarzen Bevölkerung South Carolinas siehe Margaret Washington Creel, *»A Peculiar People«: Slave Religion and Community-Culture Among the Gullahs,* New York University, New York 1988.

SEITE 363 **»Stallknecht John«**: Plantagenbuch 1804–1890, BP-UNC.

SEITE 364 **»schöne Orchestermusik«** [und] **»Das hat Virginia nicht verdient«**: Eliza Ball an Julia Obear, 29. Mai 1861, Privatbesitz.

SEITE 366 **fünfundzwanzig Kräfte ... die Schützengräben aushoben**: »Männer, die im Dez. 1861 an Befestigungen der Gemeinde Christ Church arbeiteten«, Tage- und Memobuch 1853–1863, BP-SCL.

SEITE 367 **»Wir müssen hier schon seit langem auf Tee & Kaffee verzichten«**: Jane Ball Shoolbred an Julia Obear, 7. Mai 1862, Privatbesitz; »auf Musterpapier«: Jane Ball Shoolbred an Julia Obear, 14. März 1864; »ließ eine der Ballschen Damen ... Hemden und Hosen nähen«: Confederate papers relating to citizens or business firms, M346, National Archives.

SEITE 367 **Auf Limerick schien man sich keine Sorgen zu machen**: Catherine Theus an Julia Obear, 20. Feb. 1862, Privatbesitz; Eliza an William Ball, 17. Jan. und 4. Feb. 1862, BP-SCL.

SEITE 368 **»daß die Leute sich freiwillig melden«**: William Ball jr. an Eliza Ball, 16. Feb.1862, »gerade unseren Staat besonders gerne zerschlagen würden«: Eliza an William James Ball, 20. und 28. Feb. 1862, BP-SCL.

SEITE 369 **»Shanks« ... »Secessionville«**. The War of the Rebellion: A Compilation of the Official Records of the Union and Confederate Armies, Serie I, Bd. XIV, S. 18 f. und 42–47; John Johnson, *The Defense of Charleston Harbor,* S. 25.

SEITE 370 **»daß der Feind die gesamte Küste einnehmen wird«**: Eliza Ball an Julia Obear, 7. Mai 1862, Privatbesitz; »Negern ... die vermutlich sehr unverschämt werden«: Jane Ball Shoolbred an Julia Obear, 7. Mai 1862, Privatbesitz; ein Haus in Columbia: Vertrag zwischen Eliza Ball und Edmund Davis, 4. Jun. 1862, BP-SCL.

SEITE 372 **»Deine neue Frau so gut gefällt«**: Eliza an William James Ball, 19. Jan. 1863, PB-SCL.

SEITE 372 »**Habe gestern Cupid gesehen**«: William Ball jr. an William Ball sr., 30. Aug. und 26. Nov. 1863, Privatbesitz.

SEITE 373 »**könnte sein Leben für nichts Besseres lassen**«: Eliza an William Ball, 17. Feb. 1863, BP-SCL.

SEITE 373 **Nat … Begleiter und Diener**: William Ball jr. an William Ball sr., 26. Nov. und 28. Dez. 1863, Privatbesitz.

SEITE 374 »**eine lebhafte Begegnung**«: Eliza an William James Ball, 15. Jul. 1863, BP-SCL; »John's Island, 1863«, Tagebucheintrag von D. E. Huger Smith, Privatbesitz.

SEITE 375 »**daß Du Dich ganz aufgegeben hast**«: Eliza an William James Ball, 23. Jul. 1863, BP-SCL; »der kleinmütigste Mensch«: Eliza an William James Ball, 3. Aug. 1863, BP-SCL; »Fetzen der Yankees«: Jane Ball Shoolbred an Mary Gibbs Ball, 4. Aug. 1863, BP-SCL; »tapfersten und kaltblütigsten Burschen«: Eliza an William James Ball, 7. Aug. 1863, BP-SCL.

SEITE 377 »**Ich begreife selber nicht, wie wir davonkamen**«: William Ball jr. an William Ball sr., 30. Aug. 1863, Privatbesitz.

SEITE 378 »**Sonst bleibt davon gewiß nur Schutt und Asche**«: Jane Ball Shoolbred an William James Ball, 24. Aug. 1863, BP-SCL.

SEITE 378 **Isaac B. Gibbs**: Johnson Hagood, *Memoirs of the War of Secession*, Columbia, S. C.: The State Co., 1910; »The Pure Hearted«, Nachruf, *Charleston Courier*, 8. Dez. 1864; Memoiren der Mary Gibbs Ball.

SEITE 380 »**der schwärzeste Tag, den die Konföderation bisher erlebt hat**«: William Ball jr. an William Ball sr., 25. Dez. 1864, Privatbesitz; »Greueltaten des Feindes«: William Ball jr. an William Ball sr., 18. Jan. 1865, Privatbesitz.

SEITE 381 »**Einige konnten aber nicht singen, sondern schluchzten nur**«: Memoiren der Mary Gibbs Ball.

SEITE 381 **Auf Limerick kam das Ende der Sklaverei.** »schmieriger Yankees«: Isaac an William James Ball, 16. Jun. 1867, Privatbesitz; *Klageliedern*: In Mary Balls Memoiren heißt es, daß die Unionstruppen an einem Sonntag auf Limerick eintrafen, als ihr Mann aus den *Klageliedern* vortrug. Charleston fiel am 17. Februar 1865. Einem zeitgenössischen Kalender der Episkopalkirche zufolge, wurden Verse aus den *Klageliedern* am Sonntag Quinquagesima fünfzig Tage vor Ostern vorgelesen. 1865 fiel Ostern auf den 16. April und damit Quinquagesima auf den 26. Februar. Das persönliche Gebetbuch einer der auf Limerick anwesenden Frauen, Jane Ball Shoolbred (*The Church Service*, New York 1854), rief zur Lektüre des ersten *Klageliedes* auf.

SEITE 382 »**Die Fürstin unter den Völkern**«, *Klagelieder* 1:2 und 5.

SEITE 382 **Die Sklaven kamen aus den Hütten … herbeigelaufen**. Näherin Sylvia: Eliza an William James Ball, 21. Jan. 1861, BP-SCHS; Daddy Ben: Memoiren der Mary Gibbs Ball.

SEITE 386 **begann Isaac … Tagebuch zu führen**: »Feldzug von 1865«, Tagebuch des Isaac Ball, 7. Feb.–12. Mai 1865, Privatbesitz.

SEITE 389 **»nur noch Rumpfkompanien«**: Hauptmann Charles Inglesby, *Historical Sketch of the First Regiment of South Carolina Artillery*, Pamphlet, Charleston: Walker, Evans & Cogswell, 1894.

16 NACHWEHEN

SEITE 391 **benutzten schwarze Amerikaner ... erstmals Nachnamen**: Benjamin Quarles, *The Negro in the Civil War*, Boston: Little Brown, 1953, New York: Da Capo, 1989, S. 287.

SEITE 391 **Die gebräuchlichsten Namen waren am Ende**: Schon sehr früh tauchten schriftliche Nachnamen ehemaliger Sklaven in nach dem Bürgerkrieg geschlossenen Pachtverträgen auf. Die Liste der von einstigen Sklaven angenommenen Nachnamen ist aus Verträgen zusammengestellt, die 1865 bis 1868 auf Ballschen Plantagen geschlossen wurden: National Archives, Charleston, South Carolina, Arbeitsverträge Juni 1865 – März 1868, Eintrag 3130, Moncks Corner, South Carolina, Arbeitsverträge Jan. – Mai 1866, Bd. 237, Eintrag 3286, Distrikt Berkeley, Arbeitsverträge, Jan. 1866 – Mai 1868, Eintrag 3120, alle in Record group 105, Records of the Bureau of Refugees, Freedmen and Abandoned Lands (Freedmen's Bureau), National Archives, Washington, D. C.

SEITE 392 **verkaufte William Ball ... vier Plantagen**: Smith, *Baronies of South Carolina*, S. 172.

SEITE 392 **»Die Yankees hatten sie«**: Memoiren der Mary Gibbs Ball (1923).

SEITE 393 **lediglich neunundzwanzig [Leute] ihre Namen auf den ersten Arbeitsvertrag**: Arbeitskontrakt Limerick, 2. März 1866, in Moncks Corner, South Carolina, Arbeitsverträge, Jan. – Mai 1866, Bd. 237, Eintrag 3286, Freedmen's Bureau, National Archives.

SEITE 393 **gegen 1920 zuletzt dem Abriß anheimfiel**. Artilleriegranaten: Francis G. Cart an William J. Ball, 1. Jun. 1865, Privatbesitz; Schätzung: International Insurance Co., New York, Police auf den Namen Eliza Ball für das Wohnhaus an der nordöstlichen Ecke von Vernon und East Bay Street, Charleston, 30. Jul. 1866, BP-SCHS; Haus im Verfall: Memorandum für meine Nachlaßverwalter im Fall meines Todes, 29. Jun. 1877, von James McElvey, Statement of rents collected and disbursed by T. Grange Simons ... for Estate of Mrs. Eliza Ball, 24. Apr. 1878, a / c sales of house and lot at N. E. corner of East Bay and Vernon Streets ... 12 Mar 1879, Statement of rents collected and disbursed by T. Grange Simons ... 27. Mar 1879, BP-SCHS.

SEITE 393 **»völlig von der Trunksucht geheilt«**: Alwyn an William J. Ball, 20. Feb. 1872, BP-SCHS.

SEITE 394 **Die Steuererklärung ... setzte den Wert ... bei 10 153 Dollar an**: Steuererklärung William J. Ball, 24. Feb. 1876, BP-SCHS; Verkauf von Land: Berkeley County RMC, A7 – 407.

SEITE 394 »nicht mit der guten alten Sklavenzeit vergleichen läßt«: William J. an Mary Ball, 12. Jan. 1891, BP-SCHS.

SEITE 394 die Zwangsversteigerung Limericks. Gerichtsverfahren: *State of South Carolina, County of Berkeley, Fanny R. Heyward et al., executrixes of W. B. Smith v. Mathurin G. Ball, executor of William J. Ball, and Mary H. Ball et al.,* 7. Sep. 1893, Privatbesitz; Verkauf Limerick: Berkeley County RMC, A10–346; Verkauf The Bluff: Berkeley RMC, A52–243.

SEITE 396 schwarze Bevölkerung Charlestons um zwei Drittel gewachsen: Powers, *Black Charlestonians*, S. 100.

SEITE 406 Scipio ... am 19. August 1857 ... gestorben: Plantagenbuch Comingtee 1849–1890, BP-SCL.

SEITE 406 Sarah Roper England: Persönliche Mitteilung der Familie Roper-Roberson.

SEITE 407 das Nachbaranwesen Pawley ... mit 321 Hektar. Pawley: Charleston RMC, H11–347, N12, S. 309–311, X15, S. 129–131; Familie Roper-Roberson: Dienstvertrag für Pawley, 6. März 1866, Moncks Corner, South Carolina, Arbeitskontrakte Jan.–Mai 1866, Bd. 237, Eintrag 3286, Freedmen's Bureau, National Archives.

SEITE 409 »las [Isaac Ball] mir seine Briefe vor und antwortete ihm für mich«: Aussage Patty Moultries (1903), Rentenakte Bürgerkrieg bezüglich Stepney Moultries (128th U. S. Colored Troops, Company D), Zert. Nr. 559536, Records of the Veterans Administration, National Archives, Washington, D. C.

SEITE 409 Jacqueline Ball: Persönliche Mitteilung der Balls aus Virginia und South Carolina.

SEITE 412 Joseph Ball: Separation qualification for Army personnel, Joseph M. Ball (1945), Privatbesitz.

SEITE 416 Edward Ball ... beerdigt worden war: Sterbeurkunde für Edward Ball, 2. Nov. 1969, Department of Health, City of New York, Zert. Nr. 56–69–22842.

17 TRADITIONSPFLEGE

SEITE 422 [Richter] Julius Waties Waring: William D. Smyth: »Segregation in Charleston in the 1950s«, SCHM, Bd. 92 (1991), S. 99–123.

SEITE 424 Die South Carolina Society hatte ... begonnen: »Rules of the Incorporated South Carolina Society«, Broschüre (1795), College of Charleston Library, Special Collections; »Rules of the South Carolina Society«, Broschüre (1827), CLS.

SEITE 427 Der »Verein zur Bewahrung des Spirituals«: Misc. file, »Society for the Preservation of Spirituals«, SCHS.

SEITE 433 »Plantation Melody Singers«: Plantation Melody Singers, Notizbücher, Privatbesitz.

18 EIN RÜCKBLICK

SEITE 436   **Emily Marie Frayer**: Persönliche Mitteilung der Familie Lucas-Frayer, South Carolina.

SEITE 439   **»daß Daddy Fortune um Mitternacht beigesetzt wurde«**: Memoiren der Mary Gibbs Ball (1923), Privatbesitz.

SEITE 441   **nach vier Jahren Grundschule eine dreijährige Berufsausbildung**: Edmund L. Drago, *Initiative, Paternalism, & Race Relations: Charleston's Avery Normal Institute*, University of Georgia, Athens 1990, S. 124 f. und *passim*.

SEITE 445   **»[Philip Lucas] … Name der Frau Ellen«**: »Registers of Signatures of Depositors in Branches of the Freedman's Savings and Trust Company 1865–1874, Charleston, S. C.«, Record Group 105, Mikrokopie Nr. 816, Rolle 21, Freedmen's Bureau, National Archives.

SEITE 446   **Der Lucas-Clan stammte von »alten Bekannten« ab**. Biographien Toms, Julattas und ihrer Nachkommen, 1731–1865: Account and Blanket Book 1720–1778, BP-SCHS; Plantation Record Book 1804–1890, BP-UNC; Slave Registers and Blanket Book 1804–1821, BP-SCHS; Birth and Blanket Lists for Comingtee, Kensington, Hyde Park and Midway, in John and Keating Ball Books 1735–1817, BP-UNC; Testament Isaac Balls vom 15. Nov. 1825, Charleston Wills; Persönliche Mitteilung Sonya Fordhams; Volkszählung der Vereinigten Staaten von 1870, Charleston County, und von 1900, Berkeley County, South Carolina.

SEITE 446   **[Julatta] baute … Mais oder Reis an**: Memorandum vom 28. Jan. 1735, Account and Blanket Book 1720–1778, BP-SCHS.

SEITE 447   **geplanten Aufstand von 1748**: Tom White, Account and Blanket Book 1720–1778, misc. slave lists, and 1777 list of male slaves and where born, »Tomwhit – Angola – 55 [Jahre]«; Verschwörung: South Carolina Council Journal, Nr. 17 (20. Dez. 1748–16. Dez. 1749), SCDAH.

SEITE 447   **Anzeige in der Charlestoner Tageszeitung**: *South Carolina Gazette*, 22. Feb. 1768.

SEITE 447   **floh Bessie**: »A fair list of the Negroes that is gone from Kensington [1780]« und misc. note vom 1. Jun. 1780 in Account Book 1780–1784, BP-Duke.

SEITE 448   **Betty … heiratete den dortigen Hausdiener Joe Bailey**: Testament Isaac Balls vom 15. Nov. 1825, Charleston Wills; Slave Registers and Blanket Book 1804–1821, BP-SCHS.

SEITE 458   **drei Beweismittel**: Milton Rubincam (Hg.), *Genealogical Research Methods and Sources*, American Society of Genealogists, Washington, D. C., 1960, S. 38–44.

SEITE 459   **schriftliche Zeugnisse zur Person des Moses Dent Ball**: Volkszählung der Vereinigten Staaten, 1880, Berkeley County, South Carolina, Zählbezirk 88, S. 35; Zeugen aus der Familie Ball, F. E. Gibbs, John Shoolbred und Keating Ball: Eingabe in Sachen Nachlaß Marcus Dent, 28. Feb. 1887, eingereicht am 25. Juni 1888, und Est. of Marcus Dent Administration Bond, 10. Jul. 1888,

Berkeley County, South Carolina; Marcus Dent auf Hyde Park: Plantagenbuch 1804–1890, BP-UNC; Moses Ball in Massachusetts: *Directory of Watertown, MA*, Boston: W. A. Greenough, 1921; Wohnsitz in Watertown: Volkszählung der Vereinigten Staaten, 1920, Massachusetts, Bd. 83, Zählbezirk 510; Heiratsurkunde: Registry of Vital Records and Statistics, State Department of Public Health, Commonwealth of Massachusetts.

SEITE 462 »**Eremitagehütte**« ... **1799**: Jane Ball an John Ball jr., 30. Nov. 1798; Jane Ball an John Ball jr., 2. Apr. 1799, BP-SCHS.

EPILOG: BUNCE ISLAND

SEITE 468 **mutierte der Name zu Sierra Leone**: Vignetten über die Geschichte und Kultur Sierra Leones: Christopher Fyfe, *A History of Sierra Leone*, London: Oxford, 1962.

SEITE 469 **Peter Karefa-Smart**: Persönliche Mitteilung in Freetown, Sierra Leone.

SEITE 469 **Gumbu Smart**: Fyfe, *History of Sierra Leone*, S. 65 f., 173 und 185.

SEITE 473 **war [Boston King] an die zehn Meilen**: Ich danke Christopher Fyfe, London, für diese Zitate. Briefe Boston Kings: Christopher Fyfe, *Our Children Free and Happy*, Edinburgh, Edinburgh University, 1991; King als Missionar und Lehrer: Zachary Macaulay's Journal, Huntington Library, San Marino (Kal.) und Minutes of Governor's Council, CO/272, Public Record Office, London (PRO); sein Tod: List of Nova Scotians, WO 1/352, PRO; seine Tochter: Report of the Commission of Enquiry, 1827, CO 267/91, PRO.

SEITE 476 **Grant, Oswald & Co.**: David Hancock, *Citizens of the World: London Merchants and the Integration of the British Atlantic Community, 1735–1785*, New York: Cambridge Univ., 1995, 6. Kap.

SEITE 477 **neunhundertachtundzwanzig Leute**: Annual Register of the Number of Slaves exported from the Gold Coast of Africa from Jan 1755 to Dec 1768 ... produced in 1771, T 70/1263, PRO.

SEITE 481 **Doris Lenga-Kroma**: Persönliche Mitteilung in Freetown, Sierra Leone.

SEITE 482 **das Imperium der Caulkers**: Fyfe, *History of Sierra Leone*, S. 10 und 81.

SEITE 486 **Alikali Modu III. [und] ... Gefolge**: Persönliche Mitteilung in Port Loko, Sierra Leone.

BILDNACHWEISE

KARTEN:

Plantagen am Cooper River, South Carolina, im Besitz der Familie Ball, S. 6–7; Zeichnung in der amerikanischen Ausgabe von Tim Belshaw.
Die Plantagen Limerick, Kensington, Hyde Park und Quenby, S. 8–9; Zeichnung von Tim Belshaw. In der deutschen Ausgabe wurden die beiden Karten neu gezeichnet von bitmap, Mannheim.

1. BILDTEIL

Elias Ball (1676–1751), Öl auf Leinwand, von Jeremiah Theus (Privatbesitz).
»A plan of Charles Town from a Survery of Edwd Crisp, Esq in 1704« (mit freundlicher Genehmigung der Charleston Library Society, Charleston, S. C.).
Plantage Comingtee, Hauptgebäude, Photographie aus dem 19. Jahrhundert (Privatbesitz).
Wasserreservoir, Plantage Comingtee, Photographie aus dem 19. Jahrhundert (mit freundlicher Genehmigung des Charleston Museum, Charleston, S. C.).
»Charles Town, the Metropolis«, Aquarell von Bischof Roberts aus dem Jahr 1739 (Colonial Williamsburg Foundation).
Suchanzeige, einen bei Elias Ball entlaufenen Sklaven betreffend, *South Carolina Gazette* vom 18. März 1751 (mit freundlicher Genehmigung der Charleston Library Society).
Elias Ball II. (1709–1786), Öl auf Leinwand, von Jeremiah Theus, (Sammlung des Museum of Early Southern Decorative Arts).
Plantage Kensington, Hauptgebäude, Photographie aus dem 19. Jahrhundert (Privatbesitz).
Verfallene Sklavenhütte, Plantage Kensington (Photographie von Richard Stoney).
Von Elias Ball II. aufgegebene Suchanzeige, einen entlaufenen Sklaven betreffend, *South Carolina Gazette* vom 20. Oktober 1766 (mit freundlicher Genehmigung de Charleston Library Society).

Grabstein für »Old Peter« (Photographie von E. Ball).

Henry Laurens (1724–1792), Öl auf Leinwand, von John Singleton Copley, 1782 (National Portrait Gallery, Smithsonian Institution).

Ann Ball Austin (Mrs. George Austin, 1701–1765), Öl auf Leinwand, von Jeremiah Theus (Privatbesitz).

Anzeige von Austin & Laurens für eine Sklavenauktion, *South Carolina Gazette* vom 11. Mai 1752 (mit freundlicher Genehmigung der Charleston Library Society).

»Amerikas Abgesandte für die vorläufigen Friedensverhandlungen mit Großbritannien«, Öl auf Leinwand, von Benjamin West, 1783 (mit freundlicher Genehmigung des Winterthur Museum).

»Tranquil Hill, der Wohnsitz von Mrs. Ann Waring bei Dorchester«, Wasserfarbe auf Papier (Gibbes Museum of Art / Carolina Art Association).

»Blick auf die Kolonie Sierra Leone, vor dem Entladen der Transportschiffe, 16. März 1792«, Aquarell von J. Beckett (Privatbesitz, Kanada; Photographie: History Collection, Nova Scotia Museum, Halifax, Kanada).

John Ball (1760–1817), Öl auf Leinwand (Privatbesitz).

Martha Swinton Ball (Mrs. John Ball, 1786–1847), Miniatur (Gibbes Museum of Art / Carolina Art Association).

Das Arbeitshaus in Charleston, Stich, *Harper's New Monthly Magazine*, Juli 1865 (Sammlung der Library of Congress).

John Ball jr. (1782–1834), Miniatur von Charles Fraser (mit freundlicher Genehmigung der Frick Art Reference Library).

Ann Simons Ball (Mrs. John Ball jr., 1776–1840), Öl auf Leinwand, von Samuel F. B. Morse (Sammlung des Museum of Early Southern Decorative Arts).

Bekanntmachung des Todesurteils gegen »Paris ... den Sklaven von Mrs. Ball«, *Charleston Courier* vom 19. Juli 1822 (mit freundlicher Genehmigung der Charleston Library Society, Charleston, S. C.).

Isaac Ball (1785–1825), Öl auf Leinwand (Privatbesitz).

Eliza Poyas Ball (Mrs. Isaac Ball, 1794–1867), Miniatur (Privatbesitz).

Plantage Limerick, Hauptgebäude, Photographie aus dem 19. Jahrhundert (mit freundlicher Genehmigung des Charleston Museum, Charleston, S. C.).

Isaac Balls Haus in Charleston, Photographie von etwa 1915 (mit freundlicher Genehmigung der Charleston Library Society, Charleston, S. C.).

James Poyas (1806–1850), Daguerreotyp (Privatbesitz).

Frederick Poyas (1841– ca. 1900, rechts), Caroline Poyas und Sohn George Poyas (links), Kohlezeichnung, etwa 1885 (Privatbesitz).

Florence Poyas (Mrs. Joseph Wilson, 1872–1952), etwa 1895 (Privatbesitz).

Postal Smalls und Fredie Mae Smalls, Goldene Hochzeit, 1990 (Privatbesitz).

Leon Smalls, Philadelphia, 1990 (Privatbesitz).

Carolyne Smalls und James Goodson, Philadelphia, 1972 (Privatbesitz).

Michael Goodson, Philadelphia, 1978 (Privatbesitz).

Carolyn Smalls Goodson und E. Ball (Photographie von William Struhs).

2. BILDTEIL

Jane Ball Shoolbred (Mrs. John G. Shoolbred, 1823–1905), Öl auf Leinwand, von James und Robert Bogle (Gibbes Museum of Art / Carolina Art Association).

Ansicht der Plantage Quenby, Aquarell von J. P. Hall, 1844 (Privatbesitz).

Plantage Quenby, Hauptgebäude, Photographie aus dem 19. Jahrhundert (Privatbesitz).

Nat Watson (»Daddy Nat«, 1845–1922, links), Binah Watson und Familie (stehend), Plantage Quenby, Photographie aus dem 19. Jahrhundert (Privatbesitz).

Binah Watson, Plantage Quenby, Photographie aus dem 19. Jahrhundert (Privatbesitz).

Nat Watson mit Tablett, um 1910 (Privatbesitz).

Plantage Middleburg, Hauptgebäude, Photographie aus dem 19. Jahrhundert (mit freundlicher Genehmigung des Charleston Museum, Charleston, S. C.).

»Maum Sue«, Plantage Middleburg, Photographie aus dem 19. Jahrhundert (Privatbesitz).

Plantage Middleburg, Reismühle, Photographie aus dem 19. Jahrhundert (mit freundlicher Genehmigung des Charleston Museum, Charleston, S. C.).

Plantage Middleburg, Sklavenkarzer, mit Louise J. DuBose, Reporterin bei *The State* in Columbia, South Carolina, und Edward von Siebold Dingle, um 1962 (Photographie von C. R. Banks).

Elias Ball III. (1752–1810), Öl auf Leinwand, von Jeremiah Theus (Privatbesitz).

Pino ———s Haus, Plantage Cedar Hill, Photographie aus dem 19. Jahrhundert (Privatbesitz).

Fortune Ford, Plantage Comingtee, Photographie aus dem 19. Jahrhundert (mit freundlicher Genehmigung des Charleston Museum).

Arbeiter beim Reisschneiden, Plantage Comingtee, Photographie aus dem 19. Jahrhundert (mit freundlicher Genehmigung des Charleston Museum).

Schwarze Frau im Torweg, Plantage Comingtee, Photographie aus dem 19. Jahrhundert (mit freundlicher Genehmigung des Charleston Museum).

Scheune mit Zweispänner und Kutscher, Plantage Comingtee, Photographie aus dem 19. Jahrhundert (Privatbesitz).

Mädchen beim Wasserschöpfen an einem Ziehbrunnen, Photographie aus dem 19. Jahrhundert (Privatbesitz).

Wasserträger, Plantage Quenby, Photographie aus dem 19. Jahrhundert (Privatbesitz).

Hannah ———, Plantage Comingtee, Photographie aus dem 19. Jahrhundert (Privatbesitz).

»Die Stadt Charleston aus der Vogelperspektive«, Stich, 1850 (mit freundlicher Genehmigung der South Carolina Historical Society).

William James Ball (1821–1891), Daguerreotyp (mit freundlicher Genehmigung der South Carolina Historical Society).

Julia Cart Ball (Mrs. William J. Ball, 1824–1858), Daguerreotyp (Privatbesitz).

»Unionstruppen nehmen Charleston unter Beschuß«, Stich, *Illustrated London News* vom 5. Dezember 1863 (University of South Carolina, South Caroliniana Library).

Isaac Ball (1844–1933) (Privatbesitz).

Nat Watson (»Daddy Nat«, 1845–1922), mit Kindern, Plantage Quenby, Photographie aus dem 19. Jahrhundert (Privatbesitz).

»Das 55. Massachusetts Colored Regiment zieht am 21. Februar 1865, den *John Brown's March* singend, durch die Straßen Charlestons«, Stich, *Harper's Weekly* vom 18. März 1865 (Sammlung der Library of Congress).

Isaac Ball (1844–1933) und Mary Louisa Moultrie Ball (1846–1926) (Privatbesitz).

Plantage Limerick, Hauptgebäude mit Wagen und Kutscher, Photographie aus dem 19. Jahrhundert (Privatbesitz).

Schwarze Familie im Torweg einer Hütte, Photographie aus dem 19. Jahrhundert (Privatbesitz).

Schwarze Familie, Plantage Quenby, Photographie aus dem 19. Jahrhundert (Privatbesitz).

Robert und Nannie Nelson, Plantage Quenby, Photographie aus dem 19. Jahrhundert (Privatbesitz).

Sarah ———— beim Fischen auf der Plantage Quenby, Photographie aus dem 19. Jahrhundert (Privatbesitz).

Church of the Holy Innocents, Cordesville, South Carolina, Photographie aus dem 19. Jahrhundert (Privatbesitz).

Fähre Strawberry am Cooper River, South Carolina, um 1900 (University of South Carolina, South Caroliniana Library).

Ballsche Damen am Strand, um 1910 (Privatbesitz).

»Maum Agnes« (sitzend) und Familie, Plantage Brickyard, Anfang des 20. Jahrhunderts (Privatbesitz).

Lydia Child Ball (1873–1935) (Privatbesitz).

»De Stadt Van Loango«, Stich aus dem 17. Jahrhundert von Olfert Dapper (mit freundlicher Genehmigung der Houghton Library, Harvard University).

Mary Ann Royal (»Maum Mary«, 1786–1866) (Privatbesitz).

Sklavenviertel auf der Plantage Comingtee, Photographie aus dem 19. Jahrhundert (Privatbesitz).

Georgianna G. Richardson (1910–1997), Robert Richardson, Nichten und Neffen, Charleston, um 1968 (Privatbesitz).

Familie Richardson-Brown, South Carolina, 1997 (Photographie von William Struhs).

3. BILDTEIL

»Ansicht von Bense [Bunce] Island mit Festung«, Stich, 1745, *A General Collection of Voyages and Travels* (Harvard College Library).

Anzeige von Austin & Laurens für eine Sklavenauktion, *South Carolina Gazette* vom 17. Juni 1756 (mit freundlicher Genehmigung der Charleston Library Society).

»[30. Juni] 1756:4 Knaben und 2 Mädchen gekauft – ihr Alter schätzungsweise ...«, Familienpapiere der Balls (mit freundlicher Genehmigung der South Carolina Historical Society).

Peter Henry Martin (1855–1933), Anna Cruz Martin und Kinder, um 1898 (Privatbesitz).

Peter Henry Martin jr. (1886–1957) (Privatbesitz).

Thomas P. Martin und E. Ball, Plantage Limerick (Photographie von D. Gorton).

Plantage The Bluff, Hauptgebäude, Photographie aus dem 19. Jahrhundert (mit freundlicher Genehmigung des Charleston Museum).

Junge Balls auf der Plantage The Bluff, 1922 (Privatbesitz).

Theodore P. Ball (1913–1971, links), Nathaniel I. Ball (1881–1962), Nathaniel I. Ball jr. (1911–1986), Charleston (Privatbesitz).

Theodore P. Ball und Janet Rowley Ball, 1956, New Orleans (Privatbesitz).

Taufe von Theodore P. Ball jr., Savannah, Georgia, 1957 (Privatbesitz).

Rebecca ——— und E. Ball, 1958 (Privatbesitz).

Theodore Ball jr. und E. B. am Lincoln Memorial, Washington, D. C., 1964 (Privatbesitz).

Joseph Ball (1910–1985), vierziger Jahre (Privatbesitz).

LaShawn McGhee (links) und ihre Mutter Jacqueline Ball, 1995 (Privatbesitz).

Edwin A. Harleston (Privatbesitz).

W. E. B. Du Bois und Touristengruppe (mit freundlicher Genehmigung des Avery Research Center for African American History and Culture, Charleston, S. C.).

Edwin A. Harleston an seiner Staffelei (Privatbesitz).

»Mädchen in Blau«, Öl auf Leinwand, von Edwin A. Harleston (Privatbesitz).

Gussie Louise Harleston, Kohlezeichnung von Edwin A. Harleston, um 1922 (Privatbesitz).

Ray M. Fleming, World Records, um 1965, Texter bei World Records (Privatbesitz).

Sylvia Gentry, Georgia, um 1989 (Privatbesitz).

Alison Gentry, Georgia, um 1989 (Privatbesitz).

Wesley T. Simmons, Cordesville, South Carolina, Photographie vom Anfang des 20. Jahrhunderts (Privatbesitz).

Katie Simmons (Mrs. Ned Roper), um 1935, Charleston (Privatbesitz).

Charlotte Roper (Mrs. Gralin Dunn), 1954 (Privatbesitz).

Delores Roper und das Lebensmittelgeschäft der Familie Roper, South Carolina, um 1974 (Privatbesitz).

Familie Heyward-Roper aus South Carolina (Privatbesitz).

Von Elias Ball II. aufgegebene Anzeige, einen entlaufenen Sklaven betreffend, *South Carolina Gazette* vom 22. Februar 1768 (mit freundlicher Genehmigung der Charleston Library Society).

Emily Frayer (mit Stock) mit Begleitern vor den Ruinen des Hauptgebäudes der Plantage Comingtee, 1994 (Privatbesitz).

Sonya J. Fordham und Sylvester Egwu, Hochzeitsgedenkfeier, 1981 (Privatbesitz).

Chiemeka Egwu als Miss Junior R. O. T. C., 1996 (Privatbesitz).

Register